宋喆儀先生退任紀念

國語學論叢

刊行委員會 編

태학사

간행위원
이현희(위원장), 김성규, 김현, 백두현, 이건식, 이태영, 정승철, 최호철
편집 간사
송정근

宋喆儀先生退任紀念

國語學論叢

초판 1쇄 인쇄   2018년 10월 10일
초판 1쇄 발행   2018년 10월 20일

엮은이 | 刊行委員會
펴낸이 | 지현구
펴낸곳 | 태학사
등   록 | 제406-2006-00008호
주   소 | 경기도 파주시 광인사길 223
전   화 | (031)955-7580~1(마케팅부) · 955-7587(편집부)
전   송 | (031)955-0910
전자우편 | thaehak4@chol.com
홈페이지 | www.thaehaksa.com

값은 뒤표지에 있습니다.

ISBN 978-89-5966-248-7 93710

宋喆儀先生 近影

宋喆儀 교수의 퇴임을 보며

세월이 꽤나 흘렀군요. 아마도 45년 전 쯤에 내가 宋 교수를 처음으로 만났으니까요. 그 시절에는 유신반대 등 정치적인 문제로 대학교는 물론 참으로 온 세상이 어수선했지요. 무척 힘들었던 때였었지요. 나의 대학생활만큼이나 어려웠지요. 우리 대학생활은 대학의 낭만은 입학 후 잠시였고, 2학년에 맞은 4·19 義擧와 이어서 3학년에 들이닥친 5·16 군사쿠데타에 휘말려야 했으니까요. 아마도 교수 생활을 하면서 가장 행복하다고 느낀다면, 그것은 낭만을 구가할 수 있는 안정된 사회 환경 속에서 훌륭한 높은 스승으로부터 방향이 있는 학문의 지도를 받으며 또 알뜰하게 보살펴 주는 선배들로부터 멘토링을 받을 수 있고 나아가 똘똘한 제자를 두어 늘 새로운 자극을 받을 수 있는 경우겠지요. 자신의 학문분야에서 최고가 되는 꿈을 안고 이를 위해 매진해야 되겠지요. 물론 그것은 욕심이기 쉽지요. 과학자라면 노벨상 수상을 꿈꾸겠지만…… 현실도피의 뉘앙스를 풍기는 예스러운 풍도의 象牙塔은 물론 아니지요. 내가 지금 이 글을 청탁받고 몇 마디 적고 있는 것은 어느 것도 이에 해당되지 않지요. 宋 교수가 내게서 멀리 있을 때나 가까이 있을 때나 오히려 나는 宋 교수의 자극 속에서 믿음을 갖고 때로 멘토링을 받으며 살아온 지 오래되었으니까요. 그만큼 宋 교수는 포용력이 넓고 늘 중용을 지켜 주었었지요. 참으로 남을 배려해 주는 힘이 대단했어요.

아마 우리가 처음 만난 시간은 '國語史'였지요. 通年 강의 중 2학기였던 것 같아요. 1학기에는 李基文 선생님이 한국 최고 수준의 강의를 직접

하셨지요. 교재는 그분의 책인 『國語史槪說』(개정판)이었을 테고, 진도는 전기중세국어까지 끝내고 후기중세국어의 음운사 내용으로 출발하던 시기였던 것 같아요. 대학에서의 내가 맡은 전공강의로 처음이었지요. 참으로 내게는 어울리지 않은 것 같아요. 그나마 두세 번 강의 뒤에 임시휴교로 교문이 닫혀 버리고 말았지요. 온통 세상은 민주화운동 특히 유신반대의 물결 속이었지요. 이러한 정치사회운동과 직접적인 사상적 연계가 어려운 음운형식의 변화 사이에는 많은 갈등이 있을 수밖에 없던 시절에 음운체계의 설정과 그 변천을 애기해야 하는 '국어사'라는 수업에서 부딪친 거죠. 직접적으로 사회적인 고민을 하는 학생에게는 얼마나 심한 갈등이었을까요. 그래도 정치의식을 넘어 묵묵히 국어학을 머리에 넣는 학생들이 여럿 있었던 것 같아요. 宋 교수도 물론 그랬었지요. 어느 한 후배와 함께 나를 찾아와 "*Outline of Linguistic Analysis*" 등의 참고서며 이런저런 학문을 닦는 이야기를 나눈 것은 임시휴교 중 기억에 담고 있는 일이기도 하지요. 참으로 차분한 성격의 소유자로 학문에 대한 열정과 의지가 대단한 사람들이구나 하는 생각이 내 머리에 꽉 박혔었지요.

이듬해에 학교는 관악캠퍼스로 종합화가 되었고 종합적이었던 문리대가 없어지고 분화된 인문대학이 남게 되었지요. 학문적으로는 엄청난 변화 아니겠어요. 그럼에도 학과는 과거의 생각에서 변화가 없었지요. Liberal arts(and sciences)에서 humanities로 바뀌었는데 말예요. 인문 사회 자연이라는 새로운 삼분법을 받아드리기 어려운 '文理大'라는 보수적(?) 종합적 인식과 각도가 다른 '人文學'이라는 개혁적 인식 사이의 철학적 고민 없이 음운론 문법론 의미론 등등의 구체제는 변함없이 유지되어 왔었지요. 어느 정도는 지금까지 그렇지요. 그 속에서 학생 宋도 학부과정을 마치고 대학원에 진학했고요. 석사논문 속에는 부분적으로 인문학적 인식이 숨어 있었지요. '길이, 크기, 굵기, 밝기…'와 같은 척도명사의 조어법 말예요. 입학시험출제로 합숙할 때에 어느 중국어 출제교수가 언론지상에서처럼 '난이도(難易度)'라는 말을 썼을 때 혹시 척도명사로서는 '난도(難度)'라는 표현이 어떨까요? 하고 내가 말했을 때에 그분이 '명암(明暗)'에 대해 '暗度'가 아니라 '明度'를 쓰듯 "아! 難度." 하며 감탄한 것은 순전히 宋 교수의 인식에 의지한 결과였었지요. 다만 입시문제는 어려움('難')을 척도의 기준으로 삼고 인식하는 인간사고의 인문학적인 해석은 유보하긴 했었지요.

군복무 뒤 학과조교를 거쳐 1980년대 초에 단국대학교(천안캠퍼스)의 전임교수로 옮겨가서 매일 먼 거리를 오고갈 때에는 아마도 힘들었을 거예요. 교통체증이 심할 때에는 3시간 정도까지 막힌다고 남의 얘기처럼 담담하게 말하곤 했던 일이 기억이 나네요. 어쩌다가 퇴근차에서 내려서 프랑스어문학과의 짓궂은 술꾼 그룹에게 붙들려 한 카페에서 맥주로 목을 축이며 인생을 논하면 그런 대로 피곤을 풀 수 있었을지도 모르죠. 그때의 金 교수가 아직 살아 있으면 옛이야기라도 털어놓을 낭만이 있건마는 저 세상으로 가 버렸으니 아쉽지요. 다만 서울 시내의 대학에서 겪어야 했던 학생운동의 소용돌이는 훨씬 적었었겠지요. 그래도 당시의 쉽지 않은 상황에서 宋 교수의 논문 집필은 끊임없이 이어졌죠. Sampling을 강조하며 귀납적 연구를 파고들던 조선시대 문헌고증적인 실증적 언어학, 19세기 유럽의 변화법칙을 찾던 실증주의적 역사(비교)언어학, 체계와 구조를 찾아 헤매던 유럽의 구조주의언어학, 미국의 개척자적인 기술언어학 그리고 20세기 후반기를 뒤흔들던 자유세계의 N. Chomsky들의 이른바 (변형)생성이론 등 어지럽게 뒤섞여 있던 시기에 또 고문헌과 방언 자료를 중심으로 한 우리 나름대로의 한국어의 역사적 연구가 강세를 보였던 6·70년대 서울대 국어학 연구 분위기가 이어졌던 상황에서 자신의 방향을 잡기가 얼마나 힘들었겠어요. 당시 학과 교수들은 학생 스스로 이론과 방법을 선택하는 자유주의를 존중하는 분위기였지요. 그런 고통 속에서 宋 교수는 주로 현대한국어를 대상으로 한 공시론적 연구를 나름대로 끊임없이 차분하게 지향했었지요. 때로는 宋 교수도 15세기 국어의 공시론적 연구에도 관심을 보이기도 했었지요. 당시의 이러한 분위기를 전한 글이 송 교수가 종합 정리한『한국학보』에 실은 "音韻現象의 記述을 精密化시킨 國語音韻論 硏究에 대하여"(1982)가 아닌가 하는 생각이 드네요. 그때가 아마 宋 교수가 국어학에 뜻을 둔 지 10년쯤 되던 때였던가요. 교수 생활의 초창기였겠지요. 음운론과 조어형태론을 넘나들면서 宋 교수의 연구는 차분히 계속되었는데, 그러한 연구 경향이 바로 당시의 여러 경향 속에서 한국어에 어울리는 이론과 방법이라고 믿었던 것이겠지요. 쉬운 일이 아니죠. 더군다나 그때까지도 학교는 언어학이론의 자유로움과는 거리를 가지며 온통 최루가스에 시달리고 있었죠. 학생 운동이 우리나라 역사상 가장 심하게 타오르던 때였잖아요. 연구실 안으로 최루가스가 들어올 때에는 버틸 수가 없어 책가방을 챙겨 뛰쳐나오기 일쑤였던 때니까요.

   宋 교수가 모교인 서울대학교 인문대학 국어국문학과 교수로 옮겨 온 것이 1990년대 후반. 그래서 우리는 한 울타리 속의 몇 년간의 동료가 되었던 거죠. 2004년 내가 학교를 떠날 때에 宋 교수는 학과장을 맡고 있었던가요. 내게 내려진 훈장과 선물 보따리를 들고 손수 나의 고향쪽 집을 찾아왔죠. 이것저것 다 버리고 머리를 비우고 살고 싶을 때였죠. '放下着' 이제는 모든 것에 집착하지 말자 하며요. 그래서 그 보따리를 반가워하지 않았던 것 같아요. 미안했다고요.

   선배 교수들이 물러나고 한동안 宋 교수가 학과의 윗선에 자리했을 때에 학과 안의 여러 복잡한 일들이 무난하게 풀리고 전체가 부드러운 분위기가 이어졌다 들었네요. 宋 교수의 원만하고 중용을 잘 지키는 성격 대로였겠지요. 宋 교수는 충청도 어느 한적했던 마을에서 태어났다지요. 그 마을의 담도 없는 집 앞에는 작은 신작로 같은 길이 지나고 또 그 길옆으로는 잔잔한 湖水가 뻗어 있는 마을, 그 주위의 산은 마치 시골동

네의 초가집 지붕 위의 능선 같은 야산들이 올망졸망 펼쳐져 있는 고향마을에서 자랐고 컸으니 그런 평화로운 풍경을 宋 교수가 무척 닮았나 봐요. 이제는 아버지 어머니를 뒷산에 다 모신 그 고향으로 藏書를 옮겨 놓았다고요. 宋 교수의 그 심정 알 것 같아요. 설마 조선시대 '落鄕'의 유교적 정신이 아직 남은 것은 아니겠지요.

나는 여러 사정으로 정년 1년을 앞두고 명예퇴직을 했어요. 그리고 서울에서 멀지 않은 고향 동네에 미리 준비해 놓은 시골집(?)에 묻히려 했지요. 지금은 물 건너간 꿈이 되었네요. 宋 교수도 마지막 공직 생활인 국립국어원 원장 임기를 채우기 위해 정년 1년을 앞두고 미리 명예퇴직을 했다고 했지요. 인생의 한 징검다리를 건넜군요. 무슨 인연일까요. 나와 비슷한 길을 걷다니, 분명히 타고난 것은 아닌데 어인 일일까요.

이제 국립국어원장도 끝내시니 퇴임기념논문집을 낸다며 宋 교수의 한 제자가 내게 이 글을 부탁하네요. 교수생활을 하는 사람에게는 높은 학문의 스승, 멘토까지 훌륭히 해 줄 수 있는 선배, 그리고 늘 새로운 자극을 줄 수 있는 똘똘한 제자, 이 세 가지가 갖춰진다면 가장 행복하다고 믿고 있지요. 宋 교수와의 오랜 인연으로 마다할 수가 없어 이렇게 지난 얘기를 글로 털어놓았죠. 退任記念論文集을 받으신다니 무척 기쁘네요. 축하해요. 축하하고 말고요. 모두가 宋 교수가 베풀어 온 學德에서 온 것이겠지요. 頌德!!!

수십 년을 쳇바퀴 돌 듯 살아온 우리가 그 병풍을 걷어치우고 퇴임한 뒤 허전함과 자유로움을 찾았지만, 일상은 만만치가 않겠지요. 옛날 우리 은사 心岳이 이렇게 말씀했어요. "학자의 理想的인 장면을 想像한다면 늙어서 책상머리에서 작고함을 理想으로 삼아야 하는데……"라고요. 학문에 대한 신념과 의지, 학문의 세계에 젖어 살아온 우리는 그런 생각을 버릴 수는 없지요. 그분은 학문에 대한 집념을 끝까지 안고서 책상 위 원고지에 몇 마디를 써놓고서는 우리 곁을 떠나셨지요. 생의 마지막까지 남은 힘을 모두 소모하고요. 우리 손에서 붓을 뺏어 버리면 빈손의 바보 같은 인생이 되어 버리잖아요. 그래도 모든 욕심으로 생기는 집착을 떨어 버리는 '放下着'의 세계를 지향해야 하지 않을까요. 내것이 아닌 것은 모두 버리면, 아니 반만이라도 버리면, 사람은 가장 안락하지 않겠어요. 이제 아무 생각 없이 산책을 하며 만년을 보낼 수 있으면 가장 행복하지 않을까요. 또 다른 우리의 옛 은사 一石 마음처럼요. 우리에게 분명한 것은 나이 들어가는 대로 산다는 것. 우리에게는 나이들 때마다 그 속은 달라도 언제나 잊혀짐이 있고 계속됨이 있으며 또 새로움이 있는 거죠. 그래서 새로운 구조가 계속 형성되듯이요. 人生史도 言語史와 크게 다를까요. 무슨 새로운 꿈을 꾸더라도 깨끗하게 아름답게 건강하게 살면서 행복해요. 손주들을 훌륭히 키우면서요.

2018년 초하에 두 손 모아 빕니다.

李 秉 根

송철의 교수의 정년퇴임을 축하하면서

　무엇보다도 먼저 송철의 교수가 모든 외부의 구속에서 벗어나 자유로
운 몸이 된 것을 축하한다. 그것은 송 교수가 자유로운 삶을 마음껏 향유
할 수 있게 되었음을 뜻하는 것이 아니라 어쩔 수 없는 사정에서 하지
않으면 안 되었던 그런 류의 연구를 하지 않고 자신이 의도했던 연구에
전념할 수 있게 되었음을 뜻하는 것이다.

　필자가 송 교수와 알고 지낸 세월은 오래이지만, 강의를 같이 들었다거
나 공동 과제를 가지고 작업을 같이 한 적이 없었다. 그리고 사람들과
잘 어울리지 못하는 필자의 성격 때문에, 어떤 문제에 대해서 서로 진지하
게 논의할 기회도 없었다. 송 교수와 필자가 같은 공간에서 생활을 한
것은 송 교수가 관악캠퍼스로 온 이후 필자가 정년하기 전 10여 년이었
다. 10년이면 강산도 변할 수 있는 기간이지만, 그중에서 3년은 서로
외국에 있었기 때문에 햇수로 치면 만 10년이 못된다. 그 기간에도 우리
는 필요에 의한 사소한 이야기 외에는 진지한 이야기를 한 적이 없었던
것이 아닌가 한다. 어쩌면 지나간 일에 대해서 기억을 잘하지 못하는
필자 자신의 문제 때문에 그러한 때가 있었는데도, 그런 일을 기억하고
있지 못하기 때문인지도 모른다.

　필자가 송 교수에 대해서 가장 잘 알고 있다고 생각하는 것이 있다면,
그것은 그의 학문에 대한 것이라 할 수 있다. 송 교수는 한국어 음운론과
개화기의 한국어에 대한 많은 연구 그리고 그 외의 여러 가지 연구로
한국어학의 발전에 크게 기여해 왔다. 그중에서도 특히 송 교수의 연구에

서 주목되는 것은 석사학위논문인 "파생어형성과 음운현상"(1977)과 박사학위논문인 "국어의 파생어형성 연구"(1990)이다. 송 교수의 석사학위논문은 '생성형태론'에 바탕을 둔 한국어의 형태론 연구이다. 1970년대에 들어 변형문법론에서는 어휘부가 계속 문제가 되었는데 그래서 대두된 것이 어형성을 담당하는 형태부를 변형문법론의 틀 속에 독립시키는 것이었다. 이러한 주장은 Halle(1973, "Prolegomena to a theory of word-formation")에서 비롯되고 Aronoff(1976, *Word Formation in Generative Grammar*)에서 구체화되었다. 소위 '생성형태론'이 그것인데, 그로부터 형태론의 연구가 본격화하였다. Aronoff(1976)이 국내에서 탐독되던 시기에 송 교수가 대학원에 입학하였다. 그러므로 송 교수의 석사논문은 생성형태론을 한국어 형태론에 수용한 아주 초창기의 논문이라 할 것이다.

이 논문에서 파생어형성은 극히 일부만 논의되었지만, 구조주의 형태론에서는 생각할 수 없었던 사실, 즉 한국어가 파생어형성에서 가지게 되는 제약들이 밝혀지기 시작했다. 예를 들면, '길다-짧다, 높다-낮다, 크다-작다'와 같이 의미상의 대립을 가지는 형용사에서 명사가 파생될 때에는 그러한 형용사는 '길이, 높이, 크기'와 같이, '정도가 큰 것을 나타내는 형용사'에 한정된다든가 명사파생접사 '-이, -음, -기'에 의한 용언의 명사 파생은, '먹이, *먹음, *먹기', '*울이, 울음, *울기'에서 보듯이, 세 접사 중 하나만이 선택되고 나머지 둘은 배제된다는 제약이 그에 해당한다. 이러한 파생에서의 제약의 발견은 한국어 형태론의 새로운 문을 열었다는 점에서 큰 의미를 가진다.

이렇게 시작된 한국어의 파생어형성에 대한 연구는 송 교수의 지속적인 연구 주제였으며 그 결정체라 할 수 있는 것이 그의 박사학위논문이다. 이 논문은 석사학위논문 이후 10여 년 동안 꾸준히 추구한 송 교수의 한국어 파생어형성에 대한 연구의 결실이다. 파생어형성의 유형, 파생과 굴절의 상이성, 어휘화의 유형, 파생어형성과 어기의 의미, 파생어형성규칙의 특성과 제약, 접미사에 의한 파생 등 한국어의 파생어형성에 대한 참으로 많은 사실들이 이 논문에서 밝혀졌다.

송 교수는 기골이 장대하거나 성품이 활달한 사람이 아니다. 오히려 작고 조용하고 온화한 성품을 가지고 있다. 송 교수는 눈이 크다. 그 눈에는 거짓이 없고 선함과 온정이 가득하다. 송 교수의 말은 우렁차거나 강하지 않다. 송 교수는 충청도 고향에서 중학교를 졸업하고 고등학교와 대학을 거쳐 지금까지 서울에서 살고 있지만, 그의 말에는 여전히 충청도 말의 억양이 남아 있다. 이러한 송 교수의 체격이나 말에서, 모르는 사람들은 그가 나약하고 우유부단하리라고 느낄지도 모른다. 그러나 송 교수는 서울대학교 한국학연구사업 운영위원회 위원장, 서울대학교 규장각 한국학연구원 부원장 겸 한국학연구사업 위원회 위원장, 초대 서울대학교 인문학연구원 한국어문학연구소장, 국어학회 회장, 진단학회 회장 등 많은 단체에서 지도자의 역할을 담당해왔다. 외유내강이란 송 교수를 두고 하는 말이리라.

끝으로 다시 한 번 송 교수의 정년퇴임을 축하한다. 송 교수가 한국어학의 발전에 기여한 공로는 정년퇴임으로 끝날 것이 아님을 필자는 믿고 있다. 건강한 가운데 이제부터 본격적인 연구에 매진하여 지금까지보다 훨씬 많이 한국어학의 발전에 기여해 줄 것을 부탁한다.

2018년 7월

최 명 옥

송철의 교수의 퇴임을 축하하며

　송 교수의 정년을 기념하는 좋은 책의 간행을 축하합니다. 얼굴만 보면 누가 송 교수를 정년에 이른 노교수라 하겠습니까? 아직도 옅은 붉은 색의 주름살 없는 얼굴에 잔잔한 미소가 흐르는 그는 마치 처음 보던 날의 청년처럼 변함이 없습니다. 그런데 야속한 세월이 제 스스로 흘러가서 애매한 사람에게 '이제 때가 되었으니 떠나시오.' 하고 있는 것 같습니다. 참으로 안타깝지만 어쩌겠습니까? 그동안 할 일을 지성으로 하여 왔듯이 앞으로도 건강하고 평안한 가운데 하던 일을 그대로 계속하면서 국어학계의 중심 링크로서의 역할을 다할 것을 믿어 의심치 않습니다.

　우리는 1974년 겨울 처음 만났습니다. 저는 1972년 2월에 졸업하고 74년 6월에 전역하여 고교에서 가르치면서 대학원 입학시험을 준비하고 있었습니다. 그때 3학년에 재학 중이던 송 교수를 동숭동의 옛 문리대 캠퍼스에서 만났습니다. 송 교수에게서 1972년 8월에 『국어사 개설』 개정판이 나왔으니 그 책을 보아야 할 것이라는 조언을 듣고 바로 문리대 구내 서점에서 1974년 7월에 다시 인쇄한 그 책을 샀습니다. 전방에서 내내 1961년의 『국어사 개설』 초판만 읽고 있었는데 그동안에 세상이 바뀐 것이었습니다. 저는 75년에 석사과정에 입학하고 송 교수는 76년에 입학하여 관악의 대학원 생활을 같이하였지만 관심사는 좀 달랐습니다.

　참으로 외롭고 고단하던 시절, 석사학위논문이랍시고 초라한 원고를 들고 을지로 2가의 청타 집을 드나들던 저는, 1977년 12월 어느 날 밤에 송 교수를 그 추운 골목에서 우연히 만났습니다. 송 교수도 석사학위논문을 인쇄할 청타 집을 찾아온 것입니다. 근처 포장마차에 앉아 우리는 통행금지 시간이 되어갈 때까지 '길이 : *짧이', '넓이 : *넓기', '*쉬비 : 꽃다비' 등을 소재로 수많은 이야기를 나누었습니다. 송 교수의 석사학위 논문 '파생어 형성과 음운 현상' 속에 들어 있는 그 이야기들은 그렇게 저를 새로운 세계로 이끌어 갔습니다. 잉크도 채 마르지 않았을 Mark Aronoff(1976)의 *Word Formation in Generative Grammar*에서 제안된 영어 속의 Latin어계 어휘의 파생상의 특이성이 우리 한자어에서도 나타난다는 이야기며, 이미 만들어진 파생어가 있으면 새로운 파생어 형성 규칙은 적용되지 않는 blocking 현상이 국어에도 있다든가, 'width'가 있고 '*narrowth'는 없듯이 '넓이'는 있고 '*좁이'는 없다는 등등의 이야기를 들으며 생성 형태론, 생성 음운론의 새로운 세계를 열고 있는 新進氣銳를 보는 느낌은, '아! 국어학이 큰 변화를 맞이하고 있구나!' 하는 놀라움 같은 것이었습니다. 이 Aronoff 교수를 SUNY Stony Brook에서 둘째 아이의 선생님으로 만났을 때의 반가움은, '당신의 박사학위논문에서 제안한 이론들이 한국어에도 통한다는 것을 논증한 학자, 송철의가 서울에 있다.'는 말을 할 수 있었기에 더 컸을 것입니다.

그렇게 시작한 송 교수의 공부는 평생을 일관하여 생성 형태론의 파생어, 합성어 형성과 생성 음운론의 음운 현상 기술의 정밀화에 집중되어 있습니다. 처음 얼마간 합성어 쪽에 관심을 기울이다가 이내 이쪽에서는 내 할 일이 없겠다 싶어 의문문, 경어법, 통사 구조 쪽으로 방향을 튼 제 전공 분야와는 정확하게 보완 관계를 이루는 사정이었습니다. 그러한 까닭으로 저는 송 교수와 함께 한 학과에서 근무하면 잘 조화를 이룰 것이라는 기대 속에 오랫동안 공을 들였습니다. 그러나 우리에게 그런 인연은 없었던지 송 교수는 천안에서 관악산으로, 저는 조치원에서 노고산으로 옮겨서 정년이 될 때까지 30여 년씩 근무하고 이제 태어난 순서대로 어깨를 짓누르던 굴레를 벗고 자연인의 몸으로 돌아왔습니다.

사람이 세상에 와서 뜻을 펼칠 수 있는 길을 찾고 그 길에서 최고의 수준에 이를 수 있는 기회를 갖는 일이 어디 쉬운 일이겠습니까? 天幸으로 그런 길에 들어서서 전력을 다하여 매진한 결과 前人未踏의 경지를 밟은 우리 송 교수는 참으로 복 많은 사람입니다. 충청남도 홍성의 다복한 농촌에서 8남매의 6째로 태어난 송 교수는 고등학교부터 서울서 다니기 시작하여 50여 년 서울 생활을 한 충청도 양반입니다. 려산 송 씨, 어릴 때 집안 어른들에게서 듣던 윗대 할머니들의 집안, 경상도에서는 좀처럼 볼 수 없는 姓이었습니다. 대학부터 서울서 다니기 시작하여 50여 년 서울서 산 저에게 아직도 남은 촌티는 그에게서는 전혀 찾아볼 수 없습니다. 공부도 외모와 같아 송 교수가 쓴 글들을 읽어 보면 단아하고 차분한 논증이 평야 지대의 강물 흘러가듯이 천천히 유장하게 펼쳐지고 있음을 볼 수 있습니다. 아직도 산골짜기 좁은 시내의 격랑처럼 물방울을 튀기며 급하게 흘러가는 글을 주로 쓰는 제 처지에서는 부럽기 짝이 없는 글쓰기입니다.

그런 송 교수가 2002년에 "用言 '있다'의 通時的 發達에 대하여,"(『朝鮮語研究』 1, 朝鮮語研究會(日本))를 발표하였습니다. 당시 선어말 어미 '-느-'의 통사적 처리 문제로 골머리를 앓고 있던 저는 이 글을 읽고서 송 교수의 다른 글들과는 달리 좀 역동적이라는 느낌을 받았습니다. 공시적 기술의 탄탄함, 통시적 자료 제시의 차분함이 전과 다름없이 잔잔하게 흘러가고 있었지만, 겉으로 소리 없이 잔잔하게 흐르는 논지의 밑바탕에는 深海의 底流를 형성하고 있는 둔중한 바닷물의 흐름이 거세게 굽이치고 있었습니다. 평서법의 '있는다 : 있다'는 동사적 활용과 형용사적 활용의 구분이라 할 수 있지만, 의문법의 '있느냐'는 형용사적 용법에서도 그대로 나타나므로 동일하게 설명할 수 없다는 지적을 거쳐, '없다'의 의문형이 17세기까지는 대체로 '업스냐'로 나타나지만 18세기에 들어서면서 '업느냐'가 절대적으로 우세해졌음을 보이고, '이시-'가 '잇-'으로 단일화된 과정을 추적하여 18세기 중엽에는 '이셔'와 '이서'가 구분되지 않아 '이셔'를 '잇-어'로 再分析하여 '이시-~잇-'의 교체를 보이던 이 이형태들이 '잇-'으로 통일된 것으로 실증하고, 이 '잇-'의 활용 유형 '있느냐'가 '없-'의 활용에 영향을 미쳐 '없느냐'와 같은 어형이 나타나게 되었다고 하였습니다. '잇-'과 '없-'의 활용상의 측면으로 접근한 것이지만 선어말 어미 '-느-'의 분포 쪽으로부터 접근하는 통사론의 방향과 관련하여 생각하면 대단히 중요하고 강력한 메시지를 담고 있는 논문이라 할 것입니다. 이런 면에서 앞으로도 우리의 관심사가 겹치거나 같으면서 남아 있는 대화들을 이어나갈 수 있기를 기대합니다.

　우리는 공적으로 사적으로 많은 경험을 같이 하며 살아왔습니다. 저는 국어학회 회장에 선임되었을 때 주저 없이 송 교수를 부회장으로 추천하여 학회지 편집, 학회의 施賞과 관련된 중요 업무를 맡겼는데 그 일들이 원만하고 정확하게 완수되었음은 당연한 일이었습니다. 2년 뒤에 송 교수가 회장으로 선임되었을 때 저는 홀가분하게 회무를 인계하였습니다. 국어학회의 총무이사, 언어학회의 연구이사로 일한 경험도 공유합니다. 제가 국어연구원에서 일할 때 송 교수는 여러 사업의 위원으로 많은 일을 도와주었고, 송 교수가 국어원장으로 일할 때에 저는 국어심의회 위원장을 맡아 함께 여러 난제들을 풀어나갔습니다. 이렇게 모든 면에서 100% 신뢰할 수 있는 동료가 있다는 것은 드문 인연이고 행운이라 할 것입니다. 그런데 이 인연들은 석사학위를 함께 받은 1978년 이후 수많았던 사적인 자리에서 맺어진 것으로 보입니다. 우리는 당시 유행하던 게임인 포커나 섰다를 하는 자리에서 이기거나 지거나 얼굴색이 변하지 않아야 하고, 술을 많이 마셔도 취한 표를 내지 않아야 한다고 다짐하였습니다. 그때 고 이남순 선생, 박민규 선생, 김창섭 선생, 이승재 선생, 안명철 선생 등과 함께 놀던 일들이 엊그제 같은데 벌써 세월은 이렇게 제 마음대로 흘러가 버렸습니다.

송 교수는 학문적으로뿐만 아니라 가정적으로도 매우 행복한 사람입니다. 부인 박영숙 여사와의 사이에 아들, 딸을 두었고, 그 아들, 딸이 모두 成家하여 손자를 셋이나 두고 있습니다. 요즘 같은 세태에 흔하지 않은 복입니다. 국립국어원장의 임기를 끝내고 이제 전원 지역인 동탄으로 주거도 옮겨서 고향과 서울의 중간쯤에 자리 잡고 장기전을 벌일 기지를 마련하였습니다. 부디 하던 일을 계속하여 큰 열매를 산처럼 거두시기 바랍니다. 이렇게 건강하게 아무 탈 없이 할 일을 다 마치고 가벼운 마음으로 은퇴를 할 수 있는 복을 누리는 것을 거듭 축하하고 축하합니다.

2018년 8월

서정목 謹書

칠갑산 긴 골짜기에서 흘러내린 물이

송철의 교수께서 이제 제도권의 굴레를 벗고 自然人의 신분으로 돌아왔습니다. 연구와 교수 그리고 봉사의 길을 쉬지 않고 걸어오신 그간의 헌신과 노고에 同學의 한 사람으로서 경의를 표합니다.

제가 송 교수를 처음 만난 것은 1972년, 한참 신록이 우거지던 어느 화창한 봄날이었습니다. 고 김경훈 교수와 셋이서 잠시 만나 담소를 나누었고 그 뒤 한 차례 관악산을 오른 기억이 납니다. 이때의 만남은 학문적 교유가 아닌 그저 친교를 위한 것이었고 또 피차 캠퍼스가 달라 종종 오가며 만날 수 있는 여건도 아니어서, 이처럼 근 반세기 동안 송 교수와 긴 인연을 이어나가리라고는 꿈에도 생각지 못하였습니다.

한참 뒤 제가 군 복무를 마치고 종합화된 관악캠퍼스로 돌아와 진로를 고민하며 허둥대고 있을 때 송 교수는 석사 과정을 마무리하고 있었습니다. 낮에는 석사 논문을 쓰고 밤에는 장훈고교에서 수업을 하는 등 바쁜 나날을 보내고 있었던 것으로 기억됩니다. 그때 저는 언어학과 대학원에 다니던 친구의 안내로 송 교수와 5년 만에 再會하였는데, 다정다감하면서도 차분한 성격은 처음 만날 때와 조금도 변함이 없었습니다. 그 뒤로 송 교수와 이따금 만나 타향살이에 얽힌 이야기도 두런두런 나누고 국어학에 대한 조언을 듣기도 했습니다. 하여 국어학에 무지했던 저는 국어학이 어떤 학문인지 어렴풋이 알게 되었고 뒤늦게 국어학에 차츰 관심을 갖게 되었습니다. 그 뒤 저는 잠시 중학교에서 교편을 잡다가 대학원에 진학하였고 송 교수는 늦은 나이에 입대하여 30사단 작전병으로 복무하였습니다.

1982년 같은 해에 둘 다 대학에 적을 두고서부터는 서로 만나기가 쉽지 않았지만 그래도 송 교수의 주선으로 고 이남순, 이승재, 한영균 이렇게 다섯이 모여 *SPE*를 읽기도 하고 각자 구상하고 있는 연구 주제를 듣는 시간을 갖기도 하였습니다. 비록 짧은 기간이었지만 저로서는 학계의 동향을 살피고 또 이것저것 귀동냥할 수 있는 시간이었으니 이 또한 송 교수에게 깊이 감사해야 할 일입니다. 그 뒤로 송 교수는 줄곧 학계를 선도하는 논문을 발표하였는바, 언제나 현상을 치밀하게 분석·기술하는 한편 국어를 통해 언어 보편성의 문제를 다루기도 하였습니다. 同學인 저로서는 알토란같은 그런 송 교수의 논문이 늘 부럽기만 하였습니다.

정년을 맞은 송 교수는 비록 희끗희끗 머리에 잔서리가 앉기는 하였지만 아직도 동안과 그 해맑은 웃음은 여전합니다. 또 송 교수의 맑고 온유한 心性은 우리네 어린 시절 충청도 시골 소년의 그것과 다를 바가 없습니다. 그리고 송 교수의 話法에는 늘 너그러움과 配慮가 배어 있어 듣는 이의 마음을 편안케 합니다. 또 격의 없는 소탈한 성격으로 주위에는 언제나 사람들이 모여듭니다.

저는 송 교수의 雅號(?)가 무엇인지 모릅니다. 오래 전에 송 교수로부터 책을 빌린 적이 있는데 그 책의 속표지 한 모퉁이에 "舍利"라고 씌어 있는 것을 본 일이 있습니다. 또 그 뒤 누군가가 "舍利 선생 云云"하는 것을 들은 적이 있습니다. 그러니 송 교수의 雅號 내지 別號는 필시 "舍利"일 것으로 생각됩니다. 송 교수의 성품을 생각하면 이 "舍利"는 칠갑산 長谷寺에서 피어난 佛心에서 비롯된 것은 아닌지 모르겠습니다. 그런데 그 "舍利" 위에 송 교수의 성을 얹으면 칠갑산 深山幽谷의 明鏡止水 속에서 悠悠自適하는 '송사리'를 연상하게 됩니다. 이 연상이 저의 지나친 戲畵化의 所産이라면 송 교수께 무척 죄송할 뿐입니다. 어떻든 칠갑산 아래 긴 골짜기를 결코 서두르지 않고 머물다가 흐르고 또 흐르다가 머무는 그 티 없이 맑은 물속의 송사리는 얼마나 행복한 존재란 말입니까!

또 자연 속의 평범한 존재인 송사리는 결코 혼자 노니는 법이 없습니다. 항상 떼를 지어 다닙니다. 이는 송 교수의 주위에 사람들이 모여들고 또 송 교수가 그런 人叢을 슬기롭게 잘 이끌어가는 것과 같습니다. 저는 칠갑산의 明鏡止水가 송 교수의 마음속에서 늘 잔잔히 흐르고 있다고 믿고 있습니다.

주지하는 바와 같이 송 교수는 음운론, 형태론, 국어학사, 국어정책 분야에서 많은 논저를 펴내어 학계에 기여하였습니다. 또 국내 유수의 여러 학술단체를 이끌기도 하고 또 3년 동안 국립국어원장을 하면서 국어 발전을 위해 애를 쓰셨습니다. 제가 보기에, 송 교수가 쌓아 올린 학문은 높고 또 살아온 자취는 밝고 뚜렷하기만 합니다. 또 많은 인재를 얻어 훌륭한 국어학자로 길러냈습니다. 학자로서는 이만한 행운과 福樂도 달리 없다고 생각합니다. 이는 부인 박영숙 선생님의 인내와 내조 없이는 불가능한 일이니 송 교수가 쌓아올린 成業의 태반은 부인의 공이 아닌가 합니다.

이제 좀 쉬면서 손자들의 재롱도 보시고 또 주위를 두루두루 휘휘 둘러보시다가 건강한 모습으로 다시 강단에 나아가 국어 연구와 국어 발전에 더 큰 자취를 남기시기를 바라마지 않습니다. 댁내에 건강과 행복이 늘 가득하기를 빕니다.

2018년 5월 31일
곽 충 구

目次

제1부
음운·문자

역사적 언어 변화의 주체*
기저형인가 표면형인가

이화여자대학교

1. 들어가면서

1.1. 문제의 제기

생성음운론에서 기저형과 표면형이 구분되어 언어학적 단위로 설정된 이래, 기저형에 관한 문제는 끊임없이 논란이 되어 왔고, 요즘 유행하고 있는 최적성 이론에서도 해결해야 할 과제로 남아 있다.[1] 이와 관련된 문제 중 가장 중요한 몇 문제는 첫째 기저형과 표면형으로 구분하는 인식

---

* 이 글은 2015년도 국어학회 겨울연구회에서 발표한 내용을 조금 보완한 것이다. 게으름으로 미루고 미루다 시간이 촉박하고 마음이 급하여 제대로 수정하지도 못하고 보낸다. 송철의 선생의 기념 논문집에 흠이 되지 말았으면 하는 마음이다.

1 최적성 이론으로 언어 현상을 설명하고자 하는 논저에서 이 문제에 관한 고민을 딜 하는 듯한데, 그것은 문제의 본질에 관한 무관심 때문이 아니가 생각된다. 입력부에서 후보자를 만드는 과정과 최적의 후보자를 평가하는 과정에서, 충실성 제약이나 대응 이론 등을 제대로 적용하기 위해서는 모두 기저형에 대한 고민이 필요한 것이다.

자체에 관한 문제, 둘째 기저형의 형식과 설정 방식에 관한 문제, 셋째 기저형과 표면형의 관계에 관한 문제 등이 될 것이다.[2]

첫 번째 문제와 관련하여 본고가 가지고 있는 기본적인 생각은 '본질없는 실존없고, 실존없는 본질없다.'는 것이다. 기저형과 표면형에 관련해서는 본질적으로 존재하는 것이 기저형인가, 아니면 표면형인가, 혹은 기저형도 아니고 표면형도 아닌 제3의 근원적인 무엇인가에 관한 문제는, 실존과 본질의 문제 혹은 인간의 이분법적인 인식의 타당성 여부와 관련하여 계속 고민하여야 할 것이다.

두 번째 문제와 관련된 문제는 기저형의 추상성의 정도와 자질의 설정 근거가 주된 사항이 될 것인데, 이에 덧붙여 이분법적인 설정 방식에 관한 문제도 논의의 대상이 될 수 있을 것이다. 기저형의 추상성에 관한 문제는 촘스키의 이론이 발표된(1968년) 직후에 자연생성음운론이 문제를 제기하고 대안을 제시한 이래로, 공시적 규칙의 타당성 여부와 관련하여 현재까지 논의가 계속되고 있는 것인데, 이 문제 역시 과정 혹은 동기에 초점을 두느냐 아니면 결과에 초점을 두느냐에 따른 취향 더 크게는 사회적인 풍조와 관련하여[3] 언어학의 숙제로 계속 남게 될 것이다. 음운론 혹은 언어학의 최소 단위로서 자질을 어떤 기준으로 어떻게 설정할 것인가 하는 문제 역시 음운론의 가장 원론적인 문제로 지속적인 논의의 대상이 될 것이다. 아울러 2분법적인 사고가 문제의 본질을 훼손하지 않고 설명적 타당성을 항상 가질 수 있을까 하는 문제 역시 가장 근원적인 문제의 하나로 논쟁점이 될 것이다.

마지막으로 제기된 문제는 둘의 공시적 관계와 통시적 습득 혹은 전달에 관한 것인데, 공시적 관계에 관한 본고의 생각은 '표면형에 의해 기저

---

2 이러한 세 가지 문제 역시 본질적으로는 하나의 의문으로 귀일되는 것이다.

3 언어학습에서 '이해 능력의 향상'에 초점을 두느냐 아니면 '표현 능력의 향상'에 초점을 두느냐 하는 문제도 이와 관련된 것이다.

형이 설정되고, 기저형에 의해 표면형이 설명된다'는 것인데, 이러한 순환론적 존재 확인을 위한 규칙에 대해 어떻게 당위성을 확보할 것인가 하는 문제가 언어학의 학문적인 위상과 관련하여 앞으로 깊이 있게 논의되어야 할 것이다.

본고에서 다루고자 하는 문제는 마지막 문제와 관련된 것으로 언어가 통시적으로 전달되는 것은 혹은 다음 세대가 이전 세대에서 습득하는 것은, 기저형인가, 아니면 표면형인가, 혹은 기저형과 표면형의 전체인가 하는 문제이다.

언어 변화의 유형과 관련하여 이를 정리해 보고자 하는 것이다.

1.2. 대표적인 사례

본고에서 다루고자 하는 문제의 대표적인 사례는 국어의 1인칭 대명사 '나'의 변화이다. 단독형 기저형으로 존재하던 '나'는 '나〔na〕' 이외에 속격 조사 '의'의 결합형 '내〔nay〕',[4] 주격 조사 'ㅣ'와의 결합형 '내〔nay〕' 등의 곡용형을 가지다가 /ai/가 /ㅐ/로 축약되는 현상을 일으키자 '나/내'의 쌍형의 어간 기저형을 가지게 된다. 형태소 결합의 원천적인 상황 때문에 '내'는 주격과 속격으로 사용되고, '나'는 그 이외의 모든 환경에서 사용되는 것이다. 이 관계가 방언에 따라 '나/내'의 형태로 계속 사용되기도 하고, '나'로 통일되는 방언이 나타나기도 하고, '내'로 통일되는 방언이 나타나기도 하는 것이다.

표면형에 의해 기저형의 변화가 만들어지고, 이 기저형의 활용에 의해 표면형이 통일되는 양상을 보이기도 하는 것이다.

동남 방언에서 이전의 어느 시기에 '으'와 '어'는 구분되었다. 구분되는

---

4 '나 + ·ㅣ'의 결합으로 세 모음이 연속되자 '·'가 탈락한 것이다.

시기에 움라우트 현상이 발생하였는데 이에 의해 '끓이다'는 〔끼리다〕가 되고, '겁+이'는 〔게비〕가 되었다. 그 후 '으'와 '어'의 합류가 일어나 기저의 차원에서는 구분되지 않지만 표면의 차원에서는 이전 체계의 흔적으로 구분되고 있는 것이다. 두 모음의 기저 차원에서의 합류와 상관없이 표면형 〔끼리다〕는 〔끼리다〕로 후속 세대에 전달되고, 표면형 〔게비〕는 〔게비〕의 형태로 후속 세대에 전달되고 있는 것이다. 실제로 존재하고 있는 표면형은 기저형의 변화와 상관없이 자체적인 생명력을 가지고 후속 세대에 전달되고 있는 것이다.

세대간 전달되는 것은 기저형 중심의 단독 어휘가 전달되는 것이 아니라, 단독형과 의존형이 결합한 단어, 단독형과 단독형이 결합한 단어도 세대간에 전달되는 언어 단위이다. 물론 주어와 서술어가 결합하는 문장의 호응관계 역시 세대간 전달의 대상이고 이들 역시 변화할 수 있다.

1.3. 가설

20세기 후반 구조언어학에서 생성언어학으로 바뀌면서, 사물 혹은 언어의 단위들이 맺고 있는 관계에 관한 탐구에서 내면에 들어 있는 기저 혹은 본질에 관한 탐구로 바뀌었다고 할 수 있지만, 바뀌지 않은 공통적인 시각이 하나 있다. 그것은 구조주의적 시각이 랑그와 파롤을 구분하고, 파롤보다는 랑그에 초점을 맞추고, 랑그의 단위 혹은 구성 요소의 관계에 대한 파악을 언어학의 과제로 본 것과 비슷하게 생성언어학에서는 언어를 기저와 표면으로 나누고, 기저형과 여기에서 표면형을 도출하는 규칙의 탐구에 초점을 맞추어 보편 문법의 구축을 언어학의 과제로 삼았던 것이다. 랑그와 기저형에 대한 편향적 중점이라는 공통성을 두 언어학의 사조는 가지고 있는 것이다.[5]

생성언어학이 출발하는 시각—언어는 기저형과 표면형이라는 두 개의 층위를 가지고 있고 기저형에서 표면형으로 도출되는 과정에는 일정한 규칙이 있고, 언어학이란 그 규칙의 체계를 찾아 내어 보편 문법을 구축하는 것이라는 촘스키의 생각이 아직도 유효한 생각이라면, 언어의 역사적 변화에 관심을 가지고 있는 본고가 제기하는 문제는 '그러면 역사적으로 변화하는[6] 주체적인 요소는 기저형인가' 하는 문제이다.

이러한 문제와 간련하여 일차적으로 다음과 같은 〈가설1〉이 가능할 것이고, 이에 의해 〈가설1-1〉과 같은 추론이 가능할 것이다.

가설1. 기저형 혹은 규칙이 변화하여 표면형의 변화를 유발한다.
가설1-1. 통시적인 변화의 주체는 기저형이다.

그런데 촘스키와 같은 생각에 정반대되는 생각도 가능할 것이다. 실질적으로 존재하고 있거나 현실적으로 영향을 미치는 것은 표면적인 존재 혹은 현상 그 자체이고, 내재적이거나 본질이라고 생각하는 것은 표면적인 존재에 의해 유추되거나 상상되어진 추상적인 그 무엇일 따름이다. 이러한 생각을 한다면 다음과 같은 〈가설2〉가 가능할 것이고, 이에 의해 〈가설2-1〉과 같은 추론도 가능할 것이다.

---

5 방언학이나 자연 생성 언어학 그리고 사회언어학 등에서는 소쉬르의 파롤(parole) 이나 촘스키의 언어수행(performance) 등에 더 비중을 둔 듯하지만 기본적인 발상 자체는 대동소이하다.

6 소쉬르에 의해 공시와 통시가 구분된 이래 이러한 구분 그 자체에 관한 논의도 있어 왔다. 많은 논저에서 '공시적인 현상과 통시적인 현상의 구분'이라는 표현을 '현재의 것과 과거의 것 구분'할 때 사용하면서 '과거의 것'을 '과거의 상태'와 '과거에서의 흐름'을 구분하지 않은 듯하다. 본고에서는 '시간의 흐름에 따라 후대에 전달되는 것 그리고 그 때에 생기는 현상' 등을 지칭하는 개념으로 '통시적 혹은 역사적'이라는 표현을 사용한다. 개념에 대한 더 상세한 논의 즉 개념에 대한 정확한 정의와 구분은 다음 기회로 미룬다.

가설2, 표면형이 변화하여 기저형과 규칙의 변화를 유발한다.

가설2-1, 통시적인 변화의 주체는 표면형이다.

위와 같이 상반된 둘을 설정한 후, 하나를 중심으로 하고 다른 하나를 종속적인 것으로 판단하거나 인식하고 그리고 그 영향 관계를 일방향적인 것으로 판단하는 경우도 있겠지만, 둘의 존재를 상호 의존적인 것으로 판단하고, 그 영향 관계도 쌍방향적인 것으로 인식하는 경우도 있겠다. 이 경우 설정할 수 있는 가설은 다음의 〈가설3〉이 될 것이고, 이에 의해 〈가설3-1〉과 같은 추론도 가능할 것이다.

가설3, 기저형과 표면명은 상호의존적으로 존재하고, 이들의 영향 관계는 쌍방향적이다.

가설3-1, 통시적인 변화에는 때로는 기저형이 주체가 되고, 때로는 표면형이 주체가 된다.

이러한 세 종류의 가설 중 어느 것이 언어 변화를 가장 합리적으로 그리고 실질적으로 설명할 수 있는 가설이 어느 것인가 하는 문제를 판정하는 것이 본고의 목적이 된다.

2. 기저형과 표면형의 관계

2.1. 두 층위의 필요성

발화의 양상에서 표면적으로 실존하는 〔갑씨〕, 〔갑또〕, 〔감만〕 등에 다양하게 나타나는 교체 계열 〔ㅂ씨〕, 〔ㅂ〕, 〔ㅁ〕 등이 하나의 동일한 구성소의 환경에 의한 변이형이라는 것을 설명할 수가 없다. 이들이 동일한 층위에서 대등하게 존재하는 동일한 형태소의 변이형이라면 '갑씨'이 '갑'이나 '감'이 되는 과정, '갑'이 '갑씨'이나 '감'이 되는 과정 그리고 '감'이 '갑씨'이나

'갑'이 되는 과정을 설명할 수 있어야 한다. 그리하여 이들이 하나의 형태소인데, 환경에 의한 변이형이라는 것을 증명할 수 있어야 하는 것이다.

$$갑ㅆ \rightleftarrows 갑 \rightleftarrows 감 \rightleftarrows 갑ㅆ$$

그런데, '갑'이 '갑ㅆ'이 되거나 '감'이 '갑'이나 '갑ㅆ'으로 되는 과정은 설명할 수 없는 것이다. '갑'과 '갑ㅆ'이 상호 가역적이면서 대등적인 관계가 되기 위해서는 '갑ㅆ'이 '갑'으로 변화하는 것을 설명할 수 있고, 동시에 '갑'이 '갑ㅆ'이 되는 과정을 설명할 수 있어야 하는데 이는 그러한 설명은 불가능한 것이다. 더욱 확대하여 '감'이 '갑'이나 '갑ㅆ' 등이 서로 대등한 위치에서 상호 가역적인 관계가 된다는 것은 해결할 수 없는 과제가 되는 것이다.

이러한 문제를 해결하기 위해서는 표면적으로 실현되는 층위와는 다른 층위에 이들의 교체형으로 변화할 수 있는 어떤 형태가 있다는 것을 가정할 필요가 있다. 즉 세 종류의 변이형이 서로 가역적으로 변화할 수 있다는 것을 설명할 수 없기 때문에,[7] 이들의 존재와 층위를 달리 하는 한 층위를 설정하고 이 층위에 존재하는 그 무엇이 표면적인 층위로 도출된다는 논리가 필요한 것이다. 가정되는 새로운 층위를 기저형이라 하고, 도출되는 과정을 규칙이라 하고, 실질적으로 발화되는 존재를 표면형이라 하면 그 것은 다음과 같이 두 가지 유형으로 즉 상하 관계 혹은 평행 관계로 표현할 수 있을 것이다.

---

7 한 예로 '감'이 '갑ㅆ'나 '갑'으로 변화하는 것은 불가능한 일이다.

갑ㅆ　　　: 기저형	기저형　규칙(도출과정)　표면형
╱ │ ╲　　: 규칙(도출과정)	╱　　　　　갑ㅆ
갑ㅆ 갑 감　: 표면형	값　　　→　　　　　갑
	╲　　　　　감

〈표1〉 상하관계로서의 기저형과 표면형　　평행관계로서의 기저형과 표면형늬

2.2. 두 층위의 위계-순환적 상호 의존성

　이러한 두 층위의 계층적 관계와 평행적 관계 중 어느 위계가 기저형과 표면형의 본질적이면서 실존적인 관계를 좀 더 정확하게 보여주는 것인가? 상위와 하위의 관계 혹은 중심과 변방의 관계인가 아니면 동일한 층위의 대등적 나열관계인가?

　이러한 질문에 대해 결론부터 제시하면, '두 층위는 순환적이면서 상호 의존적이다. 실존하고 있는 표면형에 의해 기저형이 설정되고, 설정된 혹은 가정된 본질 기저형에 의해 표면형의 도출 과정이 규칙으로 설명되는 것이다'.[8]

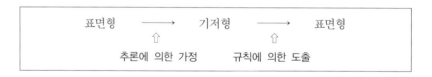

　실존하고 있는 표면형으로 기저형을 추정할 당시에는 기저형에서 표면형으로 도출될 수 있는 규칙의 가능성이 미리 가정된다. 그래서 '추론에 의한 가정'에서의 '추론'과 '규칙에 의한 도출'에서의 '규칙'은 사실 그

8　이 과정은 역사비교언어학에서 행하는 공통조어의 설정과 이것으로부터의 후대형 설명 과정과 동일하다.

방향이 다를 따름이지 실질적인 내용은 동일한 것이다.[9]

'사물이나 현상의 내재적인 본성이라고 인식하는 본질과 현실 세계에 구체적으로 존재하고 있는 실존 중 더 중요한 것은 무엇일까?'라는 질문을 제기한다면 그 대답은 '한쪽이 없으면 다른 쪽도 존재할 수 없다'는 것이다.

3. 역사적 변화의 주체

언어가 통시적으로 변화함에 있어서 중심되는 것은 무엇일까? 기저형 내지는 기저 체계인가? 아니면 표면형 내지는 표면 체계(혹은 표면 제약)인가? 아니면 규칙 내지는 규칙 체계인가? 본고는 세 가지 모두가 역사적 변화의 주체가 될 수 있다는 입장인데, 본 장에서는 기정형도 역사적 변화의 주체가 될 수 있고, 표면형도 역사적 변화의 주체가 될 수 있다는 것을 논의한다.

3.1. 주체로서의 기저형
언어의 요소 중 통시적으로 전달되는 것 혹은 언어습득자가 습득하는 것은 기저형이라는 생각은 생성음운론의 기본적인 생각이었다. 이러한 생각은 다음과 같이 둘 혹은 그 이상의 다양한 형태로 나타나는 형태소의 실질적인 발화 현상을 설명하는 데 효과적인 면이 있었다. 즉 이러한 형태의 기저형으로 '값'이 존재하고, 이 기저형에서 표면형으로 도출되는 규칙이 있으며, 후속 세대는 이전 세대로부터 기저형과 음운규칙을 습득된다는 것은 설명의 편의성과 효과성을 가지고 있는 것이다.

---

9 이에 대한 좀 더 세밀한 논의는 다음으로 미루어 둔다.

표면형 〔갑〕(갑, 갑또), 〔갑씨〕(갑씨), 〔감〕(감만) ⟸ 기저형 〔값〕

⇧

음운 규칙

그뿐만 아니라, 통시적으로 규칙이 소멸하여 이전의 형태로 복원되는 경우에도 기저형이 통시적으로 전달된다는 것으로 효과적으로 설명할 수 있는 것이다. 예들 들어, 15세기에는 'ㄱ'이 탈락하는 규칙이 존재하고 있었다. 이른바 어말어미나 선어말어미의 초성 'ㄱ'이, 앞 형태소의 말음 'ㄹ' 혹은 전설성 활음과 연결될 때 'ㄱ'이 탈락하였다.

말 + 오 → 말오   개 + 오 → 개오

(비교) 잡 + 고 → 잡고   오 + 고 → 오고

이러한 규칙이 후기에 소멸하여,[10] 형태소의 말음과 관계없이 'ㄱ'이 있는 형태가 선택되는데, 이 과정은 다음과 같은 도표로 정리할 수 있다. (어떤 시기는 n 시기로 표시하고, 그 다음 시기를 n+1 시기, n+2 시기 등으로 표시한다.)

초기형	기저형	활용·곡용에서의 결합형				발생한 음운 현상
	-고	가+고	잡+고	말+고	개+고	
n 시기	-고	고	고	고	고	'ㄱ' 탈락규칙
n+1 시기	-고	고	고	오	오	'ㄱ' 탈락규칙 소멸
n+2 시기	-고	고	고	고	고	

10 이 현상은 규칙의 소멸로 해석할 수도 있고, (유추에 의한) 교체 계열의 단일화로 볼 수도 있다.

n+1 시기에 '오'와 '고'가 교체 현상을 보이고 있지만, '오'는 '고'의 'ㄱ'이 탈락한 형태라는 것을 인식하고 있었고, 이것의 교체가 적절하지 못하다는 인식에 그 다음 시기에 '고'로 통일시켜 버리는 것은 '고'와 '오'가 기저형과 변이형의 관계에 있고, '고'가 기저형이고, '오'는 변이형 이라는 것을 인식하고 있었기 때문에 가능한 것이다. 이러한 통시적 변화 의 과정에 대해서는 '기저형'이 전달되어 습득된다는 결론을 내릴 수 있는 것이다.[11]

〈통시적 규칙의 소실〉은 기저형 중심으로 언어가 전달되어 습득된다 는 것을 의미한다.

3.2. 표면형의 독자성

언어의 역사적 변화에서는 새로 발생한 개신형이 구형을 몰아 내고, 새로운 형태소로 자리매김하는 경우를 흔히 볼 수 있다. 이 과정은 다음 과 같이 표시해 볼 수 있다.

n+1시기	이전형	
n+2시기	이전형	개신형
n+3시기		개신형

이것을 표면형과 기저형으로 다시 도표를 그려 보면 다음과 같이 된다.

---

11 이러한 현상을 교체 계열의 단일화라는 유추에 의한 것으로 설명할 수도 있다. 단일화에 의해 규칙이 소멸된 것으로 보는 것이다. 그러나 'ㄱ' 탈락 규칙의 조건이 'ㄹ'과 '반모음' 뒤라는 불투명성 때문에 규칙이 소멸했다고 보는 것이 더 합리적이 라는 것이 필자의 현재 생각이다. 혹은 이 둘의 현상이 동시적으로 작용한 것으로 볼 수도 있다. 이에 대한 논의는 다른 자리에서 할 수 있기를 바란다.

초기형	기저형	표면형	음운 현상
n 시기	이전형		규칙의 발생
n+1 시기	이전형	이전형, 개신형	
n+2 시기	개신형		규칙의 소멸

(n) 시기에서 (n+1) 시기로 넘어오면서 전달되는 것은 '이전형'과 '이전형에서 개신형을 발생시키는 규칙'이다. 반면 (n+1) 시기에서 (n+2) 시기로 넘어오면서 역사적으로 전달되는 것은 이전 시기에서 변이형이었던 개신형만이 전달되었다. 이러한 과정에서 기저형과 표면형이라는 개념을 도입하여 다시 설명하면, (n) 시기에는 이전형이 기저형이고, 이 기저형과 관련된 아무런 규칙이 없는 반면, (n) 시기에서 (n+1) 시기로 넘어가는 도중에 개신형을 발생시키는 규칙이 첨가되어, (n+1) 시기에는 이전형과 개신형, 그리고 이전형에서 기저형을 변화시키는 규칙이 존재하는데, 이전형은 기저형으로 존재하고, 이 기저형에 대한 표면형으로 '이전형과 개신형'이 존재하는 것이다. (n+1) 시기에서 (n+2) 시기로 전달되는 것은 변이형으로 존재했던 개신형이므로, (n+2) 시기에는 개신형이 기저형으로 존재하는 것이다.

〈사례 1-'우' 불규칙〉
현대국어에서 이른바 '우' 불규칙 활용도 활용형인 표면형이 후대에 전달된다는 것을 보여 준다.

원래의 형태   프 + 고 → 프고   프 + 어 → 퍼
원순화 이후의 형태   프 + 고 → 푸고   프 + 어 → 퍼

그 자체의 형태의 보여주는 것은 자음어미와 결합한 '우'형이기 때문에 현대국어에서 기저형을 '푸'로 잡고 '우' 불규칙이라고 기술하지만, '프 + 고'는 '프고'로 전달되고, '프 + 어 → 퍼'는 그대로 전달되는데, 후자의 활용형에는 원순모음화 현상이 전달될 수 있는 환경이 없고 원순모음화 현상의 입력부가 될 수 있는 전자의 활용형에 원순모음화 현상이 발생하여 그 활용형이 '푸고'가 된 것이다. 만약 기저형 '프-'가 '푸-'로 변하고 여기에 '-어'가 결합하였다면 그 활용형은 '퉈'가 될 것이다.

중세국어에 '이르고, 이르러'로 나타나는 불규칙 활용은 n 시기에는 '이를-'이라는 기저형을 가지고 그 활용형이 다음과 같이 나타났다가, 동음 탈락이 발생한 후인 n+1 시기에 그 형태가 변화하였을 것으로 추정되는데

      n 시기   이를+고 → 이를고이를 + 어 → 이르러 →→→→→

      n+1 시기   이를+고 → 이르고이를 + 어 → 이르러

이러한 형태도 '이를＋고'의 형태소 결합관계가 후대에 전달되는 것이 아니라 '이르고'와 '이르러'라는 표면형의 결합 형태가 후대에 전달된다는 것을 그대로 증명하는 것이다.

〈사례 2-'여' 불규칙〉

이러한 현상은 이른바 '여' 불규칙에서도 더욱 적나라하게 나타난다. 접사 '-ㅎ다'가 결합하여 복합어 내지는 파생어를 이루는 일련의 어휘들 즉 색깔을 나타내는 '파랗다, 노랗다, 하얗다, 빨갛다' 등의 어휘와 지시를 나타내는 '이렇다, 그렇다, 저렇다' 등의 어휘들은 활용형별로 따로따로 다음 세대에 전달되는 모습을 보여 주어 본래의 기저형이 아무런 역할을 하지 못한다는 것을 보여주는 예가 될 수 있다.

노랗 + 아/어 → 노래   노랗 + 고 → 노라코

이렇 + 아/어 → 이래   이렇 + 고 → 이러코

이들은 다음과 같은 과정을 거쳐

노르ㅎ + 아/어 → 노르해 >(ㅎ탈락) 노래 >(·탈락) 노래

노르ㅎ + 고 → 노르ㅎ고 >(·탈락) 노르코

그 기저형은 '노라코'에 의해 '노랗-'으로 설정되지만, 이 기저형과 '노래'가 만들어지는 과정은 아무런 관계가 없는 것이다.

활용이나 곡용에서 그 활용형이 후대에 역사적으로 전달되는 것은 표면형인 것이다.

〈사례 3-단어형성에서의 화석〉

이른바 통시적 과정에 화석이라고 불려지는 것들도 우리의 논의를 도와주는 것들이다. 예컨대 '살코기'의 경우는 '살'이 'ㅎ'을 종성으로 가지고 있던 시절에 다음과 같은 곡용형을 가지고 복합어가 만들어진다.

삻 + 도 → 살토   삻 + 고기 → 살코기

'ㅎ'이 탈락한 후에는 바뀐 기저형을 중심으로 새로운 곡용형이 만들어지고 복합형은 그대로 사용된다.

살 + 도 → 살도   (삻 + 고기 →) 살코기 →→→

이른바 이전 형태의 흔적이라는 것은 기저형의 변화 후에도 이전 상태

의 기저형에서 만들어진 것이 그대로 사용된다는 것이고 이것은 새로운 기저형에 의해 공시적인 새로운 형태가 만들어지는 것이 아니라 이전의 표면형이 그대로 후대에 전달되어 사용된다는 것을 의미하는 것이다.

이러한 통시적인 과정에서 우리가 내릴 수 있는 결론은 '통시적으로 전달되는 것은 표면형이다'라는 것이다.

〈사례 4-절단에서의 예〉[12]

형태론적 절단 현상에서 절단의 위치에 대한 일반화의 가능성을 생각해 볼 수 있다. 예를 들어 강원 강릉 방언의 '먹었나~먹언', 평안 의주 방언의 '먹엇네~ 먹언', 황해도 방언의 '받안(<받앗니)' 등에서는 공통적으로 의문법의 종결 어미 '-나, -네, -니'가 절단된다. 그런데 함북 북부 방언의 평서법 어미 '-읍니다'에서는 어미의 중간 부분인 '니'가 절단된다. 이와 같이 절단되는 위치에 대한 형태론적 일반성은 발견되지 않는다. 그렇다면 형태론적 절단 현상에서 절단형이 형성되는 과정과 원리는 무엇인가? 형태론적 절단형의 도출 과정을 규칙순에 따라 나타내면 다음 (6)과 같다. 먼저 음운 규칙인 비음화를 적용하고 난 후에 절단형과 관련된 규칙을 적용하면 절단형 〔머건〕이 도출된다.

(6) /먹-었-나/

↓ 비음화

머건나

↓ 절단

〔머건〕

---

12 아래의 글은 김옥영(2008)에서 옮긴 것이다.

4. 기저형과 표면형의 동시적 주체성

표면형이 기저형과 무관하게 통시적 전달과정에서 독자성을 가지고 전달된다는 앞장에서의 논의는 표면형만이 통시적으로 전달되는 것이 아니라, 기저형과 표면형이 대등하게 동시에 전달된다는 것을 의미하는데, 언어의 역사적 변화에서 기저형과 표면형 혹은 기본형과 활용·곡용형이 동시에 전달된다는 논의를 실제적인 언어 자료를 통해 전개해 보기로 한다.

4.1. 활용형에서의 동시성

현대국어 동남방언 중 6모음체계를 사용하고 있는 대부분의 지역에서는 단독형에서는 모음이 구분되지 않는데, 활용·곡용 혹은 파생어 형성에서는 모음이 구분되는 경우가 있다. 즉 단독형이나 보통의 형태에서는 '급도(겁도), 끓고(껋고)'처럼 구분되지 않는 어휘가 'ㅣ'모음이 후행하는 경우 '게비(← 급-겁 + 이), 끼리다(← 끓-껋 + 이)'처럼 구분되는 경우가 있다. 이 현상은 다음과 같이 정리해 볼 수 있다.

초기형	기본형		활용·곡용형		발생한 음운 현상
	겁	끓-	겁 + 이	끓 + 이-	
n 시기	ㅓ	ㅡ	ㅓ	ㅡ	움라우트 규칙
n+1 시기	ㅓ	ㅡ	ㅔ	ㅣ	
n+2 시기	ㅓ(ㅡ)		ㅔ	ㅣ	ㅓ, ㅡ의 합류

이러한 현상은 기본형은 기본형대로 전달되어 합류를 일으키고, 기본형의 합류와 관계없이 표면형은 표면형대로 전달된 결과인 것이다.

4.2. 곡용형에서의 동시성

위와 반대되는 경우가 존재하는데, 통시적인 변화의 해석에서는 동일한 결론을 내릴 수 있는 것이다. 단독형의 모음은 '밥, 밥도, 밥은'과 '법, 법도, 법은'처럼 구분되는데, 곡용형에서는 '베비(배비), 베비(배비)'처럼 구분되지 않는 경우가 있는 것이다.

초기형	기본형		활용·곡용형		발생한 음운 현상
	겹	밥	겹 + 이	밥 + 이-	
n 시기	ㅓ	ㅏ	ㅓ	ㅏ	움라우트 규칙
n+1 시기	ㅓ	ㅏ	ㅔ	ㅐ	
n+2 시기	ㅓ	ㅏ	ㅔ(ㅐ)		ㅔ, ㅐ의 합류

이러한 현상도, 기본형은 기본형대로 통시적으로 전달되고, 활용 혹은 곡용형은 그것대로 전달된 후, 기본형의 모음과 상관없이 활용 혹은 곡용형의 표면형이 합류한 것이다. 이러한 현상에서 내릴 수 있는 결론은 역시 '표면형과 기저형이 통시적으로 동시에 전달된다'는 것이다.

인칭 대명사 '나, 너' 등과 재귀대명사 '저'의 사용에서도 표면형이 그대로 역사적으로 전달된다는 예를 찾을 수 있다. '나, 너, 저'와 '내, 네, 제'가 교체를 보이는데 뒤의 것은 주격과 속격에만 사용되고, 앞의 것은 나머지의 격에 사용된다.

이것은 '나 +ㅣ , 나 + 의' 등의 형태가 모음축약이 일어나 '내'가 된 뒤에, '나, 나도, 나를, 나만'의 형태 외에 주격과 속격에서 '내가, 내 책'처럼 사용되는 것은 이것의 기저형이 '나', 표면적인 곡용형이 구의 형태 그대로 후대에 전달되어 사용된다는 것을 의미한다.

내가	내 책	나 나에게	나를	나도	나만
네가	네 책	너 너에게	너를	너도	너만
제가	제 책	저 저에게	저를	저도	저만

4.3. 교체 유형의 평준화

기저형과 표면형이 역사적으로 동시에 전달되어 이것이 통시적인 변화의 한 요인과 양상으로 존재한다는 것은 교체 유형의 평준화로도 확인해 볼 수 있다.

근대국어에서 발생한 설단 자음의 파찰음화 현상이나 현대국어에서 발생하고 있는 'ㅌ, ㅍ, ㅊ' 등의 재구조화 현상은 교체 유형의 평준화에 의한 것인데 이들은 기저형과 표면형이 동시에 그리고 대등하게 역사적으로 전달되는 것을 증명하는 것이다. '꼳 꼬치>꼳 꼬시, 옫 오시>옫 오시, 빋 비지>빋 비시' 등으로 변화하는 것은 복잡한 교체 유형이 'ㄷ'과 'ㅅ'이라는 교체 계열을 가지고 있는 단일한 교체 유형으로 평준화되고 있는 것이다.[13]

4.4. 기저형적 표면형의 주체화 – 쌍형 어간의 생성

쌍형 어간이 생성되는 것은 기저형과 표면형 혹은 표면형과 표면형이 각각 기저형의 역할을 하게 되는 경우를 말한다.

언어가 역사적으로 변화하는 어떤 시기이든, 소위 불규칙 변화라고 일컫는 비자동적 교체가 존재하는 것이 흔한 현상인데, 비자동적 교체는 이전 시기에 존재하던 기저형이 환경에 따라 둘 이상의 변이형을 만들어 놓고 기저형 자체가 없어져 버렸기 때문이다. 즉 두 개 이상의 변이형적

---

13 이 문제에 관해서는 2016년 1월에 있는 국어사연구회 발표에서 구체적으로 논의하고 약간의 의견을 보태어 2017년 11월 현재 게재하기 위해 투고하였다.

표면형을 연결해 줄 수 있는 기저형이 존재하지 않을 때 이를 우리는 불규칙 활용이라고 한다. 이러한 현상은 어휘의 차원에서도 만들어질 수 있고 음소의 차원에서도 발생할 수 있다. 국어에서 확인할 수 있는 비자동적 교체의 예는 얼마든지 찾을 수 있는 현상들이다.

중세국어의 '나모와 낡' 등과 같은 부류는 어느 하나가 기본형이나 기저형이 될 수 없는 것인데, 이러한 현상이 생기는 현상은 두 개의 표면형이 기저형의 구실을 하면서 다음 세대로 전달된 결과이다.

음소 차원에서의 쌍형 어간이 되는 다음의 예들도 이에 포함된다.

〈활용〉
이러한 현상은 현대국어의 불규칙 현상과도 일치하는 것인데, 그 관계를 표로 정리해 보면 다음과 같다.

초기형	기본형	활용·곡용형		발생한 음운 현상
	덥-	덥+고	덥+어	
n 시기	덥-	덥고	더버	ㅸ>ㅂ
n+1 시기	덥-	덥고	더버	ㅸ>w
n+2 시기	소멸	덥고	더워	

기본형은 소실되고, 활용이나 곡용에서 나타나던 표면형만이 다음 세대로 전달된 것이다. 이때의 상이한 두 표면형은 다음 세대에서 각각 기저형의 구실을 하게 되는 것이다.[14]

---

14 이 현상은 'ㅅ' 불규칙과 동일하다.

〈어미〉

이러한 양상은 '습니다'와 '읍니다'의 교체에서도 동일한 결과를 도출할 수 있다. 이 어미는 두음으로 'ㅿ'을 가지고 있던 것인데, 자음 뒤에서는 'ㅿ'이 'ㅅ'으로 변화하고 모음 뒤에서는 'ㅿ'이 탈락하여 표면적으로 'ㅅ'과 'ㅇ'이 교체하게 되고, 이것이 기저형의 구실을 동시에 수행하게 되는 것이다.

6. 결 론

'통시적 언어 변화의 주체가 무엇인가'라는 질문에 대한 본고의 답변은 때로는 기저형이 주체가 되기도 하고, 때로는 표면형이 주체가 되기도 하고, 때로는 이들이 동시에 주체가 되기도 한다는 것이었다. 음운규칙이란 특정한 음운론적 환경에 속해 있는 개개의 기저 음운을 그 음운론적 환경에 따라 표면적으로 실현될 수 있게 변화시키는 것이라면, 다시 말해 기저에 존재하고 있는 음소를 표면적으로 실존하고 있는 음소를 변화시키는 것이라면, 표면적인 실존은 기저의 본질에 의해 변화하기도 하고, 표면적인 실존의 변화에 의해 기저의 본질이 변화하기도 한다는 점을 본고는 전제로 하였다.

그리하여 역사적으로 전달되면서 변화하는 주체는, 각각 독립적으로 존재하지만 분리될 수 없는 두 층위―기저형과 표면형이라는 두 층위를 가지고 있는 언어 그 자체라는 결론을 내렸다.

존재하고 있는 양상을 본질과 현상으로 구분한다면, 본질이 구체화되어 실질적인 존재의 양상을 띠게 되는 것이 현상이다. 그래서 현상에 대한 관찰과 해석에 의해 의해 본질의 모습이 이해되고 그 실체가 파악되는 것이다. 그런데 현상은 본질 없이는 존재할 수 없는 것이다. 본질이 있기에 상황이나 조건에 따라 적절한 모습으로 드러나는 것이 현상인 것이다.

이런 상황을 감안하면 현상과 본질은 상호의존적이다. 하나의 존재는 다른 존재에 대해 필수적인 존재이기 때문이다. 동시에 이들은 상관적인 독립적인 존재이다. 서로 관계를 맺고 있지만 본질은 본질대로 현상을 현상대로 독립적으로 존재하고 있기 때문이다.

이러한 관계는 언어학에서 주요 명제로 되어 있는 기저와 표면의 관계와 동일하다. 기저는 음운론적 환경에 따라 각기 다른 표면형으로 실현된다. 표면형의 다양한 존재(혹은 형태)에 의해 기저형의 모습이 이해되고 설정되는 것이다. 그리고 그 표면형의 존재는 기저형의 존재를 전제로 하여 가능한 것임은 강조할 필요도 없는 것이다.

본질과 현상이 독립적이면서 상호의존적이듯이, 기저와 표면 역시 독립적이면서 상호의적인 것이다. 독립적이면서 상호의존적인 이들의 통시적 변화는 때로는 기저형이 주체가 되기도 하고, 표면형이 주체가 되기도 하고, 때로는 동시에 주체가 되기도 하는 것이다.

참고 문헌

곽충구(1994), 「계합 내에서의 단일화에 의한 어간 재구조화」, 『남천 박갑수 선생 화갑기념 논문집』, 태학사, 549-586.

김경아(2014), 「패러다임 간의 유추와 의미관계」, 『국어교육연구』 55, 국어교육학회, 155-180.

김봉국(2003), 「복수기저형의 설정과 그 타당성 검토」, 『語學硏究』 39-3, 서울대학교 어학연구소, 559-578.

김성규(1988), 「비자동적 교체의 공시적 기술」, 『冠嶽語文研究』 13-1, 서울 대학교 국어국문학과, 25-44.

_____(1988), 「비자동적(非自動的) 교체(交替)의 공시론(共時論)」, 『국어국 문학』 99, 국어국문학회, 57-67.

김영선(2000), 「음운현상에서의 통시성과 공시성」, 『국어국문학』 19, 동아대 학교, 149-171.

_____(2003), 「음운 현상의 통시성과 공시적 접근」, 『언어와 언어교육』 18, 동아대학교 국제교육원, 21-39.

김영선(2010), 「국어 활용형의 통시적 변화 연구」, 『동남어문논집』 30, 동남어 문학회, 77-97.

김옥영(2008), 「국어의 형태 음운 현상과 제약」, 『우리말연구』 22, 우리말학회, 59-82.

_____(2008), 「형태론적 절단 현상과 대응 이론」, 『형태론』 10-2, 335-351.

김 현(2013), 「어휘부와 국어음운론」, 『국어학』, 국어학회, 335-360.

박창원(1986), 「음운 교체와 재어휘화」, 『어문논집』 2, 경남대학교 국어교육 학회, 1-31.

_____(1990), 「음운 규칙의 통시적 변화」, 『강신항교수 회갑기념 국어학논문 집』, 태학사.

_____(1991), 「음운규칙의 변화와 공시성 -움라우트 현상을 중심으로-」, 『국 어학의 새로운 인식과 전개』, 민음사, 297-322.

송원용(2002), 「형태론과 공시태·통시태」, 『국어국문학』 131, 국어국문학회, 165-190.

송철의(1983), 「派生語 形成과 通時性의 問題」, 『국어학』 12, 국어학회, 47-72.

_____(1995), 「曲用과 活用의 不規則에 대하여」, 『진단학보』 80, 진단학회, 273-290.

신승용(2004), 「교체의 有無와 규칙의 共時性·通時性」, 『語文研究』 32-4, 한국어문교육연구회, 63-90.

_____(2013), 「단어 형성의 공시성·통시성과 음운 현상의 공시성·통시성」, 『국 어학』 67, 국어학회, 145-165.

_____(2013), 「기획논문: 이론 내적인 형식적 타당성과 음운 현상의 실제」, 『우리말연구』 35, 우리말학회, 5-29.

_____(2013), 「사이시옷 첨가의 준거와 사이시옷의 기저 요소 유무에 대한 고찰」, 『언어과학연구』 64, 언어과학회, 229-248.

_____(2014), 「Xㅎ- 기원 /ㅎ/ 말음 어간의 변화 양상」, 『언어과학연구』 70, 언어과학회, 237-250.

_____(2014), 「논문: 교체의 정의와 교체의 해석 그리고 기저형」, 『한말연구』 35, 한말연구학회, 77-100.

엄태수(1993), 「비자동적 교체형의 선택원리」, 『西江語文』 9-1, 서강어문학회, 5-29.

_____(2012), 「소위 복수기저형에 대한 재론」, 『한국어학』 56, 한국어학회, 119-148.

_____(2012), 「국어 음운부의 조직과 음운규칙의 분류」, 『우리어문연구』 44, 우리어문학회, 389-418.

오규환(2013), 「단어 형성 과정으로서의 어휘화」, 『국어학』 68, 국어학회, 323-366.

이진호(2006), 「음운 규칙의 공시성을 바라보는 시각」, 『국어학』 47, 국어학회, 39-63.

_____(2007), 「국어의 기저형 설정 조건」, 『語文學』 96, 한국어문학회, 139-160.

_____(2014), 「형태소 교체의 규칙성에 대하여」, 『국어학』 69, 국어학회, 3-29.

이현희(2005), 「현대국어의 화석과 그 역사적 해석」, 『국어학』 45, 국어학회, 275-288.

장윤희(2010), 「기획논문: 언어 화석의 확인과 공시적 처리 방안」, 『한국어학』 48, 한국어학회, 45-76.

조창규(1996), 「국어 어휘부와 음운규칙」, 『國語國文學硏究』 18, 圓光大學校 人文科學大學 國語國文學科, 75-91.

최명옥(1985), 「변칙동사의 음운 현상에 대하여」, 『국어학』 14, 국어학회, 149-188.

한영균(1985), 「음운변화와 어휘부의 재구조화」, 『冠嶽語文硏究』 10-1, 서울
대학교 국어국문학과, 375-402.

'훈민정음(訓民正音)'의 의미*

한 재 영

한신대학교

1. 들어가며

　본고의 목적은 훈민정음(訓民正音)의 의미를 살펴 막연히, 또는 피상적으로 생각하여 왔던 훈민정음의 외연(外延)을 확인하고자 하는 데에 있다. 그를 위하여 본고에서는 다음의 (1)과 같은 극히 상식적이라고 생각되는 질문으로부터 출발하기로 한다.

　　(1) '훈민정음'은 몇 글자인가?

　상식적인 문제라고 할 수 있는 (1)에 대한 답은 그리 간단하지가 않다. 훈민정음에 대하여 그리 깊은 생각을 하여 보지 않은 경우라면 4글자라고

---

　* 이 글은 2018년 1월 4일에 이집트의 아인샴스대학교에서 개최된 훈민정음학회 창립 10주년 기념 국제학술대회에서 동일한 제목으로 구두 발표한 내용을 깁고 보탠 것이다.

답을 할 수 있을 것이다. 틀린 답은 아니다. 훈민정음이 세종대왕이 창제한 문자이며, 훈민정음 해례나 언해의 기록을 대한 경험이 있는 경우에는 28자라고 답을 할 수도 있을 것이다. 그도 역시 물론 틀린 답은 아니다. 4글자라고 답을 한 경우는 음절 단위로 운용되는 글자 단위를 이야기한 것이고, 28자라고 답을 한 경우는 음소 단위의 문자를 이야기한 것이기 때문이다.

하지만 그와 같은 답이 '훈민정음'이 가지고 있는 내용을 충실하게 반영하고 있다고 하기는 어려운 형편이다. 우리가 알고 있는 훈민정음 글자만 하여도 28자 이외의 문자들이 있으며, 음절단위 글자를 대상으로 할 경우 그 많은 음절단위로 표기된 글자들 모두를 훈민정음이 이야기하고 있는 글자라고 한다면 그 목록은 쉽사리 제시하기조차 어려운 모습의 것일 수도 있기 때문이다.

'훈민정음'의 의미 내용을 살피기 위하여 우리는 표준국어대사전에서의 정의를 먼저 살피고, 훈민정음 해례의 내용 속에서 훈민정음의 의미를 찾아가기로 한다. 필요한 경우에는 훈민정음 글자로 쓰인 문헌 자료들을 통해서도 '훈민정음'이 가지고 있는 의미 내용의 실체를 확인하여 보기로 한다.

2. 상식 속의 훈민정음

일반적으로 알고 있는 '훈민정음'에 대한 내용은 다음 (1)의 내용과 같다고 할 수 있다. 표준국어대사전에서 정의하고 있는 내용이다.

    (1) 표준국어대사전에서의 정의
      훈민-정음(訓民正音)〔훈 : ---〕

「명사」

「1」『언어』 백성을 가르치는 바른 소리라는 뜻으로, 1443년에 세종
   이 창제한 우리나라 글자를 이르는 말. ≒정음02(正音)「1」.

「2」『책명』 조선 세종 28년(1446)에 훈민정음 28자를 세상에 반포
   할 때에 찍어 낸 판각 원본. 세종이 훈민정음 창제의 취지를
   밝힌 어제 서문(御製序文), 자음자와 모음자의 음가와 운용 방
   법을 설명한 예의(例義), 훈민정음을 해설한 해례, 정인지 서
   (序)로 되어 있다. 1997년에 유네스코 세계 기록 유산으로 지
   정되었다. 국보 제70호. ≒정음02(正音)「2」·해례「3」·해례본·
   훈민정음해례「2」·훈민정음해례본.

   문자로서의 훈민정음과 서적의 이름으로서의 훈민정음이 있어 다의어
로 처리되어 있는, (1)의 내용을 통하여 알 수 있는 '훈민정음'은 다음의
(2)와 같이 정리할 수 있다.

(2) 가. 글자 그대로의 의미는 '백성을 가르치는 바른 소리'라는 뜻이다.
    나. 1443년에 세종이 창제한 우리나라 글자를 이르는 말이다.
    다. 조선 세종 28년(1446)에 반포되었다.
    라. 훈민정음은 28자이다.
    마. 세종이 훈민정음 창제의 취지를 어제 서문(御製序文)을 통하
       여 밝혔다.
    바. 자음자와 모음자로 구성이 되어 있다.
    사. 자음자와 모음자의 음가와 운용 방법을 설명한 예의(例義)라
       는 기록이 있다.
    아. 훈민정음을 해설한 해례와 정인지 서(序)가 있다.
    자. 책은 1997년에 유네스코 세계 기록 유산으로 지정되었다.

차. 책은 국보 제70호이다.

훈민정음에 관한 (2)의 설명 가운데 문자로서의 훈민정음에 관한 것은 (2나, 다, 라, 바)로서 (2나, 다)가 훈민정음의 창제와 반포에 관한 것이라는 점에서 논외로 한다면, "자음자와 모음자로 구성된 28자"라고 하는 것이 일반적으로 알고 있는 훈민정음의 의미라고 할 수 있다.

하지만 훈민정음을 28자로 이루어진 글자의 집합으로만 이해하는 태도를 훈민정음을 온전히 이해하고 있는 것이라 하기는 어렵다고 하겠다. 여기서는 문자로서의 훈민정음을 뜻하는 「1」의 의미에 대하여 생각하여 보기로 하되 그가 가지고 있는 의미 내용을 차근차근 살펴가기로 한다.

3. 음소문자로서의 훈민정음

먼저 살필 내용은 훈민정음 해례본에서 명시적으로 이야기하고 있는 28자이다. 해례본에서 이야기하고 있는 내용은 다음의 (3)과 같다.

> (3) 해례본에 제시된 명시적인 숫자
>
> 가. 新制二十八字
>
> 나. 正音二十八字 各象其形而制之
>
> 다. 初聲凡十七字 牙音 ㄱ 象舌根閉喉之形 舌音 ㄴ 象舌附上齶
>   之形 脣音 ㅁ 象口形 齒音 ㅅ 象齒形 喉音 ㅇ 象喉形 ㅋ
>   比 ㄱ 聲出稍厲 故加劃 ㄴ而ㄷ ㄷ而ㅌ ㅁ而ㅂ ㅂ而ㅍ ㅅ而ㅈ
>   ㅈ而ㅊ ㅇ而ㆆ ㆆ而ㅎ 其因聲加劃之義皆同 而唯 ㆁ爲異 半
>   舌音 ㄹ 半齒音 △ 亦象舌齒之形而異其體 無加畫之義焉
>
> 라. 中聲凡十一字·舌縮而聲深 天開於子也 形之圓 象乎天地 一

舌小縮而聲不深不淺 地闢於丑也 形之平 象乎地也 ㅣ 舌不
縮而聲淺 人生於寅也 形之立 象乎人也.

마. 中聲凡十一字·舌縮而聲深 天開於子也 形之圓 象乎天地 一
舌小縮而聲不深不淺 地闢於丑也 形之平 象乎地也 ㅣ 舌不縮
而聲淺 人生於寅也 形之立 象乎人也 此下八聲 一闔一闢 ㅗ
與·同而口蹙 其形則·與 一 合而成 取天地初交之義也 ㅏ 與·
同而口張 其形則 ㅣ與·合而成 取天地之用發於事物待人而成
也 ㅜ 與 一 同而口蹙 其形則 一與·合而成 亦取天地初交之
義也 ㅓ與 一 同而口張 其形則·與ㅣ 合而成 亦取天地之用發
於事物 待人而成也 ㅛ 與 ㅗ 同而起於 ㅣ ㅑ 與ㅏ 同而起於
ㅣ ㅠ 與ㅜ 同而起於ㅣ ㅕ 與 ㅓ同而起於ㅣ ㅗ ㅏ ㅜ ㅓ 始於
天地 爲初出也 ㅛ ㅑ ㅠ ㅕ 起於ㅣ 而兼乎人 爲再出也

위의 (3)을 통하여 본 훈민정음 28자는 다음의 (4), (5)와 같이 정리될
수 있다.

(4) 가. ㄱ ㄴ ㅁ ㅅ ㅇ
　　나. ㅋ ㄷ ㅌ ㅂ ㅍ ㅈ ㅊ ㆆ ㅎ
　　다. ㆁ ㄹ ㅿ
(5) 가. · 一 ㅣ
　　나. ㅗ ㅏ ㅜ ㅓ
　　다. ㅛ ㅑ ㅠ ㅕ

위의 (4)와 (5)는 훈민정음 해례본에서 명시적으로 이야기하고 있는
28자의 목록이다. 먼저 (4가)는 자음의 기본자인 5자이고, (4나)는 기본
자에 가획을 하여 만든 글자 9자이며, (4다)는 이른바 가획의 의미가 없이

만든 이체자 3자이다. (5)는 모음자들로 (5가)는 모음의 기본자가 되는 3자이고, (5나)는 기본자를 일차적으로 결합하여 만든 초출자 4자이며, (5다)는 초출자로부터 만든 재출자 4자이다. 위의 (4)와 (5)에 제시된 28자가 훈민정음에서 명시적으로 밝히고 있는 내용이다. 하지만 이들 28자와 같이 자형을 구체적으로 제시하지는 않았으나 해례본에는 이들 28자 이외의 글자들이 있음을 알 수 있는 바 그들의 내용은 다음의 (6)과 같다.

(6) ㄱ 牙音 如君字初發聲 並書 如虯字初發聲

　　ㄷ 舌音 如斗字初發聲 並書 如覃字初發聲

　　ㅂ 脣音 如彆字初發聲 並書 如步字初發聲

　　ㅈ 齒音 如卽字初發聲 並書 如慈字初發聲

　　ㅅ 齒音 如戌字初發聲 並書 如邪字初發聲

　　ㆆ 喉音 如虛字初發聲 並書 如洪字初發聲

위의 (6)은 각자병서자인 'ㄲ ㄸ ㅃ ㅆ ㅉ ㆅ'을 이야기하고 있는 것으로, 28자에는 들어있지 않으나 분명 훈민정음자에 포함이 되어야 할 글자들이라 하겠다. 혹 각자병서자들이 새로운 글자가 아니라 만들어진 글자의 반복이어서 28자에 넣는 것은 적절하지 않았던 것은 아닌가 하는 의문을 제기할 수도 있겠다. 하지만 그러한 의미에서라면 모음자 가운데 초출자인 'ㅗ ㅏ ㅜ ㅓ'라든가 재출자인 'ㅛ ㅑ ㅠ ㅕ'도 역시 제외하였어야 할 것이다. 그들도 기본자인 'ㆍ'와 'ㅡ' 또는 'ㅣ'와의 결합으로 만들어진 글자이기 때문이다. (6)에서 이야기하고 있는 병서자들을 훈민정음의 목록에 추가한다면 다음의 (7)의 예에 보이는 병서자들도 역시 추가되어야 할 것이다.

(7) 가. 사름마다 ᄒᆡ여 수비 니겨 날로 ᄡᅮ메 便뼌安한킈 ᄒᆞ고져 ᄒᆞᆯ

ᄯᆞᄅᆞ미니라 〈훈언 3b〉

나. 이 소리ᄂᆞᆫ 우리 나랏 소리에셔 열ᄫᅳ니 혓 그티 웃닛 머리예 <u>다ᄔᆞ니라</u> 〈훈언 15a〉

위의 (7)에 보이는 병서자는 ‘ㆀ’과 ‘ㅥ’이다. 이들은 훈민정음 해례에도 언급이 되지 않은 병서자이기는 하나 훈민정음 언해본에서 (7가, 나)에 보이는 것과 같이 쓰이고 있어 이들 역시 훈민정음 병서자의 목록에 넣을 대상이 된다. ‘ㆀ’이 ‘ㅇ’과 실제 발음상으로는 차이가 없을지라도, 또 ‘ㅥ’이 ‘ㄴㄴ’과 동일한 음가를 가지는 것이라고 하더라도, 이들 각자병서자들은 ‘ㅇ’과 ‘ㄴㄴ’과는 다른 기능을 반영하고 있다는 점에서, 훈민정음의 목록에 포함이 되어야 할 이유는 자명하다고 하겠다.

병서자들로는 다음의 (8)에 든 것과 같은, 앞서의 각자병서와는 다른 합용병서의 경우가 있지만 그들은 훈민정음 글자의 목록에는 들지 못한다.

(8) 가. ㅺ ㅻ ㅼ ㅽ

나. ㅲ ㅄ ㅶ ㅷ

다. ㅴ ㅵ

라. ㅊㅋ

위의 (8)에 든 합용병서의 예들은 훈민정음으로 기록된 문헌들에서 찾아볼 수 있는 표기들이다.[1] 앞서의 각자병서가 별개의 음소를 나타내기 위한 글자였다면, (8)의 합용병서는 그를 구성하고 있는 구성소들이 각각의 기능이나 음가를 유지하고 있다는 점에서 차이가 있다. 훈민정음 글자의 목록에서 배제되는 이유가 된다. 글자를 합성하여 새로운 글자를 만드

---

1 구체적인 예에 관해서는 이기문(1998: 131)을 참조할 것.

는 경우에 합성하여 만들어진 글자가 별도의 음소를 반영하는 글자는 아니기 때문이다.

그러한 기준으로 본다면 훈민정음 해례에서 소개하고 있는 다음 (9)의 글자들은 훈민정음의 목록에 포함이 되어야 할 글자들이라고 하겠다. 글자를 합성하여 만든 글자인 경음자들이 그것이다.

(9) 가. ㅇ連書脣音之下 則爲脣輕音

　　　나. 若欲備用 則依脣輕例 ㅇ連書ㄹ下 爲半舌輕音 舌乍附上齶

(9가)에서 이야기하고 있는 글자는 순경음자인 'ㅸ ㆄ ㅱ ㅹ'를 가리키고, (9나)는 반설경음자인 'ᄛ'를 의미한다. 그들 가운데 우리말을 표기하는 데에 쓰인 글자는 'ㅸ'에 한하나, 이들 경음자들은 훈민정음 해례에서 언급하고 있는 훈민정음 글자의 목록에 포함이 되어야 할 내용이라고 할 것이다.

우리말을 표기하는 데에 사용하기 위한 글자는 아니나 훈민정음 글자의 목록에 포함하여야 할 다른 목록으로는 훈민정음 언해본에서 이야기하고 있는 치두음자와 정치음자가 있다. 다음의 (10)에 보이는 예가 그것이다.

(10) 中國 소리옛 니쏘리는 齒頭와 正齒왜 굴히요미 잇느니 ㅈ ㅊ ㅉ
　　　ㅅ ㅆ 字는 齒頭ㅅ 소리예 쓰고 ㅈ ㅊ ㅉ ㅅ ㅆ 字는 正齒ㅅ 소리예
　　　쓰느니

(10)에 보인 예들은 월인석보의 권두에 실린 훈민정음 언해에 소개된 내용이다. 중국어의 치음이 우리말과는 달리 두 가지로 나뉨을 이야기하고, 그에 맞추어 쓸 수 있도록 치음을 구분하여 적을 수 있는 글자를 제시한 것이다. 앞서 본 바 있는 경음자들의 경우와 마찬가지로 우리말의

표기를 위한 문자는 아니나 별개의 음소를 표기하기 위하여 마련된 글자라는 점에서 훈민정음 글자 목록에 추가하여야 할 대상이 된다고 하겠다.

이렇게 본다면 음소문자로서의 훈민정음 글자의 수는 해례본에서 이야기하고 있는 28자를 훌쩍 넘게 된다. 지금까지 살핀 내용을 정리하여 보면 다음의 (11)과 같다.

> (11) 가. ㄱ ㄴ ㅁ ㅅ ㅇ ㅋ ㄷ ㅌ ㅂ ㅍ ㅈ ㅊ ㆆ ㅎ ㆁ ㄹ ㅿ(17자)
>
> 나. · ㅡ ㅣ ㅗ ㅏ ㅜ ㅓ ㅛ ㅑ ㅠ ㅕ(11자)
>
> 다. ㄲ ㄸ ㅃ ㅆ ㅉ ㆅ(6자)
>
> 다′. ㆀ ㄻ(2자)
>
> 라. ㅸ ㆄ ㅱ ㅹ ㅁ(5자)
>
> 마. ㅘ ㆇ ㆊ / ㅢ ㅚ ㅐ ㅟ ㅔ ㅖ ㅙ ㅞ / ㅒ ㅖ ㅙ ㅞ(18자)
>
> 바. ᅎ ᅔ ᅏ ㅅ ㅆ ᅐ ᅕ ᅑ ㅅ ㅆ(10자)

훈민정음 해례에서 명시적으로 이야기하고 있고, 그에 따라 우리가 상식적으로 알고 있는 훈민정음의 글자수 28자는 (11가, 나)에 한하는 것이었다. 하지만 훈민정음 해례본과 언해본에 소개하고 있는 글자는 (11가, 나) 이외에도 (11다, 다′, 라, 마, 바)의 글자들도 있어 모두 69자에 달한다. 훈민정음자라고 할 때의 글자 목록의 수는 69자이어야 한다는 의미이다.

본고의 일차적인 관심사는 아니나, 여기서 우리는 훈민정음 해례와 언해를 통하여 제시하고 있는 문자의 수가 69자에 이름에도 불구하고 28자라고 이야기하고 있는 까닭에 대한 의문을 가지게 된다. 훈민정음의 글자수에 대하여 김광해(1989, 1990)에서는 불교와의 관계 속에서 이해하고자 하기도 하였다. "二十七字諺文, 足以立身於世, 何須苦心勞思, 窮性

理之學哉?"라고 한 최만리의 상소문에 나오는 27이라고 하는 숫자와 54, 108 등의 숫자와 관련지어 불교에서의 의미를 훈민정음을 이해하는 데에 적용하고자 한 시도였다.

이광호(1988)에서는 '신제(新制)'에 주목하여 (11가, 나)의 글자들만이 새로이 만들어진 글자이며, 'ㅛ ㅑ ㅠ ㅕ'의 경우에도 다른 합자의 방식과는 다른 방식으로 만들어진 새로운 글자에 속하는 것이라 설명하고 있다.[2] 'ㆆ'과 'ㅸ'의 출입에 대해서도 음소를 전제로 하는 것이 아니라 문자로서 이해할 때에 수용 가능한 것이라는 주장을 펴고 있다. 하지만 문자로서만 훈민정음의 글자들을 이해하고자 하기에는 '백성을 가르치는 바른 소리'라는 의미의 '훈민정음'과는 거리가 있는 것으로, 음소문자인 훈민정음을 소리와 분리하여 생각하는 것은 그리 합리적인 접근이라고 하기는 어렵다고 하겠다.

여기서 우리도 28자를 표방하고 있는 까닭을 이해하기 위하여 신제(新制)에 주목할 필요가 있음을 인정하고자 하나 그를 대하는 태도에는 차이를 두고자 한다. 어제(御製)의 '製'와는 다른 글자인 '制'를 사용하고 있어 그를 구분하여 볼 필요가 있기 때문이다. 이해를 돕기 위하여 훈민정음 창제 관련 실록 기사를 예 (12)로 가져와 살펴보기로 하자.

> (12) 세종실록 102권, 세종 25년(1443) 12월 30일 경술
>   ○是月, 上親制諺文二十八字, 其字倣古篆, 分爲初中終聲, 合之然後乃成字. 凡于文字及本國俚語, 皆可得而書. 字雖簡要, 轉換無窮, 是謂'訓民正音'.

---

2 이광호(1988: 19)에서는 다른 글자들에 적용된 합자의 방식으로라면 'ㅛ ㅑ ㅠ ㅕ'는 'ㅘ ㅑ ㅠ ㅐ'와 같이 되었어야 할 것이나 그렇지 않았다는 것이다. 'ㅣ'가 'ㆍ'로 변개가 되었으므로 신제자라는 주장을 펴고 있는 것이다. 하지만 그러한 합자 방식은 해례에서 제시하고 있는 모음자의 표기 방식과는 거리가 있다.

위의 (12)를 통하여 알 수 있는 정보는 다음의 (13)과 같이 정리할
수 있다.

(13) 가. 1442년 12월에 언문을 만들었다.

나. 언문은 28자이다.

다. 글자의 모양은 옛 전자(篆字)를 모방하였다.

라. 초성(初聲)·중성(中聲)·종성(終聲)으로 나누어 만들었다.

마. 초성(初聲)·중성(中聲)·종성(終聲)이 합하여진 연후에 글자
를 이룬다.

바. 문자(文子)에 관한 것을 쓸 수 있다.

사. 우리나라의 이어(俚語)에 관한 것을 쓸 수 있다.

아. 글자가 비록 간단하고 긴요하나 전환(轉換)하는 것이 무궁하다.

자. 이를 일러 '훈민정음'이라고 한다.

위의 (12)와 (13)을 통하여 제기할 수 있는 문제는 다음의 (14)와 같다.

(14) 가. 언문과 훈민정음의 차이는 무엇인가?

나. 문자와 이어의 차이는 무엇인가?

다. '전환무궁(轉換無窮)'이 가리키는 내용은 무엇인가?

라. 창제 시에 표방한 내용과 반포 시에 밝힌 내용에는 차이가
없는가?

훈민정음에 관한 논의의 출발점에 있다고 할 만한 (12)에는 새로운
글자를 가리키는 표현으로 '언문'이라는 표현과 '훈민정음'이라는 두 가
지 표현을 사용하고 있다. 그동안 이들이 동일한 내용을 가리키는 것으로
이해하여 왔다고 하여도 지나치지 않을 것이다. 하지만 동일한 내용을

가리키는 표현을 한 자리에서 사용하는 것에 대하여 아무런 의구심을 가지지 않는 것은 그리 온당한 태도라고 하기는 어려울 것이다. 다른 용어는 다른 의미 영역을 가지고 있을 것이기 때문이다.[3]

실록의 내용만으로 보더라도, '언문'으로 가리키고 있는 대상은 28자의 낱글자임을 알 수 있다. 훈민정음으로 의미하고자 하는 내용은 언문 낱글자가 합하여져 이루는 음절자를 가리키는 것으로 보는 것이 온당한 것이라 하겠다. 훈민정음의 의미가 음절 단위 표기만을 가리키는 것은 아니다. 훈민정음에 관한 실록의 첫 기사는 문자에 관한 것과 본국이어에 관한 것을 적을 수 있다고 밝히고 있다. 기존의 연구 업적들에서 이야기하고 있는 바와 같이 여기서 이야기하는 '문자'는 한자를 가리키는 것이며, '본국이어(本國俚語)'는 우리말을 뜻하는 것이라 한다면 훈민정음으로 적는 첫 번째 대상은 우리말이라고 하겠다. '문자'로 가리키고 있는 한자의 경우도 우리말에서의 한자음을 염두에 둔 것이기 때문이다. 한자음을 염두에 둔 것이라고 하는 견해를 뒷받침하여 주는 구체적인 자료로는 '동국정운(東國正韻)'을 들 수 있다.[4]

결국 실록에서 이야기하고 있는 언문 28자는 우리말을 적기 위하여 만들어져서 쓰인 글자로 이해하는 것이 온당할 것이다. 우리말을 적는 데에는 (11가, 나)의 글자로 족하였던 것이다. 여기서 혹자는 다음의 (15)와 같은 의문을 제시할 수도 있겠다.

---

3 여기서의 의미 영역 차이가 단순히 정서적인 차이를 의미하는 것은 아니다. 표준국어대사전에서는 '언문'에 대하여 "상말을 적는 문자라는 뜻으로, '한글'을 속되게 이르던 말."이라고 정의되어 있지만, 창제 당시의 기록인 실록에서의 표현에 기대어 볼 때 그러한 정의 내용은 그리 적절하여 보이지 않는다.

4 동국정운은 한자음을 제시하고 있는 자료이기는 하나 그에 반영된 한자음은 중국어에서의 음이 아니라 우리말에서의 한자음이라는 측면에서 접근할 필요가 있다.

(15) 가. 'ㆆ'이 우리말을 적는 데에 쓰인 것이라고 이해하는 것이 적절
　　　한 것인가?

　　나. 28자가 우리말을 적기 위한 글자 체계라면 'ㅸ'을 목록에서
　　　배제하는 것이 타당한 것인가?

먼저 'ㆆ'은 (11가, 나)의 28자에 포함이 되어 있는 글자이기는 하나,
훈민정음 해례의 용자례에는 빠져 있다. 이기문(1998: 130)에서는 그에
대하여 'ㆆ'이 '東國正韻의 한자음 표기를 위하여 마련된 것이기 때문'이
라고 설명하고 있지만, 동명사 어미라든가 사이시옷이 쓰일 자리와 같은
제한적인 위치에서이기는 하나 'ㆆ'은 우리말의 표기에 쓰이고 있어 한자
음 표기에 기대어 'ㆆ'을 이해하고자 하였던 것은 그리 합당한 접근이었
다고 하기는 어려운 것이었다고 하겠다. 해례의 종성해에서는 '喉之ㅇㆆ
其緩急相對 亦猶是也'라고 하여 'ㅇ'과 'ㆆ'의 차이를 소리의 완급 차이
로 설명하고 있다. 한편 합자해에서는 '初聲之ㆆ與ㅇ相似 於諺可以通用
也'라고 하여 초성에서의 'ㆆ'이 'ㅇ'과 유사하여 우리말에서는 통용이
될 수 있음을 이야기하고 있기도 하다.
　그와는 대조적으로 'ㅸ'의 경우에는 (11가, 나)의 28자에 포함이 되지
는 않았으나 해례의 용자례에 'ㅸ如사ᄫᅵ爲蝦 드ᄫᅵ爲瓠'와 같이 소개가
되어 있어 차이를 보인다. 그 밖에도 15세기 국어에서의 'ㅂ'불규칙 용언
의 활용과 파생이라든가, '디ᄫᅵ, 받'과 같은 어미에 'ㅸ'이 쓰이기도 하였
다. 그럼에도 불구하고 'ㅸ'이 (11가, 나)에 들지 못한 까닭에 대해서는,
김완진(1972) 등에서 한자의 전서체(篆書體)와 관련지어 'ㅸ'을 초성으
로 가지지 못한 한자와 한자음에서 찾는 등 다양한 이해의 가능성이 있을
것이다. 하지만 'ㅸ'이 실질적인 음소로서의 자격을 갖추지 못한 데에서
까닭을 찾아볼 수도 있겠다. 다음의 예 (16)을 보자.

(16) 가. 니르받ᄂ〈釋詳21: 25b〉 / 니르왇ᄂ 〈月釋9: 35上b〉

　　　나. 믈리받ᄂ니〈釋詳20: 31a〉 / 믈리왇디 〈月釋7: 54-2b〉

위의 예 (16)은 강세를 나타내는 어미 '-받-'과 '-왇-'의 예이다. (16 가, 나)는 약 10여 년의 시간차가 있어서 'ㅸ'의 마지막 단계를 보여주는 예로 이해되어 왔다. 하지만 다음의 예 (17)에 대해서는 같은 해에 나온 자료라는 점에서 그와 같은 이해의 적용이 어려운 형편이다.

(17) 애받븐 〈月千52a〉 / 애왇븐 〈釋詳6: 5a〉

위의 예 (17)에 대한 한 가지 이해의 가능성은 'ㅸ'이 당시 중앙어로서의 국어에서 독립된 음소로서의 자격을 갖추지 못하였던 것으로 보는 것이다. 그와 같은 이해의 태도가 온당한 것이라면 'ㅸ'이 예의에 구체적인 자형으로 제시되지 못한 까닭도 자명한 것이 된다.

반설경음 'ᄛ'이라든가 이자합용(二字合用) 모음의 예인 'ㆁㅣ ㆁㅡ'를 합자해에서 소개하면서 밝히고 있는 내용은 'ㅸ'에 대한 우리의 이해가 타당한 근거를 가지고 있음을 보여준다고 하겠다. 다음 (18)의 내용이 그것이다.

(18) 가. 半舌有輕重二音. 然韻書字母唯一, 且國語雖不分輕重, 皆得
　　　　成音. 若欲備用, 則依脣輕例, ㅇ連書ㄹ下, 爲半舌輕音, 舌乍
　　　　附上腭.

　　　나. ·ㅡ起ㅣ聲, 於國語無用. 兒童之言, 邊野之語, 或有之, 當合
　　　　二字而用, 如ㄱㅣㄱㅡ之類.

(18가)는 우리말의 음소 'ㄹ'에 변이음(變異音)이 있음을 이야기하고

그를 굳이 구분하고자 할 경우를 상정하여 '룡'을 제시한 것이며, (18나)는 중앙어에서는 쓰이지 않으나 아동의 말이나 방언에 존재하는 내용을 제시한 것이다. 중성자의 경우에도 (11마)에 보이는 예들은 중성해에 제시되어 있는 것이나, 그들의 용자례는 찾아볼 수 없다.

여기서 우리는 예의와 제자해, 초성해·중성해·종성해 그리고 용자례 사이의 관계에 대하여 잠시 생각하여 볼 필요가 있다. 훈민정음 해례에서 이야기하고 있는 28자가 의미하고 있는 바가 그들 사이의 관계 속에서 드러날 것이라 생각하기 때문이다. 먼저 예의에서 이야기하고 있는 글자는 위의 (11가, 나, 다, 라)에서 '룡'을 제외한 38자이다. 그들 가운데 (11가, 나)의 28자에 대해서만 구체적인 자형을 제시하고 있는 바, 예의에 제시한 28자는 당시의 중앙어에 존재하는 음소를 반영한 글자로 국한되는 것이었다고 할 수 있다. 실록에서는 그들만을 가리켜 '언문(諺文)'이라는 이름으로 구분하였던 것이다. (11가, 나)에 보인 글자들이다.

중앙어를 대상으로 하는 언문 28자에는 들지 않았으나 (11다, 라, 마)의 예들도 훈민정음 해례에서 언급하고 있는 글자들이다. 실록에서는 '전환무궁(轉換無窮)'이라고 표현하고 있는 바, 그 전환무궁의 일부를 보여주는 예들이다. 실록에서는 그들에 대해서 "是謂'訓民正音'"이라고 하고 있다.

앞서 본 (11바)의 치두음자와 정치음자는 해례는 소개되지 않은 글자로, 월인석보의 권두에 실린 훈민정음 언해본에서 제시하고 있는 글자들이다. '전환무궁(轉換無窮)'의 다른 예들로서 앞서 본 바 있는 병서(竝書)라든가, 연서(連書), 부서(附書) 등의 방법과는 달리 자획의 길이에 변화를 주어 새로운 글자를 만든 것이다.

4. 운소 반영 표기 문자로서의 훈민정음

앞서 살핀 (11)의 글자들이 훈민정음 해례와 언해에 구체적으로 제시되었거나 간접적인 방식으로 소개된 훈민정음 글자 목록이기는 하나 그들이 훈민정음 글자의 최대 목록은 아니다. 훈민정음 해례에서는 음소 단위를 반영하여 만든 (11)의 예들 이외에 운소 단위를 표기에 반영하기 위한 장치를 마련하고 있다. 다음의 예 (19)를 보자.

> (19) 凡字必合而成音 左加一點則去聲 二則上聲 無則平聲 入聲加點同
> 而促急

위의 (19)는 각각의 음절이 가지고 있는 초분절적인 요소를 표기에 반영하기 위한 장치로서 방점을 채택한 것이다. 일반적으로 성조를 반영하는 것이라고는 하나, 방점이 반영하고 있는 내용이 성조라고 하는 데에는 적지 않은 부담이 있다. 한재영(1990)에서는 중세국어가 성조를 가지고 있는 언어였다고 보는 견해에 회의를 가지고, 한국어가 가지고 있는 강세[5]와 장단 등의 초분절적인 요소를 반영하는 장치로 이해하여야 한다는 견해를 피력하기도 하였지만, 이 자리는 방점의 성격과 의미를 다루는 자리가 아니라는 점에서 보다 깊이 있는 논의는 피하기로 한다. 방점이 담고 있는 정보에 대한 견해에는 차이가 있다고 하더라도 방점이 훈민정음 체계에 속하는 운소 표기 장치라고 하는 데에는 이견이 없을 것이다. 하지만 교착어인 한국어에서의 운소는 정확한 표기를 위한 장치일 수는 있으나 잉여적인 성격을 가지고 있어 운소를 반영하는 장치인 방점 표기는 그리 오래 유지되지 못하였던 것이다.

---

5 한국어에서의 강세는 방언에 따라 유효한 언어정보를 반영하기도 한다.

5. 음절 반영 표기 문자로서의 훈민정음

앞서 살핀 훈민정음 글자들이 우리말의 음소와 운소를 반영하기 위한 표기 장치이기는 하나 그들이 실제 발화를 반영하기 위하여 음절 단위 표기 방식을 취하기로 하였다. 훈민정음 해례에는 음절 단위 표기를 위한 원칙을 제시하고 있다. 다음의 (20)은 훈민정음 해례에서 제시하고 있는 예의와 합자해에서의 표기 원칙이다.

(20) 가. 初聲合用則竝書, 終聲同.

　　　나. · ― ㅗ ㅜ ㅛ ㅠ 附書初聲之下. ㅣ ㅏ ㅓ ㅑ ㅕ 附書於右.

　　　다. 初中終三聲, 合而成字.

　　　라. 初聲或在中聲之上, 或在中聲之左.

　　　마. 中聲則圓者橫者在初聲之下, · ― ㅗ ㅛ ㅜ ㅠ 是也.

　　　바. 縱者在初聲之右 ㅣ ㅏ ㅑ ㅓ ㅕ 是也

　　　사. 終聲在初中之下

　　　아. 初聲二字三字合用竝書

　　　자. 中聲二字三字合用

　　　차. 終聲二字三字合用

　　　카. 初中終三聲皆同

　　　타. 文與諺雜用則有因字音而補以中終聲者

위의 (20가, 나)는 예의의 내용이고, (20다-타)는 합자해에서 제시하고 있는 훈민정음의 음절 단위 운용 원칙이다. 음절 단위 표기에 있어서는 초성과 중성 그리고 종성이 합하여서 표기되어야 하되 초성의 아래에 쓰는 모음자와 오른쪽에 쓰는 모음자를 구분하여 제시하였다. 우리말의 최대음절 구조가 CVC 즉 자음＋모음＋자음임에도 초성과 종성의 합용에 관한 규정까지 마련하여 제시하고 있는 것은 형태음소적인 표기 원칙을 염두에 둔 조처였던 것으로 보인다. 나아가 한자와 훈민정음을 함께 사용할 때의 표기 원칙도 (20타)에 제시하고 있어 우리말의 표기에 필요한 기준을 치밀하게 제시하고 있다. 그러한 표기 원칙은 훈민정음의 운용 기준이라는 점에서 넓은 의미에서의 훈민정음 체계에 포함이 되는 내용이라 할 수 있다.

(20)에 제시된 표기 원칙은 외국어를 훈민정음으로 표기할 때에 적용이 되어 다양한 외국어 표기에 맞추어 운용이 되기도 하였다. 다음의 (21)은 '몽어노걸대'와 '첩해몽어' 등에 보이는 몽골어의 훈민정음 표기의 몇몇 예이고, (22)는 '왜어유해'에 보이는 일본어의 훈민정음 표기의 몇몇 예들이다.

(21) 갇	부라지	아욘	죨치낟
거부	뿌산	아ᇹ쥬	죤시
꾸	뿌지	아ᇹ라	죤재
관스	발	애쥐	쥐거런
너네룰쿠	발가뮈	얀키	쥐거쥬
누	발가지	야	쥐리쿠
네룰쿠	발가후	어럭러부	쥐
뉘쿠츈	배낟	어치쥬 샥	쥐테
니쿈	볼받	얼긱투슨	쥘
다ᇫ바	부읃	억너쳐	쥘
닫다쥬	부읃	역거지	지벌후게
두다산	부	역거지	챤받
더구	비치부	역내	채

덕널	비취리	여베	쵸햔
도	사키글투개	오로란	춰컨
도갈바	사쇠란	올키나	춈
도라후	사킬수	우게 보루진	치다낟
두	삭	웅시쥬	치랏
란	삭갇	윋털	커럭뤌 여
루	삭나	우구후	커럭뤌뮈
로방	삭산	원	커쳐구
료둥	삭지	이뎌런	커쳔
뤈위	새눅	이뎔	커쳔
루	샨효	이뎔거	컵터글퀴
린휘	샥	이러구	콱컨
뤼칭푸	서럭쳐굴쥬	이러붑	콱컨
만타	셕	이루	콱컨
막	촨 쟈 린	이리누	탈뾀지
머더누	수루빡	이쟐	탸래
머커러누	쉰	입효	탸쥬
모	아구	위	탸쥬
뭐쳐붑	아굴	쟈랏	탸지
뭉즈	아랄지글후	쟈사빡	탤부리라받
바구라글후라	아마라글쥬	쟘 군 하쟉	터눅
바룩갇	아마글쥬	쟈라	틱걸
바릴	아부빡	쟉시	틱너쳐
밚	아샥	졏	틱니
부갇	아샥갇	젹쿠	틱컨투
부라 야	아샥산	죨각산 비루	투수거러누

하라ᄉᆞ후	하룈후게	한리	ㄷ
하락한	하루	한리	ᅲ
하리챨휘	하쟏타	학라치	ㅜ
하뢰란	하쟉	학치달	
하룈	하탸	흙가락산	
하룈바수	한라산	ㄷ	

(22)

가계아네	가와스스리빠고	고예따 고스예	데쯔짠
가구노요도시	가이떼	고우뗀	도구뻳즈
가구뻬즈	가이또우노하나	고우요우	무시즈계
가나따라이	가예	고쯔맏쯔	빠구아
가나뾘	가즈무	과유우	뻬쯔꼬우
가또	가찌빠미	관뾘	뿌요우
가다하따	간뾨우	구꽈쯔	뻬이또로
가라고와에	계이빠즈	구뽀무	얀계이
가뼤	계이뾘	긴누기꾸마	옌뾘
가뾘쟈	계우구이누	따기꼬	왇
가비즈쓰미	고고로이끼	뗀뿌	요센
가사사미	고노요로	또우셴	우메루
가스아이	고뿌나뼤	또우우	

위의 (21)과 (22)에 보이는 표기는 훈민정음으로 기록된 몽골어와 일본어의 예이다. 훈민정음 해례에서 이야기하고 있는 음절 구성을 위한 합자의 원리가 적용된 예들인 것이다. 합자의 원리를 적용한 경우는 훈민정음으로 중국어를 표기한 자료들에서도 확인할 수 있다. 한청문감에서 보이는 예들로는 '관, 쥰, 쟝, 햔, 황'와 같은 표기라든가 역어유해에 보이

는 '링, 샹, 튜, 후, 훃'과 같은 표기가 그것이다. 각각 몽골어와 일본어 그리고 중국어의 음절 구조를 반영하기 위하여 적용한 훈민정음의 합자 원리에 바탕을 둔 표기인 것이다.

앞서 우리는 해당 언어에 충실한 표기를 위하여 28자 이외의 글자는 물론 (11)에 제시된 글자 이외의 다른 부호를 사용한 경우를 방점으로 확인한 바 있다. 운소를 표기하기 위한 방점과는 성격이 다르기는 하나, (11)에 보인 훈민정음 글자만으로는 해당 외국어의 정확한 표기를 하는 데에 부족함이 있는 경우에는 해당 글자 옆에 ○나 △ 또는 ┙와 같은 별도의 부호를 사용한 경우도 볼 수 있다. 훈민정음 해례에서 제시하고 있는 표기 원리 안에서 이해될 수 있는 조처인 것이다. 다음의 〈그림1〉과 〈그림2〉에서 살펴볼 수 있다.

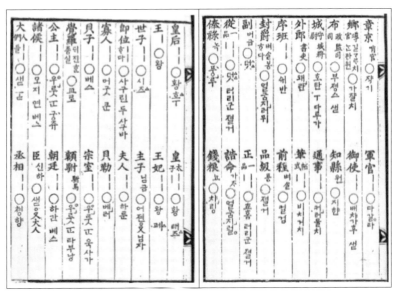

〈그림1〉 몽어유해 상: 27b, 28b

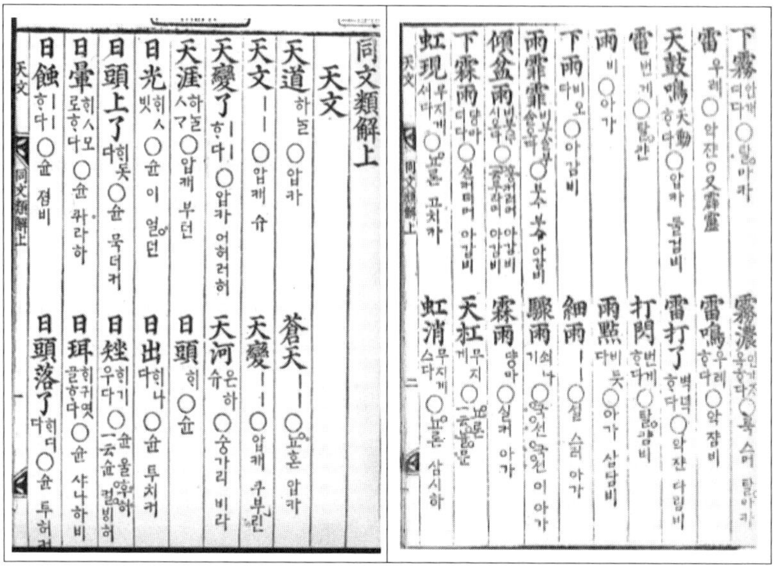

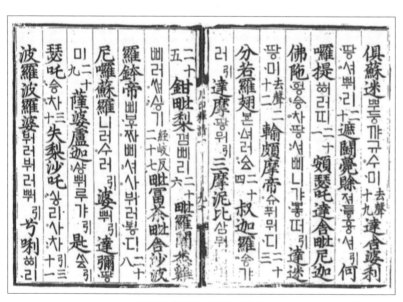

〈그림2〉 동문유해 상: 1a, 2a

〈그림3〉 월인석보 권10: 90a, b

앞서 본 바 있는 (11바)의 'ㅈ ㅊ ㅉ ㅅ ㅆ ㅈ ㅊ ㅉ ㅅ ㅆ'는 훈민정음 언해에 소개하고 있는 글자들인 바 그들도 역시 외국어의 표기에 사용된 것으로 자형의 변형으로 새로운 음소를 표기할 수 있는 원리를 제시하고 있는 것으로 이해할 수 있다. 그도 역시 훈민정음 글자 체계 속에 속하는 글자들이다. 〈그림3〉은 (11바)의 치두음자와 정치음자를 살펴볼 수 있는 월인석보에서의 예를 보여준다.

5. 나가며

본고는 '훈민정음'이 가지고 있는 의미 내용을 확인하여 보고자 하는 의도를 가지고 진행이 되었다. 훈민정음이 28자로 구성이 되어 있다는 상식과는 달리 28자 이외의 글자들이 존재한다는 사실로부터 출발한 의구심이었다. 지금까지 살펴본 내용을 정리하여 보면 다음과 같다.

먼저 음소를 반영한 글자들이다. 앞서 (11)에서 살펴본 바 있는 내용으로, 음소가 반영하는 내용에는 다소 차이가 있었다. 살펴본 결과, 28자라고 함은 당시 우리말 중앙어의 음소체계를 반영하는 것임을 알 수 있었다. 한자음을 표기하기 위한 글자로는, 해례에 자형을 드러내어 제시하지는 않았으나, 병서자가 있었다. 해례에서 제시하고 있는 병서자와는 차이가 있으나 'ㆀ'과 'ㅥ'의 경우에도 문자로서의 역할이 있음을 인정하였다.

해례에서 소개하고 있는 순경음자와 반설경음자라든가 언해에서 소개하고 있는 치두음자와 정치음자의 경우도 훈민정음 체계에 속하는 것임을 알 수 있었다. 아울러 해례에서 소개하고 있는 내용 가운데 앞서의 병서자를 만드는 것과 유사한 방식으로 자음자와 모음자를 합성하여 적절한 음절을 구성할 수 있도록 한 내용도 해례에서 확인할 수 있었다. 기본글자 자체도 훈민정음이거니와 기본글자에 가획을 하거나 병서(並

書)나 연서(連書), 부서(附書) 등의 방법을 통하여 개별 음소에 부합하는 음소문자를 만드는 원리와 그 결과로 만들어진 글자들도 훈민정음인 것이다.

훈민정음 해례와 언해에는 운소를 반영하기 위한 표기 장치로 방점을 제시하고 있다. 그도 역시 훈민정음에 속하는 문자 체계의 일부라고 할 것이다. 외국어의 표기를 위한 장치로, 훈민정음 글자 이외에 차이가 나는 음가를 반영하기 위하여 취하고 있는 ○나 △ 또는 ㄴ 와 같은 별도의 부호가 있다는 사실도 외국어 표기를 반영하고 있는 자료를 통하여 확인할 수 있었다. 방점과 유사한 원리를 가지고 있다는 점에서 훈민정음 체계에 속하는 원리를 가지고 있는 것이라 할 수 있다. 아울러 중성자 또는 중성자와 종성자만을 표기에 반영한 외국어 자료에서의 표기 양상도 역시 한자와 언문을 섞어서 적을 때에 적용하도록 한 '文與諺雜用則有因字音而補以中終聲者'의 내용을 원용한 것이라는 점에서 훈민정음의 표기 원리를 취하고 있는 훈민정음이 가리키는 의미 영역 내의 표기라고 할 것이다.

지금까지의 검토 결과, '훈민정음'이란 자형을 해례의 28자와 같이 가시적으로 제시하고 있거나 단지 설명적인 방식으로 제시하고 있는 글자와 부호의 체계 이외에도 글자의 합성과 변형 그리고 합자의 원리와 운용 방식까지 아우르는 것임을 알 수 있었다.

참고 문헌

김광해(1989), 「훈민정음과 108」, 『주시경학보』 4, 주시경연구소, 158-162.

_____(1990), 「훈민정음 창제의 또다른 목적」, 『강신항교수 회갑기념 국어학 논문집』, 태학사, 27-36.

김완진(1964), 「중세국어 이중모음의 음운론적 해석」, 『학술원논문집(인문사회과학편)』 4, 49-66.

_____(1972), 「세종의 어문정책에 대한 연구: 훈민정음을 위요한 수삼의 문제」, 『성곡논총』 3, 성곡학술 문화재단, 185-215.

_____(1975), 「훈민정음의 자음자와 가획의 원리」, 『어문연구』 3-1, 한국어문교육연구회, 186-194.

_____(1983), 「훈민정음 제자경위에 대한 새 고찰」, 『김철준박사 회갑기념사학논총』, 지식산업사, 358-376.

_____(1984), 「훈민정음 창제에 관한 연구」, 『한국문화』 5, 서울대학교 규장각 한국학연구원, 1-19.

이광호(1988), 「훈민정음 '신제28자'의 성격에 대한 연구」, 『배달말』 13, 배달말학회, 47-66.

이기문(1970), 『개화기의 국문연구』, 일조각.

_____(1974), 「훈민정음 창제에 관련된 몇 문제」, 『국어학』 2, 국어학회, 1-15.

_____(1976), 「최근의 훈민정음 연구에서 제기된 몇 문제」, 『진단학보』 42, 진단학회, 187-190.

_____(1980), 「훈민정음 창제의 기반」, 『동양학』 10, 단국대학교 동양학연구소, 388-396.

_____(1981), 「동아세아 문자사의 흐름」, 『동아연구』 1, 서강대학교 동아연구소, 1-17.

_____(1992), 「훈민정음 친제론」, 『한국문화』 13, 서울대학교 한국문화연구소, 1-18.

_____(1998), 『신정판 국어사개설』, 태학사.

이숭녕(1958), 「세종의 언어정책에 관한 연구: 특히 운서편찬과 훈민정음 제정과의 관계를 중심으로 하여」, 『아세아연구』 1·2, 고대 아세아문제연구소, 29-83.

이현희 외(2014), 『'훈민정음'의 한 이해』, 역락.

한재영(1990), 「방점의 성격 구명을 위하여」, 『姜信沆敎授 回甲紀念 國語學

論文集』, 태학사, 241-262.

_____(2018가), 「'훈민정음'의 의미」, 『훈민정음학회 창립 10주년 기념 국제 학술대회 발표논문집』, 이집트: 아인샴스대학교.

_____(2018나), 「한글의 확장성과 개방성, 훈민정음의 확장성 활용, 함께 생각합시다」, 국립한글박물관·훈민정음학회 공동 학술대회.

평안방언의 ㄷ구개음화 미실현과
지역 정체성 형성의 상관성*
ㄷ구개음화 미실현의 원인에 대한 새로운 설명

백 두 현

경북대학교

1. 들어가기

평안방언의 가장 큰 특징은, 한국어의 대부분 방언에서 이미 실현된 ㄷ구개음화 현상을 경험하지 않은 점이다. 그리하여 '정거장'을 '덩거댱'으로, '천'(天)을 '턴'으로 발음하는 등 ㄷ, ㅌ 음이 ㅈ, ㅊ으로 변화하지 않은 것이 평안방언 고유의 특성이다. ㄷ, ㅌ이 ㅈ, ㅊ으로 변하는 현상을 우리는 ㄷ구개음화라 부른다. ㄷ구개음화 현상은 평안방언과 인접한 황해방인이나 함경방언은 물론 경기, 강원, 경상, 전라, 제주방언에 이르기까지 한국어의 전 방언에서 발생하여 확고한 음운변화로 자리잡았던 것이다. 오직 평안방언과 함경도 북단의 육진방언만이 이 변화를 받아들

이 논문은 *the north region of korea‧ HISTORY, IDENTY, AND CULTURE,*(2010, A CENTER FOR KOREA STUDIES PUBLICATION, UNIVERSITY OF WASHINGTON PRESS)에 수록했던 영문 논문을 확장 심화시켜 한글로 고쳐 쓴 것임을 밝혀 둔다.

평안방언의 ㄷ구개음화 미실현과 지역 정체성 형성의 상관성　77

이지 않았다.[1] 평안방언은 왜 ㄷ>ㅈ 구개음화를 수용하지 않았는가? 그 원인은 무엇이며, 이것이 평안지역의 정체성 형성과 어떻게 관련되어 있는지를 밝히는 것이 이 논문의 목적이다.

평안방언에서 ㄷ구개음화가 일어나지 않은 데 대한 음운론적 설명은 이미 이루어진 바 있다. 필자는 기존의 음운론적 설명을 수용하면서 그 한계를 지적하고, 평안방언 화자들이 가진 자기 방언에 대한 인식, 평안 도가 겪어온 역사적·정치적 요인 그리고 평안도의 지리적 특성 등 언어 내·외적 요인을 고려하여 ㄷ구개음화 미실현의 원인에 대한 새로운 설명 을 제안할 것이다. 그리하여 보다 폭넓은 관점에서 평안방언의 ㄷ구개음 화 문제를 깊이 있게 설명하고자 한다.

2. 평안방언 자료 분석

2장의 제1절에서는 평안도에서 간행하였거나 평안방언을 반영한 몇 가지 문헌 자료에서 ㄷ>ㅈ 변화와 관련된 언어 자료를 추출하여 그것이 갖는 의미를 분석한다. 이어서 2장의 제2절에서는 20세기 중엽 이후에 평안방언을 조사·수록한 방언자료집을 검토하여, ㄷ>ㅈ 변화를 수용한 방언형의 존재를 확인하고 그 의미를 논의한다. 이러한 논의를 토대로 평안방언에서 전개된 ㄷ구개음화의 통시적 과정을 기술할 것이다.

2.1. 평안방언을 반영한 문헌의 ㄷ구개음화 양상
이 절에서는 평안방언을 반영한 옛 한글문헌에 ㄷ구개음화가 반영된

---

1 함경북도 북부 3~4개 군 온성 혜령 종성 등(육진의 일부 지역)은 평안도와 비슷한 속성을 가진다. 즉 ㄷ 구개음화가 일어나지 않고 j가 탈락한다. 예) 둏다, 덩거당.

양상을 역사적 관점에서 분석한다.

2.1.1. 『이륜행실도』(1727년): 평안도 감영판
현재 알려져 있는 『이륜행실도』의 판본에는 다음과 같은 것들이 있다.

(1) 옥산서원본(1520년경): 원간본으로 추정

(2) 학봉본(1570년경): 학봉(김성일)에게 내린 내사본

(3) 기영판(1727년): 평안도 감영판

(4) 원영판(1730년): 강원도 감영판

(5) 영영판(1730년): 경상도 감영판

(6) 해영판(1730년): 황해도 감영판

위의 이판본 중 (3), (4), (5), (6)은 거의 같은 시기에 여러 지방에서 간행된 것이다. 기영판이 3년 빠를 뿐 나머지는 모두 같은 해에 나왔다. 원영판은 기영판을 복각한 것이어서 거의 차이가 없다. 그러나 영영판과 해영판은 복각본이 아니라 저본을 새로 쓴 것이어서 이본 간에 언어적 차이가 있다. 그 차이 중 대표적인 것은 ㄷ구개음화를 반영한 양상이다. 18세기 초기의 경상방언에서 ㄷ>ㅈ 구개음화는 거의 완성되었다. 그리하여 위 (5)영영판에는 ㄷ>ㅈ 구개음화 현상이 빈번히 나타난다. 그러나 같은 시기의 평안방언과 황해방언은 ㄷ구개음화를 몰랐다. 그리하여 위 (3)기영판과 (6)해영판에는 ㄷ구개음화 현상이 반영되어 있지 않다. 원영판은 기영판의 복각본이므로 논외로 하고, ㄷ구개음화에 있어서 극단적 차이를 보여 주는 기영판과 영영판을 서로 비교해 보기로 한다. 다음은 ㄷ구개음화에 있어서 두 판본 간 차이를 보이는 몇 예들이다. 참고로 해영판도 곁들여 둔다.

영영판	기영판	해영판
말리지 못ᄒᆞ야(1ㄱ)	말리디 몯ᄒᆞ야	말니디 못ᄒᆞ야
가지 말라(1ㄱ)	가디 말라	가디 말나
어지다(善)(4ㄱ)	어디다	어디다
두지 아니ᄒᆞᆫ대(4ㄴ)	두디 아니ᄒᆞᆫ대	두디 아니ᄒᆞᆫ대
주기지 아니ᄒᆞ니라(6ㄱ)	주기디 아니ᄒᆞ니라	주기디 아니ᄒᆞ니라
편안치 몯ᄒᆞ니(8ㄱ)	편안티 몯ᄒᆞ니	편안치 몯ᄒᆞ니
졔ᄌᆞ(弟子)(44ㄱ)	뎨ᄌᆞ	뎨ᄌᆞ
뎐지(田地)(30ㄱ)	뎐디	디
ᄌᆞ졔(子弟)(31ㄱ)	ᄌᆞ뎨	ᄌᆞ뎨

위의 예 이외에도 영영판에는 '어지도다'(12ㄱ), '지나드니'(40ㄱ), '엇지'(29ㄱ) 등 20여 개의 ㄷ구개음화 용례가 출현한다. 그러나 기영판에는 이런 변화가 실려 있지 않다. 그러나 해영판에는 약간의 예외가 보인다. 해영판에는 ㄷ구개음화가 실현된 다음 몇 예가 발견된다.

해영판 이륜행실도	영영판 이륜행실도
형져(7ㄱ)	형뎨
형졔(8ㄱ)	형뎨
내칠써시이다(8ㄱ)	내틸거시이다
편안치 몯ᄒᆞ니(8ㄱ)	편안치 몯ᄒᆞ니

해영판은 다른 감영판과 언해문의 행관이 크게 다르다. 이것은 해영판은 간행 당시에 저본을 새로 썼기 때문이다. 이 해영판에 나타난 ㄷ구개음화의 예는 매우 특이한 존재이다. 이 예들이 당시의 황해방언을 반영한 것이라면 ㄷ구개음화가 1730년대의 황해방언에서 일어났음을 의미하기

때문이다. 그러나 김주원(1994)에서 서술되었듯이 1765년 황해도 구월산 흥률사에서 간행된 『염불보권문』에는 ㄷ구개음화가 전혀 나타나지 않았다. 흥률사판은 대구 동화사판(1764)의 영향을 받은 책이면서 ㄷ구개음화된 어형을 철저히 교정해 놓았다. 이는 당시의 황해방언에 ㄷ구개음화가 실현되지 않았음을 의미한다(김주원 1994: 29-31). 그런데 1730년에 황해도 감영에서 간행한 『이륜행실도』에 ㄷ구개음화가 적용된 '형제' 등이 존재한다. 이것은 『염불보권문』의 경우와 일치하지 않는다. 이 점에 대한 해석은 본고의 주목적이 아니기 때문에 여기서 더 이상 논의하지 않는다. 다만 해영판이나 영영판과 달리 기영판(평안도 감영판) 『이륜행실도』에 ㄷ구개음화가 존재하지 않는다는 사실을 지적해 둔다.

2.1.2. 『노걸대언해』(1745년): 평안감영판

노걸대의 언해본에는 다음과 같은 이판본이 있다.

(1) 번역노걸대(1510년경)

(2) 노걸대언해(1670년)

(3) 평안감영판 노걸대언해(1745년)

(4) 노걸대신석언해(1763년)

(5) 중간노걸대언해(1795년)

여기에서 다룰 판본은 1745년 평안도 감영에서 간행한 『노걸대언해』이다. '평안감영중간(平安監營重刊)'이라는 간기를 가진 『노걸대언해』에는 ㄷ>ㅈ 구개음화 어형이 등장한다. 이 판본에는 '그 즁에'(상 4ㄱ), '가지 몯홀사'(상 2ㄱ), '어지니라'(상 6ㄴ) 등과 같이 ㄷ>ㅈ 구개음화형이 많이 등장하고, '네 집의 잘 듸를 어더디라'(상 42ㄱ, ㄴ)과 같은 과도교정형도 나타난다.[2] '어더디라'는 원래 '어더지라'(얻고 싶다)로 표기된 것인데 원래의 ㅈ을 ㄷ으로 교정한 것이다.

그러나 평안감영판 『노걸대언해』에 나타난 ㄷ>ㅈ 변화 예들은 간행 당시의 평안방언을 반영한 것이 아니다. 이 책의 편찬에 관련된 실질적 업무는 중앙 관서인 사역원에서 이루어졌다. 사역원에서 편찬과 교정까지 이루어진 책이다. 책 뒤에 교정과 원고 작성에 관여한 역관 8명의 명단이 있다. 이 책의 서문에 "임금께서도 관서는 역관이 통행하는 곳이라 관서에서 인간(印刊)할 것을 명하였다"라는 구절이 있다(석주연 2003: 41-42). 고본의 작성 등 편찬을 사역원에서 마친 후 간행만 평안감영에서 한 것이다. 따라서 평안 감영판 『노걸대언해』에 나타난 ㄷ>ㅈ 구개음화 현상은 당시 중앙방언을 반영한 것이지 평안방언을 반영한 것이 아니라는 결론을 내릴 수 있다.

2.1.3. 『염불보권문』(1765년): 평안도 영변 묘향산 용문사판

이 책은 여러 지방의 사찰에서 중간되었는데 다음과 같은 판본이 알려져 있다.

  (1) 보권염불문(1704년): 경상도 예천 용문사판
  (2) 염불보권문(1764년): 경상도 대구 동화사판
  (3) 염불보권문(1765년): 황해도 구월산 흥율사판
  (4) 염불보권문(1765년): 평안도 영변 용문사판[3]
  (5) 염불보권문(1776년): 경상도 합천 해인사판

---

2 석주연(2003: 45)과 『규장각소장어문학자료 어학편 해설』(p.73)에 이 예들이 언급되어 있다. 박재연(2003)은 『노걸대언해』의 여러 이본 원문을 대조하여 그 차이를 쉽게 볼 수 있도록 하였다.

3 이 책은 충남대학교 도서관 소장이며, 김주원 교수에 의해 처음 소개되어 학계에 알려졌다.

(6) 염불보권문(1787년): 전라도 무장 선운사판

　황해도 흥률사판은 대구 동화사판의 영향을 받은 것이지만 동화사판의 구개음화 어형을 철저하게 지역방언의 특성에 맞게 고쳐 놓았다. 이에 비해 평안도 용문사판은 대체로 동화사판의 내용을 따르고 있는 있는 것이 많다. 그런 까닭에 평안도판에는 동화사판의 구개음화형을 고치지 않고 그대로 둔 것이 많다. 이것은 평안방언의 특성을 반영한 것이라 할 수 없다. 그러나 평안도판에는 동화사판에 나타난 ㄷ구개음화형을 따르지 않고 당시의 평안방언에 맞도록 고쳐 놓은 예도 동시에 나타난다. 다음은 대구 동화사판에서 ㄷ구개음화가 실현된 어형을 평안도판에서 구개음화가 실현되지 않은 고형(古形)으로 바꾼 것이다.

경상도 동화사판	평안도 용문사판	한자어 및 원어형
쳔디간(5ㄴ)	텬디간(9ㄴ)	天地間
즁삼품(6ㄱ)	듕삼품(10ㄱ)	中三品
츙신(11ㄴ)	튱신(15ㄴ)	忠臣
져리나(11ㄴ)	뎌리나(15ㄴ)	뎔(寺)이나
일웬날(14ㄴ)	닐웬날(18ㄴ)	닐웻날(七日)

　한편 대구 동화사판에서는 구개음화의 영향을 받아 원래의 ㅊ, ㅈ을 ㅌ, ㄷ으로 과도교정한 것이 있는데, 평안도판에서는 과도교정된 것을 다시 원래의 정상적 상태로 바로잡았다. 다음이 그러한 예이다.[4]

4　이러한 예는 황해도 흥률사판에도 나타난다. 동화사판의 과도교정형 '긋티거나', '틸보'(七寶)를 흥률사판에서는 원래의 어형인 '긋치거나', '칠보'로 고쳐 놓았다. 이 점은 평안도 용문사판에서도 같다(김주원 1996).

경상도 동화사판	평안도 용문사판	한자어 및 원어형
삼텬불(1ㄱ)	삼쳔불(5ㄱ)	三千佛
맛티(11ㄴ)	맛치(15ㄴ)	맛치
듕싱(13ㄴ)	즁싱(17ㄴ)	衆生

'千'의 원래 음은 '쳔'이다. 동화사판의 '삼텬불'은 원래의 ㅊ을 과도교정한 것이다. 이 과도교정은 당시의 경상방언에 강하게 작용한 ㄷ구개음화의 영향을 받은 것이다. 원래 ㅊ인 것을 구개음화(ㅌ＞ㅊ)에 의해 생성된 것으로 잘못 인식하고, 구개음화되기 이전의 모습 즉 ㅌ으로 바꾼 것이 '삼텬불'이다. 경상도판에 나타난 이런 과도교정을 평안도판에서 다시 제자리로 돌려 놓은 것이 '삼쳔불'이다. ㄷ구개음화를 모르는 18세기 중엽의 평안도 사람에게 '삼텬불'과 같은 발음은 잘못된 것으로 인식되었을 것이 틀림없다. 동화사판의 '맛티'는 '맛치'(마치)를 과도교정한 것이고, '듕싱'은 '즁싱'을 과도교정한 것이다. 이러한 과도교정형을 평안도 판에서 고쳐 놓은 것은 구개음화에 대한 평안도 사람들의 인식, 즉 구개음화되지 않은 원래의 어형이 올바른 것이라는 인식이 작용한 결과이다. 18세기 후기의 경상도 사람들에게 ㄷ구개음화는 방언 특유의 표지(marker)로 인식되었을 것이고, 이 표지는 자기 방언의 가진 특징으로 받아들여져 일종의 언어적 자의식(自意識)을 형성했을 것이다. 이와 달리 평안방언 화자들은 ㄷ＞ㅈ 구개음화를 몰랐을 뿐 아니라, ㄷ구개음화 미실현형이 올바른 발음이라는 확고한 인식을 가지고 있었다. 경상방언과 역으로 평안방언은 ㄷ구개음화 미실현형이 올바른 발음이며, 이것이 그들 방언이 지닌 고유의 특징이라 생각하고 평안도판에 보이는 바와 같은 교정을 실행한 것이다. ㄷ＞ㅈ 실현형이 경상방언 화자의 표지라면, 그것의 미실현형은 평안방언 화자의 표지가 되었던 것이다. 그런 점에서 평안도판 『염불보권문』에 나타난 위 예들은 당시 평안도 사람들

의 인식을 보여 준다는 점에서 매우 흥미로운 것이다.[5]

2.1.4. 『경민편』(연대 미상): 평안 감영판 추정

현재 전하는 『경민편』의 주요 이본은 다음과 같다.

(1) 동경교육대학 소장본(1579) (중간본, 晉州印)

(2) 규장각본(1658) (李厚源 개간본)

(3) 초계판(1731) (합천 초계 개간)

(4) 을축 완영판 (개간)(1745)

(5) 무진 완영판 (중간)(1748)[6]

(6) 미상본 (간년 간행지 미상, 평안도판 추정)

위의 여러 이본 중 본고의 관심 대상은 (6)의 간년 및 간행지 미상본이다. 이 판본은 평안도에서 간행한 것으로 추정된다. 그 근거는 다음 두 가지이다. 첫째는 이 판본에 평안감사 송인명(宋寅明 1689~1746)이 지은 「八戒」(팔계)가 붙어 있다는 점이다.[7] "관셔ᄂᆞᆫ 이 긔ᄌᆞ의 녯 도업이라 셩인의 ᄀᆞᄅ치시미 임의 멀고 빅셩의 풍쇽이 졈졈 문허디여 패륜 범상ᄒᆞᄂᆞᆫ 일이 간간이 만히 이시니...."로 시작하는 팔계의 서문은 송인명이 평안감사로 와서 지었음을 보여 준다. 『청선고』(淸選考) 권지십오(卷之十五)의 관찰사항(觀察使項)의 기백조(箕伯條)에 따르면 송인명은 영조 5년

---

5 평안도판 『염불보권문』에 나타난 흥미로운 낱말로는 '오마님'(18ㄱ)이 있다(김주원 1996: 442). 잘 알려져 있다시피 오늘날 평안방언에서 '오마니'(母)가 쓰이고 있다.

6 이와 동일한 판본으로 '무진칠월일룡셩개간(戊辰七月日龍城開刊)'이라는 간기를 가진 남원판이 있다.

7 (6)의 미상본에 이 「八戒」가 송인명이 지은 것이라는 기록은 없다. 그러나 완영판에 실린 상주 목사 이정소(李廷熽)의 「題警民編後」(제경민편후)에 이 팔계는 평안감사 송인명이 지은 것이라고 밝혀 놓았다.

기유(1729)에 평안도 감사로 부임해서 이듬해(1730)에 이임한 기록이
있다. 그러니 평안감영에서 간행한 관서판 경민편은 1729년 또는 1730년
에 간행되었을 것이므로 상산판(商山版) 경민편보다 1년 혹은 몇 달 앞서
서 간행되었다고 볼 수 있다.[8] 평안도판 경민편은 1729~1730년 사이에
간행되었을 것으로 짐작되지만 (6)의 미상본이 이 당시에 나온 판본인지
의심스러운 점이 있다. 이 미상본은 시대가 좀 처지는 것으로 생각된다.[9]
둘째는 (6)의 판본에 실린 송인명의 「八戒」(팔계)에 평안도 특유의 어휘
인 'ᄋᆞᆲ'(八)이 나타난다는 점이다. 그 예는 다음과 같다.

        이직 ᄇᆞ야호로 스스로 도로혀 기피 슬허ᄒᆞ며 삼가 <u>ᄋᆞᆲ 가지</u> 됴목으로
    ᄀᆞᄅ치시던 깃틴 의로써 <u>ᄋᆞᆲ 가지</u> 경계을 지어 경민편 ᄭᅳᆺ틔 붓텨 써
    셩녕 빅셩을 경계ᄒᆞ로라(警民編 序 1a~1b) (밑줄은 필자)

    현대의 평안방언에 '야듧, 야들, 야뜰, 야뜳, 야든'과 같은 방언형이
광범위하게 존재하는 사실(『평북방언사전』, 김이협 편저 p.385)은 이
'ᄋᆞᆲ'이 평안방언을 반영한 어형임을 뒷받침해 준다. 이 'ᄋᆞᆲ'은 상산판
(상주판)을 복각한 것으로 짐작되는 '을축유월 관영개간(乙丑六月 完營

---

8 필자가 본 판본은 홍문각에서 1992년에 초계판, 완영판(1748)과 함께 영인한 것이
   다. 이 판본에는 완영판에 실린 이정소의 「題警民編後」(제경민편후)와 「勉語」(면
   어)가 실려 있지 않다.
9 그 이유는 이 판본(홍문각 영인본 참고)의 '팔계' 부분에 다음과 같은 후대 어형이
   나타나기 때문이다. '도업'(都邑)(서 1ㄱ), '이직'(서 1ㄱ), '강인하야'(팔계 2ㄴ),
   '어이 하야'(서 5ㄱ). 그런데 이 팔계는 '을축유월 완영개간(乙丑六月 完營開刊)'이
   라는 간기를 가진 완영판에도 실려 있다. 이 완영판에서 '도업'은 '도읍'으로 고쳐져
   있으나 '강인하야'(완영판 45ㄱ), '어이하야'(완영판 46ㄴ), '이직'(완영판 43ㄴ)는
   동일하게 나타난다. 이 사실은 을축 완영판이 (6)의 미상본을 참고했음을 의미한다.
   이런 점을 고려하면 을축 완영판의 간년도 1745년이 아니라 더 후대일 가능성도
   있다. 경민편의 이본 연구는 남권희(2005)를 참고.

開刊)'이라는 간기를 가진 완영판에서 모두 '여듧'(43b)으로 고쳐져 있다. 이 'ᄋ듧'은 송인명이 평안감사로 봉직할 때 지은 「八戒」(팔계)에 나온 것이라는 점과 현대 현대 평안방언에 존재하는 '야들' 등으로 볼 때, 송인명이 평안도에서 이 책을 간행하면서 그 지역의 방언을 수용한 결과라 판단된다.[10]

여기서 평안방언을 반영했음이 확실한 송인명의 「八戒」(팔계)에 과연 ㄷ구개음화가 어떻게 반영되어 있는지가 흥미로운 관심사가 된다. 「八戒」(팔계)를 정밀히 분석해 보니 ㄷ구개음화를 실현한 어형은 전혀 나타나지 않았다. '엇디'(서 3ㄴ), '혜티기'(서 4ㄱ), '뎌'(서 3ㄴ), '됴화ᄒ미'(서 4ㄴ), '아디 못ᄒᄂ다'(서 5ㄱ) 등과 같이 ㄷ구개음화가 일어나지 않은 어형만 나타날 뿐이다. 이 사실은 당시의 평안방언에 ㄷ구개음화가 존재하지 않았음을 잘 보여 준다.

'ᄋ듧'과 같은 특이한 평안방언 어휘를 노출시켜 평안방언을 반영한 점과 ㄷ구개음화 어형이 전혀 나타나지 않는 사실은 모두 평안방언에 충실한 태도라는 점에서 그 성격이 같다. 이런 점들은 당시의 평안방언을 의식한 결과이며 이를 통해 평안방언의 특성을 드러내려 했던 당대인의 의식을 엿볼 수 있다.

2.1.5. Corean Primer에 나타난 ㅈ구개음화(ts>ʧ)

이 책은 John Ross목사에 의헤 1877년에 간행된 한국어 교본이다. Corean Primer에는 평북 의주 출신인 이응찬(李應贊)의 언어가 반영되어 있다.[11] 이 책에는 한글 전사(Korean alphabet transcription)뿐 아니라

---

10 사마방목에 송인명은 본관이 여산(礪山), 거주지는 고양(경기도)이라 되어 있다. 따라서 그는 중부방언 화자로 볼 수 있다. 이런 점으로 볼 때 평안도판 『경민편』의 언어는 독자인 평안도 사람을 기준으로 편찬하였다고 생각한다.

11 Corean Primer와 의주방언에 대한 아래 설명은 한성우(2003)의 박사학위논문을

영문 전사(English alphabet transcription)까지 함께 실려 있어서 19세기 후기 의주방언의 음성적 특성을 정밀히 알 수 있다. Corean Primer에서는 ㅈ의 전사하는 데 ds와 j(음가는 [ts]와 [ʧ])를 쓰고, ㅊ의 전사에 ts와 ch(음가는 [tsh]와 [ʧh])를 사용하였다. 이 점은 전사 기호가 하나만 사용되는 다른 자음과 비교해 보면 매우 특이한 것이다. 이런 두 가지 전사는 1877년 당시에 ㅈ, ㅊ의 음가가 일부 환경에서 구개음화되어 있음을 반영한 것이다. 즉 y나 i 앞에서 ㅈ, ㅊ이 경구개음으로 발음되었기 때문에 ʧ, ʧh와 같은 전사가 나타난 것이다. 이런 전사 표기는 Corean Primer가 간행된 19세기 후기 의주방언에서 ㅈ, ㅊ의 구개음화가 실현되었을 의미한다. 그 후 1950년대의 의주방언의 ㅈ, ㅊ이 구개음이 되었다. 다만 전통 방언의 특성을 가진 의주 사람들 중에는 치조음과 구개음 간의 동요가 있었으나 대부분 주민들은 ㅈ을 거의 구개음으로 발음하였다. 그리하여 현대 의주방언의 ㅈ, ㅊ은 모든 환경에서 경구개 위치에서 조음된다.

Corean Primer를 통해서 볼 때 의주방언의 ㅈ구개음화는 음성적 환경에 지배된 것으로 보인다. ㅈ의 구개변이음은 대부분 y, i 앞에서 나타나기 때문이다. 19세기 후기 의주방언에서 ㅈ은 특정 환경에서 구개음으로 실현되었던 것이다.[12] 이는 중부방언이 경험한 역사적 과정과 거의 같다. 그 시기가 늦어졌을 뿐 의주방언도 중부방언과 동일한 과정을 거쳐 ㅈ의 구개음화가 실현된 것이다.

참고하여 요약한 것이다.

12 ㅅ의 경우도 구개음화에 있어서 비슷한 양상을 보여 준다. Corean Primer에는 '사서소수'의 ㅅ에는 s를, '샤셔쇼슈'의 ㅅ에는 sh가 전사 기로호 사용되어 있다. 후자는 구개화된 ㅅ이다. 소창진평(1944)는 서울말의 '사서소수'와 달리 의주방언에서는 이 발음이 ʃa ʃə, ʃo, ʃu로 발음된다고 지적하였다. 이 시기의 의주방언에서는 ʃ뒤의 y가 탈락하지 않았던 것이다(한성우 2003: 45).

학자들은 의주방언에서 ㅈ의 구개음화는 다른 방언과의 접촉에서 일어
난 것으로 보고 있다. 소창진평(1944)도 서북방언의 주변부 지역에서
서북방언의 특징과 다른 현상이 나타남을 지적하였고 그 원인은 방언접
촉에 있는 것으로 보았다. 특히 의주는 사람과 물산의 왕래가 빈번하여
외부 방언과의 접촉이 많았던 곳이다. 이러한 지리적 특성으로 인하여
평안방언의 타 지역보다 ㅈ구개음화를 빨리 수용하였던 것이다. 외부와
의 빈번한 접촉에 따라 보다 개방적 태도를 가지게 된 의주 지역 사람들이
다른 평안도 주민보다 더 빨리 고유 방언의 음성 특질을 버리고 타 방언에
동화되었다고 해석할 수 있다.

2.2. 평안방언 자료집의 ㄷ구개음화 양상

앞의 2.1.절에서는 18세기 전기에서 19세기 후기에 이르는 동안 평안
도에서 간행하였거나 평안방언을 반영한 문헌을 대상으로 ㄷ구개음화
관련 현상을 분석하고 그 의미를 찾아 보았다. 2.2.절에서는 20세기 이후
에 평안방언에서 일어난 ㄷ구개음화의 추이를 파악하기 위해 방언학 연
구자들이 조사한 평안방언 자료집을 검토하기로 한다.

평안방언을 조사하여 수록한 방언 자료집에는 다음과 같은 것이 있다.

(1) 小倉進平:『朝鮮語方言の研究』, 東京: 岩波書店, 1944.

(2) 김병제:『방언사전』, 평양:사회과학원출판사, 1980.

(3) 김이협:『평북방언사전』, 한국정신문화연구원, 1981.

(4) 리운규·심회섭·안운:『조선어방언사전』, 연변 인민출판사, 1990.

(5) 김영배:『평안방언연구-자료편』, 태학사, 1997.

위 자료집 중 (1)은 20세기 전기의 평안방언을 조사한 것이고, 다른
것은 모두 20세기 후기의 평안방언을 조사한 것이다. 따라서 2.2.절에서

다루는 평안방언의 ㄷ구개음화 관련 예들은 모두 20세기 자료가 된다. 위 방언자료집 중 김영배의 『평안방언연구 -자료편』은 (1)(2)(3)을 수용하고, 평안도에서 월남한 사람들을 대상으로 방언 조사를 하여 편찬된 종합적 자료집이다. 이 글은 평안방언의 ㄷ구개음화에 국한하여 다루는 것이어서, (5)에 실린 관련 예만 이용해도 본고의 목적을 달성하는 데 충분하다고 본다.

본고는 평안방언의 ㄷ구개음화 현상을 언어학적 관점에서 전면적으로 분석하려는 것이 아니기 때문에, 김영배의 자료집에 나타난 ㄷ구개음화 관련 예 몇 가지만 검토한다. 특히 20세기 이후 평안 지역에서 ㄷ구개음화가 수용된 방언형과 그것의 지역적 분포에 관심을 두고 논의를 진행한다.

다음은 김영배(1997)에 나타난 ㄷ구개음화 관련 예들이다. 관련 어휘들이 다수 있지만 편의상 대표적 예 몇 가지만 인용한다. 아래 예시에서 표제어 다음에 놓인 괄호 안의 숫자는 김영배(1997)의 쪽수를 나타내고, 지명 앞에 놓인 *는 다른 방언형과 공존하는 경우를 의미한다.

① ㄷ구개음화가 실현된 방언형이 있는 경우

지주(地主) (18)

　던주: 평남(대동 강동 맹산 개천 평원), 평북(*자성 후창)

　덴주: 평남(순천 안주), 평북(박천 영변 회천 운산 *태천 구성 창성 위원 강계)

　디주: 평남(덕천), 평북(태천)

　지주: 평남(평양 양덕 영원), 평북(*자성)

짚 (18~19)

　딥: 평남(평양 양덕 영원 제외 전 지점)

　딮: 평남(문덕 안주), 평북(박천 녕변, 구장, 운전, 구성, 향산)

<u>집</u>: 평남(평양 양덕 영원)

절구 (42)

　덜구: 평남(양덕 제외 전지점), 평북 전지점

　<u>절구</u>: 평남(양덕)[13]

질그릇 (43)

　들그릇: 평남(평양 등 3개 지역)

　딜그릇: 평남(평양 양덕 맹산 제외 전지점), 평북(운산 철산

　　　　　제외 전지점)

　<u>질그릇</u>: 평남(양덕)

남편 (109)

　남덩: 평남(온천 룡강), 평북(녕변 구장 선천)

　<u>남정</u>: 자강(강계)

장가가다 (120)

　당개가다: 평남 진남포 제외 전지점. 평북 전지점

　<u>장개가다</u>: 평남(진남포)

진흙 (206)

　딘흙: 평남(양덕 맹산 평원 제외 전지점)

　<u>진흙</u>: 평남(양덕 맹산), 평북(*창성 *자성)

13　18세기 문헌에는 '절구', '절고'로만 나온다. '덜고'와 '덜구'는 문헌에 전혀 보이지
　　않는다. 杵曰 절고 米杵(동문유해, 하 002b)(1748년) 杵曰 절고 米杵(몽어유해,
　　하 002a)(1768년)

주야(晝夜) (205)

    두야: 평남(중화, 평양, 순천, 안주), 평북(박천, 영변 외 9개
      지점)

    주야: 평북(후창)

해질녘 (해 디다) (208)

    해디다: 평남(대동, 진남포, 성천, 개천, 덕천), 평북(신의주,
      의주, 삭주)

    해딜녘: 평남(진남포, 성천, 양덕, 덕천, 순천 제외 전지점)

    해딜녘: 자강(위원), 평북(태천, 박천, 염주, 의주, 정주, 룡
      천, 녕변, 대관)

    해질꼴: 평남(양덕, 개천), 평북(구성, 신의주, 의주, 후창)

좋다 (225)

    도타: 평남(중화, 평양, 순천, 숙천, 안주),

      평북(박천, 영변, 희천, 구성, 정주, 선천, 용암, 의주,
      강계, 자성, 후창)

    도:타: 평북(의주, 삭주, 피현, 룡천, 철산, 대관, 운산, 동림)

    돟다: 평남(양덕 제외 전지점)

    조타: 평남(중화), 평북(후창)

    좋다: 평남(양덕)

짧다 (225)

    달따: 평남(대동, 강서, 강동, 성천, 맹산, 덕천, 개천, 순천,
      평원, 안주)

      평북(선천, 강계, 자성제외 전지점)

닭다: 평북(선천)

딸따: 평북(자성)

닮다: 평북(강계)

맯다: 평북(녕변, 구장, 향산, 박천, 운전)

짧다: 평남(평양, 진남포, 양덕)

② ㄷ구개음화가 실현된 방언형이 없는 경우

저기 (204)

　　더기: 평남(룡강, 온천, 숙천, 문덕, 안주), 평북(피현, 의주

　　　　 등 6 지점)

　　데기: 평남(룡강, 온천), 평북(녕변, 구장, 향산, 박천), 자강

　　　　 (희천)

절(寺) (58)

　　덜: 평남(평양), 평북(박천 외 5 지점)

면장(面長) (112)

　　면당: 다수 지점

조수(潮水) (205)

　　도수: 평남(맹산, 개천)

　　되수: 평북(구성, 의주)

주석(錫) (205)

　　두석: 평북(영변, 희천, 강계)

　　뒤석: 평남(평양), 평북(박천, 구성)

진다(落) (378)

딘다: 평남(중화, 평양, 순천, 숙천, 안주)

평북(박천, 영변, 구성, 정주, 선천, 용암, 의주)

짚다 (260)

딮다: 평북(녕변, 구장, 향산, 박천, 운전, 구성)

①은 평안도 내의 하위 방언에서 ㄷ구개음화 실현형이 존재하는 경우이고, ②는 그렇지 않은 경우이다. ②와 같은 예가 다수 있으나 몇 개의 예시만 보이는 데 그쳤다. 위의 두 가지 경우가 음운론적 환경이 서로 달라서 ㄷ구개음화 실현에 차이가 생긴 것은 아니다.

①에서 우리는 ㄷ구개음화 실현형의 출현 지역들이 가진 공통점을 발견할 수 있다. 평안남도에서는 평양, 양덕에서 ㄷ구개음화 실현형이 비교적 빈번히 나타난다. 그밖에 영원, 맹산, 진남포, 중화 지역도 이와 같은 방언형이 존재한다. 양덕, 영원, 맹산은 함경남도의 접경 지역이라는 점에서 공통적이다. 함경남도는 ㄷ구개음화가 일찍부터 실현된 지역이어서 그 영향이 인접한 평안도의 군 지역에 미칠 수 있었을 것이다. 평안남도 중 평양과 진남포 등은 교통 왕래가 많은 지역이어서 아무래도 타 방언의 영향을 많이 받았을 것이다. 평안북도에서 ㄷ구개음화가 실현된 방언형이 존재하는 신의주, 의주, 후창, 자성 지역은 국경 지역이면서 교통의 왕래가 많은 곳이라는 점에서 공통적이다. 그러나 평안도 내륙 지역인 개천은 예외적인 경우이다.

우리가 Corean Primer에 나타난 ㅈ구개음화(ts>ʧ) 현상에서 보았듯이, 1877년경의 평북 의주 지역에서 ㅈ구개음화는 실현되었다. 그러나 Corean Primer에는 ㄷ>ㅈ 구개음화는 나타나지 않았다. 19세기 말기까지 교통의 왕래가 빈번했던 의주방언에서도 구개음화의 1단계인 ㅈ구개음화만 실현되었고, 2단계인 ㄷ>ㅈ 구개음화는 실현되지 않았던 것이다. 그러다가 20세기 후기에 조사된 평안방언 자료집에서 보듯이 이 때에 비로소 평안도의 여러 하위 방언에 ㄷ>ㅈ이 실현되었던 것이다. 따라서 평안방언에서 구개음화 ㄷ>ㅈ이 실현형이 나타난 것은 적어도 20세기 중기 이후라고 볼 수 있다.

그러나 여기서 ㄷ>ㅈ의 실현형이라고 말한 것을 좀 더 정확히 규정할 필요가 있다. 평안방언은 의주지역 방언을 제외하고는 19세기 말기까지 ㅈ의 구개음화가 실현된 증거가 없다. 또한 평안방언의 여러 자료집에서 보듯이 ㄷ, ㅌ 뒤의 반모음 j를 탈락시키거나(예: 텬>턴), 모음축약(예: 뎌>데)이 일어나서 ㄷ>ㅈ 구개음화가 적용될 수 있는 환경이 없어지는 변화가 평안방언에 존재하였다. 이런 상황에서 위의 방언조사 자료집에 나와 있는 ㄷ>ㅈ 수용형은 평안방언의 내적 변화로 인한 결과라 할 수 없다. 이러한 ㄷ>ㅈ 수용형이 평안방언에 생겨난 것은 '차용'의 결과로 보아야 한다. 외부 방언과 접촉하는 과정에서 ㄷ>ㅈ 변화형을 알게 되었고 이것을 그대로 수용한 것이 위 ①에 나타난 ㄷ>ㅈ 변화형이다.

ㄷ구개음화가 적용될 수 있는 음운환경 자체를 없애버렸기 때문에(예: 텬>턴)에서 조건적 동화인 ㄷ>ㅈ 구개음화가 실현될 수 없다. 평안방언에서 20세기 중기 이후에 ㄷ>ㅈ 변화형을 수용(엄밀히 말하면 차용)한 배경은 무엇일까? 일차적 원인은 외부 방언과의 접촉 때문이라고 설명할 수 있지만 이것만으로 충분치 않다. 왜냐하면 20세기 이전에도 평안방언은 부단히 외부 방언과 접촉해 왔었기 때문이다. 그 이전까지는 ㄷ>ㅈ 변화형을 수용하지 않다가 20세기 중엽 이후 수용한 이유는 무엇일까? 다음 3장에서 필자는 이 문제에 대한 기존의 설명을 소개하고 새로운 설명을 제시하고자 한다.

3. ㄷ구개음화 미실현의 원인에 대한 설명

3.1. 음성·음운론적 설명

3.1.1. 자음체계와 관련한 음운론적 해석

지금까지 한국어 학자들은 평안방언에서 ㄷ>ㅈ 현상이 발생하지 않은 원인을 평안방언의 자음체계와 관련하여 음성·음운론적 관점에서 설명해 왔다. 小倉進平(1944)은 평안방언의 ㅈ 등이 치조음으로 발음되었고, 이에 따라 ㄷ, ㅌ의 구개음화도 일어나지 않았다고 보았다. 이기문(1972)에서는 평안방언의 ㅈ이 치조음이며 이것은 중세국어의 조음위치가 보존된 것이라 하였다. 그는 ㄷ구개음화의 전제 조건으로 ㅈ이 구개음이어야 한다는 점을 지적하고, 평안방언에서 ㄷ구개음화가 존재하지 않는 것은 ㅈ이 구개음이 아닌 치경음이었기 때문이라고 하였다. 이 견해는 음운변화의 발생을 음운체계와 관련지었다는 점에서 중요한 설명으로 받아들여져 왔다. 기존의 이러한 설명을 참고하여 평안방언에서 ㄷ>ㅈ 변화가 일어나지 않은 원인과 과정을 좀 더 자세하게 서술하면 다음과 같다.

『훈민정음』 해례본에 기술되어 있는 15세기 한국어 자음체계에서 ㄷ은 설음, ㅈ은 치음에 있었다.[14] 해례본에 기술된 17개 자음(초성자)들의 조음위치를 입의 앞쪽부터 차례로 배열하면 다음과 같았다.

순음	치음	설음	아음	후음
ㅁ ㅂ ㅍ	ㅅ ㅈ ㅊ ㅿ	ㄴ ㄷ ㅌ ㄹ	ㄱ ㅋ ㆁ	ㅇ ㆅ ㅎ

---

14 오늘날 음성학적 관점에서 보면 훈민정음 해례의 '치음'은 dental이고, '설음'은 alveolar(치경음)에 해당한다. 현대 한국어의 ㄷ은 alveolar로 발음된다.

위 표에서 알 수 있듯이 치음과 설음에 속하는 음은 무려 여덟 개나 된다. 그러나 경구개(palatal) 자리에서 나는 자음은 하나도 없다. 경구개 자리가 빈칸인 셈이다. ㅈ이 치음 ts에서 경구개음 ʧ로 변하면서 이 빈칸은 메워지게 된다. 현대국어에서 평안방언을 제외하고는 모두 ㅈ의 조음 위치가 ts에서 ʧ로 변화하였다. 우리는 이 변화를 ㅈ의 구개음화(ts>ʧ)라 부른다. ㅈ의 자형은 그대로이지만 그 음가가 변화한 것이다. 이 변화를 가장 빨리 겪은 방언은 한국어의 남부방언(경상방언과 전라방언)이다. 17세기 초기의 남부방언에서는 ㄷ의 구개음화 즉 i(j) 앞의 ㄷ>ㅈ 변화가 일어났다. 대구 부근의 방언을 반영한 『중간두시언해』(1632년), 「현풍곽씨언간」(1610년 전후) 등의 문헌에 ㄷ>ㅈ이 나타나기 때문이다. i(j) 앞의 ㄷ>ㅈ 구개음화는 ㅈ이 구개음으로 존재해야만 일어날 수 있는 음운변화이다. 따라서 ㄷ>ㅈ 변화를 겪은 용례가 출현한다는 것은 그 이전 시기에 이미 ㅈ의 구개음화 ts>ʧ가 일어났음을 전제한다. 즉 ㅈ이 치음 ts가 아니라 구개음 ʧ일 때 ㄷ>ㅈ 변화가 일어날 수 있다는 것이다. 따라서 구개음화는 다음과 같이 두 단계로 나누어진다.

> 1단계: 치음 ㅈ의 구개음화 ts>ʧ[15]
> 2단계: ㄷ(t)>ㅈ(ʧ)[16]

1단계 변화는 ㅈ의 글자꼴 즉 자형에 전혀 영향을 미치지 못한다. 즉 ㅈ은 그 음가가 ts이든 ʧ이든 모두 ㅈ으로 표기되었다. 그래서 이 변화는 문헌의 표기에서 쉽게 관찰하기 어렵지만 ㅈ뒤의 이중모음 표기가 혼란된 것으로 판별할 수 있다. ㅈ이 ʧ로 변하게 되면 그 뒤에 오는 반모음

---

15 이 변화는 i(j) 앞에 오는 ㅈ에 먼저 적용되고 나중에 모든 환경에 확대되었다.
16 이 변화는 ㄷ이 i(j) 앞에 올 때만 일어난다. 뎌>져, 디>지

j가 발음되기 어렵다. 그래서 반모음 j에 해당하는 표기법에 혼란이 일어 난다. 그 결과 '져'와 '저', '쳐'와 '처'의 구별이 잘 안되어 양자 간에 혼란된 표기례가 나타나게 된다. 그리하여 '져~저' 간의 혼란 혹은 '쳐~ 처' 간의 혼란된 표기가 나타나는 시기부터 ㅈ은 ts에서 ʧ로 변화한 것으 로 본다.

구개음화의 단계적 과정을 자세히 설명한 까닭은 평안방언에서 ㄷ>ㅈ 변화가 일어나지 않았다는 사실이 구체적으로 무엇을 의미하는지 보여주 기 위함이다. 평안방언을 제외한 한국어 전 방언이 ㅈ구개음화와 ㄷ>ㅈ 변화를 겪었음에도 불구하고 유독 평안방언이 이 현상을 모르고 있다는 것은 바로 평안방언에서 위 1, 2단계의 변화가 일어나지 않았음을 의미 한다.

이러한 설명은 평안방언에서 ㄷ>ㅈ 변화가 일어나지 않은 음성·음운 론적 설명이 될 수 있다. 평안방언이 ㄷ>ㅈ 변화를 모르는 이유를 ㅈ이 구개음화되지 않았기 때문이라고 설명한 것이 된다. 그러나 이 설명만으 로는 충분치 않다. 한국어의 대부분 방언에서 모두 일어난 ㅈ구개음화가 왜 평안방언에서만 일어나지 않았는가? 이 질문을 던지면 음성·음운론적 관점에서 더 이상의 설명을 할 수 없게 된다. 이 지점에서 우리는 다른 설명 방법을 찾아야 하는 상황에 마주하게 된다.

3.1.2. 'ㅣ'(i)모음의 음가 변화를 가정한 음운론적 해석

자음체계상 ㅈ의 음가 변화에 의한 위 설명과 달리 장영길(1994)은 국어의 모음 'ㅣ'의 음가에 기대어 평안방언에 ㄷ>ㅈ 구개음화가 일어나 지 않은 원인을 설명하려 했다. 평안방언에서 'ㅣ'모음 뒤의 ㄷ>ㅈ 변화 가 일어나지 않은 것은 'ㅣ'의 음가가 [-high][+back]인 /ɪ/였기 때문이라 는 것이 장영길의 주장이다. 그는 중세국어 문헌의 모음조화 현상을 볼 때 중세국어의 ㅣ는 /ɪ/였고, 이에 따라 중세국어의 ㅣ는 구개음화의 동

화주 노릇을 할 수 없었다고 해석하였다. 근대국어에 이르러 'ㅣ'의 자질이 /i/로 바뀌면서 구개성을 강하게 띠게 되고 이어서 구개음화의 동화주 기능을 하여 구개음화가 발생했다는 것이다. 장영길(1994)은 고대국어 시기에 'ㅣ'가 ɪ와 i 두 가지에 대응하였고 후자 i 앞에서는 구개음화가 실현되었다고 보았다. 이어서 중세국어에서는 ɪ 하나만 존재하여 구개음화가 존재하지 않았고, 근대국어에 들어서 ɪ>i라는 변화가 일어나(즉 ㅣ가 /i/로 되면서) 구개음화가 발생하게 된 것이라 하였다. 그의 논의에서 가장 큰 문제점은 'ㅣ'의 음가 규명과 그 역사적 변화를 증명할 논거가 충분치 않다는 점이다. 모음조화의 혼란을 근거로 중세국어의 'ㅣ'의 음가를 두 가지로 본 것은 일정한 설득력을 갖지만, 문헌 자료를 바탕으로 'ㅣ'의 음가를 입증할 또 다른 증거는 찾기 어려운 듯하다.

ㄷ>ㅈ 구개음화의 미실현에 대한 위의 두 가지 설명에서 전자는 언어학적 차원에서는 일정한 범위의 설명력을 가진다. 그러나 앞에서 언급했듯이, ㅈ구개음화가 여타 방언에 모두 일어났지만 평안방언에서만 일어나지 않은 원인을 충분하게 설명할 수 없다는 한계가 있다. 필자는 ㅈ의 음가 변화와 관련된 이기문의 설명을 수용하면서, 특정 방언을 사용하는 주체(방언 화자)의 언어적 지향성과 지역적 특성에 대한 인식을 고려하여 이 문제에 대한 새로운 설명을 다음 절에서 제안하고자 한다. 언어는 그 자체의 메커니즘에 의해 작동하는 자율적 구조체가 아니라, 그것을 사용하는 사회 및 개인에게 종속되어 있다는 점에서, 언어 사용자의 인식과 지역의 사회적 환경을 고려하는 것은 합리적 방법이라고 믿는다.

3.2. 새로운 모색: 사회·역사언어학적(socio-historical linguistics) 설명
전라방언과 경상방언, 함경방언에서는 이미 16세기 후기 혹은 17세기 초기에서부터 ㄷ>ㅈ 구개음화가 발생하였고, 17세기 후기와 18세기 전기에 걸쳐 매우 활발히 실현된 변화로 자리 잡았다. 서울에서 간행된 문헌에서도 18세기 중엽에는 ㄷ>ㅈ 구개음화 어형이 빈도 높게 나타나고 있다. 그러나 평안방언은 20세기 초에 이르기까지 이 변화를 수용하지 않았다. ㄷ구개음화에 관한 한 평안방언과 여타 방언은 거의 400년에 달하는 커다란 시간적 격차를 보인다. 하나의 음운변화에 대한 이러한 격차를 평안방언만 가지고 있는 데에는 음성학적 요인뿐 아니라 언어 사용과 관련된 여러 인자들이 작용하였을 가능성이 크다. 게다가 20세기 중엽 이후에 평안방언의 일부 하위 방언권에 사용된 ㄷ>ㅈ 변화형도 평안방언 자체의 언어 내적 동기로 생겨난 것이 아니라 외부 방언과의 활발한 접촉으로 인한 차용의 결과이다.

평안방언에서 20세기 초기에 이르기까지 ㄷ구개음화를 몰랐던 원인은 ㅈ의 구개음화가 실현되지 않았던 데 그 첫째 원인이 있음은 확실하다. ㅈ이 구개음이 아닌 치경음으로 존재하는 평안방언에서 ㄷ>ㅈ 구개음화는 애초에 일어날 수 없기 때문이다. 한국어의 대부분 방언에서 일어난 이 변화가 400여 년 동안 오직 평안방언에만 일어나지 않았던 원인을 음운론적 차원에 국한하여 설명하는 것은 충분치 못하다. 음운론적 설명은 언어학적 차원에서 타당한 것이지만, 400년 동안 평안지역 사람들이 구개음화를 받아들이지 않은 이유를 근본적으로 해명한 것이라 하기는 어렵다. 언어의 사용 주체는 사람이기 때문에 해당 언어 변화에 대한 발화자의 인식과 태도가 그 변화에 작용하지 않을 수 없다.

3.2.절에서는 평안방언 화자들이 자신의 방언에 대해 가졌던 언어적 태도 혹은 그들 특유의 언어 특징에 대한 인식을 중심으로 평안방언에 구개음화가 일어나지 않았던 원인을 규명해 보고자 한다. 여기에는 평안도의 지정학적 요인도 고려할 것이다. 평안도의 지리적 격리가 방언의 보수성 유지에 작용했을 수 있기 때문이다. 아울러 평안도 사람들이 겪어온 역사적 체험, 좀 더 구체적으로 말하면 평안도에 대한 정치적 차별이

그들 특유의 언어 현상과 결부되면서 언어적 차원에서 작용했을 가능성
도 검토해 볼 것이다.

3.2.1. ㄷ구개음화 미실현에 대한 지역민의 인식과 지역 정체성의 형성

평안방언 화자들은 자기들이 ㄷ구개음화를 받아들이지 않고 전통적인
발음을 그대로 유지하고 있다는 사실을 인지하였음이 분명하다. 그리고
그들의 방언에 나타난 이러한 특징을 인식하고 있었음은 물론, 이에 대한
나름대로의 가치 판단을 하고 있었다. 평안도 출신으로 벼슬길에 나아간
백경해(白慶楷 1765~1842)의 기록은[17] 평안도 사람들이 ㄷ구개음화와
관련하여 어떠한 인식을 갖고 있었는지 증언해 준다.[18] 다음은 백경해가
「我東方言正變說」(아동방언정변설)이란 논설문에서 자신의 견해를 밝힌
내용이다.

우리나라 방언의 옳고 그름에 대한 의견 (我東方言正變說)

우리나라는 옛날에 우리말을 나타낼 문자가 없었다. 우리 세종대왕
(世宗大王)이 총명과 예지의 자질을 갖추어 임금과 스승의 지위에 계시
면서, 문화를 크게 여시고 아악을 바로잡으셨다. 드디어 성삼문과 신숙
주 등 고사에 널리 통한 선비들과 더불어 언서(諺書)를 만듦으로써 우리
말을 비로소 기록할 수 있게 되었다. 또한 명나라의 여러 학사들에게
왕복하며 증정(證訂)하기를 무릇 13차례를 한 연후에 비로소 능히 이
일을 이루셨다. 이 문자로써 미루어 통하지 않음이 없으니 드디어 우리

---

17 이 기록은 백경해의 문집 『守窩集』(수와집)에 나온다. 이 책은 국사편찬위원회에
   소장되어 있으며, 서지사항은 다음과 같다. 木活字版. 高宗 21(1884년) 간행. 8卷
   4冊, 四周雙邊, 半郭 23×17cm, 有界, 10行 20字, 註雙行, 上內向花紋魚尾.
18 필자는 하버드대학에서 한국사를 연구하시는 김선주 교수로부터 이 자료가 있음을
   알게 되었고 얻어 볼 수 있었다. 도움을 주신 김선주 교수께 감사드린다.

나라에 만세토록 가히 바꿀 수 없는 제작이 되었다.

지금 능히 이 바른 음(正音)을 지켜 그 옛것을 잃지 않은 것은 오직 관서 한 도뿐이고 나머지 칠도(七道)는 '뎐'을 일러 '쳔'이라 하고 '디'를 일러 '지'라 한다. 무릇 '다타' 행에 속하는 것은 일체가 뒤섞이어 '자차' 행으로 귀속되어 버렸으니, 그 사이에 비루한 말과 토속의 버릇이 반드시 모두 같지는 아니하되, '뎐디'의 종류에 이르러서는 칠도가 그릇됨을 함께 하니 그 또한 이상하구나. 경서의 언해가 중엽 이상에서 나온 것은 짐짓 세종시대의 옛 음을 사용하였으나, 근년 이래로 번역한 말과 문자는 다시는 가히 표준으로 삼지 못하는 것들이다.

대개 관서는 곧 우리나라에서 처음으로 개벽한 곳이다. 중국 은(殷)나라 태사 기자(箕子)가 이곳에 와서 사람의 표준을 크게 정했으니, 세종의 성총으로 어찌 이를 모르고 지었으리오. 반드시 그 근원을 미루어 생각하고 처음을 살펴, 풍토에 적합함을 짐작하고 그 중도를 잡아서 절충한 것이로다.

관서 사람으로 서울에 오래 머문 사람은 음이 비록 혹시 변함이 있으나, 이 고장에 정착하여 밭 갈고 샘을 파서 먹는 사람들은 예전대로 말하여 변하지 아니하니, 서토(西土)는 진실로 우리말의 바른 바탕(正本)이다.

내가 기억하건대 어릴 때에 선생과 어른들에게 얻어서 들으니 우리 숙종대왕께서 무위의 정치를 하시면서 경연에 임하시어 하교하여 말씀하셨다. "우리나라 팔도가 어음이 같지 아니하니 어느 것이 바른 것인고?"라고 물으셨다. 좌중의 한 명신이 있어서 대답하기를 "관서의 음이 바릅니다"고 하니 이 신하는 말에 대해서 아는 이라고 칭송을 받았다. 그러나 지금 또한 이러한 의논이 있다는 말은 듣지 못했다.

이런 까닭으로 나는 말한다. "천하의 음은 중화를 바른 것으로 삼고, 우리나라의 음은 관서로 바른 것을 삼으니, 관서는 또한 우리나라 말과 문자가 말미암아 근본을 두는 곳이다."[19]

우리는 백경해의 『아동방언정변설』에서 다음 몇 가지 중요한 사실을 알아낼 수 있다.

① '텬'을 '천'이라 말하고, '디'를 '지'라고 말하는 다른 칠도의 음은 바른 음의 행열을 벗어나 그릇된 것이다.

② 근년에 나온 경서 언해의 음은 옛것에서 벗어나 '텬>천'과 같이 적어 놓으니 이것을 표준으로 삼을 수 없다.

③ 관서 사람으로 서울에 오래 머물며 산 사람 중에는 그 음이 변함이 있으나 평안도의 토착 백성은 예전대로 바른 발음을 한다.

④ 관서는 진실로 우리말과 문자의 바른 바탕(정본, 正本)이며, 그 근본을 두는 곳이다.

백경해의 설에서 가장 강하면서도 일관되게 나타나는 것은 ㄷ>ㅈ을 모르면서 옛 음대로 말하는 관서 지방의 말이 팔도 방언 중 가장 근본이

19 我東古無方言文字, 及至我 世宗大王, 以聰明睿知之姿, 都君師之位, 文化大闢, 雅樂旣正而迺與成三問申叔舟等一時博古之儒, 作爲諺書, 以定方言, 又往復證訂於大明諸學士者, 凡十三度然後, 始克成之, 於是乎推之而無不通, 遂爲我東萬世不可易之制作矣.
  今能守此正音, 不失其舊者, 惟關西一路而已, 外此七路, 謂텬爲천, 謂디爲지, 凡屬다타之行, 一切混歸於자차之行, 其間陋語土癖, 不必皆同而至於텬디之類, 七路同訛, 其亦異哉. 經傳諺解, 出於中葉以上, 故猶用世宗之舊, 近年以來, 譌言文字, 不復可準矣.
  盖關西卽我東始開闢處也, 太師又來, 人極大定, 世宗之聖, 寧或不知而作, 其必推原其始而斟酌土宜, 執其中而折衷之耳.
  西人之久留洛中者, 音雖或有變而土着耕鑿之民, 依舊不變, 西土, 眞是方言之正本也. 記余幼時得聞於先生長者, 當我 肅宗大王在宥之日, 臨筵而敎曰, 我東八路, 語音不同, 何者爲正. 有一名臣對曰, 關西之音正, 時稱爲知言, 今則又不聞有斯議矣.
  余故曰天下之音, 中華爲正, 我東之音, 關西爲正而關西又爲我東方言文字之所由本也 云爾.

되며 바른 것이라는 인식이다. 그리하여 관서의 말이 우리말의 '정본(正本)'이라는 강한 자부심으로 표출되어 있다. 이런 자부심은 기자가 나라를 세운 평양이 우리 민족의 개벽지라는 역사적 사실과 결부되면서, 전통성과 역사적 정당성을 부여하고 있다. 특히 숙종 때 경연에서 있었던 예화를 들면서, 조정 대신이 평안도 사람들이 올바른 음을 사용하고 있다고 말한 사실은 그의 주장을 뒷받침하는 증거로 삼고 있다. 백경해가 살았던 18세기 후기에서 19세기 전기라는 시기는 평안방언에 ㄷ>ㅈ 변화가 존재하지 않은 사실이 평안도 지역민에게 뚜렷하게 인지되었고, 이것이 평안도의 자랑거리라는 인식이 퍼져 있었음을 윗글에서 확인할 수 있다. ㄷ행의 음이 ㅈ행의 음으로 와전되어 버린 다른 칠도의 말은 틀린 것이라고 하면서, 조선 칠도의 방언과 달리 수백 년 동안 세종대왕 시대에 정해진 음을 평안도 사람들만 그대로 사용하고 있다는 것을 자랑스럽게 말하고 있다. 그리하여 평안도 사람들은 ㄷ>ㅈ 미실현형을 지키려는 언어적 지향성을 가지게 되었던 것이다.

평안방언의 ㄷ행 발음이 조선말의 '정본(正本)'이라는 평안도 사람의 인식은 평안도에서 ㄷ>ㅈ 변화가 일어나지 않은 원인을 설명하는 데 중요한 논거가 될 수 있다. 평양이 기자가 나라를 연 개벽지라는 의식과, 우리말의 '정본'을 지키고 있는 곳이 평안도라는 인식이 서로 결합하여 그들 특유의 지역 정체성을 형성하게 된 것이다. ㄷ>ㅈ 미실현형을 지키려는 평안도 사람의 언어적 지향성은 이러한 지역 정체성을 형성한 요인이라 할 수 있다. 이러한 평안도 지역민의 언어적 지향성은 그들 나름대로 특유한 지역적 정체성을 형성하였음을 위 백경해의 설에서 확인할 수 있다.

여기서 한 가지 밝혀야 할 것은 ㄷ구개음화의 미실현형이 평안도 사람들에게 언제부터 그들 방언의 특징으로 인식되었을까라는 의문이다. 경상방언과 전라방언 자료에는 이른 것은 16세기 후기 문헌에 ㄷ>ㅈ 구개음화가 나타나고 17세기 전기 문헌(예: 중간 두시언해)에는 다수가 나타 난다. 서울에서 간행된 문헌에서는 18세기 중엽경에 ㄷ>ㅈ 변화가 다수 반영되었다. 평안도 사람들이 ㄷ>ㅈ 변화를 거부한 증거는 앞에서 언급 한『염불보권문』에서 찾을 수 있다. 1765년에 간행한 평안도 영변 용문 사판『염불보권문』은 대구 동화사판을 가져와서 간행하였음에도 불구하 고 동화사판에서 구개음화된 어형을 원래 어형으로 되돌리거나 동화사판 에서 과도교정된 어형을 올바른 어형으로 고친 사례가 있음을 앞에서 지적하였다. 이런 문헌상의 증거로 볼 때, 평안도 사람들이 ㄷ구개음화 미실현형이 그들 방언의 특징이며 '정본(正本)'이라는 인식은 적어도 1760년대 경에는 이미 확립되어 있었다고 할 수 있다. 이러한 인식이 당시 양반 지식인들의 논설문에 분명히 드러난 것이 앞에서 본 백경해의 「아동방언정변설」이다.[20]

---

20 여기서 다음과 같은 의문을 제기할 수 있다. '평안도 출신의 양반 지식인들이 가진 이러한 인식이 평안도의 평민들에게도 공유되었을까?'라는 의문이 그것이다. 지역 방언의 바탕은 그 지역에 사는 지식인보다 일반 평민들에게 있다고 볼 수 있기 때문에 이런 의문을 제기할 수 있다. 이러한 의문에 대해 필자는 다음과 같이 생각 한다. 조선시대의 지방 향촌 사회를 지배하고 통제하던 계층은 그 지역의 양반 지식인과 중인들이었다. 이들은 한문을 읽고 문서를 짓는 등의 문자 활동을 하였으 므로 어린 시절에『천자문』,『소학』등을 통해 한자음 교육을 받았다. 일반 평민의 자제들도 향교나 서당에 입학하여 문자 교육을 받을 수 있었다. 평안도 지역의 지식인들이 향교나 서당의 교수 혹은 훈장으로서 아동들을 가르쳤을 것이다. 이 가르침을 통해 그들이 인식하고 있는 '올바른 한자음'의 전수가 이루어졌을 것이다. 20세기에 채록된 김이협 옹의『평북 천자문』에 ㄷ형 음이 보존되어 있는 것도 그 교육의 결과이다. 경상방언에서 노년 화자의 한자 발음에는 아직도 고저장단(高低 長短)이 잘 실현되고 있다. 이것도 역시 그전부터 이루어져 온 한자음 학습의 결과 로 판단된다. 요즘도 젊은이들이 천자문을 배우거나 한적을 읽을 때 고저장단을 잘못 발음하면 엄한 질책과 교정을 받게 된다. 한자 교육의 전통이 꾸준히 이어지고 있는 것이다. 이런 사실들을 고려하면 18세기 평안도 재지 사족들의 언어 의식이 교육을 통해 향촌민들에게 강하게 작용하였을 것으로 판단된다.

3.2.2. 표준 한자음[韻書音]의 영향

평안도 사람들이 ㄷ구개음화 미실현음을 올바른 음이라고 인식하고 이것을 고수하려고 한 배경에는 표준 한자음도 중요한 요인으로 작용하였다. 백경해의 논설 중에 "천하의 음은 중화를 바른 것으로 삼고, 우리 나라의 음(音)은 관서로 바른 것을 삼으니…"라고 한 것에서 '중화음'이 바른 것이라는 인식이 드러나 있다. 이 때의 중화음은 운서에서 정해진 규범적 한자음을 의미한다. 이것을 통칭하여 흔히 '운서음'이라 부른다. 백경해가 세종이 훈민정음을 만들고 신숙주 성삼문 등의 도움으로 한자음을 이 문자로 표기할 때 명나라의 학사들에게 열세 번이나 왕복하고 질정하여 능히 '정음(正音)'을 세웠다고 하였다. 또한 평안도는 우리나라가 처음으로 개벽한 곳이며, 은나라 태사 기자가 이곳에 와서 사람의 표준을 크게 정했고, 세종이 이를 알고 한자음의 표준을 세웠다고 주장하였다. 평안도는 '중국-기자 조선-세종'으로 이어지는 정통성을 확보하고 있는 지역이며, 이 지역의 한자음이 가장 정통성을 가지고 있음을 주장한 것이다. 그리하여 ㄷ>ㅈ 변화를 실현하여 아설순치후라는 운서의 오음 체계를 무너뜨린 칠도의 방언음은 이 정통적 한자음에서 벗어난 것이고 오로지 평안도만이 정통 한자음을 지킨 곳이라고 하였다. 이런 점에서 운서의 표준 한자음이 평안도에서의 ㄷ>ㅈ 미실현에 중요한 요인으로 작용했다고 볼 수 있다.

표준 한자음에 대한 평안도 사람들의 이러한 인식은 최근에 채록된 평안도 천자문의 한자음에 이르기까지 유지되었다. 평안도에서 한학을 한 김이협이 지은 '평북방언 천자문'에 실린 한자음을 보면, '하늘 턴'(天), '따 디'(地), '집 두'(宙) 등과 같이 ㄷ구개음화가 실현되지 않은 발음이 20세기 초기까지 보존되어 있다.[21] ㄷ구개음화가 실현되지 않은

---

21 이 예들은 김이협(1981: 558)에서 인용한 것이다.

전통 한자음에 대한 평안도 사람들의 집착은 15세기 정통 한자음을 지켜야 한다는 언어의식에 바탕을 둔 것이라 할 수 있다.

중국의 한자음을 표준으로 간주한 '정음(正音)' 의식은 1747년에 박성원(朴性源, 1697~1767)이 편찬한『화동정음통석운고』에도 강하게 표출되어 있다. 이 책은 1787년에 정조의「어제서」(御製序)를 덧붙여『정음통석』(正音通釋)이란 이름으로 중간되어 그 권위를 인정받았다. 박성원의 서문에는 조선 한자음이 중국 한자음에 크게 멀어져 그 것을 교정하기 위해 이 책을 만들었음을 밝혀 놓았다. 그리하여 교정한 한자음 초성자를 표기하기 위해 'ㅇ, ◇, ㅿ, ㅸ'을 사용하였고, 특이 새 문자 ◇를 창안하기도 했다. 박성원은 원래 초성이 ㄷ, ㅌ이었던 '直, 표'의 초성을 ㅈ, ㅊ으로 고쳐야 한다는 주장을 했다. 이른바 과도교정이 된 셈인데 박성원 역시 ㄷ구개음화를 강하게 의식하였고, 이 변화를 겪은 한자음을 '정음(正音)'에서 벗어난 것으로 간주했던 것이다.[22]

3.2.3. 평안도에 대한 정치적 차별과 언어적 정체성의 결부

한편 평안도민이 겪은 극심한 정치적 차별과 이에 대한 반발 내지는 피해 의식이 평안도 특유의 정체성 형성과 결부되었을 가능성도 검토해 볼 필요가 있다. 조선시대에 평안도가 겪은 차별의 실상과 시대적 추이는 오수창(2002)에 자세히 밝혀져 있다. 조선 중기 이래 지식인 및 정치인들은 서북지역에 대한 심한 차별 의식 위에서 국성을 운영히였다.[23]

19세기 비변사의 보고에서도 서북인 차별이 언제 시작된 것인지 모른다고 말할 만큼 그 차별은 근원이 명확하지 않은 채 조선 중·후기에 관행적으로 지속되었다. 조선 중기로 들어오면서 서북인을 주요 관직에 등용

---

22 조선시대의 '정음관'에 깊은 연구는 심소희(2015)의 제4장을 참고할 수 있다.
23 이하 서북인에 대한 차별 내용은 오수창(2002)에서 가져온 것임을 밝혀 둔다.

하지 않게 되었다. 16세기 초기에 사림파가 정치를 주도하면서 서북인 차별은 고착되어 갔다. 16세기 사림파는 사상적으로는 성리학, 경제적으로는 향촌의 중소 지주를 기반으로 하였다. 이에 비해 서북지역에는 성리학의 전파가 늦었고 지리와 인구 조건으로 인해 삼남과 같은 농업 경제와 이에 기반한 사회 운영이 이루어지지 못하였다. 이에 따라 사림파들은 서북지역을 소홀하게 대접하였다. 이 지역에 사족 중심의 문화와 사회질서가 형성되지 못한 상황에서 사림파의 정국 주도와 함께 차별이 구체화되어 후대로 이어졌다.

숙종의 말에 의하면 서북인 보기를 다른 나라 사람 같이 하였는데, 평양인 홍우적이 문과를 거쳐 병조 낭관에 임명되었을 때 동료들이 함께 서는 것조차 부끄러워 했다고 한다(승정원 일기 숙종 11년 7월 3일). 평안감사 장신(張紳)은 재주와 행실이 뛰어난 인물이라 하더라도 단지 거주하는 지역이 평안도라는 이유로 청현직에 오를 수 없다고 하였다. 서북인에 대한 관행적 차별을 당연시했던 것이다.

서북인에 대한 차별은 여러 곳에서 가해졌지만 가장 문제가 된 것은 과거 시험을 통과한 후 관직에 나아가는 첫 단계에서 문과는 승문원 분관(承文院 分館), 무과는 선전관천(宣傳官薦)에 들지 못했다는 것이다. 문과 급제자들은 승문원, 성균관, 교서관에 나누어 소속시킨 후 잠시 실무를 익히게 했다. 승문원에 들어가는 것이 출세에 가장 유리하였다. 청요직을 비롯한 중요 관직은 승문원 분관자가 아니면 어려운 것이었다. 조선 초중기에는 분관 처에 따른 절대적인 구별이 없었다고 한다. 그러나 후대에 그 구별이 명확해져 영조대에는 각 기관의 등급이 매겨져 있었다. 그 유래가 확실치 않으나 평안도 문과 급제자는 승문원 분관을 허락하지 않았다. 이사겸의 발언(1787년)에서 나타나듯이 승문원 분관자 선발이 어지러워져서 못 들어가는 자가 없음에도 불구하고 서북인은 넣어 주지 않았다고 한다. 그 대신 서북인은 성균관에 분관하였다. 정약용은 승문원은 귀족을, 성균관은 서북인을, 교서관은 서류(庶類)를 대접하는 데 쓴다고 『경세유표』에서 지적하였다. 이 원칙은 19세기에 들어가서도 동일하게 확인된다.

평안도 사람이 무과에 급제하더라도 역시 심한 차별을 받았다. 무과에 급제한 서북인은 무관으로서 승진에 가장 유리한 선전관천을 받지 못하였다. 조선 후기에는 무과급제자들이 결정되면 선전관천, 부장천(部將薦), 수문장천(守門將薦)이 행해졌다. 이것은 급제 직후부터 장래의 진출에 큰 영향을 미쳤다. 조선 후기에 시행된 이 천거제는 당사자의 문벌을 공식적 기준으로 하였다. 가문의 위세에 따라 선천, 부장천, 수문장천이 결정된 것은 17세기 이후 공공연한 시행이었다. 이 천거는 자체적 권위도 있었고, 그 후 관인 생활에 명백한 등급 기준이 되었다. 조선 후기의 일반적 관행이 그러했듯이 지방의 무사들은 서울 무사들에 비해 선천에서도 불리한 대우를 받았다. 지방민 중에서도 서북인은 개인의 능력에 상관 없이 선천에 전혀 들지 못하였다. 1724년(경종 4) 병조판서 이조(李肇)에 의하면 평안도 인재들을 선천에 올리지 않는 형세가 금고(禁錮)한 것 같아서 마치 법으로 정해진 것처럼 행해졌다고 한다. 정묘호란 때 의병을 이끌고 큰 전공을 세운 공로를 인정받고 수령에 임용된 정봉수, 정기수 형제의 후손마저도 선전관천에 들지 못하였다. 서북인에 대한 선천 불허는 영·정조대를 거쳐 19세기까지도 마찬가지였다. 1811년(순조 11)에 정식으로 서북인 급제자에게 승문원 분관과 선천관천을 허락하라는 명령이 내려지기도 했지만 그 후로도 순조롭게 시행되지 않았다. 무과에 통과하지 않은 사람에게도 많게는 700명까지 선천을 허락했지만 서북인에게는 기회가 주어지지 않았다.

이상과 같은 오수창(2002)의 연구에서 보듯이 서북인에 대한 차별은 조선 중기부터 19세기에 이르기까지 계속되었다. 이러한 차별을 받은 서북인들은 커다란 좌절감과 피해 의식을 지니고 있었을 것으로 예상된다. 그리하여 서북인들은 사회적·정치적 차원의 집단적 자존심을 가질 수 없었으며, 오히려 원한을 품고 있었다.[24] 오히려 사회적 지위의 열악함에서 오는 열등감에 빠져 있었을 가능성이 더 크다. 이러한 열등감은 다른 차원에서 보상 받고자 하는 심리적 욕구를 수반할 수 있다. 사회정치적 차별로 생겨난 서북인들의 열등감을 보상해 줄 수 있는 것 중의 하나가 평양은 기자의 개벽지요, 기자의 고장이라는 사실이었다. 평안도인들은 스스로 기자의 고장에 산다는 자부심을 내세웠고,[25] 조정의 사람들이 서북인을 교화시키려 하거나 회유하려 할 때 상투적 문구로 거론한 것이 바로 평양은 곧 '기자의 고장'이라는 것이었다. 그러나 평안도 사람들이 기자의 고장에 산다는 자부심을 내세우기는 했지만 기호나 삼남에 대비하여 학문과 문화의 열세 속에서 변방민으로서의 의식을 감출 수 없었다(오수창 2002: 174).

이러한 열등감을 치유하고 지역적 자존심을 회복하기 위해 서북인이 내세운 또 하나의 깃발이 위 백경해의 설에 나타나 있는 평안도 말이 곧 조선말의 '正本'이라는 것이다. ㄷ>ㅈ 구개음화를 실현시키지 않고 세종대왕의 훈민정음 창제 당시와 같은 ㄷ행 발음을 온전히 지키고 있는 평양도 말이야말로 그릇된 발음으로 변해 버린 칠도의 방언과 다르다는 것이다. 이런 점에서 평안도 사람들은 평안도 말이 가장 모범적인 것이라는 언어의식을 확립했던 것이다. 이런 의식이 평안도 지역의 정체성을 형성하는 데 작용하였을 것이다.

---

24 백경해(白慶楷)는 "평안도 사람은 서인(西人), 서한(西漢)이라 불리며, 사람도 아니고 짐승도 아닌 취급을 받고 있다. (…중략…) 한 여인이 원한을 품어도 동해가 마른다는데, 수백 년 원한을 품은 평안도는 어떻겠는가? 평안도 사람도 다른 도 사람처럼 인정해 달라."라고 울분을 토로했다. 노관범의 "우리나라 신문화의 발원지는 어디일까?"(『실학산책』 514, 다산연구소)에서 인용함.
25 위 백경해의 설에서도 "관서는 곧 우리나라에서 처음으로 개벽한 곳"이라는 자부심을 드러내고 있다.

3.2.4. 지리적 격리에 따른 방언적 보수성의 유지

평안방언에 나타나는 특유의 언어현상을 설명하기 위해 한국어의 다른 방언에 나타나는 특유한 특징을 서로 비교해서 고찰해 볼 필요가 있다. 평안방언에 ㄷ>ㅈ구개음화가 일어나지 않은 것은 이른바 언어적 고형(linguistic old form)을 유지한 현상이다. 이와 같이 언어적 고형을 유지한 현상은 한국어의 다른 방언에도 나타난다. 다음과 같은 현상들은 한국어의 특정 방언에 유지된 언어적 고형의 사례이다. 이른바 방언에 잔존된 보수적 고형들인 것이다.

(1) 평안방언에 ㄷ>ㅈ 구개음화가 없는 현상
(2) 경상방언에 성조가 남아 있는 현상
(3) 함북 육진방언에 중세국어와 거의 같은 성조가 남아 있는 현상
(4) 제주방언에 아래아(ㆍ)가 남아 있는 현상

한국어의 여러 방언은 각각 여러 가지 고유의 특징을 가지고 있지만 국어사적 관점에서 특히 두드러진 방언적 특징이 바로 위 예들이다. 위와 같은 보수적 고형이 유지되어 각각 지역 고유의 언어적 특징 혹은 정체성을 이루었다. 평안방언의 경우 이와 같은 보수적 고형이 유지되어 온 배경은 앞에서 언급한 몇 가지 요인이 영향을 미쳤겠지만 지리적 요인도 가벼이 볼 수 없다. 위의 네 가지 사례는 모두 지리적으로 격리된 지역에 존재한다는 점이 공통적이다. 육진은 반도의 최북단이고, 제주도는 바다로 격리된 최남단이다. 경상도는 소백산맥에 의해 충청도와 전라도와 차단되어 있다. 이들은 모두 지리적으로 격리되어 있다. 평안방언처럼 ㄷ>ㅈ 구개음화가 일어나지 않았던 육진방언의 경우도 지리적 고립성으로 설명할 수 있다. 육진방언은 지리적 고립성이 평안도에 비해 상대적으로 심하였다. 같은 함경도 지역 안에서도 육진 지역의 역사성과 전통성은

특별한 것이었다. 육진방언에서 15세기의 성조형이 그대로 유지된 점, ㄷ＞ㅈ을 모르는 점 등은 육진방언의 지리적 보수성에 기인한다.

평안도 역시 서울에서 상당히 떨어진 지역이지만 평안도의 경우는 육진·경상도·제주도와 지리적 격리라는 성격이 같지 않다. 조선시대의 중앙 관료들은 서북지역을 '먼 지역'으로 지칭하였다. 그러나 실제 거리는 평양은 서울에서 550리이고 대구는 670리였다(오수창 2002: 17). 서울과 평양을 결정적으로 가로막는 자연 장애물도 없다. 그리고 중국을 왕래하는 사신의 노정에 평양이 있고 평안도를 거쳐 가기 때문에 평안도 사람들이 서울을 비롯한 남쪽 사람들과 접촉할 수 있는 기회가 많았을 것이다. 이런 점에서 육진, 제주도, 경상도에서 방언적 고형이 유지된 것과 평안방언에서 ㄷ이 유지된 것에 동일한 성격의 지리적 격리성이 작용한 것은 아니라고 판단된다. 그래서 평안방언 특유의 고형이 남아 있는 원인을 해명하는 데는 지리적 요인뿐 아니라, 다른 방언화자의 언어적 지향성과 사회 정치적 차별에서 오는 여러 요인을 복합적으로 고려할 필요가 있는 것이다. 필자가 언어적 차원 특히 음운론적 설명을 수용하면서 다른 여러 요인을 관련지어 평안방언의 언어적 특징을 해명해야 한다고 믿는 것은 이러한 인식을 바탕으로 한다.

4. 결 론

외국의 사회언어학자들이 이룬 연구 성과를 보면 흥미로운 사례가 있다. W. Labov는 1961년에 뉴잉글랜드 해안의 Martha's Vineyard 섬에서 방언조사를 하였다. 조용한 어촌 마을이었던 이 섬에 매년 여름에는 수천 명의 사람들이 이 섬에 머무르게 되었다. 수많은 외지인들이 몰려 들어와 삶의 환경이 엄청나게 변화하게 된 원주민들은 그들만의 정체성을 확보하기 위해 house[haus]와 같은 단어에서 이중모음의 첫모음을 중설화하여 [hǝus]로 발음하는 모음변화를 일으켰다. 이런 변화는 어업을 생업으로 하면서 섬에 강한 일체감을 가진 30~40대 남자 원주민들에 의해 주도되었다. 이 중설모음화는 여름철의 방문객과는 다르다는 것을 보여주고 자신이 이 섬의 주인이라는 것을 보여주기 위해 시작된 것이다. 이런 음운 변화의 동기는 섬에 대한 애향심과 원주민들이 상호 간의 결속력을 강화하고자 하는 욕구에 있다고 할 수 있다. 이러한 모음변화는 섬 원주민 특유의 것으로 자리잡아 그들만의 정체성을 표현하는 표지가 되었다. 언어 사용자의 지향성과 의식이 언어변화의 방향에 중요한 요인으로 작용한 전형적 사례를 여기에서 볼 수 있다.

조선시대의 평안방언 화자들이 처음부터 의도적으로 어떤 지향성을 가지고 ㅈ구개음화를 실현시키지 않았다고 보기는 어렵다. ㅈ이 구개음화되지 않고 이에 따라 ㄷ>ㅈ 변화도 일어나지 않게 된 자신들의 언어적 특징은 평안방언 화자들에게 시대의 흐름에 따라 점점 뚜렷하게 인지되었을 것이다. 이러한 인지가 점차 언어 의식에 확고한 것으로 발전하여, 그들 특유의 언어 현상이라는 인식으로 굳어져 갔을 것이다. 문헌상의 증거로 볼 때 늦어도 18세기 후기에는 이러한 인식이 확립되었던 것으로 판단된다. 그리하여 ㄷ>ㅈ 변화를 겪은 조선 칠도의 방언과 달리 평안방언은 세종이 명나라 학사의 질정을 받아 세운 '正音'(표준 韻書音)을 지켜온 것이라는 자긍심이 확립되있고, 이 자긍심을 바탕으로 하여 ㄷ>ㅈ 미실현형을 고수하려는 평안도 사람들의 언어적 지향성이 형성되었을 것이다. 이러한 언어적 지향성이 평안도 특유의 방언적 정체성을 형성하였으며, 평안방언이 수백 년 동안 ㄷ>ㅈ 구개음화를 겪지 않은 배경이 되었던 것이다. 이러한 언어적 지향성 혹은 방언적 정체성은 평안지역이 경험한 정치적 차별과 결부되면서 이것이 평안 지역의 정체성을 형성하는 데 작용하였을 것이다.

평안방언은 함경도 및 육진지역에 비해 지리적 고립성이 훨씬 약한 지역의 방언이다. 중국 사신의 왕래 통로이고, 평안감사를 통한 서울의 중앙권력 지배력이 훨씬 강한 지역이었다. 그럼에도 불구하고 ㄷ>ㅈ을 의식적으로 수용하지 않은 것은 이를 통한 언어적 정체성을 드러내려는 지역민의 의식적 노력이 작용한 결과이다. 필자의 주장을 좀 더 명료히 하면서 독자들의 이해를 돕기 위해, 지금까지 논의한 사실을 하나의 도식으로 표현해 보면 다음과 같다.

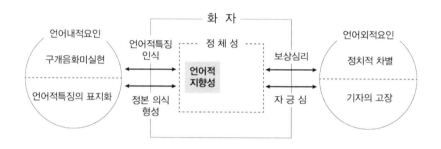

참고 문헌

곽충구(1994), 『함북 육진방언의 음운론』, 태학사.

_____(2001), 「구개음화 규칙의 발생과 그 확산」, 『진단학보』 92, 진단학회, 237-268.

_____(2002), 「한국어 음운규칙의 발생과 전파」, 『세계 속의 조선어(한국어) 대비 연구』.

_____(2003), 「현대국어 모음체계와 그 변화의 방향」, 『국어학』 41, 국어학회, 59-91.

김병제(1980), 『방언사전』, 평양: 사회과학원출판사.

_____(1988), 『조선언어지리학 시고』, 평양: 과학백과사전종합출판사.

김영배(1983), 「Corean Primer의 음운현상」, 『한글』179, 한글학회, 29-52.

_____(1984), 『평안방언연구』, 동국대학교출판부.

_____(1988), 「ㅈ·ㄷ의 실험음성학적 한 고찰 -서울방언과 평안방언 중심-」, 『동국대논문집』27집.

_____(1991), 「이륜행실도의 원간본과 중간본의 비교」, 『동방학지』71·72, 연세대국학연구원, 499-533.

_____(1992), 「평안방언의 연구 현황과 과제」, 『남북한의 방언연구』, 경운출판사.

_____(1997), 『평안방언연구』(자료편), 태학사.

김영황(1982), 『조선어방언학』, 김일성종합대학출판사.

김이협(1981), 『평북방언사전』, 한국정신문화연구원.

김주원(1994), 「18세기 황해도 방언의 음운 현상」, 『국어학』24, 국어학회, 19-44.

_____(1996), 「18세기 평안도 방언을 반영하는 「염불보권문」(念佛普勸文)에 대하여」, 『음성학과 언어학』, 서울대학교출판부.

_____(2000), 「국어방언분화와 발달」, 『한국문화사상대계』1, 영남대학교출판부, 151-185.

김주필(1994), 「17·8세기 국어의 구개음화와 관련 음운현상에 대한 통시론적 연구」, 서울대학교 박사학위논문.

남권희(2005), 「중간본『경민편』언해의 서지적 분석」, 『국어사학회 학술대회 발표 논문집』, 국어사학회.

남기탁(1982), 「二倫行實圖의 國語學的 硏究」, 『논문집』15, 강원대학교(인문계).

리운규·심회섭·안운(1990), 『조선어방언사전』, 연변 인민출판사.

박재연(2003), 『『노걸대』·『박통사』원문·언해 비교 자료』, 선문대학교 중한번역문헌연구소.

서울대학교 규장각(2001), 『규장각소장 어문학자료 이학편 해설』, 태학사.

석주연(2003), 『노걸대와 박통사의 언어』, 국어학총서 47, 국어학회.

小倉進平(1944), 『朝鮮語方言の硏究』, 東京: 岩波書店.

심소희(2015), 『한자 정음관의 통시적 연구』, 이화여자대학교출판부.

안미애·홍미주·백두현(2018), 「북한 문화어의 어두 ㄹ, ㄴ 규정을 통해서 본 언어 정체성 구축과 차별화 방식 연구」, 『어문론총』 76, 한국문학언어학회, 85-124.

오수창(2002), 『조선 후기 평안도 사회발전 연구』, 일조각.

이기문(1972), 『국어음운사연구』, 한국문화연구소, 탑출판사(1977)에서 재간.

이명규(1974), 「구개음화에 대한 문헌적 고찰」, 『국어연구』 31, 서울대학교 국어연구회.

_____(1992), 「구개음화에 대한 통시적 연구」, 숭실대학교 박사학위논문.

이미재(1990), 「사회적 태도와 언어 선택」, 『언어학』 12, 한국언어학회, 69-77.

이옥금(1988), 「조선조 호남 사찰판에 관한 서지적 연구」, 상명여자대학교 석사학위논문.

이은정(2000), 「『이륜행실도』의 국어학적 연구」, 숙명여자대학교 석사학위논문.

이종권(1988), 「조선조 국역 불서의 간행에 관한 연구」, 성균관대학교 석사학위논문.

장영길(1994), 「평안방언의 비구개음화 요인에 대한 일 고찰」, 『동악어문논집』 29, 동악어문학회, 315-325.

한성우(2003), 「의주방언의 음운론적 연구」, 서울대학교 박사학위논문.

황대화(2000), 『조선어방언연구』, 한국문화사.

Labov(1972), *Sociolinguistics Patterns*, University of Pennsylvania Press.

Paek(2010), Pyŏngan Dialect and Regional Identy in Chosŏn Korea, *the north region of korea: HISTORY, IDENTY, AND CULTURE*, edited by SUN JOO KIM, A CENTER FOR KOREA STUDIES PUBLICATION, UNIVERSITY OF WASHINGTON PRESS, SEATTLE & LONDON, 116-138.

Spolsky, Bernard(2001), 김재원 등 역, 『사회언어학』(PAAL 응용언어학 번역 총서 1), 도서출판 박이정.

국어의 치조 비음과 경구개 비음

김 현
서울대학교

1. 서 론

"선생님, 저는 아닌 것 같은데요. 똑같은 거 같은데요."

수업 중 'ㄴ'의 변이음을 설명하면서 '아나'와 '아니'를 발음할 때 혀가 입천장에 닿는 부분이 다르지 않냐는 질문에 곧잘 듣고는 했던 답이다. 이어 '안냐'와는 어떠냐고 하는 질문에는 그건 좀 다른 것 같다는 대답을 듣고는, 이 이야기를 더 해야 하나 말아야 하나 고민하기가 일쑤였다.

국어의 'ㄴ'은 음소적으로 치조음으로 규정되기도 하고 중자음으로 규정되기도 한다. 'ㄴ'이 비록 경구개 비음 [ɲ]으로 실현되기도 하지만[1]

---

1 신지영(2000: 88)에서는 국어의 [ɲ]이 엄밀하게는 경구개음이 아니라 조음점이 뒤로 약간 이동한 치조 또는 후치조음이라고 하였으며, Umeda(1957: 66)에서는 설배적 치조-경구개음(dorsal alveo-palatal)이라고 한 바 있다.

치조 비음 〔n〕으로 실현되는 것이 일반적이기 때문에 〔n〕을 대표적인 변이음으로 보아 치조음이라고 할 수도 있는 반면, 두 변이음 중 대표를 특정하지 않고 치조와 경구개를 아우르는 〔-grave〕의 중자음이라고 할 수도 있는 것이다.

음소로서의 조음 위치가 어떻게 규정되든 'ㄴ'은 음성적으로 서로 다른 두 조음 위치에서 실현되는바, 주로 치조에서 〔n〕으로 실현되며 'i, j' 앞에서는 경구개에서 〔ɲ〕으로 실현되며, 논저에 따라서는 경구개 자음 앞에서도 경구개음으로 발음된다고도 한다. 본고의 목적은 여러 환경에서 실현된 국어의 음소 'ㄴ'이 보이는 음향음성학적 속성을 비교하여 변이음의 실현 양상을 확인하는 데에 있다.

'ㄴ'의 변이음은 일찍이 李秉根(1969: 32-43)에서 자세하게 다루어진 바가 있다. 경구개 비음 〔ɲ〕은 비어두인 /V__i, V__jV/에서 실현되며, 어두의 전설고모음 'i, y' 앞에서는 〔ɲ〕이 아니라 〔ᵈniː〕(너), 〔ᵈnyː〕(누에)와 같이 "〔d〕의 同時開放音"이 실현된다고 하였다. 또한 경구개 자음 앞에서는 〔tɛnɲim〕(대님), 〔munʥi〕(먼지)와 같이 〔n〕이 실현되는 것으로 전사되어 있다. 許雄(1965: 144)에는 〔ᵈn〕에 대한 언급은 없으며 'i, j' 앞에서 〔ɲ〕이 실현되는 것으로 보았다. 梅田(1983: 44)에는 Umeda(1957: 66)에 적시한 'i, j' 이외에 'wi' 앞에서도 경구개 비음이 실현된다고 하였는데, 해당 환경에서는 'w'가 전설의 〔ɥ〕로 실현되는 점을 고려할 때, 'j'와 'ɥ', 즉 전설 활음 앞에서 〔ɲ〕이 실현된다는 것으로 해석할 수 있을 것이다. 이호영(1992: 159, 1996: 96), 배주채(2003: 72) 등에서는 'ㅈ, ㅊ, ㅉ' 앞에서도 〔ɲ〕이 실현된다고 하였고, 이진호(2014: 45)에서는 이 밖에도 〔ɲ〕 앞에서, 배주채(1996: 44)에서는 그와 더불어 'ㅅ, ㅆ'의 변이음 〔ʃ, ʃ'〕 앞에서도 〔ɲ〕이 실현된다고 하였다.

많은 논저들에서 〔ɲ〕이 일정한 환경에서 실현된다고만 서술한 반면, 몇몇 논저들에서는 조건에 따라 〔n〕과 〔ɲ〕이 수의적으로 실현되기도 한다고 하였다. 이호영(1992: 158, 1996: 96-97)에서는 'i'나 'j' 앞이라고 해도 느리고 신중한 말씨에서는 치조음이되 이차 조음이 더해진 [nʲ]이 실현되며, 빠르고 친근한 말씨에서는 주조음점이 경구개로 이동하여 [ɲ]이 실현된다고 하였다. 배주채(1996: 44)에서는 'j' 앞에서는 [ɲ]이 필수적으로 실현되지만 'i' 앞에서는 [n]과 [ɲ]이 수의적으로 실현된다고 하였다. 이혁화(2005: 15)에서는 어두의 'i' 앞에서는 예외 없이 [n]으로 실현되고, 비어두의 'i' 앞에서는 [n]과 [ɲ]이 수의적으로 실현되며,[2] 'ㄴ' 앞에 비음이 올 때나 'j' 앞에서는 필수적으로 [ɲ]이 실현된다고 하였다.[3]

'ㄴ'의 조음 위치에 대하여 수업 중 접하고는 하던 학생들의 반응, 즉 경구개음으로의 실현이 예상되는 환경이라고 하여 언제나 [ɲ]이 실현되는 것만은 아니라는 점, 그리고 비어두의 'i' 앞과 'j' 앞에서 서로 달리 실현될 수 있다는 점이 과연 음향적으로 반영되는지를 살피는 것이 본고의 보다 구체적인 목적이라 할 수 있다.

2. 자료의 수집

음성 자료는 20~40대의 남성 제보자 10명으로부터 〈표2〉의 무의미 어들을 5회씩 녹음하여 수집하였는바, 비음 자체의 음향음성학적 속성이

---

2 韓國方言資料集에는 '보늬(Ⅰ.516-1)'의 'ㄴ'이 충북 음성([pɜni])과 청원([pəni])에서 치조 비음으로 보고되어 있다.

3 Tsuzuki(1992: 116, 121-122)에서는 '이니'와 '인시'의 구개도를 토대로 하여 이들의 'ㄴ'이 치조 비음이라고 한 바 있다. 반면 어두의 '니'나 '냐, 뇨, 뉴'의 'ㄴ'은 경구개 비음이라고 하였는데, 비어두이면서 활음 앞이거나 'ㅈ, ㅊ, ㅉ' 앞의 'ㄴ'이 비교되지 않아 아쉬울 따름이다.

잘 드러날 수 있도록 비어두 'ㄴ'만을 대상으로 하였다. 녹음은 Marantz 사의 녹음기 PMD-660과 Shure사의 마이크 MX-184, Beyerdynamic사의 마이크 TG-V56c를 이용하여 조용한 실내에서 이루어졌다. 음성 분석은 Praat(vers. 5.4.3)를 이용하였고, 통계는 SPSS Statistics 22를 이용하였다.

〈표1〉 녹음 자료

	VnV	VnnV	Vni	Vnni	VnjV	VnnjV	VnʧV	Vnʧi
V = a	다나	단나	다니	단니	다냐	단냐	단자	단지
V = ə	더녀	던녀	더니	던니	더녀	던녀	던저	던지
V = ɛ	대내	댄내	대니	댄니	대내	댄내	댄재	댄지

치조음으로 실현될 것이 예상되는 환경(이하 '치조 환경')인 VnV, VnnV의 'ㄴ'은 비음의 포먼트가 안정적으로 나타나는 중앙 부분의 15～25㎳를 측정 대상으로 삼았다. 〈그림1〉은 제보자[3]이 발음한 '단나[3]'의 스펙트로그램인데, 화살표로 표시된 중앙 부분을 분석하였다. 이 부분을 앞으로 Ⓐ라고 부르고자 한다.

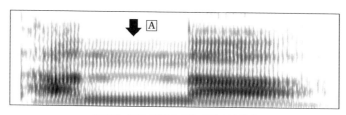

〈그림1〉 치조 환경 'ㄴ'의 측정 부분(Ⓐ)

〈표1〉에서 VnV, VnnV를 제외한 나머지 환경(경구개음이 실현될 수 있는 환경이라는 뜻에서 이하 '경구개 환경')의 'ㄴ'은 〈그림2〉(제보자[3]

의 '단냐⁴')와 같이 비음 내에서 전이를 보이는 경우가 있는데, 그러한 전이가 있든 없든, 비음이 시작된 직후 부분을 Ⓑ, 비음이 끝나기 직전 부분을 Ⓒ라고 부르고자 한다. 이들 역시 15~25㎳ 범위 내에서 추출하였는데, 주변음의 영향이 적고 비교적 안정되어 이질적 양상이 혼재되지 않은 부분을 추출하고자 하였다.

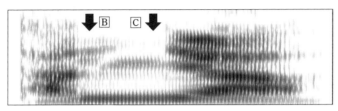

〈그림2〉 경구개 환경 'ㄴ'의 측정 부분(Ⓑ와 Ⓒ)

후술할 바와 같이 Ⓑ는 Ⓐ와 유사한 포먼트 구조를 지니며, Ⓒ는 경우에 따라 그들과 유사하기도 하고 상이하기도 한 포먼트 구조를 지닌다. 전이 부분이 뜻하는 바는, [ɲ]을 발음할 때에 치조 혹은 그 부근의 폐쇄에서 시작하여 경구개 혹은 그 부근의 폐쇄로 접촉면이 넓어지는 것이 아닌가 한다.⁴

3. 치조 비음의 일반적인 포먼트 구조

치조 비음의 포먼트 구조에 대하여 Fujimura(1962: 1871)은 300Hz,

---

4 이러한 추정은 진자동 태구개도에 기초한 것이다. 한 제보자로부터 얻어진 자료라는 점에서 그 한계가 분명히 있기는 하지만, Tsuzuki(1992)에 실린 어두 '니(그림 번호 〈A-50〉)'를 보면, 치조에서부터 접촉이 시작되어 접촉면이 점점 넓어져 가는 것을 확인할 수 있다.

1000Hz, 1500Hz, 2000Hz, 2600Hz 부근에서 각각 F1, F2, F3, F4, F5가 형성되고, 1450~2200Hz(평균적으로 1700Hz)에 안티포먼트가 형성되며, F3과 F4 그리고 그 사이의 안티포먼트가 가변적인 덩어리(variable "cluster")를 이룬다고 하였다.[5] 12명의 제보자가 발음한 어말 비음을 대상으로 한 Recasens(1983: 1348)도 이와 비슷한데, 285(±37)Hz, 1035(±97)Hz, 1515(±62)Hz, 2130(±260)Hz에서 포먼트가 형성되며, 연구자 본인의 발음으로 1780Hz에서 안티포먼트가 형성된다고 하였다. Glass(1984: 57)에는 스펙트럼만 제시되어 있는데, 300Hz(22dB), 700Hz(10dB), 1400Hz(6dB), 2300Hz(2dB), 2700Hz(6dB) 정도의 포먼트를 보이는바, F5의 음량이 강함도 보여 주고 있다.

국어 화자를 대상으로 한 연구에서는 포먼트 구조가 이들과 다소 다른 양상을 보인다. 성철재(1996: 19-20)과 황연신(2002: 47)에서는 모음 간 치조 비음의 포먼트를 〈표2〉와 같이 보고하였으며, 본고의 자료도 이들과 크게 다르지 않다. 안티포먼트는 1826(±233)Hz(황연신 2002: 59) 혹은 2000Hz 근처(신지영 2000: 214)에서 형성된다고 보고되었다.

〈표2〉 국어 화자 [n]의 포먼트 구조

단위: Hz	첫째	둘째	셋째	넷째
성철재(1996)	266(±21)	1266(±61)	2164(±19)	2617(±59)
황연신(2002)	317	1319	2287	2823

해외의 연구와 비교해 볼 때, 성철재(1996)과 황연신(2002), 그리고

---

5 주지하는 바와 같이, 비강 자음을 발음할 때 성대 진동음은 인두강과 비강을 지나 방출되지만, 구강 쪽으로 흐르는 일부는 그 끝이 막혀 있는 탓에 오히려 특정 주파수대의 음파를 감쇠시키는 역할을 하는데, 그 주파수대를 안티포먼트라고 부르기도 한다. 구강에서의 폐쇄 위치가 후설 쪽일수록 안티포먼트는 높은 주파수대에서 형성된다.

본고의 자료에서 포착된 셋째 포먼트는 1400~1500Hz의 F3과 2000~
2300Hz의 F4 및 1800~2000Hz의 안티포먼트가 가변적인 덩어리를 이룬
것이며, 2600~2800Hz의 넷째 포먼트는 F5인 것으로 여겨진다. 이하에
서는 F3과 F4가 가변적 덩어리를 이룬 셋째 포먼트를 F3·4, 넷째 포먼트
를 F5라고 부르고자 한다.

다음은 제보자[1]이 발음한 '다나²'[A], '다나⁵'[A], '단냐¹'[C]의 스펙트럼
(LPC 분석, 0~5000Hz)인데, F3·4와 F5의 실현 여부가 서로 다르게
나타난다.

ㄱ. 다나²[A] : F3·4, F5의 실현

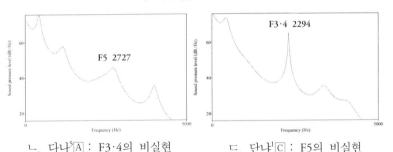

ㄴ. 다나⁵[A] : F3·4의 비실현   ㄷ. 단냐¹[C] : F5의 비실현

〈그림3〉〔n〕의 포먼트 구조

〈그림3〉의 (ㄱ)은 〈표1〉과 비슷하게 410Hz, 1242Hz, 2309Hz, 2824
Hz, 4129Hz의 다섯 포먼트가 형성되어 있는 반면, (ㄴ)은 423Hz, 1145

Hz, 2727Hz, 3993Hz의 네 개가 형성되어 있고, (ㄷ)은 415Hz, 2294Hz, 3362Hz의 세 개만이 형성되어 있다. (ㄱ)은 차례대로 F1, F2, F3·4, F5, F6이라고 할 수 있는데, 이에 비추어 볼 때, (ㄴ)은 F3·4가 형성되지 않은 것으로 보이며, (ㄷ)은 F5가 예상되는 주파수대에서 형성되지 않은 것으로 보인다.[6] 그런데, 2000Hz대의 어느 정도에 포먼트가 형성되면 (ㄴ)의 경우이고 어느 정도에 포먼트가 형성되면 (ㄷ)의 경우인지 판단할 근거가 없기 때문에 본고에서는 (ㄴ), (ㄷ)과 같이 대략 2000Hz대에서 단일하게 형성된 포먼트를 묶어 일단은 F3·4/5라 부르고 그것의 차이에 초점을 두고자 한다.

본 연구의 자료들은 상당수가 〈그림3〉의 (ㄴ)이나 (ㄷ)과 같이 F3·4가 형성되지 않거나 F5가 형성되지 않은 것들이기에 (ㄱ)과 같이 이들이 모두 형성된 것들은 고찰 대상에서 제외하고자 한다. 또한 포먼트의 대역폭이 너무 큰 것은 음향적 효과가 크지 않다고 보아 제외하였는데, 그 기준은 500Hz로 삼았다. 이리하여 (ㄴ), (ㄷ)과 같이 뚜렷하게 F3·4/5가 형성되어 있는 1012개(전체의 84.7%)의 자료를 논의의 대상으로 삼는다.

〈표3〉 F3·4/5가 광역폭 500Hz 이하로 실현된 사례 수

다나	46/50	단나	42/50	더너	43/50	던너	43/50	대내	49/50	댄내	42/50
다니	42/48	단니	44/50	더니	49/50	던니	39/50	대니	40/50	댄니	39/50
다냐	38/50	단냐	35/50	더녀	45/48	던녀	36/50	대내	46/50	댄내	38/50
단자	44/50	단지	45/50	던저	39/49	던지	44/50	댄재	43/50	댄지	41/50

---

6 (ㄷ)에는 F2도 보이지 않는데 이러한 현상은 많은 사례에서 발견되는바, 이에 대해서는 상론하지 않는다.

4. 포먼트 구조의 비교

4.1. 치조 환경 비음의 포먼트 구조

동일 모음 사이에 놓인 'ㄴ'과 'ㄴㄴ' 즉 Ⓐ의 F3·4/5값은 다음과 같은 평균과 표준편차를 보이는바, 그들의 차이가 지니는 통계적 의미는 다음과 같다. 일원배치 분산분석의 유의수준은 0.05, Scheffe 사후검정의 유의수준은 0.01로 하였다.[7]

〈표4〉 치조 환경 'ㄴ'의 F3·4/5 평균 비교

그룹	사례수	표준편차	F값	유의확률	사후분석 1	사후분석 2
ɛnɛ	49	133			2496	
ana	46	126			2571	2571
ənə	43	140	5.042	.000	2580	2580
ɛnnɛ	42	135			2589	2589
ənnə	43	125			2590	2590
anna	42	106				2622
사후검정 유의확률					.041	.628

'ㄴ'에 비해 'ㄴㄴ'의 값이 다소 큰 듯하지만, 선후행 모음이 동일한 쌍들을 비교할 때 그것이 통계적으로 유의미한 차이를 보이지는 않는다. 대체로 큰 차이를 보이지 않는다는 전제 하에 치조 환경 'ㄴ'의 모든 F3·4/5의 빈도를 보이면 다음과 같다.

---

7 본 논의의 초점은 치조 비음과 경구개 비음에 놓여 있는바, 제보자별 차이는 각 조건의 사례수도 충분하지 않을 뿐더러 논점과 관련된 일정한 경향을 보이지도 않기에 여기에서 다루지 않는다.

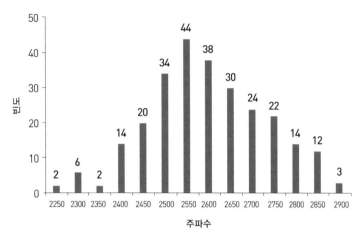

〈그림4〉 치조 환경 'ㄴ'의 F3·4/5 빈도

사례수는 265이고, 최소값과 최대값은 각각 2215Hz, 2897Hz이며, 평균과 중앙값은 각각 2573Hz, 2564Hz, 표준 편차는 133Hz이다. 첨도는 -0.26, 왜도는 0.02 정도로서 정규분포에서 크게 벗어나지는 않는 것으로 보인다. 평균과 중앙값, 표준 편차를 고려할 때 치조 환경 'ㄴ'의 F3·4/5는 대략 2430~2700Hz에서 형성되어 있다고 여길 수 있을 것이다.

평균과 빈도를 고려할 때, 치조 환경의 'ㄴ'은 〈그림3〉의 (ㄴ)과 (ㄷ) 중에서 (ㄴ)에 가까운 것으로 여겨진다. 〈그림4〉에서는 2350Hz 이하인 사례가 265개 중 10개(3.77%)에 불과한 것으로 나타나는데, 그들 정도가 (ㄷ)과 같이 F5가 실현되지 않은 것들이고 나머지는 (ㄴ)처럼 F3·4가 실현되지 않은 것인 듯하다. 이렇게 보면 본고의 자료들 중 치조 환경 'ㄴ'의 포먼트 구조는 F3·4가 형성되지 않고 F5가 대략 2430~2700Hz에서 형성되는 것이 일반적이라 할 것이다.

4.2. 경구개 환경 비음의 포먼트 구조

Fujimura(1962: 1874)에서는 영어 화자가 발음한 〔i〕 앞 〔n〕의 경우 2000Hz 정도이던 F4가 2300Hz까지 높아지는 반면, F5는 2600~2700Hz에 상대적으로 고정되어 있다고 한 바 있다. 카탈루냐어를 대상으로 한 Recasens(1983: 1348)에는 비록 어말 환경이기는 하지만 경구개 비음의 포먼트 구조가 보고되어 있다. 제보자 12명은 평균적으로 295(±58)Hz, 1055(±130)Hz, 1760(±355)Hz, 2265(±415)Hz에서 포먼트가 형성된다고 하였고(괄호 안은 표준편차), 연구자 본인 발음의 경우 250Hz, 1025 Hz, 2100Hz, 3125Hz에서 포먼트가, 2650Hz에서 안티포먼트가 형성된다고 하였다. 연구자의 셋째 포먼트(2100Hz)를 F3·4로 여길 수 있다면, 3125Hz의 넷째 포먼트는 F5가 될 것인데, 치조 비음의 F5가 형성되던 2600~2800Hz 근처에서 형성되어 있지 않고 오히려 그 위치에 안티포먼트가 형성되어 있음이 특징적이라 할 수 있다.

카탈루냐어 〔ɲ〕과의 포먼트 구조상의 차이, 즉 F5의 형성 여부의 차이로 판단컨대, 영어의 〔i〕 앞 〔n〕이 여느 환경의 〔n〕과 보이는 약간의 차이는 조음점의 이동 때문이 아니라 이차 조음에 의한 것으로 여길 수 있다. 흥미로운 점은 국어의 경우 경구개 환경에 놓인 'ㄴ'이 카탈루냐어의 경구개 비음과 같은 포먼트 구조를 보이기도 하지만, 세부적인 환경에 따라 영어의 치조 비음처럼 치조 환경의 'ㄴ'과 별다를 것이 없는 포먼트 구조를 보이기도 한다는 점이다.

경구개 환경의 Ⓑ와 Ⓒ의 F3·4/5가 보이는 평균과 그들 중 2350Hz 이하의 사례가 차지하는 정도를 보이면 다음과 같다. 비교를 위하여 치조 환경의 'ㄴ'(음영 표시)도 포함시켰다.

〈표5〉 경구개 환경 'ㄴ'의 F3·4/5 평균 비교

그룹	2350Hz 이하 비율	사례 수	표준 편차	F값	유의 확률	사후분석					
						1	2	3	4	5	6
VnnjV-C	76.14	109	196			2269					
VnjV-C	44.18	129	269				2390				
Vnni-C	22.95	122	203				2486	2486			
Vni-C	22.90	131	170					2505	2505		
Vni-B	9.16	131	139					2542	2542	2542	
VnjV-B	14.72	129	184					2543	2543	2543	
VnV	7.24	138	138	52.054	.000			2546	2546	2546	
Vnni-B	8.19	122	131					2560	2560	2560	
VnʧV-B	5.55	126	139					2591	2591	2591	2591
VnnV	0	127	123						2600	2600	2600
Vnʧi-B	3.96	130	134							2623	2623
VnʧV-C	0	126	108							2636	2636
VnnjV-B	3.66	109	141							2639	2639
Vnʧi-C	0	130	115								2677
사후검정 유의확률						1.00	.056	.016	.061	.055	.174

평균을 보면 제3행 Vnni-C 이하 마지막의 Vnʧi-C까지는 모두 치조 환경의 VnV, VnnV와 통계적으로 무의미한 차이만을 보일 뿐이다. 예외적이라 할 수 있는 VnnjV-C와 VnjV-C는 각각의 평균이 2269Hz, 2390Hz로서 매우 낮으며, 2350Hz 이하의 사례가 차지하는 비율도 76.14%와 44.18%로 매우 높은 편에 속한다.

2350Hz를 기준으로 하여 그 이하인 것은 F3·4가 실현된 것이고 그 이상인 것은 F5가 실현된 것이라고 가정한다면, 경구개 환경의 'ㄴ'은 다음의 네 유형으로 나뉠 수 있다.

(1) ㄱ. H-유지형: B와 C 모두 F5가 형성된 유형
ㄴ. L-유지형: B와 C 모두 F3·4가 형성된 유형

ㄷ. HL-전이형: B는 F5가, C는 F3·4가 형성된 유형
ㄹ. LH-전이형: B는 F3·4가, C는 F5가 형성된 유형

(1ㄱ)의 H-유지형은 앞서 언급하였듯이 치조 환경인 Vn(n)V 265개 중 10개를 제외한 모든 비음이 속하는 유형이다. 또한 경구개 환경 'ㄴ'의 상당수도 이에 속한다. (1ㄴ)은 치조 환경의 'ㄴ'과는 전혀 다르게 비음의 시작부터 끝까지 2350Hz 이하에서 포먼트가 형성되어 있는 유형인데, 그 수가 얼마 되지 않는다.

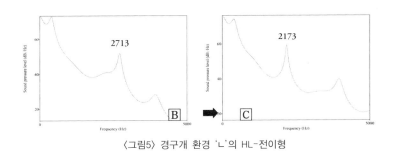
〈그림5〉 경구개 환경 'ㄴ'의 HL-전이형

(1ㄷ)은 'ㅈ' 앞을 제외한 경구개 환경인 Vn(n)i와 Vn(n)jV에서 발견되는 유형으로 앞선 〈그림2〉와 같은 전이를 보이는 경우이다. 〈그림5〉는 제보자[1]의 '딘녀'인데 B에서는 F5가 2713Hz에서 두드러졌다가 C에 이르러서는 F3·4가 2173Hz에서 두드러지는 전이를 겪음을 보여 준다. (1ㄹ)은 경구개 환경 747개 중 25개(3.34%)에 불과하며, C가 2350Hz 보다 약간 높아서 그것이 F3·4인지 F5인지 분명하게 판단하기 어려운 것들이 대부분이다.

다음은 경구개 환경의 'ㄴ'이 보이는 포먼트 구조의 유형 각각이 차지하는 비율을 보인 것이다.

	VnʧV	Vnʧi	Vni	Vnni	VnjV	VnnjV
H-유지형	94.44	96.15	76.33	73.77	54.26	22.93
L-유지형	0	0	8.39	4.91	9.30	2.75
HL-전이형	0	0	14.50	18.03	31.00	73.39
LH-전이형	5.55	3.84	0.76	3.27	5.42	0.91

'ㅈ'에 앞서는 종성 'ㄴ'은 거의 H-유지형으로서 치조 비음과 포먼트 구조상의 차이를 보이지 않는다고 할 수 있다. 이러한 음향적 특징이 조음적 특징을 그대로 반영한 것이라면, 그것은 국어의 'ㅈ'이 온전한 경구개음이 아니라 후치조음에 가까우며 접촉면이 치조음 'ㄴ'과 크게 다르지 않음을 보여 준다고 할 수 있다.

모음 'ㅣ'에 앞서는 'ㄴ'과 'ㄴㄴ'의 경우 약 76%, 73%는 치조 환경의 그것과 별 차이 없는 포먼트 구조를 보여 준다. 적어도 경구개 비음으로 는 실현되지 않는 경우가 매우 많다는 것이다. 그러나 'ㅈ'에 앞서는 경우 와 비교해 보면 HL-전이형과 L-유지형이 23% 정도를 차지하고 있다는 점이 두드러지는데, 이들은 경구개 비음 [ɲ]으로 실현되었기 때문일 수 도 있고 전설이 상승하는 이차 조음을 동반한 치조 비음 [nʲ]으로 실현되 었기 때문일 수도 있다.

두 가지 중 경구개 비음의 실현일 가능성이 다소 커 보이는데, 그 이유 는 다음과 같다. 첫째, 만일 HL-전이형과 L-유지형만이 이차 조음에 의한 것이라면 70여%를 차지하는 H-유지형은 이차 조음마저 되지 않은 채 'ㅏ, ㅓ, ㅐ' 앞에서와 같이 발음된 것이라고 하여야 할 것인데, 그러기 는 쉽지 않기 때문이다. 'ㅣ'에 앞서는 자음을 발음할 때 'ㅣ'의 영향을 전혀 받지 않는 경우가 그렇게나 많다고는 보기 어려운 것이다. 둘째, 앞서 영어의 경우 이차 조음을 동반한 치조 비음에서 F5가 2600~2700

Hz에서 실현된다고 한 것을 그대로 따른다고 보면, 비슷한 주파수대에서 포먼트가 형성되어 있는 H-유지형도 이차 조음의 결과라고 볼 수 있는 것이다.[8]

활음 'j'에 앞서는 'ㄴ'과 'ㄴㄴ'은 치조 환경의 그것과 가장 큰 차이를 보여 준다. HL-전이형과 L-유지형이 약 40%, 75% 이상을 차지하고 H-유지형은 불과 54%, 22% 정도에 지나지 않는 것이다. 전자를 경구개 비음의 실현으로 본다면, 세 가지의 경구개 환경 중 가장 두드러지게 경구개 비음으로 실현되는 것은 'j' 앞이라고 할 수 있게 된다. 이는 선행 연구들에서 'ㄴ'이 'ㅣ' 앞에서는 수의적으로 경구개 비음으로 실현되는 반면 'j' 앞에서는 필수적으로 실현된다고 하였던 것이 음향적으로 드러난 것이라고 여길 만하다.

정리하건대 H-유지형을 치조 비음이 실현된 것으로, L-유지형과 HL-전이형을 경구개 비음이 실현된 것으로 여긴다면, 경구개 환경이라고 하여도 'ㅈ' 앞 'ㄴ'의 대부분, 모음 'ㅣ' 앞 'ㄴ'의 상당수는 치조 비음으로 실현되며, 활음 'j' 앞 'ㄴ'은 경구개 비음으로 실현되는 일이 많다고 할 것이다.

한편 'ㄴ'보다 'ㄴㄴ'이 경구개 비음으로 실현되는 일이 많은데, 이는 폐쇄를 지속하는 시간이 상대적으로 길다는 점과 관련되어 보인다. 폐쇄 기간이 긴 경음과 격음이 폐쇄 기간이 짧은 평음에 비해 혀와 입천장의 접촉 면적이 넓다는 점을 고려한다면, 모음간 'ㄴㄴ'은 'ㄴ'보다 접촉면이 넓고 그것이 더욱 쉽게 경구개에까지 이를 수 있었기 때문이라 이해할 수 있다.

'ㄴㄴ'은 또한 'ㄴ'에 비해 HL-전이형이 많은데, 이를 두고 해당 환경의 'ㄴㄴ'이 경구개음의 연쇄인 [ɲɲ]으로 발음되는 것이 아니라 [nɲ]으

---

8 이렇다면 본고의 고찰 대상으로는 [n]과 [nʲ]의 음향적 차이를 구별할 없는 셈이다.

로 발음된 것이라고 할 것까지는 없어 보인다. 전이라고는 하지만 〈그림 2〉에서 볼 수 있듯이 Ⓑ는 매우 짧고 Ⓒ가 길기 때문에, 경구개를 목표로 하는 접촉의 과정(각주 4 참조)이 치조 쪽에서 시작되는 것이라고 볼 수도 있기 때문이다.

5. 결 론

국어의 음소 'ㄴ'은 치조음으로 실현되는 것이 일반적이지만 특정한 환경에서는 경구개음으로 실현된다. 전설 고모음 'ㅣ'와 전설 활음 'j' 앞 그리고 경구개 자음 앞에서 경구개음으로 실현되지만 때로는 정도의 차이를 두고 치조음으로 실현되기도 한다는 기존의 논의를 음향음성학적인 측면에서 검토하였다는 데에 본고의 의의를 두고자 한다.

여기에서 다루어진 국어의 'ㄴ'들은 F3과 F4가 하나의 덩어리를 이루어 F3·4로 실현되고 있었으며, 그보다 약간 높은 주파수대에 F5가 실현됨을 확인할 수 있었다. 그런데 이 둘도 늘 모두 실현되는 것이 아니라 둘 중의 하나만 실현되는 것이 전체의 약 84.7%에 달하였다.

치조 환경의 'ㄴ'과 'ㄴㄴ'은 거의 모두가 F5만 실현되는 H-유지형으로 실현되며 대략 2430~2700Hz에서 포먼트가 형성되고 있다. 경구개 환경의 'ㄴ'과 'ㄴㄴ'은 세부적인 환경에 따라 서로 다른 포먼트 구조를 보이고 있는데, 먼저 'ㅈ' 앞에서는 거의 모두 치조 비음과 같은 포먼트 구조를 보이고 있음이 확인되었다. 'ㅣ' 앞에서는 70여 %가 치조 비음과 같은 반면, 23% 정도는 F5가 실현되지 않고 2000Hz 초반의 주파수대에서 F3·4가 형성되고 있어서 경구개 비음으로 실현된 것으로 여길 만하였다. 'j' 앞에서는 경구개 비음으로의 실현이 더욱 두드러지는바, 'ㄴ'은 40%, 'ㄴㄴ'은 75% 정도가 경구개 비음으로 실현되는 것으로 여겨진다.

참고 문헌

배주채(1996), 『국어음운론 개설』, 신구문화사.

_____(2003), 『한국어의 발음』, 삼경문화사.

성철재(1996), 「한국어 비음의 음향적 특성에 관한 실험음성학적 연구」, 『말소리』 31·32, 대한음성학회, 9-22.

신지영(2000), 『말소리의 이해』, 한국문화사.

李秉根(1969), 「黃澗地域語의 音韻」, 『論文集』 1, 서울大學校 敎養過程部, 27-54.

이진호(2014), 『국어 음운론 강의(개정판)』, 삼경문화사.

이혁화(2005), 「무주·영동·김천 방언의 음운론적 대비 연구」, 서울대학교 박사학위논문.

이호영(1992), 「한국어의 변이음 규칙과 변이음의 결정 요인들」, 『말소리』 21, 대한음성학회, 144-175.

_____(1996), 『국어음성학』, 태학사.

최영선·오미라(2014), 「비어두(非語頭) '늬'의 구개음화에 대한 음향음성학적 연구」, 『음성음운형태론연구』 20-2, 한국음운론학회, 229-248.

許 雄(1965), 『國語音韻學(改稿新版)』, 正音社.

황연신(2002), 「한국어 비음에 관한 실험음성학적 연구」, 서울대학교 석사학위논문.

梅田博之(1983), 『韓國語의 音聲學的 研究』, 螢雪出版社.

Baik, W.(1994), An electropalatographic study of coarticulation in Korean VCV and CVC sequences, Ph.D. dissertation of Georgetown University.

Fujimura, O.(1962), Analysis of nasal consonants, *The Journal of the Acoustical Society of America* 34-12, 1865-1875.

Glass, J. R.(1984), Nasal consonants and nasalized vowels: an acoustic study and recognition experiments, Master dissertation of Massachusetts Institute of Technology.

Recasens, D.(1983), Place cues for nasal consonants with special reference to Catalan, *J. Acoust. Soc. Am.* 73-4, 1346-1353.

Tsuzuki, M.(1992), A Phonetic study of the Korean and Japanese lateral, flap and nasal, 서울대학교 박사학위논문.

Umeda, H.(1957), The phonemic system of Modern Korean, 『言語研究』 32, 日本言語學會, 60-82.

언어 유형론 연구에서의
음소 분석 사례에 대한 일고찰

이 진 호
서울대학교

1. 머리말

음운론 연구에서 음소 분석은 가장 기본적이면서도 중요한 작업이라고 할 수 있다. 이를 통해 음소 목록을 확정하고 음소들 사이의 대립 관계를 살피게 된다. 또한 각종 음운 현상 역시 음소 분석의 기반 위에서 이루어진다. 이처럼 음운론 연구는 음소 분석에서부터 시작한다고 해도 과언이 아니다.

음소 분석 결과에 있어서는 이견이 존재하는 경우가 많다. 동일한 음성 실현을 바탕으로 음소 분석을 한다고 하더라도 그 결과는 연구자에 따라 달라질 수 있는 것이다. 가령 현대 국어만 하더라도 반모음 목록에 'ɰ'를 포함해야 하는지, 이중 모음 'ㅢ'의 음운론적 구성을 어떻게 해석해야 하는지, 'ㅎ'을 평음과 유기음 중 무엇으로 분석해야 하는지 등의 문제에 있어 상이한 견해가 존재한다.[1]

그럼에도 불구하고 국어를 언어 유형론 연구의 대상으로 삼는다면 여러 가능성 중 어느 한 쪽을 선택하는 수밖에 없다. 이러한 사정은 비단 국어 뿐만 아니라 다른 언어들도 마찬가지이다. 선택의 결과가 최선이라면 문제가 없겠지만 혹시나 더 나은 대안이 있음에도 불구하고 그렇지 못하다면 그에 기반한 연구 결과의 신뢰성은 어떤 식으로든 영향을 받게 될 것이다.

사실 대규모 언어들을 대상으로 한 언어 유형론 연구에서는 이런 문제점이 항상 도사리고 있다. 그렇다고 해서 최선의 연구 결과물을 확보할 때까지 유형론 연구를 미루고 있을 수만도 없는 입장이다. 결국 좀 더 나은 연구 결과를 선택하기 위한 다양한 시도들을 할 필요가 있다.

이 글에서 살펴보고자 하는 것은 이런 측면과 관련이 있다. 특히 잘 알려지지 않았거나 연구가 많이 이루어지지 않은 언어의 음소 분석 결과를 언어 유형론 연구에서 그대로 수용해도 괜찮은지의 문제를 몇몇 사례를 통해 살필 것이다. 대규모의 언어들을 개인 연구자가 일일이 조사하지 못하는 이상 기존 업적에 기대어 언어 유형론적 연구를 하는 것은 피할 수 없는 일이다. 이런 경우 가급적이면 활용한 기존 연구의 결론을 있는 그대로 수용하는 것이 원칙이다.

그러나 때로는 기존의 음소 분석을 조금 수정하여 수용하는 것이 훨씬 바람직해 보이는 사례들도 있을 수 있다.[2] 이 글에서는 네 가지 경우를 대상으로 하여 기존 연구의 음소 분석에서 어떤 결점이 있을 수 있으며, 이것을 어떻게 수정하여 활용하는 것이 나을지를 살피게 된다. 구체적으로는 유기음과 무기음의 분석 문제, 비음성이 가미된 비음화 파열음의

---

1 구체적인 음성 실현을 관찰할 수 없는 중세 국어의 경우 좀 더 많은 이견들이 노출될 수밖에 없다.

2 이러한 가능성에 대해서는 Vaux(2009), Gordon(2016)에서도 언급한 바 있다. 다만 이 글에서 다루고자 하는 것과 같은 구체적인 사례를 통한 고찰은 이루어지지 않았다.

분석 문제, 날숨소리와 유성 유기음의 구분 문제, 치음과 치조음의 구별 문제를 다루기로 한다.

이 글에서는 주제의 성격상 개별 외국어의 음소 분석 결과는 물론이고 그 음소 목록에 대해 빈번하게 언급할 수밖에 없다. 이때 주로 활용하는 자료는 포이블(http://phoible.org/)에 제시된 것을 위주로 한다. 포이블은 대규모 언어 자료의 음소 목록에 쉽게 접근할 수 있게 해 주기 때문에 이런 성격의 연구에서 매우 유용하다.[3] 다만 필요에 따라서는 포이블이 아닌 다른 출처의 언어 자료도 참고하기로 한다.

2. 유기음과 무기음의 분석 문제

유기음과 무기음은 소위 기식(aspiration)의 유무에 따른 구별의 결과로 자음 중에서도 파열음이나 파찰과 같이 폐쇄 과정을 동반하는 장애음에서 가장 많이 나타난다.[4] 기식을 동반하는 유기음의 특성은 다양한 음성적 특성으로 구체화된다. 가장 대표적으로는 뒤에 오는 유성음의 성대 진동 시간(VOT)이 지연되는 특징을 들 수 있지만, 유기음을 발음할 때 성문의 크기가 크다거나 후행하는 모음의 고저나 길이가 더 높고 길다는 것도 빼놓을 수 없다.

유기음의 기식은 이차 조음적인 성격을 가진다. 이러한 기식은 자음의

---

3 포이블은 UPSID(UCLA Phonological Segment Inventory Database)를 비롯한 기존의 음소 목록 데이터 베이스를 집대성한 것으로 방대한 자료를 담고 있다. 포이블의 성격과 포이블 언어 자료의 이용에 대해서는 이진호(2017ㄴ)을 참고할 수 있다.
4 포이블의 통계에 따르면 유기음 중 그 빈도수가 높은 상위 10개의 자음이 모두 이 범주에 속한다. 물론 언어에 따라서는 폐쇄 과정이 없는 마찰음이나 심지어는 공명음에서도 유기음과 무기음의 음운론적 대립이 나타나는 경우가 있다.

앞에 올 수도 있고 뒤에 올 수도 있다. 대체로 자음의 뒤에 오는 경우가 많지만 앞에 오는 경우도 일부 존재한다.[5] 그런데 이러한 선후 위치는 한 언어의 자음 체계에서는 큰 의미를 지니지 않는다. 한 언어 내에서 두 개의 유기음이 오로지 기식의 전후 위치에 따라 별개의 음소로 구분되는 경우는 수천 개의 언어 중 Bonan어, Osage어, Scotish Gaelic어와 같은 극히 일부에 지나지 않는다.

기식은 유무의 문제로 보아 자음을 유기음과 무기음으로 나눌 수도 있지만 정도의 문제로 보아 무기음, 경기음(輕氣音), 중기음(重氣音)으로 구분할 수도 있다. 그런데 '유기음 : 무기음'과 같이 이분법적으로 나누든, '무기음 : 경기음 : 무기음'과 같이 다분법적으로 나누든 어느 정도 기식이 있어야만 특정 부류에 속하는지를 결정할 객관적 수치는 제시하기 어렵다. 다시 말해 음운론적으로 어떻게 기능하는지를 고려하여 어떤 부류에 속하는지를 판단할 수밖에 없다.

그런데 몇몇 언어의 음소 분석 결과를 보면 유기음과 무기음의 구분에 있어 재고가 필요한 것처럼 보이는 경우가 있다.

(1)

		양순음	치조음	경구개음	연구개음	구개수음
ㄱ.	무성 무기 파열음	-	-	-	-	-
ㄴ.	유성 무기 파열음	b	d	ɟ	g	ɢ
ㄷ.	무성 유기 파열음	p^h	t^h	c^h	k^h	q^h
ㄹ.	무성 무기 방출음	p'	t'	c'	k'	q'

---

5 기식이 앞에 오는 자음을 전기음(pre-aspirated consonant), 뒤에 오는 자음을 후기음(post-aspirated consonant)이라고 한다.

(1)은 Klamath어의 자음 중 파열음을 조음 위치와 방식에 따라 분류한 것이다.[6] (1ㄱ~ㄷ)은 발동부가 폐인 파열음(plosive)이지만 (1ㄹ)은 발동부가 성대인 방출음(ejective)이다. 발동부가 나머지와 다른 (1ㄹ)을 논외로 할 때 (1)의 자음 체계에서는 (1ㄱ)의 무성 무기 파열음 계열이 존재하지 않는다는 점이 눈에 띈다. 좀 더 구체적으로 말하자면 유성 무기 파열음은 존재하는데 그에 대응하는 무성음 계열이 보이지 않는 것이다. (1)에 따르면 무성 무기 파열음 대신 무성 유기 파열음이 있을 뿐이다. 이처럼 유성 무기 파열음과 무성 유기 파열음만 있고 무성 무기 파열음이 존재하지 않는 체계는 Ewe어에서도 찾을 수 있다.[7]

(1)과 같은 자음 체계에서는 (1ㄴ)과 (1ㄷ)이 두 가지 음운론적 대립을 이루게끔 해석된다. '유성 : 무성'의 대립 이외에 '무기 : 유기'의 차이도 가지는 것이다. 그런데 이러한 해석은 두 가지 측면에서 불합리한 점이 발견된다.

첫째, 이 언어의 자음 체계 전반을 고려할 때 (1ㄴ)과 (1ㄷ)의 대립을 굳이 '유성 : 무성'과 '무기 : 유기'의 두 가지 차원으로 해석할 필요가 없다. '무기 : 유기'의 대립은 오로지 (1)의 파열음에서만 보일 뿐 다른 자음에서는 나타나지 않는다. 반면 '유성 : 무성'의 대립은 특이하게도 비음 계열에서 나타난다.[8] 이러한 자음들 사이의 음운론적 대립을 고려할

---

6 Klamath어는 미국 토착민의 언어 중 하나이다. (1)의 자료는 Maddieson(1984: 371)에 제시된 것이며 포이블에도 동일한 체계가 나온다.

7 UPSID에 기반한 Maddieson(1984: 291)에 따르면 Ewe어는 양순음, 치음, 연구개음에서 각각 유성 무기 파열음과 무성 유기 파열음만 존재하고 있어 역시 무성 무기 파열음이 존재하지 않는다. 다만 Ewe어에 대한 다른 음소 분석 결과에서는 유성 무기 파열음과 무성 무기 파열음이 모두 존재하는 것으로 나타나 다소간의 차이가 있다.

8 이 언어는 양순 비음과 치조 비음에 유성음과 무성음이 존재하며 설측음 및 반모음 'j'도 성대의 울림 유무에 따라 두 개의 서로 다른 음소가 존재한다.

때 이 언어에서 '유성 : 무성'의 대립은 반드시 필요하지만 '무기 : 유기'
는 꼭 필요하다고 볼 수 없다. 즉 (1ㄷ)은 굳이 유기음으로 해석하지
않고 무기음으로 해석하는 것도 충분히 가능한 것이다.

둘째, 언어 보편적인 함의 관계를 고려해도 (1)은 부자연스러운 측면이
있다. 장애음의 경우 유성음의 존재는 무성음의 존재를 함의한다는 것이
예전부터 널리 언급되어 왔다. 그런데 (1)에서는 유성 무기 파열음만 있
고 무성 무기 파열음은 없으므로 이러한 함의 관계를 어기고 있다.

물론 이러한 함의 관계를 절대적이라고 볼 수는 없다. 한때는 절대적인
것으로 주장하던 때도 있었지만, 유성 장애음만 존재하고 무성 장애음이
존재하지 않는 사례도 여러 언어들을 검토하다 보면 빈번하게 발견되기
때문이다. 가령 포이블에 따르면 Mara이는 6개의 조음 위치에서 발음되
는 6개의 파열음이 모두 유성음이며, Talodi어는 5개의 조음 위치에서
발음되는 5개의 파열음이 모두 유성음이다.[9] 이러한 극단적인 언어의 수
가 많지는 않으나 유성 장애음의 존재가 무성 장애음의 존재를 함의한다
는 것을 절대적인 원리로 받아들일 수는 없음을 잘 말해 준다.

다만 유성 장애음과 무성 장애음 사이의 함의 관계가 절대적이지는

---

9 흥미롭게도 무성 파열음이 없이 유성 파열음만 존재하는 이러한 예외는 양순음
계열에서 가장 많이 나타난다. Sherman(1975: 6)에서 유성성 유무에 따른 음소
대립을 가진 언어에서는 'g'보다 'b'가 더 무표적이고 'p'보다는 'k'가 더 무표적이
라고 한 것이나, Gordon(2016: 69)에서 어떤 언어에 유성 파열음이 하나 있다면
그것은 양순음일 가능성이 높다고 한 것은 모두 이와 무관하지 않다. 더욱이
Maddieson(1984: 47)에 따르면 마찰음의 경우에도 양순음 계열에서 유성음만 나
타나는 예외가 가장 높은 비율을 차지한다. Hayes(1999)에서는 양순음의 경우 장애
음을 발음할 때 폐쇄나 협착이 이루어지는 두 입술 뒤의 공간이 넓어서 유성음을
발음하기에 유리하다는 해석을 한 바 있는데, 이러한 해석이 양순음 계열에서의
예외적 실현과 관련이 있을지 모른다. 아무튼 양순음 계열에서 무성 장애음 없이
유성 장애음만 나타나는 경향이 존재한다는 사실은 중세 국어의 'ㅸ'을 유성 양순
마찰음으로 해석할 때 그에 대응하는 무성 양순 마찰음이 존재하지 않는다는 점을
이해하는 데 유용하게 쓸 수 있다.

않다고 하더라도 여전히 강한 경향성을 가지고 있는 것은 부인하기 어렵다. 더욱이 Mara어나 Talodi어와 같이 파열음 계열이 조음 위치별로 유성음 하나만 나타나는 경우는 어쩔 수 없겠지만, (1)과 같은 경우 (1ㄷ)의 해석 여부에 따라 부자연성을 피할 방법이 얼마든지 존재한다. 즉 (1ㄷ)을 (1ㄱ)으로 재해석함으로써 문제점을 해소할 수 있는 것이다.

이상의 두 가지 측면을 고려할 때 (1ㄷ)은 (1ㄱ)으로 재분석하는 편이 타당해 보인다. 그럴 경우 자음들의 대립이 단순해지면서 더 긴밀해질 뿐만 아니라, 언어 보편적인 측면에 비추어 생기는 부자연성도 없앨 수 있다. 음운론적으로 보아도 무성 무기 파열음인 'p, t, k' 등이 음성적 차원에서 기식을 가지는 것은 얼마든지 가능하며 실제로 그러한 언어도 많이 존재하므로, 기식이 있는 파열음을 음운론적으로 무기음이라고 해석하는 것이 결코 어색한 일은 아니다.

3. 비음화 파열음의 해석 문제

어떤 음을 발음할 때 이차 조음으로서의 비음화(nasalization)가 동반되는 경우가 있다. 비음화가 모음에 동반되면 소위 비모음이 나온다. 국어의 경상도 방언을 위시한 여러 지역의 방언에서 나타나는 비모음도 그러한 예에 속한다.[10]

비음성은 자음에도 동반될 수 있다. 자음의 경우에는 조음 과정의 유사

---

10 굳이 특정 방언이 아니더라도 국어의 모든 방언에서 공통적으로 비음에 인접한 모음은 약한 비음성을 띠게 된다. 다만 방언에 나타나는 비모음은 표면상 비음이 나타나지 않으면서도 모음의 비음성이 두드러진다는 점에서 차별성을 지닌다. '가마니'를 '가마ᅌ이ᅌ'(모음 뒤의 'ᅌ'이 비모음 표시)로 부른다거나 '방아'를 '바ᅌ아ᅌ'라고 부르는 것 등에서 비모음이 나타나는 것을 확인할 수 있다.

성으로 인해 마찰음이나 유음보다 파열음에서 비음화가 동반되는 경우가 훨씬 많다.[11] 이러한 자음을 여기서는 편의상 비음화 파열음(nasalized plosive)으로 부르고자 한다. 비음화 파열음은 유성음인 경우가 많다. 비음화 자체가 대체로 유성성을 동반하므로 비음화가 일어나는 파열음도 유성음인 경우가 훨씬 유리한 것이다.[12] 비음화 파열음은 비음화의 위치가 파열음보다 앞인 경우와 뒤인 경우를 구분하여 전자는 가령 '^{m}b, ^{n}d, ^{ŋ}g'와 같이 표기하고 후자는 'b^m, d^n, g^ŋ'와 같이 표기하기도 한다.[13] 그러나 한 언어에서 이러한 비음화의 위치 차이로 두 개의 서로 다른 자음이 구별되는 경우는 찾아보기 어렵다.

비음화 파열음은 적지 않은 언어에서 나타난다. 포이블의 자료에 따르면 비음화 파열음 중 빈도가 높은 '^{m}b, ^{ŋ}g, ^{n}d'의 경우 각각 12~13% 안팎의 언어에서 나타난다. 그런데 이러한 비음화 파열음의 음소 분석에서 불합리한 점이 보이는 경우가 있다.

(2)

		양순음	치조음	연구개음	후음
ㄱ.	무성 무기 파열음	p	t	k	ʔ
ㄴ.	유성 무기 파열음	-	-	-	-
ㄷ.	비음화 유성 파열음	^{m}b	^{n}d	^{ŋ}g	

---

11 비음과 파열음은 공통적으로 '폐쇄→지속→파열'이라는 세 단계를 거쳐 발음된다.

12 언어에 따라서는 비음화 파열음이 '유성 : 무성'의 대립을 보이기도 한다. 가령 Kol어, Kunyi어, Langi어 등에서는 양순 비음화 파열음, 치조 비음화 파열음, 연구개 비음화 파열음과 같이 여러 조음 위치에서 성대의 울림 여부에 따라 유성음과 무성음이 별개의 음소로 존재한다.

13 모음에 동반되는 비음화는 선후 관계와 무관하게 모음의 발음과 동시에 실현된다는 점에서 자음과는 차이가 있다.

(2)는 포이블에 제시된 Amarakaeri어의 자음 중 파열음을 조음 위치와 방식에 따라 분류한 결과이다.[14] (2)와 같이 음소 분석을 하게 되면 자음 체계에서 무성 무기 파열음과 비음화 유성 파열음의 두 계열은 두 가지 음운론적 대립을 하게 된다. '유성 : 무성'의 대립 이외에 비음화의 유무에서도 차이를 지니는 것이다. (2)와 같은 체계에서 특이한 것은 (2ㄱ)의 무성 무기 파열음 'p, t, k'에 대응하는 유성음인 (2ㄴ)의 'b, d, g'는 존재하지 않고 그 대신 (2ㄷ)과 같은 비음화 유성 파열음이 존재한다는 점이다.[15]

그런데 (2)와 같은 분석 결과는 불합리한 점이 있다. 일반적으로 이차 조음이 부과된 자음의 경우 대체로 이차 조음이 없는 자음의 존재를 함의하는 경우가 많다. (2ㄷ)은 비음화가 이차 조음으로 관여하므로 (2ㄷ)과 같은 자음이 존재하면 비음화가 되지 않는 'b, d, g'와 같은 자음이 더 존재할 가능성이 높은 것이다. 이것은 기식성이 부과된 유기음이 존재할 때 기식성이 없는 무기음이 존재하는 경우가 매우 많다는 점 등에서도 널리 확인할 수 있다.[16]

만약 (2ㄷ) 계열의 자음을 음운론적으로 (2ㄴ)이라고 재해석하게 되면 이러한 문제점은 사라진다. 그리하여 이 언어의 파열음은 후음을 제외하면 '유성 : 무성'의 단일한 대립을 이룬다고 할 수 있게 된다.[17] 특히 다른 언어를 보면 음운론적으로는 (2ㄴ)에 해당하면서도 변이음으로 실현될 때 (2ㄷ)과 같이 비음화를 동반하는 경우가 드물지 않다. 가령 Austronesian

---

14 Amarakaeri어는 남미의 페루에서 쓰이는 언어이다. 이 언어는 13개의 자음을 가지고 있으며 이 중 파열음은 7개로 높은 비중을 차지하고 있다.

15 이와 비슷한 자음 체계는 Alawa어나 Bambalang어 등 여러 언어에서 찾을 수 있다.

16 물론 이것은 절대적인 것은 아니다. 다만 매우 강한 경향성이 있다는 것은 분명해 보인다.

17 후두 파열음의 경우 무성음에 대응하는 유성음 자체가 어떤 언어든지 존재하지 않는 것으로 알려져 있다.

어족에 속하는 여러 언어들을 보면 유성 파열음이 비음성을 이차 조음으로 지니는 경우가 적지 않다. 특히 유성 파열음이 하나만 존재하는 언어의 경우 논의에 따라 이러한 비음화 파열음을 단순한 유성 파열음으로 설정하기도 하고 비음화 유성 파열음으로 설정하기도 한다. 그런데 이런 언어들도 비음성을 동반하는 유성 파열음은 음운론적으로는 단순한 유성 파열음으로 분석하는 것이 좀 더 타당하다고 생각된다.[18]

4. 날숨소리와 유성 유기음의 구분 문제

자음은 성대의 상태에 따라 다양하게 구별된다. 유성음과 무성음의 구분이 대표적이며 이 외에도 여러 가지가 있다. 이 장에서 다룰 날숨소리(breathy voice)과 유성 유기음도 그런 사례 중 하나이다.[19]

---

18 이러한 태도를 기계적으로 예외 없이 적용할 수 없다는 것은 언어 유형론 연구의 어려움 중 하나이다. Bantu 어족에 속하는 여러 언어들의 경우에는 동일한 조음 위치에서 유성 파열음이 하나만 존재하는데도(무성 파열음은 존재) 불구하고 그것을 비음성 유성 파열음으로 분석할 수밖에 없는 사례가 있다. Dibole어의 경우 양순음이나 치조음에서는 일반 유성 파열음과 비음성 유성 파열음이 모두 존재하지만 연구개음의 경우에는 일반 유성 파열음이 어떤 이유에 의해 존재하지 않는다. 이럴 경우 다른 조음 위치에 이미 비음성 유성 파열음이 존재하고 있으므로 음운 체계의 균형성에 따라 연구개음도 비음성 유성 파열음을 인정하게 된다. Bila어의 경우에는 역사적으로 일어난 자음의 추이 때문에 일반적인 유성 파열음은 존재하지 않고 비음성 유성 파열음이 존재한다. 자음 추이가 일어나지 않은 인접 언어들은 일반 유성 파열음과 비음성 유성 파열음이 모두 존재한다. 이런 언어들의 분석에서도 예외적인 것을 인정하는 편이 나아 보인다. 그러나 이러한 특수성이 존재하지 않는다면 여기서 취한 입장이 좀 더 타당해 보이며, 이것은 언어 전반적인 경향성에도 잘 부합한다.

19 날숨소리를 가리키는 용어는 영어나 국어 모두 여러 가지가 있다. 영어의 경우 'breathy voice' 이외에도 'murmur'나 'whispery voice, half voice' 등이 쓰이며 국어로는 '날숨소리' 이외에 '기식음, 숨소리 섞인 음(소리), 유성 유기음, 대기음, 기식

날숨소리는 성문 사이의 간격이 무성음을 발음할 때와 비슷할 정도로 벌어져 있으며 연골 성문도 열려 있다.[20] 그러나 날숨소리를 발음할 때에는 많은 기류가 흐르기 때문에 성대의 진동이 수반될 수 있다. 이러한 날숨소리의 특성은 유성 유기음과 매우 유사하다. 날숨소리와 유성 유기음은 모두 성대의 진동을 동반하면서 많은 기류를 흘려 보내는 것이다. Laver(1994: 354)에서 유성 유기음의 음성 전사 방식 중 하나로 날숨소리 기호를 제시한 것은 이러한 사실과 무관하지 않다. 또한 각주 18)에 제시된 용어들 중 '유성 유기음, 기식 유성음, 기식 유성 장애음' 등이 날숨소리를 가리키는 것도 두 부류 자음의 유사성을 말해 준다. 포이블에 나오는 2,000여 개의 언어들 중 날숨소리와 유성 유기음이 별개의 음소로 존재하는 경우가 없다는 점 역시 이와 관련된다.

그런데 몇몇 언어들의 음소 분석을 보면 날숨소리 및 유성 유기음과 관련하여 논란의 여지가 있는 경우가 있다.

(3)

		양순음	치조음	권설음	연구개음
ㄱ.	무성 무기 파열음	p	t	ʈ	k
ㄴ.	유성 무기 파열음	b	d	ɖ	g
ㄷ.	무성 유기 파열음	p^h	t^h	t^h	k^h
ㄹ.	유성 유기 파열음	-	-	-	g^h
ㅁ.	날숨소리	b̤	d̤	ɖ̤	

유성음, 유성 날숨 소리, 숨소리, 기식 유성 장애음, 기식 섞인 목소리' 등이 쓰인다. 다만 '날숨소리'는 날숨으로 발음하는 소리(egressive sound)와 혼동될 수 있다는 점에서 최선의 용어라고 보기는 어렵다.

20 이진호(2017ㄴ: 481)에서 '성대 성문은 닫거나 좁게 하고'라고 기술한 것은 잘못된 설명이다.

(3)은 Jaunsari어의 파열음을 조음 위치와 방식에 따라 분류한 결과이다.[21] (3)을 보면 각 조음 위치별로 4종류의 자음들이 구별되고 있다.[22] 그런데 조음 위치에 따라 분석된 자음의 음운론적 성격이 다르다. 무성 무기 파열음, 유성 무기 파열음, 무성 유기 파열음은 모든 조음 위치에서 공통적으로 나타난다. 그러나 나머지 한 부류의 자음은 유성 유기 파열음인 경우와 날숨소리인 경우가 조음 위치에 따라 구분되는 것이다. (3ㄹ, ㅁ)을 보면 양순음, 치조음, 권설음의 경우에는 날숨소리가 되고, 연구개음에서는 유성 유기 파열음이 된다. 이러한 음운론적 분석은 Halbi어나 Gade Lohar어 등 여러 언어에서도 나타난다.

(3)에서 조음 위치에 따라 유성 유기 파열음과 날숨소리를 구분하여 설정하는 것은 음운론적으로 그다지 바람직하지 않아 보인다. (3ㄹ)과 (3ㅁ)이 분리되면서 조음 위치별로 구별되는 네 부류의 자음 성격이 대칭적이지 않게 되는 것이다. 앞서 살핀 것처럼 이 두 부류의 자음은 음성학적으로도 비슷한 점이 많다. 그렇다면 자음 체계의 균형을 위해서라도 어느 한쪽으로 통일하는 것이 타당하다.

이때 조정의 방향은 두 가지이다. (3ㄹ)의 유성 유기 파열음을 날숨소리로 재분석할 수도 있고 (3ㅁ)의 날숨소리를 유성 유기 파열음으로 재분석할 수도 있다. 그러나 자음들 사이의 대립 관계를 고려하면 (3ㅁ)을 (3ㄹ)로 바꾸는 것이 훨씬 낫다. 이미 이 언어에서는 (3ㄱ, ㄴ)을 통해 '유성성'이 변별적 자질로 작용한다는 사실이 확인되었으므로 이것을 유기음에도 확대 적용하는 것이 효율적이다. 그럴 경우 이 언어의 파열음은 각 조음 위치별로 '유성성'과 '유기성'이라는 두 가지 대립에 의해 네

---

21 Jaunsari어는 인도 유럽 어족에 속하며 인도에서 쓰이고 있다.

22 이 언어의 치조 파열음은 원래 치음으로 되어 있지만 인쇄의 편의를 위해 치조음으로 바꾸어 제시한다. 치음과 치조음의 구분 문제는 음소 분석 과정에서 문제가 되기도 하는데 여기에 대해서는 다음 장에서 다룬다.

종류가 구별된다고 일반화할 수 있다.[23] 더욱이 날숨소리가 나타난다고 분석된 언어들은 대부분 무성 유기 파열음을 가지고 있다. 따라서 날숨소리를 유성 유기 파열음으로 재분석하는 것이 그 반대 방식보다 균형 있는 자음 체계를 구축할 수 있다.

5. 치음과 치조음의 구별 문제

치음과 치조음은 음성학적으로 조음되는 위치가 인접해 있으며, 그러한 차이는 자음들의 다른 조음 위치 차이에 비해 크게 두드러지지 않는다. Gordon(2016: 44)에서 언어 보편적으로 널리 나타나는 20개의 자음을 제시하면서 치음과 치조음을 하나의 부류로 합친 것도 이러한 측면을 고려한 것이다. 치음과 치조음의 음성적 유사성은 이와 관련된 음소 분석에 영향을 미친다. 동일한 자음을 연구자에 따라 치음으로 분류하기도 하고 치조음으로 분류하기도 한다. 또한 음성학적으로는 치음과 치조음을 구분하지만 음운론적으로는 이 둘을 구분하지 않는 경우도 있다.

이러한 사정은 굳이 외국어를 찾을 것도 없이 국어에서 쉽게 찾을 수 있다. 가령 포이블의 국어 자음 목록을 보면 동일한 언어 자료에 바탕을 두었음에도 불구하고 'ㄴ, ㄷ, ㄸ, ㅌ, ㅅ, ㅆ'과 같은 자음을 치음으로

---

23 유성 유기음의 존재는 대체로 무성 유기음의 존재를 함의하는 경향이 매우 강하다. 포이블에 수록된 2,000여 개의 언어를 검토해 보면, 치조 유기 파열음의 경우 유성음이 나타나는 언어가 11개인데 1개 언어를 제외하면 유성 유기음이 무성 유기음의 존재를 함의하고 있다. 양순음의 경우에도 유성 유기음이 나타나는 14개 언어 중 2개 언어에서만 무성 유기음이 나타나지 않는다. 치조음보다 양순음에서 예외가 더 많은 것은, 각주 9)에서 언급했듯이 양순음의 경우에는 유성 장애음이 무성 장애음의 존재를 함의하지 않는 예외가 다른 조음 위치에 비해 많이 발견되는 경향이 있다는 사실과 관련되는 듯하다.

분류한 경우와 치조음으로 분류한 경우가 공존하고 있다. 또한 배주채(1996)에서는 음성학적으로는 'ㄴ, ㄷ, ㄸ, ㅌ'을 치음으로 분류하여 치조음인 'ㄹ, ㅅ, ㅆ'과 구분하지만, 음운론적으로는 이 자음들의 조음 위치를 동일하게 분류하고 있다.

언어 유형론적으로 볼 때 조음 방식이 동일하면서 조음 위치에 있어서만 치음과 치조음이 구분되는 경우가 그리 많지 않다는 것도 이와 무관하지 않다. Gordon(2016: 45)에 따르면 317개의 언어를 분석한 결과 24개의 언어에서만 치음과 치조음이 음운론적으로 대립한다고 했다. 이보다 훨씬 많은 언어 자료가 담긴 포이블에서 파열음만 따로 떼어 분석하면 2,000개 안팎의 언어 중 70개 내외의 언어에서만 치음과 치조음이 구분되고 있다. 이처럼 동일한 조음 방식을 가진 자음이 치음과 치조음이라는 조음 위치에서만 음소적으로 변별되는 경우는 일반적이지 않음을 알 수 있다.[24]

이러한 사실을 염두에 둘 때 치음 및 치조음의 음소 분석과 관련하여 다소 부자연스러운 모습을 보이는 경우가 있다.

(4)

	치음		치조음	
	무성음	유성음	무성음	유성음
ㄱ.	t̪			d
ㄴ.		d̪	t	

---

24 언어에 따라서는 치음과 치조음의 위치 차이를 음운론적으로 적극 활용하기도 한다. Anuak어, Brahui어, Shona어는 치음과 치조음 각각에 유성 파열음과 무성 파열음이 별개의 음소로 존재한다. 또한 Balti어나 Brokskat어는 '유성 : 무성'의 대립 이외에 '유기 : 무기'의 대립까지 더하여 치음과 치조음 각각에서 세 종류의 파열음이 대립하기도 한다.

(4)는 치음 또는 치조음 계열에서 두 개의 파열음이 존재하되 유성 파열음과 무성 파열음의 조음 위치가 서로 다르게 분석된 결과이다. (4 ㄱ)은 동일한 언어에서 무성 파열음을 치음으로 분류하고 유성 파열음은 치조음으로 분류하고 있으며 Buol어, Chrau어, Holoholo어, Ibibio어, Lango어(Uganda), Qimant어 등의 음소 체계에서 이러한 모습을 찾을 수 있다. 반대로 (4ㄴ)은 역시 같은 언어에서 유성 파열음을 치음으로 분류하고 무성 파열음은 치조음으로 분류하는데, Cayubaba어와 Ngad'a 어 등의 자음 체계가 여기에 해당한다.

(4ㄱ)과 (4ㄴ)은 어느 쪽이든 음소 분석 결과에 있어 합리성이 떨어진다. (4)와 같이 비슷한 조음 위치에서 유성음과 무성음의 차이에 의해 두 개의 파열음이 구별된다면 이 두 자음의 대립은 오로지 유성성 유무에 의한 것으로 보아도 무방하다. 굳이 유성성 이외에 조음 위치에서의 차이까지 추가로 인정할 필요가 없다. 오히려 (4ㄱ, ㄴ)과 같이 분석함으로써 유성 파열음인 'ḍ, d'는 그에 대응하는 무성 파열음이 존재하지 않는 체계가 되어 버렸다. 앞서 지적한 바와 같이 유성 장애음의 존재가 항상 무성 장애음의 존재를 함의하지는 않는다고 하더라도 뚜렷한 경향성이 존재하는 이상, 불필요하게 (4)와 같이 경향성을 위배하는 음소 체계를 설정할 필요는 없는 것이다.

(4ㄱ, ㄴ)의 경우 이미 유성성 여부에서 두 개의 파열음이 명확하게 대립하고 있으므로 조음 위치는 두 가지로 구분하지 않고 어느 하나로 통일하는 것이 타당하다. 그를 통해 자음들의 대립 관계도 보다 뚜렷해진다. 이때 치음을 치조음으로 합칠 것인지, 치조음을 치음으로 합칠 것인지는 해당 언어의 자음 체계 전체를 보아 결정해야 한다. (4ㄱ, ㄴ)과 같은 분석이 이루어진 언어들 중 Buol어, Chrau어, Ibibio어, Lango어(Uganda), Cayubaba어, Ngad'a어 등 다수는 (4ㄱ, ㄴ)에 제시된 치음을 제외하면 다른 치음이 없으며, 마찰음이나 유음 등 다른 조음 방식의 자음들은

모두 치조음으로 분석되었기 때문에 (4ㄱ, ㄴ)의 치음도 치조음으로 통합하는 것이 합리적이다. 반면 Holoholo어나 Qimant어는 (4ㄱ, ㄴ)에 제시된 치조음을 제외하면 다른 조음 방식의 자음들은 치음으로 분석되었기 때문에 오히려 치조음을 치음으로 재분석해야 할 것이다. 물론 (4ㄱ, ㄴ)의 자음들을 치음이나 치조음이 아닌 제삼의 부류로 통합하는 방식도 생각할 수는 있다. 중요한 것은 (4)와 같이 치음과 치조음을 구분하는 것은 체계성이 떨어지므로 하나의 조음 위치만 인정하는 음소 분석을 채택해야 한다는 점이다.

6. 맺음말

이 글에서는 언어 유형론 연구에 활용되는 몇몇 언어들의 음소 분석 사례에서 문제시될 수 있는 것들을 검토하고, 구체적인 문제점과 해결 방안을 간략히 살펴보았다. 여기서 다룬 자료들은 공통적으로 음성학적 정밀성을 지나치게 강조함으로써 음소 체계 내에서 자음들의 대립 관계가 불필요하게 복잡해졌다. 이와 비슷한 성격의 사례들은 얼마든지 더 존재한다. 가령 동일한 조음 위치에서 하나의 무성 파열음만 존재하는데 이것을 굳이 무성 유기 파열음으로 분석하는 경우도 있는데, 이 역시 어색한 경우라고 할 수 있다. 이런 경우 음소 차원에서는 무성 무기 파열음으로 분석하고 다만 음성학적으로 기식을 좀 더 강하게 가지는 것으로 기술할 수 있다. 그러는 편이 자음의 출현 빈도나 분포, 보편성 등에 비추어 더 타당한 것이다.

음소 체계란 기본적으로 음소들 사이의 대립을 바탕으로 한다. 이때 당연히 음소들의 대립은 유의미한 것에 기반하도록 분석해야 할 것이며, 그러한 것만을 반영하도록 분석해야 한다. 잉여적이거나 또는 대립에 관여하지 않는 차이를 음소 체계에 반영하면 음소 체계는 본질에서 멀어질 수밖에 없다. 음소들의 음성적 실현 자체가 중요하지 않은 것은 아니지만 그러한 차이를 음소 체계에 너무 세세하게 반영하면 음운론적 일반화를 포착하지 못할 수 있다. 이 글에서 살핀 몇몇 사례들은 그러한 경우를 잘 보여 준다. 아울러 이러한 작업을 통해 대규모 언어 자료를 이용하는 언어 유형론 연구에서 기존 연구 결과를 있는 그대로 수용하는 것만이 항상 최선의 태도인 것은 아님을 확인할 수도 있었다.

참고 문헌

곽충구(1994), 『함북 육진방언의 음운론 -20세기 러시아 Kazan에서 간행된 문헌자료에 의한-』, 태학사.

김완진(1971), 『국어음운체계의 연구』, 일조각.

김 현(2003), 「경구개음의 음소 분석」, 『어문연구』 31-4, 한국어문교육연구회, 111-131.

박창원(1985), 「국어 유성장애음의 재구와 그 변화」, 『국어국문학』 93, 국어국문학회, 57-85.

_____(1988), 「음소분석과 음운규칙」, 『국어국문학』 100, 국어국문학회, 243-251.

배주채(1996), 『국어음운론 개설』, 신구문화사.

송철의(1993), 「자음의 발음」, 『새국어생활』 3-1, 국립국어연구원, 3-22.

_____(2008), 『한국어 형태음운론적 연구』, 태학사.

신지영(2000), 『말소리의 이해 -음성학·음운론 연구의 기초를 위하여-』, 한국문화사.

이병근(1980), 「동시조음 규칙과 자음 체계 -prestopped Nasals를 중심으로-」, 『말소리』 1, 대한음성학회, 40-55.

이진호(2017ㄱ), 『국어 음운론 용어 사전』, 역락.

_____(2017ㄴ), 「언어 유형론 연구에서의 평균값 도출 방안 -음운 목록을 중심으로-」, 『건지인문학』 19, 전북대 인문학연구소, 221-240.

이혁화(2002), 「국어 반모음 'ɥ'의 음성학과 음운론」, 『어학연구』 38-1, 서울대 언어교육원, 339-364.

이호영(1996), 『국어음성학』, 태학사.

정인호(2004), 「원평북방언과 전남방언의 음운론적 대조 연구 -용천 지역어와 화순 지역어를 중심으로-」, 서울대학교 박사학위논문.

최명옥(2004), 『국어음운론』, 태학사.

허 용(2010), 「자음의 보편성과 음성적 유표성의 상관관계 연구 -장애음을 중심으로-」, 『언어와 문화』 6-3, 한국언어문화교육학회, 333-351.

_____(2011), 「한국어 자음 체계의 유형적 보편성 연구」, 『이중언어학』 45, 이중언어학회, 331-351.

허 웅(1985), 『국어 음운학 -우리말 소리의 오늘·어제-』, 샘문화사.

Blust, R.(2009), *The Austronesian Languages*, Australian National University.

Chao, Y. R.(1968), *Language and Symbolic Systems*, Cambridge University Press.

González, H.(2003), A Typology of Stops in South American Indian languages, *Proceedings of the Conference on Indigenous Languages of Latin America*(I), Texas University at Austin, 1-20.

Gordon, M.(2016), *Phonological Typology*, Oxford University Press.

Harris, Z. S.(1951), *Methods in Structural Linguistics*, Chicago University Press.

Haspelmath, M. et al. eds.(2005), *The World Atlas of Language Structures*, Oxford University Press.

Hayes, B.(1999), Phonetically Driven Phonology-The role of Optimality Theory and Inductive Grounding, *Functionalism and Formalism in Linguistics(I)-General Papers*, John Benjamins, 243-285.

Hockett, C. F.(1958), *A Course in Modern Linguistics*, Macmillan.

Hyman, L. M.(2007), Where's phonology in typology, *Linguistic Typology* 11-1, De Gruyter Mouton, 265-271.

Hyman, L. M.(2014), What is Phonological Typology?, *UC Berkeley*

Phonology Lab Annual Report 2014, Department of Linguistics UC Berkeley, 101-118.

Jendraschek, G.(2012), A grammar of Iatmul, Habilitationsschrift von Regensburg Universität.

Ladefoged, P.(1982), *A Course in Phonetics*(2nd edition), Harcourt Brace Jovanovich.

Laver, J.(1994), *Principles of phonetics*, Cambridge University Press.

Maddieson, I.(1984), *Pattern of Sounds*, Cambridge University Press.

Maddieson, I.(2011), Typology of Phonological Systems, *The Oxford Handbook of Linguistic Typology*, Oxford University Press, 534-548.

Kakkai, V. B.(1972), *Phonological Theory—Evolution and Current Practice*, Holt, Rinehart and Winston, Inc.

Mielke, J.(2009), Segment Inventories, *Language and Linguistics Compass* 3-2, John Wiley & Sons Ltd., 700-718.

Moran, S. P.(2012), Phonetics Information Base and Lexicon, Doctoral Dissertation of Washington University.

Moran, S. P., McCloy, D. & Wright, R. eds.(2014), PHOIBLE Online, Max Planck Institute for Evolutionary Anthropology. 〔Available online at http://phoible.org, Accessed on 2017-09-27.〕

Nurse, D. & Philippson, G.(2003), *The Bantu Languages*, Routledge.

Sherman, D.(1975), Stop and Fricative Systems—A Discussion of Paradigmatic Gaps and the Question of Language Sampling, *Working Papers on Language Universals* 17, Standford University, 1-31.

Vaux, B.(2009), The Role of Features in a Symbolic Theory of Phonology, *Contemporary Views on Architecture and Representations in Phonology*, MIT Press, 75-97.

Wurm, S. A. ed.(1977), *New Guinea Area Languages and Language Study(Ⅰ) —Papuan Languages and the New Guinea Linguistic Scene*, Australian National University.

청도 지역어 후음 말음 어간의 기저형 차이

김 세 환
영남대학교

1. 서 론

이 글은 경북 청도 지역어에 후음 말음 어간으로 존재하고 있는 일부 어간의 지역적 차이를 살펴보고 이들이 동부(운문면)와 서부(풍각면) 지역 각각에 어떠한 기저형으로 존재하고 있으며, 어떻게 차이가 나는지, 그리고 그 과정에서 어떠한 변화를 겪어 현재의 후음 말음 어간으로 정착되었는지를 밝히는 것이 목적이다. 후음 말음 어간에는 'Xㅎ-', 'Xㆆ-' 어간이 있으며 이들은 각 지역에 따라 단일 기저형으로 존재하기도 하며, 복수 기저형으로 존재하기도 한다. 그리하여 단일 기저형 어간은 물론이고, 복수 기저형의 한 어간이 'Xㅎ-' 또는 'Xㆆ-'이라고 여겨지면 이 글의 논의 대상으로 삼는다.

청도군은 경상북도의 남단에 위치하여 아래로 경상남도와 인접한 지역이다.[1] 경북 청도 지역어는 동남방언 중 경북, 그 중에서도 경북 서부에 대응되는 경북 중동부 방언에 속하며 중동부 중에서는 동부 방언에 속한다(최명옥 1998ㄴ: 417). 최명옥(1998ㄴ: 414)에 의하면, 중동동부 지역은 '*jʌ(었)'의 변화, 'ㄹㄱ' 자음군의 단순화, 'X우->X옹-'으로의 재구조화, 움라우트 비적용, 2음절어의 성조유형 LH·L의 존재, 어휘 '수수 : 수꾸(끼)'의 대응, 종결어미 '-니이더' 등에서 동일한 변화 유형을 겪는다. 신승원 외(2017)에 의하면 이 지역어는 자음 목록에 'ㅆ'이 없으며 '으 : 어'의 구별이 없다.[2] 또한 모음의 완전순행동화가 전면적으로 적용되는 지역이다.[3]

청도 지역어에 대한 음운론적 연구로는 권재선(1981)이 있는바, 여기서는 청도군의 모음 체계를 6모음으로 설정하였다. 이정일(1995)는 형태소 내외부의 음운현상을 논의하였으며, 국립국어원(2008)은 국립국어원의 지역어 조사보고서의 일환으로 음운, 어휘, 문법 부문을 자료로 제시하였다. 신승원 외(2017)은 청도 지역의 언어 체계 전반을 음운, 어휘, 문법으로 나누어 조사하고, 특히 음운 부문에서는 어간의 기저형과 공시적인 음운 과정을 밝히고 조사항목의 곡용형과 활용형을 자료로 제시하여 놓음으로써 이 지역어의 음운론적, 방언학적 연구에 이용될 수 있다. 이 글에서 이용하는 활용형 자료도 주로 신승원 외(2017: 150-164)에 제시된 활용형의 자료로서 주로 서부의 풍각면, 동부의 운문면 자료를 이용하며 이서면의 자료를 보조 자료로 이용한다. 조사는 2013년 6월~2016년 2월까지 이루어졌으며, 제보자는 다음과 같다.[4]

---

1 청도군에 대한 지리적 개관은 신승원 외(2017)을 참고할 수 있다.
2 이 글에서는 원 자료의 표기에 따라 '으 : 어'의 구별이 없는 표기를 '어'로 표기하여, '-으X' 어미는 '-어X'로 표기한다.
3 정승철(2008: 107)에는 모음의 완전순행동화는 형태소 내부의 '에>이' 변화와 관련이 없으며, '비비-+-어'의 방언 분포를 볼 때 형태소 경계에서 일어난 이 변화는 경남에서 북상한 것으로 보았다.
4 제보자의 자세한 인적사항은 신승원 외(2017: 31-32)를 참조할 수 있다.

풍각면 금곡리 임병쾌(74세, 무학, 국문 해독, 주제보자)
풍각면 차산리 정병철(80세, 초졸, 보조제보자)

이서면 수야리 박영환(70세, 중졸, 한문해독, 주제보자)
이서면 수야리 박희준(81세, 중졸, 한문해독, 보조제보자)

운문면 공암리 변태복(86세, 초졸, 주제보자)
운문면 봉하리 김성달(76세, 초졸, 한문해독, 보조제보자)

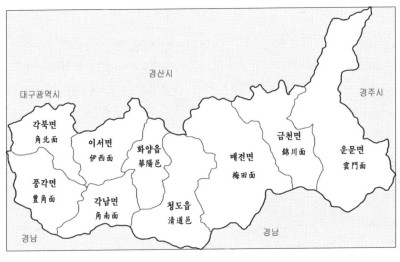

〈청도군 지도〉

　한편, 이 글에서는 서부와 동부의 후음 말음 어간의 기저형이 차이가
나는 어간을 주로 다루고 차이가 나지 않는 어간의 경우, 그 변화가 유의
미하다고 생각되는 경우에 간략히 논의한다. 그리하여 각 지역에 단일
기저형 어간으로 존재하든지, 복수 기저형 어간으로 존재하든지간에 기
저형의 차이가 있는 어간을 주로 논의 대상으로 삼는다. 전자의 예로

'고-, 煮', '끊-, 切', '뚫-, 穿'을 들 수 있고, 후자의 예로 '닳-, 煎'을 들 수 있다. 이들 어간은 서부와 동부 간에 차이가 나지 않으므로 여기서 간략하게 제시하고자 한다.

'고-, 煮'의 경우 동부와 서부에서 '꼭코[HL], 꼳터라[LHL], 꼬마 [FL], 꼬아라[HLL]∼꽈라[FL]'로 활용을 하여, 모두 단일 기저형 /곻-/ 으로 존재하는 것으로 여겨진다. 이 기저형은 모음어미 결합형의 재분석 에 의한 것으로 재구조화되었다고 여겨지는바, 이들은 서부와 동부의 기 저형의 차이를 보여주지는 못한다. 그리고 '끊-, 切'의 경우 서부와 동부 에서 '껑코[HL], 껀넌다[LHL], 꺼너마[HLL], 꺼너라[HLL]'로 활용 을 하여 그 기저형은 공히 /껋-/으로 설정이 가능하여 기저형의 차이가 나지 않는다. 또한 '*듧-'으로 새구될 수 있는 '뚫-, 穿'은 서부와 동부에 서 모두 '떨런다[RHL], 떨꼬[RH], 떨버마[HLL], 떨버라[HLL]' 등으 로 활용을 하므로 단일 기저형 /뚧-/로 설정할 수 있어, 이 글의 논의 대상이 되지 않는다.[5]

이와 달리 후자의 예로 제시된 '닳-, 煎'은 서부와 동부에서 모두 복수 기저형으로 존재한다. 그 활용형을 제시하면 다음과 같다.

(1) 딸코[HL], 딸거마[HLL], 딸건따[HLL](닳-, 煎)(풍, 운)[6]

(1)은 '닳-, 煎'의 활용형을 제시한 것으로 서부의 풍각면과 동부의 운문면에서 모두 위와 같이 활용을 한다. 이들의 활용형을 보면 자음어미

---

5 이 어형은 중세국어에 '듧고[上去]', '들울씨라[平平去去]', '들워도[平去去]'로
   활용을 하여 불규칙적 활용을 보이지만, 이 활용형을 고려하면 'ㅸ'을 지닌 어간으
   로 볼 수 있다.
6 '풍'은 '풍각면(서부)', '운'은 '운문면(동부)'을 가리키며, 지역명의 '이'는 '이서면'
   을 가리킨다.

결합형에서 어간은 /많-/로 나타나고, 모음어미 결합형에서 어간은 /닭-/ 또는 /딹그-/로 설정할 수 있을 것으로 여겨진다. 이때 모음어미와 결합하는 어간은 'ㄱ>ㅎ' 변화를 겪는 중부방언의 변화를 고려한다면, 그러한 변화가 적용되기 전 'ㄹㄱ'을 지닌 어간 '*닭-'의 후대형일 가능성이 있으므로, /닭-/으로 설정할 수 있다. 따라서 복수 기저형 /딹{ㅎ-ㄱ}-/으로 설정할 수 있다. 이러한 기저형은 청도 지역어의 서부와 동부에서 모두 기저형의 차이가 없으므로 이 글에서는 다루지 않는다.

후음말음 어간에 대한 전반적인 연구사는 배영환(2011: 21-26)을 참고할 수 있다. 김현(2001: 101)은 후음 말음 어간으로 변화한 어간을 모음어간과 자음어간으로 구분하고, 이들의 변화를 음변화에 의한 변화 가능성을 살펴본 후, 주로 활용형의 재분석에 의해 재구조화된 것으로 보았다. 재분석의 대상으로서 모음어미 결합형이 매개모음어미 결합형보다 많으며, 자음어미 결합형은 재분석의 대상으로서 가장 적거나, 재분석의 보조적인 역할을 하는 것으로 보았다. 예를 들어 '굴-'이 '궁-'으로 변화하는 것보다 '궁-'으로의 변화를 많이 보이는 이유는 자음어미 결합형 '굽찌'의 어미 두음이 경음이기 때문으로 보았다(김현 2001: 105).

아래에서는 서부와 동부의 기저형이 차이가 나는 어간의 활용형을 제시하고 그 차이를 논의한다. 편의상 서부와 동부 중 한 지역에서라도 복수 기저형으로 설정할 수 있는 어간을 2장에서 제시하고, 3장에서는 두 지역 모두에서 단일 기저형으로 설정할 수 있는 어간을 제시하되, 자음군 말음어간과 단일자음 말음어간으로 구분하여 제시한다.

2. 복수 기저형 어간

서부와 동부의 기저형이 차이가 나는 어간 중 어느 한 지역이라도 복수 기저형으로 존재하는 어간에 먼저 '싫-, 壓'이 있다. 이 어간은 다음과 같이 활용을 한다.

> (2) 가. 실코〔HH〕, 시러마〔HHL〕, 시러도〔HHL〕(싫-, 壓)(풍)
>
> 　　나. 실코〔HH〕, 실버마〔HHL〕, 실버도〔HHL〕(운)
>
> 　cf. 실코〔HH〕, 시러마〔HHL〕, 시러도〔HHL〕(운)

(2가)는 서부의 풍각면의 활용형으로서 어간의 기저형은 /싫-/로 설정할 수 있을 듯하다. (2나)는 동부의 운문면의 자료로서 기저형은 복수 기저형 /실{ㅎ-ㅂ}-/로 설정할 수 있을 듯하다. 동부에서는 (2cf)에서와 같이 패러다임 상 단일 기저형 /싫-/로도 나타나기는 하지만, 불완전한 패러다임을 보이는 (2나)는 복수 기저형을 설정할 수밖에 없다.[7] 이 어간의 중세 어형은 '슬ㅎ-, 슬희-, 슳-' 등으로 나타나, 어간말 'ㅂ'의 존재를 설명하기가 쉽지 않다. 다만 경북 일부 지역에서도 (2나)의 활용형이 나타나는 것을 볼 때, 동남 방언에 널리 퍼져 있는 것만은 분명한 듯하다. 최명옥·김주석(2001: 521-522)에 의하면 경주 지역에 이 '싧-'의 형태가 나타나며 김세환(2012: 138)에 청송 지역에서도 이러한 활용형이 나타나므로 이 어간의 재구형을 '*슬브-'로 본 바 있다.

다음으로 '끓-, 沸'의 활용형을 살펴보도록 한다.

> (3) 가. 껄코〔HL〕, 꺼럳마〔HLL〕, 꺼럳따〔HLL〕(끓-, 沸)(풍)
>
> 　　나. 껄코〔HL〕, 껄거마〔HLL〕, 껄걷따〔HLL〕(운)

---

7 송철의(2008: 128)에서는 '불완전한 패러다임'을 "곡용형 중의 일부나 활용형 중의 일부를 결하는 패러다임"으로 정의하고 대표적인 예로 불구동사 '데리-, 與'와, '디디-, 履'의 준말 '딛-', '머무르-, 留'의 준말 '머물-' 등을 예로 들었다.

(3가)는 풍각면의 활용형이고, (3나)는 운문면의 활용형이다. 활용형을 볼 때, (3가)는 중앙어와 어간말자음군이 동일한, 단일 기저형 /끓-/로 볼 수 있으며, (3나)는 복수 기저형 /껄{ㅎ-ㄱ}-/으로 볼 수 있을 듯하다. 복수 기저형의 하나인 '꿁-(긁-)'의 형태가 인접한 동남방언에서 발견되는바, 『자료집』에 의하면 경북의 '영천, 달성, 월성' 지역에서 이러한 형태가 발견되며, 경남에서는 양산 지역에서 '껄거면, 껄거야'의 활용형이 발견된다. 최명옥(1998ㄱ: 150)에 의하면 동남방언에서 '끓-, 沸'은 /긁-/으로 나타나고, '닳-, 煎'은 /땂-/으로 나타나는 지역이 존재한다.

이 어형은 중세국어에서는 '긇-'로 나타나, 이 지역어에서 나타나는 어간말자음군의 'ㄱ'을 설명하기 쉽지 않으나, 여기에서도 'ㄱ>ㅎ'의 약화의 변화를 인정한다면, 기원적으로 이 어간이 어간말에 '*ㄱ' 계통의 음을 지닌 어간임을 배제할 수 없다.

다음으로 살펴볼 어간은 '잃-, 失'이다. 이 어간은 (3)의 '끓-, 沸'의 활용형과 매우 유사하다. 이 두 어간은 서부에서는 단일 기저형으로 존재하고 동부에서는 복수 기저형으로 존재한다는 점, 복수 기저형 중 한 어간의 말음이 자음군 'ㄹㄱ'으로 구성되어 있다는 점에서 유사하다. 그리고 중세 어형이 각각 '긇-'과 '잃-'로 나타나 'ㄹㅎ' 말음을 지녔다는 점에서 유사하다.

(4) 가. 일코[HLL], 이러마[HLL], 이런따[HLL](잃-, 失)(풍)
    나. 일꼬[HLL], 일거마[HLL], 일걷따[HLL](운)

(4)는 '잃-, 失'의 활용형으로서, (4가)는 청도군 풍각면, (4나)는 청도군 운문면의 활용형을 나타낸 것이다. (4가)는 단일 기저형 /잃-/을 설정할 수 있으나 (4나)는 그렇게 설정할 수 없다. (4나)의 패러다임에서 자음

어미 '-는다, -더라'와 결합한 활용형은 '일른다〔LHL〕, 일떠라〔LHL〕' 등으로 나타나 자음어미와 결합하는 어간은 /잃-/로 설정할 수 있다. 풍각면의 기저형과 비교하여 볼 때 어간말자음군의 말음이 'ㅎ : ㆆ'의 대립을 보인다는 것도 고려한 기저형 설정이다. 모음어미와 결합하는 어간은 /읽-/으로 볼 수 있어, '잃-, 失'은 복수 기저형 /일{ㆆ-ㄱ}-/으로 설정할 수 있다. 그리하여 서부와 동부의 기저형을 비교하여 보면, 서부는 단일 기저형 /잃-/, 동부는 복수 기저형 /일{ㆆ-ㄱ}-/이라고 정리할 수 있다.

'잃-, 失'의 복수 기저형 중 하나인 /읽-/의 형태는『자료집』에 의하면 경북 '예천, 영양, 청송, 영덕, 영일, 칠곡, 경산, 영천, 고령, 달성, 청도, 월성' 지역에 걸쳐 나타나며, 경남에서는 '밀양, 양산'에 나타난다. 이렇게 중앙어에서 어간말 자음군으로 'ㅀ'을 지닌 어간 '끓-, 沸'과 '잃-, 失'에 대하여 복수 기저형 중 하나로서 어간말자음군 'ㄺ'을 지닌 형태가 공통적으로 나타나는 지역은 경북의 '영천, 달성, 월성' 지역과 경남의 '양산' 지역이다. 이렇게 방언분포가 겹쳐서 나타나는 것은 어간말의 자음으로 '*ㄱ'의 존재를 좀 더 분명하게 보여주는 것으로 생각된다.

(5) 가. 가죽따〔LHL〕, 가주거마〔LHLL〕, 거주거도〔LHLL〕(가깝-,
　　　　近)(풍)

나. 가찹따〔LHL〕, 가차우마〔LHLL〕, 가차워도〔LHLL〕(운)

(5가, 나)는 ㅂ-불규칙어간 '가깝 -, 近'의 활용형으로서 각각 서부와 동부의 활용형이다. 활용형을 볼 때 그것의 기저형은 각각 /가죽-/과 /가차{ㅂ-워}-/로 볼 수 있다. 동부의 운문면은 일반적인 ㅂ-불규칙어간의 활용형을 보여 주지만, 서부의 풍각면은 ㅂ-불규칙어간과는 다른 활용형을 보여 어형 자체가 다름을 알 수 있다.[8] (5가)는 '가죽ㅎ-'에서

'ㅎ-' 자체가 탈락하여 형성된 것으로 보고자 하며(김세환(2012: 67), (5나)의 /가차{ㅂ-워-/는 '*갓갑-'에서 'ㄱ>ㅎ' 약화로 인하여 'ㅈ'이 유기음화되어 형성된 것으로 볼 수 있다.

3. 단일 기저형 어간

단일 기저형 어간은 자음군 말음어간과 단일자음 말음어간으로 나누어 살펴본다. 2장에서 보았던 복수 기저형 어간의 경우, 서부의 풍각면과 동부의 운문면 중 어느 한 지역에서라도 복수 기저형인 어간은 서술 대상으로 삼았다. 따라서 이 장에서 다루는 단일 기저형 어간의 경우, 두 지역에서 모두 단일 기저형으로 존재하는 어간을 대상으로 한다. 물론 이들은 지역에 따라 기저형의 차이는 존재한다.

3.1. 자음군 말음어간

자음군 말음어간 중 서부와 동부에서 차이가 나는 어간에는 '슳-, 卵' 이 있다.

> (6) 가. 실코[HL], 시러마[HLL], 시런따[HLL](슳-, 卵)(풍)
> 나. 시고[HH], 시마[HH], 실따[FL](운)
> cf. 실고[HH], 실마[HH], 시런따[HLL](이)

(6가)는 청도의 서부인 풍각면의 활용형을 보인 것으로, 활용형을 고려

---

8 '가죽-'과 관련한 중세어형 '갓갑-'에 대하여, 송철의(1977: 45, 50)에 의하면, '*가즈기-'에 '-알-'이 결합한 것으로 볼 수 있다.

하면 단일 기저형 /싫-/을 설정할 수 있다. (6나)는 청도의 동부인 운문면의 활용형을 보인 것으로, 단일 기저형 /시-/로 설정할 수 있을 듯하다. (6cf)는 이서면의 활용형으로서, 활용형을 볼 때, 단일 기저형 /실-/로 설정할 수 있을 듯하다. 따라서 이 어간은 청도 지역어에서 풍각면에서 /싫-/로 나타나고, 이서면에서는 /실-/로 나타나며, 운문면에서는 /시-/로 나타난다.

『자료집』에서 경북의 방언 자료에서는 'Ⅰ. 428-1. 쉬슬다'의 항목에 '시신다, 시실런다, 시런따' 등으로 나타나, 전체 활용형이 확인되지 않지만, 어간말 'ㄹ'이 대체로 확인되며, '실런다'를 통해 'ㄹ' 뒤의 자음의 존재가 확인되는 지역은 '안동, 상주, 군위, 칠곡' 등이다. 물론 '시런따'로 나타나는 지역의 어간이 /실-/ 이외에 /싫-/일 가능성이 있으나 확인이 어렵다. 그리고 '시신다'로 나타나는 지역은 경북의 '영풍' 지역에서만 보여 이 때의 기저형이 /실-/인지, /시-/인지는 확인이 불가하다. 경남에서는 '시(씨, 스, 쓰)런따' 형만 발견되어, 어간이 /실-/ 또는 /싫-/일 가능성은 있어도 /시-/일 가능성은 전 지역에서 배제된다. 따라서 운문면에서 발견되는 어간 /시-/는 방언형의 전파에 의한 것이라기보다는 지역 내의 자체적인 변화형일 가능성이 크다.

국어의 제방언을 고려하면 현재로서는 '*슳-'과 '*슬-' 중에서 후자를 상정하는 것이 가장 자연스러울 듯하다.[9] 만약 이 어간의 재구형이 어간말 자음 'ㅎ'을 지닌 '*슳-'이라면, 중앙어에 'ㅎ' 말음을 지닌 어간이 동남방언에서 'ㄱ' 말음을 지닌 어간으로 대응되는 경우가 많은 것에 비추어 볼 때 '*실거, *실걷따'의 형태가 나올 만하다. 그러나 제한된 활용형을 보여 주기는 하지만, 동남방언을 보여 주는 『자료집』에서 그러한

---

9 『자료집』에 의하면 강원 정선 지역에서 '씰군다' 형태가 발견되나, 이는 '알구-, 使知', '살구-, 使生' 등에서와 같이, '씰(쎬)-'에 파생접미사 '-구-'가 결합한 것으로 여겨진다.

활용형을 볼 수 없다. 또한 위에서 살펴보았듯이, 이 지역에서도 '끓-, 沸'에 대해 '끍-'형이 나타나고, '잃-, 失'에 대해 '읽-'형이 나타난다는 점도 '*슳-'을 기원형으로 보는 점을 주저하게 한다.

그리하여 이 글에서는 위 어간에 대하여 '*슬-'을 기본으로 하여 변화의 과정을 서술하고자 한다. 변화의 과정을 보이면 다음과 같다.

     (7) 가. *슬 → 실 → 싫-(풍)

        나. *슬 → 실 → 시-(운)

        cf. *슬 → 실-(이)

(7가)는 서부의 풍각면의 기저형 변화를 보인 것이고, (7나)는 동부의 운문면에서 보이는 기저형 변화를 보인 것이고, (7cf)는 이서면의 기저형 변화를 보인 것이다. 먼저 (7가)는 전설모음화 이후 아-계어미 결합형을 재분석한 것으로 보인다. 으-계어미 결합형은 어간말 자음으로 'ㅀ'을 지닌 어간으로 재분석되기 어렵다. '실-'에 '-으면'이 결합하면 '실면'이 되는 반면, '싫-'에 '-으면'이 결합하면 '시르면'이 되기 때문이다.

(7나)는 전설모음화를 겪은 것은 (7가)와 동일하나, 이후 어간말 자음 'ㄹ'이 삭제되는 변화를 겪었다. 이것은 'ㄴ, ㅅ' 등의 자음 앞에서 동기관적 이화에 의한 유음탈락을 겪은 형태가 원래 유음이 없는 것으로 재분석한 것에 원인이 있는 듯하다. 즉 '실-'에 '-는, (으)ㄴ다, -으니' 등이 결합하면서 유음이 탈락된 '시는, 신다, 시니' 등을, '시-'에 '-는, (으)ㄴ다, -으니' 등이 결합한 것으로 재분석하여 형성된 것이다. '으' 탈락 후 'ㅅ'으로 시작하는 어미 '-으소'와 '-으시니' 등은 '쉬 슬다'의 경우, 의미론적 제약 때문에 결합이 어려운 듯하다.[10] 따라서 이 때의 재분석은

주로 'ㄴ' 앞에서 'ㄹ'이 탈락되는 환경에서 이루어진 것이다. (7cf)는 전설모음화만 겪은 것으로 여겨진다.

다음으로 살펴볼 어간 '찧-, 搗'과 '읽-, 讀'의 경우는 풍각면과 운문면에서는 동일한 활용형을 보이며 단일 기저형을 보여 이 글의 논점과는 차이가 있지만 이서면에서는 차이가 나는 것이어서 간략히 언급을 하고자 한다.

(8) 가. 쩡터라[LHL], 쩌마[FL], 쩌라[FL](찧-, 搗)(풍, 운)
    나. 찍떠라[LHL], 찌마[FL], 찌라[FL](이)

먼저 (8)은 '찧-, 搗'의 활용형을 제시한 것으로 (8가)는 풍각면, 운문면에서 나타나고, (8나)는 이서면에서 나타난다. 활용형을 볼 때 (8가)에서는 기저형을 /쩡ㅎ-/로 볼 수 있다. (8나)는 기저형을 /찌{ㄱ-ㅎ}-/로 볼 수 있다. (8나)의 기저형 중 하나를 /찡-/으로 보지 않고 /찧-/으로 보는 이유는 인접 지역에서 '찧-'이 보이고, 앞 시기의 어간말 음소 역시 'ㅎ'을 지녔기 때문이다. 또한 기저형 중 하나를 /찌-/로도 보지 않는 이유는 성조의 변동에서 하강조를 보이기 때문이다. 음장방언과 비교하였을 때, 음장방언에서는 후음을 지닌 어간이 모음어미와 결합할 때, 후음이 탈락하면서 보상적 장모음화가 실현되는바, 이와 동궤로 성조방언에서는 후음이 탈락하면서 성조의 하강조화 또는 상승조화가 일어나는데, (8나)에서도 그러한 변동이 발견된다.

(8가, 나)의 기저형의 차이는 어간 모음을 제외하면, 복수 기저형의 한쪽 어간말음이 각각 'ㅇㅎ'인 것과 'ㄱ'인 것의 차이가 될 것이다. (8가)에서 어간의 모음이 '이'에서 '어'로 변화한 것은 아-계 어미 결합형

가능하다.

'쩌(X)'를 재분석한 것으로 보이며, 어간말음이 'ㅇㅎ'으로 된 것은 비모음화(鼻母音化)와 ㅎ-탈락이 관여되어 있는 아-계 어미, 으-계 어미 결합형을 재분석한 것으로 보인다. 예를 들어, '쩌마[FL], 쩌라[FL]'를 ㅎ-탈락만 적용된 것이 아니라 비모음화까지 적용된 것으로 보아, 어간을 '찡ㅎ-'으로 재분석한 후 기저형의 평준화를 겪은 것으로 여겨진다.

(9) 가. 일꼬[HL], 일거마[HLL], 일거라[HLL](읽-, 讀)(풍, 운)
　　나. 일코[HL], 일거마[HLL], 일거라[HLL](이)

(9)는 '읽-, 讀'의 활용형을 제시한 것으로 (9가)는 서부의 풍각면, 동부의 운문면의 자료이고, (9나)는 이서면의 자료이다. (9가)는 중앙어와 마찬가지로 기저형을 /읽-/으로 설정할 수 있다. '일꼬[HL]'는 경음화와 자음군단순화가 적용된 것으로 볼 수 있기 때문이다. (9나)는 단일 기저형으로 보기 어렵다. 왜냐하면 (9나)의 '일코[HL]'는, 기저형 /읽-/에서 자음군단순화가 적용된 것으로 보기 어렵기 때문이다. 오히려 '일꼬[HL]'와 비교해 보았을 때 '유기음 : 경음'의 대립이 보인다. 따라서 이것의 기저형은 복수 기저형 /일{ㅎ-ㄱ}-/으로 설정할 수 있다.

3.2. 단일자음 말음어간

이 절에서는 동부와 서부에서 공히 단일 기저형으로 존재하는 어간을 살펴보고자 한다. 이에는 '맞추-, 的'가 있다.

(10) 가. 마추고[LFL], 마추마[LFL], 마차라[LFL](풍)
　　나. 마축코[LHL], 마추마[LFL], 마차라[LFL](운)

(10가)는 풍각면의 자료이고 (10나)는 운문면의 자료이다. (10가)를

보면 기저형은 단일 기저형 /마추-/로 설정할 수 있다. 이 지역에서는 우-말음어간이 '-아/어(X)'와 결합할 때, '-아(X)'와 결합하기 때문에 단일 기저형의 우-말음어간으로 설정이 가능하다. (10나)의 경우 역시 단일 기저형으로 설정이 가능하며 어간말 자음으로 'ㅎ'을 지닌 /마춯-/을 기저형으로 볼 수 있다. 이 경우에도 '-아(X)'와 결합하며, 이 때 후음이 탈락한다. (10나)의 기저형 역시 아-계 어미 결합형과 으-계 어미 결합형을 재분석한 것으로 보인다.

한편 ㅅ-불규칙 어간과 관련하여 풍각면과 운문면에서 기저형이 차이가 나지 않지만 이서면과 비교하여 차이가 나는 '붓-, 注'이 있다.

(11) 가. 벅꼬[HL], 벋떠라[LHL], 버마[FL], 버라[FL](붓-, 注)(풍, 운)
나. 북코[HL], 붇터라[LHL], 부마[FL], 부라[FL](이)

이 어간은, 풍각면, 운문면의 자료인 (11가)에서는 단일 기저형 /붕-/으로 설정이 가능하고, 이서면의 자료인 (11나)에서는 단일 기저형 /붛-/으로 설정이 가능하다. (11가)는 'ㅿ'의 음변화와 기저형의 평준화가 이어졌으며, 어간의 모음 '어'는 아-계 어미와 결합하는 활용형을 재분석하는 과정에서 형성된 것이다. (11나)의 기저형 역시 아-계 어미 결합형과 으-계 어미 결합형을 재분석하여 후음 'ㅎ'을 지닌 어간으로 재구조화된 것으로 여겨진다.

4. 결 론

이 글은 청도 지역어의 서부 지역인 풍각면과 동부 지역인 운문면의 후음 말음 어간의 기저형 차이를 논의하였으며, 보조적으로 이서면의 자료를 함께 다루었다. 그 과정에서 어느 한 지역에서라도 복수 기저형으로 어간이 존재하면 2장에서 복수 기저형 어간으로 다루었으며, 양 지역 모두 단일 기저형으로 존재하면 3장에서 다루었다.

먼저 2장에서 복수 기저형 어간의 경우 차이가 나는 어간으로 동부의 /실{ㅎ-ㅂ}-/(싫-, 壓)이 있다. 이 어간은 서부에서 /싫-/로 나타난다. '끓-, 沸'과 '잃-, 失'은 기저형이 유사하게 존재하는바, 각각 서부에서는 /꿇-/과 /잃-/로 존재하고 동부에서는 복수 기저형 /껄{ㅎ-ㄱ}-/과 /일{ㅎ-ㄱ}-/으로 존재한다. 3장에서 자음군 말음어간에는 '슳-, 卵'이 있는데 서부에서는 /싫-/, 동부에서는 /시-/로 나타나는바, 전자는 아 -계 어미 결합형을 재분석한 것으로 보았고, 후자는 'ㄴ, ㅅ' 등 동기관적 이화에 의하여 유음탈락이 일어나는 어미와 결합하는 활용형을 재분석한 것으로 보았다. '찧-, 搗'은 /쩡ㅎ-/으로, '읽-, 讀'은 /읽-/으로 나타나 서부와 동부에서 차이가 나지 않지만, 이서면에서는 이 어간들이 각각 복수 기저형 /찌{ㄱ-ㅎ}-/, /일{ㅎ-ㄱ}-/로 나타났음을 언급하였다. 마지막으로 단일자음 말음어간으로는 '맞추-, 的'가 있는데, 동부에서 후음 말음 어간으로 변화한 것은 재분석에 의한 것으로 보았다.

참고 문헌

곽충구(1994ㄱ), 『함북 육진방언의 음운론』, 태학사.

_____(1994ㄴ), 「계합 내에서의 단일화에 의한 어간 재구조화」, 『남천 박갑수 선생 화갑기념 논문집』, 태학사, 549-586.

구본관(1998), 『15세기 국어 파생법에 대한 연구』, 태학사.

권재선(1981), 「청도방언의 모음체계 변천의 연구」, 『한국어문논집』 1, 한사대 한국어문연구소, 123-143.

김경아(2008), 「패러다임 간의 유추에 따른 어간 재구조화」, 『어문연구』 36-

4, 한국어문교육연구회, 103-129.

김봉국(2003), 「복수기저형의 설정과 그 타당성 검토」, 『어학연구』 39-3, 서울 어학연구소, 559-578.

김세환(2012), 「청송지역어 용언 어간의 통시적 변화 연구」, 서울대학교 박사학위논문.

김 현(2001), 「활용형의 재분석에 의한 용언 어간 재구조화 -후음 말음 어간으로의 변화에 대하여-」, 『국어학』 37, 국어학회, 85-113.

_____(2006), 『활용의 형태음운론적 변화』, 태학사.

박숙희(2004), 「어간 재구조화의 두 요인」, 『한글』 265, 135-169.

배영환(2011), 『'ㅎ'-말음 어간의 재구조화』, 지식산업사.

백두현(1992)), 『영남 문헌어의 음운사 연구』, 태학사.

송철의(1977), 「파생어형성과 음운현상」, 『국어연구』 38, 서울대학교 국어연구회.

_____(2008), 『한국어 형태음운론적 연구』, 태학사.

신승원(2000), 『의성지역어의 음운론적 연구』, 홍익출판사.

_____ 외(2017), 『경북 청도 지역어의 조사·연구』, 청도군.

오종갑(2005), 「ㅕ의 음운론적 변화와 영남방언」, 『한민족어문학』 46, 한민족어문학회, 1-42.

이병근(1981), 「유음탈락의 음운론과 형태론」, 『한글』 173·174, 한글학회, 223-246. 〔이병근·송철의 편(1991)에 재수록〕

이병근·송철의 편(1991), 『음운Ⅰ』, 태학사.

이정일(1995), 「청도지역어의 음운론적 연구」, 동국대학교 석사학위논문.

임석규(2004), 「재분석에 의한 재구조화와 활용 패러다임」, 『형태론』 6-1, 1-23.

정승철(2008), 「방언형의 분포와 개신파」, 『어문연구』 36-2, 한국어문교육연구회, 99-116.

정윤자(2007), 「자음말음 체언 어간의 재구조화 연구 -마찰음과 파찰음으로 끝나는 어간을 중심으로-」, 단국대학교 박사학위논문.

정인호(1997), 「ㅂ-불규칙 용언 어간의 변화에 대하여 -서남방언을 중심으로-」,

『애산학보』 10, 애산학회, 145-178.

천시권(1965), 「경북방언의 방언구획」, 『어문학』 13, 한국어문학회, 1-12.

최명옥(1980), 『경북동해안 방언연구』, 영남대학교민족문화연구소.

_____(1993), 「어간의 재구조화와 교체형의 단일화 방향」, 『성곡논총』 24, 1599 -1642.

_____(1994), 「경상도의 방언구획 시론」, 『우리말의 연구』, 우골탑, 861- 892.

_____(1998ㄱ), 『국어음운론과 자료』, 태학사.

_____(1998ㄴ), 『한국어 방언연구의 실제』, 태학사.

_____·김주석 공편(2001), 『경주 속담·말 사전』, 한국문화사.

_____(2008), 『현대 한국어의 공시 형태론: 경주지역어를 실례로』, 서울대학 교출판문화원.

국립국어원(2008), 『경북 지역어 조사 보고서: 경상북도 청도군 각북면』.

한국정신문화연구원 편(1987-1995), 『한국방언자료집』, 한국정신문화연구원.

제2부
형태·통사

'[전망]이다' 류 구문에 대하여

김 창 섭

서울대학교

1. 서 론

'물가가 오를 전망이다'를 비롯하여 '비가 온 모양이다', '형님이 오시
는 중이다'와 같은 문장들은 '이다'의 주어가 무엇인지 분명하지 않다는
문제를 안고 있다.[1] 통설을 따르면 'NP이다'의 모습으로 외현된 이 부분
들 자체는 서술어이다.[2] 그러나 필자는 '선생님이 곧 오실 것이다'라는

---

1 본고는 이들의 '이다'가 동사(그중 형용사)라고 인정하고 출발한다.

2 이승욱(1969), 임동훈(2005)는 국어에는 서술어만으로 완전한 무주어(無主語) 구
  문이 설정된다고 주장한다. 임홍빈(1974, 1985), 안명철(1983:40), Bak Sung-
  Yun(1983), 박승윤(1998)은 '비가 올 듯하다/모양이다' 등에 대해 외현되지 않은
  주어 'Ø'[영(零)]이 있다고 보고, 외현된 '비가 올 듯하다/모양이다'는 그에 대한
  서술어라고 분석한다. 이 두 가설에서는 '비가 올 전망이다'에서 외현된 전체가
  서술어라고 분석할 것으로 추측된다.
    학교문법에서는 '비가 올 듯하다'를 '[비가]주어 [[올]본용언 [듯하다]보조용언]서술어'
  와 같이 분석하고, '비가 올 것이다'는 '[비가]주어 [[올 것]NP [이다]서술격조사]서술어'
  와 같이 분석한다('올 것'은 독자적인 문장 성분으로 인정되지 못한다). 남길임

문장에 대해 다음의 (1a)와 같은 분석을 제안한 바 있다(2011). 그 방식을 따른다면 위의 세 문장은 (1b, c, d)와 같이 분석된다.

(1) a. 〔선생님이 곧 오실 것〕_{주어} + 〔이다〕_{서술어}

    b. 〔물가가 오를 전망〕_{주어} + 〔이다〕_{서술어}

    c. 〔비가 온 모양〕_{주어} + 〔이다〕_{서술어}

    d. 〔형님이 오시는 중〕_{주어} + 〔이다〕_{서술어}

(1a)를 제안한 필자(2011)의 논의는 소략한 것이었다. 본고는 이 논의를 보충하고 확대하려는 목적으로 작성된다.

본고에서는 (1)의 '것이다' 구문, '전망이다' 구문 등 네 구문이 각각 독자적인 구문이 되며 그 네 구문이 포함된 동류 구문들로 하나의 상위 구문이 이루어지는 것으로 보고, 그것을 '〔전망〕이다' 류 구문이라고 부를 것이다. 그중 '전망이다' 구문의 자립명사 '전망'은 (1b)와 같은 구문 외에도 비교가 될 만한 몇 가지 구문을 더 성립시켜 주어서(예컨대 뒤의 (3)과 (4) 등), '전망이다' 구문은 이 부류 일반에 대한 연구에서 기준 구문으로 선택될 만하다고 생각된다. 본고에서는 먼저 '전망이다' 구문의 문법적 특성들을 밝히고 이를 중심으로 삼아 다른 구문들도 동일한 특성을 가지는지 확인하는 방식으로 논의를 전개할 것이다.

본론에 들어가기 전에 '전망이다' 구문을 분명하게 한정할 필요가 있다. 이 구문은 다음의 (2)와 같이 보문 관형절과[3] '전망', '이다'를 가지는

(2004b:124)에서는 학교문법의 '듯하다' 류 보조용언 분석을 '것/모양_이다'에도 확대적용한다 (〔비가〕_{주어} 〔〔올〕_{본용언} 〔것/모양이다〕_{보조용언}〕_{서술어}).

3 예를 들어 '〔우리를 놀라게 할〕 전망'의 괄호 친 부분은 관계 관형절일 때도 있고, 보문 관형절일 때도 있다. 관계 관형절로 해석될 때에는 본고에서 다루는 '전망이다' 구문이 아니다.

문장들이다. 이 구문에서 '이다'의 선행 성분은 〔보문+'전망'〕으로 된 명사구의 모습을 띠고 있다. (3)과 (4)에도 〔보문+'전망'〕 구들이 들어 있다 (〔보문+'전망'〕 구에 밑줄을 쳤음). 그러나 (3), (4)는 '전망이다' 구문에 속하지 않는다. (3)은 'X가 있다' 구문이고, (4)는 'X가 Y이다' 구문으로서 둘 다 겉으로 드러나는 분명한 주어-서술어 구조를 가지고 있다.

(2) <u>물가가 오르-ㄹ 전망</u>이다. (=(1b))

(3) <u>물가가 오르-ㄹ 전망</u>이 있다.

(4) 전문가들은 <u>물가가 오른-다는 전망</u>이다.

(4)의 밑줄친 부분에 대해서는 보충 설명이 필요하다. 본고에서는 '물가가 오른다는'을 '〔〔물가가 오른다〕 Ø-느-〕-ㄴ'으로 분석한다. 여기에서 'Ø-'는 인용동사 '하-'가 생략되었음을 뜻한다. 앞으로 본고에서는 관례적으로 보문이라고 불러 왔던 관형절 가운데 보문화 요소로 어말어미를 가진 (2), (3)의 것은 그대로 '보문'이라고 부르고 어말어미 상당의 복합 형식('-다는')을 가진 (4)의 것은 따로 '인용 보문'이라고 부르기로 한다.

남길임(2004a, b)와 박재연(2005)는 다양한 '이다' 구문 속에서 '전망이다' 구문을 바라볼 수 있게 해 주는 중요한 사실들을 언급하고 있다. 그러나 이 연구들은 주어-서술어 구조에 대한 분석 없이 '전망이다'를 관용표현으로만 처리하거나(남길임 2004a, b), 그 구문의 주어-서술어 구조에 대한 단정을 보류하고 있다(박재연 2005). '전망이다' 구문의 문장 구조를 확정하지 못한 채 구문론을 전개한 것이다. 필자는 다음의 두 가지 사실이 이 구문을 대하는 연구자들을 곤혹스럽게 해 왔다고 생각한다. 첫째, '이다'는 통념적으로 'X가 Y이다' 구문을 만드는 2항 술어인데, '전망이다' 문장에는 논항이 하나만 있다. 둘째, 국어에서 '...-ㄴ/ -ㄹ]_보문+N]+이다/하다/같다]'[4] 형식의 양태 구문들은 전형적으로 의존명사를 보문명사로 가진다고 알려져 있고, '전망이다' 구문도 양태에 속할 만한 의미를 가지고 있는데,[5] '전망'은 의존명사가 아니라 자립명사이다.

필자는 이전의 글들에서 구 층위가 아니라 단어 층위에 있으면서 자신의 보충어를 취하는 것을 특징으로 하는 단어 부류가 있음을 밝히고 그들을 위해 부접어(附接語)라는 범주를 설정한 바 있다(2007, 2008b, 2011). 필자는 [보충어+N[6]] 형의 명사구에 다음의 (5a, b)와 같은 두 가지 유형이 있다고 제안하고, 2항 술어 '이다'의 문장을 (6b)와 같이 분석하였다 (2011).

    (5) a. [[국문과의]_보충어(관형어) [(많은) [졸업생]_N]_NP]_NP

       b. [[국문과]_보충어(관형어) (*많은) [출신]_N]_NP

    (6) a. 철수는 [[국문과 학생이]_보충어(보어) [(절대로) [아니다]_V]_VP]_VP

       b. 철수는 [[국문과 학생]_보충어(보어) (*틀림없이) [이다]_V]_VP[7]

(5a)의 '졸업생'은 일반 명사이고(부접명사가 아니라는 의미에서), (5b)

---

4 이 괄호매기기에서는 여는 괄호를 의도적으로 표시하지 않았다.

5 남길임(2004a)에서는 이 구문이 '예정', '전망'의 어휘 의미가 점차 약해지면서 '모양이다', '법이다', '것이다' 구문과 같은 양태(modality)를 나타내는 구성으로 가고 있다고 말하고, 박재연(2005)에서는 명사 '전망'이 인식 양태적 표현과 관계있으며 정보 처리와 관련되는 사유를 표현한다고 말한다.

6 본고의 관점에서는 예컨대 (5a)의 '졸업생'은 명사구이고, (5b)의 '출신'은 명사이지만 이 둘을 모두 명사(N)라고 부를 것이다.

7 본고에서는 편의를 위해 구 형성시의 어미와 조사의 독자성을 무시하고 이들을 선행 성분에 넣어서 괄호를 씌우기로 한다.

의 '출신'은 부접명사이다. (6a)의 '아니다'는 일반 동사이고, (6b)의 '이다'는 부접동사이다. (6b)의 '국문과 학생'에 주격조사가 없는 것은 그것이 문장 성분의 자격이 없어서가 아니라 '이다'가 부접어이기 때문이다. 그러므로 학교문법에서 (6a)의 '국문과 학생이'를 보어라고 분석한다면 (6b)의 '국문과 학생'도 보어라고 분석되어야 할 것이다.

본고에서는 '이다'가 부접동사라는 분석을 바탕으로 하여 '[[...]s(보문) 전망]NP+이다' 등 (1)의 구문들에서 NP를 주어, '[이다]'를 서술어라고 제안하고, 그러한 구문들로 '전망이다' 류 구문을 설정할 것이다 (제2장). 이어서 NP의 핵들('전망' 등)이 부접명사라는 사실을 밝히고 '[ ]s 전망이다' 등의 숙어성(熟語性)을 확인할 것이다 (제3장). 그러므로 본고는 부접어 가설을 적용한 '이다'의 한 하위 구문론이라는 성격을 가진다고 할 수 있다.

2. '[전망]이다' 류 구문의 주어와 서술어

'물가가 오를 전망이다'는 '[물가가 오를 전망]'과 '[이다]'의 두 성분만으로 완전한 문장이 된다. '이다'의 주어는 어디에 있는가? 본 장에서는 '이다'의 주어를 찾는 문제를 다루기로 한다.

2.1. '[눈]이다!' 류 구문의 주어와 서술어
국어에서 유사 계사(類似 繫辭)라고 말해지는 동사 '되다'는[8] 전형적으

---

8 김광해(1983)에서는 '이다'를 순수한 계사라고 하고, 다음 예문들의 '되다', '맞다', '틀림없다', '나가다' 등을 유사 계사라고 하였다.
    ⅰ) 이 사람이 제 남편이 됩니다.
    ⅱ) 그가 학생이 맞다.

로 (7a)와 같이 2항 술어로 쓰이지만 (7b)와 같이 1항 술어로 쓰이는 일도 있다.

> (7) a. 쌀이 밥이 되었다.
>
>   b. 밥이 다 되었다.

(7b)는 그 자체로서 온전한 문장이다. (7b)가 주어를 결하고 있다고 볼 이유가 없다. 단 (7a, b)의 두 '되다'는 완전한 동의가 아니다. (7a)는 대상이 쌀에서 밥으로 정체(正體)가 변했음을 뜻하고 (7b)는 대상의 밥이라는 정체가 미완성 상태에서 완성 상태로 변했음을 뜻한다.

'이다' 역시 'X가 무엇이다'에서처럼 2항 술어로 쓰이는 것이 전형적인 용법이다. 그러나 필자(2011)에서는 다음의 (8)과 같은 예문들로 '이다'가 1항 술어로 쓰이는 일도 있음을 말한 바 있다. 여기에서는 (9), (10)의 예문들을 추가로 제시한다. (8)-(10)의 (b, c)에는 부접어 '이다'가 있다. 주격조사 '이'가 없는 (8a)와 '이'가 있는 '선생님이 오셨다'는 진리치에서는 동일하면서 문장 의미론 차원의 어떤 의미 차이를 가진다. 그러나 (8b)에 대해서는 주격조사 '이'가 있는 '선생님이 이시다'가 처음부터 불가능하다. 본고에서는 필요에 따라, '이다'가 부접어가 아니라면 조사 '이/가'가 있었을 자리에 '∅'를 표시하기로 한다.[9]

---

iii) 그가 학생이 틀림없다.
iv) 값이 100원이 나간다.
9 'X가 Y이다'의 부정문에 상당하는 'X가 Y가 아니다'를 참고하면, 그 실현되지 않은 격조사는 주격조사 '이/가'라고 보는 것이 합리적이다. 김정아(2001)에서는 '이다' 구문의 기원적 모습이 '〔NP1이 〔NP2의 이-〕〕'였으며, 그 후의 변화에도 불구하고 '이다'가 두 개의 논항을 취하는 성격은 여전하다고 한 바 있다.

(8) a. 선생님 오셨다!

   b. 선생님 ∅ 이시다!

   c. #저분은 선생님 ∅ 이시다!

   　#오신 분은 선생님 ∅ 이시다!

(9) a. 오른쪽에 뱀이 있다!

   b. 오른쪽에 뱀 ∅ 이다!

   c. #오른쪽의 저것은 뱀 ∅ 이다!

(10) a. 누가 왔니? / 누가 오셨어요?

   b. 누구 ∅ 니? / 누구 ∅ 세요?

   c. #온 사람은 누구 ∅ 니? / #오신 분은 누구 ∅ 세요?

(8)과 (9)는 예기치 않게 어떤 대상이 출현했거나 발견되었음을 알리는 경고이고, (10)은 아직 청자로 정립되지 않은 문 밖의 방문자에게 정체를 묻는 물음이다. 그런데 (8)-(10)의 (a, b) 문장들은 이러한 맥락에 적합하게 쓰이는 데 비해 (c) 문장들은 그렇지 못하다. (c) 문장들 앞의 '#'는 이 문장들이 본래 정문(正文)이지만 이 맥락에 사용되는 것은 부적합하다는 뜻이다. 우리는 동일한 맥락에 적합하게 쓰이면서 의미가 비슷한 단문(單文)들은 어떤 대상을 주어로 삼고 어떤 속성을 서술어로 삼는가 하는 면에서도 유사할 것이라고 기대한다. 즉 (8)-(10)의 (a) 문장들에서 '선생님', '뱀', '누구'를 주어로 하고, '오다', '있다'를 서술어로 하는 것이 맥락에 맞는다면, (b) 문장들에서도 '선생님', '뱀', '누구'가 주어가 되고, '이다'가 서술어가 되는 것이 맥락에 맞는 것이 된다.[10] 우리가 '이다'는

10　임동훈(2005)은 '〔눈〕이다!' 류를 '눈이 온나'는 상황이 존재함을 인정하는 것으로 그치는 종류의 문장 즉 제시문으로 분석했다. 전영철(2013) 역시 초점을 표시하는 '이'를 가진 '눈이 온다!'는 (총망라성을 동반하지 않을 때) 제언문(=제시문)이라고 한다. 그리고 이 문장에서 '온다'가 부접동사 '이다'로 대치되면 명사 편입(noun

반드시 2항 술어이어야 한다는 전제를 버리면, (8)-(10)의 (b) 문장들의 구조를 이와 같이 분석하지 않을 이유가 없다. 주어의 뒤에 주격조사가 나타나지 않았지만 그것은 단지 서술어 '이다'가 부접동사이기 때문이라고 보면 그것도 문제가 되지 않는다.

이제 우리는 위 (b) 문장들의 구조를 (a) 문장들처럼 분석하기로 한다. (8a, b)의 문장들에 성분 표지를 붙이면 다음과 같이 된다.

> (11) a. 〔선생님〕NP(주어) 〔〔오셨다〕V〕VP(서술어)
>
> b. 〔선생님∅〕NP(주어) 〔이시다〕V(서술어)

(11a)의 '오셨다'는 VP로서 서술어기 되지만 (11b)의 '이시다'는 V^0로서 서술어가 된다는 차이가 있다.[11] 그러나 이러한 차이가 주어-서술어 관계가 성립하는 데에 문제가 되지는 않는다. 다음 (12)의 '시작하다'처럼 V^0 층위에서 서술어가 되는 것을 확실하게 보여 주는 다른 경우들이 있기 때문이다 (필자 2011). (12a, b)들에서 '시작하다'와 '같다'가 자신만의 부가어를 가지지 못하며, (13a, b)에서 '시작하다'와 '같다'에 '-시-'가 출현하지 못한다는 사실이 (14)에 보인 바와 같은 문장 분석을 지지한다.

> (12) a. 선생님들이 도착하시기 (*다시) 시작했다.
>
> b. 김 선생님, 아무래도 이 선생님은 안 오실 것 (*꼭) 같지요?

---

incorporation)이 일어나서 '눈이다!'가 되는데, '눈이다'는 '눈이 온다!'보다 더 제언문적 성격이 강하다고 한다.

11 '오셨다'는 '또', '정말' 등의 직접적인 수식을 받을 수 있으나 '이시다'는 아무런 부사의 수식도 받을 수 없다는 사실로부터 '오셨다'는 VP이고 '이시다'는 V^0인 것을 알 수 있다.
  ⅰ) 선생님 〔또/정말 〔오셨다〕V〕VP
  ⅱ) *선생님 〔또/정말 〔이시다〕V〕VP

(13) a. 선생님들이 도착하시기 {시작했다, *시작하셨다}.

b. 김 선생님, 아무래도 이 선생님은 안 오실 것 {같지요?, *같으시
지요?}.[12]

(14) a. 〔선생님들이 도착하시기〕NP(주어) 〔시작했다〕V(서술어)

b. 김 선생님, 아무래도 〔이 선생님은 안 오실 것〕NP(주어) 〔같지
요?〕V(서술어)

앞에서 두 가지 논항가(論項價)의 '되다'가 그랬던 것처럼, '이다'도
2가일 때와 1가일 때에 의미가 다를 수밖에 없다. 2가인 'X가 Y이다'의
'이다'는 X에 대해 서술하기 위해 Y를 X에 관련시키는 문법적 기능을
가지는 데 비해, 1가인 (8)-(10)의 (b)의 '이다'는 "출현"이나 "존재"를
중심으로 하는 어떤 어휘적 의미를 가진다고 분석된다.

2.2. '물가가 오를 전망이다'의 주어와 서술어

'〔〔...〕보문 전망〕이다' 형의 구문, 즉 '전망이다' 구문의 명사구 '〔...-ㄹ
전망〕'은 보문을 내포하고 있다는 점에서 2.1.에서 본 '〔눈〕이다!' 류의
명사구와 다르다. 이러한 경우에도 그 명사구가 주어이고 '이다'가 서술
어라고 분석될 수 있는가? (15)의 세 문장을 보기로 한다. 이들은 "이번
시장 선거에 누가 출마할까요?"라는 동일한 질문에 대한 대답이라고
가정한다.

(15) a. "현 시장이 재출마한다는 전망이 있습니다."

---

12 (13b)에서 "김 선생님"이라는 인물은 경험자가 아니라 단순한 청자로만 문장에
반영되어 있다. 경험자는 기저에도 존재하지 않는다. 이와 별개의 문장으로 '김 선
생님, 아무래도 이 선생님은 안 오실 것 같으시지요?'가 있다. 이 문장에는 "김
선생님"이 청자와 경험자로 다 반영되어 있다.

b. "현 시장이 재출마할 전망이 있습니다."

c. "현 시장이 재출마할 전망∅ 입니다."

(15a, b)의 전체 문장의 주어-서술어 구조가 '〔현 ... 전망이〕$_{주어}$ 〔있습니다〕$_{서술어}$'라는 것은 말할 필요도 없이 분명하다. (15c)의 주어-서술어 구조는 어떻게 되는가? (15c)에서 '현 시장'이 존칭 '현 시장님'으로 바뀐다고 해도 전체 문장의 동사 '이다'에 '-시-'가 나타날 수 없으니 '현 시장'이 '이다'의 주어일 가능성은 우선 배제된다. 그런데 의미에서 (15a, b, c)는 똑같이 동일한 어떤 미래 상황을 제시하고 있다는 점에서 유의적(類義的)이며, 형식에서도 셋 모두 '〔〔〔〔 〕$_S$+전망〕이/∅〕+V〕'로 되어 있다는 점에서 동형적(同形的)이다. (15a, b, c)가 의미에서 유의적이고 형식에서 동형적이므로 우리는 각 문장 성분에 주어, 보어 등의 기능이 배당되는 면에서도 (15a, b, c)가 동일한 모양이 될 것이라고 기대할 수 있다. (15a, b)는 다음의 (16a, b)와 같은 주어-서술어 구조를 가진다.

(16) a. 〔현 시장이 재출마한다는 전망이〕$_{주어}$ 〔있습니다〕$_{서술어}$

b. 〔현 시장이 재출마할 전망이〕$_{주어}$ 〔있습니다〕$_{서술어}$

따라서 우리는 (15c)도 다음의 (16c)와 같은 주어-서술어 구조를 가진다고 할 수 있을 것이다.

(16) c. 〔현 시장이 재출마할 전망∅〕$_{주어}$ 〔입니다〕$_{서술어}$

그런데, (15c)의 주어-서술어 구조를 알아내기 위해 고려할 모형이 (15a, b)로 충분한가 하는 의문이 제기될 수도 있다. 혹시 (15a, b) 외에 더 검토할 문장이 있다면 그것은 '〔〔X가〕주어 〔현 시장이 재출마할 전망입니다〕서술어〕'의 형식이 될 것이다. 주어 X로는 어떤 것들이 올 수 있는가? '전망'이라고 하는 사태를 구성하는 요소에는 (가) 전망자, (나) 전망 대상(주어진 상황), (다) 전망 행위('전망'), (라) 전망의 결과물('전망'. 즉 가상된 미래 사태) 들이 있으므로 이들 중에서 주어가 선택되어야 한다. 다음의 (17a-d)가 그렇게 (가)-(라)를 주어로 해서 만들어진 문장들이다.

(17) a. *저는 현 시장이 재출마할 전망입니다. (전망자를 주어로 했음.)

    b. *이 상황은 현 시장이 재출마할 전망입니다. (전망 대상을 주어로 했음.)

    c. *{제 전망, 제가 전망하는 것}은 현 시장이 재출마할 전망입니다. (전망 행위를 주어로 했음.)

    d. *제 전망은 현 시장이 재출마할 전망입니다. (전망의 결과물을 주어로 했음.)

그러나 그렇게 해서 만들어 본 문장들은 모두 비문이 된다. 따라서 우리는 국어의 표현법에는 'X가 〔〔...-ㄹ〕보문 전망〕이다' 형 문장은 존재하지 않는다고 결론지을 수 있다. 앞의 (8)-(10)에서는 (c) 문장들이 맥락이 요구하는 주어를 선택하지 않아서 버려졌다면, (17)들은 비문법적이어서 버려진다. 따라서 (15c)의 주어-시술어 구조를 밝히는 추론에는 (16a, b) 문장들을 고려하는 것으로써 충분하고, (16c)로 보인 결론은 그대로 유지된다고 할 수 있다.

이제 본고에서는 국어의 '이다' 구문에 다음과 같은 하위구문들이 설정된다고 제안한다. (본고에서는 아직 'X가 Y이다' 구문과 'X이다' 구문들의 하위에 있는 구문들을 분류하지 못하고 있으므로 예문들을 보이면서 그 구문들을 암시하는 것으로 그치기로 한다.)

(18) '이다' 구문의 하위 구문들

    a. 'X가 Y이다' 구문 : '형님은 노인이시다', '형님은 어쩌실 생각 이세요?', '형님은 반대세요?', '형님은 짜장면이세요?', '아 기가 우는 것은 배가 고파서이다' …

    b. 'X이다' 구문 : '눈이다!', '(한 역을 더 가면) 사당역이다', '선생님 이시라면 (그런 데 가시겠어요?)', '물가가 오를 전망이다' …

(18b)의 '물가가 오를 전망이다'는 '전망이다' 구문의 한 예문이다. 상위의 'X이다' 구문과 하위의 '전망이다' 구문의 사이에는 '〔전망〕이다' 류 구문이 있다. 다음 절에서는 여기에 '것이다', '모양이다', '중이다' 구문들도 포함된다는 것을 보이기로 한다.

2.3. '것이다', '모양이다', '중이다'의 경우

우리는 앞 절에서 '전망이다' 구문의 주어와 서술어를 '〔…-ㄹ 전망〕' 과 '〔이다〕'라고 제안하였다. 국어에 '〔보문+N〕_{주어} + 〔'이다'〕_{서술어}' 형 의 구문을 설정한 셈이다. 이제 이 구문의 N의 자리에 '것', '모양', '중' 이 대입될 수 있는지 알아보기로 한다. '것이다'와 '모양이다'는 양태(樣 態) 의미의 구문들을 대표하고, '중이다'는 상(相) 의미의 구문들을 대표 할 수 있을 것으로 기대된다.[13]

먼저 '〔〔…〕_{보문} 것〕이다' 형 구문 즉 '것이다' 구문의 경우를 보기로 한다. 다음의 (19)-(21)의 문장들은 '문을 여니 밀려들어온 공기에서 짙 은 습기가 느껴진다'라는 문장에 바로 이어지는 것으로 가정한다.

---

13 남길임(2004b)에서는 양태 의미의 구문으로 '모양/법/따름/뿐/것/셈/터/노릇_이 다'들을 예시하였고, 상 의미 구문으로 '중/차/길_이다'들을 예시하였다.

(19) 드디어 비가 {a. 온, b. 오는, c. 올} 것이 분명하다.

(20) 드디어 비가 {a. 온, b. 오는, c. 올} 것∅ 이다.

(21) a. *{이 상황/사태, 이것}은 드디어 비가 온 것∅ 이다.

    b. *{이 상황/사태, 이것}은 드디어 비가 오는 것∅ 이다.

    c. *{이 상황/사태/조짐, 이것}은 드디어 비가 올 것∅ 이다.

지금까지 (20)과 같은 '것이다' 구문은 'X가 Y이다' 구문의 하위 구문이라고 이해되어 왔다. '〔보문＋'것'〕'이 Y에 해당한다. X는 외현되지 않았지만 어떤 "상황"이나 "사태"의 의미를 가지는 것으로 상정되었다.[14] 그러나 이런 관점에는 문제가 있다. '문을 여니 밀려들어온 공기에서 짙은 습기가 느껴진다'에 이어지는 (20)의 문장들은 모두 'Y이다' 그 자체로서 가능하다. 그것은 이 문맥에 (19)가 가능한 것과 사정이 같다. (19)에서 '드디어 … 것'에 내포된 명제에 대해 '분명하다'고 말하는 것처럼 (20)에서도 그 명제에 대해 '성립한다'고 말하고 있는 것이다. 이와 대조적으로 'X는 Y이다' 구문으로 만들어 본 (21)의 문장들은 이 문맥에서 모두 불가능하다. 혹시 (20)의 문장들은 (21)의 문장들에서 '이 상황은' 등이 필수적으로 생략된 것이라고 한다면 그것은 이 경우에만 그렇다는 조건을 붙여야 하는 것이 되므로 받아들이기 어려운 설명이 된다. 우리는 (20)의 문장들에 '이 상황은', '이것은' 등 어떤 'X' 성분을 표면에도 기저에도 상정할 수 없는 것이다. 그러므로 설혹 (21)의 문장들이 다른 문맥에서 성립하는 경우가 있을지 모르지만 그때의 그 문장들은 여기 (20)의 것들과 별개의 것이라고 하여야 할 것이다. 우리는 이제 (19)가 〔드디어 … 것이〕주어 〔분명하다〕서술어'의 구조인 것처럼 (20)도 〔드디어 … 것〕주어 〔이다〕서술어'의 구조라고 인정하기로 한다.[15]

---

14 앞의 각주 2를 참고할 것.

이제 (20a, b, c) 모두의 주어-서술어 분석을 다음의 (22)와 같이 제안한다.

(22) 〔비가 온/오는 / 올 것〕주어 〔이다〕서술어

다음으로 '〔〔...〕보문 모양]이다' 형 구문 즉 '모양이다' 구문의 경우를 보기로 한다. "추측"의 의미를 가지는 '모양'은 '것'에 비해 분포가 극히 제약된다. 그것은 '이다'의 앞에만 올 수 있고((23b)), 격조사 '이'나 '을' 앞에는 올 수 없다((23a, c)). 이하 (23a, b, c), (24a, b, c)의 예문들에서는 '온', '오는', '올'의 경우들이 똑같이 문장을 성립시키므로 번잡을 피하여 '온'의 경우만을 보이기로 한다.

(23) a. *비가 온 모양이 알려졌다/분명하다.
    b. 드디어 비가 온 모양이다.
    c. *나는 비가 온 모양을 알았다/생각했다.

다음의 (24)에서 보는 바와 같이 (23b)의 외현된 부분((24)에서는 〔〕를 둘렀음)은 "상황" 관련 주어에 대한 서술어가 될 수도 없다. 사실은 "상황"과 관련된 의미를 떠나 어떤 어구도 (23b)를 서술어로 했을 때의 주어로 상정될 수 없다. ((24) 예문들의 문법성 판단은 '모양이다'를 "추측"의 의미로 해석했을 때의 것임.)

(24) a. *이 상황의 모양은 〔드디어 비가 온 모양이다〕.

---

15 필자는 이미 (19c)와 (20c)의 비교로써 (20c)를 '〔비가 올 것〕주어+〔이다〕서술어'로 분석한 바 있다(2011). (실제로 든 예문은 '선생님이 곧 오실 것이 분명하다'와 '선생님이 곧 오실 것∅ 이다'이었음.)

b. *현재의 비가 온 모양은 〔드디어 비가 온 모양이다〕.

c. *이 상황은 〔드디어 비가 온 모양이다〕.

d. *이 조짐_은 〔드디어 비가 올 모양이다〕.('조짐'의 의미에 맞춰 '온'을 '올'로 하였음.)

동어 반복을 기초로 한 (24b)는 주어부와 서술어부의 두 '모양'을 다 "모습"에 가까운 구체적인 의미로 해석해야만 받아들일 수 있다. "추측"의 의미를 유지해야 한다면 '…-ㄴ/-ㄹ 모양이다'에는 'X가 Y이다'의 X에 해당하는 어떠한 주어도 추가될 수 없다. 따라서 '비가 온/오는/올 모양이다'는 그 자체로서 완전한 문장으로 인정되어야 하고, 그 주어-서술어 구조는 (16c), (22)와의 비교로써 다음의 (25)와 같이 정해지는 것이 합당하다.

(25) 〔드디어 비가 온/오는/올 모양〕주어 〔이다〕서술어

마지막으로 '〔〔…〕보문 중〕이다' 형 구문, 즉 '중이다' 구문을 보기로 한다.

(26) a. *〔형님이 운전하시는 중〕이 되었다/있었다/분명하다/….

b. 〔형님은 운전하시는 중〕이다.

c. *나는 〔형님이 운전하시는 중〕을 몰랐다/이용했다/피했다/….

위와 같이 '〔보문 +'중'〕'은 주어나 목적어 자리에 쓰이지 못하고, '이다' 앞에만 쓰인다는 점에서 '〔보문 +'모양'〕'과 같다.[16]

---

16 '〔보문+'중'〕'이 다음의 i)과 같이 조사 '에' 앞에 오는 경우도 있다.

　i) 그 사고는 〔이 제품을 사용하시는 중〕에 일어난 것이 아닙니다.

　그러나 이 경우의 '중'은 '동안', '도중', '기간' 등으로 바뀌어 쓰일 수 있는 것으로

'〔보문+'중'〕'은 'X가 Y이다' 구문의 'Y'로 쓰일 수도 없다. X가 "상황"과 관련된 것일 때도 마찬가지이다.

(27) a. *이 상황은 〔형님이 운전을 하시는 중〕이다.
   b. *이 때/시간/순간_은 〔형님이 운전을 하시는 중〕이다.

따라서 우리는 (26b)에 대해서 (28)의 구조를 제안한다.[17]

(28) 〔형님이 운전을 하시는 중〕주어 〔이다〕서술어

지금까지 우리는 '〔〔...〕보문+전망/것/모양/중〕이다'에 대해서 똑같이 '〔〔 〕보문+N〕주어 〔이다〕서술어'의 구조를 부여하였다. 이제 이러한 구조의 구문들을 묶어서 '〔전망〕이다' 류라고 부르기로 한다.

3. '〔전망〕이다' 류 구문의 특성

본 장에서는 '전망이다' 류 구문의 특성으로서 보문명사 '전망'이 N^0 차원에서 보충어(보문)를 취하는 부접명사라는 사실과, '〔전망〕이다' 류 구문의 각 하위 구문들이 형식 숙어(formal idiom)라는 사실을 보기로 한다.[18]

보아 (26b)의 '중'과는 성격이 다르다고 하겠다.

17 본고의 '중이다' 구문과 별도 구문으로 '형님은 운전을 하시는 중이시다'와 '형님은 운전 중이시다' 구문도 존재한다. 이 구문들은 '이다'에 '-시-'가 출현할 수 있는 것으로 보아 (18a)의 'X가 Y이다' 구문의 하위 구문들이라는 것을 알 수 있다. 본고의 '〔전망〕이다' 류의 '이다'에는 '-시-'가 출현할 수 없다.

3.1. 보문명사의 부접성

보문명사 '전망'의 용법을 그것이 쓰이는 구문에 따라 다음 (29)와 같이 구별하기로 한다. (29)에서 이들의 구절 표지를 '?'로 한 것은 그 범주가 NP인지(일반 명사) N^0인지(부접명사) 아직 확정되지 않았다는 뜻이다. (29a)의 '전망1'은 인용보문 관형절을 가진 것이고[19] (29b, c)는 보문 관형절을 가진 것이다.

(29) a. 〔〔〔물가가 오른다는〕인용 보문 + 〔전망1〕?〕NP 이 있다/없다/나왔다/....

  b. 〔〔〔물가가 오를〕보문 + 〔전망2〕?〕NP 이 있다/없다/희박하다/*나왔다.

  c. 〔〔〔물가가 오를〕보문 + 〔전망3〕?〕NP ∅_이다/*이_아니다.

이제 다음의 (30)과 같이 수식어가 '전망'만을 수식하도록 만들어서 (29)의 각 '전망'들이 단어 층위와 구 층위의 어디에서 핵이 되는지 알아보기로 한다.

(30) a. 그때는 물가가 오른다는 {전문가들의, 분명한, 예의 그} 전망1이 있었지.

  b. 그때는 물가가 오를 {*전문가들의, 분명한, 예의 그} 전망2이 있었지.

  c. 물가가 오를 {*전문가들의, *분명한, *예의 그} 전망3∅ 이었다.

---

18 '형식 숙어'에 대해서는 뒤의 각주 26을 볼 것.

19 서론의 예문 (4)에 대한 설명을 참고할 것.

(30a)와 (30b)의 두 '전망'은 '전문가들의'와 같은 수식어를 취하는 데에서의 차이를 보인다. 그러나 이 차이는 '전망1'과 '전망2'의 의미의 차이 혹은 내포문 구조의 차이에서 온 것이지 NP와 N⁰라는 층위차가 있어서 생긴 것은 아니다. 필자는 국어에서 '예의 그'가 대상성을 가지는 명사를 수식할 때 가장 쉽게 출현할 수 있어서 후행 명사가 구인지의 여부를 판정하는 데에 시금석의 역할을 할 수 있다고 여기고 있다.[20] 그러한 관점에서 '전망1', '전망2'와 달리 '전망3'이 '예의 그'마저 가질 수 없다는 사실은 중요한 의미를 가진다. '전망1'과 '전망2'는 대상을 가리키는 능력을 가진 채 문장 속에 들어오고, '전망3'의 경우는 '〔〔...〕보문 +전망〕'의 구성이 됨으로써 비로소 대상을 가리키는 능력을 가지게 되는 것이라고 이해된다. 따라서 본고에서는 '전망1'과 '전망2'는 일반 명사이고, '전망3'은 부접명사라고 판정한다. 이제 (29)는 (31)과 같이 표지된다.

(31) a. 〔〔물가가 오른다는〕인용보문 + 〔〔전망₁〕N 〕NP 〕NP 이 있다/없다/ 희박하다/나왔다....

   b. 〔〔물가가 오를〕보문 + 〔〔전망₂〕N 〕NP 이 있다/없다/희박하다/*나왔다.

   c. 〔〔물가가 오를〕보문 + 〔전망₃〕N 〕NP Ø_이다/*이_아니다.

'전망3'이 부접명사라는 사실에 대해서는 더 설명이 필요하다. 우리는 '전망3'을 '〔...-ㄹ〕'보문의 뒤에만 출현할 수 있는 의존명사라고 처리할 수도 있다. 그러나 의존명사일지라도 부접명사 용법과 비부접명사 용

---

20 '예(例)의'는 배경 문맥이 있음을 암시함으로써 문장 속에서 '그'가 쉽게 사용될 수 있도록 해 준다.

법을 다 가지는 경우가 있기 때문에[21] 의존명사로 처리하든 그러지 않든 '전망3'이 부접명사 자리에 쓰였다고 밝히는 일은 여전히 필요하다. 즉 '전망3'이 의존명사인가 아닌가는 '전망3'의 성격 규정에 관계가 없는 일이 되고 만다.

'것이다', '모양이다', '중이다' 구문들의 '것', '모양', '중'도 부접명사이다.

(32) a. 드디어 비가 온/오는/올 {*믿기 어려운, *분명한, *예의 그} 것이다.

　　 b. 비가 온/오는/올 {*놀라운, *확실한, *예의 그} 모양이다.

　　 c. 형님은 운전을 하시는 {*늘 똑 같은, *바쁜, *예의 그} 중이시다.

(32)에서는 '것', '모양', '중'들이 자신만의 부가어를 가지지 못하는 부접명사로 쓰인 것을 알 수 있다. 우리는 지금까지 살펴본 결과로써 '전망이다' 류 구문의 보문명사들은 모두 부접명사라고 결론짓는다.

3.2. 구문의 숙어성

'전망이다' 류 구문에서 주어 명사구 안의 내포문이 보문이라는 것, '이다'가 부접동사라는 것은 이미 알려져 있던 것이고, '〔〔...〕보문 + 전망〕이다' 등이 주어-서술어 구조라는 것과 '전망' 등의 보문명사들이 부접명사라는 것은 본고에서 알게 된 것이다. 이제 '〔전망〕이다' 류 구문의 통사론적 특성들을 (33)으로 표시할 수 있다.

---

21 대표적인 의존명사 '것'이 그렇다(필자 2007 참고). 다음에서 i)의 '것'은 부접명사
　　가 아니라는 의미에서 일반 명사이고, ii)의 '것'은 부접명사이다.
　　i) 〔네가 오늘 말한〕관계 관형절 (그런) 것들이 사실이냐? ('것': 일반 명사)
　　ii) 〔결국 네가 거짓말을 한〕보충 관형절 (*어이없는) 것이로구나. ('것': 부접명사)

(33) 〈'[전망]이다' 류 구문의 구조〉

$$[[[\ \ \ \ ]_{S(보문)} + [\ \ \ \ ]_N\ ]_{NP(주어)} + 이다_{V(서술어)}\ ]_S$$

(33)에서 보문 명사들은 자신의 의미에 따라 특정한 어미의 보문 즉 특정한 서법의 보문을 선택한다. 예컨대 '전망'은 '-ㄹ' 보문을 선택하고, '중'은 현재 시제 '...-느-'의 '-ㄴ' 보문을 선택하며, '것'과 '모양'은 '-ㄴ'과 '-ㄹ' 보문을 다 선택한다.[22]

지금까지 본고에서 '구문'이라고 한 것은 구성문법(construction grammar)에서의 '구성'이다.[23] 구절구조 분석을 바탕으로 하는 일반적인 이론에서 '구성'은 작은 요소들이 모여서 더 큰 단위의 구조체를 이루는 일 또는 그렇게 이루어진 구조체를 가리킨다. 그러나 구성문법에서의 '구성'은 이러한 제한이 없이 해당 언어의 문법과 어휘부의 정보들로부터 의미합성적으로 엄격하게 설명되지 않는 형식-의미 대응쌍을 가리킨다. 그러므로 단어도 그 자체가 구성이 된다고 말해지며, 구절구조에서 자매 관계에 있지 않은 요소를 포함하는 결합체일지라도 그것이 숙어성(idiomaticity)을 가지고 있으면 구성으로 인정되고 어휘부에 등재된다(Fillmore, Kay & O'Connor 1988: 501, 504). 이러한 구성들은 어휘부에 등재될 때에 상위 구성의 특성이 하위 구성에 상속되는 계층 조직을 이루게 된다(Booij 2010: ch. 2).[24]

---

22 시정곤·김건희(2011)에서는 '관형형 어미 + 의존명사 + 이다' 구문의 세 구성요소 중에서 양태 의미를 담당하는 요소는 의존명사라고 하였다. 특히 관형형 어미는 시제와 상의 의미를 가지면서 보문소 역할을 하는 것이고, 양태 의미를 결정하는 요소는 의존명사라고 보았다. 본고도 관형사형 어미는 양태 의미를 결정하는 요소가 아니라는 데 동의한다. 아울러 본고에서는 '부접명사+부접동사'가 양태를 포함한 숙어적 의미를 결정한다고 본다.

23 구성(construction) 중에서 문장(절)을 구성물(constructs)로 가지는 구성은 통상적으로 '구문'이라고 불려 왔다. 본고에서도 마찬가지이다.

위 (33)의 '〔전망〕이다' 류의 각 구문들은 의미합성만으로는 얻을 수 없는 이른바 양태적 의미나 상적 의미들을 가진다. 이 점에서 이들은 숙어의 한 종류로 인정되어 왔다. 방향을 바꾸어 '〔전망〕이다' 류 구문들이 가지는 구성 방식의 특이성을 확인함으로써도 이들을 숙어라고 인정할 수 있다. '〔전망〕이다' 류 구문들의 구성 방식에서의 특이성은 다음의 (34)에서처럼 보문명사 N의 자리에 특정한 어휘만 올 수 있다는 사실에서 볼 수 있다.

(34) a. 연말에는 물가가 오를 {전망, *예상, *추측, *가망, *공산}이다.[25]
   b. 비가 왔다! 드디어 비가 온 {것, *일, *사건, *사실}이다!
      먹구름이 몰려온다. 드디어 비가 오는/올 {것, *일, *사건, *사실}이다.
   c. 강물이 불었다. 강원도에 비가 많이 온 {모양, *모습, *흔적, *상황}이다.
      무릎이 아프니 비가 오는/올 {모양, *모습, *징조, *상황}이다.
   d. 형님은 지금 운전을 하시는 {중, *와중, *도중, *동안, *틈}이다.

(34a)에서 의미상으로 '전망'의 동위어(同位語)가 될 만한 어휘들일지라도 '전망이다'의 '전망'을 대신할 수 없음을 볼 수 있다. 그러한 사정은 (34b, c, d)에서 보는 것처럼 '것', '모양', '중'에 대해서도 똑 같다. 그러므로 '전망이다', '것이다', '모양이다', '중이다' 구문들은 각각이 통사론적으로 구성법이 자유롭지 못한 고정된 구성들이다. 그에 더해 이들은

---

24 구성문법이란 이러한 구성들을 통사 구조의 기본 형식으로 다루는 문법이다.
25 다음 ⅰ), ⅱ)는 '전망1', '전망2'의 동위어들을 보여 준다.
    ⅰ) 연말에 물가가 오른다는 {전망1, 예상, 추측}이 있다/나왔다/보도되었다.
    ⅱ) 연말에 물가가 오를 {전망2, 가망, 공산}이 있다/없다/희박하다.

열려 있는 보문 자리를 가지고 있으므로 그 구성 각각이 고유하게 하나의 통사 패턴의 역할을 하는 이른바 형식 숙어가 된다.[26] 예를 들어 '전망이다' 구문은 아래 (35)와 같이 구조기술이 되는 형식 숙어이다. '전망이다' 구문의 위에서 '모양이다', '중이다' 등의 구문들도 함께 거느리는 '〔전망〕이다' 류 구문의 구조는 (33)에서 (36)으로 수정된다. 이 상위 구문은 빈칸을 둘 가지고 있으므로 역시 형식 숙어가 된다.

(35) 〈'전망이다' 구문의 구조〉

$$[[[\quad]_{S(보문)} + 전망_N]_{NP(주어)} + 이다_{V(서술어)}]_S$$

(36) 〈'〔전망〕이다' 류 구문의 구조〉 ((33)의 수정판임)

$$[[[\quad]_{S(보문)} + [\quad]_N]_{NP(주어)} + 이다_{V(서술어)}]_S$$

(여기에서 '[ ]_N'을 채우는 요소는 '전망', '것', '모양', '중' 등으

---

26 Fillmore, Kay & O'Connor(1988: 505)에서는 모든 요소가 고정된 '실사(實辭) 숙어(substantive idioms)'와 통사 패턴의 성격을 가지는(따라서 빈칸을 가지는) '형식 숙어(formal idioms)'를 구별했다. 이 구별은 양 극단과 중간 항들을 가진다. 다음의 ⅰ)과 ⅲ)은 극단에 있는 실사 숙어와 형식 숙어이고 ⅱ)는 ⅰ) 쪽(실사 숙어 쪽)에 가까이 있다. Fillmore 등이 다룬 '…A… let alone …B…' 구성도 통사 패턴으로서의 형식 숙어이다.
   ⅰ) It takes one to know one. ('사돈 남 말 하네'. 모든 요소가 고정되어 있음. 빈칸이 없음.)
   ⅱ) blow one's nose ('코 풀다'. 'blow'와 'nose'가 고정되어 있음. 'one's'는 빈칸에 나타난 것임.)
   ⅲ) Him be a doctor? ('걔가 의사? (무슨!)' 'Him'도 'be a doctor'도 빈칸에 나타난 것임. 즉 이 숙어에는 고정된 요소가 없음.)
'형식 숙어'를 Booij(2010: 12-14)에서는 '구성 숙어(constructional idioms)'라고 부른다. 그 구성법이 고유한 패턴으로 인정되는 데에서 이렇게 부른 것으로 보인다. Booij가 든 네덜란드어의 예는 '[[X]_{Ni} [[van]_P [[een]_{Det} [X]_{Nj}]_{NP}]_{PP}]_{N'k} ↔ [SEM_i-같은 특성을 가진 SEM_j]_k'이다. 국어의 예로는 '망할 놈의 세상', '이 놈의 팔자' 등을 만드는 '[ ]_{관형어} 놈의 [ ]_N'을 들 수 있을 것이다(필자 2008c 참고).

로 정해져 있음.)

우리는 앞의 3.1.에서 '전망이다' 구문의 '전망'이 의존명사인가 아닌가는 그것의 성격 규정에 관계가 없다고 말한 바 있다. 여기에서는 '모양이다' 구문의 '모양'에 대해 생각해 보기로 한다. '모양이다' 구문의 '모양'은 "추측"의 의미를 가진다. 이 의미는 '모양이다' 구문 외에는 '비가 온 모양으로'('비가 온 모양이어서'의 뜻)와 '비가 온 모양 같다'를 사례로 하는 형식 숙어('모양으로' 구문과 '모양 같다' 구문)에만 의존명사로 나타난다. "추측" 의미의 '모양'은 이 특정한 형식 숙어들의 바깥에서는 사용되지 않는다. 따라서 이 형식 숙어들의 '모양'을 의존명사라고 규정하는 것은 공허한 일이 된다. '전망이다' 구문의 '전망'과 마찬가지로 '모양이다' 구문의 '모양'의 경우에도 그 어휘 정보에 의존성이 기록되어 있는 것이 아니다. (36)과 같은 구조 기술에 '전망'과 '모양'이 (마찬가지로 '것'과 '중'이) 주어져 있을 뿐인 것이다. 이렇게 처리함으로써 이른바 '의존명사 양태구문'들 가운데 '전망이다' 구문만이 비의존명사 '전망'을 가지고 있다는 특이성도 해소되게 된다.

2.1.에서 본 '〔눈〕이다!' 류 구문과 이곳의 '〔전망〕이다' 류 구문들은 똑같이 '〔 〕NP(주어) 이다V(서술어)'의 구조를 가지지만 '〔눈〕이다' 류 구문의 '〔 〕NP'는 열려 있고, '〔전망〕이다' 류 구문의 각 하위 구문들의 '〔 〕NP'는 그 내부에 열린 자리('〔…〕보문')와 닫힌 자리('전망N' 등)를 가지는 구조라고 할 수 있다 ('이다'는 '이다' 구문 차원에서 이미 주어졌음). 따라서 국어에서 통사 패턴으로서의 '전망이다' 구문 등은 어휘부에 등재되고 그들의 계층구조 상의 상위 구문인 '〔전망〕이다' 류 구문도 어휘부에 등재된다고 할 수 있다.[27]

---

27 어떤 종류의 패턴이든지 패턴들은 일반적으로 계층 구조를 쉽게 이룰 것이다.

4. 결 론

우리는 지금까지 '이다'가 부접어라는 전제를 출발점으로 하여 '전망이다' 구문, '것이다' 구문, '모양이다' 구문, '중이다' 구문의 문장 구조와 통사론적 특성을 찾아 기술하였다. 그리고 이 구문들의 상위 구문으로 '〔전망〕이다' 류 구문을 설정하여 그 구조를 다음과 같이 기술하였다.

〈'〔전망〕이다' 류 구문의 구조〉
$[[[\quad]_{S(보문)} + [\quad]_N]_{NP(주어)} + 이다_{V(서술어)}]_S$
(여기에서 '〔 〕$_N$'을 채우는 요소는 '전망', '것', '모양', '중' 등으로 정해져 있음.)

본고에서는 위 구문이 '주어-서술어' 구조이며 주어 명사구 속의 핵 명사가 부접어 자리에 나타난다고 주장하였다. 위 구조 기술에 보인 이러한 통사론적 특성들은 '〔전망〕이다' 류에 포함될 다른 구문들의 발견에 도움이 될 것으로 기대된다.

위의 구조에서 '이다'의 자리에 '하다'나 '같다'가 온 구문들도 본고와 동일한 틀에서 연구될 수 있을 것이다(필자는 '비가 올 만하다'와 '비가 올 것 같다'를 이미 '〔전망〕이다' 류 구문처럼 분석한 바 있다(2011, 2012)). 나아가 '비가 오나 보다'의 구조도 '$[[비가 오나]_S]_{NP(주어)}$ 〔보다〕$_{V(서술어)}$'와 같이 분석된다고 생각된다(필자 2011). 이들 모두를 포괄하는 상위 계층의 구문을 설정하자는 제안도 시도될 수 있을 것이다.

참고 문헌

김광해(1983), 「계사론」, 『蘭臺 李應百 博士 回甲紀念論文集』, 寶晉齋. 〔김광해(1995), 『어휘 연구의 실제와 응용』, 집문당, 129-139〕

김정아(2001), 「'이-'의 문법적 특성에 대한 통시적 고찰」, 『國語學』 37, 국어학회, 309-336.

김창섭(2007), 「부접명사의 설정과 식별」, 『國語學』 50, 국어학회, 27-55. 〔김창섭(2008a), 『한국어 형태론 연구』, 태학사, 157-186.〕

_____(2008b), 「보충어의 설정과 명사연속구성의 분류」, 서울대학교 대학원 국어연구회 엮음, 『李崇寧 現代國語學의 開拓者』, 태학사, 1083-1116.

_____(2008c), 「문어와 구어에서의 조사 '의'의 문법」, 『震檀學報』 106, 진단학회, 79-115.

_____(2011), 「부접어의 설정과 부접 구성」, 『國語學』 62, 국어학회, 47-72.

_____(2012), 「'같다'의 의미와 기본 구문」, 『震檀學報』 116, 진단학회, 217-239.

남길임(2004a), 「'-ㄹ 예정이다' 류 구문 연구」, 『한국어학』 22, 한국어학회, 69-94.

_____(2004b), 『현대 국어 '이다' 구문 연구』, 한국문화사.

박승윤(1998), 「형식명사 술어 구문의 문법화 현상」, 『담화와 인지』 5.2, 담화·인지언어학회, 41-56.

박재연(2005), 「한국어 계사문의 한 유형 -'전망이다' 구문의 경우-」, 『우리말연구 서른아홉 마당』, 태학사, 231-249.

시정곤·김건희(2011), 「'의존명사 +이다' 구문에 대한 양태적 고찰」, 『語文研究』 68, 어문연구학회, 79-102.

안명철(1983), 「現代國語의 樣相 연구 -認識樣相을 中心으로-」, 『國語研究』 56, 서울대학교 국어연구회.

李承旭(1969), 「主語의 統辭에 관한 考察」, 『國文學論集』 3, 단국대학교. 〔南基心·高永根·李翊燮 共編(1975), 『現代國語文法』, 계명대학출판부,

238-251.〕

임동훈(2005), 「'이다' 구문의 제시문적 성격」, 『國語學』 45, 국어학회, 119-144.

임홍빈(1974), 「명사화의 의미 특성에 대하여」, 『國語學』 2, 국어학회, 83-104. 〔임홍빈(1998), 『국어 문법의 심층』 1, 태학사, 529-551.〕

_____(1985), 「국어의 '통사적인' 공범주에 대하여」, 『語學硏究』 21(3), 서울대학교 어학연구소, 331-384. 〔임홍빈(1998), 『국어 문법의 심층』 2, 태학사, 65-127.〕

_____(2005), 「정체 밝힘의 형용사 '이다'의 문제와 연어」, 『한국어 계사 '-이(다)'의 쟁점』, 서울대학교 언어교육원·세종전자사전개발연구단 워크숍 발표집, 5-46.

전영철(2013), 「한국어 제언문/정언문 구별과 정보구조」, 『國語學』 68, 국어학회, 99-133.

Bak, Sung-Yun(1983), Ket kath-ta Construction and Subjectlessness in Korean, *Korean Linguistics* 3, The International Circle of Korean Linguistics, 7-20.

Booij, Geert(2010), *Construction Morphology*, Oxford University Press.

Fillmore, Charles J., Paul Kay & Mary Catherine O'Connor(1988), Regularity and Idiomaticity in Grammatical Constructions: The Case of 'Let Alone', *Language*, 64-3, 501-538.

일본어와 한국어의 속격 조사의 용법에 대하여*

오고시 나오키

도쿄대학교

1. 들어가는 말

일본어와 한국어가 문법적으로 많은 유사점이 있다는 것은 이미 잘 알려진 사실이다. 이로 인해 서로의 언어를 학습할 때 다른 언어에 비해 그 이해가 빠르다는 이점이 있다. 그러나 언뜻 비슷해 보이는 두 언어에 있어서도 실제 사용에 있어서는 그 용법에 차이가 나는 경우가 있다. 일본어와 한국어의 대조 연구는 이와 같은 두 언어의 공통점과 차이점을 조사하여 각 언어의 특징을 밝히고자 하는 것이다. 두 언어의 차이가 크지 않기 때문에 그 대조 연구에서 밝혀지는 공통성과 개별성은 언어의

* 이 글은 2009년에 개최된 '제4회 한일(일한) 인문 사회 과학 학술회의'에서의 연구 발표인 '한일 속격 조사의 용법에 대하여'를 대폭 수정·추가한 것이다. 또한 이 글은 과학 연구비 보조금에 의한 연구 과제인 '현대 일본어와 한국어의 생략 현상에 관한 대조 연구 -언어 구조적 특징의 해명을 목표로-'(과제번호: 16H03413)의 연구 성과의 일부이다.

보편성과 개별성에 관한 중요한 정보를 제공한다. 본고에서는 이러한 한일 대조 연구의 일례로서 속격 조사의 경우를 들어 그 공통점과 차이점에 대한 고찰을 통해 두 언어의 특징에 대해서 논하고자 한다.

2. 일본어 'no'와 한국어 '의'

일본어의 속격 조사는 'のno', 한국어의 속격 조사는 '의'이다. 한국어 또는 일본어를 학습할 때 'no'와 '의'는 서로 대응하는 조사로 학습하게 된다. 이 두 조사는 실제로는 사용법에 다른 면이 있다. 예를 들어 일본어의 'no'는 속격뿐만 아니라 주격 조사로 사용되는 경우가 있지만 현대 한국어의 '의'에는 이러한 용법이 존재하지 않는 것으로 알려져 있다. 또한 일본어의 'no'는 'watashi-no(나의)'라는 표현이 'watashi-no mono(내 것)'라는 의미를 나타내는 경우가 있지만 한국어 '의'에는 그러한 용법이 없다. 그러나 본고에서는 그 대상을 'no'와 '의'가 속격 조사로 사용되는 경우로 한정하여 두 조사의 공통점과 차이점에 대해 고찰해 나가고자 한다.

속격 조사 'no'와 '의'의 대응 관계에 대해서는 生越(1989)에서 다음의 4가지 경우가 있다는 것을 지적하였다.

    1) 'no'-'의'

        (1) 日本-**no** 気候 - 일본의 기후[1]

    2) 'no'-ø

        (2) 英語-**no** 先生 - 영어 선생님

---

1 일본어의 예는 '헵번식 로마자(Hepburn Romanization)'로 표기한다. 단 한국어와 같은 한자어의 경우는 한자로 표기한다.

3) 'no'-'인'

   (3) 部長-<u>no</u> 田中-san - 부장<u>인</u> 다나카 씨

4) 'の'-동사 관형사형

   (4) 到着-<u>no</u> 列車 - 도착<u>한</u> 열차 (生越 1989: 343 일본어 표기 변경)

위의 예에서 알 수 있듯이 '의'에 비해 'no'의 사용 범위가 넓고 일본어의 'no'에 대해 한국어의 여러 가지 표현이 대응하고 있다. 이에 본고에서는 어떤 조건에서 각각의 대응 관계가 성립하는지 1)과 3), 1)과 4), 1)과 2)의 순으로 살펴보기로 한다.

3. 'no'와 '의', '인'

3.1. 'no'와 '의', 'no'와 '인'의 차이

앞절의 예문(3)에서 보인 바와 같이 일본어의 'no'에 대해 한국어에서는 지정사의 관형사형인 '인'이 대응하는 경우가 있다. 이 경우 (1)에서와 같은 'no'와 '의'가 대응하는 경우와는 어떤 차이가 있는 것일까. 아래의 (5)~(7)는 'no'와 '의'가 대응하는 경우, (8)~(9)는 'no'와 '인'이 대응하는 경우이다.

   (5) a. watashi-no tomodachi-<u>no</u> ie

      b. 내   친구{<u>의</u>/ ?<u>인</u>} 집

   (6) a. 英会話-<u>no</u>   個人教授

      b. 영어회화{<u>의</u>/ ?<u>인</u>} 개인교수

   (7) a. 日本-<u>no</u>   気候

      b. 일본{<u>의</u>/ ?<u>인</u>} 기후

(8) a. watashi-no tomodachi-<u>no</u> tanaka-san

　 b. 　 내 　 친구{?의/ <u>인</u>} 다나카 씨

(9) a. 終点-no 　 　東京駅

　 b. 종점{?의/ <u>인</u>} 도쿄역

　일본어에서는 모두 'no'가 사용되고 있지만 한국어에서는 (5)~(7)의 경우 '인'을 사용할 수 없고 반대로 (8)~(9)에서는 '의'를 사용할 수 없다. 속격 조사 혹은 '인' 앞에 있는 명사를 N1, 뒤에 있는 명사를 N2라고 한다면 (5)~(7)와 (8)~(9)는 N1과 N2의 관계에 차이가 있다. 한국어의 '인'이 대응하는 일본어 (8)(9)는 (13)(14)에서 보듯, 'N1-no N2'를 'N1-de aru N2'로 바꾸어 쓸 수 있다. 한편 '의'가 대응하는 (5)~(7)는 (10)~(12)에서 보듯, 'no'를 'de aru'로 바꾸어 쓸 수 없다.

　(10) a.? watashi-no tomodachi-<u>de aru</u> ie

　　 b.? 　 내 　 친구<u>인</u> 　 집

　(11) a.? 英会話-<u>de aru</u>個人教授

　　 b.? 영어회화<u>인</u> 　 개인교수

　(12) a.? 日本-<u>de aru</u>気候

　　 b.? 일본<u>인</u> 　 기후

　(13) a. watashi-no tomodachi-<u>de aru</u> tanaka-san

　　 b. 　 내 　 친구<u>인</u> 　 다나카 씨

　(14) a. 終点-<u>de aru</u>東京駅

　　 b. 종점<u>인</u> 　 도쿄역

　또한 'no'와 '인'이 대응하는 경우는 (18)(19)에서처럼 'N2-wa N1-da', 'N2는 N1이다'로 바꾸어 쓸 수 있는 데 반해, 'no'와 '의'가 대응하는

경우는 (15)~(17)에서 보듯, 그렇게 바꾸어 쓸 수 없다. 즉 (8)(9)의 N1과 N2는 N1＝N2로 볼 수 있는 경우이며 영문법에서 말하는 동격 관계에 있다. (5)~(7)에서는 N1이 N2의 의미를 한정하고 있는 데 반해 (8)(9)의 N1과 N2는 그러한 관계에 있지 않다. 한국어에서는 (8)(9)과 같이 N1＝N2의 관계에 있을 때는 '의'를 사용하지 못하고 '인'을 사용한다. 이에 반해 일본어에서는 그러한 경우에도 'no'가 사용되는 것이다.

(15) a. ? sono ie-wa watashi-no tomodachi-da.

　　 b. ? 그 집은　　　　내　　　친구이다.

(16) a. ? sono 個人教授-wa 英会話-da.

　　 b. ? 그　　개인교수는　영어회화이다.

(17) a. ? 気候-wa 日本-da.

　　 b. ? 기후는　일본이다.

(18) a. tanaka-san-wa watashi-no tomodachi-da.

　　 b. 다나카 씨는　　　내　　　친구이다.

(19) a. 東京駅-wa　終点-da.

　　 b. 도쿄역은　종점이다.

이처럼 일본어에서는 구분없이 'no'를 사용하는 경우에도 한국어에서는 N1과 N2의 관계에 따라 다른 표현을 사용한다. 한국어에서는 N1이 N2의 의미를 한정할 때는 '의'를 사용하고 N1과 N2가 동격일 때는 '인'을 사용한다. 한편 종래의 일본어 연구에서도 (8)(9)와 같은 'no'는 다른 'no'와 구별해야 한다는 주장이 있다. 奥津(1978)는 'no'의 일부는 조동사 'da'의 연체형(한국어의 관형사형)으로 봐야 한다고 서술하고 있다. 또한 加藤(2003)는 'no'에는 서술적인 'no'와 한정적인 'no'가 있으며, 'X-no Y'를 'X-de aru Y'로 바꿀 수 있는 경우의 'no'는 서술적인 'no',

'X-no Y'를 'X-to sonoY'로 바꿔서 이상하지 않은 것은 한정적인 'no'라고 했다(加藤 2003: 94-95, 495-498). 이러한 일본어 'no'의 기능적 차이는 한국어와의 비교를 통해 더욱 명확해진다.

3.2. '의'와 '인'의 차이

앞절에서는 한국어 '의'와 '인'의 사용법의 차이를 지적했다. 그러나 경우에 따라서는 '의'와 '인'의 구분이 명확하지 않을 때도 있다. 예를 들어 다음의 (20)(21)과 같이 '의', '인' 모두를 사용할 수 있는 경우가 있다.

> (20) 20살{의/인} 남자
> (21) 170센티이상{의/인} 사람

이러한 '의'와 '인' 모두를 사용 가능한 경우에 대해서는 生越(1989), 吳玹定(1997)에서 그 사용법의 차이를 분석하고 있다. 生越(1989)는 다음과 같은 예를 들어 '의'와 '인'에는 N1과 N2의 관계에 있어 차이가 있음을 지적했다.

> (22) 서울시 전입인구를 사유별로 보면 총전입자 95만 5천명 중 70%에 이르는 66만 9천명이 '직업관계'로 서울시로 옮겨온 것으로 나타났으며 17%인 16만 2천명은 '자녀교육관계'로 집을 옮긴 것으로 집계됐다. 『동아일보 1989. 1. 10.』(生越 1989: 352)
> (23) 서울시 상주인구가 88년 11월 현재 모두 1천 28만 6천 5백 3명으로 1년 전보다 29만 5천 4백 14명이 늘어나 2.95%의 증가율을 보인 것으로 나타났다. 『동아일보 1989. 1. 10.』(生越 1989: 352)

(22)(23)은 모두 수식어 N1에 '~%'라는 어구가 사용되고 있다. (22) 문장의 피수식어인 N2는 수사 '16만 2천명'이며, N2 자체가 이미 특정한 내용을 나타내고 있다. 따라서 이 경우의 N1은 N2의 의미를 한정하는 것이 아니라 N2에 추가적인 설명을 덧붙이고 있다. 즉 이 경우 특정한 내용을 나타내는 N2에 부가적인 설명인 N1을 연결하여 대상이 되는 사물의 특징을 보다 명확히 하고 있는 것이다. 生越(1989)는 이러한 관계를 '付け足し的(덧붙이기적)' 수식으로 불렀다. 한편 (23) 문장에서의 N2인 '증가율'은 특정한 사물을 나타내는 단어가 아니며 N1 '2.95%'는 N2의 의미를 한정·특정하는 역할을 하고 있다. 이 경우 보다 넓은 의미를 가진 N2에 N1을 결부시켜 그 의미를 한정함으로써 대상이 되는 사물을 명확히 하고 있는 것이다. 生越(1989)는 이러한 용법을 '絞り込み的 (범위 축소적)' 수식이라고 불렀다. 이처럼 N1과 N2의 의미 관계에 따라 '의' 혹은 '인'이 선택되어지고 있으며 이러한 구별은 영어 등의 제한적 수식과 비(非) 제한적 수식의 구분과 공통성이 있다고 지적하였다(生越 1989: 350-356). 吳玹定(1997)은 보다 세밀한 용례 분석을 통해 '제한적 수식' 다시 말해 주명사에 어떤 제한을 추가하는 수식의 경우에는 '의'가 사용되고, '비(非) 제한적 수식' 다시 말해 주명사에 대하여 제한을 가하지 않고 단지 특정 정보만을 부가하는 수식의 경우 '인'이 사용된다고 기술하고 있다(吳玹定 1997: 83). 이러한 설명은 (5)~(7)과 (8)(9)의 차이에 대해서도 적용 가능하다.

또한 '범위 축소적' 수식·비(非) 제한적 수식의 경우는 피수식어가 고유명사 혹은 대명사 등인 경우가 많지만 다음의 예와 같이 고유명사에 있어서 '의'가 사용되는 경우도 있다.

> (24) 촬영이 끝나자마자 <u>어머니 역의 윤여정</u>은 아기의 우는 모습이 안쓰러웠다며 가슴을 쓸어내린다. (吳玹定 1997: 83)

위의 예에서는 '어머니 역'을 담당하고 있다는 것이 중요하며 평소 윤여정의 행동이 아니라 '어머니 역'을 맡고 있는 윤여정의 행동에 주목하고 있다. 다시 말해 이 경우의 N1은 N2의 의미를 한정하는 역할을 하고 있다고 할 수 있다. 이처럼 生越(1989), 吳玹定(1997)에서는 N1과 N2의 의미적 관계에 따라 '의'와 '인'이 구분되어지고 있다고 간주하고 있다. 이 지적은 대체로 타당한 것으로 생각되지만 의미적 요인만으로는 설명할 수 없는 경우도 있다. 예를 들어 앞에서 언급한 예 (20)(21)를 다음과 같이 바꾸면 '의'의 허용도가 낮아지는 것을 알 수 있다.

(25) 나이가 20살 {(?)의/인} 남자

(26) 키가 170센티 이상 {(?)의/인} 사람

(27) 현재 <u>20살인</u> 사람과 당시 20살이었던 사람을 둘러싼 환경은 매우 다르다.

(25)(26)는 모두 N1이 N2의 의미를 한정하고 있지만 '의'보다 '인'이 더 자연스러운 것을 알 수 있다. 실제 (27)에서도 '인'이 사용되고 있다. (25)(26)에는 N1의 주어에 해당하는 '나이가', '키가'가 등장하고 있다. (27)의 경우도 문장 안에 '20살이었던'이라는 표현이 사용되고 있다. 이처럼 N1이 그 앞에 오는 명사와 '주술 관계'가 되는 경우 혹은 과거의 표현과 병렬하여 사용되는 경우에는 '인'의 사용이 더욱 용이해진다. 즉 '의'와 '인'의 구분에는 '의미 관계'뿐만 아니라 '통사 구조'도 관련되어 있다고 봐야 할 것이다.

4. 'no'와 동사 관형사형

4.1. 제1유형

다음으로 일본어의 'no'에 대해 한국어에서는 동사의 관형사형이 대응하는 경우에 대해 생각해 보고자 한다. 이 대응에는 크게 나누어 두 가지 유형이 있다. 먼저 제1유형에는 다음과 같은 예가 있다.

(28) a. kyo 欠席{-no/-si-ta} tanaka-san

    b. 오늘 결석{?의/한} 다나카씨

(29) a. ima 到着{-no/-si-ta} 列車

    b. 지금 도착{?의/한} 열차

(30) a. 12月-ni 開催{-no/-sareru} 国会

    b. 12월에 개최{?의/되는} 국회

(28)～(30)의 경우, 일본어에서 'no'가 사용되는 데 반해 한국어에서는 '의'를 사용할 수 없으며 '～한' 혹은 '～되는'과 같은 동사의 관형사형이 사용된다. (28)～(30)에는 앞의 명사 N1이 동작성명사라는 공통점이 있다. 일본어의 '欠席', '到着', '開催'와 한국어의 '결석', '도착', '개최' 등의 명사는 특정한 사물을 나타내는 것이 아니라 행동 혹은 변화 그 자체를 나타낸다. 이러한 동작성명사는 일본어에서는 '～する', 한국어에서는 '～하다, ～되다'의 형태로 동사로도 사용된다. 그렇다면 왜 일본어와 한국어 사이에 이러한 차이가 발생하는 것일까. (28)～(30)을 보면 'kyo/오늘', 'ima/지금', '12月-ni/12월에'라는 단어가 N1의 동작성명사의 인용수식어로 사용되고 있다. 연용수식어는 본래 용언을 수식하는 것이지만 일본어의 동작성명사는 명사의 형태 그대로 연용수식어를 허용하는 것이다. (28)～(30)에서 사용되고 있는 일본어의 동작성명사는 동사

처럼 연용수식어를 동반할 수 있을 뿐만 아니라 명사로서 'no'를 수반할 수도 있다. 의미적뿐만 아니라 통사론적으로도 동사와 명사의 모습을 겸비한 단어라 할 수 있다. 이에 비해 한국의 동작성명사는 연용수식어를 동반할 수 없으며 이를 위해서는 동사의 형태를 취할 필요가 있다.[2] (28)~(30)과 같은 한일 두 언어의 차이는 'no', '의'의 기능적 차이라기보다는 두 언어의 동작성명사의 용법적 차이에 기인한 현상이라 할 수 있다.

3절에서 제시한 (25)(26) 및 상기에서 언급한 (28)~(30)의 예는 모두 'no'는 사용 가능하나 '의'를 사용할 수 없거나 사용하기 어려운 예들이다. 이러한 예들은 N1이 다른 수식어를 동반하여 술어의 역할을 하고 있다는 점에 공통점이 있다. 본고에서는 이러한 용법을 '통사론적 용법'이라 부르기로 한다. 즉 일본어 'no'에는 통사론적 용법이 존재하는 반면 한국어 '의'에는 이러한 용법이 없거나 이러한 용법으로의 사용이 상당히 제한적이라 할 수 있다.

또한 한국어에는 조사 '의'를 사용하지 않는 'N1ø N2'라는 표현이 존재한다. 앞에서 언급한 예 중, '의'를 사용할 수 없었던 (8)(9)에서도, ø 표현이라면 사용이 가능하다. 그러나 (25)(26)에서처럼 N1이 다른 수식어를 포함할 경우 ø 표현은 그 사용이 불가능해진다. N1의 술어적 성격이 명확해지면 쓸 수 없게 된다는 점에서 ø 표현에는 '통사론적 용법'

---

2 동작성명사에 관한 한일 두 언어의 차이에 대해서는 井上·金(1998)에서 다음과 같이 지적하고 있다.

  （ⅰ）a.　　mamonaku 東京駅-ni 到着-desu.
　　　　b.??　　곧　　동경역에　도착입니다.

  （ⅱ）곧 동경역에 도착하겠습니다.（井上·金 1998: 455-456 표기 변경）
  井上·金(1998)는 상기와 같은 예를 통해 한일 두 언어의 동작성명사에 대해 '일본어에서는 명사가 지닌 잠재적 동사성·형용사성이 명사술어 전체에 비교적 용이하게 계승되는데 반해 한국어에서는 이가 곤란하다.'(井上·金 1998: 469)라고 기술하고 있다.

이 존재하지 않는다고 봐야 할 것이다. 이 점에 있어서는 차후 보다 세밀한 검증이 필요하다.

4.2. 제2유형

일본어 'no'와 한국어의 동사 관형사형이 대응하는 예에는 또 하나의 유형이 존재한다. 이 유형에 대해서는 이미 林八龍(1995), 金恩愛(2003)에서 지적하고 있으면 다음과 같은 예가 이에 해당한다.[3]

> (31) a.　眼鏡{-no/-wo kake-ta} ko
>
> 　　 b.　　안경{?의/을 낀}　　애
>
> (32) a.　長靴{-no/-wo hai-te iru} 青年
>
> 　　 b.　장화{?의/를 신고 있는}　청년
>
> 　　　　　　　　　　　(金恩愛 2003: 38-39 일부 변경)
>
> (33) a.　teburu{-no/-no ue-ni aru} 新聞
>
> 　　 b.　테이블{?의/ 위에 있는}　신문

일본어의 경우, (31)~(33)에서 'no'를 사용할 수 있다. 이에 반해 한국어에서는 '의'를 사용할 수 없고 동사의 관형사형이 사용된다. 한국어에서 사용되는 동사는 N1과 N2의 관계를 명시하는 것으로 N1의 뒤에 조사 혹은 위치를 나타내는 명사가 이어진다. 또한 이러한 동사와 N2에는 주술 관계가 성립한다. 일본어에서도 조사와 동사를 사용하여 표현하

3　林八龍(1995), 金恩愛(2003)는 일본어가 명사적인 표현을 많이 사용하는 것에 비해 한국어에서는 동사적인 표현이 많이 사용된다는 점을 지적하고 있다. (31)(32)와 같은 예는 한일 표현 방법의 차이를 나타내는 일례로서 사용되고 있으며 'no', '의'의 기능에 대해 서술한 것은 아니다. 두 연구 모두 'no', '의'에 대한 자세한 분석은 하고 있지 않다.

는 것이 가능하다. 이러한 대응관계를 보이는 예를 살펴보면 몇 가지 공통점이 있다. 이 유형의 일본어에 'no'가 사용되는 것은 화자와 청자가 동일한 장소에 있으면서 얘기하는 장면, 혹은 화자와 청자 모두가 이미 알고 있는 내용에 대하여 다시 한번 언급하는 장면에서 사용된다. 아울러 'N1no N2'에서 가리키는 내용은 특정 인물이나 사물인 경우가 많다. 예를 들어 다음과 같은 예가 이에 해당한다.

(34) ano muko-ni iru 長靴-no 青年-ga 田中-san.
   (저쪽에　 있는 장화 신은 청년이 다나카 씨.)
(35) kino-no 長靴-no 青年, oboe-te iru?
   (어제 본 장화 신은 청년 기억나?)

(34)는 화자와 청자가 동일한 장소에 있는 경우, (35)는 화자와 청자가 이미 알고 있는 내용을 언급하는 장면에서의 발화라고 할 수 있다. 이들 예에서는 특정 인물을 설명하기 위해 일반 명사 N2에 그 인물의 특징을 나타내는 명사 N1을 조합하고 있다. 일본어에서는 화자와 청자 모두가 공통의 정보를 가지고 있을 때 그 정보를 사용하여 'N1no N2'의 형태로 특정 인물·사물을 나타낼 수 있기 때문이다. (31)~(33)처럼 이러한 유형의 표현이 시각적인 정경을 표현하고 있는 것은 시각적 정보 쪽이 사물을 '특정화'하기 쉽기 때문이라고 생각된다. 한편 한국어의 경우에는 어떠할까. 한국어 모어 화자를 대상으로 조사한 결과, 응답자 모두가 (31)~(33)의 예에서 '의'는 사용할 수 없다고 응답하였다. 단 실제 데이터를 조사해 본 결과 다음과 같은 예가 발견되었다.

(36) 저편 식당 입구에는 삼십대 중반으로 보이는 금테 안경을 쓴 남자가 식당 안을 향하여 소리쳐 말하고 있었다. K는 그를 향하여

번쩍 손을 들어보이며 자신이 바로 K라고 소리쳤다. 그러자 그 금테 안경의 남자는 탁자 사이를 가로질러 성큼성큼 이쪽으로 걸어왔다. 『세종계획2011. 2BEXXX19.txt: 588』

(36)은 '세종 계획 말뭉치'의 예로 (31)의 '眼鏡-no ko'와 유사한 '금테 안경의 남자'라는 표현이 사용되고 있다. 그러나 이 예의 경우 이전의 표현에서 한 번 '금테 안경을 쓴 남자'라는 표현이 제시되어 있어 느닷없이 이러한 표현이 사용된 것은 아니라 할 수 있다. 이에 대해서는 향후 더욱 검토가 필요하지만 한국어에서도 문맥에서 한 번 명시한 경우라면 동사의 관형사형을 사용하지 않고 '의'를 통해 2개의 명사를 연결할 수 있어 보인다. 단 실제 사용되는 예의 수가 적을 뿐만 아니라 '의'가 이러한 용법으로 사용되기 위해서는 상당히 까다로운 조건이 필요한 것으로 보여진다.

이상에서도 알 수 있듯이 장면이나 문맥을 바탕으로 N1과 N2의 관계가 명확할 때 일본어에서는 동사 관형사형을 사용하지 않고 'no'를 사용하여 N1과 N2를 연결할 수 있다. 한편 한국어에서는 장면이나 문맥을 바탕으로 '의'를 사용하는 경우는 극히 제한적이며 일반적으로 이러한 경우 '의'는 사용할 수 없고 동사 관형사형이 이를 대체한다고 할 수 있다. 일반적으로는 'no', '의'로 연결하여 사용할 수 없는 N1과 N2를 문맥이나 장면의 도움으로 연결하여 특정 인물·사물을 나타내는 것이 이 유형의 특징으로, 문맥·장면의 도움없이 일반 개념을 나타내는 3.1.의 (5)~(7)과 같은 예와는 구별할 필요가 있다.[4]

---

4 이러한 유형은 'N1no N2'의 표현이 특정 인물·사물을 나타낸다고 기술하였지만 이에 반하는 예도 보여진다.
  (i) a. uchi-no   学校-niwa 眼鏡-no   ko-ga takusan iru.
     b. 우리   학교에는 {?안경의/안경 낀   아이가 많다.

5. 'no'와 ø(제로)

여기서는 일본어 'no'에 대응하여 한국어에서는 조사 자체를 사용하지 않는 'N1ø N2'의 예를 살펴보기로 한다.

(37) a. 英語{-no/? ø } 先生

b. 영어{?의/ ø } 선생님

(38) a. 哲学{-no/? ø } hon

b. 철학{?의/ ø } 책

(39) a. 学校{-no/? ø } 授業

b. 학교{?의/ ø } 수업

(37)~(39)의 일본어는 반드시 'no'를 사용해야 하며 ø(조사 없음)로 표현하는 것은 불가능하다. 그러나 한국어에서는 반대로 '의'를 사용하면 부자연스러우며 ø로 표현하는 것이 자연스럽다. 이러한 차이로 인해 일본어를 모국어로 하는 한국어 학습자들은 자주 오류를 범한다. 여기서 문제가 되는 것은 한국어에서 어떤 경우에 ø로 표현하는가 하는 점이다. '의'와 ø의 기능에 대해서는 다양한 연구가 이루어지고 있다. 金光海(1984)는 '의'와 ø의 사용법을 조사한 결과, 다음과 같은 점들을 지적하

위의 예에서 사용되는 '眼鏡-no ko'는 특정 인물을 나타내는 것이 아닌 일반적인 '안경 낀 아이'를 가리키고 있다. 그러나 이런 경우에도 대응하는 한국어 표현으로 '의'를 사용할 수 없다. '眼鏡-no ko'에는 (5)~(7)과 같은 개념적인 용법과 (31)~(33)과 같은 특정 인물을 나타내는 용법이 있음을 알 수 있다. (5)~(7)과 같은 용법이라면 대응하는 한국어로 '의'를 사용할 수 있어야 하지만 그렇지 않다. (i)과 같은 한일의 차이는 N1이 입거나 신거나 하는 사물 혹은 신체적 특징이고 N2가 사람인 경우에 발생하는 것으로 생각되지만 이러한 차이의 구체적인 요인에 대해서는 향후 과제로 삼고자 한다.

고 있다.

① N₁과 N₂가 '所有主-被所有物의 관계', '全體-部分의 관계', '親族 관계'와 같은 項目連結性(collocability)을 가지면 {ø}로 실현될 수 있었다.
② N₁과 N₂가 위의 項目連結性을 가지지 못하면 {-의}는 필수적으로 出現하며, 統辭上의 機能이 强調되는 경우에도 필수적으로 出現했었다.

(金光海 1984: 225)

위와 같이 金光海(1984)는 두 표현의 차이에 대해 비교적 구체적으로 지적하고 있지만 (37)~(39)와 같이 ø로만 표현되는 예에 대해서는 설명이 이루어지지 않았다. 두 표현에 대한 기술적 고찰은 金光海(1984) 이후에도 그다지 진전되지 않고 있다.[5] 이처럼 '의'와 ø의 분석이 난항을 겪고 있는 데에는 다음의 세 가지 이유가 있다고 생각된다.

1) 사용상의 문제
'의'와 ø 양쪽 모두 사용할 수 있는 용례가 매우 많다. 게다가 '의' 또는 ø의 형태에 대한 사용 가능 여부 판단에는 개인차가 있다.
2) 문체적 문제
한국어는 구어에서 조사가 자주 생략된다. 회화체에서 ø 표현이 사용되는 경우 이를 생략에 의한 ø로 볼 것인지 문법적인 요인에 인한 것으로 볼 것인지의 판별이 어렵다.

---

5 ø의 사용에 대해서는 "'N1의 N2 구성'은 어휘부에 있는 어휘 요소 간의 의미 자질에 의해 '의'를 요구하지 않는다."(김선효 2005: 77)와 같은 이론적인 설명은 이루어지고 있지만 ø의 사용 조건에 대한 기술적 설명은 이루어지지 않고 있는 것 같다.

3) 어휘론적 문제

'문법 연구' 등과 같은 한자어의 복합 명사와 'N1ø N2' 표현의 구별이
어렵다.

이러한 이유로 '의'와 ø의 차이를 규명하는 것은 쉬운 일이 아니다.
이에 본고에서는 '의'와 ø의 사용법에 대한 몇 가지 지적을 정리하는 것에
그치기로 한다.

우선 상기에서 (37)∼(39)에서는 '의'를 사용할 수 없고 ø 표현만이
허용됨을 기술하였다. 그러나 같은 N1과 N2의 조합임에도 다음과 같은
예에서는 '의'가 사용될 수 있다.

(40) 도덕, 철학의 책　　　　　『세종계획2011, BRHO0125.txt: 1143』

(41) 니시다(西田) 철학의 책들『세종계획2007, BRHO0416.txt: 1159』

(42) ∼아들이 다니는 학교의 수업을 자주 참관하거나∼

『세종계획2007, 2CA93F06.txt: 660』

(38)(39)처럼 '철학 책', '학교 수업'은 일반적으로 ø로 표현되어 '의'
는 사용할 수 없지만 (40)∼(42)에서는 '의'가 사용되고 있다. (40)와
같이 N1에 여러 명사가 병렬되어 있거나 (41)(42)처럼 N1 자체가 수식
어를 동반하는 경우에는 '의'를 사용할 수 있다. (40)∼(42)를 ø로 표현
하면 명사 사이의 의미 관계가 어려워지기 때문에 '의'의 사용을 통해
'의' 앞 단어 전체가 N2와 결합하고 있음을 보여주고 있다고 생각된다.[6]

6　선행연구에도 같은 지적이 있다.
　　〈N1+N2〉 구성에서 선행명사의 수식어구가 길게 붙어 해당 선행명사(N1)가
　　외연적으로 한정을 받아 그 대상이 부각되면 될수록 조사 {의}가 붙을 가능성이
　　높아진다.

이는 (37)~(39)과 같은 'N1ø N2'의 표현이 고정적인 표현이 아니라 단어의 구성에 의해 'N1의 N2'로 표현될 수 있음을 보여주고 있다. 이 점은 'N1ø N2'의 표현이 고정적인 복합 명사의 경우와는 다르다. 이러한 차이는 통사론적 관계의 'N1ø N2'와 형태론적 관계의 복합 명사를 구별 하기 위한 테스트로 사용될 수 있을지도 모른다.

다음으로 ø 표현을 쓸 수 없고 반드시 '의'를 사용해야 하는 예에 대해 살펴 보기로 한다.

(43) a. 家庭{-no/ ?ø } tuki

    b. 가정{의/ ?ø } 달

(44) a. 愛 {-no/ ?ø } 迷路

    b. 사랑{의/ ?ø } 미로

(45) a. kotoshi{-no/ ?ø } 俳優

    b. 올해 {의/ ?ø } 배우

(43)~(45)의 예는 '가정을 소중히 하는 달', '사랑이라는 미로', '올해 가장 활약한 배우'을 의미하는 것으로 일정 기간의 명칭, 노래 제목, 상의 이름으로서 사용되고 있다. 이와 같이 일반적으로 결부시켜 사용하지 않 는 듯한 N1과 N2를 결부시켜 새로운 개념을 나타내는 경우에는 ø를 통해 표현하지 못하고 '의'가 사용된다. (43)~(45)에서처럼 일본어 'no' 에도 이와 같은 용법이 존재한다. 일반적으로 결부시켜 사용하지 않는 명사를 연결한다는 점은 3.2에서 다룬 (32)의 '長靴-no 靑年'과 공통점이 있다. 그러나 한국어의 '의'는 (43)~(45)에서는 사용이 가능하나 (31)~

---

(40) a. 가죽 구두

    b. 좋은 가죽의 구두   (목정수 2007: 459)

(33)에서는 사용이 곤란하다. 그럼 (43)~(45)와 (31)~(33)에는 어떤 차이가 있는 것일까.

3.2.에서 지적한 바와 같이 (31)~(33)의 'N1no N2'라는 표현은 특정 인물·사물을 나타내고 있다. 한편 (43)~(45)의 예는 특정한 개념을 나타내는 것으로 특정 인물·사물을 나타내는 것이 아니다. (31)~(33)의 예는 특정 문맥·장면에서 성립하는 표현인데 반해 (43)~(45)는 문맥이나 상황의 제약 없이 성립하는 표현이다. 전자를 '사물 지시 용법', 후자를 '개념 생성 용법'으로 부른다면 일본어의 'no'는 두 용법이 모두 가능한데 비해 한국어의 '의'는 후자의 '개념 작성 용법'만을 허용한다. 아울러 한국어 ø 표현에도 '개념 생성 용법'은 존재하지 않는다.[7] ø 표현으로 '사물 지시 용법'이 가능한지에 대해서는 충분한 검증이 이루어지지 않았지만 '의'보다 그 사용이 제한적인 것으로 보여진다.

이상으로 '의'와 ø의 차이, 일본어 'no'와의 차이점에 대하여 몇 가지 고찰해 보았다. 향후 '의'와 ø의 사용 조건이 보다 명확히 규명된다면 이는 한국어 교육은 물론, 일본어 'no'의 분석에도 새로운 시사점을 제시해 줄 것으로 기대된다.

6. 맺는 말

본고에서는 한일 두 언어의 속격 조사인 'no'와 '의'의 대조를 통해 두 조사의 유사성과 차이점에 대해 논하였다. 또한 한국어에 있어서의 '의'와 ø의 차이에 대해서도 고찰하였다. 본고는 'no'와 '의', ø의 전체적

---

7 복합 명사 'N1ø N2'의 경우는 제외한다. 복합 명사의 경우에는 이제까지 결합하지 않았던 N1과 N2를 결부시켜 새로운 개념을 만들어 낼 수 있다.

인 기능에 대한 논의가 아닌 두 언어의 차이에 초점을 맞추어 각각의 특징을 명확히 밝히고자 함에 그 목적이 있다. 본고를 통해 밝혀진 내용들을 정리하면 다음과 같다.

① 일본어 'no'는 N1이 수식절의 술어로서 기능하는 경우에도 사용할 수 있다 (통사론적 용법). 한국어의 '의'는 이러한 용법으로는 사용할 수 없거나 사용하기 어렵다. 한국어 ø 표현에도 이러한 용법은 없다고 생각된다.

② 'no', '의' 모두 일반적으로 결부시켜 사용할 수 없는 명사를 결합하여 새로운 개념을 나타낼 수 있다(개념 작성 용법). 단 한국어 ø 표현에는 이러한 용법이 없다.

③ 'no'는 일반적으로 결부시켜 사용할 수 없는 명사를 결합하여 특정 인물·사물을 나타낼 수 있다(사물 지시 용법). 이 경우 반드시 문맥과 장면의 도움이 필요하다. '의'에도 이러한 용법은 있지만 'no'에 비해 그 사용이 한정적이다. 이 경우 ø 표현은 '의'보다도 사용하기 어렵다.

이상을 표로 정리하면 다음과 같다.

	일본어 'no'	한국어 '의'	한국어 ø
통어적 용법	○	× (△)	×
사물 지시 용법	○	△	×?
개념 작성 용법	○	○	×

일본어는 본래의 통사 구조를 가변적으로 파악하여 다양한 표현을 구사할 수 있는 데 비해 한국어는 본래의 구조에 충실하게 표현해야 한다는

지적이 塚本(2012) 등을 통해 이루어지고 있다. 'no'와 '의'의 통사론적 용법의 차이는 이러한 두 언어의 특징이 반영된 것일지도 모른다. 또한 田窪(1990) 등에서는 일본어와 한국어의 언어 사용에 있어서 장면이나 상황 등의 관여 정도가 다르다고 지적하고 있다. 사물 지시 용법의 차이도 이러한 예의 하나라고 말할 수 있을지도 모른다. 본고의 분석은 보다 많은 데이터를 통한 검증이 필요하며 'no', '의'의 용법 중 본고에서는 다루지 않은 내용도 많다. 이에 관해서는 향후의 과제로 삼고자 한다.

참고 문헌

井上優·金河守(1998),「名詞述語の動詞性·形容詞性に関する覚え書 ―日本語と韓国語の場合-」,『筑波大学「東西言語文化の類型論」特別プロジェクト研究 研究報告書Ⅱ』, 455-470.

林八龍(1995),「日本語と韓国語における表現構造の対照考察 ―日本語の名詞表現と韓国語の動詞表現を中心として-」,『宮地裕·敦子先生古希記念論集 日本語の研究』, 明治書院, 264-281.

生越直樹(1989),「文法の対照的研究 ―朝鮮語と日本語―」,『講座日本語と日本語教育5 日本語の文法·文体(下)』, 明治書院, 341-362.

_____(2011),「日本語と朝鮮語は本当に似ているか -属格助詞の対照研究」,『言語科学の世界へことばの不思議を体験する45題』東京大学言語情報科学専攻編, 東京大学出版会, 46-60.

呉玹定(1997),「連体修飾表現に関する日韓対照研究 ―「の」に対応する韓国語の「의(ɯi)」「인(in)」-」,『現代日本語研究』4, 大阪大学現代日本語学講座, 75-87.

加藤重広(2003),『日本語修飾構造の語用論的研究』, ひつじ書房.

金恩愛(2003),「日本語の名詞志向構造(nominal-oriented structure)と韓国語の動詞志向構造(verbal-oriented structure)」,『朝鮮学報』188, 朝鮮学会, 1-83.

田窪行則(1990),「対話における知識管理について　−対話モデルからみた日本
　　語の特性−」,『アジアの諸言語と一般言語学』, 三省堂, 837-845.

塚本秀樹(2012),『形態論と統語論の相互作用』, ひつじ書房.

金光海(1984),「{-의}의　意味」,『국어문법』5, 한국어교육학회, 161-228.

김기혁(1990),「관형 구성의 통어 현상과 의미 관계」,『한글』209, 59-97.

김선효(2005),「관형격 조사 '의'의 격 지위와 기능」,『우리말 연구 서른아홉
　　마당』, 태학사, 65-84.

목정수(2007),「한국어 조사 {의}의 문법적 지위와 의미 기능에 대하여」,『국어
　　교육』123, 한국어교육학회, 437-470.

임홍빈(1981),「존재 전제와 속격 표지 {의}」,『언어와 언어학』7, 한국외국어대
　　학교 언어연구소, 61-78.〔임홍빈(1998),『국어 문법의 심층』2 재록〕

자료

『세종계획2007』문화관광부·국립국어원(2007),『21세기 세종계획 최종 성과
　　물 2007』

『세종계획2011』문화체육관광부·국립국어원(2011),『21세기 세종계획 최종
　　성과물 2011.12 수정판』

혼잣말 종결어미의 형태론

장 소 원

서울대학교

1. 들어가기

이 글은 현대 한국어에서 '혼잣말'이라고 하는 독특한 발화를 구성하는 어미들이 지닌 형태론적 특성을 밝히는 것을 목적으로 한다. 혼잣말은 사전에서 흔히 '말을 하는 상대가 없이 혼자서 하는 말'로 정의되고 있으며 '독백'은 '혼자서 중얼거림' 또는 '배우가 상대역 없이 혼자 말하는 행위, 또는 그런 대사. 관객에게 인물의 심리상태를 전달하는 데 효과적이다.'라고 정의된다. 물론 모든 종류의 혼잣말의 발화 상황이 동일한 것은 아니지만 구체적인 발화의 형태론적 특성에서는 차이를 보이지 않으므로 본고는 '혼잣말'을 하나의 발화 상황으로 인식하고 그 발화를 구성하는 종결어미의 형태론적 특징을 살펴보고자 하는 것이다.

일련의 발화들을 혼잣말이라는 독자적인 발화 유형으로 구분하기 위해서는 그 발화가 지니는 독특한 언어적인 특성이 드러나야 한다. 지금까지 문법서의 기술에서는 반말과 같은 종결어미나 준종결형식을 설명하면서,

혹은 감탄문과 같은 문장의 형식을 논하면서 부분적으로 혼잣말을 언급한 것이 대부분이며 개별적인 논문에서는 주로 혼잣말을 구성하는 '-구나, 군, -네'와 같은 전형적인 종결어미들의 개별적 문법적 특성을 설명하거나,[1] 혼잣말 종결어미들을 의미론적 속성에 따라 분류를 시도하였다.[2] 이들은 대부분 혼잣말을 구성하는 종결어미들이 각각 어떠한 의미기능을 담당하며 어떠한 문법적 특성을 지니는지를 논의한 것인 반면, 이글은 문법서에서 분류한 각각의 문형에 속하는 종결어미들이 혼잣말에서도 과연 그러한 문형의 기능을 동일하게 담당하고 있는가를 살펴보는데 초점을 맞춘다. 즉 혼잣말에서는 어떠한 종결형식들이 평서문을 구성하고 의문문을 구성하며 감탄문을 구성하는지, 어떠한 문형이 많이 나타나고 어떠한 문형이 드물게 구성되거나 거의 구성되지 않는지, 그 이유는 무엇인지 등을 살펴보고자 하는 것이다.

먼저 혼잣말을 구성하는 발화들을 수집하기 위해 필자는 세종계획말뭉치에서 드라마와 소설을 추리고 이들에서 '혼자', '혼잣말', '중얼거리다', '궁시렁대다' 등과 같이 혼잣말 발화의 출현 환경이 되는 표현과 공기하는 문장을 검색한 후 그 중에서 혼잣말 발화로 간주되는 것들을 선별하였다. 이렇게 혼잣말에서 사용되는 종결어미들을 모으고 실제 혼잣말 발화에서는 이들이 어떠한 문장 유형을 구성하는지를 분류함으로써 우리는 '문장종결법'이라는 이름으로 분류된 기존의 종결어미들이 혼잣말에서는 어느 정도로 그 이름과 부합하는지를 보게 될 것이다.

이러한 시도는 기존 문법서에서 혼잣말이라는 발화를 예외적인 것으로 간주하고 대화 위주로 행해졌던 종결어미의 분류를 보완하게 될 것이며 외국인을 대상으로 하는 한국어교육에서의 어미교육에도 시사점을 제공

---

1 신선경(2001), 임채훈(2008), 정경숙(2012), 이재성(2014), 전후민(2015) 등이 대표적이다.
2 박재연(2012) 참조.

할 수 있을 것임과 동시에 언어의 연구에 개별적 발화 상황이 미치는 중요도가 결코 사소한 것이 아님을 인식하게 해 주는 의의를 지닐 것이다.

2. 혼잣말 발화 상황의 유형과 대상

위에서 살펴본 정의 아래 혼잣말 종결어미의 형태론적 특성을 밝히기에 앞서 몇 가지 해결해야 할 문제가 있다. 그 첫째는 혼잣말이 구체적으로 어떠한 발화 상황을 뜻하는가이다. 소설과 연극대본의 말뭉치에서 누구나 혼잣말이라고 파악할 만한 대사를 몇 개 찾아 밑줄을 그어보면 다음과 같다.

(1) 가. 나는, 평화에 시달리고 있는 하루군, 하고 혼자말을 했다.
　　나. 나는 그를 보며, 수려한 용모에 영혼의 품위까지 겸비했군, 하고 말할 수 없는 게 몹시 아쉽군, 하는 생각을 했다.

(2) 운계: (중얼거리는) 아니지~ 꿈에 영범이두 보였는데…?

(3) 석: (궁시렁) 아씨, 그냥 배달시키면 안돼요? 내가 꼭 쪽팔리게 장바구니 들구 시장을 따라가야 돼냐구.

(1가)는 소설 속 인물이 혼자 있는 공간에서 구성한 발화이고, (1나)는 소설 속 인물이 한 생각을 발화로 구성한 것이다. 반면 (2)는 연극 속의 인물이 무대 위에 홀로 있는 상황에서 구성한 발화이고 (3)은 연극 무대 위에 두 명이 있는 상황에서 구성된 한 인물의 발화이다.

(1)과 (2), (3)의 차이는 발화 상황에 존재하는 인물이 물리적으로 화

자 혼자인가의 여부이다. (1가)는 진정한 혼잣말 상황으로 어떠한 청자도 물리적으로 존재하지 않는 상황에서 화자가 위의 발화를 입 밖으로 구성한 것이고 (1나)는 동일한 상황에서 입속에서 구성한 발화이다. 반면 (2)와 (3)은 '청자 옆에서'라고 하여 청자의 존재를 전제로 한다는 점에서 공통점을 지닌다. 다만 (2)에서는 청자(주로 관객)가 자신의 말을 듣든 말든 화자의 발화가 전혀 어떠한 영향도 전혀 받지 않아 연극의 독백으로 흔히 사용되지만 (3)에서 화자는 청자가 자신의 발화를 듣고 있다는 것을 인식하고 있으며 그러한 상황이 전제되어야만 이루어질 발화이지만 화자는 마치 그러한 상황임을 모른다는 듯이 시침을 뗀 상태에서 대화의 격률을 의도적으로 무시한 채 발화를 구성하고 있다는 점이다.[3] 이 대화에서 앞의 문장은 해요체 종결어미를 사용함으로써 아씨를 구체적인 청자로 상정한 대화문이 분명하지만 바로 그 뒤의 발화는 아씨에 대한 불만을 표시하려는 의도를 가지고 있지만 신분상의 차이로 인해 직접적으로 발화할 수 없는 상황에서 반말투의 발화를 혼잣말로 구성함으로써 대화의 격률을 의도적으로 무시했다고 볼 수 있는 것이다. 결국 이는 화자가 청자를 곁에 두고 청자에게 하고 싶은 말을 마치 혼잣말인 것처럼 중얼거림으로써 책임을 회피하는 책략을 쓰는 것으로 일상생활에서도 불만을 표시하거나 받아들여지기 어려운 요청을 하고자 할 때 아래와 같이 흔히 사용된다.

(4) 가. 치이, 아빠는 해도 된다고 그랬는데... (할아버지로부터 게임

---

3 전후민(2015: 6)은 이에 대해 "발화가 반드시 청자가 있는 상황에서만 이루어지는 것은 아니다. 혼자 있을 때도 사람들은 자신의 생각이나 느낌 등을 드러내기 위해 여러 가지 발화를 하고, 심지어 청자를 곁에 둔 상황에서도 청자에게 말을 건네려는 의도가 담기지 않은 말을 혼자서 중얼거리기도 한다."고 지적한 바 있는데 여기에는 (3)의 혼잣말 상황에 대한 언급은 빠져 있다.

을 한다고 꾸중 들은 아이가 할아버지를 바라보지 않으면서 혼잣말로)

나. 이 정도 부탁쯤은 들어줘도 되지 않나? (친구에게 직접 부탁하기는 어려운 상황에서 혼잣말로 요청을 표시할 때)

(4가)는 할아버지를 직접적인 청자로 해서는 절대 표현할 수 없는 발화이지만 자신의 불만을 어떻게든 표현하고 싶은 손자의 입장에서는 혼잣말의 모습을 취하는 것이 유일하게 가능한 표현 수단이다.[4] 또 (4나) 역시 청자에게 어떠한 부탁을 꼭 해야만 하는 화자의 입장에서 직접적인 요청 발화를 수행하는 것이 불가능한 상태가 되면 최후의 수단으로 스스로에게 하는 혼잣말로서의 의문문 형식을 빌어 청자에게 자신의 요청을 접수시키는 예이다.[5]

이처럼 혼잣말은 발화 상황에 청자가 존재하느냐의 여부, 그리고 그 청자를 자기의 발화에 영향을 주는 인물로 간주하느냐 그렇지 않느냐의 여부에 따라 그 유형을 달리한다고 볼 수 있다. 물론 의사소통할 수 없는 혼잣말의 전제조건이 '말', 즉 음성기호임을 생각한다면 과연 생각이 언어로 표현된 (1나)가 발화인가에 대해서는 논란의 여지가 있다. 그러나 인간의 사고가 언어로 이루어진다는 점을 인식하고, 결과적으로 혼잣말이 문자화된 상태에서 (1가)처럼 '혼잣말을 했다'고 명기된 상황과 (1나)처럼 '생각을 했다'고 명기된 상황을 구분하기는 애매하다. 따라서 이 글에서는 생각을 문자화한 결과물도 혼잣말로 간주하여 같이 논의하기로 한다.

---

4 박재연(2000)은 독백의 종결어미를 감탄, 자문, 결심, 후회, 기원으로 나누어 의미론적 속성을 살펴보고 있는데, (4가)와 같은 불만을 표시하는 혼잣말 유형은 이에 포함되지 않는 유형이다.

5 이는 박재연(2000)의 자문에 해당한다.

위의 발화 상황들 가운데 이 글은 (1가)와 (1나)를 하나의 발화 상황으로 간주하여 혼잣말의 발화를 다음과 같은 세 가지 유형으로 구분하여 파악하기로 한다.

> (5) 혼잣말의 발화 유형
> > 가. 화자 혼자 있는 상황에서 어떤 청자도 상정하지 않고 이루어지는 발화 또는 그러한 발화가 문자화된 결과물
> > 나. 청자 옆에서 청자의 존재를 무시하고 구성하는 발화
> > 다. 청자 옆에서 청자가 듣기를 바라지만 청자를 의식하지 않는 것처럼 가장한 발화

다음으로 혼잣말 종결어미의 형태론적 특성을 밝히기 위해서 해결해야 할 문제는 우리의 연구에서 구체적으로 어떠한 방식으로 혼잣말 발화를 채취할 것이냐 하는 것이다. 우리가 실제 생활에서 자신의 혼잣말을 의식하기란 쉬운 일이 아닐뿐더러 타인의 혼잣말을 듣게 된다면 그것은 위의 혼잣말 발화 상황 중 (5나)와 (5다)에만 국한될 것이기 때문이다. 그러나 혼잣말이란 기본적으로 '청자를 고려하지 않음'을 전제로 하는 발화이므로 그것이 음성으로 행해지느냐 생각 속에서 행해지느냐의 차이는 화자에게 큰 의미가 없다고 볼 수 있다. 뒤에서 보게 되겠지만 혼잣말이 출현할 때 많은 환경에서 '마음속으로 중얼거렸다', '입속말로 중얼거렸다'와 같은 지문이 동반되는 것을 보면 혼잣말은 '마음속으로 하는 말'의 또 다른 모습이라고도 볼 수 있을 것이다. 또 (5가)와 (5나), (5다)의 발화들은 형태론적으로 차이를 보이지 않는다고 인정되므로 (5가)의 두 종류의 혼잣말을 우리의 분석 대상으로 삼는 것은 당연한 일일 것이다. 그렇다면 (5가)에 해당하는 발화들을 수집하는 방법은 소설과 희곡에서 혼잣말의 형태로 출현하는 발화를 대상으로 하는 것이다.

우리가 혼잣말을 자신의 발화의 한 종류로 학습하는 과정은 타인의 혼잣말을 듣거나 소설이나 희곡에서 글로 적혀 있는 혼잣말 대사를 읽는 과정을 통해서이므로 문자화된 혼잣말이 생각 속의 발화와 차이를 보인다고 주장할 근거는 없다.[6] 그러므로 소설과 희곡 말뭉치에서 혼잣말을 추출하는 방법은 '혼잣말', '궁시렁(대-)', '중얼거리-' 등이 포함된 앞뒤의 발화를 추출하여 혼잣말로 간주되는 발화들을 수작업으로 선별하는 작업이었다. 통계적인 분석을 목표로 하는 연구라면 좀 더 정밀하고 많은 지표를 적용해 보아야 할 것이나 이 연구는 혼잣말 발화에서 어떠한 종결어미들이 어떠한 문형으로 표현되고 있는가를 살피는 것이므로 충분히 다양한 표본을 추출하는 데에 만족하고자 하였다.

3. 문형별 혼잣말 종결어미

소설과 희곡에서 나타나는 혼잣말의 종결양상은 우리의 예상을 벗어난다. 혼잣말에 쓰이는 대표적인 종결어미를 '-구나'라고 보는 학자도 있고[7] 전후민(2015)은 해체 혼잣말 종결어미에 '-요'가 결합되어 상향 억양으로 실현되면 질문의 효력이 발생한다고 보았다. 또 박재연(2000)은 해라체 의문형 종결어미 '-니'라든가 합쇼체 평서형 종결어미 '-습니다'는 지극히 예외적인 경우를 제외하면 혼잣말, 즉 독백의 상황에 좀처럼 나타나지 못할 것이라고 보았는데 '지극히 예외적인 경우'에 대한 구체적인 언급은 보이지 않는다.[8]

---

6 이와 동일한 근거에서 박재연(2000)도 소설 속의 혼잣말을 대상으로 삼아 이루어졌다.

7 이재성(2014: 191)은 혼잣말의 대표적인 종결어미로 '-구나'를 꼽으며 이를 전통적으로 서술법에 포함되며 감탄법으로 분류되는 문장이라고 파악했다.

이 장에서는 혼잣말 발화의 종결어미들이 문형별로 어떠한 특성을 보이는지 살펴볼 것이다. 이러한 시도는 하나의 문형을 담당한다고 기술되는 어미들이 과연 적절하게 분류된 것인지를 다시 한 번 들여다보게 될 것이고 지금까지 평서문, 의문문, 명령문, 청유문, 감탄문 등으로 분류되어 온 문형의 분류가 과연 한국어에서 적절한 것인가를 되돌아보는 계기도 될 것이다. 그리하여 문법 기술에서 문형을 결정짓는 종결어미를 논의할 때는 혼잣말 발화뿐 아니라 다양한 발화 유형들을 고려해야 할 것임을 인식시켜 줄 것이다.

국어의 문장 유형을 나눌 때 무엇을 기준으로 삼느냐에 따라 감탄문을 별개의 문형으로 독립시킬 것인지, 평서문과 하나로 묶을 것인지의 여부가 결정된다. 화자의 청자에 대한 진술 목적, 즉 서법에 따라 문장을 분류하면 평서문은 '화자가 일정한 내용을 청자에게 전달하는 문장'인 반면, 감탄문은 '화자의 느낌을 표현하는 문장'이 되어[9] 이 둘이 구분될 수밖에 없다. 그런데 혼잣말 발화로 논의의 대상을 한정하면 이런 기준으로는 평서형 종결어미가 사용된 모든 문장들이 감탄문으로 간주되어야 하므로 서법에 의한 문형의 분류는 무의미해진다. 반면 화자가 청자에게 미치는 영향을 중심으로 문형을 둘로 나누면, 평서문과 감탄문이 하나의 부류로 묶이고, 의문문, 명령문 청유문이 한 부류로 묶이게 된다.[10] 문형을 구분하는 또 다른 기준은 화행의 유형에 따르는 것으로, 화자가 무언가에 대해 서술하느냐, 질문하느냐, 명령하느냐, 요청하느냐 라고 하는 화행의 성격을 기준으로 문형을 분류한다면 감탄문은 평서문과 함께 서술

---

8 박재연(2000: 26)

9 임홍빈·장소원(1995: 353)

10 앞의 부류는 간접화행과 같은 경우를 제외하면 화자가 청자에게 특별한 요구 없이 말만을 하는 문장들이고, 뒤의 부류는 화자가 청자에게 무언가를 하게 하는 문장들이다. (임홍빈·장소원 1995: 353~354)

문에 포함되는 것이 당연하다.

혼잣말을 구성하는 발화들은 의식적 무의식적으로 청자의 존재를 상정하지 않으므로 청자에 대한 진술 목적, 즉 서법에 의한 기준으로 혼잣말의 문장들을 분류하는 것은 무의미하다고 판단하여 평서문과 감탄문을 묶어 서술문의 개념으로 다루고자 한다. 이러한 시도는 혼잣말의 성격을 이해하는 데 더 효율적임은 물론이고 항상 청자와의 관계를 고려하여 이루어지던 한국어의 문형 분류에 대해 좀 더 생각해볼 여지를 줌과 동시에,[11] 감탄문 종결어미에서 비어 있는 수많은 칸들에 대해 더 이상 고민하지 않아도 된다는 의의를 지닌다. 따라서 이 글에서는 평서형과 감탄형 종결어미를 묶어 서술형어미라는 이름으로 부르고 문형을 서술문, 의문문, 명령문, 청유문으로 묶어 논의하고자 한다.

3.1. 혼잣말의 서술문

평서문으로 구성된 혼잣말에서 가장 많이 보이는 종결어미는 해라체어미와 해체, 즉 반말어미일 것으로 짐작된다. 물론 혼잣말 가운데는 다양한 준종결형식들로 마무리되는 경우가 많기 때문에 통계적인 분석을 한다면 실제 결과는 다르게 나올 수 있지만 본 연구는 통계적인 분석이 아니므로 종결부의 성격에 따라 하나씩 살펴보기로 한다.[12]

---

11 인도유럽어들은 대부분의 감탄문을 의문사와 함께 구성하는 것과 대조적으로 한국어의 감탄문은 앞뒤 문맥에 의해, 혹은 감탄사나 부사와의 공기에 의해 결정된다는 점에서 한국어의 감탄문 구성에 대해서는 앞으로 더 많은 논의가 필요하다. 한국어의 감탄문 '정말 예쁜 옷이구나!'를 프랑스어로 번역하면 'Quelle belle robe!'로 번역되는 것이 그러한 예이다.

12 이 장의 하위 절들을 해라체, 해체, 하게체 등으로 전개하는 이유는 청자를 상정하지 않는 혼잣말에서는 이런 상대경어법의 등급이 중요하지 않음에도 불구하고 기존의 종결어미들이 이러한 등급 아래 분류되었기 때문이며 종결형식과 준종결형식으로만 나누기에는 어미의 종류가 너무 다양하기 때문이다.

(1) 해라체 종결어미

> (6) 가. 혜자: (사방을 둘러보다 차 쪽으로 가 차를 키로 긁어버린다.
>   그 흔적 보며) 속 좀 상하겠다.
>   나. "나는 도무지 어떻게 되는 판인지 모르겠다."고 중얼거리는
>   達壽의 머릿속에. 벌써 오래 전부터 俊錫은 昌愛에게 손을
>   대온 것이나 아닌가 하는 의심이 부쩍 떠오르는 것이었다.
>   다. 변소에서 나오면서 노인은 '불편하더래도 오늘은 여기서 자야
>   겠다'고 입속말로 중얼거렸다.
>   라. "참 감도 많이 열렸다." 오성은 감나무를 바라보며 중얼거렸습
>   니다.
>   마. '자애병원이 최고다, 최고!' 철이는 자꾸자꾸 뒤를 돌아다보면
>   서 입 속으로 중얼거렸다.
>   바. "자수라……" 노인이 혼잣소리처럼 중얼거리자 학수가 말했다.
>   사. "삶의 휴식처라……" 낮게, 소리죽여, 그녀는 중얼거리면서,
>   똑바로 걷는다.
>   아. '세상 물정 알 때가 올 것이니라.' 마흔살이 된 민씨는 속으로
>   만 중얼거렸다.
>   자. 길 가던 할머니가 쳐다보고 "가여워라, 저것들이……" 하며 눈
>   물을 훔치고 있었다.

위의 예들은 해라체 어미로 만들어진 혼잣말 문장들이다. 소설과 희곡
에서 혼잣말로 표현되었는데 문자화되면 소리 내어 중얼거리는 경우와
입속으로 또는 입속말로 중얼거리는 것들의 구분이 무의미해짐을 알 수
있다. (6가~다)를 보면 혼잣말에서는 단순한 서술이 아니라 추측이나
의지와 같이 양태성이 두드러짐을 알 수 있고 (6라, 마)를 보면 해라체어

미가 '참'과 같은 감탄의 의미를 지닌 부사와 함께 쓰이거나, 또는 수행억양이나 강조하고자 하는 표현의 반복을 통해 화자의 감탄을 표시함을 알 수 있다. (6사)는 누군가의 말을 되받아 인용하는 형식을 취하고 있어서 마치 메아리 질문과 유사한 성격을 보이나 질문이 아니라 화자가 자신이 들은 발화 전체 혹은 발화의 일부를 되풀이한다는 점에서 차이를 보인다. 이러한 서술형 발화는 혼잣말에서만 보이는 특이한 유형이다.[13] (6아)에서 보이는 '-니라'는 진리나 으레 있는 사실을 일러 줄 때에 예스럽게 쓰이는 종결 어미로 이 역시 해라체에 해당하는데 청자의 존재를 상정할 때 사용되는 것이 일반적이나 드물게 혼잣말에서 스스로에게 이르듯이 표현되기도 한다. (6자)는 감탄의 의미가 강하게 느껴지는 해라체 종결어미이다.

(2) 반말체 종결어미

반말체 어미의 대표적인 형태로 대부분 '-어'를 들지만 이 어미는 원칙적으로 청자가 있을 때 사용되는 어미이며 감탄을 나타낼 때는 혼잣말로 나타날 수 있음이 이익섭·채완(1999: 249)에서 지적된 바 있다. 혼잣말에서는 '-지', '-네', '-군'이 더 빈번히 나타나는데 반말체 종결어미가 사용된 혼잣말의 예를 하나씩 살펴보기로 한다. 먼저 '-어'가 사용된 예들이다.

> (7) 가. 석구: (궁시렁댄다) 개처럼 먹고 있어. 기집애가.
>   나. "인제부터는 갯물로 집들을 지어야겠어." 추노인이 나직이 중
>   얼거렸다.

---

13 이 문장이 수행억양을 바꿔 의문문으로 표현되면 명백한 메아리 질문이 되어 혼잣말
    에서 대화문으로 그 성격이 바뀌게 되고, 인용의 '-고'가 덧붙는 것이 일반적이다.

다. "한국말이 정말 너무나 어려워."라고 중얼거렸다.

라. "사람을 질리게 만드는 것, 저게 교회의 나쁜 점이야." 하고
그녀는 신음과 함께 소리 내어 중얼거렸다.

마. "아아, 잠이 안 올 것 같아." 하고 여니가 중얼거린다.

바. '모두가 죽어 버리고 말았나 봐.' 노파는 무심코 혼자 입속에서
그렇게 뇌까렸다.

(7)의 예들을 보면 원칙적으로 청자가 있을 때 사용되는 어미라는 지적
에 걸맞지 않게 '-어'는 혼잣말에서도 서술어의 품사, 명사문 등을 가리
지 않고 다양하게 사용되고 있음을 알 수 있다. 또한 혼잣말에서 사용되
는 '-어'는 화자의 의지 표현도 얼마든지 가능하고(7나), 서술어가 형용
사인 경우는 감탄의 느낌이 강하며(7마), 추측의 표현 '-나 보다'와도
공기할 수 있음이 드러난다(7바).

다음으로 혼잣말에서 빈번히 보이는 반말체 종결어미는 '-지'이다.

(8) 가. 재봉: (그러다 찝찝한 듯 궁시렁댄다) 씨, 아무리 맛이 갔어도
그렇지.

가′. "씨, 아무리 맛이 갔어도 그래."

나. 〔남자〕: (역시 통화중인 듯, 중얼거린다.) 아니지, 혹은 나처
럼 불쑥 나타났는지도 모르지.

나′. "혹은 나처럼 불쑥 나타났는지도 몰라."

'-지' 종결어미는 대화문에서는 명백히 '-어'와 대조된다. '-어'가 새
로운 내용의 명제를 종결시키는 데 비해 '-지'는 청자가 그 사실을 알고
있다고 화자가 전제하는 경우에 가능하다. 그러나 혼잣말에서는 이 둘의
차이가 중화되어 (8가)를 (8가′)으로, (8나)를 (8나′)으로 바꾸어도 전혀

어색한 느낌을 주지 않는다.

혼잣말에는 '-지' 계열로 부를 수 있는 일련의 종결어미들이 존재한다. '-라지', '-어야지', '-ㄴ지'가 그것들이다.

> (9) 가. "얼마든지 눌러보시라지." 그는 개의치 않고 계속 더듬대며 중얼거렸다.
>
> 나. '저 가게에 한번 가봐야지.' 주호는 속으로 이렇게 중얼거렸다.
>
> 나'. "암, 시집을 잘 보내야지, 잘 보내야 하고 말고." 흡사 제 딸이 기나 한 듯 오십 넘은 늙은이처럼 저도 모르게 중얼거리게 되는 것이다.
>
> 나". "심심해서 견딜 수가 있어야지." 중얼거리는 소리가 아주 가까이 들렸습니다.
>
> 다. 뭐가 뭔지 원……" 수다꾼 아줌마가 중얼거렸다.
>
> 라. "사람이나, 짐승이나 다를 배 있나 에미를 찾는 게지…" 하고 혼자 중얼거리곤 했다.

(9가)에서 사용된 '-라지'는 사전에서 '들어서 알고 있거나 이미 전제되어 있는 어떤 사실에 대하여 다시 확인하여 서술하거나 묻는 뜻을 나타내는 종결 어미'로 기술되어 있는데 혼잣말에서는 화자의 불만족을 담은 발화로 약간 비아냥거리는 느낌을 줄 때 사용된다. (9나, 나')의 '-야지'는 대화문에서는 "늦으면 연락이라도 했어야지."처럼 상대편에서 주의를 환기시키거나 동의를 구하는 뜻을 나타내는 종결 어미로 사용되지만 혼잣말에서 사용되면 화자의 의지나 당위성을 나타낸다. 이 경우에는 강조를 위해 '-어야 하고 말고'라는 부분적 반복 표현과 빈번히 호응된다.

(9나")의 '-어야지'는 "심심해서 견딜 수가 있나?"와 같은 수사의문문에서 변형된 것처럼 느껴지는 반어법 문장으로 수행억양도 전형적인 평서

문의 억양과는 다르게 의문문에 가깝게 실현되지만 그렇다고 의문문으로 판정할 수는 없는 특이한 혼잣말의 예이다. 이 경우는 (9나)에서 '-어야지'의 전형적인 용법으로 설명된 화자의 의지와는 무관하며 오히려 '심심해서 견딜 수가 없어.'라는 '-어' 종결어미 문장과 유사한 의미를 지닌다.

(9다)의 '-ㄴ지'로 종결되는 문장은 해체 종결어미를 쓸 자리나 간접 인용절에 쓰여, 막연한 의문을 나타내는 종결어미로 기술되고 있으나 구체적인 청자에 대한 질문에서는 사용되지 못하고 혼잣말 발화에서만 가능하다. 이 문장의 어미 '-어야지'를 종결 형식으로 굳어졌다고 본다면 이 경우는 의문문어미로 전이된 것이라고 보아야 한다. 그런데 실제 수행 억양은 평서문으로 나타나므로 아직 의문형 종결어미로 간주하기는 어려운 측면이 있다. 따라서 이 경우는 '뭐가 뭔지 모르겠다.'의 서술어가 보이지 않는 평서문의 불완전문으로 보는 것이 합당해 보이기도 한다. (9라)의 서술부는 '(어미를) 찾는 것이지'가 줄어든 형태이나 혼잣말에서는 항상 축약된 형태로 강한 추측을 나타낸다.

다음으로 혼잣말에서는 화자의 감탄을 표현하기 위해 가장 빈번히 사용되지만 문법서에서는 평서형 종결어미로 다루어지는 '-네'에 대해 살펴보자. '-네'는 전형적인 하게체 평서형어미지만 그 경우에는 절대 혼잣말을 구성하지 못하며, 혼잣말로 사용되면 항상 반말의 종결어미가 된다는 특징을 지닌다.

> (10) 가. 진모: (짜증스런 얼굴로 방쪽 보며, 궁시렁) 이런, 불을 또
> 꺼트렸네.
> 가'. "이제 일주일밖에 남지 않았네." 여니가 중얼거린다.
> 나. 진모: (혼잣말하며 나간다) 에이, 이 일을 어째… 할마씨네
> 불 좀 써야겠네.
> 다. "이거 정말 사람 웃기네." 할아버지는 이렇게 중얼거리며 다시

걸어갔습니다.

다'. "흥, 웃기구들 있네⋯⋯" 처녀가 눈을 내리뜨며 중얼거린 소리였다.

라. 나는 뭐라고 대답을 해야 할지 몰라 서랍정리를 하는 척하면서 '특종 좋아하시네.' 하고 속으로 중얼거렸다.

이익섭·채완(1999: 257-258)은 혼잣말 종결어미로서의 '-네'에 대해 혼잣말로서 명령의 간접화행을 수행하는 경우, 진정한 혼잣말의 경우, 감탄의 기능을 수행하는 경우로 구분하고 있는데, 간접화행은 혼잣말의 발화 상황 가운데 위의 (5다)에서 가능한 반면, 진정한 혼잣말과 감탄의 기능을 수행하는 혼잣말을 구별하기란 쉽지 않아 보인다. '이런! 지갑을 안 가지고 왔네.'는 진정한 혼잣말이고 '산에는 꽃이 피네, 꽃이 피네'는 감탄을 표현하기 위해 '-네'가 쓰인 것으로 해석하지만 이는 후자의 예가 시라는 상황을 배제한다면 두 경우를 구별하기는 쉽지 않기 때문이다.[14]

(10가)는 진정한 혼잣말의 경우로 화자가 새로운 사실을 발견하거나 인식하여 그 상황을 놀라움이나 감탄의 감정을 실어 발화한 것인 반면, (10가')은 그 발화가 담고 있는 정보를 화자가 새롭게 인식하고 있기는 하지만 놀라움이나 감탄이 '-어'로 종결되는 평서문의 해체와 크게 다르게 느껴지지 않는다. (10나)가 (10가)와 다른 점은 (10나)는 화자가 자신의 발화가 담고 있는 정보를 처음 인식한 것이 아니라, 자신이 어떤 일을 하기로 마음먹고 결정한 것을 마치 추측하는 것처럼 영탄의 느낌을 얹어 표현하고 있다는 것이다. 이 문장의 서술어 '써야겠네'는 '써야지'로 바꾸어도 차이가 없지만 화자가 불가항력적으로 그 일을 할 수 밖에 없는

---

14 시나 노랫말과 같은 상황에서는 '-네'가 지닌 구어성이 느껴져 친근함을 더하는 효과가 있다는 이익섭·채완(1999: 258)의 지적은 타당성을 지닌다.

상황에 처했음을 합리화시키며 표현하고 있는 것이다. (10다)와 (10다′)는 화자의 빈정거림을 드러내는 관용적인 표현이다. '-네'에 선어말어미 '-시'가 결합된 (10라)는 반드시 청자가 존재하는 상황에서 이루어지는 화자의 혼잣말 발화라는 제한을 받는데 청자가 특종을 좋아한다는 사실을 새롭게 인식했음을 표현한 것과는 거리가 멀고 (10다, 다′)과 마찬가지로 화자의 빈정거림을 표현한다.

다음으로 '-네'와 동일하게 감탄형 종결어미로 분류되는 '-구나'계열의 종결어미를 살펴보자. '-구나'계열에는 '-구나', '-구면', '-군'이 해당하는데 이들은 새롭게 화자가 알게 된 사실을 확인하는 혼잣말에서 사용되는 종결어미들이다.[15]

> (11) 가. 유선: (중얼거리는) 이거였구나~ 이래서 ○○○는 절대로 안
> 된다 그러신 거구나~
>
> 나. "이만하면 됐구면." 문정은 넥타이를 풀어 걸면서 혼잣말로
> 중얼거렸다.
>
> 다. "정말 별천지군!" 임옥실은 누가 듣고 있기라도 하듯 소리내어
> 중얼거렸다.
>
> 다′. "조금 잘라주어야겠군." 하고 중얼거리며 할아버지는 3층 할
> 머니께 소리를 질렀습니다.

'-구나'와 '-구면' 그리고 그 준말인 '-군'은 둘 다 혼잣말에 쓰여, 화자가 새롭게 알게 된 사실에 주목함을 나타내는 종결 어미들로 흔히

---

15 이익섭·채완(1999: 261)은 '-군'에 대해 새로 알게 된 사실을 화자 스스로 확인하는 혼잣말에 사용되는 평서문 종결어미로 보았는데 이런 태도는 '-군'을 '-구나'와 함께 감탄형 어미로 보는 것과 대비된다. 또 이들은 '-군'에 대해 '-네'보다 놀라움이나 감탄의 의미가 약한 대신 혼잣말의 기능이 크다고 보았다.

감탄의 뜻이 수반된다고 설명된다.[16] 그런데 '-군'이 혼잣말에서 과연 항상 감탄의 기능을 수행하는가 하는 물음에는 의심의 여지가 있다. (11다)에서는 전혀 감탄의 의미가 느껴지지 않고 스스로에게 다짐하는 의지 표현이 더 강하게 느껴지기 때문이다. 결국 '-군'은 '-네'와 함께 혼잣말에서 평서문과 감탄문의 중간에 놓여 있다고 볼 수 있다.

마지막으로 혼잣말에서 주로 사용되는 종결어미로 분류되는 일군의 어미들이 있다. 이들은 1990년대까지만 해도 종결어미로 인정받지 못하고 연결어미가 종결형식으로 변화하고 있다고 하여 '준종결형식'으로 분류되던 것들인데 2000년대 들어서는 종결어미로 굳어진 예들이다.

(12) 가. "서로 해먹겠다구. 그리 설쳐대더니……" 그는 중얼거렸다.

　　나. "벌써 이렇게 덥다니……." 그렇게 중얼거리면서 나는 옷소매로 얼굴의 땀을 닦았다.

　　나'. 날개를 접고 걸어다니는 새라니… 그의 작품에 대해 언급해야 할 말들을 찾으며 나는 혼잣소리처럼 중얼거렸다.

　　다. "이러다간 이거 큰일 났는데." 순욱이 혼잣말을 중얼거리자 앞에 서 있던 점퍼 차림의 젊은이가 뒤돌아보았다.

　　다'. 원석: (궁시렁 궁시렁) 나 진짜 독서실은 쥐약인데.

　　라. "동사하기 딱 좋겠는걸." 송씨는 곁에 내려놓았던 가방을 챙겨들며 졸아든 목소리로 혼잣말을 중얼거렸다.

　　라'. "그렇지만…… 아직 겨울인걸." 가만히 중얼거렸다.

　　라". 시체 얼굴에서 개미를 잡아내며 이하사가 고개를 떨군 채 혼잣말처럼 중얼거린다. "새끼, 이렇게 갈 줄 알았으면 물이나 실

16　종결어미의 분류에서 '-구나'는 해라체로 '-구먼'과 '-군'은 해체로 구분해서 기술하기도 하나 청자를 상정하지 않는 혼잣말에서는 이 둘의 등급 차이가 느껴지지 않는다.

컷 먹여줄걸……"

마. 김사장 : (침통하게 중얼거리는) 불효막심한 놈 같으니라구.
여러 사람 가슴에 한을 남기고 가버리면 남은 사람들은 어쩌란
거야. 무정한 놈….

(12가)의 '-더니'는 주로 혼잣말에 쓰여, 과거에 직접 경험하여 알게
된 일을 회상하여 나타내는 종결 어미. 현재에 그와 대조되는 어떤 상황
이 있음을 암시한다. (12나)의 '-다니'와 (나')의 '-라니'는 '어떤 사실을
깨달으며 놀람, 감탄, 분개 따위의 감정을 나타내는 종결 어미이기 때문
에 (12가)와 비교할 때 감탄의 의미가 훨씬 강해서 '맙소사', '세상에,
아뿔싸'와 같은 감탄사가 종종 같이 나타나며 뒤에는 '대단하구나', '걱정
이구나' 등과 같이 그에 대한 평가를 표현하는 서술어가 놓일 수 있다는
특징을 보인다.

(12다, 다')의 '-는데', '-ㄴ데'는 대화 상황에서 쓰인다면 어떤 일을
감탄하는 뜻을 넣어 서술함으로써 그에 대한 청자의 반응을 기다리는
태도를 나타내는 반면, 혼잣말에서는 청자의 반응을 기대하지 않고 문장
을 종결시킨다는 특징을 지닌다.

(12라, 라', 라")의 '-는걸', '-ㄴ걸', '-을 걸'은 대화 상황에서는 현재
의 사실이 이미 알고 있는 바나 기대와는 다른 것임을 나타내는 종결어미
인 반면, 혼잣말에 사용되면 가벼운 감탄이나 반박 또는 후회의 뜻을
나타낸다.[17]

---

17 임홍빈·장소원(1995: 215)은 평서문으로 제한되어 쓰이는 '-는데', '-을걸', '-는
걸', '-거든' 등에 대해 각각의 서법으로 굳어진 준종결형식으로, 수행억양에 의해
문장 단편을 문장으로 만든 반말어미 '-아/어', '-지'와는 구별된다고 설명했으나
이들 어미는 현대로 오면서 혼잣말 상황에서 그 쓰임이 더욱 활발해져 종결형식으
로 간주되고 있다.

'하게체 상황에서 진리나 으레 있는 사실을 일러 줌을 나타내는 종결어미 '-으니'에 '라고'가 결합된 형태'인 (12마)의 '-(으니)라고'는 혼잣말에서는 구어성이 두드러져 '-으니라구'로 표현된다.[18] 이 어미는 해체로 간주되고 화자가 청자에게 자신의 생각이나 주장을 강조하여 일러 주는 뜻의 종결어미 '-라고'와는 구분해야 한다. 우리의 말뭉치에서는 '-라고'가 사용된 다양한 용례를 찾을 수 없었지만 '-으니'와 결합하지 않은 '-라고' 종결어미도 '이런 일까지 내가 하라고?'나 '난 또 저 꼬마가 널 때린 사람이라고.'와 같은 예를 보면 혼잣말에서 가능함을 알 수 있다.

지금까지 혼잣말의 서술문을 구성하는 종결어미에 대해 살펴보았다. 그런데 혼잣말에 존재하는 것이 분명하나 실제 예를 찾지 못한 종결어미로 '-게'가 있다. '이 사람이 까마귀 고기를 먹었나? 자꾸 잊어버리게.'처럼 사용되는 어미 '-게'를 종결어미로 볼 수밖에 없다는 사실은 이익섭·채완(1999: 254-255)에서 이미 설명되었다.

(3) 해요체

(13) 상도: (혼자말로) 꼴갑을 떨어요. 사람 몸통이 건물 같으면야, 부쉈다가 다시 짓고, 좋지.

청자를 상정하지 않는 혼잣말에서 '-요'가 결합된 종결형이 나타나지 않는 것이 당연하나 (13)에서 보이는 '꼴갑('값'의 오류)을 떨어요.'는 관용적인 표현으로 유일하게 보이는 예이다.

---

18 국립국어대사전에는 '-으니' 종결형에 대해 '여행하기에는 가을이 좋으니', '물은 동해가 맑으니'와 같은 예문을 제시하고 있으나 오늘날은 이러한 문장은 거의 만들어지지 않는다.

(4) 준종결어미

현대 한국어에서도 활발하게 만들어지고 있는 평서형 준종결어미들은 혼잣말에서 매우 자연스럽게 사용된다는 특징을 보인다. 그 이유는 이들이 문형을 결정하기보다는 오히려 명제 내용에 대한 화자의 서법적인 태도를 더 담고 있기 때문이다.[19] 대화상황이나 혼잣말 상황에서 빈번히 문장을 종결짓지만 아직은 연결어미로 간주되고 있는 이른바 '준종결형식'들을 모아보면 다음과 같다.

> (14) 가. 진모: (짜증스런 얼굴로 방쪽 보며, 궁시렁) 국민학교 5학년이
> 나 되갖고, 불구녕 하나 제대로 못 맞추고. 쯔쯧…
> 나. 세찬: (가만 서 궁시렁) 괜히 자는 사람 깨워갖구는…
> 다. "새끼가 어제도 만났는데 곧 가지고 온다면서……."하고 혼자
> 투덜거렸다.
> 라. "자신과의 거리 조정에 실패한 결과일 텐데……"딸의 중얼거
> 림이었다.

연결어미 '-고', '-고는', '-다면서', '-ㄹ텐데' 등은 그 자체로 연결어미이거나(14가), 연결어미에 조사가 결합하거나(14나), 인용형 '-다고하-'의 연결형이 축약된 형태이거나(14다), 의존명사에 서술격조사의 연결형이 결합된 형태(14라)로 분석이 가능하며 뒤에 생략된 서술어를 쉽게 추측할 수 있다는 점에서 아직 준종결형식으로 간주되고 있지만 혼잣말에서의 쓰임이 독특하고 분명하므로 조만간 종결형식으로 인정될 것으로 보인다.

---

19 임홍빈 외(2001: 187)

3.2. 혼자말의 의문문

일반 문법서에서 혼잣말과 관련된 의문형 종결어미를 이야기한 대표적인 예로 이익섭·채완(1999)을 들 수 있다. 이들은 '자문(自問)'이라는 이름 아래 '-을까' 같은 어미를 화자 자신에게 묻는 자문을 나타내는 어미로 파악하고, 이 어미가 동작성을 띤 동사와 결합되면 화자의 의도를 표현하는데, 이러한 자문도 자신의 의도를 청자가 알아차리게 함으로써 대답이나 행동과 같은 청자의 어떤 반응을 유발할 수 있다고 지적한다.[20]

혼잣말의 의문문을 구성하는 어미는 해라체와 해체, 하게체로 나눌 수 있다. 평서형에서 다양한 준종결형식들이 혼잣말을 구성하는 것과는 대조적으로 의문문으로 표현된 혼잣말 준종결어미들은 그 예를 찾을 수 없다. 의문문을 구성하는 준종결형식들은 예외 없이 청자에 대한 질문이거나 의도를 묻고 있기 때문이다. 이제 혼잣말의 의문문을 구성하는 종결어미 각각에 대해 예를 들며 살펴보기로 한다.

(1) 해라체 종결어미

> (15) 가. 재봉: (그러다 찝찝한 듯 궁시렁댄다) 씨, 아무리 맛이 갔어도 그렇지. 고새 돌아서냐?
> 　　　가'. "누가 날 돌아보기나 하겠냐?" 그는 혼자 중얼거렸다.
> 　　　나. "이곳에서의 이틀을 무엇을 하고 보내야 한담." 그는 시큰둥하게 중얼거리면서 안내 책자를 여행 가방에서 꺼내들고 침대에 누웠다.

(15)는 혼잣말에서 나타나는 전형적인 해라체 어미 '-냐'로 단순한 의문

20　이익섭·채완(1999: 234)

이 아닌 다소 자조적인 수사적 질문에 주로 사용된다.[21] 대화 상황에서는 해라체 어미로 '-니'가 압도적으로 많이 사용되는 데 반해 혼잣말에서는 '-니'는 나타날 수 없다. (15나)는 혼잣말에서 '-다는 말인가?'의 뜻으로 자문을 하거나 다소 언짢음을 나타내는 종결어미인데 주로 '누구, 무엇, 언제, 어디, 어떻게' 따위의 의문사와 함께 쓰인다는 특징을 보인다.[22]

(2) 반말체 종결어미

혼잣말 상황에서 가장 사용되는 반말체 의문형어미는 무척 다양하다.

(16) 가. 성호: 근데 이 여자가 왜 안 나오는 거야?

　　가'. 나. 에이, 이일을 어째…

　　나. 성호: (벌떡 일어나 앉더니) 가만, 음주운전하면 기형아가 나
　　　　　 올 확률이 클 텐데 여자가 마시는 건 괜찮은 건가?

　　다. 배태일: 어, 내 지갑 어디 갔지? 지금까지 있었는데.

　　라. 남자: (역시 통화중인 듯, 중얼거린다.) 오, 그 남편이란 작자
　　　　　 가 돌아왔나.

　　라'. "누가 그런 말 물어 봤나……." 석인 좀 퉁명스러운 음성으로
　　　　　 중얼거렸다.

　　마. '병원에 들어가 볼까?' 태라는 입 속으로 중얼거리면서 서성거
　　　　　 렸다.

21　이익섭·채완(1999: 244-245)은 수사적 질문에 대해 화자가 모르는 사실을 알기
　　위해 묻는 진정한 질문이 아니므로 청자의 대답을 필요로 하지 않는다고 하며 수사
　　〈부정대명사＋나〉에 의해 표현되는 수사의문문은 특히 속담이나 격언에 자주 쓰인
　　다고 지적한 바 있는데 이는 진정한 질문이 아니므로 혼잣말에서 사용되는 빈도가
　　더 높다고도 볼 수 있다.

22　다음과 같은 희곡의 혼잣말에서는 '-나'가 의문사 '왜'와도 결합한다. "미선: (신자
　　와 구경하다가, 궁시렁) 저 오빠 나 사귀면 될 걸, 왜 저러냐?"

마′. "아니 지금은 임금이란 없지, 그럼 대통령의 집일까?" 덕세는
　　혼자서 중얼거리며 부지런히 걸었다.

바. 상혁은 다시 시선을 내리고 화제를 바꿀 겸 혼잣말처럼 중얼거
　　린다. "그러구 보니 이북에서 숱하게 이남으로 쏟아져내려왔
　　군?"

사. "체, 그놈들이 정초부터 나왔을라구, 그것들이 별것도 아닌
　　기술을 가졌다고 얼마나 사람을 얕잡아보고, 권위를 올리는
　　데……" 노인은 눈을 감은 채로 중얼거렸다.

사′. 유진: (중얼거리는) 바닥에 널린 짧은 가죽 스커트를 믿기지
　　않아서 집어본다)내가 이걸 입었다구?

아. "고려 시대에나 태어났더라면 서릿발 같은 기상의 용맹한 장군
　　감이 틀림없을걸." 그는 임씨의 툭 불거진, 종아리의 힘찬 알
　　통을 바라보며 속으로 중얼거렸다.

아′. "이걸 가지고는 캬라멜을 한 개밖에 못 만들겠는걸." 하고
　　중얼거리며 원숭이 박사는 병을 기울여 파란 약을 마지막 한
　　방울까지 따라서 캬라멜을 만들기 시작했습니다.

자. 운계: (중얼거리는) 꿈에 영범이두 보였는데…?

　(16가)는 대표적인 반말체 어미 '-아/어'가 사용된 예이고 (16가′)의
서술어는 '어찌해'가 줄어든 것이다. (16나)의 '-ㄴ가'는 독립적인 의문
형 종결어미로 다루어지지 않고 있어서 표준국어대사전에는 '주로 '-ㄴ
가 하다', '-ㄴ가 싶다', '-ㄴ가 보다' 구성으로 쓰여 자기 스스로에게
묻는 물음이나 추측을 나타내는 종결어미라고만 기술되어 있지만 혼잣말
에서는 (16나)와 같은 예가 빈번하게 쓰이고 있어서 이를 고려한 문법
기술이 필요하다고 하겠다.
　(16다)는 '-지'가 혼잣말 의문문을 구성하는 예로, '-지'에 대해 가장

일반적으로 알려진 용법은 평서문에서든 의문문에서든 주어진 정보를 나타낸다는 것이다. 그러나 실제 혼잣말 의문문에서 '이게 뭐지?'처럼 사용되는 경우는 주어진 정보를 나타내지 않고 단순한 의문을 표시한다.

혼잣말에서의 반말체 의문형 종결어미 가운데 독특한 형태는 바로 (16라)에서 보이는 '-나'이다. 이 어미는 혼잣말 의문문의 대부분을 구성하는 자문에서 가장 많이 사용되는 어미이다. '-나'는 대화 상황에서는 하게체 의문형 종결어미로 혼잣말 상황에서는 반말체에 해당하는데 표준국어대사전에는 '-나'를 종결어미로 기술하면서도 '주로 '-나 하다', '-나 싶다', '-나 보다' 구성으로 쓰여'라는 단서를 붙이고 있어서 사실상 종결어미로서의 예문을 제시하지 않고 있다.

(16마)에서 보이는 '-을까'는 대화 상황과 혼잣말에서의 용법이 분명이 구분된다. 대화 상황에서는 해체로 쓰여, 어떤 일에 대해 청자에게 질문을 던지는 상황을 만들거나 청자가 추측하는 바를 묻는 종결어미로 기능하지만, 혼잣말에서는 어떤 일에 대해 스스로 묻거나 화자의 추측을 표현한다.

(16바)의 종결어미 '-군'은 혼잣말에서 화자가 새롭게 알게 된 사실에 주목하고 있음을 나타낸다고 설명되고 평서문으로 그 쓰임이 제한되어 있는 어미다. 그러나 이 예문을 보면 혼잣말에서는 '-군'이 의문문을 만들 수도 있음을 발견한다. 그러나 이 경우의 혼잣말은 철저하게 화자 혼자 있는 상황에서는 의문문으로는 불가능하며 혼잣말의 모습을 띄고 있지만 반드시 청자의 존재를 상정해야만 함을 알 수 있다.

(16사, 사')의 '-려고(라구)', '-다구'는 혼잣말에서 사용되면 각각 어떤 주어진 사태에 대하여 의심과 반문을 나타내거나 간접인용절의 형태로 자문을 표시하는 종결어미들이다.

(16아, 아')에서 보이는 '-ㄹ걸'과 '-ㄴ걸'은 수행억양으로는 분명히 의문문을 구성하는 반말체 종결어미들이다. 혼잣말 상황에서는 의미상으

로 '새롭게 앎'을 나타내거나 가벼운 감탄을 나타내낼 때 사용되는 반면, 대화 상황에서는 청자에 대해 가볍게 반박을 하는 경우에 의문문을 구성한다.[23]

(16자)의 반말체 혼잣말 종결어미 '-는데'는 대화 상황에서라면 대답을 요구하는 전형적인 의문형어미이나 혼잣말에서는 청자와 무관하게 자신이 생각하는 결과에 대해 의문을 품고 있음을 보여준다.

마지막으로 반말체 의문형 종결어미 '-게'는 대화 상황에서는 '나 지금 어디 가게?'처럼 쓰여 '나 지금 어디 가는지 알아 맞춰봐.'의 의미로 청자의 의견을 묻는 질문으로 사용되거나, '할아버지랑 살게?'처럼 청자의 의도를 묻는 경우 또 '그럼 애는 천재게?'처럼 앞 문장보다 더 진전된 상황임을 표현할 때 사용되는 반면, 혼잣말에서는 '그랬다간 큰일 나게?' 처럼 쓰여 자신에 대한 경계를 표현할 때 사용될 수 있을 것이나 세종 말뭉치에서는 그에 해당하는 예문을 찾을 수 없어 아쉬웠다.

(3) 하게체 종결어미

혼잣말에서 하게체 의문형 어미 '-ㄴ가'가 사용되는 경우는 매우 예외적으로 모두 수사의문문이라는 공통점을 지닌다.

(17) 가. 레지2: (들릴 듯 말 듯 궁시렁) 에유, 씨. 이게 지 방인가?
　　 가'. "이거야 숫제 찜통 아닌가." 불 꺼진 침상 저쪽에서 누군가가
　　　　 짜증스레 중얼거린다.
　　 가". "남편 까다로운 것도 자랑인가." 속으로만 중얼거리면서 우산
　　　　 장수 아주머니도 김여사 눈짓을 한 그 방 쪽을 흘끗 건너다보
　　　　 았다.

---

23 "그럼 손가락을 빼면 되잖아." "손가락을 빼면 물이 새는걸?"의 대화 상황이 그러한 예이다.

나. "마침내 일생을 바쳐 일할 거리를 찾다니 이 아니 기쁜가!" 그는 자주 이렇게 중얼거렸다.

(17)의 세 예문들은 모두 강한 긍정이나 강한 부정을 나타내려는 의도에서 수사의문문의 형태로 표현되고 있다. 그리고 그러한 이유에서 (17나)처럼 의문형 어미 뒤에 문장부호로 느낌표가 놓여도 자연스럽게 느껴진다.

3.3. 혼자말의 청유문

혼잣말을 구성하는 청유형 종결어미는 '-자'와 '-자고(자구)'의 형태로 표현된다. '-자'는 화자가 스스로에게 다짐하는 의미를 지니는데, 대화 상황에서는 (18나)와 같이 '-자'에 '고(구)'가 결합한 '-자고'가 청유형 종결어미로 기능할 수 있으나 혼잣말 상황에서는 자신의 생각이나 주장을 청자에게 강조하여 일러 주는 기능을 하는 이 종결형은 사용이 불가능하다.

(18) 가. "조금만 더 자고 일어나자." 그는 조여맸던 신발 끈을 느릿느릿 풀어내며 중얼거렸다.
나. "곧 아침 열차가 도착할 거니까 정거장에 나가자구." 하고 중얼거리며 새끼 고양이들을 사과 바구니에 넣어 들고 집을 나섰습니다.

3.4. 혼자말의 명령문

'명령'이란 기본적으로 청자를 상정하는 것이므로 혼잣말에서 명령문이 존재한다는 것은 근본적으로 불가능하다. 그러나 명령형 어미들이 감탄이나 기원의 의미를 강하게 나타낼 때에는 명령문의 형식을 취할 수 있다.

(19) 가. 그는 우선 없는 것이 없는 데에 질려서 연방 중얼거리고 있었다. "이런 도둑놈들 다 보게나."

나. '쥐약 먹은 쥐라도 먹고 거꾸러져라.'고 생각한 적이 있었던 걸 바둑이는 다시 생각했습니다.

(19가)의 '-게나'는 대화 상황에서는 하게체 명령형 어미인 '-게'의 뜻을 좀 더 친근하게 나타내는 종결어미로 사용되는 반면 혼잣말 상황에서는 화자의 감탄을 나타내고 있음을 보여주는 예이다. 또 (19나)의 '-어라'는 청자에 대한 명령이 아니라 화자의 강한 기원을 나타내는 특별한 혼잣말 종결어미이다.

4. 결 론

지금까지 우리는 혼잣말이라고 하는 독특한 발화 상황을 청자의 존재 유무와 청자에 대한 의식 여부라는 기준으로 나누어 본 후, 다양한 문형에서 혼잣말이 어떠어떠한 종결어미와 종결형식들에 의해 표현되는지 살펴보았다. 그 결과 알게 된 사실은 문법론에서 대화 상활을 위주로 하여 구분해 놓은 문형별 종결어미들이 혼잣말에서는 그대로 적용되는 것이 아니라는 점이었다.

화자의 청자에 대한 진술 목적, 즉 서법에 따라 문장을 분류하면 평서문은 '화자가 일정한 내용을 청자에게 전달하는 문장'인 반면, 감탄문은 '화자의 느낌을 표현하는 문장'이 되어 이 둘을 구분될 수밖에 없으나 혼잣말 발화로 논의의 대상을 한정하면 이 기준에 따라 평서형 종결어미가 사용된 모든 문장들이 감탄문으로 간주되어야 하는 이상한 상황에 놓이게 된다. 따라서 혼잣말에서는 서법에 의한 문형의 분류는 무의미해지는 것이다. 그러므로 화자가 무언가에 대해 서술하느냐, 질문하느냐, 명령하느냐, 요청하느냐 라고 하는 화행의 성격을 기준으로 문형을 분류하면 감탄문은 평서문과 함께 서술문에 포함되는 것이 당연해진다.

이 글의 논의를 통해 우리는 문법론에서 문장의 형식에 따라 분류된 종결어미들에 대한 설명이 혼잣말에서는 그대로 적용되지 않는다는 것을 알게 되었는데 이는 앞으로 행해질 문법서의 종결어미에 대한 기술이 좀 더 세밀하게 이루어져야 한다는 결론으로 귀결된다. 그러나 혼잣말의 특성은 단지 종결어미의 형태론적인 분석에만 국한해서 드러나는 것이 아니라 어순, 시제 표현, 경어법 등의 다양한 문법 범주의 검토를 통해 파악되어야 한다. 따라서 혼잣말에 대한 연구는 형태론을 넘어 통사론적 층위까지 확대되어야 함은 물론이고, 발화의 길이나 완성도, 지칭어의 문제 등에까지도 영향을 미치므로 화용론적 층위에서도 다루어져야 할 대상임을 지적하면서 이에 대해서는 후일을 기약하고자 한다.

참고 문헌

구현정(1996), 「반영적 경청에 쓰이는 '-구나'의 담화기능」, 『어문학연구』 4, 상명대학교 어문학연구소, 49-72.

고광모(2001), 「반말체의 등급과 반말체 어미의 발달에 대하여」, 『언어학』 30, 한국언어학회, 3-27.

노대규(1981), 「국어의 감탄문 연구」, 『외국어로서의 한국어교육』 6, 연세대학교 한국어학당, 169-223.

박나리(2004), 「한국어 교육문법에서의 종결어미 기술에 대한 한 제안: '-어', '-네', '-지', '-다', '-구나', '-단다'의 담화 화용적 의미를 중심으로」, 『이중언어학』 26, 이중언어학회, 91-116.

박재연(1999), 「"종결어미와 보조용언의 통합 구문"에 대한 재검토」, 『관악어

　　문연구』 24, 서울대학교 국어국문학과, 155-182.

_____(2000), 「독백과 독백문 종결어미에 대하여」, 『국어학논집』 4, 역락, 25-48.

_____(2003), 「국어 양태의 화·청자 지향성과 주어 지향성」, 『국어학』 41, 국어학회, 249-275.

_____(2004), 「한국어 양태 어미 연구」, 서울대학교 국어국문학과 박사학위 청구논문.

_____(2013), 「한국어의 인식론적 범주와 관련한 몇 문제」, 『국어학』 66, 국어학회, 79-107.

_____(2014), 「한국어 종결어미 '-구나'의 의미론」, 『한국어 의미학』 43, 한국어의미학회, 219-245.

신선경(2001), 「'-군(요)'와 '-네(요)'의 쓰임에 대한 연구: 서술 시점의 차이를 중심으로」, 『형태론』 3-1, 69-84.

윤경원(2011), 「한국어 혼잣말의 유형과 '-냐' 혼잣말의 의사소통적 기능」, 『한국문법교육학회 제13차 전국학술대회자료집』, 155-172.

이익섭·채완(1999), 『국어문법론강의』, 학연사.

이재성(2014), 「혼잣말 종결어미 '-구나'와 '-네'의 의미 차이 연구」, 『문법교육』 21, 한국문법교육학회, 191-216.

임채훈(2008), 「'감각적 증거' 양태성과 한국어 어미 교육: '-네', '-더라', '-더니', '-길래' 등을 중심으로」, 『이중언어학』 37, 이중언어학회, 199-234.

임홍빈·장소원(1995), 『한국어문법론』 I, 한국방송통신대학교출판부.

임홍빈 외(2001), 『바른 국어생활과 문법』, 한국방송통신대학교출판부.

장소원(1994), 「현대 국어의 소형발화 연구」, 『텍스트언어학』 2, 한국텍스트언어학회, 261-285.

전후민(2015), 「혼잣말 종결어미 연구」, 『한민족어문학』 70, 한민족어문학회, 5-34.

정경숙(2012), 「한국어 종결어미 '-네'의 의미: 증거성 및 의외성과 관련해서」, 『언어』 37-4, 한국언어학회, 995-1016.

한국어 품사 체계의 몇 가지 문제
통사 단위 설정을 토대로

목 정 수
서울시립대학교

1. 들어가기

1.1. 통사 단위와 단어

품사(parts of speech)는 한 언어를 구성하는 기본 단위를 추출하고 그 단위들을 일정한 부류로 묶어 유한한 체계를 구성한 것을 말한다. 따라서 품사 체계를 구성하기 위해서는 통사 단위에 대한 정의가 꼭 필요하다. 통사 단위는 곧 단어와 일치해야 하는데, 꼭 그렇지 않다는 문제가 있다. 왜냐하면, 단어의 정의가 명쾌하지 않을 뿐만 아니라, 소위 '자립성'이란 기준이 음운론적 층위에서 개입되어, 형태·통사적 단위인 단어의 정의에 혼효가 생겼기 때문이다. 예를 들어, '엄중 항의하다'에서 '엄중'은 분명 통사 단위로 기능하고 있지만, '엄중'이 음운론적으로 자립할 수 있는 단위가 되지 못한다고 보는 까닭에 '단어'가 아니라 '어근'이라 하기도 하고, '엄중하다'를 파생어, 즉 파생 형용사로 보는 입장에서는 '-하다'를 파생접사로 보기 때문에 '엄중'은 파생접사가 의존하는 숙주로서 형용사가 아닌 명사라고 보기도 한다. 그러나 이러한 관점에 대해서는 무엇이 명사이고 품사 구분 차원에서 '어근'이 왜 도입되는가 하는 또 다른 문제가 꼬리에 꼬리를 물게 된다. '자립성' 개념은 동사, 부사, 관형사의 어휘 부류뿐만 아니라 조사와 어미의 문법 부류에 대해서도 똑같은 문제를 발생시킨다. '먹-', '아주', '매우' 등은 홀로 쓰이기 어려운 말단위이기 때문이다. 조사 '이/가'를 어떻게 보느냐에 따라 '개가 짖는다'의 '개가'를 형태론적 구성(morphological construction)으로 보아 한 단어로 취급하기도 하고 통사적 구성(syntactic construction)으로 보아 두 단어의 결합으로 취급하기도 한다. 그런데 '이/가'가 자립성이 없기 때문에 단어가 아니라 '접어(clitic)'라는 주장도 나오고 있고, '통사적 접사'라는 주장도 국어학계에서는 꽤 크나큰 세력을 형성하고 있다.[1]

본고는 이러한 현상의 이면을 살펴보고, 왜 이러한 주장이 나왔고 그것의 한계는 무엇인가를 따져보고 한국어의 통사 단위를 정밀하게 분석해 내어 그에 걸맞은 품사 체계는 어떠해야 하는가를 몇몇 문제어(?)들을 중심으로 살펴보고자 한다.

본고의 구성은 다음과 같다. 다음 1.2절에서 일반언어학적 차원에서

---

[1] 프랑스어에서 약세형 대명사와 동사의 결합이 그 전체가 자립적인 운율 단위를 형성한다고 해서 그 구성 전체를 하나의 단어로 봐야 할까? 그렇지 않다. 왜냐하면 대명사와 동사의 결합은 분명 통사 단위들 간의 통사적 구성이기 때문이다. 따라서 약세형 대명사는 통사 단위로서 그리고 비자립적인 접어(clitic)로서 당당히 품사의 대상이 된다.

  (1) **Je t'**aime.
  (2) A: Merci. B: **Je t'en** prie.

이에 비추어 보면, 한국어의 어미들도 이에 준하는 요소로 볼 수 있다.

  (3) 먹-어, 잡-겠-다, 잡-으시-겠-네-요

품사 체계의 분류법에 대해 여러 가지 방식을 제시한 후, 1.3절에서는 국어학의 전통에서 그리고 학교문법에서 채택한 소위 표준문법의 품사 체계에 대해서 간단히 살펴볼 것이다. 2장에서는 한국어 품사 분류에서 문제가 되는 구체적인 예를 통해 기존 분류 체계의 문제점과 그 대안을 생각해 본다. 3장에서는 2장에서 살펴본 문제어들을 어떻게 새로운 체제에 맞추어 받아들일 것인가를 고민해 보면서 정합적이고도 일관된 한국어 품사 체계를 구성해 볼 것이다.

1.2. 단어 부류, 즉 품사의 분류법

통사 단위인 단어는 개방성 여부에 따라 개방부류와 폐쇄부류로 나뉘기도 하고, 어휘성 여부에 따라 내용어와 기능어로 나뉘기도 한다. 동양의 시각으로 표현하면 실사(實辭)와 허사(虛辭)의 구분도 가능하다. 기욤(Guillaume)의 정신역학론(psychomécanique du langage)에서는 품사를 서술성(prédicativité)과 투사/걸림관계(incidence)의 기준을 통해 다음과 같이 분류하기도 한다.

> (1) 서술적 품사: 명사, 형용사, 동사, 부사 〔mot = matière + forme〕
>   -내부 투사(incidence interne) ⇒명사
>   -외부 투사(incidence externe)
>   -1도 외부 투사(incidence externe du premier degré) ⇒형용사
>   -2도 외부 투사(incidence externe du second degré) ⇒부사
>   비서술적 품사: 대명사, 관사, 전치사, 접속사
>   〔mot = forme (en position de matière) + forme〕

이러한 분류 체계에 입각해서 보면 한국어의 품사 체계에서의 주요 문제는 다음과 같다. 먼저, 인구어의 대명사는 비자립적인 데 비해 한국

어의 대명사는 자립적이고 명사와의 통사적 행태의 차이가 없다. 둘째, 관사와 전치사에 해당하는 범주가 없는 대신 조사가 발달되어 있는데, 조사라 부르는 요소들은 그 성격이 제각각이다. 분포에 따라 조사는 적게는 두 부류, 크게는 세 부류로 분류가 가능하다. 두 부류로라면 크게 후치사와 한정사 부류로 나눌 수 있다(목정수 2003). 따라서 조사는 통사 단위로서 품사 분류의 대상이 된다. 자립성, 띄어쓰기, 어절 등의 개념은 언어 분석의 기본 개념이 되어서는 안 된다. 셋째, 접속사는 한국어의 어미가 그 기능을 담당한다. 소위 연결어미가 그러하다. 따라서 연결어미를 포함하여 선어말어미, 어말어미도 통사 단위로 품사 분류의 대상이 된다. 한국어의 어미는 인구어의 활용어미/굴절어미와 성격을 달리한다. 한국어의 조사가 곡용어미와 다른 것과 마찬가지이다.

1.3. 국어 전통문법의 품사 분류

학교문법에서 채택하고 있는 품사 체계는 9품사론이다. **명사, 대명사, 수사**(체언); **형용사, 동사**(용언); **관형사, 부사**(수식언); **감탄사**(독립언); **조사**(관계언). 한국어 전통문법의 틀은 학교문법에 그대로 반영되어 있는데, 학교문법에서 품사와 문장 성분이라는 두 층위를 구분한다. 이 둘은 명백히 구분되는 것이긴 하지만 이 둘 사이에는 긴밀한 관계가 있다. 문장 내의 어떤 요소와 요소 사이의 관계를 기술할 때 이것을 단순히 품사와 품사 사이의 관계로 기술해서도 안 되고 문장 성분과 문장 성분 사이의 관계로 기술해서도 안 된다. 앞에 오는 어떤 문장 성분과 뒤에 오는 어떤 품사 사이의 관계로 기술해야 한다.[2]

---

2 다음과 같은 설명도 가능할 것이다. 관형어와 부사어는 모두 '수식어'라는 기능을 갖는 성분으로 분석되며, 수식어는 '피수식어' 표현의 성분과 결합한다고만 하면, 기능(성분)과 품사를 혼용하여 언어요소들의 결합을 설명하는 것을 피할 수도 있을 것이다.

그러면 이 9품사를 가지고 다음의 문장을 분석하면 어떤 결과가 나오는지 알아보자.

(2) 국제 가수 싸이가 긴급 기자회견 및 토론회를 갖고 나서, 전격 군입대를 결정한 것은 아이구 정말 잘한 일이었다고 볼 수 있겠다.

이 문장에서 통사 단위를 분석해 내고 이것을 품사 체계에 귀속시킬 때 문제가 되는 것은 '국제, 긴급, 전격, 이-, -었-, -다'이다. 9품사 체계의 어느 것에도 귀속이 되기 어려운 통사 단위들이기 때문이다. 따라서 한국어 9품사 체계를 이용해서는 문장을 분석하기가 쉽지 않다는 결론이 나온다. 품사 체계의 수선이 필요하다.

2. 한국어 품사 체계의 문제점

2.1. 조사는 독립 품사 단위이고 어미는 활용어미?

한국어의 문법요소인 조사와 어미는 학교문법에서 하나는 품사 체계에 편입이 되었고 하나는 배제가 되었다. 어떻게 해서 '거북 두 마리 가, 기여 가오.'(한국개화기교과서총서 4, 28쪽)와 같은 표기법이 반영하듯이, 조사는 품사 단위가 되었고, 어미는 그렇게 되지 못했는지에 대해 생각해 보기로 하자. 대표적으로 허웅(1983)의 체계를 중심으로 논의를 진행하기로 한다. 허웅의 문법 체계는 기본적으로 소쉬르를 중심으로 한 유럽의 구조주의와 미국의 기술주의, 분포주의 문법관에 토대를 두고 있다. 동시

---

(1) '그'는 수식어, '남자'는 피수식어, '그 남자는'은 주어
(2) '시골에서 온'은 수식어, '소녀'는 피수식어, '시골에서 온 소녀를'은 목적어

에 국어의 특성을 형태 중심의 문법 이론 위에서 밝히려는 기본 방향을 수립하고 있다. 허웅(1983: 199)에서는 격조사의 체계를 잡을 때 어떤 기준을 토대로 할 것인가에 대하여 다음과 같은 태도를 보이고 있는데, 우리는 여기서 그의 비판적 자세를 엿볼 수 있다.

> "우리말의 자리란, 한 독립된 낱말로서의 토씨의 쓰임을 풀이하는 한 방편이다. 따라서 우리는 엄격한 형태 위주나, 엄격한 내용 위주를 다 같이 취하지 않고, 이 두 면을 절충하는 방법을 취하는데, 그러나 역시 형태 쪽으로 기울어지지 않을 수 없다. 말본은 어디까지나 형태 위주의 학문이 되어야 한다고 우리는 생각하고 있기 때문이다."

그리고 허웅(1983: 211)에서는 우리말에 대한 정밀한 관찰에 앞서 서구문법의 틀에 우리말을 마구잡이로 적용시키려는 짓을 경계해야 한다고 명시적으로 지적하고 있기도 하다.

> "지금까지 우리가 '-의'를 자리토씨로 보아 온 것은, 인도구라파말의 말본 체계에 끌린 것으로 생각된다. 인구말의 말본에서는 이름씨 따위 말의 굴곡은 모두 '자리'(격)로 보기 때문에 '가짐자리'(매김자리)가 설정되는 것이다.
>
> 그러나 우리말의 말본에서는, 인구말의 임자씨의 굴곡과 비슷한 현상이 있기는 하나, 그러나 그 굴곡(곡용)의 가지에 해당되는 토씨는 여러 점으로 그와 다르다. 그러므로 우리는 우리말의 특질에 맞는 풀이 방법을 생각하지 않으면 안 된다. 만일 인도구라파말과 같은 방법을 따른다면, 우리말의 '자리'는 토씨의 수만큼 세워야 할 것이다. 그러나 이런 방법을 따랐다가는 말본의 풀이가 잘 되지 않을 것이다. -'자리'에 대한 개념이 잘 세워지지 않는다."

이처럼 허웅(1983)은 미국 구조주의 기술주의적 방법론을 받아들였고, 문법형태소가 발달한 한국어의 특성을 고려하여 형태론 중심의 문법 기술을 펼치면서도, 생성문법의 기저구조와 표면구조의 관계를 적극 고려하고 있다. 그러나 이러한 과정에서 인구어 중심의 문법틀을 유지하고자 한국어 분석 현실에 딱 들어맞지 않는 용어를 선택할 수밖에 없는 시대적 한계를 드러내기도 하였다. 바로 조사의 지위를 설정하기 위해 도입한 '준굴곡' 개념이 그것인데, 이 문제는 곧바로 통사 단위인 '단어'의 지위 규정과 맞물린다.

굴절어로 분류되는 인구어들의 역사적 변모를 살펴보면, 문법적 기능을 담당하던 굴절어미가 어순이나 전치사에 그 역할을 넘겨주는 현상을 보게 된다. 그러나 여기서 생각해 봐야 할 것은 인구어 굴절어에서의 곡용어미(désinence)는 독립적인 통사 단위를 이루는 것이 아니지만, 프랑스어의 전치사는 독립적인 통사 단위가 될 수 있다는 점이다. 라틴어에서는 어근 또는 어간과 격어미가 융합된 형태가 그리고 그 형태로서만이 랑그의 기본 단위가 되므로, 격어미를 통사론의 최소 단위로 따로 떼어내는 것이 불가능한 데 비해 프랑스어의 전치사는 하나의 독립적인 통사 단위가 된다.[3]

허웅(1983: 184-188)에서는 '그 꽃이 매우 아름답다'란 예를 가지고 〔그 꽃이〕의 구조를 '그'와 '꽃이'의 결합으로 그리고 이들의 결합을 '통어론적 짜임새'라[4] 하고 '꽃이'를 '형태적 짜임새'라[5] 하고 있다.

---

3 기욤의 강의록(Leçon 4: 45-50)을 참조.
4 어떤 자립형식을 직접성분으로 쪼개어서 얻어지는 언어형식이 다 자립형식일 때에, 그 큰 언어형식을 '통어적 짜임새'라 하고, 통어적 짜임새의 됨됨이, 그 짜여지는 과정에서 생겨나는 문제들을 연구하는 부문을 '통어론'이라 한다.
5 '꽃-이'와 '아름답-다'는 두 형태소로 된 하나의 말마디인데, 이러한 한 말마디의 짜임새(자+구, 구+구)를 '형태적 짜임새'라 하고, 그 짜임새와, 그 때에 나타나는 '-이', '-다'와 같은 구속 형식의 됫을 연구하는 부문은 '형태론'이다.

한국어의 조사는 굴절요소라기보다는 교착요소의 성격이 강하다. 조사 하나하나가 단독적으로 그의 숙주(host)인 체언 요소에 붙을 때, 그 체언과 분리되어 존재할 뿐만 아니라, 그 기능도 하나의 형태에 하나의 기능이 대응하는 대원칙에 부합한다고 볼 수 있다. 따라서 '체언'과 '조사'의 결합은 그 과정을 '결합과정'으로 불러 성분과 성분의 결합을 '통합과정'으로 양분하고 있는 권재일(2012)의 체계를 유지한다고 해도, 원리적으로 굴절어에서 말하는 '곡용형'의 단어형, 즉 형태론적 구성으로 볼 수 없다. 심성 어휘론(mental lexicon)의 관점에서 말한다면, 체언과 조사는 따로따로 어휘부에 독립적으로 등재되어 있는 단위로 보는 것이 합당하다. 수식의 통사적 관계를 따져볼 때도, 한국어의 '체언+조사'를 굴절형으로 보면, 설명하기 어려운 난점에 직면하게 된다. 예를 들어, '아름다운 소녀가/소녀와'나 '새 책을/책으로는' 등에서 볼 때 관형어─'아름다운, 새'─가 수식하는 것이 '소녀'와 '책'이지 '소녀가/소녀와'와 '책을/책으로는' 전체가 될 수 없다는 것은 자명하다. 그러나 허웅(1983)에서는 자립형식에 의지해 단어를 규정하고 있으므로, '소녀가/소녀와'나 '책을/책으로는'을 최소자립형식의 단어로 볼 수밖에 없으므로, 수식어 '아름다운, 새'가 이들 말마디를 꾸며주는 것으로 파악하게 되는 것이다.

'아름다운 소녀에 대하여 (이야기하다)'라는 구성에서도 직접성분 분석은 〔아름다운 소녀〕와 〔-에 대하여〕로 나누지, 〔아름다운 소녀에〕와 〔대하여〕로 나누는 것이 아니다. 여기서 〔-에 대하여〕를 복합조사라는 개념으로 묶으면, 이는 복합후치사란 개념에 해당한다고 할 수 있다. 영어의 'according to'나 'by dint of' 등등과 비견될 수 있는 것이다.

구체적인 예를 통해 살펴보기로 하자. '그 소년은 서울에서 온 소녀를 사랑한다'라는 문장을 이루고 있는 단어들이 어떤 품사에 속하는지, 그리고 이 문장의 어절들이 어떤 문장 성분으로 기능하고 있는지를 나타내면 다음과 같다.

(3) 그 남자-는 시골-에서 오-ㄴ 소녀-를 매우 사랑하-ㄴ-다
　　관형사 명사 조사 명사 조사 동사 어미 명사 조사 부사 동사 어미 어미
　　관형어 주어　　　부사어　　관형어　목적어 부사어　　　서술어

　만약 문장 내의 요소와 요소 사이의 관계를 품사 층위만 사용하여 기술
한다면 '그 남자'에 대해 관형사 '그'가 명사 '남자'를 수식한다고 기술해
야 할 것이다. 이 기술은 별로 무리가 없어 보이지만 '온 소녀'에 대해서는
뭐라고 해야 할지 어렵게 된다. 관형사형 어미 '-ㄴ'이 명사 '소녀'를 수식
한다고 해야 할까, 아니면 동사 '오-'가 명사 '소녀'를 수식한다고 해야
할까? 둘 다 만족스러운 기술로 보기 어렵다. 그럼 문장 성분만을 사용하
여 문장의 요소들 사이의 관계를 기술한다면 어떻게 될까? 그럴 경우에는
'그 남자는'에 대해 관형어 '그'가 주어 '남자는'을 수식한다고 해야 하고,
'온 소녀를'에 대해 관형어 '온'이 목적어 '소녀를'을 수식한다고 해야 할
것이다. 그러면 더 나아가 '서울에서 온'에 대해서는 뭐라고 해야 할까?
앞에서도 지적하였듯이, 이에 대해서는 부사어 '서울에서'가 관형어 '온'
을 수식한다고 해야 하는데 부사어가 관형어를 수식한다는 것이 이상해진
다. 가장 바람직한 기술은 관형어 '그'가 명사 '남자'를 수식한다고 하고
관형어 '온'이 명사 '소녀'를 수식한다고 하고, 부사어 '서울에서'가 동사
'오-'를 수식한다고 하는 것이다. 관형어 '그'가 수식하는 것은 '소년은'
이 아니라 '소년'이고 관형어 '온'이 수식하는 것은 '소녀를'이 아니라
'소녀'이며, 부사어 '서울에서'가 수식하는 것은 '온'이 아니라 '오-'이기
때문이다. 따라서 문장 내의 요소들 사이의 관계는 앞에 오는 어떤 문장성
분이 뒤에 오는 어떤 품사와 관련을 맺는다는 식으로 기술해야 할 것이다.
　이것은 주어의 경우에도 마찬가지이다. 주어가 뒤에 오는 서술어와
관련(주술관계)을 맺는 것으로 기술하는 것을 흔히 볼 수 있지만, 사실
주어는 뒤에 오는 동사와 관련을 맺는다고 해야 한다. '철수가 영희를

만났다'에서 주어 '철수가'가 서술어 '만났다'와 관련을 맺는다고 기술하는 것을 일단 인정한다면, '철수가 만난 사람'에서 주어 '철수가'는 관형어 '만난'과 관계를 맺는다고 해야 할 것이다. 이는 앞에서 설명한 대로 바람직하지 않은 결과를 초래한다. '철수가 영희를 만났다'에서든 '철수가 만난 사람'에서든 주어 '철수'는 동사 '만나-'와 관련을 맺는다고 하는 것이 통사론적인 관점에서 더 정확한 기술이 된다.

허웅(1983: 189)에서도 성분과 품사를 구분하면서도, 그 차이를 가끔 뒤섞는 경우가 보인다. 관형어와 부사어의 수식을 논하는 자리에서 다음과 같이 언급함으로써 관형어의 수식 관계가 성분 전체에 걸리지 않는다는 것을 간접적으로 드러내고 있다.

> "'그 사람이 밥을 빨리 먹는다' 이 월에서, '사람이'는 먹는 움직임의 주체를 나타내므로 '임자말'(주어)이 되고, '밥을'은 먹는 대상을 나타내므로 '부림말'(목적어)이 되고, '먹는다'는 '그 사람'의 움직임을 풀이하는 '풀이말'(서술어)이 된다. 그리고 '그'와 '빨리'는 각각 '사람'과 '먹는다'의 뜻을 꾸미는 '꾸밈말'(수식어)이 되는데, '그'와 '빨리'는 꾸미는 대상이 말본 상 다른 성질을 가진 말이므로 '그'는 '매김말'(관형어), '빨리'는 '어찌말'(부사어)이라 하여 구별한다."

따라서 한국어의 조사는 전통적으로 그 기능에 따라 문법관계를 표시하는 격조사, 의미기능을 한정하는 보조사(delimiter) 등으로 하위분류하고는 있으나, 이런 분류법과 관계없이 선행 단위인 체언 요소와는 별개의 요소로 분석되어야 한다. 이것은 분명한 사실이다. 형태음운론적으로 앞말과 운율적인 단위를 이루나 이 어절 단위는 통사적 단위와는 별개의 차원이 되어야 한다. 따라서 이러한 현상을 인구어에서 종합적 성격을 완전히 잃고 분석적 성격으로 변화한 프랑스어나 영어와의 비교를 통해 보면 한국어의 조사는 그 분포에 입각하여, 후치사류와 한정사류로 대별하는 것이 가장 타당하고, 조사의 하위분류 체계에도 부합한다는 것을 알 수 있다.

여기서는 언어유형론적 연구 성과를 토대로 허웅 선생의 형태론과 통사론에 대한 입장을 몇 가지 측면에서 재검토해 보고자 했다. 다음과 같이 다시 정리하고자 한다. 유형론적으로 '교착어'로 규정되는 한국어의 특성을 정교하게 따져보는 작업, 즉 허웅 선생의 형태론적 구성(=짜임새)과 통어론적 구성의 구분에 대한 논의는 명사와 조사의 통합 관계를 형태론적 구성으로 볼 것인가 통사적 구성으로 볼 것인가의 문제를 유형론적 관점에서 점검할 것을 요구한다. 왜냐하면, 먼저 형태론적 구성, 통사론적 구성에서 핵심이 되는 것이 '단어'이고 '단어의 기준'인데, 이 틀이 먼저 라틴어나 그리스어처럼, 굴절이 발달한 굴절어를 토대로 하고 있기 때문이다. 굴절어 라틴어도 로망스어들로 발달하면서, 그 성격이 많이 바뀌었는데, 현대 프랑스어는 실상 굴절 요소가 부분적으로 남아 있긴 하지만, 전체적으로는 교착적 성격의 문법 요소가 많이 발달하여, 교착적 성격의 문법요소가 어휘요소에 선행하는 자리에 나타나는 소위 '핵이 앞에 놓이는(head initial)' 언어의 성격을 보여준다는 점에서 문법소가 철저하게 뒤에 놓이는, 즉 '핵이 뒤에 놓이는(head final)' 언어인 한국어와 비교가 된다 할 수 있다. 따라서 한국어의 명사는 유형론적 관점에서 보면, 라틴어의 명사와 달리, 프랑스어나 영어의 명사와 더 비슷한 단계에 있다고 할 수 있다. 따라서 영어의 명사와 관사, 명사와 전치사, 또는 명사와 관사와 전치사의 통합체를 하나의 단어로 보지 않듯이, 한국어에서도 명사와 조사－조사는 전통적인 분류와 달리 그 분포 관계에 의해 여러 하위부류로 새롭게 체계화될 수 있다－의 결합 단위를 하나의 단어로 볼 수는 없다. 전통적으로도 학교문법에서는 조사의 품사를 인정하여 이들의 결합을 두 단어의 결합으로 보고 있다. 그런 점에서 서양의 고전문법의 틀―곡용과 활용―을 유지하기 위해 허웅(1983)에서 '준-굴곡법'을 세운 것은 그 의도와 달리 석연치 않은 결과를 낳고 말았다. 결국 '명사＋조사'는 본질과 다르게 형태론적 구성이 되고, 그 통합 단위가 통사론의 단위가 되고 만 것이다. 형태론적 구성이라는 것은 하나의 단어의 내적 구조가 되는 것인데 이는 모순이 아닐 수 없는 것이다.

허웅 선생이 '직접성분', '자립형식', '말마디'의 기준을 가지고 분석하고 있는 문장의 구조는 다음과 같았다.

(4) 허웅의 전통 수형도

그러나 필자가 제안한 역동적 그림으로 이를 나타내면 다음과 같이 직접성분의 구조가 달라진다.

(5) 목정수의 신수형도

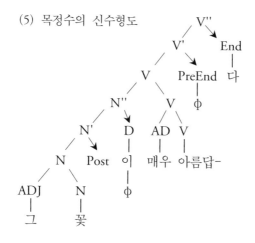

2.2. 관형사 범주의 정체성

목정수(2002)에서는 최초로 기존 '예쁘다'류의 형용사 범주를 문제 삼으면서 이 형용사가 동사와 함께 용언의 상위 범주로 묶이는 분류상의 모순점을 꼬집고 이들은 '동사'라는 상위 범주 밑에 '기술동사(예쁘다)', '주관동사(싫다)', '행위동사(먹다)'로 재분류될 필요성이 있음을 주장했다. 더불어 기존 '관형사'라는 용어를 해체하여 '관형사'는 '명사 앞에 놓이는 형용사'라는 의미에서 붙여진 이름이므로 그 본질은 '형용사'에 있음을 보였다. 그리고 원래 'adjective'라는 품사명은 서술어로 '명사 곁에 놓이는' 것을 형용사라고 한 데서 유래하는 것이므로 기존 형용사라 불렀던 것은 동사와 형태·통사적으로 한통속이라는 점을 밝혔다. 이러한 특성은 이미 많은 학자들이 언급한 바 있고, 실제 언어학 논의에서 이러한 용어가 반영되어 '상태동사' 등의 이름으로 논의되고 있음을 감안하면 그리 놀라울 만한 것은 못 된다. 오히려 목정수(2002)의 차별성은 기존 '관형사'란 범주는 일반언어학적 의의가 없는, 잘못 만들어진, 국어학계에서만 쓰이는 용어이므로 철폐하고 새로운 차원에서 이들을 '형용사' 범주로 통합하자는 주장에 있었다.

이러한 주장은 기존에 품사 분류 작업에서 문제가 되었던 여러 어사들을 다시 문제 삼게 하는 기폭제가 되었다. 가령, '경제적', '시적' 등의 'X-적'의 품사론적 지위에 대해서 다시 생각해 보게 했고, '국제 (회의)', '가전 (제품)', '수시 (모집)', '주미 (대사관)', '간이 (휴게소)' 등 '관형명사', '어근', '형성소' 등으로 어수선하게 규정되어 왔던 어휘요소들을 하나의 부류, 즉 '형용사'로 묶어볼 수 있게 하였고, '깨끗하다', '유명하다'의 '깨끗'과 '유명'이라는 어휘요소도 동일한 차원에서 '어근'이라는 형태 분석 단위가 아니라 당당한 품사 단위인 '형용사'로 묶을 수 있게 하는 기반을 마련하였다. 따라서 형용사의 유형론을 다루는 작업에서 한국어의 소위 '관형사'가 소외되지 않게 조치할 수 있었고, 기존 형용사는 동사의 큰 틀에서 그 의미적 속성을 고려하든지, 아니면 '명사성 형용사(nouny adjective)'와 짝을 이루는 '동사성 형용사(verby adjective)'라는 틀에서 논의에 반영되어야 한다는 점도 더 분명히 할 수 있었다(목정수 2013).

더 나아가 다음과 같은 단어의 품사적 지위도 문제가 될 수 있음을 제기하였다. 첫째, 일음절 한자어 중에서 접두사나 접미사로 처리하기 어려운 통사 단위로 기능하는 어휘요소들이 있다. 다음은 일반적으로 띄어쓰기에 있어 일반인들이 자주 혼란을 겪는 예들이다.

> (6) 가. 우리 대학의 계획안을 타 대학의 것과 비교해 봅시다.
>   cf. 다른 대학
>   나. 그것이 본고의 주 목적이다. cf. 주요 목적
>   다. 별 관심이 없다. cf. 특별 관심

이러한 요소들은 한국어 고유어 계열의 '새'나 '참' 등과 비교 가능하다.

> (7) 가. 신문명, 신국가, cf. 신 연구, 신랑, 신부
>   나. *새 신문명－*신 신문명
>   다. 새 신랑－*?신 신랑

『연세한국어사전』에서는 '주(主)-'나 '타(他)-'를 접두사로 처리하고 있고, '첫'은 관형사와 '첫-'의 접두사로 분할배열을 하고 있다. 그러나 이들이 접두사인지 관형사인지도 그 구분이 쉽지 않다. 이에 대해서는 2.4.에서 자세히 논하기로 한다.

2.3. 관형사냐 부사냐 이것도 문제로다

목정수(2006)에서는 '엄중하다'의 '엄중'이 명사나 어근이 될 수 없고

당당한 통사 단위로서 형용사로서 설정이 되어야 하고 부사와의 기능 넘나듦 현상으로 설명되는 것이 말끔하다는 점을 밝혔다. 동시에 접어적 성격의 형용사 문제를 거론하였다. 주된 논의를 요약 제시하면 다음과 같다.

먼저 'X-하다' 구성의 본질에 대해 다음과 같은 문제를 제기하였다. 한국어의 동사 또는 동사구의 형성 원리에 대한 형태·통사적인 문제로서 파생접사와 기능동사의 구분, 통사적 접사의 개념적 타당성 등의 문제를 제기한 것이다.

국어학의 전통에서는 일반적으로 'X-하다'와 'X를 하다'의 '하다'는 이질적인 것으로 파악해 왔다. 전자에서는 파생접사로서의 '-하다'를 상정하고 있고, 후자의 경우에는 '대동사', '형식동사' 등의 동사라는 어휘 단위 '하다'로 취급해 왔다. 무슨 근거로 그런 것이냐의 문제가 제기된다. 뚜렷한 근거가 제시되지 않았고, 직관적으로도 문제가 있어 보인다. 비유적으로 말하자면, '멋있다'와 '멋이 있다'나 '땀흘리다'와 '땀을 흘리다'의 경우에도 '있다'와 '흘리다'가 각각 파생접사와 동사로 나뉠 수 있는 것인지의 문제이다.

'하다'를 파생접사로 보면, 새로운 어휘를 파생시키는 '파생접사'가 어떤 제3의 요소에 의해 분할이 된다는 것을 설명하기 어렵게 된다. 새로운 어휘가 파생되었다면, 그 어휘는 고도(island)를 형성한다는 것을 의미하는데, 그 고도가 내부적으로 다른 요소에 의해 가시적으로 보여 분리될 수 있다는 것은 있을 수 없는 일이다. 국어학계에서는 '어근 분리 현상'으로 이를 다루어 오고 있다. 그러나 이는 현상에 대한 명명일 뿐 설명이 되지는 못한다(임홍빈 1979). '어근 분리'가 무슨 설명력이 있는 것처럼 호들갑을 떠는 것은 결코 바람직하지 못하다. 따라서 '하다'를 기능동사로 보게 되는데, 기능동사란 술어성을 지니는 어휘요소가 문장에서 동사로서 기능하게 하기 위해, 즉 동사의 문법적 차원에서의 실현

(actualisation)을 돕기 위한 장치로서 개입하는 통사 단위를 말한다. 어휘적으로는 비어 있으나 어휘와 문법 요소 가운데 어휘 요소에 가까운 것으로 본다는 것이 '기능동사' 이론의 핵심이다. 따라서 근본적으로 'X-하다'는 'X'라는 통사 단위(=통사원자)와 '하다'라는 통사 단위의 통사적 결합으로 보는 것이다.[6] 그러면 'X-하다'가 갖고 있는 어휘적 단위성 (unity)은 어떻게 처리해야 하는가? 이는 이러한 두 통사적 단위의 결합이 하나의 어휘적 통일성을 위해 어휘화된 것으로 설명하면 되는 것이다. '맛(이) 있다' 구성이 '맛 있다〔마디따〕'를 거쳐 '맛있다〔마시따〕'로 어휘화하는 것과 같다고 볼 수 있을 것이다. 이것은 이렇게 설명이 가능하고, 또한 이렇게 봄으로써 'X-를 하다'의 구성 또한 평행하게 'X-하다'와 의미적 평행성이 깨지지 않고 유지됨을 보일 수 있고, 형식의 차이, 즉 조사 '을/를'의 개입에 따른 형식적 차이와 의미적 차이를 조사 '을/를'만큼의 차이로 일관되게 설명할 수 있게 된다.

이러한 기본 입장을 유지하면서, 본고의 문제를 '긴급 투입하다', '엄중 항의하다'를 중심으로 그러한 구성이 형태·통사론적 차원과 의미론적 차원에서 어떻게 설명될 수 있는가를 살펴보기로 하자.

여기서 바로 제기되는 문제는 '긴급'이란 단위를 어떻게 보느냐 하는 것이다. 만약에 '긴급'을 '긴급하다'라는 하나의 어휘의 구성요소, 즉 비자립적인 형태로서 '긴급하다'라는 형용사의 '어근'으로 보고 그것을 통사적 단위로 인정하지 않는다면, 결국 '긴급'은 의존요소라는 이유로 다음에 나오는 핵어(head)인 '투입'이나 '투입하다'에 의존하는/걸리는

---

6 채희락(2007)도 이와 비슷한 입장을 취하고 있고, 이를 표기에 반영해야 한다는 주장을 펴고 있다. 따라서 그의 논문에서는 '연구 하다'처럼 동사구로 본다고 해서 의도적으로 띄어쓰기를 하고 있다. 그러나 '연구하다'를 통사 단위의 결합인 구 구성이 하나의 어휘가 되는 어휘화의 과정을 생각해 보면, '연구하다'처럼 붙여써도 무방해 보인다.

(incident) 것으로 파악해야 할 것이다. 그러나 '투입하다'라는 핵어를 동사라고 본다면, '긴급'이 의존요소라고 해야 하므로 동사와 통합하여 동심적으로(endocentrically) 다른 동사를 파생시키는 접두사로 파악해야 할지도 모른다. 그러나 이는 직관에 부합하지 않는 듯하다. 그렇다면 다른 대안은 '긴급'이 '투입'이라는 동사성 명사(=서술 명사)에 연결되어 〔긴급 투입〕이라는 단어 혹은 명사구를 형성하는 것으로 보아야 한다. '긴급'을 비통사적 단위로 본다면 〔긴급 투입〕은 하나의 비통사적 합성어 (=단어)로 보아야 할 것이고, '긴급'을 통사적 단위로 볼 수 있게 된다면 〔긴급 투입〕은 명사구로 파악되어야 한다. 그런데 전자의 입장에 서면, 〔긴급 투입〕이 합성어가 된다는 것이 의미적으로 성립하기 어려워 보인 다. 왜냐하면 두 단위의 의미적 해석이 투명하게 합성적으로 파악되기 때문이다. 어쨌든, 의미론적으로 무리를 하더라도, 그렇게 보아야 '하다' 를 동사 파생접사로 보던 전통적 시각을 유지할 수 있게 된다. 반면에 후자의 입장에 서면 〔긴급 투입〕이 명사구이기 때문에 '하다'는 선행하는 명사 '투입'에 접미되는 것이 아니라 〔긴급 투입〕이라는 명사구에 접미되 는 것이기 때문에 '하다'를 단순히 형태론적 구성의 파생접사라고 볼 수 가 없게 되고, 이른바 '통사적 접사'의 개념을 끌어와야 한다(김창섭 (1997)). 그러면 '통사적 접사' 개념을 설정하게 되면 관련된 현상이 말 끔하게 해결되는 것인가? 그렇지 않다. 왜냐하면 '긴급 투입을/은 하다' 처럼 조사에 의해 분리가 되는 구성과의 싱관성 문제가 다시 제기되기 때문이다. 명사구로서의 〔긴급 투입〕은 해결되었고 그래서 '통사적 접사' 개념이 도입되었다 하더라도 어떻게 통사적 접사가 분리될 수 있는 것인 지가 설명될 도리가 없는 것이다. 분리를 허용하지 않는 '이다/답다' 같 은 경우는 '통사적 접사' 개념을 유지할 수 있다손 치더라도 분명 '하다' 의 경우는 그렇지 않은 통사적 현상이 나타나는 것은 부정할 수 없지 않을까 한다.

그렇다면 우리의 입장은 무엇인가? 정리가 쉽지 않지만, 차근차근 하나씩 짚어 나아가 보자. 필자는 '긴급 투입하다'의 통사적 절차는 다음의 순서로 이루어지는 것으로 파악하는 것이 일단은 자연스럽다고 생각한다. 먼저 직관적으로는 '긴급'이 통사적 결합을 하기 전에 '투입하다'라는 어휘가 먼저 만들어진다고 파악할 수 있다. 이때 '투입하다'는 술어명사 '투입'과 기능동사 '하다'의 통사적 결합을 통해 하나의 어휘화된 단위, 즉 행위동사(action verb)가 된다. 그렇기 때문에 '긴급'이 합성동사 '투입하다'와 통사적으로 결합한다는 것은 '부사 → 동사'의 수식 관계를 형성한다는 것을 의미한다. 따라서 표면적으로 그리고 기능적으로 보면 '긴급'은 부사, 양보하면 부사어로서의 직능을 수행하고 있는 것이다.

그런데 문제는 '긴급'을 단순히 부사라고 할 수 있을까 하는 점이다. '긴급'이 쓰이는 어휘의미적 환경을 조사해 보면 그렇게 간단치가 않다. 다음 '긴급'이 출현하는 어휘의미적 환경을 제시해 보자.

    (a) 긴급을 요하다
    (b) 긴급하다
    (c) 긴급도 하다
    (d) 긴급 전화
    (e) 긴급히
    (f) 긴급하게
    (g) 긴급함 때문에

(a)를 보면서 흔히 '긴급'은 명사로 분류하기 쉽다. 이유인즉슨, 격조사와 결합이 가능하다고 보기 때문이다. 다른 격조사와의 결합이 분명 제약되어 있다는 단서와 함께. 그렇지만 '~를 요하다'라는 구성의 특성을 잘 이해할 필요가 있다. '요하다'와 유의관계에 있는 '요구하다'나 '필요

로 하다'로 대치해 보면 상황이 좀 복잡해진다.

    (8) 가. *긴급을 요구하다
       나. *긴급을 필요로 하다

    (9) 가. 설명을 요하다
       나. 설명을 요구하다
       다. 설명을 필요로 하다

    (10) 가. *상황의 긴급 때문에
        나. 상황의 긴급함 때문에

  따라서 (a)의 특성만을 가지고 명사라고 단정 짓기는 무리가 따른다. (b)를 보면 형용사 '긴급하다'의 구성요소임으로 '긴급'을 '어근'이라 보게 된다. 물론 이때의 '하다'를 형용사 파생접사로 규정이 동시에 이루어지는 선에서 말이다. 그러나 (c)를 보면 이도 문제를 안고 있다. 이에 대해서는 앞에서 논의한 바 있다. 그렇다면 (b~e)를 종합적으로 고려하여 '긴급'을 어떻게 특징지어야 할까? 우리는 '긴급'이 분명 '명사'와 가깝다는 점을 인정하면서 그렇다고 해도 '명사'는 아닌 그 무엇, 그러면서도 '하다'와 결합하여 서술어로서 전통적으로는 '형용사'(=기술동사(descriptive verb))라는 용언의 구실을 하고, 일정한 조사(=흔히 보조사)와 결합이 가능하다는 점, 분명히 명사 앞에 놓여 그것을 수식하는 기능을 담당하고 있는 점을 고려함과 동시에, 접사 '-히'가 붙어 부사로 파생되는 점 등을 고려한다면, 가장 가능성이 있는 것이 바로 '형용사' 또는 '명사성 형용사'가[7] 아닐까 생각한다(목정수(2003, 2006) 참조).
  문제는 '긴급'이 '투입하다'를 수식하는 부사 기능을 한다는 것은 틀림

없는데, '긴급'이 수식할 수 있는 동사에 제약이 있다는 점이다. 즉 '긴급'의 경우는 고유어 동사를 수식하는 데는 사용되기 어렵다. 한자어 동사와만 결합할 수 있다. 부사라면 의미적으로 충돌만 하지 않는다면, 구조적으로 후행 용언과 수식관계를 맺을 수 있어야 하는데, 어휘 의미적인 제약이 있는 경우, 이를 어떻게 처리해야 하는지가 까다로운 문제가 아닐 수 없다. 어쨌건 국어문법은 품사 귀속 문제와 성분으로서의 통사적 기능의 설정 문제를 일관된 이론으로 끌어안아야 할 것임은 분명하다. 이러한 현상이 국부적인 현상이라 하더라도 말이다.

(11) 가. ?*긴급 집어넣다/떠나다/보내다

나. 긴급 파견하다/귀국하다/투입하다...

물론, 그렇지 않은 것들도 있다. 완전히 자유롭게 부사 환경에서 쓰일 수 있는 것들도 있다.

(12) 가. 직접 가다/만지다/때리다/나서다

나. 직접 참여하다/해결하다/관찰하다...

(13) 가. 적극 참여하다/동참하다/지지하다

나. 적극 밀다/돕다/만나다...

---

7 우리는 기본적으로 기존 형용사를 '동사'라는 상위 범주의 하위 부류로 다루는 것을 원칙으로 한다. 그러나 앞에서 언급했듯이, 유형론적 비교 작업을 위해서 기존의 형용사를 '동사성 형용사(verby adjective)'란 용어로 재분류하는 것을 받아들이는 입장이라면, 여기서의 '명사성 형용사', 즉 우리가 새롭게 정의하려는 '형용사'는 명사의 차원에서 '형용사성 명사'라고 해서 다른 일반적인 명사와 구분되는 하위 부류로 묶어보는 방법도 가능하리라 생각한다.

표준사전에서는 '적극'을 명사로 품사를 달고, '주로 다른 말 앞에 쓰여'라는 단서를 달아 수식어로서의 기능을 기술하고 있는 셈이다. 그러나 이렇게 명사 또는 관형사 기능의 명사, 즉 관형명사로 취급할 때, 바로 그 사전에서도 예를 제시하고 있듯이 위의 예문에서의 '적극'을 명사로 취급하기는 어렵다. 분명 그 통사적 기능으로 보면 '적극'은 '반대하다'라는 동사와 관계를 맺고 있기 때문에 부사어로 봐야 하는 것이다.

이어서 '엄중 항의하다' 구성을 가지고 논의를 더 진행해 보도록 하자. 앞서 언급했듯이, 성분들 간의 관계에 의하면, 형용사, 부사, 동사를 수식할 수 있는 단위는 부사(어)이다. 관형사 또는 관형어는 명사하고만 연결되는 것이 일반적이다.

(14) 가. 예쁜 여자-*예쁘게 여자
     나. *예쁜 놀다-예쁘게 놀다

(15) 가. 새 옷-*새로 옷
     나. *새 만들다-새로 만들다

(16) 가. 혁신적 사고-*혁신적으로 사고
     나. *혁신적 사고하다-혁신적으로 사고하다

이런 점을 염두에 두고, 기존 통사론의 기본 원리에 따르면, 다음과 같은 현상을 기존의 논의로 풀기가 어렵게 된다.

(17) 엄중 항의하다

'항의하다'가 하나의 동사로 인정된다면, '엄중'과 '항의하다'의 관계는 부사어-서술어의 관계로 파악해야 한다. 그렇지만, 기존의 논의대로라면 '엄중'은 명사 내지 어근으로 분류가 된 것으로서 후자라면, 이 단위의 성분 단위 가능성을 설명하기 어렵고, 명사라면 명사의 품사 전용으로 부사어의 기능을 설명해야 한다.

다른 한편, '엄중'을 명사로서 명사구 또는 합성명사를 형성하는 요소로 파악하게 되면, '항의하다'가 하나의 동사가 아니라 동사구라고 파악해야 하는 상황에 이르게 된다. 즉 〔〔엄중 항의〕-하다〕와 같은 구조가 되어 이때의 '하다'를 통사적 파생접사라든가 접사적 경동사 등으로 규정해야 하는 난관에 봉착하게 된다. 더 나아가 김창섭(2005)에서 제안된 소구(small phrase)라는 개념도 이러한 현상을 해결하기 위한 시도로 읽힌다. 즉 '항의하다'의 '항의'가 확장된 '엄중 항의'는 단어도 일반적인 통사적 구라고 할 수 없으므로, 이를 '소구'라고 봐야 한다는 것이다. 그러나 필자가 보기에는 이는 결국 '하다'를 파생접사로 보고 '항의하다'를 파생동사로 봐야 한다거나 그렇게 보고 있다는 입장을 고수하거나 그렇게 하기 위해서 어쩔 수 없이 나온 파생적 조치이자 결과이다. 필자는 '항의하다'의 '하다'도 기능동사로 보고 그들의 통사적 결합이 어휘화되어 '항의하다'라는 합성어(=합성동사)가 이루어진 것이라고 볼 수 있다면, 〔엄중 항의〕라는 '소구'가 아닌 그냥 명사구에 기능동사 '하다'가 결합된 것이 이상할 게 없는 것이다. 또한 '항의하다'가 먼저 어휘화되고 이 단위와 '엄중'이 결합되는 것이라면, '엄중'이 부사어의 기능, 즉 '엄중히'와 같은 역할을 하고 있는 것으로 분석하면 되지 않을까 한다. 다시 정리하면, 우리는 이러한 현상을 '엄중'이라는 단위의 새로운 규정을 통하여 해결하고자 하며, '항의하다'가 파생어가 아니라 통사적 구성으로부터 어휘화된 요소로 파악함으로써 해결하고자 하는 것이다.

  (18) 가. 〔엄중 항의〕#하다

나. 〔엄중 항의를〕 하다

다. 엄중 〔항의#하다〕

　이렇게 보면 '엄중'은 품사는 형용사이고 이 형용사는 어떤 환경, 즉 의미적으로 충돌하지 않는 〔한자어 술어명사＋기능동사〕 구성 앞에서 부사적인 기능을 담당할 수 있다는 것이다. 그 기능은 이 형용사에서 파생된 파생부사 '엄중히'와 평행성을 갖는다.

　　(19) 가. 엄중 항의(를) 하다

　　　　나. 엄중히 항의(를) 하다

　'엄중하다'처럼 〔X-하다〕 구성에서 자립적인 명사로 기능하지 못하는 'X' 자리의 요소들이 형용사로서의 의미기능을 갖고 있다는 것을 방증하는 또 하나의 사실은 바로 이러한 요소들은 명사형으로 'X-함' 구성을 요구한다는 것이다. 'X' 자체는 관형 구성의 수식을 받을 수가 없고, 'X-함'이 수식 관계를 만족시킨다는 것은 'X-함'이 명사이고, 'X'는 명사가 아니라는 것을 함의하는 것이다.

　　(20) 가. 방의 깨끗함

　　　　나. 방의 조용함 속으로

　　(21) 가. *그녀의 관념적이 예사롭지 않다.

　　　　나. 그녀의 아름다움이 예사롭지 않다.

2.4. 관형사냐 접두사냐 이것도 문제로다

목정수(2006)에서는 또한 접두사와 관형사, 그리고 부사의 경계에 놓

여 있는 어사를 중심으로 품사 분류의 난점을 제시한 바 있다. 다음에
제시한 일음절 한자어 '별'을 통해 이의 품사적 정체를 파악해 보도록
한다.

(22) 가. 별 상관 없다
    나. 별로 상관이 없다

(23) 가. 별 관계 없다
    나. 별로 관계 없다

『표준국어대사전』과 『연세한국어사전』에서의 '별'의 기술 현황을 제
시하면 다음과 같다.

〈표준사전〉
별2(別)
관보통과 다르게 두드러지거나 특별한. ¶그와 나는 별 사이가 아니
다./별 부담 없이 나의 생각을 말해 주었다./사건을 해결하기 위해 논의
해 보았지만 별 뾰족한 수가 보이지 않았다./이 사람 별 이상한 소리를
다 하고 있네.

〈연세사전〉
별2(別) 관형사 …
① 보통과 다르게 두드러진. 생각으로 예상할 수 없을 만큼의.
  ¶대부분의 사람들은, 선거가 끝나면 낙선자에게는 별 관심을 보이지
않는다.
② 이상한. 보통과는 다른 여러 가지 기이한. 잡다한.

¶ 그땐 정말 별 생각이 다 들더라고요. / 보통 나무인데 귀하다니까 별 사람들이 다 욕심을 내나 봐요.

■ 별 볼일 없다 ☞ 볼일.

『표준국어대사전』이나 『연세한국어사전』이나 모두 관형사로 품사를 달고 있다. 그러나 그곳에서 보여주는 예는 관형사와 부사의 용법이 혼재되어 있는 듯하다. 즉 '대부분의 사람들은, 선거가 끝나면 낙선자에게는 별 관심을 보이지 않는다'에서는 〔별 관심〕이라는 명사구로 해석되는 동시에 '별'이 '별로'와 대치될 수 있는 것에서 볼 수 있듯이, 관형사와 부사의 양용 현상이 보인다고 할 수 있다. 반면, '그땐 정말 별 생각이 다 들더라고요. / 보통 나무인데 귀하다니까 별 사람들이 다 욕심을 내나 봐요'에서는 〔별 생각〕, 〔별 사람〕의 명사구를 형성한다고 보아 관형사의 역할을 한다고 해석된다.

3. 한국어의 새로운 품사 분류

3.1. 명사성 형용사의 재정립

목정수(2002)부터 최근 목정수(2013)에 이르기까지 줄기차게 한국어의 품사 체계의 정합성을 위해서는 기존 형용사를 동사 범주의 하위 체계로 재분류하고 관형사를 새로운 차원의 형용사로 재정립하자고 주장해왔다. 이때 새롭게 정립된 형용사는 언어유형론학계에서 말하는 '명사성 형용사'에 부합한다. 일본어의 소위 '형용동사'에 비견될 수 있는 어휘 범주이다. 이렇게 되면, 기존에 '관형명사', '불구어근', '어근', '형성소', '구성소' 등으로 복잡하게 얽혀 있던 개념을 하나로 정리할 수 있는 이점을 얻을 수 있다. 또한 막연히 명사로 분류되던 그리고 기존의 이론적 입장 때문에 명사로 볼 수밖에 없었던 어사들을 '명사성 형용사'라는 범주로 그 속성에 맞게 재정의할 수 있게 되는 효과도 얻을 수 있다. 그리고 이 '명사성 형용사'를 수식적 용법과 서술적 용법으로 나누어 체계를 세우면 세계 언어의 형용사 범주의 용법에 대응되는 방식으로 한국어 형용사의 용법을 분류할 수 있게 된다. 이를 목정수(2002)에서는 다음과 같이 도표로 정리한 바 있다.

(24) 한국어 형용사의 연속체

> **(+극) 순수 명사** (자유, 학생, 하늘, 땅)
> ← 형용사성 명사1 (행복, 다행, 안전)
> ← 형용사성 명사2(≒명사성 형용사) (특정, 고유, 관념적)
> ↔ **수식 용법만의 형용사** (국제, 새, 온갖, 여러)
> ↔ **수식·서술 용법의 형용사** (유명, 엄밀, 알뜰, 정밀)
> ↔ **서술 용법만의 형용사** (정확, 미안, 깨끗)
> → 동사성 형용사 (밝다, 아름답다, 싫다)
> → 형용사성 동사 (맛있다, 값지다, 힘들다)
> **(-극) 순수 동사** (죽다, 오다, 만나다)

3.2. 한국어 명사의 끝은 어디인가?

보편적으로 명사는 동사에 대립되는 어휘 범주로 '이름'이라는 것과 의미적으로 연관되어 있다. 그러나 '이름'과 '명사'는 같은 것이 아니다. 이러한 착각은 소쉬르가 언어기호를 '기표(singifiant)'와 '기의(signifié)'로 나누어, '기의'를 '대상물(referent)'과 구분하고 나서도 여전히 남아 있다. 이는 그만큼 품사 구분으로서의 '명사'의 정의가 쉽지 않고 일상 언어의 의미 간섭 때문에 정밀한 품사 구분이 쉽지 않다는 것을 의미한다. 그래서 품사를 구분할 때 일반적으로는 명사를 다음과 같이 표현하곤 한다. "명사(名詞)는 말 그대로 이름을 나타내는 용어이다. 명사는 구체적이든 추상적이든 어떤 사물이나 상태 및 사건을 나타내는 이름이라는 점에서 대명사나 수사와 다르다. 대명사는 명사를 대신하는 용어이며, 수사는 숫자를 표현하는 용어이다. 명사는 많은 사물과 상태 및 사건을 나타내는 단위로, 대명사나 수사에 비하여 그 종류와 수가 많다."

그러나 이렇게 명사를 구분하는 것은 '명사'라는 단위를 떼어낸 후 그 것들을 세분하는 과정에서나 할 수 있는 작업이지 '명사' 자체를 정의하는 데는 별 도움이 되지 않는다. 그리하여 '명사'를 다른 것들과 구분해 낼 수 있는 구분자로서 형식적인 정의 기준이 필요한 것이다. 다음과 같은 형식적인 기준이 마련될 수 있겠다.

(25) 명사의 형식적 정의를 위한 몇 가지 기준
• 한국어의 명사는 불변어로서 형태 변화를 하지 않는다.
• 반면 '이/가, 을/를, 에, 에서, 으로, 은/는, 도, 만…' 등 대부분의 조사와는 자유롭게 결합한다. 특히, '격조사'와의 결합이 자유롭다.
• 명사는 단독으로, 혹은 조사와의 결합으로 문장 내에서 주어, 목적어, 관형어, 부사어, 서술어, 독립어 등 여러 가지 성분으로 기능할 수 있다.
• 대부분의 명사는 관형사, 관형절 등 관형어의 수식을 받을 수 있다.

그러나 이러한 기준에도 몇 가지 현실적인 문제점들이 도사리고 있다. 첫 번째 문제는 다음에 살펴보게 될 조사의 분류 문제와 연계된 것으로서 격조사와의 결합이 자유로운 것들을 '명사'로 인정할 수가 있지만, 격조사로서의 '이/가, 을/를, 의'의 정체성에 대한 문제가 국어학계의 난해한 문제라는 것이고, 둘째로 조사 '로'의 이질성도 문제가 될 수 있다. 자세한 논의는 목정수(2003)과 목정수(2009b), 목정수(2011)로 미루기로 하고 우선 다음의 예를 통해 문젯거리만 생각해 보고 넘어가기로 하자.

(26) 가. 긴급을 요하다

　　나. 완벽을 기하다

(27) 가. 무명으로

　　나. 새로

　　다. 추상적으로

　위의 정의에서 보듯이 명사는 격조사와 결합이 자유로운 언어 단위라는 것을 보였는데, 이는 명사가 조사의 도움으로 문장에서 일정한 성분으로 사용될 수 있고, 그러한 성분으로서 기능할 수 있는 것이 기본적으로 명사의 자격을 갖고 있음을 함의한다는 것이 된다. 이러한 것은 국어 문법 기술에서 명사의 정의 문제뿐만 아니라 격 형태와 문장 성분의 일대일 대응관계로 삼고 있다는 것을 말해 주는 것이다. 흔히 한국어 기본 문법을 소개할 때 이러한 방식이 채택되곤 한다. 그러나 이러한 기본 방식에는 당연한 문제로서, 조사 생략의 문제와 조사 생략의 기제와 의미 변화 여부의 문제, 언어 형식과 의미의 관계 등의 문제를 발생시킨다.

(28) 가. 철수는 냉면이 먹고 싶다.

　　나. 철수는 냉면이 먹고 싶대.

　　다. 철수는 냉면을 먹고 싶어 한다.

　　라. 냉면이 그렇게 먹고 싶어?

　　마. 우리 냉면 먹을래?

　　바. 날도 더운데, 냉면이나 먹으러 갈까요?

　주격조사 '이/가'와 '주어'와의 관계, 문장 성분의 생략이 의미하는 것 그리고 그것의 보편성, 조사 생략과 생략 여부에 따른 의미 변화 양상

등의 문제를 통하여 한국어 조사 자체를 어떻게 이해해야 할 것인가를 생각해 보는 것이 매우 중요하다.

다음에는 좀 더 구체적인 문제로서 (25)에서 제시한 명사의 정의 방식에 부합되기 어려운 예들을 살펴보고 이들과 유사한 예들을 어떻게 체계적으로 교육시킬 수 있을 것인가를 생각해 보도록 한다. 말하자면, 우리가 명사로 제한하는 것들의 주변을 서성이는 문제아(?)로서의 문제어들을 어떻게 처리해 줄 것인가 하는 것이다. 논의의 편의상 몇몇의 부류별로 나누어 제시해 본다.

○ '조용' 부류

다음에 제시하는 예들은 한국어의 기본 어휘를 형성하기에 충분한 빈도도 높고 의미적으로도 기본이 되는 것들이라 할 수 있다.

    (29) 난감, 난처, 무난, 처량, 처참, 화려

먼저 이 부류의 특성을 들라치면 대체로 '-하다'와 결합하여 형용사로 쓰인다는 것이다. 그래서 많은 사전에서는 형용사 'X하다'의 '어근'이라 하고 있다. 여기까지는 일반적으로 동의하는 바일 것이다. 그러나 여기서 우리가 의문을 제기할 수 있는 것은 바로 위에서 주어진 어휘들의 품사가 '명사'라고 할 수 있느냐 하는 것이다. 함께 따져 보고 이러한 단위들을 교육적으로 어떻게 설명해야 할 것인가를 논의해 볼 필요가 있지 않은가? 논점을 분명히 하기 위해 국어학계에서는 이와 관련된 것으로 '-하다'의 문법적 지위에 대한 논란이 끊임없이 이어지고 있다는 점을 상기시키고자 한다. '파생접사'냐 '기능동사'냐 그것이 문제로다!

또 다른 특성으로는 접사 '-이/-히'에 의해 부사로 파생이 가능하다는 점과 첩어 구성 더 나아가 첩어의 파생이 가능하다는 점이다.

(30) 처량히, 무난히

(31) 조용조용, 조용조용히

이러한 단위들의 특성을 알기 위해 다음과 같은 단위들과 비교해 볼 필요가 있다.

(32) 가. 기하다, 준하다, 선하다, 용하다
    나. 구축함, 외국인

지면의 제약으로 하나하나 상론을 할 수 없지만, 결론적으로 이들 (29)의 예들은 문장의 논항으로서 사용된 예를 찾기 어렵고 주로 (32가)의 예와 달리 'X(를/는)-하다'처럼 조사 개입이 가능하고 'X-히' 구성으로만 쓰이는 분포적 제약을 보이므로 완전한 명사로 보기는 어렵다고 볼 수 있다. 이리하여 우리가 말하는 '(명사성) 형용사'에 속하는 것으로 보는 것이 최선임을 알 수 있다.

○ '국제' 부류

누가 '국제'의 품사를 물어온다면 어떻게 대답해야 할까? 사전에는 어떻게 처리되어 있을까? 그것에 대응되는 의미는 어떻게 설명할 것이며, 외국어의 대응 예는 무엇으로 보여줄 것인가?[8] 여기서는 이러한 기본적인 문제를 가지고 다음 어휘들의 품사적 속성들에 대해 생각해 보기로 한다.

---

8 한영사전을 찾아보면 '국제'에 해당하는 대역이 'international relationship'으로 되어 있어 황당함을 느끼게 된다.

(33) 강력, 급성, 주요, 중대, 직접, 민주, 반정부, 반사회, 반민주, 대북,
친북

위에 든 요소들의 특성을 대략 제시한다면, '조용' 부류와 마찬가지로
'-하다', '-이/-히'와 결합하여 각각 형용사/부사로 쓰이는 요소도 있고
(강력하다, 강력히), '-적' 파생어의 어기로 쓰일 수도 있으며(국제적,
직접적), 또는 합성어 구성성분으로도 쓰일 수 있는데(중대사, 민주주
의), 공통점은 다른 명사 앞에서 수식/관형 기능을 할 수 있는 점이다.

(34) 가. 국제 (사회 + 연대 + 협력)
나. 중대 (발표 + 결정 + 사안)

게다가 '-적'의 어기가 되는 것이 자립형식이 아닌 것들도 있을 수
있다.

(35) 노골적, 가급적, 단적, 인적

이러한 속성은 이들 요소의 명사성 판단의 논거가 되기 어려울 것이다.
'만성'과 같은 경우, 이들 요소와 유사하면서도 명사로 분류될 수 있는
것은 아예 '만성이 되어버렸다'와 같은 표현에서 격조사 '이/가'와의 결
합 가능성이 확인되기 때문이다. '국제' 부류를 관형사로 범주화할 가능
성이 있으나, 이 역시 문제가 있다. 왜냐하면, 이들을 관형사로 볼 경우,
'관형사 + 하다'의 합성어나 관형사를 어기로 하는 파생어의 구조를 인정
해야 하는 중대한 난점이 생기기 때문이다. 그러면 이들 부류를 어떻게
처리할 것인가가 문제가 된다. 참고로, 『연세한국어사전』에서는 '형성소'
란 개념을 끌어들였고, 『표준국어대사전』이나 비교적 최근에 구축된 '세

종전자사전'에서는 '어근' 범주를 설정하여 처리하고 있다. 문제는 이렇게 처리를 위해 설정된 '어근'의 범주가 이질적인 것들로 가득하다는 것이다. 따라서 이러한 (33)의 예들도 명사에 가깝게 위치한 '(명사성) 형용사'로 분류하는 것이 가장 바람직하다고 할 수 있겠다.

○ '열심' 부류
위와 마찬가지로 다음과 같은 어사들을 생각해 보자.

(36) 만무, 가관, 십상, 일쑤, 미간, 미정

이들의 특성을 몇 가지 들어보면, '십상'은 부사로도 쓰이고, '만무'는 '-하다' 형용사를 구성하기도 한다. '국제' 류의 '강력'이나 '분명', 또는 '적극'과 같은 어근은 부사적 용법이 있기 때문에(강력 대처하다, 적극 지원하다), '십상'의 부사적 용법은 예외적이 아니다. 이들의 경우 어근과 부사로 이중범주화하는 것이 가능할 것이다. '열심'의 경우, '열심이 아니다'와 같이 '-이다' 구문의 대응 부정문에서 격조사 '이/가' 앞에 사용되기에, 이를 근거로 명사로 분석할 수도 있기는 있다. 그러나 격조사 '이/가' 역시 부사 뒤에도 쓰이고, 후치사나 절 뒤에도 쓰이기 때문에 '열심'의 명사 판정에는 좀 더 강한 근거가 필요할 것이다.

(37) 가. 그렇게 천천히가 아니고 약간만 느리게
　　　나. 그와 마주친 것은 분명 그 극장 앞에서가 아니었다.
　　　다. 내가 거기 가려는 것은 그 여자를 만나러가 아니야. 넘겨짚지 마.

따라서 (36)의 예들도 다음에 살펴보는 'X-적' 요소와의 유사성을 근거로 '(명사성) 형용사' 부류에 귀속시킬 수 있다고 본다.

○ '-적 파생어' 부류

'-적' 파생어는 전통적으로 명사와 관형사로 처리되어 온 것들이다. 그러나 그들의 형태·통사적 특성을 살펴보면 문제가 있음을 알 수 있다. 다음 예들을 가지고 논의해 보자.

(37) 가. 관념적이다
     나. 관념적 사고 cf. 관념적인 사고
     다. 관념적으로

(38) 가. 비교적, 가급적
     나. 인적, 수적, 결과적, 국가적

(39) 날로(생으로), 새로, 별로, 고로

(40) 가. 철수는 그 일 이후로 더욱 (소극적＋이기적＋호의적)-이 되었다
     나. 그의 태도는 아주 (적극적＋배타적＋적대적)-으로 변했다

이상과 같은 근거로 'X-적' 형태의 어휘들은 명사나 관형사가 아니라 일본어 문법에서 '형용동사'라고 별도로 분류하듯이, '(명사성) 형용사' 란 범주에 귀속시키고자 하는 것이 우리의 결론이다. 이에 따라 자연히 '관념적으로'는 '관념적'이란 명사에 부사격조사 '로'가 결합한 구성이 아니라 '관념적'이라는 '형용사'에 접미사 '-로'가 붙어 파생된 부사어로 본다(목정수(2009b, 2011) 참조). '비교적'과 '가급적'은 그 자체로 부사적 용법으로 쓰이는데, 이는 형용사와 부사의 품사적 넘나듦으로 설명할 수 있다.

○ '얌전' 부류

이 부류에는 '점잖'이나 '부지런', '건방', '비롯', '이룩', '해당', '연연', 'ㄲ떡', '불사', '그지' 등이 있다. 이 부류의 특성으로는, 이들 요소는 주로 '-하다'와 결합하여 형용사를 구성하거나, '-하다/-되다'와 결합하여 동사를 구성한다는 점이다. '그지'는 '없다'와 연쇄하여 합성표현을 이룬다. 그런데 격조사와 함께 자율적으로 쓰이는 경우를 관찰하기 쉽지 않아, 사전기술에서는 이들 요소를 따로 분리해 내어 범주를 부여하지 않고 암암리에 '얌전하다', '얌전히', '비롯하다', '해당되다', '그지없다' 등과 같은 형용사/동사의 구성요소로 처리하는 경우가 보통이었다.

(41) 가. 점잖을 (빼다+부리다)/얌전을 (빼다+떨다+부리다+피우다)/
    나. 부지런을 (떨다+피우다)/(비롯+이룩+해당)-을 하다/
    다. (비롯+이룩+해당)-이 되다/ㄲ떡을 안 하다/그지가 없다

따라서 이들 부류는 결합가능한 격조사가 '을/를'이나 '이/가'로 제한되어 있고, 그러한 결합형의 사용빈도도 낮아서 명사로서의 용법이 뚜렷하지 않은 경우이다. 그렇다면, 이들을 어떻게 처리하는 것이 효율적일까? 어사 하나하나의 정밀한 관찰과 기술이 필요하지만, 전체적으로 결론지어 보면, 명사적 차원에서 다루되, 단순히 명사라고 하는 것보다는 '(명사성) 형용사'나 '서술명사'의 개념으로 파악하는 것이 가장 바람직하지 않을까 생각해 볼 수 있겠다.

그 밖에 조사 결합이 제약되어 있는 예들을 몇 가지 더 문제어로 제시만 하고 본절의 논의를 마치고자 한다. 여기서 우리가 유의할 것은 격조사와의 결합을 기준으로 해서 명사를 선별할 때 문제가 생길 수 있다는 점이다. 어떤 요소가 조사 '이/가, 을/를, 의'와 '이다'와 결합한다고 해서 이들을 섣불리 명사로 볼 수 없다. 다음 (42)와 (43)에서 보듯이, 이들은

명사 이외에 부사어와도 자연스럽게 결합할 수 있기 때문이다.

    (42) 가. 케밥을 먹어를 봤다고?
         나. 빨리가 안 뛰어지네.
         다. 제주도로 놀러를 갔는데, 날씨가 너무 안 좋아 가지고...
         라. 마약과의 전쟁

    (43) 가. 그녀를 만난 것은 학교에서였다.
         나. 그 사람 미국 가더니 함흥차사이네.
         다. 금강산도 식후경이다.
         라. 표현이 참 시적이다.

  다음에 특정한 조사와의 결합형으로만 사용되는 것들을 굳이 '명사 + 조사'로 분석하여 명사로 제시할 필요가 있는지는 이러한 구성을 하는 단위들과 계열관계와 통합관계를 비교해 보고 결정할 필요가 있다.

    (44) 가. 미구에, 미연에, 얼떨결에, 단번에, 졸지에
         나. 불굴의 (의지), 간발의 (차이), 입추의 (여지), 일루의 (희망),
            청운의 (꿈), 불후의 (명작), 박빙의 (접전), 묘령의 (처녀),
            희대의 (사기꾼), 모종의 (음모)

  '박빙의'의 경우에는 '박빙이다'처럼 다른 구성에도 참여할 수 있으므로 '박빙'에 명사적 지위를 부여할 수 있으나, '불후의'는 '불후' 자체가 상태를 의미하지도 않거니와 독자적으로 사용되지도 않기 때문에 '불후'에 명사성 형용사나 명사의 지위를 부여하는 것보다는 이 '불후의' 구성 자체를 수식 전용의 형용사(=기존의 관형사)로 등록할 가능성도 배제하

기 어렵다. 물론 사전에 '세종 대왕의 한글 창제는 만세에 불후할 위업이다.' 등의 예문을 통하여 '불후하다'를 명사 '불후'에서 파생된 동사로 등재한 경우가 있는 것을 보아 '썩지 아니함'의 서술명사로 볼 수는 있을 것이다. 그러나 그 등재 단위 '불후하다' 동사의 논항구조〔X-가 만세에 불후하다〕에 대해 그리고 그 쓰임의 자연성에 의문이 감과 동시에 그 활용형 '불후할, 불후하는, 불후한, 불후한다, 불후했다, 불후하고, 불후하니' 등이 나타난 자료를 찾을 수 없기 때문이다. '불굴'도 한자의 구성으로는 '불후'와 같은 방식으로 이루어진 단어이지만, 그 쓰임새는 '불굴의'의 형태로 제한된다. 그리고 '불굴하다'의 쓰임도 찾아 볼 수 없다.

3.3. 한국어의 대명사의 특징

한국어에 발달된 대명사에 대해서 살펴보고, 한국어에서 말하는 대명사가 인구어에서 말하는 대명사와 어떻게 차이가 있는지를 알아보자.

흔히들 한국어 문법에서 소개되고 있는 대명사와 대명사 분류체계에 대해서 제시해 보면 다음과 같다. "어떤 대상이나 사건을 가리키는 표현 가운데 체언으로 나타낸 것을 대명사라고 한다. 대명사란 곧 명사를 대신하는 말이기 때문에, 이미 '지시' 의미를 포함하고 있다. 이는 크게 사람을 가리키는 인칭 대명사와 사람 이외의 것을 가리키는 비인칭 대명사로 나뉜다. 인칭 대명사(人稱代名詞)는 누구를 지시하느냐, 즉 화자, 청자, 제3자 등 지시 대상에 따라 1인칭, 2인칭, 3인칭 대명사로 나뉘는 게 일반적이다. 또한 특정 인물 지시 여부에 따라 미지칭과 부정칭 대명사로 나뉘기도 하고, 문장 내 명사(대개 주어)를 다시 지시하느냐에 따라 재귀 대명사(또는 재귀칭 대명사)가 설정되기도 한다. 비인칭 대명사(非人稱 代名詞)는 다시 사물을 가리키는 사물 대명사, 공간을 가리키는 공간 대명사, 시간을 나타내는 시간 대명사로 나뉜다."

(45) 가. 나는 과연 누구인가?

　　나. 저1는 아무 것도 아닙니다.

　　다. 저희1가 그 일을 하겠습니다.

(46) 가. 너는 어디서 왔니?

　　나. 자네는 그래 무엇을 하려고 하는가?

　　다. 당신1이 뭔데 그래?

　　라. 여러분 모두 조용히 하세요.

　　마. 너희는 이리로 와.

(47) 가. 그는 과연 누구인가?

　　나. 이분이 바로 우리 선생님이셔.

　　다. 저이는 아무것도 모르면서.

　　라. 저2는 또 얼마나 잘 나서.

(48) 가. 누구 왔니? 그래, 누구니?

　　나. 돌아가신 아버님께서는 저 소나무를 당신2이 직접 심으셨지.

　　다. 애들이 어려서 저희2밖에 몰라요.

　　라. 경수는 아직 어린애라서 저2(=자기)밖에 몰라요.

　　마. 아버지는 철수로 하여금 자기 일을 하도록 시켰다.

　　　　cf. 아버지는 〔철수가 자기 일을 하도록〕 시켰다.

(49) 비인칭 대명사의 사용 예

　　가. 이것으로 말씀드릴 것 같으면……

　　나. 이는 우리 모두가 염두에 두어야 할 내용이다.

　　다. 무엇이든지 우리는 할 수 있어.

라. 어디든지 부르기만 하면 가겠다.

마. 입때까지 뭐 했어? 접때 그 사람 누구요?

그럼에도 불구하고, 한국어 대명사의 특징은 인구어의 대명사와는 달리 명사로서의 기능을 똑같이 한다는 점이 다르다. 그야말로 명사와 대명사가 동일 차원에서 구분되는 요소가 아니라, 명사의 하위부류로 대명사가 분류된다는 것이다. 그만큼, 인구어의 대명사는 접어(clitic)의 자격이 강한 편이다. 즉 강세형 대명사와 약세형 대명사의 구분을 염두에 두어야 한다.

(50) 가. 못생긴 나, 예쁜 너

　　나. *pretty I

(51) 가. 나는, 나의, 나에게, 나를, 나로 하여금 …

　　나. I, my, me, to me, for me …

결론적으로 말해서, 인구어의 대명사와 한국어의 대명사는 그 자격이 다르다는 것을 인식하여야 하고, 인구어의 대명사가 하는 역할/기능이 한국어에서는 어떤 식으로 채워지고 있는지를 본질적으로 다시 생각해 볼 여지가 많다. 가령, 한국어에서 어말어미의 역할이라든지 선어말어미 '-시-'의 본질적인 기능 등을 인구어의 인칭대명사의 인칭 분화 기능분이나 평칭(tu)와 존칭(vous)의 인칭대명사 구분 문제 등과 연관 지어 생각해 볼 수 있기 때문이다(목정수(2014) 참조).

(52) I love playing tennis.

(53) A: 테니스 좋아하세요?

　　B: 싫어요.

3.4. 어미도 당당한 통사 단위이므로 단어로 취급해야

어미의 통사적 지위와 관련하여 몇 가지 문제를 던지면 다음과 같다. 첫째, 동사의 실현을 돕는 어미의 단계를 명사의 실현 양상에 맞추어 몇 단계로 설정해야 하는가? 선어말어미 '-시-', '-었-', '-겠-', '-더-' 등의 실현 표기 방안과 어말어미 '-(는)다', '-어', '-나', '-지' 등의 실현 표기 방안이 결정되어야 한다. 둘째, 선어말어미와 견주어 보조동사 구성의 범위를 어디까지로 보아야 하는가? '-잖-<-지 않-', '-고프-<-고 싶-' 등과 '-어 버리-', '-고 말-' 등을 전체적으로 살펴봐야 진정한 의미의 선어말어미를 규정할 수 있고, 동시에 어말어미의 분류도 가능해진다.

먼저 비교적 명확하게 설정하는 데 성공한 명사구의 확장 구조를 살펴보고 이를 동사구의 확장 구조에 적용해 보자. 다음은 프랑스어의 명사구 확장 구조를 촘스키의 이른바 엑스바 이론을 이용하되 필자의 문법관을 반영하여 새롭게 그린 나무그림이다. 먼저 (54)의 왼쪽 그림은 명사 'parc'를 중심으로 문법적으로 실현되는 최대 구조가 왼쪽으로 두 차원에 걸쳐 이루어지고 문법요소 관사와 전치사가 통합형의 핵어(head)가 된다는 것을 보여준다.

(54)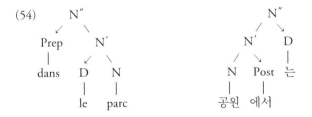

위의 (54)의 오른쪽 그림은 프랑스어와 거울영상의 관계에 있는 한국어는 명사를 중심으로 문법요소인 조사가 어떤 순서로 그리고 최대로 어떤 식으로 실현되는지를 살펴보아야 한다. 한국어의 명사구 확장 구조도 최대 두 단계로 파악할 수 있다. 한국어에서 명사가 문장 내에 성분으로 실현되기 위해서는 필수적으로 두 단계의 실현을 거쳐야 한다는 것이다. 하나는 문법 관계를 표시하는 후치사가 실현되는 단계이고 다른 하나는 명사의 외연범위를 결정해 주는 한정조사가 실현되는 단계이다.[9]

먼저 동사를 문법적으로 확장시키는 것 중에서 선행 본동사의 성격을 바꾸어 주지 못하는 것으로 '-시-'를 들 수 있다. 선어말어미 '-시-'는 선행 동사의 어휘적 성격에 변화를 주지 못한다. 동사의 어휘적 성격이 후행하는 어미에 영향을 미치는데, '-시-'의 개입은 어휘적 확장에 장벽이 되지 못한다.

> (55) 가. 잡-는데 > 잡-으시-는데
> 나. 예쁘-은데 > 예쁘-시-은데

---

9 여기에 더해 명사구에는 화자와 청자의 관계를 표시하는 '요'가 실현될 수 있으나, 이는 서술어의 어말어미 단계에서 필수적으로 실현되는 것이 명사구에 복사되는 것으로 볼 수 있겠다. 따라서 이러한 '요'를 수의적인 요소로 본다면 한국어 명사구의 확장 구조는 후치사와 한정사의 두 단계로 이루어진다고 보는 것이 가능해진다. (54)의 그림이 의미하는 바가 바로 이것이다. 다음 예를 보면 쉽게 이해가 갈 것이다.

   (1) 공원에서는(요) 놀지 좀(요) 마세요.
   (2) 제가(요) 당신에게를(요) 기대고(요) 싶다니까요!

   그리고 '만', '마저', '조차' 등의 보조사—필자의 용어로는 질화사(qualifier)로 분석함—는 명사구 확장 구조에서 양적 추가만 되지 질적 변환을 가져오지 못하는 것으로 본다. 그냥 선행 구조에 추가(adjoining)되어 범주의 성격을 바꾸지 못한다. 〔〔빵으로〕N′ 만〕N′ 〔〔빵〕N 만〕N〕으로〕N′ 〔〔학교에서〕N′〕 만〕N′

반면에 보조동사 구성은 선행 본동사의 어휘적 영향이 후행 어말어미에 미치지 못하도록 어휘적 장벽이 된다.

(56) 가. 잡-는데 > 잡-고싶-은데
     나. 예쁘-은데 > 예쁘-고싶-은데

이런 측면에서 보면, 선어말어미 '-었-'이나 '-겠-'은 어휘적 장벽요소가 되므로, 보조동사 구성의 확장형으로 볼 수도 있다. '-어 있-'이나 '-고 있-'과 같은 행태를 보인다.

(57) 가. 잡-는데 > 잡-았-는데
     나. 예쁘-은데 > 예쁘-었-는데

(58) 가. 잡-는데 > 잡-겠-는데
     나. 예쁘-은데 > 예쁘-겠-는데

(59) 가. 남-는데 > 남-아있-는데
     나. 크-은데 > 크-고있-는데

따라서, 동사에 '-시-'가 붙어도 V의 성격을 바꾸지 못한다는 것과 동사의 어휘적 성격에도 변화가 없이 다만 행위자 인칭이 상위자라는 것을 가리키는 대명사인칭 단계의 문법요소임을 감안하여 '-시-'와의 결합형을 다시 V0로 표시한다.

(60)

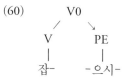

　　더 나아가 다른 보조동사 성격의 선어말어미들이 붙으면 후행 보조동사의 어휘문법적 의미가 추가된다는 의미에서 V1, V2, V3 등으로 표시하도록 한다. 새로운 어휘의 시작임을 알리는 것이지, 질적인 동사 확장의 변화가 이루어지지 않은 것으로 보아, V′로의 승격은 인정하지 않는다.

(61)

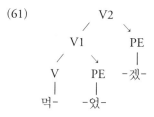

(62)

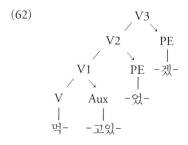

　　좀 더 복잡하게 구성된 '먹고 싶지 않았잖-아'는 다음과 표상할 수 있겠다.

(63)

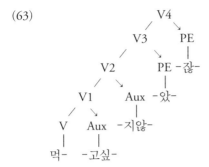

V'로의 승격은 선어말어미 '-더-'를 통해서 이루어진다. '-더-'는
후행하는 어미가 제약되어 있고, '-더-'가 있으면 바로 문장을 '-라'나
'-군' '-더구나' 등으로 끝내게 되어 있다.

(64) 가. 이루어지더구나.

　　 나. 잘 먹더라.

따라서, 마지막에 와서 문장을 끝맺어 주는 종결어미가 붙어야 V'가
V"로 문장을 종결할 수 있다.

(65)

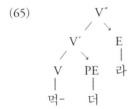

그러면, '먹었다'처럼 선어말어미 '-더-'가 없이 바로 어말어미로 끝나
는 경우는 제로형을 설정하여 V'로의 단계를 거쳐서 V"로 실현되는 것으
로 그릴 수 있다.

(66)

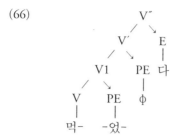

이러한 어말어미로는 '-(는)다, -(느)냐, -자, -(으)라, -(으)려'가 있다. 그런데, 이러한 어미들 뒤에는 복합형어미들이 덧붙을 수 있다.

(67) 가. 먹었다더라.

　　나. 가자시더냐?

　　다. 먹으라신다.

따라서 이들 어미는 완전히 문장을 끝내는 것이 아니라, 다른 어미들을 연결시켜 줄 수 있도록 하는 역할을 한다. 따라서 이 인용·접속법 어말어미들은 V″로 실현시키는 동시에 중화형으로 나타나므로 이를 V0로 표시하면 좋을 듯하다.

(68)

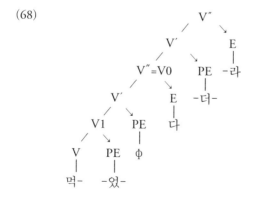

목정수(2015)에서는 프랑스 언어학자 기욤(Guillaume)의 시간생성 (chronogénèse)과 시간차단(chronothèse)의 개념에 입각한 프랑스어의 서법(mode) 체계를 현대국어 어미에 적용하여 한국어 서법 체계를 다음과 같이 구축하였다. 먼저, Guillaume(1929)에 따르면, 프랑스어의 서법 체계는 세 가지 차원의 시간차단에 의해 다음과 같이 짜여진다.

(69)

○ 준명사법(mode quasi-nominal)ː march-er, march-ant, march-é; être, étant, été

↓

○ 접속법(mode subjonctif)ː que je march-e; que je sois, que tu sois

↓

○ 직설법(mode indicatif)ː je march-e, tu march-es; je suis, tu es

인구어에서 동사 문법에서 시제, 상, 서법 체계의 구분이 이루어질 때 가장 중요한 기준은 시간의 개념이다. 상(aspect)은 사건에 포함된 '상황 내적 시간'과 관계가 있고 시제(tense)는 사건을 포함하는 '상황 외적 시간'과 관계가 있다(Comrie 1976ː 3). 상황 내적 시간을 상 체계로써 문법적으로 표상한 것을 '사건시(event time)'라고 한다면, 시제는 사건의 시간상의 위치를 문법적으로 표현한 것이라 정의할 수 있다(Comrie 1985ː 9). 이렇게 상과 시제를 정의하고 나면 시제 체계는 인간의 경험이나 상황, 즉 일몰 상황이나 배고픈 상황 같은 언어외적 상황을 시간상에 위치시키지 못한다는 문제가 남는다. 사건시, 즉 사건에 포함된 시간을 표상하는 것이 상이고 이 표상을 포함하는 시간에 위치시키는 것이 시제라면 그 포함하는 시간을 표상하는 체계는 무엇인가 하는 문제가 남는 것이다. 사건을 담지하는 포함시(containing time)로서의 시간 표상이 선행 조건으로 주어져야 한다. 이것을 '사건시(event time)'에 대비하여 '우주시(universe time)'라 부른다(Valin 1994). 이 우주시의 표상 체계가 바로 서법과 관련된다.[10]

우주시를 이해하기 위해서는 절대시제와 상대시제를 구분할 필요가 있다. 다음 (70라)에서 외형적으로 똑같은 형태의 문장이 성립되지 않고 (71가)에서는 성립되는 이유에 대해서 생각해 보자.

(70) 가. I start tomorrow.

　　 나. I start now.

　　 다. I started yesterday.

　　 라. *I start yesterday.

(71) 가. They suggested I start yesterday.

　　 나. They suggested I start tomorrow.

(70)에서 사건의 시작점은 현재 순간(=발화시)을 참조로 하여 시간상에 위치지어 진다. 그래서 (70라)에서 동사 'start'는 절대시제 때문에

---

10 이러한 상과 시제에 대한 정의가 주어졌을 때 가령, 영어의 '완료(perfect)'나 프랑스어의 '복합과거(passé composé)'를 시제로 볼 것인가 상으로 볼 것인가에 대해서 Comrie(1976)에서는 명쾌한 입장을 제시하지 못했다. 콤리는 'have+과거분사'형을 시제가 아니라 'perfective vs. imperfective'의 상 대립 체계와 좀 다른 의미로서의 'perfect'라는 상으로 보고 있다. 이에 대해서 Hirtle(1996: 54)에서는 그 이유를 상과 시제를 연결하는 필수적인 '상황시'에 대한 동사 체계, 즉 서법 체계를 고려하지 않았기 때문이라고 진단한다. 기욤 진영의 입장은 영어의 단순형에 대한 'have+과거분사'형의 대립 체계를 사건을 'a single whole'로 보는 'perfect' 상으로 해석하는 것이 아니라, '내부(inside) vs. 외부(afterwards)'의 대립 또는 '내재(immanent) vs. 초월(transcendent)'의 대립으로서 사건을 '결과 국면'으로 표상하는 상 체계로 본다.

사건을 현재 이전의 시점에 위치시킬 수 없으므로 비문이 되는 것이다. 반면에 (71)에서는 사건을 시간상에 위치시킬 때 현재 순간(=발화시)을 참조하지 않는다는 것을 의미한다. 이때의 시제는 상대적이다. 접속법에서 시간의 위치는 주절의 직설법 동사의 시제에 따라 그 다음에 오는 (subsequent) 상대적 시점 어느 곳이 될 뿐이다.

(70)과 (71)을 통하여 절대시제로서의 'start'와 상대시제로서의 'start'는 문법적 의미에서 차이가 있음을 알 수 있다. (70)에서는 현재 순간이 표상되어 있지만 (71)에서는 그것이 표상되어 있지 않은 차이가 있다. 따라서 직설법은 절대시제와 연관되고 접속법은 상대시제를 낳는다.[11]

더 나아가 직설법에서 사건이 실제로 보이기 위해서는 화자가 현재라는 시간상에 위치하고 있어야 할 뿐만 아니라 사건이 시공간적 실체이기 때문에 공간적으로도 위치를 잡아야 한다. 따라서 직설법에서는 시제와 주어 인칭에 따라 동사의 형태가 달라지는 것이다. 반면에 접속법에서는 시제와 인칭에 따라 동사의 형태가 달라지지 않고 단지 주어에 대한 서술만이 이루어진다. 다음 (72)와 (73)을 비교해 보라.

(72) 가. I am pretty.　　나. I was pretty.
　　　 You are pretty.　　　 You were pretty.
　　　 He is pretty.　　　　 He was pretty.

---

11 여기서 직설법, 접속법의 'mood'는 명제에 대한 화자의 심리적 태도를 'mood'라고 정의하는 방식과 다르다는 점에 유의해야 한다. 후자의 입장을 취하는 언어학자들은 직설법을 '현실법(mood of reality)'으로 접속법을 '비현실법(irrealis)'으로 특징짓곤 한다. 그러나 동사 체계로서의 서법(mood)이 우주시 표상에 어떻게 작동하는지를 기욤이 처음 발견함에 따라(Guillaume 1929), 기욤 진영에서는 '서법'을 '상'과 '시제'를 연결해 주는 연결고리로 보고 있다. 서법이 Comrie(1976)을 비롯한 많은 시제와 상 관련 논의에서 빠져 있는데, 실상 서법이 시제와 상을 연결해 주는 'missing link'라는 것이다(Hirtle 1996).

(73) 가. (They suggest) I be pretty.

　　　(They suggest) you be pretty.

　　　(They suggest) he be pretty.

　나. (They suggested) I be pretty.

　　　(They suggested) you be pretty.

　　　(They suggested) he be pretty.

이에 비해, 비정형(non-finite) 동사, 즉 부정사형 '(to) work', 현재분사형 'working', 과거분사형 'worked'는 시간과 공간 양면에서 상대적이다. 시간과 공간의 구분에 있어서 잠재적(potential)일 뿐이다. 이들의 우주시 표상 방식이 직설법과 접속법의 우주시 표상 방식과 다르므로 별도의 서법으로 구별된다. 기욤은 이 비정형 동사의 명사적 기능을 고려하여 이 서법을 '준명사법(mode quasi-nominal)'이라 했다.

이상의 논의를 종합하여, 각 단계의 서법에 관여하는 우주시(universe time)의 표상 방식인 시간생성(chronogenesis)의 시간 영상을 그림으로 제시하면 다음과 같다(Hirtle 1996: 62). 수직 화살표는 시간영상(time image)의 생성 순서를 말하는 것이고, 수평의 화살표는 우주시의 전개 방향을 말한다.

(74)

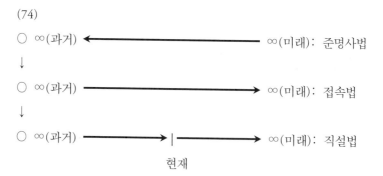

이러한 인구어의 서법 체계를 기준으로 한국어의 서법 체계를 다음과 같이 재구성할 수 있다. 여기서 잊지 말아야 할 것은 인구어 서법 체계를 기준으로 한다고 해서 그 틀에 한국어를 억지로 끼워 맞추려고 한다는 것을 의미하는 것은 아니라는 점이다. 인구어 서법 체계의 분포적 기준에 따라 한국어 종결어미의 분포 관계를 따져 분류하고 그에 기반하여 한국어의 서법 체계를 구성해 본다는 의미이다.[12]

(75)
○ 준명사법 단계: '명사형/형용사형(=관형사형)/부사형 어미'
↓
○ 접속법 단계: '인용·접속법 종결어미'
↓
○ 직설법 단계: '순수 종결어미'

3.5. 통사 단위와 형태 단위의 중간자로서의 한자어: 준단어

한국어에서 한자어는 그 생산력으로 인해 단어형성에 크게 기여한다. 그런데, 일음절 한자어들은 단어적 지위를 설정하는 데 어려움을 노정하고 있다. 고영근(2015)에서는 '구성소'와 '형성소' 개념으로 설명을 시도하고 있고, 이를 고유어에도 확장 적용할 수 있다고 주장한다.

(76) 가. 입학 시, 문 잠금 시
　　　나. 타 대학(other university), 전 대학(whole university), 주 개념
　　　　　(main concept)

---

12 자세한 논의는 인칭의 시각에서 특히, 정신역학론의 서법 분류 체계에 따라 한국어 어미들을 총체적인 분류하고 있는 목정수(2014)로 돌린다.

다. 일본어, 프랑스 어

라. 착하다, 착도 하다

마. 명하다, ??명도 하다, 명도 내리다

본고에서는 한국어의 이러한 한자어 기반의 일음절 요소 중에서 준단어로 취급할 수 있는 것들을 상정하고자 하는데, 그에 대한 논거는 다음과 같다.

우선, '시(時)'의 경우는 고유어 '때'와 마찬가지로 홀로 관형절의 수식을 받을 수 있고, 명사구와 더불어 더 큰 단위의 명사구 단위를 형성할 수 있을 뿐만 아니라 독립적으로도 쓰이기 때문에 준단어로서 명사의 지위를 부여받을 수 있다.

(77) 가. 네가 말없이 떠날 시에는 …

나. 문 잠금 시

다. 시도 때도 없이

두 번째로 일음절 한자어로 접두사처럼 기능하는 것 중에서 자연스럽게 명사구 구성을 이룰 수 있는 것들은 관형사, 우리의 시각에서는 수식 용법의 '명사성 형용사'로 볼 수 있다. 다음과 같은 쌍의 구성이 평행하게 관찰될 수 있기 때문이다.

(78) 가. 타 학문 = 딴 학문 = 다른 학문

나. 신 문명 = 새 문명 = 새로운 문명

다. 주 문제 = 주요 문제 = 주된 문제

세 번째 문제로서 '착하다', '선하다' 등에서 '착(하다)', '善(하다)' 등은 분명히 '有名(하다)', '恍惚(하다)', '조용(하다)', '깨끗(하다)'처럼 의미의 핵을 이루고 있다. 다만 일음절로서 자립성을 갖지 못할 뿐인데, '착하다' 같은 굳어진 합성동사로 보이는 것들도 때에 따라서는 조사에 의한 분리가 가능하다. 이런 것을 근거로 보면 '착'이나 '선'도 준단어적 지위의 '명사성 형용사'로 볼 수 있는 여지가 있음을 알 수 있다.

(79) 퍽 착도 하시네.

서술명사의 역할을 하는 일음절의 서술명사도 마찬가지의 논의를 펼칠 수 있겠다. 한자어 가운데 자립적으로 쓰이는 '결정', '회피', '명령'에 대해 '정', '피', '명' 또는 '영'은 자립성이 떨어지나 의미적으로 핵을 구성하고 있으며 조사에 의한 분리 가능성이나 독립적인 용법의 허용 등을 감안하면 준명사로서의 서술명사의 기능을 유지하는 어휘로 볼 수 있다.[13]

(80) 가. 정하다 = 결정하다
나. 피하다 = 회피하다
다. 명하다 = 명령하다

---

13 극단적으로 채희락(2007)은 'X-하다'형 동사의 경우는 구 구성이므로 다 '설명 하다'처럼 띄어 써야 한다고 주장한다. 이에 따르면 '명 하다'도 가능할 것이다. 반면, 채희락(2007)에서는 'Y-하다'형 형용사의 경우는 이러한 논의를 적용하지 않고 있다. '깔끔하다'처럼 말이다. 본고는 실제로 띄어쓰기 문제에 있어서 채희락 (2007)처럼 할 필요는 없다고 보나, 일관되게 'X-하다'나 'Y-하다'나 동일하게 통사적 구성이 어휘화된 것으로 보고 있다. 진자는 '서술명사 + 기능동사' 구성으로, 후자는 '(명사성) 형용사 + 기능동사' 구성으로 본다. '연구하다'/'샤워하다'/ '정하다'는 'make a study'/'take shower'/'make decision'에, '유명하다'/'과학적이 다'/'착하다'는 'be famous'/'be scientific'/'be good'에 대응시키는 것이다.

(81) 가. 명을 내려 주시옵소서.

　　　나. 임금의 명에 따라 처결하라.

4. 맺음말

　지금까지 학교문법에서 채택하고 있는 9품사 체계에서 발생할 수 있는 몇 가지 문제를 중심으로 한국어 품사 체계가 정합성을 유지하기 위한 길을 모색해 보았다. 이를 위해 통사 단위에 대한 정립, 형태론적 구성과 통사적 구성의 구분이 요구되었다. 이러한 문제를 해결하고 보면, 한국어의 품사는 조사를 후치사와 후치한정사의 두 부류로 나누고, 어미를 독자적인 통사 단위로 보아 품사 체계에 편입시키면 대략적으로 어휘요소들의 구분과 더불어 한국어의 품사 체계를 완성할 수 있게 된다.

　본고에서는 학교문법과는 달리, 어미를 조사와 마찬가지로 독립적인 품사 단위로 설정하였다. 더 나아가 명사구의 문법적 확장 구조와 동사구의 문법적 확장 구조가 어떻게 동형성을 갖는가를 수형도를 통해 보이고자 했다. 조사와 어미를 통사 단위로 잡고 그들의 체계를 분포에 따라, 다시 말해서 명사에 어떤 식으로 조사가 붙어 확장되는가 그리고 동사에 어떤 식으로 보조동사, 선어말어미, 어말어미 등의 문법요소가 붙어 확장되는가를 있는 그대로 분석한 것이다.

　어휘요소 가운데 관형사는 폐기되고 새로운 범주로서 '(명사성) 형용사'가 재정립되었다. 이 새로운 범주 '명사성 형용사'는 기존의 '관형사'라는 범주를 포함하게 된다. 그리하여 세계 유형론 학계에서 '형용사 유형론' 논의에서 배제되어 온 관형사 범주도 그 논의 대상이 될 수 있도록 여건을 조성하는 결과를 가져왔다. 그리고 동시에 기존의 '형용사'는 동사의 하위부류로서 기술동사나 주관동사로 재분류하는 것을 원칙으로 하되, 경우에 따라서는 기존의 용어를 유지하는 선에서 '동사성 형용사'로 재규정하여 세계 유형론 학계와의 연속성을 유지하도록 하는 유연한 태도를 견지하기도 하였다.

그 밖에 한국어 품사 체계를 설정할 때, 파생접사류는 형태론적 구성에 관여하는 요소이기 때문에 품사론의 대상이 되지 않는데, 한국어의 일음절 한자어 가운데는 형태론적 구성의 한 요소가 아니라 통사적 구성에 관여하는 것으로 보이는 것이 많아 준단어 정도의 지위를 가지고 품사론의 대상이 되는 것들이 많다는 것, 한국어 문법에서는 이를 명확히 하는 작업을 계속 진행해야 한다는 점을 강조하였다.

참고 문헌

고영근(1983), 『국어문법의 연구: 그 어제와 오늘』, 탑출판사.

_____(2015), 「한자어 형성에 있어서의 구성소와 형성소 ―언어 유형론 노트(6)」, 『한글』 308, 한글학회, 5-30.

고창수(1992), 「국어의 통사적 어형성」, 『국어학』 22, 국어학회, 259-269.

김경훈(1996), 「현대국어 부사어 연구」, 서울대학교 박사학위논문.

김영욱(1994), 「불완전 계열에 대한 형태론적 연구」, 『국어학』 24, 국어학회, 87-109.

김창섭(1997), 「'하다' 동사 형성의 몇 문제」, 『관악어문연구』 22, 서울대학교 국어국문학과, 247-267.

_____(1999), 『국어 어휘 자료 처리를 위한 한자어의 형태·통사론적 연구』, 국어연구원 연구보고서 1999-1-5.

_____(2005), 「소구(小句)의 설정을 위하여」, 『우리말 연구 서른아홉 마당』, 태학사, 109-127.

남경완(2017), 「국어 전통문법에서의 관형사 범주 설정」, 『한국어학』 74, 한국어학회, 25-52.

남기심·고영근(1985), 『표준 국어 문법론』, 탑출판사.

노명희(2005), 『현대국어 한자어 연구』, 태학사.

_____(2009), 「어근 개념의 재검토」, 『어문연구』 37-1, 한국어문교육연구회, 59-87.

목정수(2002), 「한국어 관형사와 형용사 범주에 대한 연구: 체계적 품사론을 위하여」, 『언어학』 31, 한국언어학회, 71-99.

_____(2003), 『한국어 문법론』, 도서출판 월인.

_____(2006), 「A Continuity of Adjectives in Korean: from a prototypical perspective」, 『언어학』 45, 한국언어학회, 87-111.

_____(2007), 「형태론과 통사론 사이에: 통사론적 단위 설정을 중심으로」, 『한국어학』 37, 한국어학회, 127-147.

_____(2008), 「일본어 형용사와 형용동사의 유형론적 함의: 한국어 형용사 어근 등의 품사 분류와 관련하여」, 『언어연구』 25-3, 경희대학교 언어 연구소, 23-37.

_____(2009a), 「수상한 수식 구조에 대하여」, 『어문논집』 40, 중앙어문학회, 5-38.

_____(2009b), 「한국어 명사성 형용사의 설정 문제」, 『국어교육』 128, 한국 어교육학회, 387-418.

_____(2009c), 『한국어, 문법 그리고 사유』, 태학사.

_____(2011), 「한국어 '명사성 형용사' 단어 부류의 정립: 그 유형론과 부사 파생」, 『언어학』 61, (사)한국언어학회, 131-159.

_____(2013), 『한국어, 보편과 특수 사이』, 태학사.

_____(2014), 『한국어, 그 인칭의 비밀』, 태학사.

_____(2015), 「한국어 통사론에서의 융합의 길: 조사와 어미의 신질서를 찾아 서」, 『국어국문학』 170, 국어국문학회, 71-115.

목정수·연재훈(2000), 「상징부사(의성·의태어)의 서술성과 기능동사」, 『한국 어학』 12, 한국어학회, 89-118.

서정수(1996), 『국어문법』(수정증보판), 한양대출판부.

_____(2006), 『국어 부사 연구』, 서울대출판부.

서태룡(2006), 「국어 품사 통용은 이제 그만」, 『이병근 선생 퇴임 기념 국어학논총』, 태학사, 359-389.

손남익(1995), 『국어 부사 연구』, 도서출판 박이정.

시정곤(1994), 「'X를 하다'와 'X하다'의 상관성」, 『국어학』 24, 국어학회, 231-258.

_____(2001), 「명사성 불구어근의 형태·통사론적 연구」, 『한국어학』 14, 한국어학회, 205-234. 〔시정곤(2006), 『현대국어 형태론의 탐구』에 재수록〕

안소진(2014), 『심리어휘부에 기반한 한자어 연구』, 태학사.

안희제(2002), 「현대국어 단음절 한자어에 대한 연구」, 서울대학교 석사학위논문.

이관규(2004), 『(개정판) 학교 문법론』, 도서출판 월인.

이규호(2008a), 「체언 수식 부사: 부사 관형 구성 연구」, 『국어학』 51, 국어학회, 3-28.

_____(2008b), 「명부 통용어와 부사화」, 『우리말글』 44, 우리말글학회, 61-82.

임유종(1999), 『한국어 부사연구』, 한국문화사.

임홍빈(1979), 「용언의 어근분리 현상에 대하여」, 『언어』 4-2, 한국언어학회, 55-76.

채희락(2007), 「접어와 한국어 품사 분류: 품사 재정립 및 띄어쓰기 재고」, 『언어』 32-4, 한국언어학회, 803-826.

학여회(2009), 『학여와 함께하는 국어학』, 태학사.

홍재성(1995), 「어휘함수에 의한 한국어 어휘기술과 사전편찬」, 『세계 속의 한국학』, 인하대 한국학 연구소, 211-245.

_____(1999), 「한국어의 구조: 유형론적 특성」, 『외국인을 위한 한국어 교육의 방법과 실제』, 한국방송대학교출판부, 163-187.

_____(2001a), 「한국어의 명사 I」, 『새국어생활』 11-3, 국립국어연구원, 129-144.

_____(2001b), 「한국어의 명사 II」, 『새국어생활』 11-4, 국립국어연구원,

119-131.

_____ 외(2001, 2002, 2003), 『21세기 세종계획 전자사전 개발』, 문화관광부
/국립국어연구원.

Anderson, S. R.(1985), Typological Distinctions in Word Formation, in T.
Shopen (ed.) (1985), 3-56.

Kisseberth, C. W.(1970), On the Functional Unity of Phonological Rules,
Linguistic Inquiry 1, 291-306.

Givon, T.(1984), Syntax: A Functional-Typological Introduction, vol. 1 & 2,
Amsterdam: J. Benjamin.

Guillaume, G.(1973), Principes de linguistique théorique de Gustave Guillaume,
Paris, Klincksieck et Québec, Presses de l'Université Laval et Paris,
Klincksieck.

McCarthy, J. and A. Prince(1995), Faithfulness and Reduplicative Identity,
in J. Beckman, L. W. Dickey & S. Urbanczyk (eds.), University of
Massachusetts Occasional Papers in Linguistics 18 Papers in Optimality
Theory, Amherst: GLSA, 249-384.

Shopen, T. (ed.)(1985), Language Typology and Syntactic Description Volume
III: Grammatical Categories and the lexicon, Cambridge University Press.

불비용언에 대하여*

배 주 채

가톨릭대학교

1. 활용계열의 형태론과 음운론

1.1. 활용형의 구조

한국어의 용언은 어미변화를 한다. 이 어미변화를 활용이라 부른다. 모든 활용형은 용언과 어미부의 연결이다. 어미부는 하나 이상의 어미로 이루어진다. 구조가 다소 복잡해 보이는 어절 '못마땅하셨겠는가마는'을 분해해 보면 다음과 같다.

〈표1〉 '못마땅하셨겠는가마는'의 구조

어절							
활용형							조사
용언			어미부				조사
못	마땅	하-	-으시-	-었-	-겠-	-는가	마는

---

* 이 글을 바탕으로 한 후속연구가 이 글보다 먼저 발표된 배주채(2018)이다.

활용형은 그 자체로 어절이 될 수도 있고 그 뒤에 조사가 붙은 채로 어절이 될 수도 있다. 용언과 어미부는 활용형을 구성하는 필수적인 성분이다. 조사는 활용형을 구성하는 성분이 아니다.

어미부를 구성하고 있는 '-으시-', '-었-', '-겠-', '-는가' 각각을 어미라 하기도 하고 이들이 합쳐진 '-으셨겠는가'를 어미라 하기도 한다. 두 가지를 구별할 필요가 있는 경우에는 전자만 어미라 하고 후자를 어미부라 부르는 것이 합리적이다.

'못마땅하-'는 그 전체가 하나의 용언이다. 하나의 어미부 앞에 둘 이상의 용언이 연결되는 것은 불가능하다. '검붉다'의 경우에 '검-'과 '붉-' 각각이 용언이 아니고 '검붉-' 전체가 용언이다. '검-'과 '붉-'은 '검붉-'이라는 합성어를 형성하는 어기이다. '검다'와 '붉다'에서는 '검-'과 '붉-'이 용언이다.

1.2. 활용계열의 형태론

한국어의 모든 용언은 활용계열을 가진다. 활용계열은 활용형들의 계열적 집합이다. 활용계열의 모습은 음운론에서 관찰할 수도 있고 형태론에서 관찰할 수도 있다. 활용계열의 모습을 형태론적으로 관찰한 것을 시각화하면 다음과 같다. 용언 '굽-1'(허리가)과 '굽-2'(고기를)의 활용계열을 예로 든다.

〈표2〉 '굽-1'의 활용계열

활용형	용언	어미부
굽고		-고
굽지		-지
굽는다		-는다
굽습니다	굽-1	-습니다
굽은		-은
굽으면		-으면
굽으니까		-으니까

〈표3〉 '굽-2'의 활용계열

활용형	용언	어미부
굽고		-고
굽지		-지
굽다		-는다
굽습니다	굽-2	-습니다
구운		-은
구우면		-으면
구우니까		-으니까

굽어 굽었다 굽으셨겠다 ⋮	-어 -었다 -으셨겠다 ⋮	구워 구웠다 구우셨겠다 ⋮	-어 -었다 -으셨겠다 ⋮

형태론적 관점에서 '굽-¹'과 '굽-²'의 활용계열에는 아무 특별한 점이 없다. 각 활용형이 용언과 어미부의 정상적인 결합으로 이루어져 있다.

1.3. 활용계열의 음운론

'굽-¹'과 '굽-²'의 활용계열을 음운론적 관점에서 보면 조금 다른 면이 있다. '굽-¹'은 용언의 음운론적 형태(발음형태)를 '굽-' 한 가지만 설정해도 각 활용형의 발음을 기술하는 데 문제가 없지만 '굽-²'는 그렇게 할 수 없다.[1] '굽-²'의 발음형태를 '굽-' 한 가지만 설정해서는 '구운, 구워' 등 일부 활용형의 발음을 자연스럽게 기술하기 어려운 것이다. 그래서 '굽-²'의 발음형태로 '굽-' 외에 '구우-'도 설정해야 한다.

〈표4〉 '굽-¹'의 발음형태

용언	용언의 발음형태	어미부
굽-¹	굽-	-고 -지 -는다 -습니다 ⋮
		-은 -으면 -으니까 -어 -었다 -으셨겠다 ⋮

〈표5〉 '굽-²'의 발음형태

용언	용언의 발음형태	어미부
굽-²	굽-	-고 -지 -는다 -습니다 ⋮
	구우-	-은 -으면 -으니까 -어 -었다 -으셨겠다 ⋮

---

1 여기서 발음형태는 음운규칙 적용 전의 형태이다.

따라서 '굽-¹'과 달리 '굽-²'는 음운론적 관점에서 활용계열이 특별하다. 음운론적 용어로 표현한다면 '굽-¹'은 기저형 하나(굽-)만으로 모든 활용형의 발음형태를 기술할 수 있지만 '굽-²'는 기저형 둘(굽-, 구우-)을 설정해야 가능하다.

1.4. 불완전계열과 보충법

용언에 따라서는 활용계열의 일부가 비어 있거나 엉뚱한 활용형으로 채워져 있는 경우가 있다.

〈표6〉 용언 A, B, C의 활용계열

A	B	C
A1	B1	C1
A2	B2	C2
A3	×	C3
A4	×	C4
A5	×	C5
A6	×	D1
A7	×	D2
⋮	⋮	⋮
정상적	일부 칸이 비어 있음	일부 활용형이 엉뚱함

용언 A, C의 활용계열은 필요한 활용형들을 모두 갖추고 있어서 완전한 반면 B의 활용계열은 B3~B7 등이 있을 자리가 비어 있어서 불완전하다. 용언 A, C의 활용계열을 완전계열, 용언 B의 활용계열을 불완전계열이라 부른다.

용언 B, 즉 불완전계열을 가진 용언의 대표적인 예는 동사 '데리다'이다. '데리다'의 활용계열은 활용형 세 개로 이루어진다.

- **'데리다'의 활용계열**

　데리고, 데리러, 데려다, (*데린다, *데리면, *데린, *데릴, *데렸다⋯)[2]

　괄호 안의 활용형 '*데린다, *데리면, *데린, *데릴, *데렸다' 등이 모두 존재하지 않는다. '데리다'의 활용계열은 형태론적으로 비정상적이다.

　용언 C의 활용계열은 일부 활용형이 C와 전혀 다른 D를 기반으로 이루어져 있다. 이때 C와 D의 차이가 '굽-2'의 '굽-'과 '구우-' 정도의 차이라면, 그래서 C와 C′로 기술할 만한 상황이라면, 같은 형태가 음운변화를 겪어 약간 다른 모습을 띤 것으로 설명할 수 있다. 그러나 이렇게 설명할 수 없을 만큼 형태적 차이가 큰 것을 C와 D로 표시한 것이다. 이 경우에는 D가 없었다면 C가 불완전계열을 가질 수도 있었는데 D가 C의 활용계열의 빈자리를 보충해 활용계열이 완전해졌다고 비유하여 이러한 현상을 보충법이라 부르고 D1, D2를 보충형이라 부른다.

　보충법은 동사 '주다'의 활용계열에서 볼 수 있다. '주다'의 활용계열에서 일부 활용형이 '달다'의 활용형, '달라', '다오'로 보충된다.

- **'주다'의 활용계열**

　주고, 주면, 주어, 주어라, 달라, 다오, 주자, 주는구나⋯

　'주다'의 활용계열은 형태론적 관점에서 완전하다. 즉 완전계열이다. 그런데 음운론적 관점에서 보면 '달라, 다오'가 '주고, 주면' 등과 매우 이질적인 형태를 가진 점에서 특수하다. 일정한 문법적, 의미적 조건에 따라 '주라(←주-으라)' 자리가 '달라'로 보충되며 '주어라~줘라(←주-

---

2　'데려다'는 '데려가다'의 준말로서 둘 중 '데려다'를 대표형으로 삼는다. 그리고 '데리다'의 활용형으로 '데려'를 인정하지 않는다. 이에 대해서는 배주채(2009: 205/ 2014: 93-94) 참조.

어라)' 자리가 '다오'로 보충되는 것으로 기술하면 자연스럽다.

만약 '주다'와 '달다'를 각각 불완전계열을 가진 서로 다른 용언으로 보면 이들의 활용계열은 다음과 같은 모습이 될 것이다.

- **'주다'의 활용계열**

    주고, 주면, 주어, 주어라, ×, ×, 주자, 주는구나…

- **'달다'의 활용계열**

    ×, ×, ×, ×, 달라, 다오, ×, × …

그러나 '주다'와 '달다'를 서로 다른 용언으로 볼 이유가 없으므로 보충법으로 기술하는 것이 타당하다.[3]

⟨표6⟩의 용언 B, C의 성격을 대조하여 정리하면 ⟨표7⟩과 같다.[4]

⟨표7⟩ 용언 B, C의 성격

용언의 유형	B	C
예	'데리다'	'주다'
형태론적	비정상적	정상적
음운론적	정상적	비정상적
활용계열의 특징	불완전계열	보충법

---

3 '주다'와 보충법에 대해서는 배주채(2009/2014) 참조.

4 불완전계열과 보충법의 이러한 차이는 최현배(1937/1971)에서 이미 인식하고 있었고 고영근(1987/1989)에서 상세히 논의한 바 있다. 1장은 그 내용을 지금의 이론적 관점에서 정돈하여 서술한 것이다.

2. 불비용언의 용어

불완전계열을 가진 동사나 형용사나 용언을 가리키는 용어는 다음 세
계열이 대표적이다.

- **'모자란' 계열**: 모자란 움직씨
- **'불구' 계열**: 불구동사, 불구형용사, 불구풀이씨
- **'불완전' 계열**: 불완전동사, 불완전용언

최현배(1937/1971: 348-349)은 한국어 용언의 활용체계를 현대적으
로 정립하면서 불완전계열의 존재를 인식했다. 그리고 불완전계열을 가
진 동사를 고유어로는 '모자란 움직씨', 한자어로는 '불구동사(不具動
詞)'라 불렀다. 그 후 한자어 용어가 일반화되면서 '불구동사'는 김민수
(1957/1960: 177, 183), 홍윤표(1977), 송철의(1995)로 이어졌다. 유창
돈(1966: 344-345, 370-371)은 '불구동사' 외에 '불구형용사'라는 용어
도 사용했다. 허웅(1975: 440-444)는 불구용언을 가리켜 '불구풀이씨'
라 했다.

남기심·고영근(1985: 128-129)는 '불구동사'를 '불완전동사'로 바꿔
불렀다.[5] 이것은 '불구'라는 단어가 장애인을 차별하는 어감을 가진다는
점을 고려한 조치였다.[6] '불완전동사'는 '활용계열이 불완전하다'는 표현

---

5 "이러한 동사를 불완전동사(不完全動詞)라고 하는데 종전의 전통문법에서 불구동
  사로 불려져 왔다."(남기심·고영근 1985: 128) 한편 안병희(1959: 49)에 "학교문
  법에서 다루어지는 소위 불완전동사라는 용어가 있다."라는 서술이 보인다. 홍윤표
  (1977)도 '완전동사, 불완전동사'라는 용어를 언급하고 있다. '불구동사' 대신 '불완
  전동사'를 쓰려는 움직임이 오래전부터 있었음을 알 수 있다.

6 남기심·고영근(1985)은 통일 학교문법에 대한 해설서이다. 통일 학교문법에 따라
  편찬된 고등학교 문법교과서에 대한 좌담회에서 나왔던 다음의 지적이 '불구동사'

과도 잘 어울리는 장점이 있고 안병희(1967: 203-204)에서 '불구동사' 대신 '불완전동사'라는 용어를 사용한 전례도 있으므로 합리적인 용어 교체라고 평가할 수 있다.

한편 활용계열이 완전한 동사 또는 용언은 김민수(1957/1960: 176, 177)이 '완전용언'과 '완전동사', 허웅(1975: 440)가 '갖은풀이씨', 김민수(1983: 126)이 '온전동사'라 불렀다. 남기심·고영근(1985)의 '불완전동사'를 받아들인다면 활용계열이 완전한 동사는 '완전동사'로 불러야 할 것이다.[7]

그런데 '완전용언, 불완전용언, 완전동사, 불완전동사, 완전형용사, 불완전형용사'는 같은 용어가 두 가지 서로 다른 개념을 나타내게 되는 심각한 문제를 안게 된다. 남기심·고영근(1985: 258-259)가 보어를 설명하면서 언급한 바와 같이 '불완전자동사, 불완전타동사, 불완전형용사'는 보어를 필요로 하는 자동사, 타동사, 형용사를 각각 가리키는 용어이다. 이때의 '불완전'은 통사적 불완전성을 나타낸다. 불구동사를 뜻하는 '불완전동사'의 '불완전'이 형태적 불완전성을 나타내는 것과 다르다. 그러므로 문법론이라는 같은 분야에서 용언을 분류할 때 '완전, 불완전'이라는 용어가 충돌할 수밖에 없다.[8] 원활한 학문적 소통을 위해서는 양쪽 중 한쪽을 다른 용어로 바꾸어야 한다.

불구용언 쪽을 다음과 같이 바꾸는 것이 해결책이다.

를 피하게 된 계기를 보여준다.

"신 난수: 불구 동사라는 용어가 교과서에서 보이는데 신체 장애자들을 생각해서 이 용어는 피해야 합니다."(『국어생활』 1, 22쪽, 국립국어원, 1984. 10.)

7 『표준국어대사전』(1999/2008)에는 '불구동사, 불완전동사, 완전동사, 갖은움직씨, 안갖은움직씨'가 표제어로 실려 있고, 『고려대 한국어대사전』(2009)에는 이들에 더하여 '모자란움직씨'도 표제어로 실려 있다.

8 『표준국어대사전』과 『고려대 한국어대사전』의 '완전동사'와 '불완전동사' 항의 뜻풀이가 각각 두 의미소로 되어 있는데 각각 이 두 개념에 해당한다.

- **용언:** 완비용언, 불비용언
- **동사:** 완비동사, 불비동사
- **형용사:** 완비형용사, 불비형용사

'불구'의 '구(具)'도 갖춘다는 뜻이고 '불비'의 '비(備)'도 갖춘다는 뜻
이다. 명사 '완비'는 동사 '완비하다, 완비되다'와 단어족을 이루고 명사
'불비'는 형용사 '불비하다'와 단어족을 이루어 '완비'와 '불비'가 대중이
나 학자들에게 낯설지 않다. 그리고 '완비용언, 불비용언'이라는 용어를
처음 접하게 되더라도 그 개념을 쉽게 유추할 수 있다. 또 장애인 차별
같은 부정적 함축도 별로 없다.

활용계열의 특징을 묘사하는 표현은 다음과 같이 여러 가지를 허용할
수 있을 것이다.

활용계열이 완전한 용언   활용계열이 불완전한 용언
= 활용계열을 완비한 용언 = 활용계열이 불비한 용언
= 활용계열을 다 갖춘 용언 = 활용계열을 덜 갖춘 용언

3. 완전 불비용언과 부분 불비용언

'관하다(關하다)'에 대해 『표준국어대사전』(이하 〈표〉로 약칭)은 문법
정보란에 '((주로 '관하여', '관한' 꼴로 쓰여))'로 표시하여 '관하다'가
불비용언임을 분명히 보여준다.

> **관-하다²** (關--) 图【…에】 ((주로 '관하여', '관한' 꼴로 쓰여)) 말하거나 생각하는 대상으로 하다. ¶ 실업 대책에 **관하여** 쓴 글 / 다음은 여성의 사회적 지위에 **관하여** 토론하도록 하겠습니다. / 한글이 우수한 문자라고 하지만 우리는 한글에 **관해** 과연 얼마만큼 알고 있는가? / 그 문제에 **관한** 한 우리는 한 치도 양보할 수 없습니다. / 감시원이 오래 자리를 비운 사이에 일어날 가능성이 있는 모든 불상사에 **관해서** 그는 조목조목 잔소리를 늘어놓았다. 《윤흥길, 완장》 비대하다²③.

그런데 마지막 용례에 쓰인 '관해서'도 '관하다'의 가능한 활용형으로 손색이 없다. 그러므로 〈표〉의 문법정보란에 '관하여서/관해서'의 꼴로 쓰임을 적극적으로 표시하는 것이 좋다. 한편 '((주로 '관하여', '관한' 꼴로 쓰여))'라는 표현에서 '주로'는 다른 활용형도 쓰일 수 있다는 뜻이다. 그러나 '관하다'의 다른 활용형은 쓰일 수 없으므로 '주로'를 빼는 것이 옳다.

요컨대 '관하다'의 가능한 활용형은 관형사형 하나와 부사형 둘뿐이다.

- **관형사형**: 관한
- **부사형**: 관하여/관해, 관하여서/관해서

'관하다'에 대한 〈표〉의 기술 끝에 비슷한말로 '대하다²③'이 제시되어 있다. 〈표〉의 '대하다²'의 기술은 다음과 같다.

> **대-하다²** (對--) 〔대 : --〕 图
> ① 【…을】【…과】…을 ((‘…과'가 나타나지 않을 때는 여럿임을 뜻하는 말이 주어로 온다)) 마주 향하여 있다.
> ¶ 그는 벽을 **대하고** 앉아서 명상에 잠겼다. ‖ 나는 어머니와 얼굴을 **대하기**가 민망스러워서 자리를 피했다. ‖ 친구들이 서로 얼굴을 **대하고** 앉아서

차분하게 이야기를 나눈 지도 꽤 오래되었다.
② 【…에/에게 -게】【…을 …으로】【…을 -게】(('…으로'나 '-게' 성분은 '…처럼, -은/을 듯이' 따위의 부사나 '-이/히' 부사로 대체될 수 있다)) 어떤 태도로 상대하다.
¶ 그는 누구에게나 친절하게 **대한다**. / 그 여자는 특히 잘생긴 남자 사원에게 상냥하게 **대한다**. ‖ 낯선 사람을 친구처럼 **대하다** / 나는 회사에서 그분을 상급자가 아닌 형님으로 **대하다가** 주위 사람들에게 눈총을 받았다. ‖ 점원은 손님을 친절히 **대한다**. / 젊은이들은 노인들을 공손하게 **대하여야** 한다.
③ 【…에】(('대한', '대하여' 꼴로 쓰여)) 대상이나 상대로 삼다.
¶ 전통문화에 **대한** 관심 / 강력 사건에 **대한** 대책 / 건강에 **대하여** 묻다 / 신탁 통치안에 **대한** 우리 민족의 반대 운동은 전국적이었다. / 이 문제에 **대하여** 토론해 보자. / 장관이 이 사건에 **대하여** 책임을 지고 사임하였다.
④ 【…을】 작품 따위를 직접 읽거나 감상하다.
¶ 이 소설을 처음 **대하는** 독자는 다소 당황하게 될 것이다.
⊞ ③관하다².

'대하다²③'의 문법정보란에 '(('대한', '대하여' 꼴로 쓰여))'라고 하여 '대하다²'의 ③이 불비용언임을 표시하고 있다. 그 용례에서도 '대한, 대하여'가 쓰인 예만 제시했다. 이 경우에도 가능한 활용형 '대하여서/대해서'를 추가해야 할 것이다.

그렇다면 '관하다'처럼 '대하다'도 불비용언으로 보아야 하는가? '대하다²①, ②, ④'는 불비용언이라 할 수 없다. 문법정보란에 활용형에 대한 제약이 나와 있지 않고 용례의 활용형들도 그러한 제약이 있음을 암시하지 않고 있다. '대하다²①, ②, ④'의 용례에 제시된 활용형들은 다음과 같다.

- **대하다²①**: 대하고, 대하기
- **대하다²②**: 대한다, 대하다가, 대하여야
- **대하다²④**: 대하는

이들의 다른 활용형들도 쓰일 수 있음이 분명하다. 몇 개를 들면 다음과 같다.

- **대하다²①**: 막상 그를 대하니 말이 나오지 않았다. / 그와 얼굴을 대할 자신이 없다.
- **대하다²②**: 그는 모든 손님에게 친절하게 대했다. / 그를 계속 원수로 대하면 너한테도 손해다.
- **대하다²④**: 이 그림을 처음 대했을 때 그 가치를 알아보지 못했다. / 그의 시를 대할수록 그의 감수성에 더 감동하게 된다.

'대하다²①, ②, ④'는 분명히 활용계열이 완전한 것이다. 따라서 '대하다²'는 의미소에 따라 활용계열이 완전하거나 불완전하다고 기술해야 한다.

- **대하다²①, ②, ④**: 활용계열이 완전함.
- **대하다²③**: 활용계열이 불완전함.

하나의 용언 '대하다'를 활용계열의 완전성의 관점에서 기술할 때는 '부분 불비용언'으로 부르는 것이 합리적이다. 이에 비해 '관하다'는 '완전 불비용언'으로 부를 수 있다.

〈표〉는 '덮어놓다'를 다음과 같이 불비용언으로 풀이했다.

덮어-놓다 〔--노타〕 톱 (('덮어놓고' 꼴로 쓰여)) 옳고 그름이나 형편 따위를 헤아리지 아니하다. ¶ 그는 **덮어놓고** 화만 낸다./아이들에게 **덮어놓고** 야단만 치면 어떡해요./차근차근 따지려 들수록 따져지기는커녕 왈칵 **덮어놓고** 노여움부터 치솟는다. 《이호철, 파열구》
〔속담〕**덮어놓고 열넉 냥〔열닷 냥〕** 금 내용을 살피지 않고 함부로 판단함을 비유적으로 이르는 말.

한편 『고려대 한국어대사전』(이하 〈고〉로 약칭)은 '덮어놓다'의 의미소를 다음 둘로 나누었다.

덮어놓다 〔+덮_어+놓_다〕〔--노타〕〈덮어놓아/덮어놔, 덮어놓으니〉 동타
❶ 〔〔명〕이 〔명〕을〕 〔주로 '덮어놓고'의 꼴로 쓰여〕 (사람이 어떤 일을) 옳고 그름이나 잘잘못을 더이상 따지지 않다. ¶ 남이 한다고 **덮어놓고** 따라 해서야 되겠냐? / 나이든 사람의 생각이라고 **덮어놓고** 구식이라고 생각할 것이 아니라 귀담아들을 부분도 많다. / 마르크스의 사상을 무조건 혐오하는 것은 **덮어놓고** 숭배하는 것만큼이나 어리석은 짓이다. / **덮어놓고** 공부하라고 강요하기보다는 공부하고 싶은 욕구가 생기도록 분위기를 만들고 칭찬과 격려를 아끼지 않는 것이 중요하다.
〔유의〕덮어두다①.
② 〔〔명〕이 〔명〕을〕 (사람이 어떤 일을) 비밀로 하다. ¶ 이 문제는 그냥 **덮어놓을** 경우 더 큰 문제로 발전할 수 있습니다.
〔유의〕덮어두다②.
덮어놓고 열넉 냥 금 〔**속담**〕 내용이 어떠한가를 조금도 살피지 않고 함부로 판단함을 이르는 말. 〔유의〕덮어 열넉 냥 금.

'덮어놓다①'은 〈고〉의 "〔주로 '덮어놓고'의 꼴로 쓰여〕"와 달리 항상 '덮어놓고'의 형태로만 쓰인다. 〈표〉의 예문 셋과 속담 및 〈고〉의 예문 넷과 속담에도 '덮어놓고'만 쓰였다. 이 뜻으로 다른 활용형은 쓰일 수 없는 것이 분명하다. 그러므로 '덮어놓다①'은 활용계열이 불완전하다.[9]
〈고〉는 '덮어놓다②'를 설정하고 〈표〉는 설정하지 않았다. 〈고〉의 풀이가 옳은 것으로 보인다. 〈고〉의 용례에 쓰인 '덮어놓을' 외에도 '덮어놓다②'는 다양한 활용형으로 쓰일 수 있다고 판단된다. 〈고〉를 따르면 '덮어놓다'는 ①의 활용계열이 불완전하고 ②의 활용계열이 완전한 부분

---

9 〈고〉는 '덮어놓다'를 타동사로 표시했다. 그러나 '덮어놓다②'가 타동사임은 분명하지만 '덮어놓다①'은 자동사로 보아야 옳을 것이다. '덮어놓다①'에 대한 〈표〉와 〈고〉의 용례에 목적어가 등장하거나 생략되었다고 할 예는 없으며 그런 예를 달리 찾을 가능성도 없기 때문이다.

불비용언이 된다.

완전 불비용언과 부분 불비용언의 정의 및 예는 다음과 같다. 각 용언의 가능한 활용형도 나열한다.

- **완전 불비용언: 모든 의미소의 활용계열이 불완전한 용언.**

  관하다(關하다): 관한, 관하여/관해, 관하여서/관해서

  괜하다: 괜한

  데리다: 데리고, 데리러, 데려다

  불구하다(不拘하다): 불구하고

- **부분 불비용언: 일부 의미소의 활용계열이 불완전한 용언.**

  대하다(對하다): ③ 대한, 대하여/대해, 대하여서/대해서 ※①, ②, ④는 활용계열이 완전함.

  덮어놓다: ① 덮어놓고 ※②는 활용계열이 완전함.

4. 마무리

용언에 어미부가 결합한 형태가 활용형이다. 한 용언의 활용형들의 집합을 활용계열이라 한다. 한 활용계열을 이루는 활용형 중 일부가 존재하지 않는 경우에 그 용언이 불완전계열을 가지고 있다고 말한다. 불완전계열을 가진 용언을 불구용언이라 불러 오다가 불완전용언으로 바꿔 부르기도 했지만 불비용언이라 부르는 것이 더 낫다. 활용계열이 완전한 용언은 완비용언이라 부를 수 있다. 불완전계열은 용언활용의 형태론적 문제이다.

한편 활용형의 형성에 참여하는 용언의 일부 형태가 특이한 경우가 있다. 한 용언의 어형들이 서로 어원적 관련성이 없어 형태가 매우 다른

경우에 기본적인 어형이 아닌 쪽을 보충형이라 하고 그러한 현상을 보충법이라 한다. 예를 들어 '달라, 다오'의 용언 형태 '달-'은 용언 '주-'의 보충형이다. 보충법은 용언활용의 음운론적 문제이다.

불비용언은 완전 불비용언과 부분 불비용언으로 나누어진다. 모든 의미소의 활용계열이 불완전한 용언이 완전 불비용언이고 일부 의미소의 활용계열만 불완전한 용언이 부분 불비용언이다. '관하다(關하다)'는 완전 불비용언이고 '대하다(對하다)'는 부분 불비용언이다.

참고 문헌

고영근(1987), 「보충법과 불완전계열의 문제」, 『어학연구』 23-3, 서울대 어학연구소, 505-526. 〔고영근(1989), 『국어형태론연구』(서울대출판부)에 재수록〕

김민수(1957), 「국어 품사론: 직능 주의의 체계를 확립하기 위한」, 『문리논집』 2, 고려대. 〔김민수(1960), 『국어문법론연구』(통문관)에 재수록〕

_____(1983), 『신국어학』(전정판), 일조각.

남기심·고영근(1985), 『표준 국어문법론』, 탑출판사.

배주채(2009), 「'달라, 다오'의 어휘론」, 『국어학』 56, 국어학회, 191-220. 〔배주채(2014), 『한국어의 어휘와 사전』(태학사)에 재수록〕

_____(2018), 「불비용언의 목록 작성 시론」, 『한국문화』 81, 서울대학교 규장각 한국학연구원, 285-321.

송철의(1995), 「곡용과 활용의 불규칙에 대하여」, 『진단학보』 80, 진단학회, 273-290. 〔송철의(2008), 『한국어 형태음운론적 연구』(태학사)에 재수록〕

안병희(1967), 「문법사」, 『한국문화사대계 5(언어·문학사)』, 고려대학교 민족문화연구소, 165-261.

유창돈(1971), 『어휘사연구』, 선명문화사.

최현배(1937), 『우리말본』, 정음사. 〔5판, 1971〕

허 웅(1975), 『우리 옛말본』, 샘문화사.

홍윤표(1977), 「불구동사에 대하여」, 『이숭녕선생고희기념 국어국문학논총』,
    탑출판사, 385-403.

'X함'형 파생 명사의 존재에 대하여

김 정 남

경희대학교

1. 서 론

『표준국어대사전』을 위시하여 사전에는 'X함'이라는 형태의 파생 형용사 파생 명사가 전혀 표제어로 실려 있지 않다. 'X하다' 형태의 형용사는 무려 12,997건이 실려 있는 데 반해 이러한 형용사 어간을 어기로 하는 파생 명사가 단 하나도 실려 있지 않다는 것은 사전 편찬자들이 'X하-'를 어기로 하는 '-ㅁ' 파생 명사의 존재에 대해 별도의 의식을 가지고 있지 않았다는 것을 의미한다. 즉 이러한 류의 단어 부류의 존재에 대해 전혀 생각지 않았다는 말이다.

실제로 그 숫자가 훨씬 적음에도 불구하고 'X로움' 형식의 단어들은 『표준국어대사전』에 표제어로 실려 있다. 물론 '괴로움', '외로움' 단 두 개에 불과하지만 'X롭다' 형용사가 'X하다' 형용사에 비해 훨씬 적은 것을 고려하면 이는 큰 수치로 볼 만하다. 등재된 'X롭다' 형용사는 117개에 불과하며 이는 등재된 'X하다' 형용사 12,997건의 1%에도 미치지 못하는 숫자이다. 이토록 적은 비율을 가진 단어류에서 파생된 명사가 2개나 등재된 상황에서 'X함' 형태의 단어가 단 하나도 『표준국어대사전』을 위시한 국어사전들에 명사로 등재되지 않았다는 것은 'X함' 형태를 가진 명사의 존재 자체에 대해 전혀 고려한 적이 없음을 의미하는 것은 아닐지 짚어 볼 필요가 있다.

또 '서글픔', '쓰라림'처럼 형용사에서 파생된 여러 파생 명사들을 표제어로 등재하면서 '초라함'이나 '쓸쓸함', '신선함'처럼 'X하다' 형용사에서 파생되어 활발히 쓰이고 있는 명사들을 전혀 고려하지 않고 단 하나도 등재하지 않았다는 것은 표제어의 선정에 있어서 상당히 불균형한 태도라고 보지 않을 수 없다. 또한 명사화 접미사 '-ㅁ'을 기술하는 자리에서도 'X함' 형태의 명사는 전혀 거론되지 않고 있다.

그렇다면 이러한 불균형은 어디에서 왔을까? 왜 그동안 'X하다' 형용사의 어간을 어기로 하여 파생된 'X함'형 파생 명사에 대해 주목하지 않았을까? 본고는 바로 이러한 의문에서 출발한다. 그래서 'X함'형 파생 명사의 실제 존재 양상과 의미적 특성을 살펴보는 데 목적을 둔다.

『표준국어대사전』에는 'X하다'형 형용사가 12,997건이 표제어로 등재되어 있지만 이 가운데는 거의 실사용이 없이 목록상으로만 존재하는 형태가 부지기수이기에 본고에서는 현대국어 사용 빈도 조사 결과에서 최소 1회 이상의 빈도를 보이는 예들, 즉 실제로 사용된 적이 있는 'X하다'형 형용사만을 대상으로 하여 우선 그 목록을 작성하는 작업부터 시작한다. 그리고 이 목록을 바탕으로 'X하다' 형용사의 어간 'X하-'를 어기로 하는 'X함'형 파생 명사를 다시 추출하여 논의 대상으로 삼기로 한다.

주지하다시피 '하다'는 형용사만을 파생시키는 접사가 아니라 동사 파생에도 동일한 형식이 관여하는데 '하다'의 어기 X가 형용사적 어기인가 동사적 어기인가에 따라 두 가지 파생어는 결국 형용사와 동사로 나뉘며 이들은 의미 특성에서도 큰 차이를 보인다. 또한 이들이 다시 명사 파생

접미사 '-ㅁ'을 취하였을 때 상당히 다른 양상을 보임을 알 수 있다.

본고에서의 결론을 미리 말하자면, 'X함'형 파생어는 'X하-'가 형용사적 어기인 경우가 압도적으로 많고 동사적 어기인 경우는 거의 없다는 것이다.[1] 다시 말해 파생어 'X하다'가 형용사인 경우 'X함' 형태의 형용사가 재파생되는 일이 많고 동사인 경우는 거의 없다는 것이다. 그리고 '-ㅁ'이 아닌 '-기'를 취하는 'X하기'형 파생어의 경우를 살펴보면 이와 대조적으로 'X하-'의 대다수가 동사적 어기이며 형용사적 어기인 경우는 매우 드물다는 것이다.[2]

이와 같이 형용사적 어기와 동사적 어기의 차이는 비단 'X하-'의 경우에만 나타나는 것이 아니고 '-하-'가 결합하지 않은 수많은 예들에서도 비슷하게 나타나지만 본고의 목적은 이러한 데까지 논의를 확대하는 것이 아니므로 본고에서는 논의의 범위를 좁혀서 'X하-'가 형용사적 어기인 'X함'형 파생 명사에만 한정하여 그 존재 양상에 대해 논의하기로 한다.

---

1 'X하-'가 활용 어미를 취할 때는 어간으로 불리며 이때 어간은 품사를 부여받는다. 그런데 이것이 파생 접사와 결합하여 새로운 단어를 형성할 때는 어간이 아니므로 엄밀히 말해 품사를 논할 수 없다. 그러므로 본고에서는 '형용사', '동사'와 같은 품사명을 쓰지 못하고 '형용사적', '동사적'이라는 용어를 사용한다. 그리고 일반적으로 활용에서의 '어간'에 대립되는 용어로 파생에서는 '어근'이라는 것을 사용하지만 본고에서는 어근이 아닌 '어기'라는 용어를 쓰는데, 이는 '어근'은 원래 형태소의 한 갈래라는 점을 고려한 때문이다. '어기'는 어근에 다른 어근이 결합하거나 접사 등이 결합하여 복합적인 요소가 된 것이 다시 다른 어근이나 접사와 결합하는 단위가 될 때 그것을 일컫는 용어로 사용한다. 바로 이러한 어기의 개념에 대해서는 그간의 국어학 논의에서 그다지 명확한 정의가 내려지지 않아 왔고 "'어간'과 '어근'을 아울러 이르는 말"이라는 정도로 통용되어 왔다. 그러나 이러한 구분은 적절하지 않다고 판단하여 우리가 평소에 쓰던 방식대로 '어기'의 개념을 사용하고자 한다. 이와 관련한 보다 상세한 논의는 후고를 기약한다.

2 그 반대의 대표적인 경우는 '크기, 밝기, 빠르기' 등의 척도성 명사이다.

2. 실재어로서의 'X하다'형 파생 형용사 목록

먼저 현대국어 사용 빈도 조사 결과에서 최소 1회 이상의 실제 사용 빈도를 보이는 'X하다'형 파생 형용사의 숫자는 1,820개이다.[3] 그리고 50회 이상의 사용 빈도를 보이는 것은 모두 117개이다. 지면의 한계상 전체 숫자를 제시하기는 어려우므로 50회 이상의 빈도를 보이는 예들만을 빈도순으로 제시하면 (1)과 같다. 괄호 안은 빈도수이다.

(1) X하다 파생 형용사

중요하다02(872), 필요하다(774), 가능하다(417), 강하다02(363), 다양하다01(356), 이상하다(295), 비슷하다02(285), 심하다(285), 불과하다(241), 분명하다01(233), 훌륭하다(231), 정확하다01(220), 심각하다02(211), 단순하다(188), 부족하다(185), 건강하다02(178), 당연하다01(175), 따뜻하다(175), 간단하다02(172), 복잡하다(171), 일정하다(169), 독특하다(163), 진정하다01(158), 편하다(158), 깨끗하다(155), 미안하다(154), 확실하다(147), 바람직하다(146), 착하다(146), 불가능하다(143), 유명하다01(142), 충분하다01(140), 흔하다(137), 특별하다(134), 가난하다(131), 강력하다(129), 불편하다01(123), 시원하다(120), 궁금하다01(119), 약하다01(119), 행복하다(117), 풍부하다(116), 상당하다02(114), 적절하다(114), 위대하다01(113), 거대하다(112), 안녕하다(111), 소중하다(110), 뚜렷하다(108), 유일하다03(107), 철저하다(106), 화려하다(104), 위험하다(102), 불안하다(100), 순

---

3 이는 물론 전체 사전 등재어 12,997건의 일부이지만 경우에 따라서는 12,997건 속에 포함되지 않는 것도 있다. 가령 '뽐뽐하다' 같은 예가 이런 경우에 해당한다. 이 단어는 사전에 등재되어 있지도 않고 우리는 이 단어의 문맥을 몰라서 의미를 추측하기도 쉽지 않지만 대략적인 의미와 활용 형태에 대한 직관을 통해 형용사라고 판정한 사용 빈도 조사 결과 보고서의 내용을 수용하는 입장이다. '토대하다' 같은 경우는 보고서에서 형용사로 분류하였으나 동사인 점을 감안하여 삭제하였다.

수하다02(97), 대단하다(96), 편리하다(94), 활발하다(94), 조그맣다(93), 진지하다(91), 편안하다01(90), 급하다(88), 특정하다(88), 엄격하다02(86), 완벽하다(86), 완전하다01(86), 솔직하다(84), 적당하다02(83), 조용하다01(82), 답답하다(81), 동일하다(81), 피곤하다(81), 신선하다03(80), 죄송하다(79), 어색하다02(76), 평범하다(76), 마땅하다(75), 안전하다(74), 엉뚱하다(72), 영원하다(71), 튼튼하다(71), 불가피하다(69), 진하다01(69), 치열하다02(69), 불쌍하다(64), 친하다(64), 귀하다(63), 유리하다01(62), 불행하다(61), 환하다01(61), 억울하다(60), 건전하다(59), 당당하다(59), 정당하다01(59), 뻔하다02(58), 유사하다03(58), 강렬하다02(57), 가득하다01(56), 밀접하다(56), 소박하다01(56), 부당하다(55), 성실하다02(55), 투명하다02(55), 곤란하다(54), 익숙하다(54), 무관하다03(53), 만족하다(52), 섬세하다(52), 적합하다(52), 감사하다05(51), 고요하다(51), 똑똑하다(51), 만만하다01(51), 친절하다(51), 명백하다(50), 못하다(50), 신기하다01(50)

본고에서는 이상 117개 형용사를 대상으로 하여 이 형용사에서 파생된 것으로 보이는 'X함' 형태의 명사들이 실제 말뭉치에서 어떠한 양상으로 나타나는지를 살펴보고자 한다. 물론 여기에 제시된 빈도수 순위는 절대적인 것은 아니어서 인상적으로 상당히 빈번한 사용을 보이는 것처럼 보이는 예가 여기에 없기도 하고 반대로 좀 드물게 사용되는 것 같은 예가 높은 빈도를 보여 여기에 포함되어 있기도 하다. 그리고 고빈도 목록에 속한 예들 가운데서도 이 순서가 반드시 그대로 적용되는 것은 아닐 수도 있다.[4] 그러나 일정한 경계를 정하여 논의를 해야 하는 관계로 이 117개 항목을 대상으로 하되, 그 속에서의 순위는 덜 중요하게 여겨

---

4 가령, '심하다'는 285회의 빈도를 보이지만 '심함'의 형태는 단지 5건의 용례만 발견되며 이들 가운데 파생 명사로 해석되는 예는 하나도 없다.

이들 중 임의의 몇 개를 뽑아서 논의를 할 수도 있다. 모든 항목을 다 거론하기에는 지면이 부족하기 때문이다.

3. 파생 명사로서의 'X함'

현대 한국어에서 '-ㅁ'은 명사 파생 접사인 경우와 명사형 어미인 경우가 같은 형태를 취한다. 중세 한국어에서는 명사형 어미인 경우 선어말 어미 '-오/우-'를 선행시킨 형태로 나타나 '-옴/움/욤/윰'과 같은 형태로 나타났지만 현대 한국어에 와서 선어말 어미 '-오/우-'의 소멸로 두 가지 형태가 같아진 것이다.

결과적으로 'X함' 형태의 단어들은 그 형식만으로 볼 때 파생 명사인지 형용사의 명사형인지 알기 어렵게 되었다. 그런데 이상하게도 서론에서 언급하였듯이 '외로움', '괴로움', '아픔', '기쁨' 등의 많은 '-ㅁ' 접사를 취한 형태들이 파생 명사로 주목받은 것과 달리 'X함' 형태에 대해서만 유독 파생 명사라는 인식은 없이 모두 형용사의 명사형으로만 고려하고 있는 것이다.

아마도 'X함' 형태의 경우 이미 'X하-'가 파생어인 점이 주목되고 부각되다 보니 거기에 다시 파생 접사가 붙어 명사로 파생된 형태라는 인식보다는 이미 어휘 단위로 굳어진 파생 형용사에 명사형 어미가 결합한 통사적 구성이라는 인식이 앞선 것이 아닌가 한다. 그런데 우리는 실제 'X함' 형태들이 어떤 양상으로 존재하는지를 말뭉치를 통해 살펴보니 형용사의 명사형이라기보다 파생 명사로 해석되어야 할 예들이 분명히 존재하고 오히려 이들이 더 많은 비중을 차지하는 예들도 있으므로 이에 주목해야 한다는 주장을 하는 것이다.

따라서 이들이 나타난 문맥 속에서 이들이 형용사의 명사형이 아닌 파생 명사로 사용된 것임을 확증할 수 있는 근거들이 필요하다. 어떤 단어가 명사인가 형용사인가 하는 것은 논항 구조나 수식 구조 등을 통해 확인되는 사항이므로 본고에서도 그러한 근거를 통해 'X함' 형태가 명사로 나타난 경우를 주목하되, 이와 대비시키기 위해 형용사로 사용된 예들에 대해서도 언급할 것이다.

동일한 'X함' 형태가 명사로 쓰인 경우와 형용사로 쓰인 경우는 개별 단어별로 서로 다른 양상을 보인다. 어떤 'X함' 형태는 명사로 더 많이 사용되며 어떤 'X함' 형태는 형용사로 해석되는 경우가 더 많기도 하다. 이러한 결과는 실제 말뭉치의 구성이 어떠한가에서 좌우되기도 하겠으나 대체로는 개별 단어의 어휘적 의미와 무관하지 않다고 본다. 단정하기는 어렵지만 서술성이 더 강한 단어인지 추상성이 더 강한 단어인지에 따라 각각의 쓰임이 달라진 것으로 보인다. 그래서 이를 통계적으로 입증하기보다는 개별 어휘의 특성으로 파악해야 할 수도 있다.

그러나 본고에서는 그러한 개별적인 사용 양상에 주목하고자 함이 아니라 그동안 서술성에만 주목하여 'X함' 형태를 파생 명사가 아닌 형용사의 명사형으로만 보아 온 시선을 거두어들이고 상당수의 'X함' 형태의 단어들이 실제로 파생 명사로 사용되고 있음에 주목하여 이와 같은 사실을 사전에서도 적극적으로 반영하자고 하는 주장을 하는 것이다.

4. 말뭉치 내 'X함' 형태의 존재 양상

먼저 가장 높은 빈도를 보이는 '중요하다'에서 파생된, 혹은 활용된 '중요함'이라는 형태가 말뭉치 속에서 어떠한 지위로 나타나는 것으로 해석되는지를 살펴보기로 한다. 말뭉치는 국립국어원 언어정보나눔터에서 제공되는 말뭉치이며 해당 사이트의 검색기를 통해 이루어진 검색 결과이다.

<blockquote>

(2) 가. '시민사회와 엔지오'는 최근 부적격 정치인 낙천·낙선운동으로 <u>중요함</u>이 더욱 도드라지고 있는 90년대 이후 한국의 시민운동 전반을 돌아본 강의다.

나. 이처럼 어떤 자극과 정보를 받아들일 것인가 아닌가의 결정에 있어서는 <u>중요함</u>과 중요하지 않음 또는 의미 있음과 의미 없음을 가르는 기준이 반드시 …

다. 병에 걸려서야만 건강의 <u>중요함</u>이나 고마움을 느끼지만 그때는 이미 늦은 것이다.

라. 경인지역의 역사 연구는 한강권에 자리잡은 세력들의 발길을 예측하게 되는 <u>중요함</u>이 있었던 것이다.

</blockquote>

(2)에 쓰인 '중요함'은 모두 명사이다. (2가)의 '중요함'은 아무런 수식어도 없고 논항도 없이 주어로 사용되어 있으므로 형용사로 볼 수 없고 명사로 봄이 타당하다. (2나)의 경우 '중요함'과 '중요하지 않음'이 대비되어 있는데 '중요하지 않음'은 통사적 구성일 수 있으나 '중요함'은 어휘적 구성이다. 또한 이 역시 '중요함'의 수식어나 논항이 존재하지 않으며 목적어를 구성하는 구의 일부 구성 요소가 되고 있다. (2다)의 경우 '중요함'은 '고마움'과 병렬되어 있는데 수식어로 관형어 '건강의'가 나타나고 이 수식어는 관형어일 뿐 주어 논항으로 볼 수 없어 '중요함'이나 '고마움' 모두 서술성이 있는 형용사로 볼 가능성이 없다. 무엇보다 중요한 것은 '고마움'의 경우 『표준국어대사전』에 명사로 등재되어 있다는 사실이다. 명사 '고마움'과 대등하게 병렬된 '중요함' 역시 명사라고 보는 데 아무런 문제가 없다. (2라)는 '중요함'이 관형사절의 수식을 받고 있으므로 명사로 해석되는 예이다.

물론 '중요함'이 문맥에 따라 형용사 '중요하다'의 활용형 중 하나인 명사형으로 나타나는 경우도 있다. (3)은 그러한 예를 보여 준다.

(3) 가. 〔자연 보호가 <u>중요함</u>〕은 두 말이 필요 없지만, 보호 대상이
　　　 못되는 곳은 개발해 활용하는 것이 …
　　나. 회담 초반 〔분위기 형성이 <u>중요함</u>〕을 모두 명심해야 한다.
　　다. 〔학문적 엄정성이 매우 <u>중요함</u>〕을 절감하게 되었다.

(3)에서 '중요함'은 각각 '자연 보호가', '형성이', '엄정성이'를 주어로 하는 서술어로 쓰였으며 '-ㅁ'이 명사절을 형성하여 주제 혹은 목적어로 기능하게 하고 있는 구문 형태이다. 이렇게 '중요함'의 경우 (3)처럼 명사 절을 형성하는 서술어로 나타나는 일이 많고 이것은 모두 파생 명사가 아닌 형용사로 해석되는 예들이다.

비율로 따지면 (2)처럼 명사로 사용된 예가 총 69개 중에서 27개, 그리고 (3)처럼 형용사의 활용형으로 나타난 예가 42개로서 전체의 39%만이 명사로 사용되었다.

다음으로 '다양함'의 용례를 보자.

(4) 가. 이 혼란스러운 <u>다양함</u> 뒤에 숨어 있는 원동력은 무엇일까?
　　나. 그 경향은 서로 다른 <u>다양함</u> 이면에 침윤되어 있으므로, …
　　다. 물론 어떤 시대의 문학론을 운위하는 것은 그 <u>다양함</u> 속에
　　　 내재하는 경향성을 지적하는 것이다.
　　리. 이 신문의 사설과 칼럼 등은 그 심층성과 종합적 분석, <u>다양함</u>
　　　 등으로 미국은 물론 전세계 여론주도층의 일일 필독면이 됐다
　　　 해도 지나치지 …
　　마. 학교는 <u>다양함</u>, 개성, 반대의사, 모든 부적응, 불규칙, 새로운

것의 시도, 낯선 것을 …

바. 우선 그 수법의 대담성과 <u>다양함</u>에 놀라지 않을 수 없었습니다.

사. 그 속에 내재하는 감정의 기복과 <u>다양함</u>이 자연히 작품의 흥미나 형식적 완성도에 기여한다는 것이다.

아. 서로의 특성을 인정하는 가운데서 <u>다양함</u>으로 공존할 수 있는 것이라야 한다는 것이 이 책『탈분단 시대를 …

자. 왜냐면 <u>다양함</u>만한 미덕도 흔치 않은 것이니까.

(4)는 '다양함'이 명사로 쓰인 예들이다. (4가)～(4다)는 관형어의 수식을 받는 예들이다. (4라)～(4사)는 '다양함'이 다른 명사와 병렬되는 데서 명사로서의 쓰임을 인정받을 만한 예들이다. (4아)～(4자)는 '다양함'이 아무 수식 성분도 없이 단독형으로 조사와 결합한 모습을 보여 준다. 그리고 이때의 '다양함'에서는 어떠한 서술성도 발견되지 않는다. 따라서 명사로 사용된 것으로 분석된다.

다음 (5)는 '다양함'이 형용사의 활용형인 명사형으로의 쓰임을 보이는 예들이다.

(5) 가. 복합 한자어의 구성성분으로 어근의 자격을 지니는 예로, 〔그 의미와 기능이 <u>다양함</u>〕을 알 수 있다.

나. 樓亭을 소재로 한 작품은 여러 편이 있으며 〔그 내용도 <u>다양함</u>〕을 지적하였다.

(5)에서는 '다양함'의 주어가 '그 의미와 기능이', '그 내용도'로 나타나 '다양함'은 '다양하다'라는 형용사의 명사형임을 알 수 있다. 그런데 '다양함'으로 검색된 총 86개의 예 가운데 (5)와 같은 유형은 단 두 개의

예가 나타날 뿐이며 나머지 '다양함'의 예는 모두 파생 명사로 간주되는 (4)와 같은 유형에 속한다. 즉 97.7%가 파생 명사의 용례인 것이다. 이러한 분포적 특징은 '이상함'의 경우에도 마찬가지로 나타난다.

(6) 가. 인품도 수양하여 구경(究竟)에 이르면 <u>이상함</u>이 없는 것이다.
　　나. 이러한 우연의 일치가 회를 거듭할 때마다 나타난다면 <u>이상함</u>을 느끼지 않을 수 없다.
　　다. 그 알을 쪼개어 사내아이 하나를 얻으니 모습이 아름다운지라 <u>이상함</u>에 놀랐다.

'이상함'의 예는 총 9개밖에 되지 않는데 9개 모두가 (6)처럼 파생 명사로 쓰인 예이다. 100%가 명사로 해석되는 예이다.

'비슷함'의 경우도 총 10개의 예 중에서 6개는 파생 명사의 예에 해당하고, 나머지 4개의 예가 형용사의 명사형에 해당한다. 60%가 파생 명사인 것이다.

(7) 가. '비슷한 것은 가짜다'라는 제목은 〈녹천관집서〉에 나오는 구절이다. "<u>비슷함</u>을 추구한다는 것은 진짜는 아닌 것이다. …
　　나. 이 그림은 김홍도가 1804년에 그린 「기노세련계도(耆老世聯契圖)」와 양식이 대체로 <u>비슷함</u>을 보아 그의 50대나 60대 작품일 것으로 믿어진다.

(7가)는 파생 명사로 쓰인 예를, (7나)는 형용사의 명사형으로 쓰인 예를 보여 준다.

'이상하다'나 '비슷하다'는 형용사로서의 쓰임은 많은 데 반해 '이상함', '비슷함'의 비율은 낮다. 이에 반해 '신선함' 같은 경우는 '신선하다'

에 비해 사용 빈도가 높게 나타난다. 그리고 '신선함'의 용례는 모두 파생 명사로 해석되지 명사형 어미가 결합된 형태로 보이는 예는 없다.

(8) 가. 필자의 생각으로는, 신선함 그 자체가 하나의 재화라는 것이다.

나. 신선함과 기발함, 웃음이 따르면서도 공허하지 않은 글을 써야 한다.

다. 덩달이의 표현은 진부하지 않고, 상식을 뛰어넘으며 신선함마 저 준다.

라. 신선함이야말로 문학적인 것의 바른 이름이다.

마. 어느 날 문득 물질적 지적 신선함을 잃어버린 책이 헌 책이 되듯이, …

(8)과 같은 예들에서 '신선함'이 '웃음'과 마찬가지로 명사의 지위를 가짐을 보게 된다. '신선함'의 용례 총 125건 모두 파생 명사의 용례이다.

한편, 빈도 순위 2위인 '필요함'의 경우는 이와 정반대이다. '필요함'의 경우 형용사 '필요하다'의 명사형으로 쓰인 경우가 압도적으로 많다. 전 체 92건의 용례 가운데 단 세 건을 제외한 89건이 모두 형용사의 활용형 으로 나타난 것이다. 예시는 다음 (9)와 같다.

(9) 가. 〈어린왕자〉에 나오는 여우는 친구를 사귀려면 〔정성과 사랑이 필요함〕을 말한다.

나. 그러한 발견은 이 비타민들의 식이 중 〔다량 보충에 주의가 필요함〕을 말해준다.

다. 대신 이제 새로운 〔향기가 자신에게 필요함〕을 깨닫기 시작한다.

라. 쥐와 생쥐에게 행한 실험에서 〔비오틴은 번식과 수유를 위해 필요함〕을 보여 주었다.

마. 공동체의 이익에 참여하는 시민성을 가진 〔시민이 <u>필요함</u>〕에
　도 불구하고 지금까지 제도교육은 반공교육과 입시교육에 압
　도당하였다.

바. 사람에게는 〔의식주가 <u>필요함</u>〕과 동시에 삶의 의미를 구현해
　나가는 즐거움과 보람이 있어야 한다.

(9)에서 '필요함'은 모두 주어를 가지고 있으며 (9나), (9다)에서 보듯 주어 이외에도 '-에/에게' 논항을 취하기도 하여 명사절을 이끄는 서술어로서의 형용사임이 명백해 보인다. 이러한 서술어 '필요하다'가 '필요함'이라는 명사형을 취한 것은 단지 뒤에 '-을', '-에도', '-과' 같은 조사를 결합할 수 있는 형태가 되기 위함이다. 결국 조사와의 통합을 위해 명사형 어미와 결합하여 명사절을 이루게 되는 것이다.

한편, 다음 (10)은 '필요함'이 형용사의 활용형이 아니라 파생 명사로 해석되는 예이다.

(10) 가. 56함 사건을 계기로 해군력 증강의 <u>필요함</u>이 인식됐고, 이에
　　구축함이 추가로 도입됐다.

나. 인문·사회과학 역시 학문인 한 일반적인 의미에서의 객관성의
　<u>필요함</u>은 自明하다.

다. 연희의 <u>필요함</u>을 형이 모르는도다.

전체 92개 가운데 단 3개가 파생 명사로 간주될 만한 예이니 3%에 지나지 않는 미미한 수치이다. 그리고 사실상 '증강의', '객관성의', '연희의' 같은 관형어는 주어로 해석될 소지도 있어 엄밀히 말하자면 '필요함' 같은 경우는 파생 명사로서의 쓰임을 거의 보여 주지 않는다고 해야 할 것이다.

다음은 '불과함'의 용례이다.

> (11) 가. 그 앞에 서면 희망의 〔깃발이 절망의 조각조각으로 기워놓은 누더기에 <u>불과함</u>〕을 알 것이다.
> 나. 오히려 그의 〔성숙이란 게 자기 기만에 <u>불과함</u>〕을 증명하는 영화인 것이다.

(11)에서 보듯 '불과함'의 경우에는 파생 명사로 사용된 예는 단 한 예도 나타나지 않고 형용사의 명사형으로만 나타난다. 그리고 모든 예문이 다 '-에' 논항을 취하여 '-에 불과하다'라는 다소 관용적인 구문 형식을 이루고 있다. 따라서 전형적인 형용사의 명사형으로 보아야 한다. '가능함'의 경우도 마찬가지이다.

> (12) 가. 동물 간에도 〔의사전달이 <u>가능함</u>〕을 확인할 수 있다.
> 나. 물론 품질에 자신이 있을 〔경우에만 <u>가능함</u>〕은 두말할 필요가 없다.
> 다. 지방 사람의 서울 병원 입원은 〔떼돈이 있어야 <u>가능함</u>〕을 벅벅이 느끼자, 자기네 세 식구가 그렇게 초라할 수 없었다.

모든 예가 (12)처럼 명사형으로만 나타난다. 결국 파생 명사로 분석되는 예는 0%인 셈이다.

그런데 '불가능함'의 경우에는 두 가지가 공존하기도 한다.

> (13) 가. 최근 정치상황은 정치권 스스로에 의한 〔정치개혁이 <u>불가능함</u>〕을 깨닫게 해줬다.
> 나. 마이크로소프트사와의 〔정면 승부가 <u>불가능함</u>〕을 깨닫고 …

다. 그러므로 〔휴대하는 것이 불가능함〕은 물론 엄청난 전기와
     무게를 감당해야만 했다.

라. 자아와 자아 사이의 〔의사소통이 철저히 불가능함〕을 보여주
     는 것이다.

마. 인격적 사랑에 기반한 〔부부생활이 불가능함〕을 여성들은 의
     식했다.

(14) 가. '나는 무엇인가'를 노동에서 찾고자 하다가 그 불가능함에 대
         한 절망(허망)이 아니었겠는가.

    나. 묘산의 불우한 가정환경을 꿰뚫은 엄 선생은 그의 고등학교
         진학의 불가능함을 알고 은사의 화방(畵房) 사동으로 천거했
         던 것이다.

    다. 대학 생활을 조금이라도 해본 사람이라면 그러한 생활의 불가
         능함을 알고 있을 것이며 설사 그러한 생활을 하고 있는 사람
         이라 해도 …

'불가능함'의 경우에도 (13)과 같이 명사형으로 나타난 예가 주를 이루
고 (14)처럼 파생 명사로 해석되는 예는 총 36개 중 단 세 개에 불과하여
8%라는 미미한 비율이지만 그래도 '가능함'의 경우 파생 명사가 0%였던
데 비해 파생 명사로서의 쓰임을 발견할 수 있다는 점에서 약간의 차이가
있다고 하겠다. 그러나 앞서 본 '신선함'이나 '정확함' 등에 비해 용례
자체가 파생 명사로 해석되기에도 다소 궁색한 면이 있어 파생 명사로서
의 쓰임보다는 명사절을 이루는 경우가 일반적인 용법이라고 해야 할
것이다.

'훌륭함'의 경우는 전체 26건 중에 20건의 용례가 다음과 같이 파생
명사로서의 용법을 보인다. 77%에 해당하는 수치이다.

(15) 아름다움과 즐거움을 추구한다는 것은 실용적 가치를 감싸안으면
서 그 이상의 아름다움과 <u>훌륭함</u>을 이루고자 한다는 뜻으로 이해되
어야 한다.

'정확함'의 경우는 12건의 용례가 모두 다음 (16)과 같이 파생 명사로
서의 용법을 보인다. 100%이다.

(16) 기계란 무엇인가? 신속함, <u>정확함</u> 그리고 편리함을 목적으로 삼아
세상에 존재하는 것이 곧 기계다.

(16)에서는 '정확함' 외에 '신속함', '편리함' 등도 파생 명사로 사용된
예를 볼 수 있다.
이렇게 'X하다'형 형용사와 그것의 파생형 혹은 활용형으로 보이는
'X함'형 단어를 볼 때 개별 어휘별로 'X함'형이 파생 명사로서의 쓰임이
많은지 단지 명사절의 형식으로 나타난 예가 많은지 하는 출현 비율에
상당한 편차가 있음을 알 수 있다. 본고에서는 파생 명사 'X함' 형식에
주목하자고 하는 논지로 논의를 전개하고 있으므로 이러한 파생 명사의
비율이 높은 형용사들이 그렇지 않은 부류에 비해 어떻게 차별화되는
의미 특성을 가지고 있는지를 살펴보고자 한다.

5. 'X함' 파생 명사의 어기 'X하-'의 의미 특성

4장에서 'X함' 형식이 실제 말뭉치 내 문장의 문맥 속에서 명사로 해석
되는지 형용사로 해석되는지를 용례를 통해 살펴보았다. 주어 논항의 존
재 여부, 수식어의 형식, 서술성 등의 기준을 가지고 각각의 용례가 명사

로 쓰인 것인지 형용사로 쓰인 것인지를 살펴보았는데, 여기서는 명사로 사용되는 비율이 높은 형용사들의 어휘 의미적 특성을 그렇지 않은 형용사들의 것과 대비시켜 살펴보고자 한다.

4장에서 대표적인 10개의 'X하다' 형용사와 형태적 연관이 고려되는 'X함' 형태의 출현 양상을 조사한 결과, 다음과 같은 스펙트럼을 얻을 수 있었다.

(17) 말뭉치 내에서 'X함' 형태가 파생 명사로 존재하는 비율

100%	97.7%	77%	60%	39%	9%	3%	0%
이상함, 정확함, 신선함	다양함	훌륭함	비슷함	중요함	불가능함	필요함	가능함, 불과함

왼쪽으로 갈수록 'X함' 형태가 파생 명사로 나타나는 경우가 많고 오른쪽으로 갈수록 동일한 형태가 형용사의 활용형인 명사형으로 나타나는 경우가 많은 것을 볼 수 있다. 여기서 우리는 왼쪽으로 갈수록 어휘의 내용 면에서 실질어적인 속성이 강해 명사화할 가능성이 높음을 발견할 수 있고 오른쪽 방향은 그 반대의 성향, 즉 형식어적인 의미 속성을 보임을 관찰할 수 있다.

이것은 극히 고빈도로 나타나는 예들을 대상으로 대략적으로 관찰한 결과인데, 나머지 예들에 대해서도 유사한 결과가 짐작된다. 가령, (1)에도 속하지 않는 저빈도의 '초라하다' 같은 단어를 선택하여 '초라함'이라는 형태가 (17)의 스펙트럼에서 왼쪽에 속할지 오른쪽에 속할지를 물어보면 그 어휘 의미의 특성상 대부분 왼쪽에 속한다고 답을 할 것인데, 실제로 말뭉치에서 검색을 해 보면 총 26건 중 25건이 파생 명사의 용법을 갖는 것으로 분석된다. 그리고 사실상 '초라하다'라는 형용사의 사용 빈도가 25회라는 비교적 낮은 수치인데 반해 '초라함'이라는 명사가 25

회나 나타난다는 것은 대단한 빈도이다. '중요하다'의 경우에는 872회의 고빈도를 보이는 형용사임에도 그 파생 명사인 '중요함'의 출현 빈도는 단 27회에 지나지 않기 때문이다.

한편, '쓸쓸하다' 같은 경우도 형용사로서는 출현 빈도가 45회여서 역시 (1)의 목록에 포함되지 못하였지만 그 파생 명사 '쓸쓸함'은 161회라는 고빈도를 보여 주고 있다. 또한 '쓸쓸함'의 용례를 검토한 결과 100%가 다 파생 명사이기도 하였다. 즉 '쓸쓸함'도 '초라함'처럼 (17)에서 왼쪽 극단에 존재하는, 쓰임도 활발한 파생 명사인 것이다. 그런데 우리는 이러한 사실을 이렇게 말뭉치 검색을 통해서도 알게 되겠지만 '쓸쓸함'의 어휘 의미적 특성을 통해서 먼저 짐작할 수가 있다. 그 실질어적인 의미 속성상 파생 명사로 사용될 가능성이 높다는 것이다. 다른 몇 가지 예들을 더 검색해 보아도 결과는 마찬가지이다.

그리고 (17)에서 오른쪽 극단에 위치하는 'X함' 형태의 단어들은 왼쪽에 비해 상대적으로 적다는 것도 알 수 있다. 그러므로 결국 우리의 처음 주장대로 'X하-'라는 어기를 가진 파생어 'X함'의 존재를 적극적으로 인정하고 사전에도 등재하는 데 연구자들이 동의하고 세부적인 방안을 강구해야 한다는 결론을 얻을 수 있다.

6. 결 론

이상에서 'X하다'의 어간 'X하-'를 어기로 하여 명사 파생 접미사 '-ㅁ'이 결합한 형태인 'X함'이라는 형태의 단어가 한국어 어휘부에 실재함에도 불구하고 그간 사전편찬자들은 물론 한국어학 연구자들의 주목을 받지 못해 온 점을 반성하고 실제로 사용이 빈번한 'X함' 형태의 파생 명사들이 말뭉치 속에서 어떻게 나타나는지를 실증적으로 살펴보았다.

동일한 형식의 'X함' 가운데 어떤 것은 파생 명사의 지위를 갖고 어떤 것은 명사형이라는 활용형의 하나로서 여전히 파생 형용사로 남아 있는 속에서 해당 형태가 명사인지 형용사인지를 통사적 특성을 근거로 구분하고, 어떠한 어휘는 파생 명사로서의 쓰임이 더 활발하고 또 다른 부류의 어휘는 형용사로서의 쓰임이 더 활발하다는 점을 통계적으로 검토한 후 그러한 결과를 빚은 원인이라 할 수 있는 형용사 어기의 어휘 의미적인 특성에 주목하여 논의를 전개하였다.

결과적으로 스펙트럼상에서 왼쪽의 극단에는 파생 명사로만 나타나는 'X함' 형태를 모아 보았고 오른쪽 극단에는 명사로서의 용법은 보이지 않고 형용사의 활용형으로만 해석되는 예들을 모아 보았다. 이들을 대비시켜 그 어휘 의미적 특성에서 추상명사로서의 실질적 의미를 많이 가진 예들이 왼쪽에 분포한다는 사실을 우리의 직관과 말뭉치를 통한 통계적 검증으로 재확인하는 절차를 거쳤다. 그래서 결국 이러한 'X함' 형태의 파생 명사를 사전에 적극적으로 등재하자고 제안하는 것이 본고의 목표이자 결론에 해당한다.

이러한 주장을 위해서는 사실상 좀 더 세밀한 통계 자료가 필요할 수도 있다. (1)에 제시된 117개의 예에 대해 모두 'X함' 형태를 상정하여 그것들이 각각 명사로 쓰인 예와 형용사로 쓰인 예를 일일이 찾아 통계 수치를 목록으로 제시하는 작업과 같은 품이 많이 드는 작업이 요구되었으나 연구자의 여력이 미치지 못하여 그러한 상세한 검증은 후고로 미루기로 한다.

그리고 동사의 경우와 대비시키는 작업이나 '-ㅁ'과 마찬가지로 동일 형태가 접사이자 어미에 해당하는 '-기'와 결합한 'X하기' 형태와 대비시켜 기술하는 작업 등도 후고를 기약하기로 하며 거친 논의를 마무리하고자 한다.

참고 문헌

김정남(2001), 「국어 형용사의 의미 구조」, 『한국어의미학』 8, 한국어의미학회, 171-199.

_____(2005), 『국어 형용사의 연구』, 역락.

_____(2007), 「'-답다', '-롭다', '-스럽다'의 분포와 의미」, 『한국어의미학』 18, 한국어의미학회, 125-148.

김진형·김경란 역(2008), 『형태론』, 한국문화사.

송정근(2017), 「한국어 파생 형용사의 의미」, 『국어학』 84, 국어학회, 89-114.

송철의(1992), 『국어의 파생어 형성 연구』, 태학사.

_____(2000), 「척도명사 파생과 언어 보편성의 한 측면」, 『조선학보』 174, 대한조선학회, 1-19.

_____(2001), 『어휘 자료 처리를 위한 파생접사 연구』, 국립국어원 연구보고서.

송철의·이남순·김창섭(1992), 『국어사전에서의 파생어 처리에 관한 연구』, 국립국어원 연구보고서.

최형용(2002), 「어근과 어기에 대하여」, 『형태론』 4-2, 301-318.

Bauer(2001), *Morphological Productivity*, Cambridge University Press.

참고 웹사이트

고려대 한국어대사전: http://dic.daum.net/

국립국어원 표준국어대사전: http://stdweb2.korean.go.kr/search/List_dic.jsp

국립국어원 언어정보나눔터: https://ithub.korean.go.kr/user/corpus/corpusSear

접미사 '시키다'와 관련된 몇 문제

양 정 호

덕성여자대학교

1. 머리말

『표준국어대사전』[1]에 따르면 '시키다'[2]에는 동사와 접미사의 두 종류가 있다. 여타의 일반적인 동사들과 특별히 다른 점이 없다는 점에서 동사 '시키다'의 경우에는 문법적 기술이 용이하다. 하지만 접미사 '시키다'의 경우에는 여러 가지 복잡한 문법적 문제들을 내포하고 있다. 접미사 '시키다'는 명사에 연결되어 'X시키다'[3]와 같은 형식으로 쓰이는데,

---

1 이하 『대사전』으로 약칭한다.

2 동사나 접미사 등을 가리지 않고 가리킬 때에는 '시키다'와 같이 표기하고, 동사나 접미사만을 가리킬 때에는 '시키다' 앞에 동사나 접미사라는 용어를 붙여서 구별하기로 한다. 특별히 접미사를 구별해서 표기할 필요가 있을 때에는 '-시키다'와 같은 표기도 사용한다.

3 '시키다'가 통합되어 단어 혹은 그에 준하는 하나의 문법 단위를 형성할 때, 이러한 구성은 'X시키다'로 표기한다. 'X' 자리에 명사만 올 수 있는지 명사구도 올 수 있는지 등의 문제가 있기 때문에 'N'이나 'NP'로 확정하지 않고 'X'로 표기해 둔다.

어기 'X'의 성격, 접미사 '시키다'의 의미와 기능, 'X시키다'의 사동성, 'X하다' 등의 어휘들과의 관련성 등 고려해야 할 문제들이 적지 않다. 본고에서는 이와 같은 문제들을 하나씩 점검함으로써 향후 'X시키다'에 대해 좀 더 나은 설명을 할 수 있는 방향성을 탐색해 보고자 한다. 대체로 문제들을 확인하고 정리하는 수준에서 논의하되, 일부 문제에 대해서는 나름대로의 설명을 제안하도록 한다.

2장에서는 '시키다'의 문법적 위상에 관련된 논의를 하게 되는데, '시키다'를 접미사로 인정할 것인가 하는 문제와 'X시키다'를 사동사로 인정할 것인가 하는 문제를 다룰 것이다. 3장에서는 기존 논의들에서 'X시키다'와 관련하여 같이 논의되어 왔던 'X하다'와 'X되다' 등의 단어들이 'X시키다'와 어떤 관계를 형성하고 있는지 검토할 것이다. 4장에서는 'X시키다'의 논항 구조에 대해 간략히 검토하고 마지막으로 5장에서는 'X시키다'의 의미에 대해 논의할 것이다.

2. '시키다'의 문법적 위상

'시키다'의 문법적 위상과 관련하여 처음 만나게 되는 문제 하나는, 동일한 형태로 나타나는 '시키다'를 모두 동일한 문법 범주로 처리할 것인가, 아니면 그 분포와 기능의 차이를 중시하여 두 가지 다른 문법 범주로 구분하여 처리할 것인가 하는 문제이다. 전자의 경우에는 '시키다'를 동사로 처리하게 될 것이고, 후자의 경우에는 '시키다'를 동사와 접미사로 구분하여 처리하게 된다. 논자에 따라 세부적인 논의 내용에서 차이를 보이기는 하지만 접미사 '시키다'를 인정하는 견해와 인정하지 않는 견해로 대별할 수 있다.

'시키다'의 문법적 위상과 관련된 또 다른 문제 하나는, '시키다'가 연결된 단어를 사동사로 처리할 수 있는가 하는 문제이다. 명사에 '시키다'가 연결된 'X시키다'를 사동사로 다룰 수 있는가 여부는, 사동의 개념을 어떻게 볼 것이며 사동의 범주를 얼마나 엄격하게 한정할 것인가에 대한 견해 차이에 따라 결정된다.

2.1. 'X시키다'의 문법 범주

『대사전』에서는 '시키다'를 동사와 접미사로 구분하고 접미사 '시키다'에 대해 다음과 같이 기술하고 있다.

> (1) -시키다02
>
> ((일부 명사 뒤에 붙어))
>
> '사동'의 뜻을 더하고 동사를 만드는 접미사.
>
> ¶ 교육시키다/ 복직시키다/ 오염시키다/ 이해시키다/ 입원시키다/
>
> 진정시키다/ 집합시키다/ 항복시키다/ 화해시키다[4]

'시키다'와 관련된 기존 논의들은 (1)과 대동소이한 견해를 보이는 경우가 많다. 대체로 이러한 견해를 보이는 논의들에서는 접미사 '시키다'의 설정 자체를 기본 전제로 하고, 명사에 접미사 '시키다'가 통합된 구성, 이른바 'X시키다' 구성의 의미나 기능에 대한 논의가 주를 이룬다고 할 수 있다. 'X시키다' 구성에서 'X'에 해당하는 명사 부류를 확인하고, 'X하다'나 'X되다'와 'X시키다' 구성 사이의 대응 관계를 확인하는 작업들도 이러한 논의들에서 이루어졌다. 하지만 'X시키다' 구성이 단어 형성 과정을 통해 생성된 단위이며 그 단어 형성 과정이 파생이라는 점에 대해

---

4 『대사전』에서 '교육시키다' 등을 접미사가 붙어서 만들어진 파생어로 처리하고 있지만 '교육' 항에는 '교육되다, 교육하다'만 등재되어 있고 '교육시키다'는 등재되어 있지 않다.

서는 별다른 검증이 이루어지지 않은 측면이 있다. 단어 형성에 참여하는 요소 가운데 파생접사를 확인하는 기준에 대해서는 충분히 논의가 되어 있으며 이를 바탕으로 한 파생접사의 목록 정리도 상당히 완료되어 있기는 하지만[5], 그 정체성이 명료하지 않은 요소에 대해서는 이러한 기준에 따른 검토를 통해 파생접사임을 입증하는 과정이 꼭 필요하다. '시키다'의 경우도 파생접미사인지를 확정하는 작업이 반드시 필요한 과정 가운데 하나일 것이다. 그런 측면에서 개론서들이나 여러 연구들에서 파생접미사를 확인하는 형태론적 논의를 구체적이고 정밀하게 진행하지도 않은 상태에서 'X시키다'에 나타나는 '시키다'를 접미사로 기술한 것은 온당치 못하다 하겠다. 또한 역사적으로도 후기중세국어 시기의 '시기다'는 동사로서의 기능만 있었던 것으로 보인다.[6] 따라서 현대국어의 '시키다'가 동사로서의 기능뿐 아니라 파생접미사로서의 기능도 있다고 기술한다면 통시적으로 파생접미사의 기능을 획득하게 되는 시기나 과정에 대한 기술 또한 필요한 부분이다.

허철구(1998)은 'X시키다' 구성에 나타나는 '시키다'를 파생접미사가 아니라 동사로 본 점에서 다른 논의들과 구별된다. 이에 따르면 모든 '시키다'는 동사이기 때문에 실제로 '시키다'가 사용되는 경우는, 단일어 '시키다'가 서술어로 사용되는 '시키다' 구성과 명사에 동사가 붙어서 만들어진 합성어 'X시키다'가 서술어로 사용되는 'X시키다' 구성의 두 경우

---

5 파생접사를 확인하는 기준에 대해서는 이미 많은 논의들이 이루어졌는데, 특히 송철의(1992)에서는 다양한 논의들을 바탕으로 파생접사의 확인 기준을 체계적이고 구체적으로 제시한 바 있다.

6 구본관(1998: 223-227)에서는 명사를 어기로 하는 동사 파생접미사 여섯 가지를 검토 대상으로 삼았는데, '-ㄱ-', '-ㄲ-', '-우-', '-이-', '-지-', '-ㅎ-'이 그것이다. 이것들은 기존 논의에서 후기중세국어의 파생접미사로 언급되었던 것들인데, 이 목록에 '시기다'는 포함되어 있지 않다. 이 시기의 '시기다'가 파생접미사로서의 기능을 보이지 않는다는 점을 뒷받침하는 셈이다.

로 구분된다.[7] 단어로 처리된 'X시키다'를 파생어가 아니라 합성어로 보는 근거로는, 'X'와 '시키다'의 논항이 모두 실현되는 점, 'X'가 생략될 수 있는 점, 어근 분리가 일어나는 점 등 세 가지를 들고 있다. 이 논의의 세부 내용에 완전히 동의하기 어려운 면이 있기는 하지만, '시키다'가 실현되는 구성의 구조적 측면에 대한 검토를 바탕으로 파생어로 처리하기 어려운 근거를 제시하였다는 점에서 의미 있는 논의라 하겠다.

기존의 논의에 따르면, 명사에 직접 통합되는 '시키다'의 경우 파생어로 볼 수도 있고 합성어로 볼 수도 있게 되는데, 어느 쪽을 선택하든 공통적으로 받아들이게 되는 점은 단어 형성에 참여하는 '시키다'를 설정한다는 점이다. 하지만 근본적으로 '시키다'를 단어 형성의 요소로 인정하는 것이 그리 간단치는 않다.

(2) 가. 입원시키다
　　나. 입원을 시키다
(3) 가. 장기 입원시키다
　　나. 장기 입원을 시키다

(2)는 'X시키다'의 'X' 자리에 명사가 온 경우이고 (3)은 'X시키다'의 'X' 자리에 명사 이상의 구가 온 경우이다. (2)의 경우에는 파생 혹은 합성으로 처리하는 데에 큰 문제가 없다고 할 수 있다. (2가)는 단어 형성의 전형적인 예로, (2나)는 어근 분리가 일어난 것으로 기술하면 될

7　허철구(1998: 103-105)에서는 '시키다' 구성을 둘로 구분했는데, 'NP1이 NP2에게 X를 시키다'에서와 같은 본동사 구성과 'X를 시키다'에서와 같은 합성동사의 어근 분리 구성의 두 가지이다. 그리고 의미역의 관점에서, 행위주(Agent) 의미역은 NP1이 '시키다'의 행위주, NP2는 'X'가 지시하는 용언적 의미에 대한 행위주 의미역을 받는다고 기술하고 있다.

것이다. (3)의 경우에는 '시키다' 앞에 연결된 요소가 명사구에 해당하는 '장기 입원'이기 때문에 이러한 구성을 단어 형성으로 처리하는 데에 좀 더 추가적인 설명이 필요할 것이다. 일차적으로는 (3가)의 구성이 단어 형성 과정인지 아니면 (3나)의 구성에서 조사가 생략된 구성인지에 대한 논의가 필요할 것이고, (3가)의 구성을 단어 형성 과정으로 볼 수 있다면 통사적 구성이 접미사의 어기가 되는 현상에 대한 설명이 덧붙어야 할 것이다.[8]

2.2. 'X시키다'의 사동성

2.1.에서 본 바와 같이 'X시키다' 구성이 하나의 단어를 형성한다고 하더라도 그것이 합성어인지 파생어인지를 확정하기는 쉽지 않다. 다만 합성과 파생의 어느 쪽으로 확정하더라도 이 단어가 동사라는 점은 분명 하고 이 동사가 항상 목적어를 논항으로 요구하기 때문에 타동사라는 점도 의심의 여지가 없다. 그러나 이 동사의 문법적 위상과 관련하여 사동사로 처리할 것인지 여부는 논란의 여지가 있어 보인다.

'X시키다' 구성과 관련된 최근의 연구들은 대체로 이 동사를 사동사로 처리하고 있는 듯하다. 이러한 처리 방식은 'X시키다' 구성의 의미가 '~게 하다' 구성과 유사해서 사동의 의미가 확인될 뿐 아니라 'X하다'나 'X되다' 구성을 사동에 대응되는 주동의 짝으로 가진다는 점에 그 근거를 두고 있다. 하지만 이러한 처리 방식에 동의하지 않는 논의들도 적지 않다. 이익섭·임홍빈(1983: 212)에서는 '형이 동생을 교육시켰다'와 같 은 문장을 사동문으로 볼 수 없다고 기술하고 있다. 사동문의 짝이 되는

---

8 통사적 구성이 단어 형성의 어기가 되는 문제에 대해서는 박진호(1994), 김창섭 (1996), 채현식(2000), 송원용(2005) 등에서 깊이 있게 다루어진 바 있다. 본고에 서는 'X시키다' 구성의 '시키다'에 대해서도 이러한 문제에 대한 논의가 필요함을 언급해 두는 데 그치고 자세한 논의는 후고로 미루어 둔다.

주동문이 있어야 한다는 조건을 충족시키지 못하기 때문이다.[9] 물론 이 문장이 '동생이 (형에 의해) 교육을 받았다' 정도의 문장과 대응이 되기는 하지만 이 문장은 피동문의 의미를 가지고 있기 때문에 사동문의 짝으로서의 주동문으로 보기 어렵다는 것이다. 이익섭·임홍빈(1983)에서 사동문을 규정하는 관점은, 사동으로 진술된 사건이 주동적인 의미를 띠는 경우로 국한된다.[10]

남기심·고영근(1993: 285)에서도 'X시키다' 구성을 사동문으로 처리하지 않았다. 'X시키다' 구성을 직접 다룬 것은 아니지만 '우리가 그에게 일을 시켰다'와 같은 문장을 사동문이 아니라 일반적인 2항 타동사를 서술어로 하는 문장으로 처리하고 있다.[11] 그 이유로는, 첫째, '-시키-' 동사가 문법적인 절차가 아니라 어휘적인 절차에 의해 형성된다는 점, 둘째, 모든 '(-)하-' 동사들이 대당 '(-)시키-' 동사를 가지지는 않는다는 점을 들고 있다. 하지만 일반적으로 단어 형성 과정은 문법적 절차에

---

9 '능동-피동', '주동-사동'의 대립 개념을 흔히 사용하지만 주동의 개념을 따로 설정하는 것에 대한 비판적 견해도 있다. 하지만 주동 대신 능동을 사용하는 경우, 'X시키다'의 대응 구성으로 나타나는 'X되다'와 같은 구성을 능동이라고 해야 하는 점 등이 혼란을 가져올 수 있다. 이러한 용어 사용에 대한 문제는 일단 미루어두고, 본고에서는 사동에 대응되는 개념만을 한정하기 위해 잠정적으로 주동과 사동의 대립 개념을 사용하기로 한다. 기존 연구에서 주동을 가리키는 개념으로 능동을 사용한 경우 주동으로 수정하여 인용한다.

10 이익섭·임홍빈(1983: 207-214)에서는 사동의 개념과 형식이 무엇인가에 대한 근본적인 질문에서 시작해서 사동의 문장구성이나 사동 행위의 의미론적 양상을 고찰한 바 있다. 이에 따르면 'X시키다'는 피사동 사건이 피동적인 의미를 띠고 있기 때문에 사동 범주에 포함할 수 없고, 장형사동이라 불리는 '-게 하-' 구성 역시 엄격한 의미에서의 사동 범주에 들지는 못한다고 한다. '-게 하-' 구성이 사동적인 의미를 가지는 것이기는 하지만 'X하라고 하다/명령하다/시키다' 등이 사동이 아닌 것과 마찬가지로 'X하게 하다' 역시 사동의 범주에서 제외되어야 한다고 주장했다.

11 독립된 동사 '시키다'에 대한 논의와 단어 형성 과정에 의해 만들어진 'X시키다'에 대한 논의가 분명히 구별되어 있지는 않다.

의해 이루어지는 것이 아니라 오히려 어휘적 절차에 의해 이루어지는 것이라고 할 때, 명사에 '시키다'가 통합되어 새로운 동사를 형성한다면 이 과정은 어휘적 절차에 의한 사동사일 가능성이 배제되는 것은 아니다. 또한 모든 'X시키다' 구성에 대응되는 'X하다' 구성이 존재하지 않는다 하더라도 이 역시 'X시키다'가 사동사일 가능성을 부정하는 것은 아니다. 단어 형성 과정은 본질적으로 매우 규칙적인 절차에 의해 정연하게 이루 어지지 않는 것이기 때문에 'X시키다' 구성과 'X하다' 구성 사이의 대응 관계가 반드시 일대 일로 이루어질 필요는 없을 것이다.[12]

'X시키다' 구성을 사동사로 볼 수 있는가 하는 문제는 결국 사동의 개념을 어떻게 설정하느냐의 문제로 귀결된다. 주동사와 정확하게 대응 되는 사동사만 인정하는 것이 사동의 범위를 매우 엄격하게 한정하는 입장이라면 사동의 의미를 가지면서 모종의 명시적 장치나 기제를 가지 고 있는 모든 동사를 사동사로 인정하는 것은 상대적으로 사동의 범위를 유연하게 규정하는 입장이라 할 수 있을 것이다. 전자의 입장에 서는 경우에는 'X시키다'를 'X하다'의 사동사가 아니라고 기술하게 될 때 'X 시키다'와 'X하다' 사이의 통사론적, 의미론적 관련성에 대해 어떻게 설 명할 것인가 하는 문제와 마주하게 된다. 후자의 입장에 서는 경우에는 'X시키다'와 'X하다' 사이의 관련성을 쉽게 포착할 수 있다는 장점이 있기는 하지만, 사동의 성립 전제가 주동과의 대응이 아니라면 어떤 것이 되어야 하는지 설명해야 할 것이다. 주동과 사동의 대응이라는 틀을 부정 하고 단순히 사동의 의미를 갖기만 하면 사동으로 인정할 수 있다고 설명 하는 것은 부족하다. 사동의 성립을 객관적으로 인정할 수 있는 형태론적 혹은 통사론적 장치나 과정에 대해 구체적인 기술이 반드시 필요하다.

---

12 남기심·고영근(1985/1993: 285)에서 제시한 두 가지 근거의 타당성에 대해서는
    김성주(2002: 9)에서도 언급된 바 있으므로 참조할 수 있다.

그리고 '시키다'와 같은 요소가 그러한 장치나 과정에 포함된다는 점에 대해서도 명확한 설명이 필요하다.

3. 'X시키다' 관련 구성

'X시키다'에 대한 연구들에서 빠지지 않고 다루어진 구성으로 'X하다' 와 'X되다' 구성이 있다. 'X시키다' 구성이 사동의 의미, 혹은 적어도 그와 유사한 의미를 가지고 있기 때문에 'X하다'와 'X되다' 구성은 'X시키다'의 사동에 대응되는 주동으로 언급되어 왔다. 'X시키다'와 대응되는 짝을 확인해 보면 'X하다' 구성이 'X시키다' 구성의 가장 빈도수가 높은 대응짝이고 'X되다' 구성이 그 다음에 해당한다. 그 밖에 'X받다'와 'X당하다' 등도 대응짝이 되는 것으로 다루어져 왔다.

그런데 'X시키다'라고 하는 하나의 구성과 'X하다', 'X되다', 'X받다', 'X당하다' 등 여러 어휘가 주동과 사동의 짝이 된다는 점은 여러 가지 복잡한 문제를 내포하고 있다. 우선 'X시키다' 구성이 이 네 구성 가운데 하나와 대응짝을 이루는 것인지 혹은 둘 이상의 구성과 대응짝을 이룰 수 있는지 명확하게 기술되어야 한다. 실제로 'X시키다'의 대응짝이 될 만한 단어가 여럿인 경우가 많지만, 그렇다고 해서 그 모두를 대응짝으로 기술하는 것이 타당한지에 대해서는 구체적인 검증이 필요하다. 예를 들어 '교육시키다'의 대응짝이 될 후보 단어에 '교육하다', '교육되다', '교육받다' 등이 있다고 할 때, 이 세 단어 가운데 어느 것이 '교육시키다'의 대응짝이라고 기술해야 할 것인가 하는 문제가 있는 것이다. 어휘 의미의 측면에서만 본다면 이 셋 모두가 대응짝이 될 만하지만 사동사 하나에 주동사가 셋이나 연관되는 현상을 자연스럽게 기술해야 한다는 것은 부담이다. 현상적으로는 주동사 셋과 사동사 하나가 연결되는 양상을 보이고 있기는 하지만 여기서 보이는 주동과 사동의 관계는 일반적인 주동과 사동의 관계와는 분명한 차이를 보인다. 즉 일반적인 주동과 사동의 관계는 주동사를 어기로 하여 사동사가 생성되는 관계인 반면 여기서 나타나는 관계는 'X'를 어기로 하는 동사들이 개별적으로 생성된 이후 그 동사들 사이에 주동과 사동으로 의미론적 대응 관계를 형성하는 것일 가능성이 있기 때문이다. 이 경우에 어기 'X'에 연결되는 '시키다', '하다', '되다', '받다', '당하다' 등은 각각의 고유한 의미를 가지면서 단어 형성 과정을 통해 새로운 단어를 생성하는 요소로 기술되어야 할 것이다.

하지만 어기 'X'로부터 각각의 단어들이 생성되었고 그 결과물들 가운데 둘 이상이 주동과 사동이라는 일정한 관련성을 가진다고 기술하더라도 여전히 문제가 없는 것은 아니다. 사동사는 'X시키다' 형식 하나인 반면 그에 대응되는 주동의 짝은 'X하다', 'X되다', 'X받다', 'X당하다'의 여러 후보 가운데 하나 혹은 둘 이상이 되는데, 그러한 선택에 기준이 되는 요소가 무엇인지에 대한 기술이 필요하기 때문이다. 실제로 'X시키다'의 최종적인 주동사 짝으로는 역시 'X하다'만 가능한 경우가 가장 많지만 'X하다'와 'X되다'의 둘 모두를 선택하는 경우는 물론이고 'X되다'만 주동사 짝이 되는 경우도 있다. 또 'X되다'의 사동사로 'X시키다' 이외에 'X하다'가 나타나는 경우가 있는 반면, 'X하다'가 존재하지 않고 'X시키다'만 사동사로 나타나는 경우도 있다. 결국 'X시키다'와 관련되는 여러 구성들 사이의 관계가 단일한 패턴의 주동과 사동의 대응 관계로 기술되기 어려운 복잡한 양상을 보이기 때문에 그러한 관계를 정밀하게 기술하는 작업이 반드시 필요하게 되는 것이다.[13]

---

13 김성주(2002: 13-16)에서는 'X하다' 동사와의 관계에 따라 'X시키다' 동사를 세 유형으로 분류하였다. 제I 유형은 항상 대당 'X하다' 동사의 사동사로 기능하는 유형, 제II 유형은 대당 'X하다' 동사의 사동사로 기능하는 동시에 'X하다' 동사와 동일한 어휘 의미와 동일한 논항 구조를 가지는 유형, 제III 유형은 대당 'X하다'

어기 'X'를 기반으로 '시키다, 하다, 되다, 받다, 당하다' 등이 통합되어 생성된 단어들이 일정한 의미 관계를 형성한다고 기술하는 것 이외에 다른 방법도 가능할 것이다. 가령 'X시키다'는 'X → X하다 → X시키다', 'X → X되다 → X시키다' 등과 같이 'X하다'나 'X되다'를 어기로 하여 'X시키다'가 생성되는 과정을 가정하는 것이 그런 방법이다. 이 경우에는 명사 'X'를 어기로 하여 'X하다'나 'X되다' 등의 동사를 먼저 생성하고 이렇게 생성된 'X하다'나 'X되다'에 '시키다'가 통합되는 경우 '하다'나 '되다'가 탈락되는 단계를 설정해야 하기 때문에 설명이 간결하지 않다는 단점이 있지만 'X시키다'가 'X하다'와 관련되는지 'X되다'와 관련되는지에 대해 부가적인 설명이 필요치 않다는 장점이 있다. 또한 사동 파생의 경우, 명사를 어기로 해서 이루어지는 경우보다는 동사나 형용사를 어기로 해서 이루어지는 경우가 일반적이라는 측면에서도 이와 같은 설명 방식이 유리할 수 있다.

(4) 명사 'X'를 어기로 하여 주동사와 사동사를 생성하는 방법

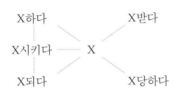

동사와 동일한 의미와 기능을 보이는 유형이 그것이다. 'X시키다'와 'X하다' 사이의 관련성을 정밀하게 검토하여 기술했나는 점에서 의미 있는 논의이지만 'X되다' 등이 논의되지 못한 부분은 아쉽다. 한편 유경민(2005: 161)의 주 26)에 따르면 'X하다' 형태가 부재하는 자동사 'X되다'의 대부분은 'X하다' 대신 'X시키다'로 그 타동형을 실현시킨다고 한다.

(5) 동사 'X하다' 등을 어기로 하여 사동사를 생성하는 방법

(4)는 명사를 어기로 하여 화자가 필요로 하는 다양한 의미에 따라 동사들을 생성하고 그렇게 생성된 단어들 사이에 주동과 사동의 관계가 형성된다는 것을 보인 것으로, 어휘들 사이의 관련성은 점선으로 표시하였다. 여기서 주동사와 사동사 사이의 관계는 화자에 의해 직접적으로 관련된 것이 아니라 우연히 그런 관련성을 가지게 되었다고 가정하는 것이 자연스러워 보인다. 즉 화자는 'X시키다'를 생성하는 과정에서 'X하다'나 'X되다' 등을 어기로 하지 않았을 뿐 아니라 그것과의 관련성을 전제로 'X시키다'를 생성한 것도 아니라는 것이다. 'X하다'나 'X되다' 등의 동사와 'X시키다'는 무관한 절차를 통해 개별적으로 생성된 단어이며 그 단어들 사이에 주동과 사동의 관계가 형성된 것은 의미론적 측면에서의 결과적 해석일 뿐이라고 생각된다. (5)는 어기 'X'로부터 주동사 'X하다'나 'X되다'와 같은 단어가 생성되고 그렇게 생성된 주동사로부터 사동사 'X시키다'가 생성되는 일련의 단어 형성 과정을 도식화한 것이다. 따라서 이때의 'X시키다'는 'X하다'나 'X되다' 등과 직접적인 관련성을 가진 것으로 이해하는 것이 자연스러워 보인다.

4. 'X시키다'의 논항 구조

『대사전』에는 독립된 본동사 '시키다'의 논항 구조에 대한 정보만 있을 뿐 'X시키다'의 논항에 대한 정보는 제시되어 있지 않다. 'X시키다'의

논항 구조를 검토하기 위해 『대사전』에 제시된 '시키다'의 논항 구조를
참고할 수 있을 법하다.

> (6) 『대사전』의 '시키다' 기술
> **시키다01**
> 「동사」
> 【…에/에게 …을 】
> 「1」【…에/에게 -게/도록】【…에/에게 -고】【…을 …을】【…을
>   -게/도록】【…을 -고 】 어떤 일이나 행동을 하게 하다.
> 「2」음식 따위를 만들어 오거나 가지고 오도록 주문하다.
> **-시키다02**
> 「접사」
> ((일부 명사 뒤에 붙어))
> '사동'의 뜻을 더하고 동사를 만드는 접미사.

동사로 기술된 '시키다'에 대해서는 논항 구조의 목록이 제시되어 있지
만 접미사로 기술된 '시키다'에 대해서는 아무런 논항 구조 정보가 없음
을 볼 수 있다.[14] 논항 구조가 제시되어 있는 동사 '시키다'의 경우 "어떤
일이나 행동을 하게 하다"와 "음식 따위를 만들어 오거나 가지고 오도록
주문하다"의 두 의미로 나뉘어 있고, 그 의미에 따라 논항 구조가 다른

---

14 접미사 자체가 논항을 가질 수 없고, '시키다'가 연결되어 만들어진 단어에 따라
 논항 구조가 달라질 수 있기 때문에 논항 구조에 대한 정보를 표시할 수 없다.
 결국 '시기다'가 통합된 가 단어 항목에 가서 이러한 정보를 확인해야 한다. 그런데
 현재 『대사전』의 경우 접미사 '시키다' 항목에 '교육시키다' 등의 예가 제시되어
 있지만 정작 '교육시키다' 자체는 표제항으로 등재되어 있지 않다. 결국 접미사
 '시키다'가 통합된 단어 'X시키다'의 논항 구조에 대한 정보는 확인이 불가능하다.

것으로 기술되어 있다. 의미 차이와 상관없이 '~에/에게 ~을' 구조는 공통적으로 가능하고, 첫 번째 의미의 경우 위 「1」에 제시된 바와 같이 다양한 구조도 더 가능하다.

일단 동사 '시키다'의 논항 구조가 접미사 '시키다'에 의해 파생된 'X시키다' 구성에 그대로 적용되는 것으로 가정해 볼 수 있겠지만 'X시키다'는 동사 '시키다'와 어원적 관련성이 있을 뿐 단어 형성 과정을 거쳐 생성된 별개의 단어이기 때문에 동일한 논항 구조를 가질 것으로 예상하기는 어렵다. 실제로『대사전』의 '시키다' 항에 제시된 예문을 'X시키다' 구성으로 바꾸어 보면 문법성에 문제가 생기는 것을 확인할 수 있다.

(7) 가. 선생님은 지각한 학생들에게 청소를 시키셨다.
　　나. *선생님은 지각한 학생들에게 청소시키셨다.
　　나'. *선생님은 지각한 학생들한테 청소시키셨다.

(7가)는『대사전』에서 제시된 예문 가운데 하나를 가져온 것이고, (7나)는 그 문장을 'X시키다' 구성으로 바꾸어 본 것이다. 문법성 판단이 그리 선명하지 않기는 하지만, (7가)와 달리 (7나)는 비문으로 판단된다. 그런데 (7나)에서 조사 '에게'를 '한테'로 바꾼 (7나')은 조금 더 자연스러운 문장처럼 느껴지기도 한다. '에게'에 비해 '한테'가 구어적인 점을 고려할 때, 구어에서 조사가 생략된 문장에 이끌려 이러한 느낌이 드는 것이 아닌가 싶다. 즉 "*선생님은 지각한 학생들에게/한테 청소시키셨다."는 여전히 비문이고, "선생님은 지각한 학생들에게/한테 청소(를)시키셨다."는 문법적으로 적격한 문장이라고 판단되는 것이다.

문법성에서의 이러한 차이는 곧 '시키다'와 'X시키다'의 논항 구조가 다름을 보여주는 것이다. 즉 '~에게'를 논항으로 가질 수 있는 '시키다'와 달리 'X시키다'는 '~에게'를 논항으로 가질 수 없기 때문에 이러한 차이가 생긴 것으로 보인다. '~에게' 논항의 필요 여부에 따라 '시키다' 와 'X시키다'의 논항 구조는 대략 다음과 같이 기술할 수 있을 것이다.[15]

(8) '시키다'와 'X시키다'의 논항 구조
　　가. 시키다: NP1이 NP2에게 X를 시키다[16]
　　나. X시키다: NP1이 NP3를 X시키다

(8)에서 NP1은 시키는 행위의 주체이다. (8가)의 NP2는 명사 X가 표현하는 동작성의 의미적 주어 기능을 하고, (8나)의 NP3는 타동사 'X시키다'의 목적어 기능을 한다. 예를 들어 (8가)의 구조를 가지는 문장은 '선생님은 지각한 학생들에게 (교실) 청소를 시키셨다.'와 같은 것이 되고, (8나)의 구조를 가지는 문장은 '선생님은 교실을 청소시키셨다.'와 같은 것이 된다.

'시키다'와 'X시키다'의 논항 구조는 또 다른 점에서도 차이를 보인다. 'X시키다'의 경우 (8나)와 같은 구조에서 아무런 변이를 보이지 않는 반면[17] '시키다'의 경우 (8가)의 'X를'이 다양한 형식으로 대체되어 나타날 수 있다. (8나)의 'X를'은 'X하도록, X하게, X하라고' 등과 같은 형식으로 나타날 수 있는 것이다. '청소를 시키다'가 '청소하도록 시키다, 청소하게

---

15 앞에서 언급한 허철구(1998: 103-105)에서 이러한 차이에 대한 설명을 볼 수 있다. 허철구(1998: 103-105)에서는 '시키다' 구성에 대해 'NP1이 NP2에게 X를 시키다'와 같은 유형과 'X를 시키다'와 같은 유형의 두 가지를 구별한 바 있다. 명시적으로 언급되는 않았지만, 'X시키다' 구성이 '~에게'를 논항으로 가지지 않는다는 점에서 동사 '시키다'와 구별되는 것으로 본 듯하다.

16 후기중세국어 시기의 '시기다'는 현대국어와 논항 구조가 달랐던 것으로 보인다. 최동주(2000: 313-314)에 의하면 현대국어에서 'NP2에게'로 나타나는 논항이 후기중세국어에서는 'NP2를'로 나타나는 경우가 압도적으로 많았다고 한다.

17 다만 'X시키다'의 'X'가 어근 분리를 겪을 수는 있다.

시키다, 청소하라고 시키다' 등으로 나타날 수 있는 것이 그런 예이다.

5. 'X시키다'의 의미

접미사 '시키다'는 명사와 결합해서 새로운 동사를 만들고 의미상으로 사동 또는 그와 유사한 의미를 더해 주는 것으로 흔히 다루어져 왔다. 즉 명사 'X'에 접미사 (혹은 동사) '시키다'가 결합되어 'X하게 하다' 또는 'X되게 하다' 정도의 의미를 가진 사동사가 만들어진다는 것이다. 이때 'X하게 하다'의 의미가 되는지 'X되게 하다'의 의미가 되는지는 'X시키다'의 주동사 짝으로 'X하다'와 'X되다' 가운데 어느 것이 존재하는가에 따라 달라진다. 따라서 '시키다'의 의미는 순수하게 '~게 하다' 정도에 해당하는 것이고, '~하게 하다'인지 '~되게 하다'인지는 '시키다' 자체의 의미와는 무관한 것이 되는 셈이다. 이러한 기술의 밑바탕에는 'X시키다'가 'X하다'나 'X되다'와 밀접하게 연관되어 만들어진 단어라는 전제가 깔려 있다고 볼 수 있다. 이는 곧 'X시키다'가 동사를 어기로 하여 만들어진 단어라는 입장과 상통하는 것이라 하겠다.

그런데 이와 같은 견해의 문제점은 'X시키다'의 대응짝으로 'X하다'와 'X되다' 가운데 하나만 존재하는 것이 아니라 둘 다 존재하는 경우에서 나타난다. 즉 'X하다'와 'X되다' 둘 다 존재할 때 'X시키다'는 어떤 의미를 가지게 될 것인가 하는 문제가 있는 것이다. 실제로 'X시키다'의 구체적 예들을 대상으로 의미를 검토해 보면 이런 문제가 잘 드러난다.

(9) 가. 등록시키다: 등록하게 하다, 등록되게 하다(?)

나. 청소시키다: 청소하게 하다, 청소되게 하다(?)

(10) 가. 교육시키다: 교육하게 하다(??), 교육되게 하다

나. 폐쇄시키다: 폐쇄하게 하다(??), 폐쇄되게 하다

(9)와 (10)은 명사 'X'를 어기로 한 'X시키다'의 주동사 대응짝으로 'X하다'와 'X되다'가 모두 존재하는 예이다. (9)는 'X시키다'의 대응짝으로 'X하게 하다'는 자연스럽지만 'X되게 하다'는 다소 어색한 예이다. 의미상으로 보면 '등록되게 하다, 청소되게 하다'도 전혀 문제가 없을 것 같지만 직관으로는 '등록하게 하다, 청소하게 하다'가 자연스럽다. (10)은 'X되게 하다'가 자연스럽고 'X하게 하다'는 불가능하거나 매우 이상한 표현인 경우이다. 이러한 예들에 대한 검토는 'X시키다'의 의미를 일괄적으로 'X하다'나 'X되다'와 관련짓기 어려움을 보여준다. 더욱이 (9)와 같이 'X하게 하다'가 더 자연스러운 경우도 있고 (10)과 같이 'X되게 하다'가 더 자연스러운 경우도 있어서 일정한 경향이나 기준을 설명하는 것이 간단치 않아 보인다. 그럼에도 불구하고 흔히 'X시키다'의 의미가 'X하게 하다' 정도인 것으로 받아들여진 이유는 'X'가 동작성을 가진 명사이기 때문일 것이다. 즉 명사 'X'가 동작성의 의미를 가지고 있는 경우 'X되다'보다는 'X하다' 형식으로 사용되는 것이 의미론적으로 자연스럽게 느껴진다는 것이다. 따라서 'X시키다'의 의미가 'X하다'와 관련되어 있는 것으로 생각되는 경우가 많다고 하더라도 그러한 현상이 정확히 'X시키다'의 의미가 'X하다'의 의미와 관련됨을 반영하는 것이라 판단할 수는 없다. 'X하다'가 'X되다'보다 수적으로 우세하기 때문에 'X시키다'와 'X하다'가 대응되는 것으로 보이는 경우가 많을 뿐일 수 있다. 따라서 'X하다'와 'X되다'와의 관련성 속에서 'X시키다'의 의미를 파악하기 위해서는 대응되는 'X하다'나 'X되다'의 한 쪽만 존재할 때 어느 쪽과 대응되는 경우가 많은지를 파악하는 것이 중요한 것은 아니다. 오히려 두 어형이 모두 존재하는 경우 어느 어형과 대응되는 경향이 있는지에 대한 검토가 면밀하게 이루어져야 할 것으로 생각된다.

그러나 (9)와 (10)의 예에서 보았듯이 'X하게 하다'가 자연스러운 경우도 있고 'X되게 하다'가 자연스러운 경우도 있는데, 거기서 일정한 경향성을 찾는 것이 용이하지 않다. 문제 해결을 위해는 이러한 현상을 바라보는 관점을 달리 할 필요가 있을 것 같다. 앞에서 언급한 바와 같이 기존의 많은 논의들이 암묵적으로 'X하다'나 'X되다'에서 'X시키다'가 생성되는 과정을 전제하고 있는데, 'X시키다'는 'X하다'나 'X되다'와 직접적인 어휘적 관련성이 없을 수도 있다. 즉 기존 논의들의 관점이 3장의 (5)와 같은 가설을 전제한 것이라면, 또 다른 관점 하나는 (6)과 같은 가설을 받아들이는 것이다. 이에 따르면 'X시키다'를 'X하다'나 'X되다'와 직접 연관 지어 생각할 필요가 없다. 이 세 단어는 모두 명사 'X'를 어기로 각각 생성된 것이고 그것들 사이의 관련성은 우연한 것이기 때문이다. 이 가설에 따른다면 'X시키다'의 의미 역시 'X하다'나 'X되다'의 의미를 거치지 않고 'X'의 의미로부터 곧바로 파악하여 기술해야 한다.

'X시키다'의 의미 파악을 위해 'X하다'나 'X되다'를 고려했던 기존 관점은 이 세 단어가 의미적으로 관련되어 있다는 직관을 바탕으로 한다. 장형 사동이라 할 수 있는 'X하게 하다'와 'X되게 하다'가 'X하다'와 'X되다'에서 만들어진 구성인 것과 마찬가지로 단형 사동이라 할 수 있는 'X시키다' 역시 'X하다'와 'X되다'에서 만들어졌다고 파악하는 것이다. 이러한 관점은 사동사와 주동사 사이의 어휘의미적 관련성에 대한 직관을 잘 파악하는 장점이 있는 반면 'X시키다'가 'X하다' 또는 'X되다' 가운데 어느 것을 어기로 하여 생성된 단어인지에 대한 단어형성적 관련성을 설명해야 한다는 부담이 있다.

한편 'X시키다', 'X하다', 'X되다'가 공통적으로 명사 'X'를 어기로 하여 생성된 단어라는 관점에서는 이 세 단어 사이의 직접적인 관련성에 대해 설명해야 하는 부담으로부터는 자유롭다. 단어형성 요소로 작용하고 있는 'X'의 의미와 '시키다, 하다, 되다'의 의미를 파악하기만 하면

되고, 세 단어 사이의 의미적 관련성은 현상 그대로 기술함으로써 설명된다. 이러한 관점에서 볼 때 'X시키다'의 의미는 'X'의 의미와 '시키다'의 의미의 합성이라 할 수 있다. 명사 'X'는 동작성의 의미를 가지고 있는 것으로 기술되어 왔고,[18] 5장의 첫머리에서 '시키다'의 의미는 대략 '~게 하다' 정도에 해당함을 확인하였다. 따라서 'X시키다'의 의미는 'X'가 가진 동작성의 의미와 '시키다'가 가진 사동의 의미의 합성이 된다.

여기서 명확히 인식되어야 할 점은, '시키다' 자체에는 '하게 하다'와 '되게 하다'의 의미가 결정되어 있지 않고 단지 '~게 하다'라는 사동의 의미만 들어있다는 점이다. 이때 생기는 논리적 문제 하나는 동작성 명사 'X'에 사동의 의미를 더한 것이 어떻게 'X하게 하다'의 의미가 되기도 하고 'X되게 하다'의 의미가 되기도 하는가 하는 점이다. 어쨌든 이 문제의 핵심 열쇠는 명사 'X'가 가지고 있을 수밖에 없다. 즉 '시키다'는 능동의 '하다'나 피동의 '되다'의 의미와는 무관하게 단지 사동의 '~게 하다' 의미만을 가지므로 'X시키다'가 'X하게 하다'의 의미를 가지는지 'X되게 하다'의 의미를 가지는지는 명사 'X'에 의해 결정될 수밖에 없는 것이다.

하지만 'X시키다'의 명사 'X'가 동작성을 가진다고 해서 그 동작성이 능동이나 피동으로 결정되어 있는 것은 아니다. 예를 들어 '복직'은 『대사전』에서 '물러났던 관직이나 직업에 다시 종사함.'으로 의미가 기술되어 있으나 이를 반드시 능동적으로 이해할 필요가 없을 것이다. '복직'이라는 명사에서 '복직하다'와 '복직되다'가 모두 생성될 수 있음을 고려하면 '물러났던 관직이나 직업에 다시 종사함 또는 종사하게 됨.' 정도로 기술하여야 할 것이다. 즉 '복직'이라는 명사 자체에는 능동이나 피동의 의미와 무관하게 중립적인 의미 혹은 두 가지 의미가 모두 포함되어 있다

---

18 유경민(2005)에서는 이를 동작성 명사라고 부르면서 'X시키다'의 'X'로는 동작성 명사만 가능하다고 기술하였다.

고 처리해야 한다는 것이다. 이렇게 함으로써 '복직시키다'의 의미 또한 '복직하게 하다'와 '복직되게 하다'의 양쪽 의미와 다 관련될 수 있을 것이다.

'X시키다'의 어기 명사 'X'의 의미를 이렇게 파악하면 'X시키다'의 의미를 능동적인 'X하게 하다'와 피동적인 'X되게 하다'의 두 가지 의미로 이해하는 문제에 대한 기술이 어느 정도 가능해진다. 하지만 여전히 그 두 가지 의미 가운데 어느 것이 일차적인 의미가 되는지에 대해서는 설명이 충분치 못하다. 독립된 명사로서의 'X'가 아니라 'X시키다'에 나타나는 'X'의 의미에 대해서는 그 의미 기술이 좀 더 면밀하게 검토되어야 할 필요성이 있을 것이다. 만약 'X시키다'의 'X'에 능동과 피동 둘 다가 아니라 어느 한 가지 의미만 부여해서도 동일한 설명 효과가 있거나 혹은 더 나은 설명을 제공할 수 있다면 그러한 방법을 탐색해야 할 것이다. 실제로 'X시키다'의 'X' 자체의 의미를 따져보면 그 자체로 능동이나 피동의 의미를 고정적으로 부여하기는 어렵다는 점을 알 수 있다. 앞서 (9)와 (10)에서 보았듯이 '등록시키다, 청소시키다, 교육시키다, 폐쇄시키다' 등 'X시키다'가 가능한 모든 어휘의 'X'는 의미상으로 'X함'이 될 수도 있고 'X됨'이 될 수도 있다. 이럴 경우 '시키다'의 의미가 'X'라는 명사에 의해 표현된 동작성, 구체적으로는 그 동작성이 실현되는 행위에 초점이 있지 않을 수도 있다는 가정이 가능하다. '청소시키다'는 '청소'라는 행위에 초점을 두고 그 행위에 대한 사동의 의미가 아닐 수도 있다는 것이다. 한 가지 생각해 볼 수 있는 가능성은, 그 자체로 능동성이나 피동성이 없이 '청소'라는 행위가 이루어진 이후의 상태가 되게 하는 것이 '시키다'의 의미인 것으로 해석하는 것이다. 물론 이러한 해석 방식에 대해서는 다양한 용례를 대상으로 충분한 검토가 이루어져야 하겠지만, 상당히 많은 경우에 이와 같은 해석이 'X시키다'의 의미를 이해하는 데 유효한 듯하다. (9)와 (10)의 예들을 이러한 관점에서 다시 이해해 볼 수 있다.

(9′) 가. 등록시키다: 등록하게 하다, 등록되게 하다(?)
　　　나. 청소시키다: 청소하게 하다, 청소되게 하다(?)
(10′) 가. 교육시키다: 교육하게 하다(??), 교육되게 하다
　　　나. 폐쇄시키다: 폐쇄하게 하다(??), 폐쇄되게 하다

(9′)의 예에서 '등록시키다'나 '청소시키다'는 누군가에게 '등록'이나 '청소'라는 행위를 시킨다는 의미에 초점이 있다기보다 '등록'이나 '청소'라는 행위를 통해 도달할 수 있는 어떤 상태에 이르게 하는 점에 초점이 있다고 해석할 수 있을 것이다. 또한 (10′)의 예들에서도 '교육'이나 '폐쇄' 행위를 시키는 의미로 해석하는 대신 '교육'이 이루어진 상태나 '폐쇄'가 이루어진 상태에 도달하게 하는 데에 의미의 초점이 있다고 해석할 수 있을 것이다. 'X시키다'의 의미를 이러한 방식으로 이해하면, 'X하다'와 연관되거나 'X되다'와 연관되는 것으로 생각되는 모든 경우에 'X에 의해 표현되는 행위'를 시키는 것이 아니라 'X에 의해 표현되는 행위를 통해 도달하게 되는 상태'에 이르도록 시키는 것이 'X시키다'의 의미라고 기술할 수 있게 될 것이다. 'X시키다'의 의미를 간결하게 정리해서 표현하면 다음과 같은 것이 될 것이다. 몇 가지 예를 덧붙인다.

(11) 'X시키다'의 의미: 'X 행위에 의해 이루어진 상태'에 이르게 하다
　　가. 교육시키다: 〔교육 상태〕에 이르게 하다
　　나. 등록시키다: 〔등록 상태〕에 이르게 하다
　　다. 오염시키다: 〔오염 상태〕에 이르게 하다
　　라. 입원시키다: 〔입원 상태〕에 이르게 하다
　　마. 감금시키다: 〔감금 상태〕에 이르게 하다

6. 맺음말

본고에서는 흔히 사동사를 파생하는 접미사로 다루어져 왔던 '시키다'를 대상으로 여러 가지 측면에서 그 문법적 성격과 의미에 대해 검토하였다. 잘 알려져 있는 바와 같이 후기중세국어 시기의 '시기다'는 동사로서의 쓰임만을 보이는 데 비해 현대국어의 '시키다'는 단어형성 요소로서의 기능도 가지고 있다. 이러한 기능은 비교적 근자에 획득된 것으로 보이는데, 짧은 역사에도 불구하고 복잡한 문법적 문제들이 적지 않았다. 본고의 내용을 간략하게 정리하고 논의를 마무리한다.

(1) 'X시키다'의 '시키다'는 접미사일 수도 있고 동사일 수도 있다. 접미사로 처리한다면 접미사 확인 기준에 따라 그 문법적 위상이 확정되어야 한다.

(2) 'X시키다'의 의미적 사동성은 분명하지만 이것을 사동사로 설정할 수 있는가는 논의의 여지가 있다. 사동의 개념과 범위에 대한 근본적인 논의와 함께 다루어져야 할 문제이다.

(3) 'X시키다'는 흔히 'X하다'나 'X되다' 등의 단어들과 같이 논의되어 왔는데, 'X시키다'를 'X하다'나 'X되다' 등의 동사에서 형성된 것으로 처리하는 대신 'X시키다', 'X하다', 'X되다' 등이 모두 명사 'X'를 어기로 하여 형성된 동사로 처리할 수 있다. 이때 이 동사들 사이에 성립되는 주동과 사동의 관계는 우연에 의한 것일 수 있다.

(4) 'X시키다'의 논항 구조는 동사 '시키다'의 논항 구조와 달리 '~에게' 논항을 필요로 하지 않는 타동사의 논항 구조를 보인다.

(5) 'X시키다'의 의미는 능동과 피동에 대해 중립적인 의미를 가지며, 대략 "X 행위에 의해 이루어진 상태에 이르게 하다" 정도이다.

참고 문헌

강명순(2014), 「{시키-}의 변화 과정과 {ㅎ이-}와의 관련성」, 『한글』 304, 한글학회, 31-59.

고영근·구본관(2008), 『우리말 문법론』, 집문당.

구본관(1998), 『15세기 국어 파생법에 대한 연구』, 태학사.

김기혁(2009), 「사동구성의 긴밀성과 피사동자 격 표시」, 『한글』 283, 한글학회, 93-126.

김성규(1995), 「'사ᄅ다'류의 파생어」, 『한일어학논총』, 국학자료원, 381-394.

김성주(2002), 「'-시키-'동사의 유형과 국어의 사동문」, 『국어국문학』 132, 국어국문학회, 5-29.

_____(2005), 「석독구결의 사동표현」, 『구결연구』 14, 태학사, 147-171.

김양진(1996), 「국어 사동 접미사 선택의 형태론적 조건에 대하여」, 『어문논집』 35, 민족어문학회, 159-178.

김영희(1993), 「'-게 하-' 사동 구문의 세 유형」, 『어문학』 54, 한국어문학회, 89-120.

김창섭(1996), 『국어의 단어형성과 단어구조 연구』, 태학사.

남기심·고영근(1993), 『{표준 국어문법론(개정판)』, 탑출판사.

류형동(1991), 「한국어의 어휘 사동 구문에 대하여」, 『언어연구』 3, 서울대학교 언어연구소, 23-36.

박병수(1995), 「사동 구문의 정보 기반적 분석」, 『언어연구』 13, 경희대학교 언어연구소, 1-12.

박소영(2012), 「한국어 사동문의 통사론적 도출」, 『언어』 37-3, 한국언어학회, 547-570.

_____(2013ㄱ), 「한국어 사동문의 의미 해석과 통사구조」, 『한국어학』 59, 한국어학회, 169-201.

_____(2013ㄴ), 「한국어 통사사동의 세 유형」, 『현대문법연구』 74, 현대문법학회, 59-76.

박진호(1994), 「통사적 결합관계와 논항구조」, 『국어연구』 123, 서울대학교 국어연구회.

박철우(2005), 「'N＋시키-' 구성의 유형 고찰을 통한 사동 현상의 재해석」, 『한국어학』 26, 한국어학회, 155-182.

박현석(2011), 「한국어 '-게 하다' 사동구문에 관한 연구」, 『영어영문학』 21 24-3, 21세기영어영문학회, 121-140.

서종학(2011), 「'시키-'의 통사와 의미에 대하여」, 『한민족어문학』 58, 한민족어문학회, 209-237.

송원용(2005), 『국어 어휘부와 단어 형성』, 태학사.

송철의(1992), 『국어의 파생어 형성 연구』, 국어학총서 18, 태학사.

엄홍준(2016), 「한국어에서의 형태 사동 구문에 대한 통사 구조」, 『현대문법연구』 87, 현대문법학회, 59-74.

오충연(2008), 「사동 파생과 상」, 『한국어의미학』 25, 한국어의미학회, 99-126.

유경민(2005), 「'X하-'와 'X되-' 및 'X시키-'의 대응쌍 연구」, 『국어학』 46, 국어학회, 147-182.

유혜원(2012), 「'-하다'와 동일한 논항을 갖는 '-시키다' 구문 연구」, 『우리어문연구』 42, 우리어문학회, 121-147.

이익섭·임홍빈(1983), 『국어문법론』, 학연사.

이정택(2005), 「두 가지 유형의 {시키}」, 『한말연구』 16, 한말연구학회, 175-195.

이지수(2008), 「타동성과 국어 사동표현의 의미」, 『어문연구』 138, 한국어문교육연구회, 145-170.

장윤희(2015), 「중세국어 피·사동사 파생법 연구의 성과와 쟁점」, 『국어사연구』 21, 국어사학회, 33-68.

정성여(2005), 「규범적 사동구문과 비규범적 사동구문」, 『어학연구』 41-1, 한국언어학회, 49-78.

채현식(2000), 「유추에 의한 복합명사 형성 연구」, 서울대학교 박사학위논문.

최동주(2000), 「국어 사동구문의 통시적 변화」, 『언어학』 27, 한국언어학회, 303-327.

허철구(1998), 「조어법의 '시키-'에 관한 몇 문제」, 『서강어문』 14, 서강어문학회, 101-131.

합성어와 파생어의 IC에 관련된 몇 문제

임 석 규

원광대학교

1. 서 론

현대국어를 대상으로 합성어와 파생어를 어떻게 정의할까 하는 문제는 오래 전부터 관심을 받아 왔다. 여기에서는 다음 두 가지와 관련된 문제를 검토해 보려 한다. 하나는 구성성분의 언어형식을 어떻게 규정하느냐 하는 문제이고 다른 하나는 구성성분을 사전에 어떻게 등재하느냐 하는 문제이다.

> (1) 구성성분의 언어형식 관련
>   가. 오이지-무침
>   나. 외-둥이
>
> (2) 구성성분의 사전 등재 관련: 오이-지, 삿-되다
>   cf. 암캐, 수탉 ; 찹쌀, 부릅뜨다 ; 섣-달, 잗-다랗다[1]

(1)의 IC를 어떤 언어형식으로 규정하느냐 하는 문제는 합성어와 파생어를 어떻게 정의하느냐 하는 문제와 직접적으로 관계된다. 그런데 합성어의 경우 일반적으로 가장 많이 보이는 서술은 실질형태소끼리의 결합이라는 것이다. 조어과정이 단순한 시기에는 문제될 것이 없었다. 그런데 '오이지무침', '김치찌개', '모눈종이' 등을 생각해 보면 실질형태소끼리의 결합이라는 서술이 적당치 않다는 것을 알 수 있다. '오이지무침'의 경우는 선행성분, 후행성분 모두가 형태소 단위를 넘어서 있다. 또한 '김치찌개'의 경우는 후행성분이, '모눈종이'의 경우는 선행성분이 형태소의 범위를 넘어서 있다. 그렇다면 형태소의 범위를 넘어선 단위, 즉 단어까지를 고려해야 합성어의 IC를 제대로 규정할 수 있을 듯하다.[2] 또 합성어를 두 개 이상의 실질형태소가 결합된 단어라고 정의하는 경우도 많다. 이런 방식은 50여 년 전 IC를 활용하여 정의하고자 했던 이익섭(1965)에서 큰 비판을 받은 바 있는데 현 시점에서도 이전 방식의 정의가 보인다는 것은 문제라고 할 수 있다.

한편, 파생어는 어근과 접사로 구성된 단어라고 보는 것이 일반적이다. 이에 대해서는 어느 정도 일치된 견해를 보이고 있다. 그런데 몇몇 파생

---

1 『표준국어대사전』에서는 '암캐', '수탉', '찹쌀', '부릅뜨다'는 더 이상 분석이 되지 않는 단일어로 처리하는 데 반해 '섣달', '잗다랗다' 등은 IC를 분석하였다. 두 경우 모두 통시적 변화의 공시적 기술과 관련되는 것인데 무언가 통일된 기술이라 보기는 힘들다.

2 구본관 외(2015: 113)에서도 합성어를 만드는 가장 흔한 방식이 '단어+단어'라고 하였다. '보슬비'류를 제외하면 당연한 논리이다. '보슬보슬' 또한 단어형성에 참여할 때에는 '보슬'로 되기에 어쩔 수 없는 것이다. 그러니 '보슬'과 '깨끗, 움직'은 차원이 다르다. 표면적으로는 비자립적 어근으로 동일시되겠지만 심층적으로는 다르다는 뜻이다. 이를 고려하면 합성어의 IC는 단어라고 하는 것이 바람직하다. '덮밥'에서의 '덮' 그 자체는 단어가 아니라고 하겠지만 교착어의 특성을 고려할 때 충분히 단어로 봄 직하다. 다만 '두 IC가 단어인 단어'를 '합성어'라 하는 것이 그다지 개운치는 않다.

어들이 일반적인 파생어 구성, 즉 어근과 접사로 구성되어 있지 않다는 것이 문제이다. 흔히 외둥이, 맏이, 풋내기 등이 거론되는데 각각의 구성성분인 '외-둥이', '맏-이', '풋-내기' 등에는 어근이라 할 수 있는 것이 확인되지 않는다. 구성성분을 모두 접사라고 해야 하는 부담이 생긴다.

주지하듯이 (2가)에 제시된 '오이지무침'의 IC는 '오이지'와 '무침'이다. 그런데 『표준국어대사전』에 의하면 '오이지'는 '오이'와 '지'를 그 IC로 한다. 그러면 '오이'는 물론 '지'도 당연히 사전에 등재되어야 할 것이다. 그런데 아쉽게도 '지'에 대한 정보는 없다고 봐도 무방하다. 다음은 『표준국어대사전』에서의 기술을 중요 정보만 제시한 것이다.[3]

> (3) 지04: '김치01'의 방언.
>
> 디히: 옛말, '김치01', '짠지'

'지04'는 '김치01'의 방언으로 제시되었다. 반면 '디히'는 '김치01'과 '짠지'의 옛말로 등재되어 있다. '지'가 표준어가 아니라서 등재되지 않은 듯 보인다. 그러면 '오이지'에서도 IC 분석을 하지 않는 것이 바람직하다고 생각된다. '오이지'의 '지', '삿되다'의 '삿-'처럼 의외로 합성어나 파생어의 IC가 『표준국어대사전』에 등재되지 않은 것이 꽤 확인된다.

이상에서는 두 가지 문제제기를 하였다. 하나는 합성어와 파생어의 구성성분을 어떻게 규정하느냐 하는 것이다. 다른 하나는 『표준국어대사전』과 관련하여 IC들이 표제항으로 어떻게 등재되어 있는지를 고려하는 것이다. 우선적으로 최근의 문법론 관련 대표적인 몇몇 저서를 대상으로 합성어 및 파생어에 대한 정의를 소개하면서 논의를 진행할 것이다.[4]

---

3 갑자기 『표준국어대사전』을 언급하는 것은 우리의 언어 능력과 관련하여, 의지하기에 가장 편리한 것이라 판단했기 때문이다.

4 필자의 능력이 미치지 못해 일반적으로 자주 접하는 논저만을 대상으로 한다. 양해

2. 합성어의 경우

'오이지무침', '김치찌개', '모눈종이'처럼 그 구성성분 중 하나라도 형태소 단위를 넘어선 예로는 '된장찌개', '섞어찌개', '땅콩기름', '봇짐장수', '손톱자국', '비빔밥', '볶음밥', '닭의똥', '건널목',[5] '돛단배', '보슬비' 등을 더 들 수 있다. 문제는 이들의 IC를 모두 포괄할 수 있는 술어가 요구된다는 것이다.[6]

일단, 합성어의 구성성분에 대한 견해를 몇 부류로 나누어 살펴보자.

    (4) 가. 실질형태소끼리의 결합

        나. 어기끼리의 결합

        다. 어근끼리의 결합

        라. 둘 이상의 실질형태소[또는 어근]의 결합

        마. 어휘적 의미를 (강하게) 띠는 요소끼리의 결합

(4가) 부류, 즉 실질형태소끼리의 결합으로 대표되는 견해는 남기심·

를 바란다.

5 고영근·구본관(2008: 203)에서는 '닭의똥', '건널목'의 IC는 그 중 하나가 단어보다 큰 단위여서 직접구성성분에 의한 분석 자체가 어려우므로 합성어인지 파생어인지 명확하게 말하기 어렵다고 하였다. 굳이 구분하자면 합성어에 가깝다고 하면서 이들을 종합합성어라고 명명하고 있다. 한편 이익섭(2005: 43)은 IC로 서너 가지를 상정해야 하는 귀중한 예 몇몇을 제시하고 있다. 가위바위보, 진선미, 이목구비 등이 그것이다.

6 일찍이 이익섭(1965/1993: 36)에서 최현배(1937/1959)의 어구(語軀)라든지 전통적인 실사(實辭)라든지 어근과 어간을 묶는, 접사에 대가 되는 용어가 나타나기를 바랐다. 그리고 적절한 용어가 나올 때까지 어기를 쓴다고 하였다. 최형용(2002: 307)에서도 파생접미사에 대가 되는 개념으로 어기를 제시하면서 국어 현실에 맞는 술어를 위해 꾸준히 노력해야 한다고 하였다.

고영근(1985)을 들 수 있다.[7] 남기심·고영근(1985/2012: 192)에서는 복합어를 실질형태소와 형식형태소가 결합한 파생어, 실질형태소끼리 결합한 합성어로 나눈다.[8] 그런데 앞에서 언급한 바와 같이 '오이지무침'과 '김치찌개', '모눈종이'의 IC 중, '오이지', '무침', '찌개', '모눈' 등은 형태소 범위를 넘어선 단위라는 것이 문제이다. 김광해 외(2002) 또한 넓게는 (4가) 부류에 속한다. 어휘 형태소에 접사가 결합하여 형성된 단어들을 파생어라고 하고 어근인 어휘 형태소끼리 결합하여 한 단어가 된 경우를 합성어라 하였다. 다만 어근인 어휘형태소라는 표현이 차이라면 차이일 것이다.[9] 어떻든 형태소끼리 결합한다는 것은 보완의 여지가 있어 보인다.

실질형태소니 어휘형태소니 하는 용어를 쓰지 않고 어기나 어근이라는 용어를 써서 합성어를 이해하려 한 것이 (4나), (4다)이다.

이익섭(2005: 42)에서는 합성어는 어기끼리 모여 새 단어를 만드는 방식이라 하였고 파생어는 어기에 접사를 결합하여 새 단어를 만드는 방식이라 하였다.[10] 그렇다면 어기는 무엇인가? 이익섭(2005: 38-40)에서는 '높다', '깨끗이'에서 주변부를 이루는 형태소를 접사라 하고 중심부를 이루는 형태소를 어기(base)라 하였다.[11] 그리고 어기는 다시 어간

---

7 일일이 밝힐 수는 없지만 의외로 이러한 기술이 많이 보인다.

8 실질형태소는 논자에 따라 어휘형태소로 대치된다.

9 어근을 실질형태소라고 한 기술은 다음 두 경우에서도 확인된다. 국립국어원(2005: 302-307)에서는 구성성분 중 하나가 접사인 것은 파생어, 구성성분이 어근인 것은 합성어라고 하였다. 이어서 합성어를 달리 표현하고 있는데 둘 이상의 어근이 모여서 이루어진 단어라고 하였다. 어근이란 중심 역할을 하는, 실제 의미를 가진 형태소라 명시하였다. 나찬연(2009/2013: 249-250)에서는 어근과 어근의 결합을 합성어라 하고 어근과 접사의 결합을 파생어라고 한바, 이때의 어근을 실질형태소라고 하였다.

10 본고는 복합어를 합성어와 파생어로 나누는 관점을 취한다. 따라서 이익섭(1965), 이익섭(2005)에서의 복합어는 본고의 합성어로 대치된다.

11 최재희(2004: 57-58)에서는 어기가 실질형태소의 결합으로 이루어진 단어를 합성

(stem)과 어근(root)으로 나뉜다고 하였다. '김치찌개'의 IC는 '김치'와 '찌개'이다. 이익섭(2005)의 입장대로라면 둘 다 어기가 되어야 한다. 문제는 '찌개'는 다시 '어기'와 '접사'로 구성되어 있다는 것이다. 이익섭 (2005: 43)에서는 두 어기의 성격에 따라 '책상'류, '콧물'류, '새언니'류, '작은아버지'류, '얼룩소'류, '낙지볶음'류로 나누고 있다. '두 어기'라는 용어에 의지할 때, '낙지볶음'을 고려하면 둘 이상의 형태소로 구성된 볶음, 찌개 등도 어기로 파악할 수 있다.[12]

이익섭(2005)에서의 어기를 어근으로 바꾼 것이 바로 (4다) 부류이다. 고등학교의 '독서와 문법' 교과서 4종에서는 합성어를 어근끼리 결합된 것으로 보았다. 임지룡 외(2005: 142-147)에서도 두 개 이상의 어근이 결합하여 만들어진 단어를 합성어라고 하였다. 어근과 파생접사가 결합 하여 만들어진 단어를 파생어라고 한다. 어근이라는 술어가 사용되고 있 지만 '둘 이상'이라는 표현이 적절치 못하다.

(4라)에서처럼 둘 이상의 어근 내지 실질형태소, 즉 '둘 이상'이라는 표현을 사용하게 되면 문제가 발생한다. '-끼리의 결합'과 달리 '둘 이상' 이라는 표현을 쓰게 되면 '여닫이', '미닫이', '나들이' 등이 포함될 수 있다. 일단 직접구성성분이 어근끼리 결합된 것이라고 한다면 '여닫이'는 제외될 수 있으니 IC를 반드시 넣어서 정의해야 한다.[13]

어, 어기에 파생접사가 결합되어 만들어진 단어를 파생어라 하였다. 합성어 관련 표현이 다소 불안해 보인다.

12 나아가 '김치찌개'도 어기일 수 있겠다. '김치찌개는, 김치찌개도, 김치찌개를, 김 치찌개 만, 김치찌개부터, ……'와 같은 곡용에서 '김치찌개'는 '어기'가 되는 것이 고 '-는'과 '-도' 등은 주변부인 굴절접사가 되는 것이다. '홀시아버지', '홀시어머 니', '휘감기다', '휩쓸리다' 등에서도 어기 또는 어근이 달라짐을 확인할 수 있다. '시아버지'에서 어기 혹은 어근은 '아버지'일 것이고 '홀시아버지'에서 어기 또는 어근은 '시아버지'일 것이다. 사전에 등재된 모든 명사는 어기에 포함되는 셈이다.

13 이익섭(1975/2003: 37-40)에서 서양학자들, 한국학자들의 '둘 이상의'라는 표현 에 대해 비판하고 있다. 그래서 IC를 도입해서 정의하여야 한다고 했다. 이는 이익

이상에서 어기, 어근이 사용되고 있음을 확인하였다. 어근은 접사에 대응하는 개념으로 받아들이기 쉬우며 root 또한 '오이지-무침'류의 IC를 지칭하기에 부적절해 보인다. 술어의 번역은 한국인의 언어 의식과 맞아떨어지는 방향으로 이루어져야 한다. 그런 점에서 root의 번역으로는 '根'을 활용한 어근(語根)이 적절해 보인다. 이런 번역이야말로 인간의 언어능력과 잘 맞아떨어지는 것이니 생명력이 길다고 하겠다. 그런데 문제가 되는 '오이지무침'류의 IC들을 어근이라고 하기에는 우리의 직관이 선뜻 동의하지 못한다. 그러므로 제3의 술어를 만들어야 하는데 그것을 어기라고 한 것이다. 문제는 여전히 남는다. '닭의＋똥'에서 '닭의'의 어기는 '닭'이기 때문이다. '건널목'에서도 어기는 '건너'이기 때문이다.

이런 점을 고려한 것이 바로 (4마)의 관점이다. 몇몇 저서에 고민의 흔적이 보인다. 이익섭(1986/2011: 118)에서는 합성어는 어기나 단어끼리 만나 이루어진 다시 말하면 그 구성성분의 어느 쪽도 접사가 아닌 복합어이며[14] 파생어는 그 구성성분의 어느 한쪽이 접사인 복합어를 말한다고 하였다.[15] 고영근·구본관(2008: 201)에서는 복합어는 어휘 의미를 강하게 띠는 요소끼리 결합한 합성어와 어휘 의미를 가진 요소에 접두사나 접미사와 같이 형식 의미를 갖는 요소가 결합한 파생어로 나눌 수 있다고 한다. 이는 구본관 외(2015: 113)에도 그대로 적용된다. 그러면

섭(1965: 121)에서 가장 먼저 피력되었다. 아무리 여러 개의 어근이나 어간으로 이루어졌다 해도 IC 중 하나가 접사이면 그것은 합성어가 되지 못한다고 하였다. 이런 견해를 이어받지 못해서 여러 개설서의 서술은 50여 년 전으로 되돌아가 버렸다.

14 이익섭(1965/1993: 40-41)에서 이런 싹이 텄다. 합성어는 IC가 모두 어기이거나 그보다 큰 언어형식으로 이루어진 단어라고 하였다. 결론적으로 필자는 실사라는 개념을 가져오려 한다.

15 임홍빈 외(2001: 48)에서도 이러한 서술이 보이나 합성어를 본격적으로 설명하는 자리에서는 '실질형태소끼리의 결합'이라고 하였다.

서 합성어를 만드는 가장 흔한 방식이 '단어＋단어'라고 기술되기도 한다. 그러면서 특히 합성 명사의 경우는 그 구성방식에 따라 11가지 유형으로 나누고 있다.

> (5) 가. 명사＋명사: 고무신
>   나. 명사＋ㅅ＋명사: 콧물
>   다. 명사＋파생 명사(혹은 명사형): 말다툼
>   라. 용언의 관형사형＋명사: 건널목
>   마. 용언의 명사형＋명사: 갈림길
>   바. 용언의 연결형＋명사: 섞어찌개
>   사. 용언 어간＋명사: 덮밥
>   아. 관형사＋명사: 새언니
>   자. 부사＋명사: 딱딱새
>   차. 비자립적 어근＋명사: 보슬비
>   카. 부사＋부사: 잘못

어기나 어근이라는 술어를 사용하게 될 때에는 득보다 실이 많다. (5 차)의 비자립적 어근을 위해서만 어근이라는 용어를 용납할 수 있다. 이 유형이 전체에서 그렇게 많은 비중을 차지한다고 보기 어렵다. 한편으로는 첩어가 합성어의 구성성분이 될 때 첩어성을 상실하는 것으로 보면 '보슬비'에서 '보슬'은 '보슬보슬'로 파악해야 하니 단어라고 해도 무방하다.[16] 그런데 '덮' 그 자체는 단어라고 할 수 없다. 형태소일 뿐이다. '건널'은 단어이므로 상관없지만 '덮[덮밥]', '접[접칼]' 등이 문제된다. '덮-', '접-'

---

16 앞서 언급한 바와 같이 '덮-' 또한 교착어의 특성상 단어라고 해도 상관없다. 이렇게 보면 합성어를 단어끼리 결합한 것으로 정의해도 무방할 것이다. 다만 '두 IC가 단어인 단어'를 '합성어'라 하는 것이 못내 개운치 못해 '실사'라는 개념을 원용한다.

등의 어간이나, '보슬' 유형의 비자립적어근을 다 포함할 수 있는 술어가 요청된다. 또한 오이지, 찌개, 모눈 등의 단어까지를 포함하는 술어여야 한다.[17]

현 시점에서 굳이 찾자면 '실사(實辭)' 정도가 대두된다. '실사'는 실질적 의미를 갖는 단위로 생각하면 된다. 한자 하나하나는 바로 형태소에 대응되기도 하고 단어에 대응되기도 한다. 그 이전에도 실사라는 술어를 사용하기도 하였다. 그런데 대부분 실질형태소로 받아들인 경우가 많았다.[18] 그런 점에서 본고와는 차이가 있다.

단어 이하의 단위에서 다음의 요건을 만족하는 용어로는 단어형성론의 관점에서는 실사(實辭)가 가장 적합하다.

  (6) 가. 名詞や 用言の 語幹のように 実質的 意味を 表す 言葉
      나. Lexical meaning을 가진 단위
      다. 어휘 의미를 강하게 띠는 요소
      라. 접사가 아닌 것
      마. 어휘적 의미를 포함한, 형태소 이상의 단위

이 실사에는 '건널목'의 '건널', '너도밤나무'의 '너도', '김치찌개'의 '찌개', '보슬비'의 '보슬'이 모두 포함될 수 있으니 서양 이론서의 용어가 아니라도 가져와서 사용하는 것이 합리적일 것이다. '건너-ㄹ', '너-도'와 같은 활용형과 곡용형을 단순히 '실질형태소'나 '어근'이라고 하기에는 뭔가 부적절하다. 단어형성론에서는 접사인지 아닌지를 가려내는 것

---

17 명확한 술어가 생각나지 않을 때에는 위에서 실펴본 바와 같이 그 구성성분의 어느 쪽도 접사가 아닌 것(이익섭 1986/2011), 혹은 어휘 의미를 강하게 띠는 요소끼리 결합한 것(고영근·구본관 2008)이라 하는 것이 온당할 수 있다.

18 『표준국어대사전』에서는 실사를 실질형태소로 본다.

이 중요하므로 '건널', '너도[19]' 등은 더 이상 분석할 필요가 없는 것이다. 마치 '먹고', '먹어서' 등을 단일어로 보는 것과 같은 이치이다. 그러니 실사로 충분한 것이다. '건널', '너도' 등은 어기 또는 어근이라 할 수 없다. 이익섭(2005)에 의하면 어기는 어간과 어근을 아우르는 개념인바 '건널'의 어간은 '건너-'이므로 '건너-'만을 어기라고 해야지 '건널'까지를 어기라고 보는 것은 바람직하지 않다.

3. 파생어의 경우

모두에서 언급한 대로 파생어를 어근과 접사가 결합한 구성이라고 보는 데에는 이견이 없다. 다만 이 어근을 이익섭(2005)에서는 어기로 바꾸어 부르는 것이다. 필자는 앞 장에서 어근과 어기 대신 실사라는 용어를 쓸 것을 제안하였다. 여기에서도 마찬가지로 실사라는 용어를 제안하려고 한다. 파생어를 합성어와 대가 되는 구조로 파악할 경우 합성어에서 실사라는 술어를 사용했으므로 동일한 방식으로 파생어에서도 실사라는 술어를 사용하자는 것이다. 파생어의 구성성분은 접사와 어근이다. 그런데 이 어근을 다시 말해 실사라고 하면 되는 것이고 이 실사는 '어휘적 의미를 갖는 형태소나 단어'라 파악하면 되는 것이다.

이상에서 어근이라 함은 그것이 바로 실사의 일종이라는 것을 확인하였다. 앞서 실사에는 활용형, 곡용형 '건널',[20] '너도' 등을 포함하여 '찌개', '보슬' 등이 포함된다고 하였다. 전자는 단어형성론에서 더 이상이 분석이 불필요한 훌륭한 단어인 것이다. 마치 활용형 '먹고', '먹어서'

---

19 조사는 비자립적이므로 단어로 처리하지 않는 관점을 취한다.
20 '된장찌개'의 선행성분은 '된장'인데 이 또한 합성어이다. '된-장'의 선행성분 '된'은 활용 어간에 관형사형 어미가 통합된 '건널'과 유형이 같다.

등을 단일어로 보는 것과 같은 이치라고 하였다. 합성어의 IC를 분석해 놓고 보니 그것이 어근이나 어기로는 불충분함을 알게 되었고 거기에서 바로 실사라는 개념을 가져와 쓴 것이다.

그런데 파생어에서의 어근은 합성어에서와는 다소 다른 성격을 띤다. 비자립적 어근이 합성어에 비해 엄청 많다고 볼 수 있다. 우선, '깨끗하다'의 '깨끗', '성하다21'의 '성', '움직이다'의 '움직', '수군거리다'의 '수군' 등을 예로 들 수 있다. 이런 점에서 합성어의 구성성분과 파생어의 구성성분이 질적으로 차이가 있다는 것은 인정해야 한다. 그런 의미에서 파생어를 언급할 때 어근(root)이라는 술어는 우리의 직관과 맞아떨어진다고 할 수 있다. 파생어를 정의할 때에는 어근이라는 술어를 유지하되 이 어근이 사실은 실사에 포함되는 것으로 이해하면 되는 것이다. 대신 합성어에서는 이런 비자립적 어근이 거의 나타나지 않는 것으로 파악하면 된다. 합성어를 실사끼리 결합된 단어라고 할 때 여기에서의 실사는 대부분 단어이다. 파생어의 IC를 실사와 접사라고 할 때 여기에서의 실사는 대부분 단어라고 하기는 어렵다. 이 차이를 명확히 해 둘 필요가 있는 것이다.22

---

21 『표준국어대사전』의 '성하다01'은 '멀쩡하다', '탈이 없다'라는 뜻을 지닌다.
22 '공으로'는 '공'에서 파생된 말이라 볼 수 있는데 그러면 어근을 '공(空)'으로 설정해야 하는 어려움이 있다. '공'은 『표준국어대사전』에서는 접사로 등재되어 있다. '외로'도 마찬가지 경우이다. 문제는 또 있다. '암', '수'는 명사와 접사로 등재되어 있다. 그런데 명사로서의 용례인 '암과 수의 구별'이 '암'에는 제시되어 있지 않고 '수'에만 제시되어 있다. '암'과 '수'의 구별과 관련해 '열과 성을 다해'라는 상투적인 표현에 대해 생각해 보자. 같은 관점이라면 '열'과 '성'은 명사이어야 할 것이다. 그런데 '열'은 명사로 등재되어 있는데 '성'은 명사로 등재되어 있지 않다. 또한 '암과 수의 구별', '열과 성을 다해'와 같이 접속조사로 연결된 거의 유일 용례를 통해 이들을 명사로 규정할 수 있을지 의문이다. 명사면 자립명사이거나 의존명사일 텐데 '암이', '암은', '수가', '수는', '열이', '열은', '성이', '성은'과 같은 결합은 허용되지 않는다. 그러니 온전한 명사로 보기는 어려울 수 있다.

이제는 파생어 중 특별한 유형에 대해 검토해 보기로 한다. 특별한 유형이라 함은 서론에서 언급하였듯이 구성성분 중 어근을 찾을 수 없는 경우이다. '외둥이', '맏이', '풋내기' 외에 다음 단어들을 더 제시하기로 한다.[23]

  (7) 막둥이,[24] 늦둥이,[25] 늦되다, 헛되다, 암되다, 숫되다, 엇되다, 풋되다, 올되다, 일되다, 삿되다…

『표준국어대사전』에 따르면 '막-', '-둥이', '늦-' 등은 모두 접사이다. '헛-', '암-', '숫-', '엇-', '풋-', '올-' 또한 접사이다. 다만 '일-'은 '일찍'의 옛말로 등재되어 있고, '삿-'은 아예 등재되어 있지 않다.

서론에서 제기한 두 가지 문제 중 하나가 IC의 사전 등재 여부와 관련되는 것이었음을 다시 한 번 강조한다. 편의상 파생어의 IC를 규정하는 자리에서 IC의 사전 등재 여부에 관한 입장도 밝히려 한다.

다음은 『표준국어대사전』에서 접사로 등재된 '-되다'이다.

  (8) 되다 「접사」
   「1」 (일부 명사 뒤에 붙어)'피동'의 뜻을 더하고 동사를 만드는 접미사. ¶ 가결되다/사용되다/형성되다.

---

23 '외롭다'도 같은 유형일 듯한데 『표준국어대사전』에서는 단일어로 처리하고 있다.
24 현대 국어 관점에서 '막내'는 '막+나+이'로 분석될 수 없다. 서울 사람은 어떤지 몰라도 경북 북부 출신인 필자는 윷놀이할 때 '막동'을 윷판에 대면서 '막이야' 혹은 '막인데', '막이래'라고 하기도 했었다. 그쪽 화자들에게는 조사가 결합되었으니 명사라고 인식되겠지만, '막이', '막은'과 같은 표현은 사용하지 않는 것이 문제이다. 마치 '암과 수의 구별'이라고 할 때에만 '암', '수'에 조사가 결합되는 것과 같은 이치이다.
25 학자에 따라 '늦둥이'의 '늦-'은 어휘형태소로 보기도 한다.

「2」(몇몇 명사, 어근, 부사 뒤에 붙어)형용사를 만드는 접미사.
¶ 거짓되다/참되다/어중되다/숫되다/막되다/못되다/안되다.

　(8)에서와 같이 『표준국어대사전』에는 '몇몇 명사, 어근, 부사 뒤에 붙어'라는 기술이 보인다. 그러면 '거짓되다/참되다/어중되다'는 명사에 '-되다'가 붙은 것이고 '숫되다'는 어근에 '-되다'가 붙은 것이고 '막되다/못되다/안되다'는 부사에 '-되다'가 붙은 것이다. 그러면 『표준국어대사전』에는 '숫'을 어근으로 제시해야 한다. 그런데 '숫'은 접사로 등재되어 있다. 이런 유형이야말로 허사화가 초래한 사전 기술의 어려움과 관련된다.

　(7)에 제시된 단어들의 구성성분에는 소위 어근이라고 하는 것이 확인되지 않는다. 둘 다 접사로 봐야 할 것들이 대부분이다. 이를 어떻게 처리할 수 있을까가 문제로 남는다. 그렇다면 파생어를 달리 정의해야 할지 모른다. 파생어 중에는 위와 같이 두 성분 모두 접사로 파악해야 하는 경우가 있으므로 '적어도 하나'라는 표현을 쓰면 된다. IC 중 적어도 하나가 접사인 단어가 바로 파생어인 것이다. 여기에는 일반적으로 말하는 '먹이', '웃음', '깨끗하-', '자유롭-' ; '개살구', '헛소리', '처박다', '짓밟다' 등이 모두 포함된다. 전자는 어근과 접사의 결합이고 후자는 접사와 어근의 결합이다. 적어도 하나라는 조건이므로 접사가 하나만 있어도 명제는 성립한다. 적어도 하나에는 두 개의 접사도 포함될 수 있으므로 '외둥이', '맏이' 등을 비로소 파생어에 넣을 수 있겠다. 몇 개 되지도 않는 일부 단어를 포함시키기 위해서 파생어를 전통적 방식과 달리 정의하고자 하는 태도를 문제 삼을 수는 있다. 그런데 그 몇 개의 단어를 소홀히 할 수는 없다. 가능한 한 예외 없이 규정짓는 것이 바람직한 방식이다. 앞으로도 접사끼리 결합하여 새로운 단어가 만들어지지 말란 법이 없다. 보다 넓은 견지에서 접근할 필요가 있다.

사실은 실사였던 것이 허사화된 것이 많다. 암수가 그 대표적인 예이다. 아래에서는 '암'과 '수'에 격 조사가 통합되었음을 알 수 있다.

(9) 암히 수흘 좃놋다(杜重 17: 5)

바로 이런 유형들이 파생어를 규정하는 데 문제가 되는 것이다. '만이'의 '만'이 허사화가 되었음도 아래에서 확인할 수 있다.

(10) 우리 몯 도의니의 마를 어긔디 마져(飜朴 상: 25)
　　　몯 분 일훔이 智積이러시니(月釋 14: 4)
　　　모든 나히 열아홉이오(小諺 6: 60)

(10)에 제시된 예를 통해 이전 시기에는 '만'이 명사로 쓰였음을 확인할 수 있다. 이런 식으로 '외둥이', '풋내기' 등을 모두 설명할 수 있다면 좋을 것이지만 이전 시기에 해당하는 자료가 부족한 것이 사실이다. 그런데 공시적으로는 어쩔 수가 없다. 파생어의 구성성분이 공시적으로는 우리의 통념과 달라질 수 있음을 받아들여야 한다. 정상적인 파생어는 접사와 어근의 결합이지만 특수한 파생어도 있는데 그 특수한 파생어는 적어도 하나의 접사라는 명시적 서술로 정의될 때 비로소 그 의미를 지닐 수 있다.

몇 년 전 국립국어원에서는 '작은아버지', '작은집', '큰집', '큰아버지' 등을 합성어로 보기 시작하였다. 그래서 '작은-', '큰-'은 접사로서의 생명을 잃고 표제어에서 사라지게 되었다.[26] 사실 '작은-'을 접사로 보는

---

26 온라인 사전은 꽤나 많이 바뀌고 있는 듯하다. 근간에 '-어요'를 검색했는데 다음과 같은 내용이 빠진 것을 확인하였다.(받침이 있는 인명의 경우는 접사 '-이'가 먼저 붙기 때문에 줄어든 대로 적는다. 예를 들어 '영숙'에 붙으면 '영숙이예요', '영숙이

경우라면 큰 문제는 없다. 다만 합성어로 보려면 이는 실질적 의미를 가지는 것이므로 사전의 표제어로 등재되는 것이 바람직하다. 그러면 '작-'에 항렬과 관련한 적절한 뜻풀이가 보완되어야 할 것이다. (11), (12)는 '작다', '열'을 『표준국어대사전』에서 가져온 것이다.

(11) 작다01〔작 : 따〕　〔작아〔자 : 가〕, 작으니〔자 : 그-〕〕

　　「1」길이, 넓이, 부피 따위가 비교 대상이나 보통보다 덜하다.

　　「2」정하여진 크기에 모자라서 맞지 아니하다.

　　「3」일의 규모, 범위, 정도, 중요성 따위가 비교 대상이나 보통 수준에 미치지 못하다.

　　「4」사람됨이나 생각 따위가 좁고 보잘것없다.

　　「5」소리가 낮거나 약하다.

　　「6」돈의 액수가 적거나 단위가 낮다.

　　「7」('작게는' 꼴로 쓰여)'범위를 좁힌다면'의 뜻으로 이르는 말.

(12) 열07 (熱)

　　「1」=신열01.

　　　¶ 열이 있다./머리에 열이 난다.

　　「2」『화학』계(系)를 뜨겁게 해주는 것. 계에 열이 가해지면 계를 구성하는 원자와 분자들의 무질서한 열 운동이 활발하게 되어 온도가 올라간다.

　　「3」열성 또는 열의(熱意).

　　　¶ 나는 아이들에게 열과 성을 다해 컴퓨터를 가르쳤다.

___

여요'라고 적어야 하며 '영숙이에요', '영숙이어요'라고 적으면 안 된다. '아니다'에는 '-에요', '-어요'가 붙으므로 '아니에요/아네요', '아니어요/아녀요'라 적어야 하며 '아니예요', '아니여요'라 적으면 안 된다.)

「4」격분하거나 흥분한 상태.

¶ 열을 받다.

(12)의 「3」, 「4」는 중심의미가 확대된 것이다. 이런 식으로 (11)의 '작다'에 대해서도 그 아래 어딘가에 항렬과 관련한 뜻풀이가 제시되어야 한다는 것이다.[27] '큰집', '큰아버지'와 관련된 '큰-'도 마찬가지이다. 그러지 않으면 이전 방식대로 접사로 등재하는 편이 나을 수 있다.

다른 몇몇 성분들의 사전 등재와 관련된 필자의 견해는 각주에서 보충하기로 하고 여기에서는 접사 '늦-'에 대해 검토하고자 한다. '늦가을', '늦더위', '늦장가', '늦자식', '늦둥이', '늦되다' 등은 '늦은'의 뜻을 갖겠지만 '늦잠'은 그렇지 않다. 차원이 다르다. '늦-'을 접사로 처리한『표준국어대사전』을 보도록 하자.

(13) 늦- 접사

「1」(일부 명사 앞에 붙어)'늦은'의 뜻을 더하는 접두사.

¶ 늦공부/늦가을/늦더위/늦바람/늦장가.

「2」(몇몇 동사, 형용사 앞에 붙어)'늦게'의 뜻을 더하는 접두사.

---

27 '깃발'의 '발'도 표제항으로 등재되어야 할 것이다(임석규 2008). 의견이 다를 수 있지만 '몸가짐', '마음가짐'에서의 '가짐' 또한 등재되어 있지 않다. 소위 '임시어/단어형성 전용요소'라 볼 수 있는 '고기잡이', '총잡이'의 후행성분 '-잡이', '종살이', '감옥살이'의 후행성분 '-살이'는 접사로 등재되어 있다. 그런데 '손톱깎이', '늦깎이'에서의 '-깎이'는 등재되어 있지 않다. 『표준국어대사전』의 '-살이'를 제시한다. 그런데 어떤 일에 종사하는 것과 관련된 예가 '종살이'가 맞다면 '종살이'가 '감옥살이'보다 먼저 제시되어야 할 것이다. '더부살이'까지 고려하면 뜻풀이가 보완되어야 할 것으로 보인다.

(일부 명사 뒤에 붙어) '어떤 일에 종사하거나 어디에 기거하여 사는 생활'의 뜻을 더하는 접미사.

¶ 감옥살이/셋방살이/종살이/타향살이.

¶ 늦되다/늦들다/늦심다.

'늦-'을 접사로 처리한다면 '늦잠'에 상응하는 접사 '늦-'에 대한 기술이 보완되어야 한다. '늦게까지 자는 잠'과 '늦은 가을'의 '늦-'은 차원이 다르기 때문이다. (14)와 같이 보완될 필요가 있다.[28]

(14) 늦- 접사
「1」 (일부 명사 앞에 붙어)'늦은'의 뜻을 더하는 접두사.
¶ 늦공부/늦가을/늦더위/늦바람/늦장가.
「2」 (몇몇 동사, 형용사 앞에 붙어)'늦게'의 뜻을 더하는 접두사.
¶ 늦되다/늦들다/늦심다.
「3」 (일부 명사에 붙어)'늦은 때까지의'의 뜻을 더하는 접두사.
¶ 늦잠

4. 결 론

그동안 합성어와 파생어의 IC와 관련하여 접사에 대가 되는 술어가 나타나기를 희망해 왔다. 필자는 '오이지무침', '김치찌개', '모눈종이'를 포함하여 '건널목', '너도밤나무' 등의 IC를 모두 아우를 수 있는 술어로 실사(實辭)를 제시하였다. 어근이나 어기는 활용어미, 곡용어미 즉 '건널', '너도'를 포함하지 않으므로 적절하지 않고 특히 '오이지', '찌개' 등을 어근이라고 하는 것은 root와 관련된 우리의 직관과 맞지 않음을

---

28 구조적으로 「2」, 「3」의 위치를 바꾸는 것이 바람직하다. '늦깎이'의 '늦'은 「1」에 속하는지 「2」에 속하는지에 따라 IC가 달라질 수 있다.

강조하였다. '먹고', '먹어서'를 모두 단일어로 인정하듯이 '건널' 또한 단일어이므로 합성어의 IC와 관련되는 술어는 실사가 가장 적합하다고 보았다. 단어형성론에서는 '접사' 내지 '접사 아닌 것'으로 분석하니 활용형, 곡용형은 더 이상 분석할 필요가 없는 단일어인 것이다. 실사는 실질형태소로 인식하는 경향이 많았으나 이제는 한자의 특성을 고려하여 실질형태소, 나아가 단어에 대응하는 개념으로 인식하여야 함을 강조하였다. 다만 파생어에서는 무조건 실사라는 개념을 도입하기보다는 파생어의 IC에는 비자립적 어근이 꽤 많으므로 기존의 어근을 살려 쓰되, 합성어의 IC와 연계성을 고려할 경우 부차적으로 실사라는 술어를 사용할 수 있겠다.

또한 분석된 IC들은 사전에 모두 등재되어야 함을 강조하였다. '오이-지'의 IC는 당연히 둘 다 사전에 등재되어야 하는데 '오이-지'의 후행성분이 등재되어 있지 않다거나 '헛-되다'의 '헛-'은 등재되어 있는데 '삿되다'의 '삿-'은 등재되어 있지 않은 것은 통일된 기술이 아니라고 보았다.

끝으로 본고에서 제안한 합성어와 파생어의 정의를 (15)에 제시하고자 한다.

(15) 합성어 - IC가 실사인 단어
　　　파생어 - 적어도 하나의 IC가 접사인 단어

파생어에서 '적어도 하나'라는 표현을 쓴 이유는 '외둥이', '맏이', '풋내기' 등과 같이, 공시적 관점에서는 접사끼리 결합된 단어가 존재하기 때문이다.

참고 문헌

고영근·구본관(2008), 『우리말 문법론』, 집문당.

구본관·박재연·이선웅·이진호·황선엽(2015), 『한국어문법 총론 I 』, 집문당.

국립국어원(2005), 『외국인을 위한 한국어문법 1』, 커뮤니케이션북스.

김광해·권재일·임지룡·김무림·임칠성(2002), 『국어지식탐구』, 도서출판 박이정.

김승곤(2003), 『현대표준말본』, 한국문화사.

나찬연(2009/2013), 『현대 국어 문법의 이해』, 월인.

남기심·고영근(1985/2011), 『표준국어문법론』, 탑출판사.

유창돈(1964/1990), 『이조어사전』, 연세대학교 출판부.

이병근·채완·김창섭 편(1993), 『형태』, 태학사.

이익섭(1965), 「국어 복합 명사의 IC 분석」, 『국어국문학』 30, 국어국문학회, 121-129.

_____(1975), 「국어조어론의 몇 문제」, 『형태』, 태학사, 25-43.

_____(1986/2011), 『국어학개설』, 학연사.

_____(2005), 『한국어문법』, 서울대학교출판부.

임석규(2008), 「사이시옷 규정의 문제점 고찰」, 『우리말글』 43, 우리말글학회, 1-24.

임지룡·이은규·김종록·송창선·황미향·이문규·최웅환(2005), 『학교문법과 국어교육』, 도서출판 박이정.

임홍빈·안명철·장소원·이은경(2001), 『바른 국어생활과 문법』, 방송통신대학교출판부.

최재희(2004), 『한국어 문법론』, 태학사.

최형용(2002), 「어근과 어기에 대하여」, 『형태론』 4-2, 301-318.

어휘화된 파생어의 단일어적 성격 측정 연구
파생형용사를 중심으로

석 주 연

조선대학교

1. 서 론

파생어는 상당히 통시적인 성격을 가진다. 상당수의 현존 파생어는 과거에 이루어진 파생의 누적물 상태로 존재하고 있는 셈이다. 또 그럼에도 불구하고 지금 이 순간 새로운 파생어 형성은 계속해서 이루어지고 있다. 이것은 파생어가 여전히 공시적 측면에서도 끊임없이 논의되어야 할 이유가 되기도 한다.

언어학자라면 누구나 특정 공시적 상태의 어휘가 당시 화자에게 어떤 방식으로 인식되고 있는가에 대한 관심을 가지게 마련이다. 새로운 파생어 형성은 특정 시점에 있어서 화자가 가지는 파생어에 대한 인식을 가장 현저하게 드러낸다. 어형성의 잠재력이 있는 생산성 있는 어기나 접사는 일년 화자의 인식에 있어 가장 두드러진 요소이기에 이를 바탕으로 새 단어가 형성될 수 있다.

이에 비해 기존에 존재하던 파생어에 대해서는 화자가 그것을 어떻게 인식하고 있는지가 잘 드러나지 않는다. 그런데 어떤 파생어의 형식이 외형상 과거와 동일한 언어 형식을 띠고 있다 하더라도 그 내부 구조나 위상에 대한 화자의 인식이 과거와 동일하다고 확신하기는 어렵다. 그리고 이에 대한 관찰은 물론 어렵지만 어쩌면 반드시 필요한 부분인지도 모르겠다. 외형으로 드러나지 않는 변화를 감지하게 하기 때문이다.

특정 공시적 시점에서 공시적으로 작동하고 있는 파생 현상과 통시적 결과물로서 존재하고 있는 파생어를 화자는 어떻게 인식하고 있을까? 화자가 현존하고 있는 파생어의 내부 구조를 인식하는 양상, 즉 어기와 접사라는 파생어 내부 구조의 통시성과 공시성에 대한 화자의 인식을 관찰할 수 있는 방법은 없을까? 더 나아가 일단 형성되어 오랜 시간이 지난 파생어가 그동안 겪은 변화의 정도성을 측정할 방법은 없는 것일까?

본고에서는 이와 같은 문제 의식을 바탕으로 현 시점에서 국어 화자들이 파생어의 내부 구조에 대한 분석 가능성의 정도를 어떤 양상으로 파악하고 있는지를 조사통계의 방법을 바탕으로 살펴보고자 하였다.[1]

2. 개념 및 문제제기

파생어란 어기에 파생접사가 결합하여 형성된 단어를 말한다. 파생의 과정은 어기와 접사의 식별을 전제한다. 파생어 형성 규칙은 새로운 단어를 생산해 내는 규칙이면서 동시에 이미 존재하는 파생어를 분석하는 데 토대가 되는 규칙이기도 하다. 분석이 가능해야 파생어 형성이 가능하다는 점은 어기와 접사 식별이 있고서야 파생이 가능하다는 것을 뜻하기

---

1 이러한 시도는 화자가 가지고 있는 파생어에 대한 직관과 심리가 언어 분석의 기초가 되어야 할 것이라는 생각에서 비롯되었다.

도 한다(송철의 1992: 89).

그런데 파생어의 대다수에 대해 항상 어기와 접사를 화자가 식별하는 것은 아니다. 화자가 어기와 접사를 식별하지 못해서 어기와 접사의 실체가 모호해지고 그 의미나 기능의 불투명성이 증가하는 일이 허다하기 때문이다. 파생어 내부 구조의 불투명성의 증가는 어기와 접사의 합성성(compositionality)의 원리로는 파생어 전체의 의미가 설명되지 않는다는 것을 의미하기도 한다.

어기와 접사의 식별의 관점에서 보면 어기와 접사의 위상이 모호해지는 것이다. 파생어 내부 구조의 불투명성 증가, 파생어 의미의 합성성 약화 이러한 것을 포착해 내기 위한 개념이 바로 '어휘화(lexicalization)'라 할 수 있다. Bauer(1983)로부터 비롯된 어휘화의 개념이 국어의 경우에 적용된 논의로는 주지하다시피 김성규(1987), 송철의(1992) 등이 대표적인데 후자에서는 어휘화의 개념이 음운론적 어휘화, 형태론적 어휘화, 의미론적 어휘화로 층위별로 체계화되기도 하였다.

최근에 와서는 어휘화의 개념을 단순히 파생 범주 혹은 합성만을 포괄하는 개념으로만 사용하지는 않는 것 같다. 예를 들면 통사적 구성의 어휘부 등재나 구의 공시적 단어화 등에 대해 논의한 박진호(1994), 김창섭(1996)의 논의와 함께 단어 아닌 요소의 단어적 지위 획득을 어휘화의 범주로 포괄하는 이어진 논의들이 바로 그러하다[2](송원용 2007; 이현희 2009; 노명희 2013 등).[3] 그래서 이를 구별하기 위해 복합어가 단일어로

---

2 어휘화와 관련된 개념의 문제는 논의가 풍부하다. 또 그만큼 정리하기가 쉽지 않다. 논자마다 강조하는 바가 다르기 때문이라고 생각된다.
3 이 중 박진호(1994)는 어휘화를 기본적으로 통시적 과정으로 이해하여 어휘부 밖에 존재했던 요소가 어휘부에 등재되는 현상으로 규정한 바 있다. 아울러 어휘화와 관련하여 이호승(2001), 최형용(2003), 이상욱(2004) 등의 개념 사용 양상에 관련한 여러 입장들에 대한 쟁점 정리가 이선웅(2012)에서 이루어진 바 있다.

변하는 현상을 단일어화라 하고 어휘부 밖의 요소가 어휘부 안의 요소로 되는 현상을 어휘화라 하여 두 가지에 대한 구별 시도가 이루어지기도 했다(구본관 2002).

애초에 Bauer는 어휘화를 형태론적으로 복합어인 말이 덜 투명해져서 분석 불가능한 단어로 융합되는 과정(Bauer 2004: 103)으로 정의하고 있다. 이 시점에서 어휘화에 대한 정의의 '유개념'이 '과정'이라 되어 있다는 점이 주목을 끈다. '과정' 즉 파생어나 복합어는 물론 그 이외의 구성까지 포함하여 내부 요소를 분석할 수 없는 '하나의 단어'로 향하는 '과정'이라는 점에 초점을 두는 한편, 아울러 이러한 최근의 논의들을 파생어에 국한시켜 비추어 보면, 파생어의 어휘화 역시 상당히 '과정적' 개념으로 이해할 수 있음을 알게 된다.[4] 즉 어기와 접사의 분석이 용이해지지 않는 방향으로의 변화는 결국 과정적,[5] 점진적인 것이기 때문이다. 이러한 어휘화의 진전은 결국 해당 파생어가 파생어로서 인식되지 않는 방향으로의 진전을 의미한다.

'과정적' 개념으로서의 어휘화를 파생어가 단일어로 변화해 가는 이행적 개념으로 간주하는 것은 '어휘화'가 상당히 포괄적 개념으로 이해되고 있는 일련의 흐름과도 어긋나지 않는 것 같다. 통사적 구성이든 무엇이든 단일어의 방향으로 진행해 가는 '과정적' 성격에 초점이 두어진 '어휘화'는 이들 구성의 어휘부 등재와 그 변화의 성격을 모두 포괄할 수 있는 장점이 있기 때문이다.

---

4 최근 오규환(2016: 113)에서는 어휘화를 이러한 과정중심적 성격으로만 보게 되면 이를 통시적인 단어 형성 과정만을 일컫기 위하여 사용하게 되고 그렇다면 오해의 소지가 있을 수 있음을 지적하기도 했다.

5 Fischer, Rosenbach, Stein(2001: 355-356)에서는 lexicalization을 이러한 의미에서 emerging lexeme(점점 안착 중인 어휘소)을 기술하는 개념이라 하여 grapheme이 발달하는 과정인 grammaticalization(문법화)와 구별하기도 하였다.

한편, 보통 어휘 체계를 논할 때 파생어는 복합어에 속하여 단일어와 대조적 위계를 구성한다.[6] 하나의 자립적 형태소, 즉 더 이상 분석할 수 없는 형태소로 이루어진 단어를 단일어라 하는 상황에서 파생어가 파생어로 인식되지 않는 방향으로 완전하게 변화를 이룬다면 그 종국적 '결과물'은 체계상 '복합어'와 대를 이루는 '단일어'가 될 것이다. 애초 이현희(1991)에서 기존의 어휘화를 단일어화라는 명칭으로 부르기도 한 것도 어휘화의 '결과물'에 초점을 둔 관점으로도 해석될 수 있을 듯하다.

그렇다면 어휘화가 이루어지고 있느냐 하는 것, 어휘화의 궁극적 종착점 그리고 그 종착적 결과물인 단일어로 향하고 있는 그 과정은 어떻게 들여다 볼 수 있을까? 그것은 화자의 언어 인식에 의해 포착될 수 있을 것이다. 어휘부에 대한 화자 인식에 대한 탐구는 개인 어휘부에 대한 탐구이기는 하되 추상화된 개인 어휘부 간의 공통점에 대한 탐구 방식으로 이루어져야 한다(채현식 2013: 309). 그런 면에서 일련의 화자 집단이 공통적으로 가지고 있는 파생어에 대한 인식을 실험 통계 검증의 방식으로 살펴보는 것은 분명 의미가 있다.

화자가 인식하고 있는 파생형용사의 단일어적 성격은 화자가 주관적으로 판단하는 어기와 접사의 분석 가능성에 의해 측정될 수 있다. 화자에게 현저한 파생어 내부 요소는 어기와 접사이고, 어기와 접사에 대한 분명한 인식 여부는 어휘화 과정의 진전 여부, 즉 단일어적 성격의 정도성의 일면을 포착하게 하기 때문이다. 파생어에 대한 단일어적 성격을 측정 가능한 화자 판단에 의한 분석 가능성으로 재정의하여 조사하는 방식이 가능해지는 것이다. 그 구체적인 내용은 다음 장에 후술된다.

---

6 보통 단일어와 복합어가 대를 이루는 개념으로 복합어를 다시 합성어와 파생어로 구별하는 위계를 말한다.

3. 조사의 개요

이 조사에서는 파생어에 대한 화자들의 인식을 조사 통계자료에 입각해 알아보고자 하였다. 이를 위해 다음과 같은 네 가지 종류의 파생형용사군을 선정하였다. 즉 어기와 접사의 생산성 여부에 따라 네 가지 군을 선정한 것이다. 조사 대상 파생형용사 어기 및 접사의 생산성 유무판단은 기존의 논의[7]에서 제시한 생산성 판단 여부를 중심으로 하였다. 그 구체적인 사례는 다음과 같다.

> (1) [+p]: 생산성(productivity)이 있는 경우
> [−p]: 생산성(productivity)이 없는 경우
>
> 가. 어기[+p] 접사[+p]: 복스럽-, 근심스럽-, 창피스럽-, 수다스럽-
> 나. 어기[+p] 접사[−p]: 즐겁-, 반갑-, 아깝-, 느껍-
> 다. 어기[−p] 접사[+p]: 외롭-, 괴롭-, 순조롭-, 부유롭-
> 라. 어기[−p] 접사[−p]: 기쁘-, 바쁘-, 예쁘-, 미쁘-

네 가지 군으로 파생형용사라는 단일 품사 범주의 파생어를 선정하였는데 그것은 조사 대상으로 파생어 품사를 다양하게 제시할 경우 초래될 수 있는 화자 판단의 간섭 효과를 방지하고자 한 것이다. 또 설문지에 수록한 각 군별 파생형용사들에 있어서 어기와 접사 간 표기의 연철로 인한 간섭 효과로 말미암아 화자에게 동일 접미사가 다른 방식으로 인식

---

7 송철의(1992), 김창섭(1996), 윤동원(1986), 하치근(1988) 등에서는 현대국어에서 공시적으로 생산성 있는 형용사 파생 접미사에 대해 논급하고 있다.

되는 것을 방지하기 위해 동일 군의 파생형용사에 있어서는 가급적 파생접미사 표기가 동일한 방식으로 노출되는 용례들을 추출해서 제시하였다. 따라서 가령 어기와 접사가 모두 비생산적이라고 추정되는 라군 형용사의 경우 파생접미사 표기가 동일한 방식으로 노출되도록 '기쁘다, 미쁘다, 예쁘다, 바쁘다' 등을 제시하여 표기가 화자 판단에 영향을 미치는 영향을 최소화하고자 하였다. 가군의 '스럽'계 파생형용사의 경우는 '스럽' 자체가 자음으로 시작하는 접미사로서 연철을 허용하지 않기 때문에 이 점에 대해 고려할 필요가 없었다.

아울러 조사 대상인 제보자의 주요 속성 분포는 다음과 같은 범위에 걸친다.

> (2) 성별: 남~녀
> 연령: 10대~70대
> 직업: 사무직~교육직~학생~주부~기타

설문 문항에서는 위 네 가지 군의 분석 가능 정도를 네 문항으로 구성하여 5점 리커트 척도로 질문했다. 구체적인 지시문에서는 설문 문항의 답으로 정해진 정답이 없음을 밝히고 각 제보자가 각자 느끼는 바에 따라 각 파생형용사의 분석 가능성의 정도(1: 분석의 정도가 매우 크다, 2: 분석의 정도가 크다, 3: 분석의 정도가 보통이다, 4: 분석의 정도가 낮다, 5: 분석의 정도가 매우 낮다)를 표시하게 하였다. 조사는 설문지를 제보자에게 의뢰하여 답하는 질문지법을 채택했으며 총 75부를 회수, 분석하였다.

이상의 75개의 표본을 회수하여 조사한 설문지에 대해서는 다음과 같은 단계를 거쳐 통계검증을 행했다.

첫째, 5점 척도 문항의 회답 결과에 대해 SPSS23 프로그램의 통계

코딩 작업을 거쳐 결과를 출력, ANOVA 분석(일원분산분석)을 행하고 기술통계값을 측정, 평균과 표준편차 등을 구하였다.

둘째, 이렇게 구해진 각 형용사군의 분석 가능성의 평균값 차이가 진정한 차이, 즉 통계적으로 유의미한 차이인지를 검증하기 위해 사후검증을 행했다.

만약 ANOVA 분석(일원분산분석) 후 기술통계에 의해 구해진 각 군 간 분석 가능성 정도의 평균값 차이가 통계적으로 유의미한 차이라면 그에 의한 차이의 위계는 전체 모집단의 차이로 간주될 수 있다.

총 75개의 표본에 대한 ANOVA 분석(일원분산분석) 후 구해진 기술통계값의 구체적 내역을 밝히면 다음과 같다.

(3)

기술통계

분석가능성

	N	평균	표준편차	표준오차	평균에 대한 95% 신뢰구간		최소값	최대값
					하한	상한		
가군	75	2.0000	1.13899	.13152	1.7379	2.2621	1.00	5.00
나군	75	3.5200	1.33922	.15464	3.2119	3.8281	1.00	5.00
다군	75	3.1200	1.34526	.15534	2.8105	3.4295	1.00	5.00
라군	75	3.6000	1.30488	.15067	3.2998	3.9002	1.00	5.00
전체	300	3.0600	1.42941	.08253	2.8976	3.2224	1.00	5.00

(3)의 기술통계량에 있어서 화자가 제시한 가군~라군 각 파생형용사의 분석가능성의 평균은 순서대로 2, 3.52, 3.12, 3.6으로 나타났다. 아울러 가군~라군 파생형용사 전체의 분석 가능성의 평균은 3.06 정도로 나타났다. 이들 군별 분석 가능성 평균과 전체 표본의 분석 가능성의

평균은 5점 리커트 척도(1: 분석의 정도가 매우 크다, 2: 분석의 정도가 크다, 3: 분석의 정도가 보통이다, 4: 분석의 정도가 낮다, 5: 분석의 정도가 매우 낮다)를 고려하여 이들 수치를 검증할 필요가 있다.

기술통계에 의한 평균값은 보통 통계적으로 유의미한 의미를 가질 수도 있고 그렇지 않을 수도 있다. 통계적으로 유의미하지 않을 경우 그 평균값들은 그저 우연의 결과일 가능성이 크게 된다. 그래서 이들 각군 파생형용사 분석 가능성의 평균과 그 위계가 통계적으로 유의미한지를 검증할 필요가 생겨 결과치로 제시된 평균 차와 그 위계가 우연이 아니고 통계적으로 유의미하여 실제적 차이를 드러낼 가능성이 높은지를 검증할 필요가 있는 것이다.

이를 위해 위와 같은 기술통계량을 바탕으로 분산분석(ANOVA) 후 사후검정을 행하였다. 이 경우 설정해야 할 귀무가설과 대립가설(연구가설)의 구체적인 내역은 다음과 같다. 연구가설의 채택을 위해서는 귀무가설이 기각되어야 한다.

(4) Ho(귀무가설)= 각 군별 분석가능성의 평균값은 차이가 없다.
H1(연구가설)= 각 군별 분석가능성의 평균값은 차이가 있다.

ANOVA 적용 후 이 결과를 유의수준 95%로 검정한 결과 다음과 같은 값을 얻었다.

(5)

분산의 동질성 검정

분석가능성

Levene 통계량	자유도1	자유도2	유의확률
3.112	3	296	.02

〈사후검정〉

다중비교

종속변수: 분석가능성

	(I) 군별 형용사	(J) 군별 형용사	평균차이 (I-J)	표준 오차	유의 확률	95% 신뢰구간	
						하한	상한
Scheffe	가군	나군	-1.52000*	.20981	.000	-2.1099	-.9301
		다군	-1.12000*	.20981	.000	-1.7099	-.5301
		라군	-1.60000*	.20981	.000	-2.1899	-1.0101
	나군	가군	1.52000*	.20981	.000	.9301	2.1099
		다군	.40000	.20981	.306	-.1899	.9899
		라군	-.08000	.20981	.986	-.6699	.5099
	다군	가군	1.12000*	.20981	.000	.5301	1.7099
		나군	-.40000	.20981	.306	-.9899	.1899
		라군	-.48000	.20981	.158	-1.0699	.1099
	라군	가군	1.60000*	.20981	.000	1.0101	2.1899
		나군	.08000	.20981	.986	-.5099	.6699
		다군	.48000	.20981	.158	-.1099	1.0699
Bonferroni	가군	나군	-1.52000*	.20981	.000	-2.0773	-.9627
		다군	-1.12000*	.20981	.000	-1.6773	-.5627
		라군	-1.60000*	.20981	.000	-2.1573	-1.0427
	나군	가군	1.52000*	.20981	.000	.9627	2.0773
		다군	.40000	.20981	.345	-.1573	.9573
		라군	-.08000	.20981	1.000	-.6373	.4773
	다군	가군	1.12000*	.20981	.000	.5627	1.6773
		나군	-.40000	.20981	.345	-.9573	.1573
		라군	-.48000	.20981	.137	-1.0373	.0773
	라군	가군	1.60000*	.20981	.000	1.0427	2.1573
		나군	.08000	.20981	1.000	-.4773	.6373
		다군	.48000	.20981	.137	-.0773	1.0373

*평균차이는 0.05 수준에서 유의합니다.

〈동질적 부분집합〉

분석가능성

	군별형용사	N	유의수준 = 0.05에 대한 부분집합	
			1	2
Scheffea	가군	75	2.0000	
	다군	75		3.1200
	나군	75		3.5200
	라군	75		3.6000
	유의확률		1.000	.158

동질적 부분집합에 있는 집단에 대한 평균이 표시됩니다.
a. 조화평균 표본크기 75.000을(를) 사용합니다.

사후검정 결과 어떤 방식의 사후검정을 해도 p<0.05 로 평균 차이는 0.05 수준에서 유의한 결과가 나왔다. 즉 p<0.05로 귀무가설이 기각되는 것이다. 귀무가설의 기각은 곧 연구가설의 채택을 의미하므로 가-라 군 파생형용사의 분석가능성 간에는 평균 차가 있으며 위계적 차가 있는 것으로 간주할 수 있다. 즉 (가)>(다)>(나)>(라) 순의 분석 가능성의 위계 차가 파악되는 것이다. 즉 파생형용사 군 각각의 분석 가능성의 차이는 실질적 차이일 가능성이 크며 차이 간 위계도 화자가 인식하는 실질적 분석 가능성의 차이의 위계임이 검증된 셈이다.

4. 논의

애초부터 우리의 논의는 출발부터 통시적 관점을 중시했다. 분석 중심으로 파생어를 살펴보고자 한 것이다. 다만 논의를 파생어에 국한시켜 그를 중심으로만 행한 것은 어쩌면 중요한 부분을 놓치게 했는지도 모르겠다. 그러나 우리의 논의가 이런 방식으로 이루어진 것은 최근에 형성된 파생어보다는 비교적 형성이 오래되어 묵은 오래된 파생어에 대해 가진 화자의 인식을 엿보고자 했기 때문이다. 그것은 형성된 지 꽤 되어 어휘부에 안착한 파생어가 형태상 변화도 없고 화자의 의식 안에 비교적 안정적으로 자리잡고 있다고 여겨지기 때문이었다.

그럼에도 불구하고 본고의 조사 결과 파생형용사 간에는 접미사와 어기의 차이에 따라 그 분석 가능성이 인지되었다. 그리고 어기와 접사의 생산성 차에 따라 각 군 파생형용사는 분석 가능성에 있어서 위계상의 차이를 드러내며 또 그것은 통계적으로 유의미함이 검증되었다. 이 같은 결과가 함의하는 사실들은 다음과 같다.

첫째, 우선 분석 가능성의 정도에 있어서 화자의 인식 속에서 적어도 분석의 구조적 측면에 있어서는 핵(Head)이라 할 수 있는 접사 부분이 어기보다 더 현저할 가능성, 즉 접사가 분석 가능성 판단에 더 결정적일 가능성을 보여준다고 판단된다. 위의 조사 결과에서 어기가 현존하고 접사가 생산성이 없는 경우((나)군: 즐겁-, 반갑-, 아깝-, 느껍-)보다는 어기가 현존하지 않더라도 접사가 생산성이 있는 경우((다)군: 외롭-, 괴롭-, 순조롭-, 부유롭-)의 파생형용사에 대한 분석 가능성을 화자들이 더 높다고 보았기 때문이다. 즉 파생 접사의 생산성 여부가, 어기의 생산성 여부보다는 화자의 구조에 대한 분석 가능성 판단에 미치는 영향의 정도가 상대적으로 큰 것으로 파악된다.[8]

---

8 구조적 분석 가능성을 측정하고자 한 본고의 논의에서는 분석 가능성의 위계가 (가)>(다)>(나)>(라)로 측정되었다고 정리할 수 있다. 한편 석주연(1995: 13)에서는 구체적 의미를 가지는 어기가 추상적 의미를 가지는 접사에 비해 파생어 전체 의미에 미치는 의미 비중이 더 크다는 점을 중시하여 파생어의 단일어적 성격의 정도성을 (라)>(다)>(나)>(가)로 봄으로써 분석 가능성의 위계를 (가)>(나)>(다)>(라)로 추정한 바 있는데 구조적 분석 가능성의 측정 실험에 기반한 본고의 논의를 바탕으로 하면 이 위계 (가)>(나)>(다)>(라)의 (나)>(다)는 (다)>(나)로 부분

둘째, 생산성이 거의 없다고 생각되는 '브'마저 화자의 인식 속에 어느 정도 분석의 여지가 있는 접미사로 인식되고 있다는 것도 눈여겨 볼 일이다. '분석 가능성이 보통이다~분석 가능성이 낮다' 사이에 위치하고 있는 것이다. 네 가지 군의 파생형용사 중 가장 생산성이 낮은 것으로 분석되었으나 화자에게 생산성은 없지만 뭔가 분석의 여지는 있는 잠재적 문법요소로 인식되고 있음을 파악할 수 있다. 현저성의 정도는 떨어지지만 생산성이 다시 촉발될 가능성이 있음을 암시한다고 생각한다면 너무 지나친 일일까.

최근 분석만이 가능했던 '썰'과 같은 접미사 요소가 '썰전' 등 어휘 형성에 참여하고 심지어는 '썰을 풀다'와 같이 자립 어휘로도 사용됨을 생각하면 불가능한 일만은 아닐 듯하다. 역시 비교적 최근에 등장한 '고급지다'와 같은 예에서 보이는 파생접미사 '지' 역시 이러한 생각을 지지해 주는 듯하다. 이러한 요소들이 어형성에 참여할 수 있는 잠재적 요소일 일말의 가능성을 완전히 배제할 수는 없을 것 같다.

셋째, 나군의 파생형용사의 경우 '업'이 바로 앞음절 어기와 연철을 이루어 표기상 접미사의 모습을 온전히 드러내놓고 있지 않지만 비교적 접미사 '브'의 모습을 온전히 일관되게 드러내고 있는 '라군' 보다 분석 가능성이 높게 나온 것이다. 이밖에 또 다른 흥미로운 사실은 '롭'이 어기가 비생산적이고 이미 화석화된 상황임에도 상당히 생산성이 있다고 확인됨으로써 '롭'의 현존하는 생산성을 언급한 김창섭(1996), 민현식(1984), 송철의(1992), 하치근(1998) 등 기존의 견해와도 일치되는 양상을 보인다는 것이다.

수정하여 (가)>(다)>(나)>(라)로 이해해야 할 것으로 보인다.

5. 결론 및 남는 문제

통시적 관점으로 파생어의 단일어적 성격 또는 분석 가능성을 논의하는 것이 결코 어기와 접사의 단어 형성력, 단어 형성의 공시적 측면의 중요성을 경감시키지는 않는다. 본고의 논의를 통해 확인할 수 있었던 것은 파생어 형성의 기반이 되는 파생어에 대한 분석 가능성이 공시적으로 화자의 언어 능력에 실재한다는 점, 그것이 파생어 간 위계를 보인다는 점, 그리고 적어도 구조적으로는 파생어의 핵(head)이 파생어의 구조적 분석 가능성에 있어서는 더 주요하게 인식되고 있다는 점 등이다.

본고는 극히 일부의 파생형용사만을 대상으로 행한 실험의 결과를 정리한 것일 뿐이다. 앞으로 좀 더 광범위한 자료와 보다 정교한 방법으로 이 문제가 다루어지기를 기대한다.

참고 문헌

고영근(1989), 『국어형태론연구』, 서울대학교출판부.
구본관(1998), 『15세기 국어 파생법에 대한 연구』, 국어학총서 30, 태학사.
김성규(1987), 「어휘소 설정과 음운현상」, 『국어연구』 77, 서울대학교 국어연구회.
김창섭(1996), 『국어의 단어형성과 단어구조 연구』, 국어학총서 21, 태학사.
김 현(1998), 「중세 국어 형용사 파생 접미사 {-답-}의 이형태 빈도의 역사적 변화」, 『관악어문연구』 23, 서울대학교 국어국문학과, 259-279.
노명희(2013), 「국어의 탈문법화 현상과 단어화」, 『국어학』 67, 국어학회, 107-143.
민현식(1984), 「'-스럽다, -롭다' 접미사에 대하여」, 『국어학』 13, 국어학회, 95-118.

박진호(1994), 「통사적 결합관계와 논항구조」, 『국어연구』 123, 서울대학교 국어연구회.

석주연(1995), 「근대국어 파생형용사의 형태론적 연구」, 『국어연구』 132, 서울대학교 국어연구회.

송원용(2007), 「국어의 단어형성체계 재론」, 『진단학보』 104, 진단학회, 105-126.

송철의(1992), 『국어의 파생어 형성 연구』, 국어학총서 18, 태학사.

송철의(2008), 『한국어 형태음운론적 연구』, 태학사.

오규환(2016), 「한국어 어휘 단위의 형성과 변화 연구」, 서울대학교 박사학위논문.

이상욱(2004), 「'-음', '-기' 명사형의 단어화에 대한 연구」, 『국어연구』 173, 서울대학교 국어연구회.

이선웅(2012), 『한국어 문법론의 개념어 연구』, 월인.

이현희(1991), 「중세국어의 합성어와 음운론적인 정보」, 『석정 이승욱 선생 회갑기념논총』, 간행위원회.

채현식(2013), 「어휘부란 무엇인가」, 『국어학』 66, 국어학회, 307-333.

최형용(2003), 『국어 단어의 형태와 통사: 통사적 결합어를 중심으로』, 국어학총서 45, 태학사.

하치근(1988), 『국어 파생형태론』, 남명문화사.

허 웅(1975), 『우리옛말본』, 샘문화사.

Bauer(1983), *English Word-formation*, Cambridge University Press.

Bauer(2004), *A glossary of morphology*, Edinburgh: Edinburgh University Press.

Bybee, Joan L.(1985), *Morphology*, John Benjamins Publishing Company.

O Fischer, A Rosenbach, D Stein(2000), *Pathways of Change : Grammaticalization in English*, John Benjamins Publishing Company.

Taylor, John R.(1995), *Linguistic Categorization*, 2nd edition, Oxford University Press.

Wierzbicka, Anna(1996), *Semantics*, Oxford University Press.

'줄임말'의 형식적 조건

최 형 강

인하대학교

1. 서 론

'줄임말'은 그 범위를 한정하지 않는다면 어떤 것을 어떻게 다루어야 할지 알 수 없는 논의 대상 중의 하나이다. 그런 이유로 '줄임말'에 대한 세부적인 논의에 앞서서 '줄임말'의 범위를 한정함으로써 '줄임말'이 무엇인지를 확인하는 작업을 먼저 진행하기로 하겠다.

본고에서 다루는 '줄임말'이 형성될 수 있는 환경은 고유어라면 두 개 이상의 단어가 연결되어 쓰이는 경우라고 할 수 있고, 한자어라면 두 개 이상의 형태소가 연결되어 쓰이는 경우라고 할 수 있다. 서구의 외래어나 외국어도 한글로 표기했을 때 형태소나 단어의 자격을 가질 수 있는 것이 두 개 이상 연결되어 쓰이는 경우로 한정할 수 있을 것이다. 이렇게 줄임을 통해 연결된 결과, 하나의 단위로 묶여서 쓰일 수 있는 예들이 본고의 '줄임말'이라고 할 수 있을 것이다. 여기서 하나의 단위로 묶여서 쓰일 수 있는 것이라고 한 것은 이러한 줄임말이 복합어를 형성한다고 단정할 수 없기 때문이다. 형태론적인 단어라고 할 수는 없지만 줄임을 통해 하나의 단위로 묶여서 쓰이는 것이다.[1]

즉 여기서 다룰 줄임말의 예는 복합어적인 구성으로 이해될 수 있는 대상으로 한정할 것이다. 특히 두 개 이상의 형태소나 단어가 줄임을 통해 연결되어 복합명사적인 모습을 보이면서 하나의 단위로 쓰이고 있는 예들을 논의의 대상에 포함하고자 하는 것이다. 이는 '심장이 쿵쾅거리다'를 줄인 '심쿵'이나 '깜짝 놀라다'를 줄인 '깜놀' 등과 같이 동사를 포함하여 구를 이루고 있는 구성요소에서 한 음절씩 선택되어 조합된 경우를 대상으로 삼지는 않겠다는 것이다. 구에서 한 음절씩을 가져왔을 뿐이지 복합어를 구성하는 것이라고는 볼 수 없는 이러한 예들은 다른 자리에서 다룰 것이다.

송철의(1993: 29)에서는 음운론적 차원에서 형식의 감축이 이루어진 것, 형식의 감축이 있더라도 의미에는 변화가 없는 것을 '준말'로 한정한 바 있다. 그러나 본고에서는 '사이→새' 등과 같이 단순히 음운론적으로 설명해낼 수 있는 규칙적인 축약의 결과를 '줄임말'에 포함하지는 않을 것이다.[2] 음운론적인 규칙성을 따르지 않은 채 축약이나 탈락이 이루어졌거나 그 축약이나 탈락을 통해 의미의 변화가 일어난 경우를 '줄임말'로 보고자 하는 것이다. 다만, 줄임말을 구성하는 음소의 선택 조건에서는 음운론적인 특성이나 환경을 기본으로 논의를 진행할 것이다.

아래에서는 이러한 '줄임말'과 관련된 용어가 혼란스럽게 쓰이는 것을 짚어보면서 '줄임말'의 개념과 범위를 확정짓는 작업을 할 것이다. '줄임말'과 관련된 혼란은 '두음절어'와 '혼성어'의 범위를 한정짓기 어렵다는

---

1 그 하나의 단위가 가진 형태론적인 지위에 대한 문제는 다른 논의에서 다루기로 하겠다.

2 최형용(2003: 209)에서는 '아이'가 '애'로 줄어도 새로운 의미를 획득하지 않기 때문에 '줄임말'에 포함하지 않았다.

점에서 비롯될 수 있는데, '두음절어'와 '혼성어'의 개념과 범위를 구체적으로 다룬 노명희(2010)의 논의를 중점적으로 재점검하는 것에서 실타래를 푸는 작업을 시도할 것이다.

2. '줄임말'과 관련된 용어의 문제

'줄임말'에는 축약이나 탈락을 경험하기 이전 형태와 이후 형태가 동일한 의미를 가지는 경우와 축약이나 탈락을 경험한 이후에 다른 의미나 지시대상을 가지는 경우로 기존의 논의에서 나누어 다룬 내용이 모두 포함될 수 있다.

전자와 후자를 나누어서 다룰 때에도 굳이 노명희(2010: 261-262)와 같이 '두음절어'와 '혼성어'로 구별하여 제시할 필요는 없을 것이다. 노명희(2010: 262-263)에서도 국어에서 두음절어와 혼성어는 모두 음절 단위로 이루어지므로 그 둘을 구별하기 힘든 면이 있다는 사실은 인정을 하고 있다. 또, 두음절어도 혼성어와 동일하게 절단과 합성이라는 두 가지 단어형성 기제가 적용된 것으로 볼 수 있다는 점에서 공통적인 특성을 가진다고 한 바 있다. 그러나 두음절어는 원래의 단어나 구가 갖는 의미와 줄어든 형식의 의미가 같은 반면, 혼성어는 기본적으로 '레캉스, 라볶기' 등과 같이 두 단어의 특성을 모두 가진 새로운 대상을 지칭하는 것이 일반적이라고 하였다.[3] 그런데 '셀카'는 노명희(2006: 44)에서는 혼성어로 다루었지만 노명희(2010: 263)에서는 두음절어로 보고 있는 것으로

---

3 Bauer(1983: 234)에서는 portmanteau는 blend로 부를 수 있다고 하면서 blend를 '형태들로의 투명한 분석이 없이 두 개(나 그 이상)의 다른 단어들로부터 형성된 새로운 어휘소(new lexeme)'라고 정의하였는데, 혼성어에 대한 노명희(2010)의 개념과 일맥상통하는 면이 있다.

보아 이 둘의 명백한 구분이 이루어지기는 어렵다는 점에서 굳이 세분화할 필요는 없을 것이다.

이선영(2007: 187)에서는 앞 단어의 성분과 뒤 단어의 성분이 결합한 경우를 '혼성어'로,[4] 각 단어의 첫음절을 따서 만든 신어를 '두음절어'로 명명하고 각각 '차파라치(차＋파파라치)'나 '내디내만식(내가 디자인해서 내가 만든다는 식)' 등과 같은 예를 제시하였다. 혼성어와 두음절어 중 혼성어가 신어로 정착하는 경우가 많은데, 혼성어의 구성성분 중의 하나가(특히, 후행 성분이) 그 원래 단어가 가졌던 독자적인 의미를 그대로 가지면서 단어형성에 활발하게 참여할 때 신어로 정착하는 경우가 많은 것으로 보았으므로 노명희(2010)과는 달리, 혼성어를 이루었을 때 다른 의미나 지시대상을 가지게 되는 것을 전제로 삼지는 않았다.

노명희(2010: 264-265)에서는 통합적 혼성어는 두 단어가 구를 형성할 수 있다는 점과 두 단어의 관계가 수식 관계가 될 수 있다는 점에서 일종의 연어 관계로 해석된다고 하였다. 이러한 통합적 혼성어는 두음절어를 포함한 약어 등과 구별하기 어려운 점이 있으나 차이점도 발견된다고 하였다. 두음절어의 경우는 '디지털 카메라 → 디카, 토요일 토요일은 즐거워 → 토토즐'과 같이 줄어든 형태와 원래의 형태가 동시에 공존하며 사용되지만[5] '유비쿼터스 네티즌 → 유티즌'과 같은 통합적 혼성어에서는 혼성어가 형성되기 이전인 '유비쿼터스 네티즌'으로는 잘 쓰이지 않고 혼성어인 '유티즌'이 쓰이는 것이 더 일반적이라고 하였다. 그러나 노명

---

4 임지룡(1996: 192)에서는 머리합성어, 꼬리합성어와 같이 선행어와 후행어의 앞부분끼리 결합한 경우와 뒷부분끼리 결합한 경우를 제외하고 '혼성어'를 설정하기도 하였으나 선행어와 후행어의 앞부분끼리 결합한 경우라도 본고의 '줄임말'에 포함될 수 있을 것이다.

5 단순히 두음절어로 처리할 수 없는 '셀프카메라-셀카' 등도 원래의 형태와 줄어든 형태가 공존한다.

희(2010: 264)에 제시된 통합적 혼성어의 예 중 '모티켓'은 이호승 (2014: 61)에서 지적하였듯이 '모티켓'과 함께 줄임말이 형성되기 이전 인 '모바일 에티켓'도 흔히 쓰이므로 이 기준이 통합적 혼성어와 두음절 어를 가르는 절대적인 기준으로 쓰일 수는 없다.

앞서 언급한 '셀프카메라'를 줄인 '셀카'와 마찬가지로 '몰래카메라'나 그 줄임말인 '몰카'가 카메라의 종류가 아니라 카메라로 할 수 있는 행위 를 의미한다는 점에서 좀 더 세심하게 살펴볼 필요가 있다. '디지털카메 라'나 그 줄임말인 '디카'가 그대로 카메라의 한 종류를 의미하는 것과는 차이가 있는 것이다.

'몸'과 '캠코더(camcorder)'의 '캠'이 결합한 '몸캠'도 캠코더의 종류가 아니라 캠코더로 할 수 있는 행위를 의미한다는 점에서 '몰카'와 동질적으 로 다룰 수 있는 예이다.[6] '화상채팅을 하면서 몸을 찍은 내용을 올리는 행위'를 의미하는 '몸캠' 역시도 동일하게 행위성을 포함하고 있는 것이다.

이러한 경우의 '몰카'나 '몸캠'을 단순히 '디카'와 마찬가지 방식으로 처리할 수는 없을 것이다. '디지털카메라'나 '디카'로 쓰일 때에는 '카메 라'가 대상의 의미를 가지고 있지만, '몰래카메라'나 '몰카'로 쓰이게 되 면 '카메라'나 '카'는 '카메라로 찍는 행위'를 의미하게 된다.[7] 앞서 언급 했듯이 '몸캠'의 '캠'도 '캠코더로 찍는 행위'를 의미한다. 그러나 '몸캠' 이 '몸'과 '캠코더'의 결합과 줄임의 결과인 것은 확실하지만, '몸캠코더' 가 쓰이기는 어렵다는 점에서 '몰래카메라, 몰카'와는 차이가 있다.

이때의 '몰카'나 '몸캠'을 노명희(2010)식의 '혼성어'에 포함할 필요는

---

6 '캠코더(camcorder)'도 'camera'와 'recorder'의 줄임말인데, '캠코더'는 행위성을 가지지 않지만 '몸캠'으로 줄임말을 이루면 행위성을 가지게 된다는 점에서 특징적 이라고 할 수 있을 것이다.
7 '셀카 찍다, 몰카 찍다'가 되면 이때의 '찍다'는 대동사 '하다'와 거의 유사한 의미기 능을 가지는 것이다.

없을 것이다. 앞서 언급했듯이 노명희(2010: 262-265)에서는 두음절어는 원래의 단어나 구가 갖는 의미와 줄어든 형식의 의미가 같지만, 혼성어는 기본적으로 두 단어의 특성을 모두 가진 새로운 대상을 지칭하는 것이라고 하였는데 '몰카'는 줄임말이 되면서 그 의미가 변화한 것은 아니므로 혼성어에 포함될 수는 없을 것이다. '몸캠'의 경우에는 '몸캠코더'의 쓰임을 아예 상정할 수 없다는 점에서는 통합적 혼성어로 처리할 수 있을지 모르나 '몸'과 '캠코더'가 연어 관계로 해석되기보다는 '몸캠'이 '행위성'을 포함한 융합적인 의미를 가지므로 노명희(2010)의 통합적 혼성어에서 함께 다룰 수 있는 내용이 아닌 것이다.

만약, '디카, 셀카, 몰카, 몸캠'을 모두 두음절어로 처리하면 이들 사이에 드러나는 차이를 구별할 수가 없다는 문제가 생기므로 굳이 두음절어로 상정할 필요도 없다. 이러한 의미에서 본고에서는 특별히 두음절어나 혼성어로 구분하여 논의를 할 필요가 없고 '줄임말'로 묶어서 함께 다룰 필요가 있음을 주장하는 것이다. 음절을 가져오는 방식과 의미의 미묘한 차이에 따라 두음절어인지 혼성어인지를 나누는 것은 연구자의 직관에 따를 수밖에 없기 때문이고 두음절어나 혼성어만으로 설명을 할 수 없는 줄임말들이 존재하기 때문이기도 한 것이다. 그 전체를 통합하여 '줄임말'로 설정하는 것이 불필요한 혼란을 야기하지 않는 방법일 것이다.

'몰래카메라, 몰카' 등의 관계에서 보듯이 본고의 '줄임말'은 줄어드는 과정을 통해 의미의 변화를 상정하는 것이 필수적이지는 않기 때문에 최형용(2003: 208-209)에 완전히 부합하는 것이라고는 할 수 없다. 최형용(2003: 197, 211-213)에서는 형식적인 감소 과정을 통해 형성된 단어이면서 줄어들기 이전 형식과는 다른 의미를 가지고 어휘화된 단어들을 '줄임말'로 설정하였는데, 그 대상이 일치하는 것은 아니지만 형식적인 감소 과정을 통해 복합어처럼 쓰이는 본고의 대상들을 '줄임말'로 지칭하는 데에는 문제가 없을 것이다. 줄어들기 이전 형식과 완전히 다른 의미를 가지는 것은 아니지만 줄임말 특유의 한정적이고 특정적인 의미 기능을 보인다는 점에서 다른 의미가 포착된다고 볼 수도 있을 것이다.

이희자(1997: 33-35)에서는 '불고기백반'을 '불백'이라고 하는 것처럼 단어 결합체에서 그 일부로서 그 전체 형태를 대신하는 것을 '줄인 꼴'이라고 하였고 '가정용 전기'를 '가전'과 같이 줄여서 명사의 기능을 하지 않고 하나의 형태로 굳어져 단어 형성이나 구 형성에 쓰이는 것을 '줄여서 만든 말'이라고 하였다. '줄인 꼴'은 본고의 대상에 포함되는 것이지만, '줄여서 만든 말'의 경우 명사의 기능을 하지 않고 단어 형성이나 구 형성에서 쓰인다는 점에서 본고의 논의 대상과는 차이를 보인다고 할 수 있다.

양명희·박미은(2015: 3)에서는 원형식을 상정할 수 있고, 원형식의 사용 여부와 상관없이 형식의 삭감을 통해 새로운 어형으로 사용되는 형태를 '형식 삭감형'이라고 명명하였다. 형식 삭감은 단일어에서 나타나기도 하고 복합어에서 나타나기도 하며, 통사적 구나 절에서 나타나기도 한다고 하였는데, 단일어나 절의 문제는 본고의 '줄임말'의 영역에서 벗어나는 것이다.

특별한 방식의 축약이나 탈락과 같은 형식적 조건과 의미 변화와 같은 의미적 조건이 모두 이루어질 수도 있겠지만, 그 중 하나의 조건만 만족시키는 경우에도 '줄임말'에 포함하여 다룰 수 있을 것이다. 그런 의미에서 '혼성어'와 '두음절어' 등을 포괄하여 '줄임말'을 설정한 것이기도 하다.[8] 본고의 '줄임말'은 두 개 이상의 형태소나 단어의 일부분이 선택되어 복합어적인 구성을 이루고 있는 구성체를 이르는 것으로 의미의 변화가 필연적으로 상정되는 것은 아니라고 할 수 있다.

---

8 다만, 다른 논의에서 두음절어, 혼성어 등으로 설명하는 예들을 언급할 때에는 '두음절어'나 '혼성어' 등으로 제시할 수는 있을 것이다.

본고에서는 첫음절이나 특정 음절이나 음소가 선택되는 것과 같은 형식적 조건이 반영된 결과에 따라 나타날 수 있는 줄임말의 예들을 중점적으로 살펴보기로 하겠다. 먼저, 형식적 조건 중 첫음절의 선택 문제에 대해 살펴볼 것이다. 연결되는 단어나 구의 첫음절을 선택하여 줄임말을 구성하는 예들을 먼저 검토해 보고자 하는 것이다.

3. 첫음절의 선택

양명희·박미은(2015: 10)에서는 국어에서 절단어나 두음절어, 비두음절어는 모두 중요한 의미의 음절만을 남기고 형식이 삭감되는 단어인데 '거스름돈-거스름', '슈퍼마켓-슈퍼' 등의 예를 보면 국어의 절단어는 주로 뒤의 음절이 절단되는 경우가 더 많다고 하였다. 그런데, 두음절어는 둘 이상의 단어가 결합할 때 각 단어의 첫음절을 선택하여 단어를 구성하는 것으로 두음절어는 중요 음절이 남는 것이라기보다 첫음절을 각 단어의 대표 음절이라고 보고 이를 조합한 것이라 할 만하다고 하였다. 그래서 두음절어는 복합어보다 명사구, 특히 '전경련(전국경제인연합회), 한예종(한국예술종합학교), 경실련(경제정의실천연합), 연세대학교(연대), 고려대학교(고대)' 등과 같은 한자어 고유명사에서 자주 나타난다고 하였다. 이 논의에서는 두음절어에 대해 의미나 발음보다 처음에 위치하는 것에 초점을 맞추었지만 한자어 두음절어의 경우에는 의미와 발음의 중요성을 모두 언급하고 있는 셈이 될 수밖에 없을 것이다.

노명희(2010: 262)에서는 고유어 두음절어는 원래 형태를 예측하기 힘들다는 점 때문에 그리 활발하게 일어나지 않는 편이었지만 한자어의 경우 한 음절이 의미의 대표성을 지니는 특성이 있어 두음절어는 흔히 한자어에 활발히 나타나는 것으로 말해졌으나 최근에 신어로 형성된 예들을 살펴보면 어종을 구별하지 않고 짧게 줄여 쓰려는 경향이 강하다고 하였다. 즉 어종에 따른 차이보다는 해당 단어나 어구의 출현빈도와 관련되는 듯하다고 하면서 '몰래카메라(camera) → 몰카, 개그콘서트(gagconcert) → 개콘' 등을 그 예로 제시하였다.

이처럼 각 단어나 어절의 첫음절이 선택된 경우는 한자어뿐만이 아니라 고유어나 외래어, 외국어를 가리지 않고 다양하게 확인할 수 있다.[9] 첫음절만 선택되는 것이므로 줄임말의 선택에서 특별히 '핵'이 될 만한 요소를 고려하지 않아도 되는 경우라고도 할 수 있다.

아래에서는 학교생활에서 쓰는 줄임말을 중심으로 첫음절이 선택되는 경우를 살펴보기로 하겠다. 비교를 위해 같은 부류의 단어들 중에서 첫음절이 선택되지 않은 예도 (1ㄱ)에서는 함께 제시할 것이다.

(1) ㄱ. 학생 주임-학주, 학교 폭력-학폭, 학사 경고-학고
　　 ㄴ. 가정 통신문-가통
(2) 노는 토요일-놀토

(1ㄱ)의 '학생 주임-학주, 학교 폭력-학폭, 학사 경고-학고' 중에서 특이한 경우는 '학사 경고'를 '학고'로 줄인 것이다. 다른 예들과는 달리 두 단어를 줄여서 쓰면서 두 번째 단어의 첫음절이 아니라 맨 끝의 음절이 선택된 것이다. 즉 '학주, 학폭'을 고려하면 '학경'이 되어야 할 텐데 '학고'로 나타나는 것이다. '학생 주임, 학사 경고'는 『표준국어대사전』에 이미 '학생주임, 학사경고'와 같이 합성어로 등재되어 있고 '학교 폭력'은 등재되지 않은 경우인데, 등재되어 있는 '학생 주임'과 '학사 경고'가 줄

9　각 단어의 첫음절이 선택되는 것을 보이기 위해 합성어로 등재되어 있는지 여부를 고려하지 않고 (1), (2), (3)의 예들은 첫음절이 선택되는 것을 기준으로 띄어서 제시하기로 하겠다.

임말의 선택에서는 동일한 결과를 보여주지 않는 것이다.

　이는 유사한 단어 결합 양상을 보여도 단어 경계로 두음이 선택되는 것이 절대적인 원칙이 아니라는 증거가 될 수 있다. '학폭'의 경우는 '폭'과 '력' 중 '폭'의 발음이 좀 더 쉽다고 볼 수 있으므로 '력'이 아니라 '폭'이 선택되었다고도 볼 수 있고, '학주'와 마찬가지로 후행어의 첫음절이 선택된 것이라고도 할 수 있다. '학사 경고'에서는 '학경'보다는 '학고'가 발음의 편이성이 있기 때문에 '고'가 선택되었을 가능성을 보다 강력하게 제기할 수 있을 것이다. 같은 공명음이지만 'ㅇ'을 종성으로 하는 것보다 모음이 발음하기 더 쉽기 때문이라고 볼 수 있는 것이다.

　(1ㄴ)과 같이 '가정 통신문'은 '가통'으로 줄여 쓴다. '수학 포기자, 사회적 배려 대상자, 신용 불량자'에서는 맨 끝음절의 '자'까지 선택되었는데, '가정통신문'에서는 '문'이 선택되지 않았다.[10] '통신'에 이미 '문'의 의미가 포함되어 있어서 '문'을 선택할 필요가 없는 것이라고 할 수 있고,[11] 연결되는 '단어'의 첫음절만을 전적으로 선택한 전형적인 예라고도 할 수 있다.

　(2)의 '놀토'는 '노는 토요일'의 줄임말인데 '놀토'가 되는 것은 한자의 훈과 음을 읽는 방식을 흉내 낸 것과 같은 효과를 준다.[12] '노는 토요일'에서 '노는'의 첫음절을 줄임말에 포함하면서 그 활용 형태가 변화되었으므

10　'취업 준비생'을 '취준생'으로 줄일 때에도 '생'을 포함하고, '수학 포기자' 등도 '수포자'와 같이 '자'를 포함하는데 '가정 통신문'의 '문'만 선택되지 않은 것은 특징적이라고 할 수밖에 없을 것이다. '취업 준비생', '수학 포기자'는 '취업 준비 생'과 '수학 포기 자'로 설정하고 각각의 첫음절이 선택된 것으로 볼 가능성이 전혀 없지는 않다.

11　'가정통신'만으로 이미 사전에 등재되어 있는 것도 그러한 이유일 것이다.

12　'노는 토요일'을 줄인 것으로 보면 고유어 동사의 활용형 '노는'도 첫음절의 선택에서 고려의 대상이 되는 예라는 점에서 첫음절이 선택되는 대상이 다양하다는 것을 알 수 있다.

로 따로 (2)에 제시하였다. 양명희·박미은(2015: 14)에서는 '놀토'를 원형식의 삭감으로 보기보다는 '놀소리, 놀우리'와 같이 용언 어간에 바로 명사가 결합하는 비통사적 합성어의 하나로 처리하였는데, '놀'로 나타나는 것을 설명하기 위한 하나의 방편이 될 수는 있을 것이다.

'놀토'의 반의어로 '안 놀토'가 쓰이는 것은 합성어처럼 쓰인 '놀토'를 인정하는 것이기도 하고 부사 '안'과 관련해서는 '놀'의 동사성이 강조되는 것이므로 비통사적 합성어의 동사어근이 반영된 반의어라고 할 수 있지만, '갈토'나 '출토'가 쓰인다는 것은 '놀토'를 비통사적인 합성어로 보기 어렵게 할 수 있다. '놀'과 비슷한 발음을 유지하면서 대치(代置)되는 '갈'이나 '출' 중에서 '출'은 비통사적 합성어의 동사 어근이라고는 할 수 없기 때문이다. 또한, '갈토', '출토'와 '놀토'는 한자의 훈과 음을 읽는 방식을 흉내 낸 결과로 함께 묶어서 설명할 필요가 있는 것이다. 이러한 효과를 위해 오히려 한자인 '출(出)'이 쓰이는 기이한 상황이 연출되는 것이라고 볼 수 있다.

학교에서 쓰이는 용어가 아니더라도 방송이나 일상생활에서 쓰이는 용어들 중에서도 연결되는 단어나 복합어의 첫음절을 선택하는 경우를 쉽게 찾아볼 수 있다. (3)의 예들에서 한자어뿐만이 아니라 고유어나 외래어, 외국어의 연결에서 첫음절이 선택되는 것을 확인할 수 있다.

(3) ㄱ. 미스 코리아-미코, 생일 파티-생파, 패션 피플-패피
ㄴ. 공부의 신-공신, 노동자와 사용자와 정부-노사정, 늦점- 늦은 점심, 민간인과 관청/관료와 군인-민관군/군관민, 영어 유치원-영유, 택포-택배비 포함

(3ㄱ)은 외래어나 외국어가 포함된 복합어나 단어의 연결에서 첫음절이 선택된 경우이다. '미스 코리아'와 같은 복합어를 '미코'로 줄이거나

한자어와 서구의 외래어가 함께 쓰인 '생일 파티'를 '생파'로 줄여 쓰는 경우를 인터넷에서뿐만이 아니라 일상 발화에서도 쉽게 확인할 수 있다. '패션 피플(fashion people)'과 같이 외래어와 외국어가 연결된 조합에서도 '패피'로 줄여 쓰는 경우를 흔히 볼 수 있다.

(3ㄴ)은 방송이나 일상생활에서 쓰이는 줄임말의 예 중 서구의 외래어나 외국어가 포함되지 않은 경우이다. 신문 기사 등에서 '민관군'보다는 '군관민'의 사용 빈도가 높지만 두 예가 모두 사용되는 것을 확인할 수 있다. 이에 반해 '노사정'은 순서가 바뀌어 사용되는 경우를 확인하기 어렵다. 사실, '민관군(民官軍)/군관민(軍官民)'이나 '노사정(勞使政)'은 한자 세 음절의 연결이므로 본래의 말을 역으로 상정할 필요가 없을 가능성도 있다. '민관군'의 '관'을 '관청'이나 '관료'로 상정할 수 있는 것도 그런 이유라고 할 수 있다. 이러한 점에 중점을 둔다면, '민관군/군관민'이나 '노사정'을 전형적인 줄임말의 예로 다루기는 어렵다. '공부의 신'을 '공신'으로, '늦은 점심'을 '늦점'으로, '영어 유치원'을 '영유'로, '택배비 포함'을 '택포'로 쓰는 경우는 일상생활에서 흔히 찾아볼 수 있다.

4. 발음을 고려한 선택

4.1. 특징적인 음절의 선택

줄임말을 이룰 때에 특징적인 음절을 선택하는 대표적인 예로는 다음과 같은 것이 있다.

    (4) ㄱ. 악한 리플-악플, 선한 리플-선플
          ㄴ. 셔츠＋재킷/자켓-셔킷/셔켓, 카디건/가디건＋자켓-카디켓/
              가디켓

'악플'이나 '선플'은 발음상 특징적인 음절의 선택과 관련된다. '악플-악한 리플, 선플-선한 리플'의 '리플'에서 두드러지는 음절인 '플'이 선택된 것이다.[13] '악리, 선리'나 '악리플, 선리플'로는 잘 쓰지 않는다. '악리, 선리'는 의미 전달이 어렵다는 점에서 선택되기 어렵고, '악리플, 선리플'은 '리플라이(reply)'에서 조금 줄인 것이어서 그런지 줄임말이라는 느낌이 들지 않는다.

이은섭(2007: 98)에서는 '리플'이 원형식의 기능과 의미를 그대로 유지하면서 실현되는 것으로 보았다. 영어의 reply에서 온 절단형 '리플'에서 다시 재분석 과정을 통해 접사적 성격의 '-플'이 도출되는 것으로 보았다. 이 형식은 '악플, 선플, 무플' 등의 단위를 형성하기도 하고, 더 나아가 '악플러'와 같이 영어의 접미사 '-er'을 덧붙여 보다 기이한 단위를 형성하기도 한다고 하였다.

'악플, 선플'과 마찬가지로 특징적인 음절이 선택된 경우로는 '셔킷'이 있다. '셔킷'은 '셔츠+재킷'에서 각각 앞 음절과 뒤 음절이 결합한 것인데, '셔츠, 팬츠' 등에서 공통적인 '츠'가 아니라 특징적으로 드러나는 '셔'가 선택되었고 '재킷(jacket)'에서 '재'보다는 '킷'이라는 더 특이한 음절이 선택된 것이므로 각각의 단어에서 특징적인 음절이 선택된 것이라고 할 수 있다.

그런데, 줄임말을 이룰 때 일반적으로 상정될 수 있는 방식에 따라 '셔킷'이 형성된 것이라고 볼 수도 있을 것이다. '라볶이' 등과 같이 선행어의 첫 번째 음절과 후행어의 첫 번째 음절을 제외한 요소가 결합하는 방식에 따라 '셔킷'이 형성된 것이라고 볼 수도 있는 것이다. 다만, '재킷'은 2음절어이므로 '라볶이'의 '떡볶이'와는 음절수가 달라서 같은 방식에

---

13 '악플'이 더 빈번하게 쓰이기는 하지만, 김일환(2014: 112)에 '선플'도 고빈도의 혼성어로 제시되어 있어서 예로 가져온 것이다.

의해 줄임말을 구성한 것이라고 단언하기는 어렵다. 또, 아래의 '카디켓/가디켓'에서는 동일한 방식이 적용될 수 없으므로 특징적인 음절이 선택된 것으로 처리하는 것이 '셔킷/셔켓'과 '카디켓/가디켓'을 함께 설명할 수 있는 방법이 될 것이다. '재킷'은 '자켓'으로 쓰이는 경우가 많아서[14] '셔켓'으로 등장하는 경우도 빈번하게 확인할 수 있다.

'카디켓'은 '카디건'과 '자켓'이 결합된 것으로 앞서의 '셔킷/셔켓'과는 달리 선행어의 음절수에 맞춰 '카디켓'이 된 것이다. 이때에도 특징적인 음절인 '켓'이 선택되었다는 점이 앞서의 '셔킷/셔켓'과 공통적이라고 할 수 있을 것이다. '카디켓'은 '가디켓'으로 쓰이는 경우가 많았는데, 이는 'cardigan'을 '카디건'이 아니라 '가디건'으로 쓰거나 발음하는 경우가 많기 때문인 것으로 볼 수 있다. '셔킷'의 경우와는 달리 '카디킷'이나 '가디킷'으로 쓰이는 경우를 찾아보기는 어렵다.

(4)의 '악플, 선플'과 '셔킷/셔켓'과 '카디켓/가디켓'은 줄이기 이전의 형식으로는 잘 쓰이지 않는다. 이러한 예들은 노명희(2010)의 혼성어에 가장 부합하는 예들이라고도 할 수 있다. '악한 리플, 선한 리플'과 같은 수식 구성이 통합적 혼성어인 '악플, 선플'로 주로 쓰일 수 있다고 할 수 있고, 두 단어의 특성을 모두 가진 새로운 대상을 지칭하는 것이 혼성어가 가진 기본적인 특징이라면 '셔킷/셔켓', '카디켓/가디켓'이 그에 해당하기 때문이다.

'플'이나 '셔', '킷/켓'은 발음하기 어려운 음절임에도 선택되었는데, 이러한 발음의 특이성으로 인해 줄어들기 이전의 단어를 보다 쉽게 연상할 수 있기 때문이라고 할 수 있다.

---

14 외래어 표기법에 따르면 '재킷'으로 써야 하지만, 일반적으로 '자켓'으로 많이 쓰고 있는 것이다.

4.2. 공명음의 선택

줄임말을 구성하는 음소의 선택 조건 중 광범위하게 적용할 수 있는 조건은 공명음의 선택과 관련되어 있다. 이주영·김정남(2014: 55-56)에서도 모음을 잃고 앞 음절의 받침으로 들어가는 후행 음절의 자음들이 대체로 'ㄴ, ㄹ, ㅁ, ㅇ'과 같은 공명음이라는 점을 들고 있다. '춉(초보), 럽스토리(러브스토리)' 등과 같이 'ㅂ'의 예도 있으나 이 역시 내파음으로 발음되기보다는 유성음에 가깝게 발음되는 특징을 보인다고 하였다.

이러한 조건을 적용하면 줄임말의 맨 끝의 음절은 ㄴ, ㄹ, ㅁ, ㅇ과 같은 유성자음이나 모음이 있는 음절로 구성된다고 볼 수 있는데, 당연히 '학교 폭력'과 같이 후행하는 단어가 초성이나 종성에 유성자음이나 모음을 포함하고 있지 않은 경우에는 이러한 조건이 적용될 수 없다. 또, '학폭'의 경우는 선행 음절의 받침으로 들어가는 것은 아니므로 공명음의 선택 문제에서 다른 환경을 가진 예라고 할 수 있을 것이다. 이 원칙은 아래의 '플젝'의 '플' 등과 같은 경우에 직접적으로 적용될 수 있는 것이다.

그런데, 발음하기 쉬운 공명음의 선택 문제를 선행 음절과 후행 음절이 줄어들어 하나의 음절을 구성하는 경우에만 적용하지 않고 다른 경우에도 확대 적용할 수는 있을 것이다. '학주'와 '학임' 중에 '학주'가 선택되는 것은 둘 다 공명음이기는 하지만 'ㅁ'이 말음으로 있을 때보다는 모음으로 끝났을 때 발음하기 더 쉽기 때문일 가능성이 있는 것이다. 앞서 언급했듯이 '학사 경고'도 '학경'과 같이 '경'이 아니라 '학고'와 같이 '고'가 선택되는 것은 유성음이 쓰인 '경'보다는 모음이 쓰인 '고'가 발음하기 더 쉽기 때문일 수 있는 것이다. 뒤에서 다시 다루겠지만, 공명도에서 차이가 나는 경우에는 공명도가 더 낮은 자음이 탈락하는 경향이 있고 자음보다는 모음이 남을 가능성이 높은 것이라고 할 수 있다.

앞 음절의 받침으로 선택될 수 있는 공명음의 문제는 보다 많은 예들을

통해 확인해 볼 필요가 있다. 다음의 예들을 통해 이를 점검해 보기로
하자.

> (5) ㄱ. 고무신-곰신, 프로젝트-플젝
> ㄴ. 내용무-냉무, 개월-갤, 메일-멜, 세일-셀
> ㄷ. 스물셋-슴셋, 어린이집-얼집, 패밀리 세일-팸셀
> ㄹ. 치마 레깅스-치렝스,[15] 선생님-샘

앞 음절의 받침으로 쓰일 수 있는 공명음의 문제는 이선영(2007: 180)
의 '곰신' 등에서도 확인할 수 있다. '곰신'은 차용어 '고무'와 고유어
'신'이 결합한 것으로 단어의 경계를 넘어서 축약을 경험한 것이다. '군대
에 간 남자친구를 기다리는 여자'를 의미하는 '고무신'이 탈락과 축약을
경험하며 '곰신'으로 쓰인 것인데, 두 번째 음절의 초성이 선행 음절의
종성으로 가서 축약이 된 결과이다. '고무'의 '무'는 받침인 종성이 없으
므로 특별한 고려 없이 '곰'이 된 것이라고도 할 수 있을 것이다.

'프로젝트(project)'를 '플젝'으로 줄이는 것도 유사한 과정의 결과이
다. '젝트'가 '젝'으로 줄어드는 것은 쉽게 이해되지만 두 번째 음절의
초성이 선행 음절의 종성으로 가서 '플'이 형성되는 것은 특징적일 수밖
에 없는데 이러한 특징이 '곰신'과 마찬가지로 확인되는 것이다.

'내용'이 '냉'이 되는 것은 두 번째 음절의 종성이 선행 음절의 종성으
로 간 결과라고 할 수 있을 것이다. '개월-갤, 메일-멜, 세일-셀'도 모두
두 번째 음절의 종성이 선행 음절의 종성으로 간 경우이다. 이수연·이선
웅(2014: 338, 342)에 제시된 '갤'은 '개월'에서 '워'가 탈락한 채 '갤'로

---

15 '치렝스'뿐만이 아니라 '치깅스'도 쓰일 수 있는데, '치렝스'가 특징적인 음소인
   '레'와 'ㅇ'의 조합을 통해 줄임말을 구성하였다는 점에 주목하기 위해 '치렝스'를
   제시하였다.

축약되어 쓰이는 것이다. 이중모음 '워'가 통째로 탈락한 것을 '갤'의 특이점으로 들었는데, '우' 계열 모음의 탈락으로 함께 묶어서 다룰 수 있는 예라고 할 수 있다.[16] '개월(갤)'은 이수연·이선웅(2014: 342)에서 이미 언급했듯이 '앤(애인), 낼(내일)'과 같은 사례에서 쉽게 유추하여 형성할 수 있는 형식감소어라고 할 수 있으므로 '메일(멜), 세일(셀)' 등과 함께 묶어 다룰 수 있는 것이다.

'스물'을 '슴'으로 줄여서 '스물셋'을 '슴셋'이라고 하는 경우는 (5ㄱ)과 유사한 환경이라고 할 수 있다. 두 번째 음절의 초성이 선행 음절의 종성으로 가기 때문이다. 그런데, '슬'이 아니라 '슴'이 되는 이유는 무엇일까? 이주영·김정남(2014: 56)에서는 '때문'이 '땜'으로 줄 때는 'ㄴ'과 'ㅁ' 사이에 공명도 우열을 가릴 수는 없으며 탈락하는 'ㄴ'이 잔존하는 'ㅁ'에 비해 공명도가 높은 것은 아니라고 할 수 있는데, '스물'도 마찬가지라고 할 수 있다. 이러한 경우들에 대해 이주영·김정남(2014: 56)에서는 자음의 음절 내 위치, 즉 초성 자리에 오는지 종성 자리에 오는지가 중요한 것이 아니라 그 자음의 공명도를 기준으로 공명도가 더 높지 않은 자음이 탈락하는 경향이 있다는 정도로 기술할 수 있다고 하였는데, 이 정도의 기술로 마무리를 해야 할지는 고민의 대상으로 남을 수밖에 없다.

이수연·이선웅(2014: 338, 342)에서는 '어린이집'이 '얼집'이 되는 과정과 '선생님'이 '샘'이 되는 과정을 비교하였는데, '어린이집'이 '얼집'이 되는 것은 '스물'이 '슴'이 되는 것과 마찬가지로 두 번째 음절의 초성이 선행 음절의 종성이 되는 것으로 공명도의 문제에서도 같은 고민을 하게 하는 예라고 할 수 있다. '어린이'에서 '얼'이 되는 것은 두 번째 음절 이하의 '이ㄴ이' 전체가 삭제되는 것이면서 두 번째 음절의 초성이 선행 음절의 종성으로 선택되는 것이기 때문이다. 이는 두 번째 음절의 초성이

---

16 '우' 모음의 탈락은 '이웃님'을 '잇님'으로 블로그 등에서 표기하는 것에서도 드러난다.

'ㄹ'이므로 공명도가 높아서 굳이 'ㄴ'이 선택될 필요가 없어서 '언'이 아니라 '얼'이 될 가능성도 있다는 점에서 앞서의 '스물'에 대응할 수 있는 예라고 할 수 있다. 그런데, '샘'이 되는 과정은 '얼집'이 되는 과정 보다는 공명음 중에서도 특징적인 음소가 선택되어 '치렝스'가 되는 과정 과 유사한 것이라고도 할 수 있다.

'패밀리 세일(family sale)'을 '팸셀'이라고 하는 것은 두 번째 음절의 초성이 선행 음절의 종성으로 가서 '팸'이 되고, 앞서의 (5ㄴ)에 제시되었 듯이 '세일'이 '셀'이 되는 과정을 겪었다는 점에서 복합적이라고 할 수 있다. '패밀리'의 '밀'은 공명도가 높은 초성 'ㅁ'과 종성 'ㄹ'을 포함하고 있는 음절인데, 초성이 선택되어 '팸'을 이룬 예로서 앞서의 '스물'과 동 일한 결과를 보여주고 있다. '세일'에서 'ㄹ'이 선택된 것은 앞서 언급했 듯이 후행하는 음절의 초성이 모음 '이'이므로 선행 음절의 종성에 쓸 수 있는 것은 후행 음절의 종성뿐인 것이다.

'치렝스'는 '렉스'가 아니라 '렝스'로 줄여 쓴다는 점에서 '스물'을 '슴' 등으로 줄이는 것과는 줄임말에 포함되는 자음의 위치가 다른 예라고 할 수 있다. 앞서 언급한 이주영·김정남(2014: 55-56)의 내용을 반영하 면 '짜증'에서 '짱'으로 줄 때는 공명도가 낮은 'ㅈ'이 탈락하고 공명도가 높은 'ㅇ'이 남게 되었다고 할 수 있는데, '치렝스'도 공명도가 낮은 '깅' 의 초성 'ㄱ' 대신에 종성인 'ㅇ'이 선택된 것이라고 볼 수 있을 것이다.

'렝스'의 형성 과정은 '샘'과 관련해서도 설명될 수 있는 여지도 있다. '선생님'에서 맨 마지막에 있는 'ㅁ'을 선택해야 '선생님'이 가진 특징적 인 음성 형식이 드러날 가능성이 있는데 '레깅스'의 줄임말 '렝스'에서 'ㅇ'을 선택한 것도 '레깅스(leggings)'가 가진 특징적인 음성 형식을 보여 주기 위한 것이라고 할 수 있기 때문이다. 다만, '레깅스'의 '기(ㄱ)'나 '짜증'의 '즈(ㅈ)'가 선택되지 않은 것이 'ㄱ'이나 'ㅈ' 대신 공명도가 높은 'ㅇ'을 선택한 결과라고 한다면, '샘님'에서 'ㅇ'이나 '니'의 'ㄴ'을 선택하지 않고 'ㅁ'을 선택한 결과가 무엇을 의미하는지는 좀 더 고민을 해 볼 필요가 있을 것이다.

절대적인 원칙을 제시할 수는 없지만 실현된 결과를 정리하면 다음과 같은 경향성을 확인할 수는 있다. 첫째, '고무신-곰신, 프로젝트-플젝'과 같이 후행 음절에 종성이 없다면 후행 음절의 초성 자음이 선행 음절의 종성으로 선택된다. 둘째, '내용무-냉무, 개월-갤, 메일-멜, 세일-셀'과 같이 후행 음절이 모음으로 시작하면 어쩔 수 없이 후행 음절의 종성을 선행 음절의 종성으로 취하여 '냉, 갤, 멜, 셀'이 될 수밖에 없다. 사전 등재어인 '마음-맘, 싸움-쌈' 등도 같은 원리이다. 셋째, '때문-땜, 스물-슴, 패밀리-팸'처럼 후행 음절의 초성과 종성의 공명도가 모두 높으면 초성이 선행 음절의 종성으로 선택된다. 이때에는 줄임말을 만들 때 'ㄴ'이나 'ㄹ'이 종성이 되는 것보다 'ㅁ'이 종성이 되는 것을 선호할 가능성도 있다. 그러나 '어린이집-얼집'의 경우처럼 'ㅁ'이 없는 예에서는 'ㄴ'이 아니라 'ㄹ'이 선택되므로, 동일한 환경에 초점을 맞추어 아예 초성과 종성이 모두 공명도가 높으면 초성이 선택될 가능성이 높다고 하는 것이 적절할 것이다. 넷째, '짜증-짱'과 같이 후행 음절의 초성보다 종성의 공명도가 높으면 종성이 선행 음절의 종성으로 선택된다. 이러한 점이 '레깅스-렝스'에도 적용될 가능성이 있다. 다만, '선생님'에서는 '님'의 'ㄴ'의 선택되지 않고 'ㅁ'이 선택되었는데 '님'의 핵심이 'ㄴ'에 있지 않고 'ㅁ'에 있다고 보는 것이 작용했을 가능성이 있다.[17] 이때에는 의미론적인 핵을 음운론적으로 보여줄 음소가 필요한 경우라고 해야 할 가능성이 있다.

---

17 앞에서 이미 언급했듯이 '치렝스'의 경우도 공명음의 선택과 함께 단어의 인상을 결정하는 특징석인 음소의 선택을 보여주는 예이다. 앞서 제시한 '선플, 악플', '셔킷 / 셔켓, 카디켓 / 가디켓'과 '치렝스, 샘'의 차이는 줄임말에 그 단어를 표현하는 특이한 음절을 선택하는지와 그 단어의 인상을 결정하는 공명음을 선택하는지에 따른 것이라고 할 수 있다.

5. 결 론

지금까지 형식적인 조건을 중심으로 줄임말의 실현 양상을 살펴보았다. 두음절어와 혼성어 등은 구별한 만한 뚜렷한 근거를 찾기 어렵고 그러한 세분화로 설명할 수 없는 예들도 있으므로 본고에서는 두음절어나 혼성어 등의 용어로 세분화하기보다는 '줄임말'로 통합하여 제시하였다.

가장 쉽게 줄임말을 구성하는 예는 '학주, 가통', '미코, 영유' 등과 같이 각 단어나 어절의 첫음절이 선택된 경우라고 할 수 있다. '선플, 악플', '셔킷 / 셔켓, 카디켓 / 가디켓' 등과 같이 특징적인 발음을 표시하는 음절이 선택되는 경우도 많은데, 발음의 효용성과 의미의 함축 문제는 좀 더 고민을 해 보아야 할 문제이다.

앞 음절의 받침으로 선택될 수 있는 자음의 문제는 다음과 같이 그 양상을 정리할 수 있다. 첫째, '고무(곰신), 프로젝트(플젝)'과 같이 후행 음절에 종성이 없다면 후행 음절의 초성 자음이 선행 음절의 종성으로 선택된다. 둘째, '내용무(냉무), 개월(갤), 메일(멜), 세일(셀)'과 같이 후행 음절이 모음으로 시작하면 후행 음절의 종성이 선행 음절의 종성으로 선택된다. 셋째, '스물(슴), 패밀리(팸), 어린이(얼)'처럼 후행 음절의 초성과 종성의 공명도가 모두 높으면 초성이 선행 음절의 종성으로 선택된다. 넷째, '치마 레깅스(치렝스)와 같이 후행 음절의 초성보다 종성의 공명도가 높으면 종성이 선택된다. 다만, '선생님'에서는 '님'의 'ㄴ'의 선택되지 않고 'ㅁ'이 선택되었는데 '님'의 핵심이 'ㄴ'에 있지 않고 'ㅁ'에 있다고 보는 것이 작용했을 가능성이 있다.

이상과 같이 형식적인 조건을 통해 줄임말을 정리하면서 다음과 같은 의문이 과제로 남는다. 의미와 발음의 특이성 중에서 우선하는 것은 무엇인가? 원형이 연상될 수 있는 것은 발음이 기여하는 바가 더 큰가? 그래서 '치렝스'로 하는 것과 같이 원형인 '레깅스'가 연상될 수 있는 음절구

조를 지향하는 것인가? '선생님-샘' 등도 원형의 연상이 쉬운 음절구조
로 줄어든 것이라고 볼 수 있는 것인가?

참고 문헌

국립국어원 편(1999), 『표준국어대사전』, 두산동아.

김선철(2011), 「통신언어 준말의 형성에 대한 음운론·형태론적 고찰」, 『언어학』
  61, 한국언어학회, 115-129.

김용선(2008), 「국어 신어의 어기에 대하여」, 『개신어문연구』 27, 개신어문학
  회, 5-40.

김일환(2014), 「신어의 생성과 정착」, 『한국사전학』 24, 한국사전학회, 98-
  125.

김창섭(1994), 「국어의 단어 형성과 단어 구조」, 서울대학교 박사학위논문.

남기탁(2013), 「신어 형성 과정과 재분석」, 『국어국문학』 163, 국어국문학회,
  5-38.

남길임 외(2014), 『2014년 신어』, 국립국어원.

노명희(2006), 「최근 신어의 조어적 특징」, 『새국어생활』 16-4, 국립국어원,
  31-46.

_____(2010), 「혼성어(混成語) 형성 방식에 대한 고찰」, 『국어학』 58, 국어
  학회, 255-281.

문금현(1999), 「현대국어 신어의 유형 분류 및 생성 원리」, 『국어학』 33, 국어학
  회, 295-325.

박보연(2005), 「현대국어 음절축소형에 대한 연구」, 서울대학교 석사학위논문.

박소영·김혜미(2012), 「한국어 통합합성어 형성 원리 재고: 신어 통합합성어
  분석을 중심으로」, 『언어학』 64, 한국언어학회, 77-108.

박진호(2003), 「관용표현의 통사론과 의미론」, 『국어학』 41, 국어학회, 361-
  379.

손남익(2007), 「1960년대 신문 두자어 연구」, 『한국어학』 37, 한국어학회, 303-334.

손춘섭(2012), 「[＋사람] 신어 형성 접사의 생산성과 의미 특성에 관한 연구」, 『한국어 의미학』 39, 한국어의미학회, 253-289.

송민규(2007), 「가상공간 신어의 생성」, 『한국어학』 34, 한국어학회, 47-78.

송철의(1993), 「준말에 대한 형태·음운론적 연구」, 『동양학』 23, 단국대학교 동양학연구원, 25-49.

양명희·박미은(2015), 「형식 삭감과 단어형성법」, 『우리말글』 64, 우리말글학회, 1-25.

이선영(2007), 「국어 신어의 정착에 대한 연구」, 『한국어 의미학』 24, 한국어의미학회, 175-195.

이선웅(2012), 『한국어 문법론의 개념어 연구』, 월인.

이수연·이선웅(2014), 「현대국어 형식감소형 은어의 사용 양상 -인터넷 육아 커뮤니티를 중심으로」, 『비교문화연구』 34, 경희대학교 비교문화연구소, 331-360.

이승명(2001), 「신어의 해석적 연구」, 『이중언어학』 19, 이중언어학회, 351-364.

이은섭(2007), 「형식이 삭감된 단위의 형태론적 정체성」, 『형태론』 9-1, 93-113.

이정복(2012), 「스마트폰 시대의 통신 언어 특징과 연구 과제」, 『사회언어학』 20-1, 한국사회언어학회, 177-211.

이재현(2005), 「현대 국어의 축소어형에 관한 연구 -축소어형과 준말의 정의, 축소어형의 조어법을 중심으로-」, 『한민족문화연구』 17, 한민족문화학회, 375-401.

이주영·김정남(2014), 「형태 축소를 통한 한국어 신어 형성 연구 -문자화된 구어 자료를 중심으로-」, 『형태론』 16-1, 46-66.

이지양(2003), 「국어 준말의 성격」, 『성심어문논집』 25, 성심어문학회, 285-316.

이진성(1999), 「약자 언어 및 통신어에 대한 고찰: 신세대 언어를 중심으로」,

『사회언어학』 7-2, 한국사회언어학회, 189-224.

_____(2003), 「한국어와 영어에 나타난 통신언어의 특징적 양상 비교」, 『사회언어학』 11-2, 한국사회언어학회, 215-236.

이호승(2011), 「절단어와 혼성어에 관련된 몇 문제」, 『개신어문연구』 33, 개신어문학회, 79-103.

_____(2014), 「국어 혼성어와 약어에 대하여」, 『개신어문연구』 39, 개신어문학회, 49-73.

이희자(1997), 「'준말'과 '줄어든 꼴'과 '줄인 꼴'」, 『사전편찬학연구』 7, 연세대학교언어정보연구원, 19-42.

임지룡(1996), 「혼성어의 인지적 의미 분석」, 『언어과학연구』 13, 언어과학회, 191-214.

전명미·최동주(2007), 「신어의 단어 형성법 연구: 2002·2003·2004 신어를 대상으로」, 『한민족어문학』 50, 한민족어문학회, 37-70.

정희창(2006), 「준말의 단어 형성 문제」, 『泮橋語文硏究』 21, 반교어문학회, 107-118.

채현식(2000), 「유추에 의한 복합명사 형성 연구」, 서울대학교 박사학위논문.

최형강(2016), 「'줄임말'의 실현 양상 -'X돌, 치렝스, 브금'를 중심으로-」, 『한국어의미학』 53, 한국어의미학회, 25-48.

최형용(2003), 「'줄임말'과 통사적 결합어」, 『국어국문학』 135, 국어국문학회, 191-220.

_____(2004), 「단어 형성과 음절수」, 『국어국문학』 138, 국어국문학회, 183-205.

황진영(2009), 「현대국어 혼성어 연구 : 단어형성적 측면을 중심으로」, 연세대학교 석사학위논문.

Bauer, L.(1983), *English Word-Formation*, Cambridge University Press.

내적변화에 의한 단어형성

송 정 근
한남대학교

1. 서 론

우리말 단어 가운데 자음이나 모음교체에 의한 짝들은 일찍이 음성상
징론의 관점에서 많이 논의되었다. 이 관점에서는 주로 의성어나 의태어
를 대상으로 자음이나 모음교체를 보이는 단어 쌍에서 확인되는 어감
상의 차이를 설명했다.[1] 이러한 연구 태도는 송철의(1992)에 와서 변화를
겪는데, 송철의(1992)에서는 자음이나 모음교체를 내적변화에 의한 파생
의 일종으로 설명하여 내적변화에 의한 단어 형성 논의를 형태론의 영역
으로 편입시켰다고 할 수 있다.

본고는 이러한 자음이나 모음교체 즉 내적변화에 의한 단어형성 절차
의 양상을 보다 구체적으로 살펴보고, 내적변화에 의한 단어형성과 다른
단어형성 절차와의 관련성을 검토하는 것을 목적으로 한다.

---

[1] 정연승(1938) 이래로 이숭녕(1954), 이희승(1955), 남풍현(1965) 등이 대표적이다.

일반적으로 공시적인 단어 분석에서 내적변화를 겪은 어형은 그 처리가 매우 까다롭다. 가령 '둥그스름하다'를 공시적으로 분석하기 위해서는 다양한 관련 단어와 관계를 언급하지 않을 수 없다. 즉 '둥글다', '둥긋하다', '동글다', '동긋하다' 등의 관련 어형들 간의 관계를 검토해야 하고, '동그스름하다'와 '둥그스름하다'가 모음교체를 보이는 대립쌍이라는 점 역시 이들의 올바른 단어분석과 단어형성을 설명하기 위해 고려해야만 한다.

여기서 단어형성 절차들 간의 관련성이나 순차적 적용 문제 등에 대한 논의가 필요하다. 파생과 내적변화, 중첩 등의 단어형성 절차를 어떻게 적용하는가에 따라 다양한 어형들의 도출을 올바르게 설명할 수도 있고 그렇지 않을 수도 있기 때문이다.

2장에서는 송철의(1992)의 내용을 중심으로 내적변화에 의한 단어형성을 파생의 일종으로 볼 수 있는지 검토한다. 3장에서는 내적변화에 의한 단어형성의 양상을 자음교체와 모음교체로 나누어 구체적으로 살펴보고, 파생이나 합성과 같은 독립적인 단어형성 절차로 상정할 수 있을지 검토한다. 4장에서는 내적변화를 통해 형성된 단어를 올바로 이해하기 위해 파생이나 중첩과 같은 다른 단어형성 절차와 내적변화의 관련성을 따져본다. 이를 통해 단어형성 절차 간의 순차적 적용 가능성을 살펴볼 것이다.

2. 내적변화에 의한 단어형성과 파생

송철의(1992)는 생성 형태론적 관점에서 우리말 파생어 형성을 다룬 논의로 파생 혹은 파생어와 관련된 주요 주제를 거의 모두 다루고 주요 개념들을 체계화한 연구 성과로 평가할 수 있다. 이 논의에서 제시된 파생어 형성의 체계는 다음과 같다.

(1) 파생어 형성의 유형(송철의 1992: 19)

（1)에서는 기존 논의와 달리 내접변화에 의한 파생을 파생어 형성의 일종으로 분류한 것에 주목할 필요가 있다. 기존 논의에서 자음이나 모음의 교체를 통해 어감(語感) 상 차이를 보이는 단어의 쌍으로 설명해왔던 '빨갛다', '뻘겋다' 등의 단어들을 여기서는 파생의 틀 안으로 공식화하여 단어형성 절차로서의 내적변화를 상정한 것이다.

어감 상 차이를 보이는 단어의 쌍이라는 기존의 자음이나 모음교체에 대한 시각은 단어들 간의 의미 관련성에만 집중하여 내적변화를 겪은 어형들이 독립적인 단어 지위를 갖는다는 점을 명확히 드러내지 못했고, 그로 인해 내적변화는 단어형성 절차로 대접받지 못했다고 할 수 있다. 그러나 송철의(1992: 291-308)에서는 어감의 차이도 넓게 보면 의미의 차이가 있는 것이고 이들이 상보적 분포를 보이는 것도 아니라는 점을 감안하여 내적변화를 겪은 어형들을 별개의 단어로 파악한 것이다. 이러한 처리는 내적변화를 단어형성 절차로 편입시키고 공식화했다는 의미가 있는 것으로 평가할 만하다.

그러나 내적변화를 단어형성 절차로 상정한 것과 별도로 내적변화에 의한 단어형성을 파생의 일종으로 상정할 수 있는 것인가에 대해서는 검토가 필요하다. 송철의(1992)에서는 '파랗다-새파랗다'의 관계에서 접사 '새-'의 역할과 '가맣다-까맣다'의 관계에서 자음교체의 역할은 평행한 것으로 인정할 수밖에 없다는 점을 근거로 자음이나 모음의 교체를 파생의 일종으로 설명하였다.

그러나 송정근(2007)에서 논의한 바와 같이 접사 '새-'와 자음교체는 정도가 더 강하다는 의미 기능을 나타내고, 새로운 단어를 형성한다는 공통된 역할을 수행한다고 할 수 있으나, 그 공통된 역할이 파생이라고 단언할 수는 없다. 이는 마치 '파랗다-새파랗다'와 '거칠다-거칠거칠하다'에서 접사 '새-'와 '거칠-거칠거칠'에서 보이는 중첩(reduplication)이 유사한 의미 기능을 수행하고 새로운 단어를 형성했다는 공통된 기능을 공유한다고 해서 둘 모두를 파생이라고 하기는 어려운 것과 같다고 하겠다.

게다가 자음이나 모음교체에 의한 단어형성을 파생으로 설명했을 때는 단어분석이나 단어형성에 대한 설명 과정에서 몇 가지 문제가 발생한다.

(2) 가. 검다-껌다

　　나. 시큼하다-새큼하다

(2)에서 '검다-껌다, 시큼하다-새큼하다'는 자음 'ㄱ-ㄲ', 모음 'ㅣ-ㅐ'의 변화를 확인할 수 있다. 그런데 이 관계를 파생으로 본다면 접사를 상정해야 하는데 형태론적으로 '검다' 혹은 '시큼하다'에 결합한 접사를 파악하기 어렵다. 그렇다면 자음이나 모음을 변화시키는 추상적인 접사를 상정할 수밖에 없다. 접사를 가시적으로 분석하지 못하는 경우에도 영파생과 같은 파생이 상정될 수 있기 때문이다. 자음이나 모음을 변화시키는 추상적인 접사를 상정하면 '검다-껌다', '시큼하다-새큼하다'의 관계는 파생으로 설명되는 것으로 생각할 수 있다.

'검다-껌다'의 경우에는 어간 '검-'이 내적변화를 통한 파생을 통해 새로운 어간 '껌-'이 만들어진 것으로 볼 수 있다. '껌-'은 『표준사전』에 등재된 단어라는 점에서 이러한 내적변화의 상정에 문제가 없다. 그러나 '시큼하다-새큼하다'에서는 추상적인 접사를 통해 파생된 '새큼하다'에서 '*새-'는 '새금하다, 새큼하다' 등에서 분석적 차원에서만 확인되는 어형으로 단독으로는 존재하지 않는 어간이다. 내적변화를 파생으로 본다면 자음이나 모음을 변화시키는 추상적인 접사를 통해 실제로 존재하지 않는 어간이 만들어지는 셈이다.

영접사가 실재하는 동일한 형태의 단어 관계를 포착하기 위해 설정되었다는 점을 고려하면 '*새-'와 같은 실재하지 않는 어형의 존재로 인해 자음이나 모음교체를 일으키는 추상적인 접사를 상정하기는 어렵다고 판단된다. 결국 가시적으로 분석할 수 없는 추상적인 접사를 인정하지 않거나 파생을 통해 실재하지 않는 어간을 만들어 낸다는 점을 받아들일 수 없다면 내적변화를 파생의 일종으로 설명하기에는 무리가 있음을 알 수 있다.

다만 역사적인 관점에서는 내적변화를 일으키는 추상적인 접사가 별개의 단어를 형성한 것으로 볼 수 있는 단어가 다수 있다는 점에서 내적변화를 파생의 일종으로 볼 가능성이 현대국어에서보다는 높다고 할 수 있다.

> (3) 가. 깍(刻)- : 꺾-(折), 낡-(朽) : 늙-(老), 남-(餘) : 넘-(越), 갖
> (皮) : 겉(表), 맛(味) : 멋
>
> 　나. 곧- : 굳-, 곱 : 굽-, 녹 : 눅-, 보드랍- : 부드럽-, 긁- : 긁-,
> 늙- : 늙-

(3가)는 대립의 짝 가운데 어느 하나가 두 가지 의미를 다 가지고 있다가 어휘 분화를 일으켜 각각 다른 단어가 된 예들로 송철의(1992: 16)에서 제시한 예이다. 이 외에도 (3나)와 같은 단어의 쌍들도 확인 가능한데, 내적변화가 어간이나 단어에 적용되고 이를 통해 도출된 단어들이 모두 공시적으로 존재한다면 내적변화는 영파생과 유사한 단어형성 절차로 이

해할 수도 있어 영파생을 인정하는 입장이라면 이들을 파생의 일종으로 볼 가능성이 있다고 하겠다.

3. 내적변화에 의한 단어형성의 양상

내적변화에 의한 단어형성을 파생의 일종으로 볼 수 없다고 하더라도, 단어형성 절차의 하나로 볼 가능성을 검토해야 한다. 이를 위해서는 내적변화의 양상을 보다 체계화할 필요가 있다. 먼저 내적변화는 크게 자음교체와 모음교체로 나누어 볼 수 있는데, 자음교체의 양상을 살펴보면 다음과 같다.[2]

> (4) 가. 감감하다-깜깜하다-캄캄하다
> 　　나. 검다-껌다, 발갛다-빨갛다, 서늘하다-써늘하다, 동그랗다-똥그랗다
> 　　다. 시금하다-시큼하다

(4)는 시각이나 미각 등 감각을 표현하는 형용사들에서 나타나는 자음교체의 양상이다. (4가)에서는 평음, 경음, 격음 즉 'ㄱ-ㄲ-ㅋ'교체가 확인되고, (4나)에서는 평음, 경음의 교체 즉 'ㄱ-ㄲ', 'ㅂ-ㅃ', 'ㅅ-ㅆ', 'ㄷ-ㄸ'의 자음교체를 확인할 수 있고 (4다)에서도 'ㄱ-ㅋ'의 교체가 확인된다. (4)에서는 평음과 경음의 교체는 확인되나 평음과 격음의 교체를 보이는 예는 많지 않다고 하겠다. 이러한 양상은 의성·의태어를 비롯

---

2 송철의(1992: 298)에서는 의성어나 의태어가 아니면서 자음교체에 의한 내적변화를 보이는 단어가 많지 않음을 지적하고 어두경음화에 의한 신형과 구형의 공존현상과 내적변화에 의해 형성된 단어들을 구별하기 어려운 문제가 있음을 지적하였다.

한 부사의 자음교체 양상에서도 확인된다.

(5) 가. 가득-가뜩, 고붓이-꼬붓이, 곰지락-꼼지락
    나. 가마득히-까마득히, 거칠거칠-꺼칠꺼칠, 감작감작-깜짝깜짝,
        갸우뚱-꺄우뚱, 겅둥겅둥-껑둥껑둥, 겅중겅중-껑충껑충, 고
        무락고무락-꼬무락꼬무락, 고불고불-꼬불꼬불
    다. 가랑가랑-카랑카랑, 꽝-쾅, 꿍꽝꿍꽝-쿵쾅쿵쾅, 그렁그렁-크
        렁크렁

(5)는 부사 가운데 'ㄱ-ㄲ-ㅋ'의 교체가 확인되는 단어의 쌍 중 일부를 보인 것이다. (5)에서도 평음과 경음의 교체가 비교적 활발한 반면, (5다)에서 보이는 평음과 격음 혹은 경음과 격음의 교체가 확인되는 예는 비교적 적음을 알 수 있다. 또한 '가득-가뜩'처럼 중첩되지 않은 단어보다는 '거칠거칠-꺼칠꺼칠'과 같이 중첩된 형태가 많다는 특징이 있다.

의성의태어의 중첩 과정에서 다음과 같은 단어도 검토 대상이 되어야 한다.[3]

(6) 가. 왈각달각, 알쏭달쏭, 얼룩덜룩
    나. 울긋불긋, 올록볼록, 우락부락
    다. 알뜰살뜰, 얼기설기, 엉큼성큼
    라. 올망졸망, 아기자기, 울멍줄멍

(6)에서는 'ㅇ-ㄷ'(6가), 'ㅇ-ㅂ'(6나), 'ㅇ-ㅅ'(6다), 'ㅇ-ㅈ'(6라)의 교체가 표면적으로 확인된다. 그러나 (6)은 중첩된 단위인 '왈각' 혹은

---

3 박창원(1993: 35)에서 제시한 예들 가운데 일부이다.

'울긋' 등이 문법 단위로서의 지위를 갖지 못한다는 점, 자음의 교체가 일어난 것인지, 자음의 탈락 혹은 첨가가 일어난 것인지 확정하기 어렵다는 점 등을 고려하면 자음교체의 전형적인 예로 보기는 어려운 문제가 확인된다.

다음으로 모음교체의 양상을 살펴보자. 먼저 모음교체를 통해 대립 쌍을 보이는 후각형용사를 살펴보면 다음과 같다.

(7) 가. 달큼하다-덜큼하다-들큼하다, 쌉쓸하다-쌉쌀하다
    나. 짭짤하다-쩝쩔하다-찝찔하다
    다. 짭짜름하다-짭조름하다
    라. 비리다-배리다 시척지근하다-새척지근하다 시큼하다-새큼하다

(7가)는 'ㅏ-ㅓ-ㅡ', (7나)는 'ㅏ-ㅓ-ㅣ', (7다)는 'ㅏ-ㅗ', (7라)는 'ㅣ-ㅐ'의 모음 변화를 확인할 수 있는 예들이다. 앞서 언급한 바와 같이, 모음교체를 통해 사전에도 등재되지 않은 형용사 어간 '*덜-, *들-, *배리-, *새-' 등이 분석된다는 문제가 확인된다. (7)에서는 '달큼', '짭짤' 등의 어근이 모음교체를 겪는 것으로 볼 수 있는데, 이들보다 자립적인 성격을 갖는 의성·의태어를 포함한 부사 가운데 모음교체를 보인 예들을 살펴보면 다음과 같다.

(8) 가. 간들간들-건들건들, 가물가물-거물거물
    나. 가득가득-그득그득, 간들간들-건들건들
    다. 고깃고깃-구깃구깃, 곱이곱이-굽이굽이, 고불고불-구불구불
    라. 갸우뚱갸우뚱-기우뚱기우뚱, 갸웃갸웃-기웃기웃, 갈쭉갈쭉-
       길쭉길쭉

(8가)에서는 'ㅏ-ㅓ', (8나)는 'ㅏ-ㅡ', (8다)는 'ㅗ-ㅜ', (8라)는 'ㅣ-ㅑ'의 교체를 확인할 수 있다. 모음교체 역시 자음교체와 마찬가지로 중첩의 과정에서 나타나기도 한다. 의성·의태어의 중첩과 관련하여 확인할 수 있는 모음의 교체로 박창원(1993: 45)에서 제시한 예는 다음과 같다.

(9) 가. 티격태격, 실룩샐룩, 싱숭생숭
    나. 는실난실, 으밀아밀, 흘깃할깃
    다. 일쭉얄쭉, 일렁얄랑
    라. 물끄럼말끄럼

(9)에서는 'ㅣ-ㅐ', 'ㅡ-ㅏ', 'ㅣ-ㅑ', 'ㅏ-ㅜ' 등의 모음교체를 확인할 수 있다. 모음의 교체 양상이 자음의 교체보다 더 활발하게 나타난다는 점에서 모음교체가 고유어 계열의 단어에서 비교적 활발하게 일어졌던 현상이었을 것이라는 추측을 할 수 있는데, 이들의 양상을 보다 정밀하게 기술하는 것이 필요할 듯하다. 이상 (7, 8, 9)에서 보이는 모음교체의 양상을 정리해보면 다음과 같다.

(10) 가. 'ㅏ-ㅓ-ㅡ', 'ㅏ-ㅓ-ㅣ', 'ㅏ-ㅗ', 'ㅣ-ㅐ'
     나. 'ㅏ-ㅓ', 'ㅏ-ㅡ', 'ㅗ-ㅜ', 'ㅣ-ㅑ'
     다. 'ㅣ-ㅐ', 'ㅡ-ㅏ', 'ㅣ-ㅑ', 'ㅏ-ㅜ'

(10)은 (7), (8), (9)의 모음교체를 제시한 것이다. 이러한 모음교체에 대해서는 송철의(1993)에서 비교적 자세하게 다룬 바 있는데, 송철의(1992: 297)에서는 가장 전형적으로 나타나는 모음대립은 'ㅏ : ㅓ', 'ㅗ : ㅜ', 'ㅏ : ㅡ'로 보고 있다. 이러한 대립은 'ㅇ·'의 소실로 'ㅡ'의

짝이 'ㅏ'가 된 것을 빼면, 15세기의 모음조화 대립체계와 정확히 일치한다고 하였다. 또한 'ㅣ'는 'ㅑ'로 교체되기도 하고 'ㅐ'로 교체되기도 하는데, 기원적으로 'ㅣ'는 'ㅑ'로 교체되고, 'ㅓ'로부터 발달한 'ㅣ'는 'ㅐ'로 교체되는 경향도 지적했는데, 이 두 가지의 교체 역시 (10)에서 확인된다. 이들을 제외하고 'ㅏ-ㅜ'의 교체가 (10가, 다)에서 확인되는데, 이 모음교체는 '파르스름하다-푸르스름하다'의 예에서도 확인된다. '짭짜름하다-짭조름하다'나 '파르스름하다-푸르스름하다'의 대립은 중세어 '뿟다'나 '프를다', '프르다' 등의 어형과 'ㆍ'의 변화를 고려하면, 그 대립이 예측 가능하다. 송철의(1992: 300)에서 논의한 바와 같이, 오히려 '파랗다-퍼렇다'의 'ㅏ-ㅓ' 대립이 역사적인 음운 변화를 고려하면 특이하다 하겠다.

한편, 내적변화의 대상과 관련하여 송철의(1992: 296)에서는 모음교체가 모든 모음들에서 나타나는 것은 아니고 대체로 어기의 첫 모음과 접사의 첫 모음만 교체를 보여준다는 점을 지적하였다.[4]

(11) 가. 간지럽- : 근지럽-, 간지럽히- : *근지럽히-, 간지럼 : *근지럼
나. 미끄럽- : 미끄럼, 매끄럽- : *매끄럼
다. 길쭉 : 걀쭉, 구부스름 : 고부스름, 기우듬 : 갸우듬, 야트막 : 여트막

(11가)에서는 'ㅏ-ㅡ'의 교체가 '간지럽다-근지럽다'에서만 일어남을 보이는데, 첫 번째 음절의 모음에서 내적변화가 일어남을 확인할 수 있다. (11나)의 '미끄럽다', '매끄럽다' 역시 첫음절의 모음교체를 보이는

---

4 송철의(1992)에서는 1음절에서의 내적변화를 '실룩샐룩, 싱숭생숭, 피장파장, 아기자기, 옹기종기, 오밀조밀' 등의 유사반복어에서 자음이나 모음교체가 1음절에서만 일어나는 것과 일맥상통하는 것으로 해석하였다.

데, 이들의 명사형에서는 그러한 변화가 일어나지 않는다. (11가, 나)에서 형용사가 내적변화를 겪은 것으로 볼 수 있으나, 이들은 통시적으로 '간질', '미끌' 등의 어근에 형용사파생 접사 '-업-'이 결합된 형태로, 어근이 내적변화를 겪은 것으로 볼 수 있다. 그렇게 보면 (11다)에 제시된 단위들도 모두 어근이 내적변화를 겪은 것으로 볼 수 있다.

다음으로 감각형용사에서의 내적변화 단위를 살펴보자.

> (12) 가. 비리다-배리다, 둥글다-동글다, 얕다-옅다, 기울다-갸울다
> 나. 시큼하다-새콤하다
> 다. 달곰하다-달콤하다

(12가)는 용언의 어간 첫 음절에서 모음교체를 보인 예이고, (12나)에서는 어근 모음이 모두가 모음교체를 겪었다. 즉 '시큼'의 첫째, 둘째 모음 모두가 각각 'ㅐ', 'ㅗ'로 교체됨을 확인할 수 있다. (12다)에서는 둘째 음절에서의 모음교체가 확인된다. (11)과 달리, (12)에서는 모음교체의 양상이 혼란스러운데, 내적변화를 겪는 단위가 어간일 수도 있다는 점이나 어간의 두 번째 음절의 모음교체가 있는 것으로 볼 수 있다. 다만, '-큼, -곰' 등을 어근에 결합한 접사로 본다면 어기의 첫 음절이나 접사의 첫 음절에서 내적변화가 나타날 수 있다는 관찰이 유효하다고 할 수 있다.

내적변화가 단어형성 절차의 일종으로 공식화하기 위해서는 이 절차에 대한 체계적인 설명이 필요하다. 위에서 살펴본 내용을 정리해 보면, 내적변화가 자음의 경우 우리말 파열음의 세 종류인 평음, 경음, 격음의 교체가 확인되고, 모음의 경우에도 그 교체의 종류나 유형이 어느 정도 한정됨을 알 수 있다. 또한 내적변화를 겪는 단어들은 모두 고유어이고, 일부 단일어 동사와 부사(의성·의태어)를 제외하면 대부분 'X-하다' 구

성을 보이는 단어의 어근 X가 대상이 됨을 알 수 있다. 특히 어간이나 어근의 첫 음절이나 어근을 형성하는 접사의 첫 음절이 내적변화의 대상이 된다고 정리할 수 있다. 이는 내적변화의 대상이나 양상을 고려할 때 내적변화를 독립적인 단어형성 절차로 인정할 수 있는 근거가 될 수 있다고 본다.

다만, 내적변화가 공시적으로 새로운 단어를 형성할 수 없다는 점, 내적변화를 겪은 어형들 간의 관련성은 설명할 수 있으나 그러한 변화가 어떻게 일어날 것인지 예측하기는 힘들다는 점에서 내적변화 양상에 대한 체계화가 더 이루어져야 할 것이다. 즉 내적변화가 있을 것으로 기대되는 어형이 실제 내적변화를 겪지 않거나 단일어 어간과 같이 내적변화의 일반적인 대상이 아닌 문법 단위에서 내적변화가 일어나는 이유 등에 대한 연구가 보충되어야 하는 것이다.

이러한 문제를 근거로 내적변화를 단어형성 절차로 인정하지 않으려는 시각도 있을 수 있겠으나, 이러한 불규칙성이나 예측 불가능성은 내적변화가 공시적인 단어형성 기제로서의 지위를 잃었기 때문인 것으로 생각된다. 그러나 모든 단어는 통시적인 역사를 갖기 때문에 공시적인 생산성이 확인되는 단어형성 절차만을 가지고 모든 단어들의 형성을 설명할 수는 없다. 따라서 공시적인 생산성이 없다고 해도 내적변화를 독자적인 단어형성 절차로 인정하려는 태도는 유지될 수 있다 하겠다. 이러한 태도는 공시적인 생산성이 없는 접사를 분석하고 그 접사가 결합된 단어를 파생어로 구분하려는 것이 단어를 이해하는 데 도움이 된다면 마다하지 않을 이유가 없는 것과 다름이 없다.

4. 내적변화와 단어형성 절차의 순차성

그간 우리말 연구에서 내적변화를 겪은 어형에 대한 단어 분석에 대해서는 거의 연구가 없었다고 해도 과언이 아니다. 예를 들어 '새콤하다'를 어떻게 형태 분석할 것인가에 대한 설명은 찾기 어렵고 이 단어를 형태 분석의 대상으로 삼을 수 있는 것인지조차 확신이 서지 않는다. 그러나 우리가 일상적으로 사용하고 있는 단어를 분석해 보고, 다른 단어와의 관련성 속에서 그 형성 절차를 따져보는 일은 지극히 당연한 형태론적 과제라 하겠다.

'새콤하다'를 설명하기 위해서는 이 단어가 '시다', '시큼하다' 등과 관련된다는 점을 고려해야 한다. '새콤하다'의 의미를 고려할 때, '시다'로부터 형성된 단어임을 알 수 있고, '시큼하다'와 '새콤하다'의 관계는 앞서 살핀 모음교체의 양상으로 그 관련성을 설명할 수 있기 때문이다. 즉 내적변화를 겪은 어형의 형태 분석이나 단어형성을 합리적으로 설명하기 위해서는 관련된 어형들 간의 형태론적 혹은 의미론적 관련성을 포착해 주어야 한다.

특히 단어형성 과정에서 적용되는 단어형성 절차들 간의 순차성에 대한 고려가 반드시 필요하다. 가령 '새콤하다'는 '시다'로부터 바로 도출될 수 있는 단어가 아니고, '시큼하다'를 기반으로 형성된 단어이다. 따라서 '시다'에 '-큼-'과 '-하-' 등이 결합하여 '시큼하다'가 형성되고 이 단어가 자음교체를 통해 '새콤하다'가 되었다는 점을 순차적으로 설명해 주어야 하는 것이다.[5]

---

5 이러한 순차적 설명이 실제 형성 과정과 일치하는가에 대해서는 확신을 할 수 없다. 즉 내적변화에 대한 여기에서의 설명은 공시적인 단어들의 관계를 통해 추론한 것일 뿐이다. 물론 이러한 추론이 실제 단어들의 형성 과정과 일치할 가능성이 높다고 보이나 이는 개별 단어의 통시적인 형성과 쓰임을 통해 증명할 문제이다.

단어에 따라 내적변화의 양상이나 관련 단어들과의 관계가 매우 정연한 경우가 있다. 다음의 예들을 살펴보자.

(13) 가. 검다-감다-껌다-깜다
　　　나. 거멓다-가맣다-꺼멓다-까맣다
　　　다. 거뭇하다-가뭇하다-꺼뭇하다-까뭇하다
　　　라. 거무스름하다-가무스름하다-꺼무스름하다-까무스름하다

(13가)는 '검다'가 자음·모음의 교체를 통해 각각 '감다', '껌다', '깜다' 등이 형성된 것을 보인 것이다. (13나)는 공시적으로 접사 '-엏-/-앟-'이 분석되는 어형인데, (13가)의 대응되는 형태에 접미사가 결합되어 (13나)가 형성된 것으로 볼 수도 있고, '거멓다'가 먼저 형성되고 이 단어가 내적변화를 겪어 (13나)가 형성된 것으로도 볼 수 있다. (13다, 라)의 단어들 역시 (13나)와 마찬가지로 그 형성에 있어 두 가지 가능성을 모두 상정해 볼 수 있다.

(14) '검다'류 단어 분석 가능성
　• 가능성1) '검다 →거멓다 →거뭇하다 →거무스름하다' 순으로 파생 이후 내적변화.
　• 가능성2) '검다'가 '감다, 껌다, 깜다' 등으로 내적변화 이후 각각 파생.

(14)와 같이 모든 어형들이 빠짐없이 체계를 이루고 있는 경우에는 두 가능성이 모두 상존하고 그 형성 과정을 설명하기 어렵다. 그런데 단어에 따라 공시적으로 존재하는 단어들의 관계를 고려할 때, 그 형성 과정을 하나로 밖에 설명하지 못하는 경우가 존재한다.

다음의 경우를 다시 살펴보자.

(15) 가. 길다 → 길쭉하다
　　 나. *갈다 → 갈쭉하다

(15)에서 '길다'가 공시적으로 존재하지 않는 '*갈다'로 내적변화를 한
것으로 상정할 수는 없다. 이 경우, '길다'가 '길쭉하다'로 파생된 이후
'길쭉하다'가 모음교체를 겪어 '갈쭉하다'가 형성된 것으로밖에 볼 수 있
다. 가장 기본이 되는 단일어 감각형용사인 '길다'가 바로 내적변화를
겪지 않고 파생 절차를 겪은 이후에 내적변화를 겪은 예는 다음의 경우에
도 확인된다.

(16) 푸르다 —파생→ 푸릇하다 —내적변화→ 파릇하다

(16)에서도 '파릇하다'가 '*파르다'로부터 파생된 것으로 볼 수 없으므
로 '푸르다'로부터 파생된 '푸릇하다'가 모음교체를 통해 '파릇하다'가
형성된 것으로 보아야 한다. 즉 (16)도 공시적으로 존재하지 않는 단어를
고려하여 파생과 내적변화의 순차성을 확인할 수 있다.

한편 다음과 같이 단어들의 의미 관계를 고려하여 내적변화와 다른
단어형성 절차의 순차성을 결정해야 할 경우도 존재한다.

(17) 가. 붉다 → 불긋하다 → 불그스름하다
　　 나. *밝다 → 발긋하다 → 발그스름하다

'발긋하다', '발그스름하다'는 '붉다'로부터 파생된 '불긋하다', '불그

스름하다'로부터 내적변화를 겪은 어형으로 볼 수 가능성도 있고(17가), '붉다'의 모음교체형 '밝다'에서 파생을 통해 형성된 것(17나)으로 볼 수도 있다. 그러나 '밝다'는 '발긋하다'나 '발그스름하다'가 갖는 색의 의미는 없고 명암과 관련된 단어이다. 따라서 '밝다'로부터 '발긋하다', '발그스름하다' 등이 도출되었다는 설명은 공시적으로 받아들이기 어렵다. 따라서 '붉다'에서 '-웃-', '-하-' 등이 결합하여 형성된 파생어 '불긋하다'와 여기에 '-으름-'이 더 결합된 '불그스름하다'가 각각 모음교체를 통해 '발긋하다', '발그스름하다'가 형성된 것으로 볼 수 있다. 이 경우에도 파생과 내적변화가 같이 확인된다면, 파생이 먼저 일어나고 내적변화가 나중에 일어난 것으로 볼 수 있다.

형태적 관련성이나 의미적 관련성을 고려한 파생과 내적변화의 순차성은 다음의 예를 설명하는 데 적용할 수 있다.

(18) 가. 기울다-갸울다-갸웃(하다)-갸웃갸웃(하다)
　　　나. 기울다-기웃(하다)-갸웃(하다)-갸웃갸웃(하다)

(18)은 '갸웃갸웃'을 도출하는 두 가지 과정을 보인 것이다. (18가)에서는 '기울다'가 모음교체를 통해 '갸울다'가 만들어지고 여기에 '-웃-', '하-'가 결합하여 '갸웃하다'가 형성되고 '갸웃'이 중첩되어 '갸웃갸웃하다'가 형성된 것으로 본 것이다. 반면 (18나)에서는 '기울다'가 파생을 통해 '기웃하다'가 형성되고 내적변화를 통해 '갸웃하다', 그리고 중첩을 통해 '갸웃갸웃하다'가 형성된 것을 본다. (18)에 대한 두 가지 설명 모두 가능하겠으나, 위에서 살펴본 파생과 내적변화의 순차성을 고려하면 후자의 설명이 보다 일관적이다. 파생을 겪은 어형이 내적변화를 겪는 것으로 설명하는 것이 일반적이기 때문이다.

다음으로 내적변화와 중첩의 순서에 대해서도 검토하도록 하자.

(19) 동글다-동글하다-동글동글하다

둥글다-둥글하다-둥글등글하다

*똥글다-*똥글하다-똥글똥글하다

*뚱글다-*뚱글하다-뚱글뚱글하다

(19)는 용언의 어간이 파생과 중첩을 겪은 이후 내적변화를 겪은 것으로 해석할 수 있다. '*똥글하다', '*뚱글하다' 등이 존재하지 않으므로 이들로부터 중첩이 이루어져 '똥글똥글하다', '뚱글뚱글하다'가 형성된 것으로 보기 어려우므로 내적변화를 먼저 겪은 어형이 각각 중첩이 되었다고 하기 어려운 것이다. 즉 '동글다-동글하다-동글동글하다'가 먼저 형성되고 '동글하다'와 '동글동글하다'가 각각 내적변화를 통해 관련 단어가 만들어졌다는 것이다. 내적변화는 파생이나 중첩 이후에 일어난 셈이다. 이런 설명은 다음 '거칠다'의 경우에도 적용할 수 있다.

(20) 거칠다-거칫하다-거칫거칫하다

*가칠다-가칫하다-가칫가칫하다

*까칠다-까칫하다-까칫까칫하다

*꺼칠다-꺼칫하다-꺼칫꺼칫하다

(20)에서는 형용사 '거칠다'가 파생을 통해 '거칫하다'가 형성되고 이들이 내적변화를 겪은 어형이 존재하는데, 이들이 각각 중첩을 겪어 '거칫거칫하다'류가 형성된 것으로 보아도 무방하다. 그러나 (19)을 고려하면 '거칠다-거칫하다-거칫거칫하다'의 형성이 먼저 이루어지고, '거칫하다'와 '거칫거칫하다'가 각각 내적변화를 섞은 것으로 보는 것이 일관적이다.

용언으로부터 파생된 'X-하다' 유형의 단어에서 어근 'X'가 2음절인 경우 중첩이 매우 활발하게 이루어지는 단어들이 많다. 가령 '검다-거뭇

하다-거뭇거뭇하다'류의 색채어들, '맑다-말긋하다-말긋말긋하다'와
같이 명암을 나타내는 단어, '길다-길쭉하다-길쭉길쭉하다'류의 크기형
용사, '질다-질척하다-질척질척하다'와 같은 습도를 나타내는 단어, '달
다-달콤하다-달콤달콤하다'와 같은 단어들이 그러하다.

이들은 (20)과 같이, 파생이나 중첩을 겪은 어형들에서 다시 내적변화
를 통해 형성된 관련 어휘들이 있다는 공통점이 있다. 또한 '노릇', '흐
릿', '길쭉', '질척' 등과 같이 어간에 '-읏, -ㅅ, -쭉, -척' 등과 같은
어근을 형성하는 성분이 결합된 단위라는 공통점이 확인된다.

5. 결 론

본고는 내적변화를 독립적인 단어형성 절차로 인정할 수 있는지 검토
하기 위해 단어형성 절차에서 내적변화의 위치를 점검하고, 그 양상을
구체적으로 살펴보았다. 특히 다른 단어형성 절차와의 관계를 검토하여
이들 사이의 순차성을 상정해 보았다. 이를 통해 내적변화의 기능은 파생
이나 합성 혹은 중첩의 기능과 크게 다르지 않다는 점에서 독립적 단어형
성 절차로 인정할 가능성이 높다고 보았지만, 파생과는 다른 것으로 인식
하였다. 내적변화의 양상은 자음교체보다는 모음교체가 활발하고, 어간
이나 어근 혹은 접사 등 모두가 내적변화의 대상이 될 수 있다. 내적변화
에 의한 단어형성은 보통 파생 이후에 일어나고 내적변화를 겪은 어형이
중첩이 되는 경우가 일반적으로 많이 일어난다.

내적변화에 의한 단어형성이 공시적인 생산성이 없으므로, 어떤 단어
가 어떤 환경에서 자음이나 모음교체가 일어날지 예측하거나 판단하지
못하는 어려움은 있다. 그러나 내적변화를 겪은 단어에 대한 공시적인
분석을 하려면 이들 단어가 어떤 과정을 통해 현재의 모습으로 존재하는

지, 다른 단어와의 관련성을 고려한 설명이 필요하다. 이러한 설명 없이 내적변화를 겪은 어형에 대한 설명은 불가능하기 때문이다. 따라서 단어들 간의 관련성에 대한 설명, 단어형성 절차들 간의 관련성 등에 대한 연구가 지속되어야 할 것이다.

참고 문헌

고영근(1989), 『국어형태론연구』, 서울대학교출판부.

남풍현(1965), 「15세기 국어의 음성상징 연구」, 『국어연구』 13, 서울대학교 국어연구회.

박창원(1993), 「현대 국어 의성 의태어의 형태와 음운」, 『새국어생활』 3-2, 국립국어연구원, 16-53.

송정근(2007), 「현대국어 감각형용사의 형태론적 연구」, 서울대학교 박사학위 논문.

_____(2009), 「고유어 복합어근 범주 설정에 대하여」, 『어문연구』 143호, 한국어문교육연구회, 145-167.

송철의(1992), 『국어의 파생어형성 연구』, 국어학총서 18, 태학사.

신중진(1998), 「현대국어 의성의태어 연구」, 『국어연구』 154, 서울대학교 국어연구회.

이숭녕(1954/2011), 「음성상징론」, 『서울대 문리대학보』 2-2, 〔심학이숭녕전집2, 303-316〕.

이병근(1981), 「유음탈락의 음운론과 형태론」, 『한글』 173·174, 한글학회, 223~246.

이희승(1955), 『국어학개설』, 민중서관.

정연승(1938), 「모음상대법칙과 자음가세법칙」, 『한글』 60, 한글학회, 419-434.

채　완(1993), 「의성어·의태어의 통사와 의미」, 『새국어생활』 3-2, 국립국어

연구원, 54-72.

_____(2003), 『한국어의 의성어와 의태어』, 서울대학교출판부.

3인칭 대명사에 대한 재고

채 숙 희

인천대학교

1. 서 론

한국어의 3인칭 대명사에 대한 규정은 논의마다 차이가 있지만,[1] 이들을 다룬 논의들에서는 공통적으로 1·2인칭 대명사에서는 찾아볼 수 없는 소위 '근칭, 중칭, 원칭'의 체계가 언급된다. 그리고 이는 3인칭 대명사가 형태상 '이, 그, 저'를 포함하고 있기 때문인 것으로 설명된다. 이들의 '이, 그, 저'는 지시관형사의 형태와 일치할 뿐 아니라 '이러다, 그러다, 저러다', '이렇다, 그렇다, 저렇다'와 같은 지시용언, '이리, 그리, 저리'와 같은 지시부사 등 지시사 전반에서 찾아볼 수 있는 형태이며, '화자에

---

[1] 남기심·고영근(1993/2014)에서는 사람을 가리키는 3인칭 대명사는 1·2인칭 대명사와 함께 인칭 대명사에 포함시키고, 사물이나 처소를 가리키는 대명사들은 지시대명사로 분류하였다. 이익섭·채완(1999)에서는 영어의 'it, they'도 인칭 대명사로 부르는 사실을 들어 이를 '인칭(人稱)'의 '인(人)'에 지나치게 얽매인 처리라 보고, 3인칭 대명사 아래에 '인물대명사', '사물대명사', '처소대명사'를 두는 체계를 제시하였다.

가까운', '청자에 가까운', '화자와 청자 모두에게서 먼'이라는 기본적인 의미도 동일하다. 이러한 사실은 이들이 '지시 대명사'가 아니라 인칭 대명사의 일종인 '3인칭 대명사'로 불리는 데 대한 의문을 품게 한다. 이기문(1978: 332)에서는 본래 한국어에서 3인칭 대명사는 없었으며 일부 지시 대명사가 전용되는 경우가 있었을 뿐이라고 지적한 바 있으며, 유형론적인 관점에 입각한 박진호(2007: 119-120), 목정수(2014: 335)와 같은 최근의 논의들에서도 한국어가 3인칭 대명사와 현장지시사(demonstrative)가 동일하거나 형태상 관련된 '두 인칭 언어(two-person language)'(Bhat 2004)일 가능성이 높다는 입장을 보이고 있다.

한국어에서 3인칭 대명사의 지위와 관련된 이러한 문제 외에, 3인칭 대명사는 그 목록이 확정적이지 않다는 문제도 안고 있다. 여러 관련 논의에서 3인칭 대명사의 목록을 제시하고 있는데 실로 많은 형식들이 제시되었음에도 불구하고 이들 가운데 일치하는 형식은 몇몇에 불과하다. 사전의 항목들까지 비교해 보면 이러한 불일치는 더 심각해진다.

이에 본고에서는 그간 3인칭 대명사로 다루어진 형식들을 두루 검토하여 3인칭 대명사의 목록을 확정하고, 이들을 대상으로 하여 3인칭 대명사의 지위 문제에 대해 고찰해 보려고 한다. 본고에서 검토하는 형식들에는 사물이나 처소를 가리키는 학교문법의 지시 대명사들도 포함된다.

2. 관련 항목의 검토

2.1. 기존 논의의 목록

3인칭 대명사 및 지시 대명사 관련 논의는 대명사를 다룬 연구 외에도 지시, 대용, 직시, 인칭 등을 주제로 한 연구에서도 찾아볼 수 있는데, 이들 논의에서 3인칭 대명사 또는 지시 대명사로 언급된 형식들을 모두

보이면 다음과 같다.[2]

<표1> 기존 논의의 3인칭 대명사 또는 지시 대명사

지시대상	형식
사람	이이/그이/저이, 이분/그분/저분, 이놈/그놈/저놈, 이년/그년/저년, 이치/그치/저치, 이네/그네/저네, 이애/그애/저애, 애/개/쟤, 이양반/그양반/저양반, 이 어른/그 어른/저 어른, 이 녀석/그 녀석/저 녀석, 이 자식/그 자식/저 자식, 이/그/저, 그녀, 저쪽
사물/사태	이것/그것/저것, 이/그/저[3]
처소	여기/거기/저기, 이쪽/그쪽/저쪽
시간	이때/그때/접때

이들 가운데 모든 논의에서 공통적으로 3인칭 대명사 또는 지시 대명사로 다루어진 형식은 많지 않다. 사물을 가리키는 대명사는 '이것, 그것, 저것'만이, 처소를 가리키는 대명사는 '여기, 거기, 저기'만이 공통적이다. 사람을 가리키는 대명사는 가장 다양한 형식들이 논의되었으나 기존

---

2 최현배(1937/1971), 김일웅(1975), 이익섭·임홍빈(1983), 남기심·고영근(1993/2014), 김미형(1995), 서정수(1994/2013), 김미형(1997), 이익섭·이상억·채완(1997), 이익섭·채완(1999), 이익섭(2005), 민경모(2008), 고영근·구본관(2008), 서종학·김수정(2012), 목정수(2014), 구본관 외(2015)에서 제시된 형식들이다. 의문사, 부정사, 재귀사를 3인칭 대명사에 포함시키기도 하지만, 이는 본고의 논의 범위를 벗어나므로 제외한다.

3 이익섭(2005: 97)에서는 '대용 대명사'로 다루고 있다. 대용의 대상도 넓은 의미에서 사물 또는 사태에 포함되므로 여기에서는 사물 또는 사태에 함께 포함시켜 다룬다. 남기심·고영근(1993/2014)에서는 '이, 그, 저'가 인칭 대명사에 포함되어 있는데, '이, 그'가 앞에 나온 명사를 대용한다고 설명하고 있다. 민경모(2008)에서는 사물과 사태 외에 담화를 지시대상으로 설정하고 있으나 넓은 의미에서 담화도 사물/사태에 포함될 수 있고 대명사의 체계와 형태를 논의한 대부분의 논의에서 담화를 따로 설정하고 있지 않으므로 담화는 사물/사태에 포함시켜 다룬다.

논의에서 공통적으로 다루어진 형식은 '이이, 그이, 저이'와 '이분, 그분, 저분' 두 부류뿐이다.

2.2. 사전의 표제항

『표준국어대사전』에서는 학교문법에서와 같이 사람을 지시하는 경우만을 인칭 대명사로 기술하고 사물이나 처소 등을 가리키는 경우에는 지시 대명사로 기술하고 있다. 『표준』[4]에서 3인칭 대명사 또는 지시 대명사로 기술되어 있는 항목들을 지시대상에 따라 분류해 보면 다음과 같다.[5]

〈표2〉『표준』의 3인칭 대명사 및 지시 대명사

유형	항목
3인칭 대명사	이이/그이/저이, 이분/그분/저분, 이놈/그놈/저놈, 이년/그년/저년, 이자/그자/저자, 이치/그치/저치, 이네/그네/저네, 이손/저손, 그녀, 그미, 게네
3인칭 대명사 + 지시 대명사	그
지시 대명사	이따위/그따위/저따위; 여기/거기/저기, 이곳/그곳/저곳, 접쪽, 이편
지시 대명사 + 3인칭 대명사	이것/그것/저것, 이/저, 이쪽/그쪽/저쪽, 그편/저편

---

4 『표준국어대사전』을 편의상 『표준』으로 줄여 쓴다. 이후에 언급되는 『연세한국어사전』의 경우 『연세』로 줄인다.

5 '이, 그, 저'의 구어적 형태인 '요, 고, 조' 결합형이나 '이거, 예, 게'와 같은 축약형은 따로 다루지 않는다. 『표준』에는 〈표2〉의 형식들 외에도 '공(公), 궐남(厥男), 궐녀(厥女), 내공(乃公), 씨(氏), 아무아무, 옹(翁)'이 3인칭 대명사로, '궐물(厥物)'이 지시 대명사로 실려 있다. 그러나 '아무아무'는 부정사 '아무'의 반복형이며, 나머지 항목들은 현재 거의 쓰이지 않을 뿐 아니라 특정한 어휘적 의미로 인해 대명사로 보기에는 논란의 여지가 있으므로 본고의 논의에서는 제외한다. 『연세』에는 이 가운데 '공, 씨, 옹'만 실려 있다.

『표준』에서는 3인칭 대명사나 지시 대명사로만 기술된 항목들도 있지만, '그'와 같이 3인칭 대명사로 먼저 기술되고 그 다음에 지시 대명사로 기술되어 있는 항목도 있다. 또한 '이것, 그것, 저것'~'그편, 저편'과 같이 지시 대명사로 먼저 기술되고 3인칭 대명사로도 기술된 항목들도 있다. 지시 대명사로 기술된 항목들 가운데 '이것, 그것, 저것', '이, 그, 저', '이따위, 그따위, 저따위'는 '대상'을 가리키는 것으로, '여기, 거기, 저기', '이곳, 그곳, 저곳', '이쪽, 그쪽, 저쪽', '그편, 저편', '접쪽'은 '곳', 즉 처소를 가리키는 것으로 기술되어 있다. 또한 처소를 가리키는 것으로 되어 있는 항목 가운데 '여기, 거기'의 경우 '대상'을 가리키는 기능도 함께 기술되어 있다.

『연세한국어사전』에서는 『표준』과 달리 3인칭 대명사나 지시 대명사 같은 대명사의 하위부류가 기술에 명시되어 있지 않다. 각 항목에 대한 기술 내용을 바탕으로 본고의 지시 대명사에 해당되는 항목들을 지시대상을 기준으로 정리해 보면 다음과 같다.

〈표3〉 『연세』의 3인칭 대명사

지시대상	항목
사람	이이/그이/저이, 이분/그분, 이네/그네, 이놈, 그치, 저자, 그, 그녀, 그들, 저
	이것/그것/저것, 여기, 그쪽, 그편/저편
사물/사태[6]	이것/그것/저것, 이
	여기/거기, 저
처소	여기/거기/저기, 그쪽, 이편/그편/저편
시간	이때/그때

---

6 『연세』에서는 지시대상이 사물이나 사태인 경우 '물건, 사물', 그리고 '사실, 현상, 행위, 상태' 등으로 다양하게 기술하고 있다. 『표준』에서는 사물이나 사태는 모두 '대상'으로 통일해서 기술하고 있다. 그러나 '대상'에는 사람도 포함될 수 있으므로, 여기에서는 사람을 제외한 나머지 '대상'을 사물과 사태로 통일하여 제시한다.

『연세』에서는 일정 빈도 이상의 항목들만 제시하고 있으므로『표준』에 비해 표제항으로 제시된 항목들의 수가 훨씬 적다. 『연세』에서 제시된 대부분의 항목은『표준』의 3인칭 대명사 또는 지시 대명사 항목들에 포함되나, 시간을 지시하는 '이때, 그때'는『표준』에서는 명사로 제시된 항목이다.

또한, 같은 형태의 항목이라 하더라도 구체적인 기술 내용에서『표준』과 차이를 보이는 부분도 적지 않다. 사람이 지시대상인 경우,『표준』에서 지시 대명사로만 기술되어 있는 '여기'에 대해서도 사람을 가리키는 기능이 있음을 기술하고 있다. 또한 '그네'의 경우,『연세』에서는 '그녀'와 같은 것으로 기술되어 있으나,『표준』에서는 복수의 3인칭 대명사로 기술되어 차이를 보인다.

사물이나 사태가 지시대상인 경우,『표준』에서 3인칭 대명사로도 지시 대명사로도 기술되었던 '이, 그, 저'는 그 처리가 상이한데, '이'는 사물이나 사태를 가리키는 경우만을, '그'는 사람을 가리키는 경우만을 기술하고 있는 반면에, '저'에 대해서는 사람을 가리키는 경우와 사물이나 사태를 가리키는 경우를 모두 기술하고 있다. '이, 그, 저'에 '-들'이 결합한 '이들, 그들, 저들'의 경우,『표준』에서는 모두 독자적인 표제항으로 삼지 않고 '이들'과 '저들'을 '이'와 '저' 아래에 용법을 설명하고 있는 데에 반해,『연세』에서는 '그들'은 표제항으로 삼고 '저들'은 '저'의 설명에 '사람'을 가리킴을 기술하고 '이들'은 기술에도 포함시키지 않는 등 세 형식을 모두 다르게 처리하고 있다. 또한『연세』에서는 '그'가 지시대상이 사람인 경우만 기술되고 있고 사물이나 사태인 경우는 기술에서 빠져 있다.

기존 논의에서 제시된 형식들과 사전의 표제항을 비교해 보면, 많은 항목들이 3인칭 대명사 또는 지시 대명사로 제시되었음에도 불구하고 공통된 항목은 '이이, 그이, 저이', '이분, 그분, 저분', '이것, 그것, 저것',

'여기, 거기, 저기'의 네 유형에 불과함을 알 수 있다.

2.3. 기존 논의와 사전의 비교

기존 논의의 최대 항목과 사전의 최대 항목도 일치하지는 않는데, 공통 항목과 차이를 보이는 항목을 보이면 다음과 같다.

〈표4〉 기존 논의의 최대 항목과 사전의 최대 항목 비교

지시대상	공통 항목	기존 논의 항목	사전 항목
사람	이이/그이/저이, 이분/그분/저분, 이놈/그놈/저놈, 이년/그년/저년, 이치/그치/저치, 이네/그네/저네, 이/그/저, 그녀, 저쪽	이애/그애/저애, 애/개/재, 이양반/그양반/저양반, 이 어른/그 어른/저 어른, 이 녀석/그 녀석/저 녀석, 이 자식/그 자식/저 자식	이자/그자/저자, 이손/저손, 그미, 게네, 이것/그것/저것, 이쪽/그쪽, 그편/저편, 여기
사물/사태	이것/그것/저것, 이/그/저		이따위/그따위/저따위, 여기/거기
처소	여기/거기/저기, 이쪽/그쪽/저쪽		이곳/그곳/저곳, 이편/그편/저편, 접쪽
시간	이때/그때	접때	

기존의 논의에서 사람을 가리키는 3인칭 대명사 또는 지시 대명사로 제시된 항목들 가운데 사전에서 배제된 항목들은 모두 '이, 그, 저'와 명사의 결합형이며, '이애, 그애, 저애', '애, 개, 재'를 제외하고는 모두 해당 명사가 2음절의 자립명사이다. '이애, 그애, 저애', '애, 개, 재'의 '애' 역시 '아이'의 축약형으로, 자립명사이다. 기존 논의에서는 다루어지지 않았으나 사전에서는 3인칭 대명사 또는 지시 대명사로 제시된 항목들은 '그미, 게네, 여기'를 제외하고는 모두 '이, 그, 저'와 1음절의 의존명사로 구성되어 있다. 이 가운데는 또한 '이것, 그것, 저것', '이쪽, 그쪽',

'그편, 저편', '여기'와 같이 기본적으로 사물/사태나 처소를 가리키는 항목들도 포함되어 있다. 사물이나 사태를 가리키는 항목의 경우, 기존 논의에서 언급되지 않았으나 사전에 포함된 항목으로는 '이따위, 그따위, 저따위'와 기본적으로 처소를 가리키는 '여기, 거기'가 있다. 처소를 가리키는 항목의 경우, 사전에는 기존 논의에서 제시되지 않은 '이곳, 그곳, 저곳', '이편, 그편, 저편', '접쪽'이 실려 있다. 시간을 가리키는 항목의 경우, '접때'는 기존 논의에는 제시되어 있으나 사전에서는 명사로 처리되어 3인칭 대명사 또는 지시 대명사로 다루어지지 않고 있다.

3. 대명사의 자격

3.1. 판별 기준

기존 논의와 사전의 3인칭 대명사 또는 지시 대명사로 제시하고 있는 형식들의 대다수는 '이, 그, 저'와 명사 또는 의존명사로 분석 가능하다. 제시된 많은 형식들 가운데 공통적인 형식이 거의 없는 것은 이들 가운데 어떤 형식을 단어, 즉 대명사로 보고 어떤 형식을 구로 보는가에 대한 판단이 달랐기 때문으로 파악된다. 이러한 문제로 인해 3인칭 대명사 또는 지시 대명사의 판별과 관련하여 가장 많이 언급된 기준은 합성어와 구의 구별 기준이다. 김상대(2001)에서는 의미의 관용화를, 민경모(2008)에서는 대치와 삽입 가능성을 언급하고 있으며, 서종학·김수정(2012: 7-8)에서는 분리가능성, 의미의 관용화, 상대어 유무[7]를 들고 있다. 서정

---

7 '상대어 유무'는 최형용(2016: 422)에서 언급한 단어 형성의 비대칭성과 관련된 것으로 파악된다. 서종학·김수정(2012: 7-8)에서는 '새해, 새마을'과 같은 합성어의 경우 상대어 '*헌해, *헌마을'이 없으므로, 상대어 '그분, 저쪽, 이것'이 있는 '이분, 그쪽, 저것'은 구라고 보았다.

수(1994/2013: 502)에서는 '이양반, 그양반'이 '본뜻에서 멀어져' 대명사에 포함시킨다고 하였고, 이익섭(2005: 97)에서는 '애, 걔, 쟤'가 '독자적인 의미를 가진' 것을 근거로 대명사에 포함시킨다고 하였는데,[8] 이는 김상대(2001)과 같이 의미 변화라는 기준을 적용한 것으로 볼 수 있다. 이와 같이 3인칭 대명사의 목록을 제시하는 데에 있어 가장 문제가 되는 것은 해당 형식이 합성어인가 구인가 하는 문제이므로, 본고에서는 합성어와 구의 판별 기준을 다시 한 번 검토해 보고 그 가운데 유효한 기준을 선별하여 기존 논의와 사전의 목록에 적용해 볼 것이다.

　기존 논의에서 언급된 기준 가운데, 합성어와 구의 구별 기준이 아닌 판별 기준으로는 장경희(2002: 148)에서 제시된 '지시 수행상의 효율성'을 들 수 있다. 이 논의에서는 '이, 그, 저'에 상위 명사 또는 의존명사가 결합한 '이애, 이곳, 이것' 등의 형식들은 사용 범위가 넓어 지시 수행상의 효율성이 크므로 따로 범주화하는 것이 타당하다고 보았다.[9] 즉 '이 가방'에 비교하여 '이것'은 가방이 아닌 다른 사물을 지시하는 데도 사용될 수 있어 지시를 수행할 때 효율성이 크므로 별도의 범주에 넣어야 한다는 것이다. 민경모(2008: 29)에서도 이러한 입장을 따라 '이것, 그것, 저것'을 지시 대명사에 포함시키고 있다. 최현배(1971: 230)에서는 '두루 가리킴'이 대명사의 특성이라고 기술한 바 있는데,[10] 합성어와 구의

8　이익섭(2005: 97)에서는 중년이 넘은 여자들끼리도 또래를 가리키며 "쟤 왜 저러니?"와 같이 '쟤'를 사용하는데, 이때의 '쟤'를 '저 아이'의 준말이라고 할 수는 없으므로 의미의 변화가 일어났다고 보았다.

9　그러나 장경희(2002)에서는 대명사 범주 설정에 문제를 제기하고 이들과 지시동사, 지시 형용사, 지시부사 등을 아우르는 '상황 지시어'라는 범주를 새로이 제시하고 있다. 이 논의의 '상황 지시어'는 지시대상에 따라 '인칭 지시어, 사물 지시어, 장소 지시어, 방향 지시어, 시간 지시어, 상태 및 동작 지시어'로 하위분류된다.

10　최현배(1971: 230)에서는 '이애, 그애' 등이 아이에게만 쓰이는 것이 아니라 손아래 사람에게 두루 쓰이는 점을 들면서 '두루 가리킴'이 대명사의 특성이라고 보았다.

구별 기준과 비교하면 '지시 수행상의 효율성'은 다분히 대명사 자체의 특성에 입각한 기준이라 할 수 있다. 그러나 이러한 '지시 수행의 효율성'을 판별 근거로 삼을 경우, 구로밖에 볼 수 없는 형식들도 대명사의 테두리 내에 들게 되는 문제점이 발생한다. 예를 들어 '이것'이 사물을 효율적으로 지시한다고 하면 '이 사람'도 사람을 효율적으로 지시한다고 할 수 있는데, 그렇다면 '이 사람'도 하나의 대명사여야 한다. 그러나 '이 사람'은 직관적으로도 합성어로는 파악되지 않는 구로, 대명사라 하기 어렵다. 또한 '이것'이 다양한 대상을 가리킬 수 있는 것은 '이것' 자체의 특성이라기보다는 '것'의 특성에서 비롯된 것으로, 이러한 기능은 '이것'이 대명사가 아닌 구라 하더라도 유지된다. 이러한 사실은 장경희(2002: 148)에서 제시한 '이애, 이곳, 이것' 모두에 적용되는 것으로, 따라서 '지시 수행상의 효율성'은 대명사의 판별에 있어 유효한 기준이라 하기 어렵다.

이렇게 보았을 때 기존 논의에서 언급된 판별 기준 가운데 합성어와 구의 구별 기준만이 남게 되며,[11] 대명사 자체의 특성에 기반한 기준은 존재하지 않게 된다. 이에, 판별 결과의 신뢰도를 높이기 위해서는 합성어와 구의 구별 기준 외에 대명사 자체의 특성에 대해 고찰해 보고 그 결과를 토대로 기존의 목록을 검토해 볼 필요가 있다고 판단된다.

Lyons(1977: 659)에서는 전통적으로 대명사가 현장지시(deixis)와 문맥지시(anaphora)[12]라는 서로 구별되지만 관련된 기능을 가지고 있는 것으로 간주되어 왔음을 지적하였는데, 한국어의 대명사에 관한 논의에서

---

11 기존의 논의에서는 이와 같은 기준들 외에 관례나 편의에 따른 입장도 반영된 것으로 파악된다. 최현배(1971: 230)에서는 '이애, 그애, 저애'에 대해 '본디 대명사라기보다는 '관형사+애'로 분석될 수 있는 것'이라 하면서 '두씨로 된 것이 뚜렷하지마는, 편의적으로 한 탄의 씨로 봄이 좋을까 하여'라고 기술한 바 있다.

12 'deixis'는 '직시', '화시', '상황지시'로도 번역되고, 'anaphora'는 '조응'으로도 번역되지만 '현장지시'와 '문맥지시'가 '지시'(reference) 아래에 함께 묶일 수 있으면서도 둘의 차이를 잘 드러내는 번역이라 판단되어 이를 사용하기로 한다.

도 공통적으로 언급되고 있는 대명사의 기능은 이 두 가지이다. Lyons (1977: 637)에서는 이 두 기능 가운데 현장지시가 좀 더 기본적인 기능이라고 보고 있는데, 박진호(2007: 126)에서도 한국어 지시사의 문맥지시 기능을 '현장지시사의 문맥지시사로의 전용'으로 설명하여 현장지시 기능이 기본적인 기능이라는 입장을 보이고 있다. 이러한 논의들을 고려할 때 대명사를 판별함에 있어 현장지시와 문맥지시의 기능을 갖추고 있는지, 적어도 현장지시의 기능을 수행하고 있는지를 검토할 필요가 있다.

이상과 같은 판단에서 여기에서는 대명사의 특성과 관련하여 기존의 논의 및 사전에서 제시된 형식들을 먼저 검토한 후, 추가적으로 여러 논의에서 판별 기준으로 삼았던 합성어와 구의 판별을 포함하여 단어로서의 지위를 검토함으로써 3인칭 대명사의 목록을 마련해 보도록 하겠다.

3.2. 대명사의 특성에 따른 검토

〈표4〉에서 제시된 기존 논의와 사전의 항목들을 모두 함께 보이면 다음과 같다.

〈표5〉 기존 논의와 사전의 최대 항목

지시대상	형식
사람	이이/그이/저이, 이분/그분/저분, 이놈/그놈/저놈, 이년/그년/저년, 이자/그자/저자, 이치/그치/저치, 이네/그네/저네, 이애/그애/저애, 애/개/쟤, 이양반/그양반/저양반, 이 어른/그 어른/저 어른, 이 녀석/그 녀석/저 녀석, 이 자식/그 자식/저 자식, 이손/저손, 이/그/저, 그녀, 그미, 게네, 이것/그것/저것, 이쪽/그쪽/저쪽, 그편/저편, 여기
사물/사태	이것/그것/저것, 이/그/저, 이따위/그따위/저따위, 여기/거기
처소	여기/거기/저기, 이곳/그곳/저곳, 이쪽/그쪽/저쪽, 이편/그편/저편, 접쪽
시간	이때/그때/접때

위의 〈표5〉에 제시된 형식들은 대부분 현장지시의 기능을 수행한다. 현장지시의 기능이 없는 형식으로는 사람을 가리키는 '그, 그녀, 그미'와, 기본적으로 처소를 가리키지만 사람을 가리키는 데에도 쓰이는 '그쪽, 그편',[13] 사물/사태를 가리키는 '그, 거기', 그리고 시간을 가리키는 '그때, 접때'가 있다. 이들 가운데 다른 항목들은 문맥지시의 기능만이라도 수행하나, 시간을 가리키는 '접때'는 문맥지시의 기능도 수행하지 않는다. '그때'가 문맥지시의 기능만을 수행하고 '접때'가 문맥지시나 현장지시 기능을 모두 수행하지 못하는 것은 시간 지시의 특성과 관련된 것으로 판단된다. 담화 상황에서는 화자에게 가까운 시간과 청자에게 가까운 시간이라는 개념은 성립하기 어렵기 때문이다. 즉 화자와 청자가 시간을 공유하는 상황에서 화자에게 가까운 시간은 곧 청자에게도 가까운 시간이 되므로 현장지시에서 '이때'는 발화의 시간이 되며, '그때'는 설 곳을 잃는다. '접때'는 화자와 청자 모두에게서 먼 시간이 될 수 있지만, 특정한 시간을 지시하지는 못하므로 현장지시의 의미가 없다.[14] 결과적으로, '접때'는 현장지시 기능과 문맥지시 기능 가운데 어느 하나도 수행하고 있지 못하므로 대명사로 볼 수 없다고 판단된다.

지시관형사, 지시용언 등 지시사 전반에서 '이' 계열과 '그' 계열은 현장지시와 문맥지시의 기능을 모두 수행하고 '저' 계열은 현장지시의 기능만을 수행하는데, '그, 그녀, 그미'가 현장지시의 기능 없이 문맥지시의 기능만을 수행하는 것은 상당히 이질적이다. 영어의 현장지시사 'this/that'

---

13 '그쪽, 그편'이 현장지시의 기능으로 쓰이면 다음과 같이 2인칭으로 해석된다. 미련한 사람은 내가 아니라 <u>그쪽</u>이오! (『표준』)

14 기존 논의나 사전에서는 제시되어 있지 않지만 21세기 세종계획 말뭉치에서는 '저때'를 찾아볼 수 있다. '이때는 이렇고 저때는 저렇고'와 같은 관용적인 용법을 제외하면, 이는 과거에 찍은 사진이나 동영상을 보면서 대화를 나누는 상황에서 사용되는데, 이러한 상황에서는 화자와 청자 모두에게서 멀리 떨어진 시간이라는 개념이 적용될 수 있기 때문으로 보인다.

는 물론이고, '그, 그녀, 그미'가 번역을 위해 쓰였다는 3인칭 대명사 'he/she'가 모두 문맥지시 기능 외에 현장지시의 기능도 갖는다는 점을 고려했을 때도[15] '그, 그녀, 그미'의 특수성이 드러난다. 이는 이들이 20세기 초에 인위적으로 만들어진 대명사라는 점과 관련된 것으로 보인다.[16] 그러나 현장지시가 문맥지시보다 기본적인 기능이며 '그, 그녀, 그미'가 문맥지시의 기능만을 수행한다 하더라도 문맥지시가 대명사의 한 기능인 만큼 이들을 대명사에서 제외할 수는 없다고 판단된다.

이상과 같이 검토해 보았을 때, 기존 논의와 사전에서 제시된 형식들 가운데 대명사의 특성에 근거하여 대명사가 아닌 것으로 판단되는 형식은 '접때'뿐인 것으로 파악된다. 나머지 형식들의 경우 합성어와 구의 구별을 포함하여 단어로서의 지위 판단 결과에 따라 대명사인지의 여부가 결정된다.

3.3. 단어로서의 지위에 대한 검토

3.3.1. 단일어와 파생어

단어로서의 지위라는 측면에서 해당 형식들을 검토했을 때 단일어나 파생어로 파악되면 하나의 단어이므로 대명사로 판별하는 것이 당연하

15　Saxena(2006: 131)에서는 옆에 서 있는 사람을 가리키며 "He did it!"이라고 했을 때 인칭 대명사 'he'는 화시적으로(deictically) 쓰인 것이라고 보았다. Huang(2007: 134)에서도 "She's not the principal; she is. She's the secretary."를 들어 문장이 발화되는 물리적 상황에 따라 'she'가 해석되므로 3인칭 대명사도 화시적(deictic) 표현으로 쓰일 수 있다고 보았다.

16　이들은 여러 측면에서 이질적인데, 박진호(2007: 120)에서는 현상시시시기 인칭 대명사로 전용될 때 '이' 계열은 1인칭, '그' 계열은 2인칭, '저' 계열은 3인칭으로 사용되는 것이 보통인데 '그'와 '그녀'는 '그' 계열임에도 3인칭이라는 점이 특이하다고 지적한 바 있다.

다. 우선 단일어로 대명사의 자격을 갖는 형식으로는 '이, 그, 저'와 '여기, 거기, 저기'를 들 수 있다. 단독으로 쓰이는 '이, 그, 저'의 경우 단일어로서 대명사의 목록에 포함되게 된다. '여기, 거기, 저기'의 경우 통시적으로는 '이어긔, 그어긔, 저어긔'로 분석되어 '이, 그, 저'의 존재를 확인할 수 있으며 그 기능도 유지되나 공시적으로는 '이, 그, 저'를 분석해 낼 수 없으므로, 공시적으로는 세 형식 모두 단일어로 파악할 수밖에 없다.

파생어로서 대명사의 자격을 갖는 형식으로는 '이네, 그네, 저네', '게네', '그녀'를 들 수 있다. '이네/그네/저네'와 '게네'에는 접미사 '-네'가 결합하였다. '그녀'는 '그'와 접미사 '-녀'의 결합으로 볼 수 있다. '그미'의 경우, '그'를 제외한 '미'의 지위를 알 수 없으나 '미'를 어근으로 파악하기는 어렵다.

이상과 같이 검토했을 때, 단일어 또는 파생어로서 대명사로 파악되는 형식으로는 다음과 같은 것들이 있다.

(1) 이/그/저, 여기/거기/저기; 이네/그네/저네, 게네, 그녀; 그미

3.3.2. 합성어와 구의 구별

기존의 논의에서 3인칭 대명사 또는 지시 대명사를 제시할 때 가장 많이 언급된 기준은 합성어인가 구인가 하는 것이다. 기존에 언급된 형식들이 대부분 '이, 그, 저'와 명사 또는 의존명사의 결합형이므로 이들이 합성어라면 한 단어이므로 대명사로 판별이 되고 구라면 대명사가 아니라는 결론이 나기 때문이다.

일반적으로 합성어와 구의 구별 기준으로 가장 많이 언급되는 것은 휴지(pause)와 분리가능성(isolability)이다. 단어 내부에는 휴지를 둘 수 없고 다른 단어를 넣어 분리할 수도 없기 때문이다. 구와 달리 합성어의

경우 내부에 휴지를 두거나 다른 요소를 삽입할 수 없다. 또한 합성어는 구와 달리 새로운 의미가 발생한다는 것도 자주 언급되는 구분 기준이다.[17] 즉 구는 대체로 구성 요소의 의미의 합으로 해석되나 합성어는 제3의 의미로 해석될 수 있다. 이러한 기준들 외에, 합성어의 경우 그 구성요소가 문장의 다른 요소와 호응할 수 없다거나(서정수 1994/2013: 98-99, 최형용 2016: 420-422), 단어 형성에 있어서 비대칭성을 보인다는 점도 구와의 차이점으로 지적되었다(최형용 2016: 420-422). 또한 구는 소리와 의미의 연결이 선조적이지만 합성어는 그렇지 않다는 점(고영근·구본관 2008: 230-232, 구본관 외 2015: 119-120), 구는 구성요소의 일부를 대동사로 받는 것이 가능하나 합성어는 불가능하다는 점(김창섭 1996: 76-82), 합성어는 성분의 일부가 음운변화를 일으킬 수 있다는 점 등이 지적된 바 있으나(고영근·구본관 2008: 230-232, 서정수 1994/2013: 95-113), 모든 경우에 적용될 수 있는 기준은 아니다.[18] 또한 실제로 사전에 등재된 합성어들을 보면 이러한 기준들만으로 설명되지 않는 항목들이 많아 구본관 외(2015: 120)에서는 과거에서부터 누적된 사용 빈도 등 다른 요인이 작용하며 구성 요소들의 길이 등 다양한 특성들이 작용한다고 보았다.[19]

이 가운데 기존 논의에서 3인칭 대명사 또는 지시 대명사의 판별에 사용된 기준은 분리가능성, 새로운 의미의 발생 여부, 그리고 단어 형성의 비대칭성이다.[20] 그 외의 기준들은 3인칭 대명사의 판별에 적용되지

---

17 최형용(2016: 420)에서는 이를 합성어와 구의 가장 큰 차이점으로 들고 있다.

18 그 외, 영어와 같은 강세 언어에서는 강세가 합성어와 구의 구분에 매우 중요하다는 점이 지적되었으나(김영석 1998: 239-246) 강세 언어가 아닌 한국어에는 적용되지 않는다.

19 고영근·구본관(2008: 232)과 구본관 외(2015: 120)에서는 그 예로 '책값'을 들고 있다. '책값'은 합성어로 사전에 등재되어 있지만 '책'과 '값'의 합성적인 의미 외에 새로운 의미가 발생했다고 보기 어렵기 때문이다.

않는 기준으로 파악된다. 여기서는 이러한 세 가지 기준을 토대로 기존 논의와 사전에서 제시된 형식들을 검토해 보도록 하겠다.

가. '이/그/저' + 자립명사

기존 논의와 사전에서 제시된 형식들 가운데 '이, 그, 저'에 자립명사가 후행하는 경우를 제시하면 다음과 같다.

> (2) 가. 이양반/그양반/저양반, 이 어른/그 어른/저 어른, 이 녀석/그
> 녀석/저 녀석, 이 자식/그 자식/저 자식
> 나. 이곳/그곳/저곳, 이때/그때
> 다. 이애/그애/저애, 얘/걔/쟤

(2가)는 '이, 그, 저'에 2음절의 자립명사가 후행하는 경우이고, (2나)는 1음절의 자립명사가 후행하는 경우이다. (2다)의 '이애, 그애, 저애'와 '얘, 걔, 쟤'는 '이아이, 그아이, 저아이'의 축약형으로 볼 수 있다.

먼저 분리가능성을 검토해 보면, (2가)와 (2나)의 형식들은 후행 명사의 음절 수와 관계없이 모두 '이, 그, 저'와 명사가 분리가능하다.

> (3) 가. <u>그 착한 양반</u>이 얼마나 상처를 받으셨을까?
> 나. <u>그 점잖은 어른</u>이 그런 말씀을 하셨을 리가 없잖아?
> 다. <u>그 당돌한 녀석</u>을 어떻게 하면 좋아?
> 라. <u>그 나쁜 자식</u>은 반드시 벌을 받아야 돼.

---

20 용어나 표현의 차이는 있지만 분리가능성은 김상대(2001), 민경모(2008), 서종학·김수정(2012: 7-8)에서 제시되었으며, 새로운 의미의 발생은 김상대(2001)와 서종학·김수정(2012: 7-8)에서 제시되었다. 단어 형성의 비대칭성은 서종학·김수정(2012: 7-8)에서는 '상대어 유무'로 설명되었다.

(4) 가. <u>그</u> 좋은 곳을 두고 어디로 간단 말이냐?

　　나. <u>그</u> 행복했던 때를 잊을 수 없어.

　위의 예들을 살펴보면[21] (3)과 같이 후행 명사가 2음절인 경우나 (4)와 같이 1음절인 경우 모두 '이, 그, 저'와 명사 사이에 다른 단어를 넣어 분리가 가능함을 알 수 있다. 특히 (3)과 같이 후행 명사가 2음절인 경우, 기존 논의에서 이들을 제시할 때 대명사로 칭하면서도 '이양반, 그양반, 저양반'을 제외하고는[22] 모두 '이, 그, 저'와 명사 사이를 띄어 쓴 것을 알 수 있는데, 이는 실제로 휴지가 존재함에 대한 직관이 반영된 것으로 볼 수 있다.

　의미적인 면에서도 (2가)와 (2나)의 형식들은 구성요소인 '이, 그, 저'와 명사의 의미 외에 새로운 의미가 발생했다고 보기 어렵다. '이 어른'에 '이'와 '어른'의 의미의 합 외에 다른 새로운 뜻이 생겨났다고 볼 수는 없는 것이다. 다른 형식들에서도 구성요소들의 의미의 합 외에 새롭게 생긴 의미를 찾을 수 없다. 서정수(1994/2013: 502)에서는 '양반'이 계급을 가리키던 말에서 일반 사람을 가리키는 말로 바뀌었고 관형사와 함께 합성어를 형성한다고 보았으나, 이는 '양반' 자체의 의미 변화에 의한 것이지 '이, 그, 저'와 '양반'의 결합 과정에서 새로운 의미가 발생한 것이 아니므로 '이양반, 그양반, 저양반'을 합성어라 할 수는 없다고 판단된다.

　단어 형성의 비대칭성이라는 측면에서 '이, 그, 저'를 기준으로 했을

21　편의상 '그'가 쓰인 예들로 통일하였다.

22　서정수(1994/2013: 502)에서는 '이양반, 그양반'이 본뜻에서 멀어져 일반 사람을 가리키는 말이 되었음을 근거로 이들을 하나의 대명사로 보고 있다. 그러나 "김선생님은 참 좋은 양반이야."와 같은 예에서 볼 수 있듯이, 이는 '이양반, 그양반' 전체의 변화라기보다는 '양반'의 변화로 판단된다.

때도 무한히 많은 명사와 결합할 수 있다는 점에서 비대칭성을 찾을 수 없고, '양반, 어른, 녀석' 등의 명사를 기준으로 했을 때도 다른 수식어와 얼마든지 어울릴 수 있다는 점에서 비대칭성을 찾기 어렵다.

한편 (2다)의 '이애, 그애, 저애', '애, 걔, 쟤'의 경우, '이 아이, 그 아이, 저 아이'의 준말로 '아이' 또는 '애'는 자립명사이다. 이들의 경우에도 '이, 그, 저'와 '아이' 또는 '애' 사이에 다른 단어를 넣어 분리할 수 있다.

(5) 가. <u>그 착한 아이</u>가 왜 그런 짓을 했을까?
    나. <u>그 못된 애</u>를 꼭 찾아야 돼.

위의 예들을 보면 '아이'로 쓰일 때나 '애'로 쓰일 때 모두 분리가 가능함을 알 수 있다. '아이'가 '애'로 축약되는 것이나 '이, 그, 저'와 '아이'가 '애, 걔, 쟤'로 축약되는 것은 사용빈도가 높기 때문으로, 이러한 축약이 일어난다고 해서 '이, 그, 저' 다음의 휴지나 분리가 불가능하다고 볼 수는 없다고 판단된다.

서정수(1994/2013: 501)와 이익섭(2005: 97)에서는 '이애, 그애, 저애'나 '애, 걔, 쟤'가 반드시 아이에게만 쓰이는 것은 아니라는 점, 곧 새로운 의미의 발생을 근거로 이들을 하나의 대명사로 보았다. 그러나 이는 '이애, 그애, 저애'나 '애, 걔, 쟤'의 의미변화라기보다는 '애'의 의미변화로, 이를 근거로 이들을 한 단어로 볼 수는 없다고 생각된다.

(6) 애는 애가 참 착해.

위의 예는 성인들 사이에서도 사용될 수 있으며, '애'와 마찬가지로 '애'는 아이를 지시하는 데에만 국한되지 않는다.[23] 이러한 사실을 보았을 때 '이애, 그애, 저애'나 '애, 걔, 쟤' 전체에 새로운 의미가 발생했다고 볼 수는 없다.

분리가능성과 새로운 의미의 발생 여부 외에 단어형성의 비대칭성이라는 측면에서 검토해도 이들은 (2가), (2나)의 형식들과 차이를 보이지 않는다. '이, 그, 저'를 기준으로 하거나 '아이' 또는 '애'를 기준으로 해도 단어형성의 비대칭성은 존재하지 않는다.

이상과 같이 합성어와 구의 구별 기준을 검토해 보았을 때, 기존 논의와 사전에서 3인칭 대명사 또는 지시 대명사로 제시된 형식들 가운데 '이, 그, 저'와 자립명사가 결합한 경우는 모두 합성어가 아닌 구로 파악된다. 즉 이들 가운데 대명사로 볼 수 있는 형식은 없다.

나. '이/그/저' + 의존명사

기존 논의와 사전에서 제시된 형식들 가운데 '이, 그, 저'에 의존명사가 후행하는 경우는 다음과 같다. 이들은 자립명사가 후행하는 경우에 비해 1음절의 비중이 높은 것이 특징이다.

(7) 가. 이따위/그따위/저따위
    나. 이이/그이/저이, 이분/그분/저분, 이놈/그놈/저놈, 이년/그년/저년, 이자/그자/저자, 이치/그치/저치, 이손/그손/저손, 이것/그것/저것
    다. 이쪽/그쪽/저쪽, 이편/그편/저편
    라. 접쪽

---

23 이러한 '애'의 쓰임은 '아이'의 쓰임과는 차이가 있어 보인다. '애'와 달리 '아이'는 성인에게 사용되기 어렵다고 판단된다. 그러나 이는 어디까지나 '애'와 '아이'의 의미 차이이다.

(7가)는 '이, 그, 저'에 2음절의 의존명사가 후행하는 경우이고, (7나)와 (7다)는 1음절의 의존명사가 후행하는 경우이다. (7라) '접쪽'의 경우 '저'와 '쪽'을 분리할 수 있으나 'ㅂ'이 남아 문제가 되므로, 판별에서 논외로 할 수밖에 없다.[24]

(7가)의 '이따위, 그따위, 저따위'의 경우, 다음과 같이 '이, 그, 저'와 '따위' 사이에 다른 단어를 넣어 분리할 수 있다.[25]

(8) 이 마당에 그 자존심 따위가 무슨 소용 있니?

또한 '따위'는 '앞에 나온 대상을 낮잡거나 부정적으로 이르는 말', '이 따위'는 '이러한 부류의 대상을 낮잡아 이르는 지시 대명사'라는 『표준』의 뜻풀이에서 볼 수 있듯이 '이따위, 그따위, 저따위'가 '이, 그, 저'와 '따위'의 합성적인 의미 외에 새로운 의미를 갖는다고 보기는 어렵다. 또한 단어 형성의 측면에서도 '이, 그, 저'를 기준으로 했을 때도 이들이 명사 결합에 제약이 없다는 점에서 비대칭성을 찾을 수 없고, '따위'를 기준으로 했을 때도 '돈 따위, 친구 따위, 라면 따위, …'와 같이 다양한 명사와 결합이 가능하다는 점에서 비대칭성을 찾기 어렵다.

'이, 그, 저'에 1음절의 의존명사가 후행하는 형식들 가운데 (7나)의 형식들은 '이, 그, 저'와 명사 사이에 다른 단어를 넣어 분리하는 것이

---

24 '접쪽'의 경우 『표준』에만 실려 있는데, 뜻풀이도 '저쪽'과 같다고만 되어 있다. 21세기 세종계획의 말뭉치에서는 찾아볼 수 없다.

25 '따위'는 '앞에 나온 대상을 낮잡거나 부정적으로 이르는 말'의 뜻이므로 명사가 주로 앞에 온다. 또한 '이따위, 그따위, 저따위'가 관형사로도 쓰일 수 있어 (7나)나 (7다)의 경우와는 차이를 보인다. '이따위, 그따위, 저따위'가 관형사로 쓰일 때에는 '이, 그, 저'와 '따위'의 분리는 어려운데, 이러한 문제에 대해서는 좀 더 고민해 볼 필요가 있다. 그러나 이러한 사실이 그간 대명사로 제시된 '이따위, 그따위, 저따위'에서 '이, 그, 저'와 '따위'의 분리가능성에 영향을 미치는 것은 아니다.

가능하다.

(9) 가. <u>그 친절한 의</u>는 도대체 누구냐?
　　나. <u>그 상냥한 분</u>은 누구세요?
　　다. <u>그 나쁜 놈</u>을 용서할 수 없어.
　　라. <u>그 독한 년</u>이 이런 일까지 저질렀다.
　　마. <u>그 비겁한 자</u>를 반드시 벌할 것이다.
　　바. <u>그 어리숙한 치</u>가 범인이 아니라는 증거가 있나?
　　사. <u>그 젊은 손</u>이 바로 내 아들이오.
　　아. <u>그 좋은 것</u>을 누구한테 준단 말이니?
　　아′. <u>그 착한 것</u>이 그런 일을 했을 리가 없어.

　위의 예들은 각각 '그이, 그분, 그놈, 그년, 그자, 그치, 그손, 그것'에서 '그'와 후행하는 1음절 의존명사 사이에 다른 단어를 넣어 분리해 본 것으로, 이러한 분리가 자연스러움을 알 수 있다. '그것'의 경우 (9아)처럼 사물을 가리킬 때나 (9아′)처럼 사람을 가리킬 때 모두 분리가 가능하다.[26]
　의미적인 면에서도 (7나)의 형식들은 구성요소인 '이, 그, 저'와 명사의 의미 외에 새로운 의미가 발생했다고 보기 어렵다. 또한 단어 형성의 비대칭성이라는 측면에서도 '이, 그, 저'를 기준으로 했을 때도 이들이 명사 결합에 제약이 없다는 점에서 비대칭성을 찾을 수 없고, '이, 분,

---

26　신지연(2008: 53)에서도 '이것'에 대해 의존명사구로 '이 것'으로 쓰여도 의미적, 기능적, 형태적으로 아무런 차이가 없다고 지적한 바 있다. 그럼에도 불구하고 여러 논의와 사전에서 공통적으로 '이것, 그것, 저것'을 대명사로 처리한 데에는 최현배(1937/1971)의 영향과, 구본관 외(2015: 120)에서 지적한 바와 같은 사용빈도, 구성요소의 길이와 같은 요인들이 작용한 것으로 보인다.

것' 등의 의존명사를 기준으로 했을 때도 수식어에 특별히 제약이 없다는 점에서 비대칭성을 찾기 어렵다.

이들과 달리 (7다)의 형식들은 '이, 그, 저'와 1음절의 의존명사를 분리하는 것이 불가능하거나 제약을 받는 경우이다. '이쪽, 그쪽, 저쪽'과 '이편, 그편, 저편'은 처소를 가리킬 때에는 '이, 그, 저'와 '쪽' 또는 '편'으로 분리가 가능하나, 사람을 가리킬 때에는 분리가 불가능하다.

(10) 가. <u>그 밝은 쪽</u>으로 걸어가 봐.

　　 가′. *<u>그 바쁜 쪽</u>에 물어보니 답을 줄 리가 없지.

　　 나. <u>그 거울이 있는 편</u>으로 가 봐.

　　 나′. *<u>그 초대한 편</u>에 가는 방법을 물어 봐.

위의 예들을 살펴보면 '그쪽'과 '그편'의 경우 (10가), (10나)와 같이 처소를 가리킬 때에는 '그'와 의존명사의 사이에 다른 단어가 개재 가능함을 알 수 있다. 그러나 (10가′), (10나′)와 같이 사람을 가리킬 때에는 다른 단어가 개재할 수 없어 분리가 불가능하다.

이들은 의미적인 측면에서도 차이를 보이는데, 처소를 가리키는 '이쪽, 그쪽, 저쪽'과 '이편, 그편, 저편'은 '이, 그, 저'와 '쪽', '편'의 의미의 합 이상의 의미를 갖지 않지만, 사람을 가리키는 '이쪽, 그쪽, 저쪽', '그편, 저편'은 '사람'이라는 의미를 새로 갖는다.

단어 형성의 비대칭성이라는 측면에서 처소를 가리키는 '이쪽, 그쪽, 저쪽'과 '이편, 그편, 저편'은 '이, 그, 저'를 기준으로 했을 때나 '쪽, 편'을 기준으로 했을 때 모두 비대칭성을 찾기 어렵다. 사람을 가리키는 '이쪽, 그쪽, 저쪽'과 '그편, 저편'의 경우, '이, 그, 저'를 기준으로 했을 때는 단어 형성의 비대칭성을 찾을 수 없으나, '쪽'과 '편'을 기준으로 하면 '쪽', '편'이 구성요소면서 '사람'의 의미를 갖는 합성어가 없어 비대

칭성을 보인다.[27]

이상과 같이 검토하였을 때, '이, 그, 저'에 의존명사가 후행하는 형식들 가운데 (7가)와 (7나)의 형식들은 모두 합성어가 아닌 구로 판단되며, (7다)의 형식들의 경우 처소를 가리킬 때는 구로, 사람을 가리킬 때는 합성어로 판단된다. 따라서 이 가운데 대명사는 사람을 가리키는 '이쪽, 그쪽, 저쪽'과 '그편, 저편', 그리고 'ㅂ'이 개재된 '접쪽'이다.

3.4. 해당 대명사의 목록

대명사의 특성과 단어로서의 지위를 고려하여 기존 논의와 사전에서 3인칭 대명사 또는 지시 대명사로 제시된 형식들을 검토하였을 때 대다수는 대명사의 자격을 갖지 못하는 것으로 판단된다. 검토 결과에 따라 대명사로 판별되는 형식들은 다음과 같다.

〈표6〉 대명사로 판별된 형식의 목록

지시대상	형식
사람	이네/그네/저네, 이/그/저, 그녀, 그미, 게네, 이쪽/그쪽/저쪽, 그편/저편, 여기
사물/사태	이/그/저, 여기/거기
처소	여기/거기/저기, 접쪽

4. 지시 대명사로의 재규정

4.1. 3인칭 대명사와 현장지시사의 관련성

앞에서는 그간 기존 논의와 사전에서 3인칭 대명사 또는 지시 대명사로

---

27 앞에서 언급한 것처럼 '편'의 경우 '이편'도 사람을 가리키는 합성어지만, 1인칭과 3인칭을 모두 지시할 수 있는 '이쪽'과 달리 1인칭만 지시할 수 있다.

제시된 형식들을 검토하여 사람, 사물/사태, 처소에 대한 지시를 모두 포함하는 넓은 의미에서의 3인칭 대명사의 목록을 도출하였다. 도출된 3인칭 대명사의 목록을 살펴보면 이들이 '이, 그, 저'의 3원적 체계를 모두 갖추고 있지 않더라도 '이, 그, 저' 가운데 적어도 어느 하나와 관련된 형태와 의미를 가지고 있어, 지시사와의 관련성을 유지하고 있음을 알 수 있다. 이러한 점을 보았을 때, 한국어의 3인칭 대명사는 인칭 대명사보다는 현장지시사(demonstrative)에 가까운 존재로 파악된다.

　Bhat(2004)에 따르면 세계의 여러 언어는 3인칭 대명사와 현장지시사의 관계에 따라 언어를 '두 인칭 언어(two-person language)'와 '세 인칭 언어(three-person language)'로 분류하고 있다. 이에 따르면, '두 인칭 언어'는 3인칭 대명사와 현장지시사가 동일하거나 형태상 관련된 언어로, 인칭 대명사가 1인칭과 2인칭으로만 구성된 언어이다.[28] '세 인칭 언어'는 3인칭 대명사와 현장지시사가 상당히 차이를 보이는 언어로, 인칭 대명사가 1인칭, 2인칭, 3인칭을 모두 갖추고 있다. 조사된 225개 언어 가운데 126개는 '두 인칭 언어'이고 99개는 '세 인칭 언어'로, 3인칭 대명사와 현장지시사가 동일하거나 연관된 경우가 더 많다고 한다. 앞에서 3인칭 대명사로 판별된 형식들은 모두 현장지시사 '이, 그, 저'와 형태상 관련이 되어 있어 이 논의의 기준을 따를 때 한국어는 두 인칭 언어에 속하게 된다.

　이러한 관점은 유형론적 관점에서 한국어의 대명사에 대해 논의한 박진호(2007)와 인칭에 대해 논의한 목정수(2014)에서도 찾아볼 수 있다.

28　Bhat(2004)에서는 이러한 두 유형의 존재를 1·2인칭만을 진정한 인칭으로 인정하는 주장들과 연관 짓고 있다. 1·2인칭 대명사만이 발화 행위에 참여하는 개인을 나타낼 수 있으므로 1·2인칭 대명사만을 대명사 체계에 포함시켜야 한다고 보는 논의가 많음을 지적하며, '3인칭 대명사의 지시대상(referents)은 발화 행위에서의 지위가 1인칭과 2인칭 대명사와 관련하여 부정적으로 기술될 수 있는 '비인칭(non-persons)''이라는 Lyons(1977: 638)의 기술을 옮기고 있다.

박진호(2007: 119-120)에서는 흔히 3인칭 대명사로 간주되는 '그'와 '그녀'가 20세기에 만들어진 단어로 문어에 국한되어 쓰이는 점, 일부 장르를 제외하고 3인칭 대명사의 사용빈도가 높지 않은 점, 3인칭 대명사를 쓸 자리에 명사를 사용하는 경향, 현대의 '그, 그녀', 중세의 '뎌'가 모두 현장지시사와 형태상 관련되어 있는 점을 토대로 한국어는 두 인칭 언어로 볼 가능성이 높다는 결론을 내리고 있다. 목정수(2014: 335)에서도 한국어에 3인칭 대명사가 원래 없었고 '그'와 '그녀'가 구어체에는 거의 사용되지 않는 점, 명사의 반복이 대명사의 기능을 대신하는 점, 지시관형사 '이, 그, 저'와 명사의 결합형이 대명사의 기능을 대신하는 점을 들어 한국어가 두 인칭 언어[29]라고 보고 있다.

4.2. 3인칭 대명사 설정 시의 문제점

한국어가 두 인칭 언어라고 보는 이들 논의에서도 '그, 그녀'에 대해서는 3인칭 대명사로 보는 태도를 보이고 있는데, '그, 그녀'가 형태상 현장지시사와의 관련되어 있음에도 불구하고 3인칭 대명사로 사실상 간주하는 것은 이들이 현장지시사의 가장 기본적인 기능인 현장지시의 기능을 수행하고 있지 않기 때문인 것으로 파악된다.[30] '그, 그녀'의 경우 형태상

---

29 목정수(2014)에서는 '이원적 인칭 대명사 체계'로 쓰고 있다.

30 Himmelmann(1996)에서는 현장지시사의 네 가지 용법으로 텍스트 외적 지시(exophoric use)와 문맥지시(anaphoric use), 담화지시(anaphoric use), 인식적 지시(recognitional use)를 들고, 이 가운데 텍스트 외적 지시가 가장 기본적인 용법이며 다른 용법은 여기에서 파생된 것임을 지적한 바 있다. 이는 한국어 지시사의 용법 분류와 대체로 일치한다. 논의마다 용어의 차이는 있지만, 지시사의 용법은 장경희(1980) 이래 담화 현장에 있는 대상을 지시하는 현장지시의 용법, 담화에 전술된 대상을 지시하는 문맥지시의 용법, 그리고 화자와 청자의 인식 속에 공존하는 대상을 지시하는 상맥지시 용법의 세 가지로 분류되어 왔다. 장경희(1980)에서는 이들을 각각 '실재적 지시', '기호적 지시', '상념적 지시'로 명명하였는데, '현장지시'(김일웅 1982, 장경희 2004)는 '화시적 지시'(장석진 1984), '상황 지시'(신지연 1998, 장경희

현장지시사 '그'와 관련되어 있지만 현장지시의 기능 없이 문맥지시의 기능만을 수행하는 특이한 양상을 보이고 있다.[31] 또한 '그, 그녀'는 '이, 그, 저'의 3계열 가운데 적어도 둘은 갖추고 있는 다른 대명사들과 달리 '그' 계열만 존재하는 이질적인 양상을 보인다.

그러나 이러한 특이성을 갖는 '그, 그녀'를 위해 3인칭 대명사를 설정하고 현장지시사에 가까운 다수의 대명사들을 '그, 그녀' 중심의 3인칭 대명사에 포함시키는 것은 합리적인 처리라고 보기 어렵다. 또한 이들을 모두 3인칭 대명사라 할 경우 흔히 3인칭 대명사의 기능으로 언급되는 문맥지시의 기능[32]이 결여된 '저' 계열의 대명사들도 문제가 된다. '저' 계열의 대명사들은 문맥지시의 기능을 수행하지 않고 현장지시의 기능만을 수행하기 때문이다.

그렇다고 해서 다른 대명사들만 별도의 부류에 포함시키고 '그, 그녀'만 3인칭 대명사로 인정하기에는 '그, 그녀'와 현장지시사의 형태상 관련성 및 문어에 국한된 이들의 쓰임이 문제가 될 수 있다. 더구나 영어의 'he, she'와 같은 다른 언어의 3인칭 대명사에는 현장지시 기능도 있음을 고려하면 문맥지시의 기능만을 수행하는 '그, 그녀'는 전형적인 3인칭 대명사와도 거리가 있어 보인다.[33] 또한 '그, 그녀'와 마찬가지로 문맥지

2002), '화맥 참조'(민경모 2008)로도 불렸으며, '문맥지시'(김일웅 1982)는 '조응지시'(김일웅 1982), '언어적 지시'(장석진 1984, 신지연 1998), '언어 맥락적 지시'(장경희 2002), '문맥 참조'(민경모 2008)로도 불렸다. '상맥지시'(신지연 1998, 장경희 2002)는 '개념지시'(김일웅 1982), '상맥 참조'(민경모 2008)로도 불린 바 있다.

31 장석진(1984: 121)에서는 '그, 그녀'가 화시적(deictic)으로 쓰이지 않음을 지적한 바 있다.

32 일례로, 남기심·고영근(1993/2014: 75)에서는 3인칭 대명사에 대해 "앞에 나온 사람을 대용하는 기능도 띠고 있다"고 설명하고 있다.

33 Bhat(2004: 138)에서는 현장지시사와 3인칭 대명사의 구별과 관련하여, 3인칭 대명사는 그것이 도입되는 순간 자동적으로 식별이 가능하나 현장지시사는 실체적인 정보를 제공함으로써 식별될 수 있는 차이가 있다고 보았다. '그, 그녀'는 문맥지시

시만을 수행하는 대명사들도 문제가 될 수 있는데,[34] 이들은 문맥지시만을 수행한다는 점에서 '그, 그녀'와 공통성을 지니지만, '그, 그녀'와 함께 3인칭 대명사에 포함시키기에는 현장지시사와의 밀접한 관련성이 문제가 된다. 이들은 사람을 지시하는 기능이 처소 지시 기능에서 파생되어 나온 '그쪽, 그편, 거기'와 같이 동일한 형태가 현장지시의 기능을 수행하거나, 사물/사태를 지시하는 '그'와 같이 현장지시의 기능이 역사적으로 위축된 경우여서[35] 현장지시사와 분리하기가 어렵기 때문이다.

4.3. 포괄적 지시 대명사의 설정

3인칭 대명사 설정 시의 문제점들을 고려할 때, 검토 결과 도출된 대명사들을 모두 3인칭 대명사로 보거나 '그, 그녀'만을 분리하여 3인칭 대명사로 보기보다는 현장지시를 기본 기능으로 가지면서 문맥지시까지 수행하는 현장지시사의 범주로 다루는 것이 보다 타당한 처리라고 판단된다. 그러나 여러 언어에서 현장지시사가 문맥지시의 기능을 갖지만(Himmelmann 1996, Bhat 2004) 둘의 기능에는 차이가 있어 현장지시사를 문맥지시사와 분리하여 다룰 수도 있고,[36] 도출된 대명사들 가운데는 '그, 그녀'와

로만 쓰여 이러한 구별 기준을 적용해 보기가 어렵다.

34 〈표6〉의 대명사들을 현장지시와 문맥지시 가운데 어떠한 기능을 수행하는지에 따라 분석해 보이면 다음과 같다.

지시대상	현장지시+문맥지시	현장지시	문맥지시
사람	이네/그네, 이, 게네	저네, 저, 이쪽/저쪽, 저편, 여기	그, 그녀, 그미, 그쪽, 그편
사물/사태	이, 여기	저	그, 거기
처소	여기/거기	저기, 접쪽	

35 장경희(2004: 54-55)에서는 중세 한국어에서는 후행 명사 없이 '이, 그, 뎌'만으로 수행되는 위치 지시가 활발했음을 지적한 바 있다.

36 박진호(2007)에서는 대명사를 지시적 속성에 따라 '지시적 대명사(referential pronoun)'와 '비지시적 대명사(non-referential pronoun)'으로 나누었는데, 이 가운데

같이 현장지시의 기능 없이 문맥지시의 기능만을 수행하는 대명사들도 있어 문제가 될 수 있다. 이러한 점을 고려할 때 이들 대명사를 현장지시 대명사로 설정하기보다는 현장지시 대명사와 문맥지시 대명사를 아우르는 개념에서의 지시 대명사로 설정하는 것이 가장 적합한 처리로 보인다.[37]

이렇게 지시 대명사를 현장지시 대명사와 문맥지시 대명사를 포괄하는 대명사로 설정하면, 도출된 대명사들을 굳이 3인칭 대명사로 설정하여 이들을 다시 현장지시사의 3원적 체계로 설명할 필요가 없어진다. 또한 인칭 대명사가 아닌 지시 대명사이기 때문에 이들과 다른 지시사들과의 관계 및 이들 공통의 용법이 쉽게 설명되어, 인칭 대명사가 지시관형사, 지시용언 등 지시사와 연관되어 있다는 별도의 설명도 필요 없어진다. 형태적인 면에서도 3인칭 대명사가 고유한 형태가 없고 지시관형사와 명사가 결합된 형태라고 설명하는 것보다는, 3인칭 대명사가 별도로 발달하지 않았으며 지시 대명사가 3인칭 대명사의 역할을 한다고 하는 것이 더 자연스러운 설명이 된다. 또한 이러한 포괄적인 지시 대명사의 범주 내에서는 현장지시의 기능을 가진 다수의 대명사들뿐 아니라 특이하게 문맥지시의 기능만 수행하는 '그, 그녀'와 같은 대명사들도 문제가 되지 않는다.

'지시적 대명사(referential pronoun)'는 '독자 지시 대명사(pronoun with independent reference)'와 '의존 지시 대명사(pronoun with dependent reference, referentially dependent pronoun)'로 분류하였다. '독자 지시 대명사'는 다시 '인칭 대명사(personal pronoun), 현장지시 대명사(demonstrative pronoun), 문맥지시 대명사/조응 대명사(anaphoric pronoun)'로 나누고 있다.

37 이러한 개념의 지시 대명사는 사물이나 처소를 가리키는 대명사 외에 사람을 가리키는 대명사도 포함한다는 점에서 남기심·고영근(1993/2014)의 지시 대명사와 차이가 있다. 이는 남기심·고영근(1993/2014)의 3인칭 대명사와 지시 대명사를 모두 포함하는 범위의 대명사가 된다.

5. 결 론

본고는 두 가지 의문에서 출발하였다. 그중 하나는 한국어의 3인칭 대명사가 지시사와 같은 체계를 보임에도 불구하고 3인칭 대명사로 분류되는 것에 대한 의문이었고, 다른 하나는 그간 3인칭 대명사로 분류된 형식들의 목록에 대한 의문이었다. 이러한 의문을 해결하기 위해 본고에서는 우선 그간 3인칭 대명사로 다루어진 다양한 형식들을 대명사의 특성과 단어로서의 지위를 중심으로 분석하여 대명사를 판별해 낸 후, 이들을 대상으로 하여 3인칭 대명사의 지위 문제에 대해 고찰해 보았다. 이들은 현장지시사와 형태상 연관되어 있을 뿐 아니라 그 용법도 유지되고 있어 현장지시를 기본으로 가지면서 문맥지시 기능도 갖는 현장지시 대명사로 볼 수 있다고 판단되었다. 그러나 이들 가운데는 3인칭 대명사로 언급되는 '그, 그녀'와 같이 현장지시의 기능 없이 문맥지시의 기능만을 수행하는 형식들이 있어 '현장지시 대명사'로 칭하는 것은 문제가 될 수 있으므로, 본고에서는 이들을 현장지시 대명사와 문맥지시 대명사를 한데 묶는 포괄적 개념에서의 지시 대명사를 설정할 것을 제안하였다.

본고에서는 3인칭 대명사와 현장지시사의 관계에 주된 관심을 두었기에, 1·2인칭을 포함한 인칭 대명사 전체와 지시사 전반의 체계까지는 면밀히 고려하지 못하였다. 그러나 이러한 제안이 적어도 그간 3인칭 대명사로 불린 대명사들의 본질적 속성을 좀 더 확실히 드러내는 방안이라고 생각되며, 3인칭 대명사와 현장지시사가 관련된 다수의 다른 언어들을 고려할 때도 한국어에서 이들 대명사들의 지위를 좀 더 자연스럽게 설명할 수 있는 방법이라고 판단된다.

참고 문헌

고영근·구본관(2008), 『우리말 문법론』, 집문당.

구본관·박재연·이선웅·이진호·황선엽(2015), 『한국어 문법 총론 I』, 집문당.

김미형(1995), 『한국어 대명사』, 한국문화사.

_____(1997), 「한국어 대명사의 특성: 범주적, 의미적, 화용적 특성」, 『외국어로서의 한국어교육』 21-1, 연세대학교 한국어학당, 25-52.

김상대(2001), 『국어 문법의 대안적 접근』, 국학자료원.

김영석(1998), 『영어형태론』, 한신문화사.

김일웅(1975), 「우리말 대용법 연구」, 『한글』 155, 한글학회, 186-208.

_____(1982), 「우리말 대용어 연구」, 부산대학교 박사학위논문.

김창섭(1996), 『국어의 단어형성과 단어구조 연구』, 태학사.

남기심·고영근(1993/2014), 『표준국어문법론』, 도서출판 박이정.

목정수(2014), 『한국어, 그 인칭의 비밀』, 태학사.

민경모(2008), 「한국어 지시사 연구」, 연세대학교 박사학위논문.

박진호(2007), 「유형론적 관점에서 본 한국어 대명사 체계의 특징」, 『국어학』 50, 국어학회, 115-147.

서정수(1994/2013), 『국어문법』, 집문당.

서종학·김수정(2012), 「국어 대명사의 체계화 재고」, 『인문연구』 65, 영남대학교 인문과학연구소, 1-24.

신지연(1998), 『국어 지시용언 연구』, 태학사.

_____(2008), 「국어 대명사의 품사론」, 『한국어학』 38, 한국어학회, 33-56.

이기문(1978), 「국어의 인칭대명사」, 『관악어문연구』 3, 서울대학교 국어국문학과, 325-338.

이익섭(2005), 『한국어 문법』, 서울대학교출판부.

이익섭·이상억·채완(1997), 『한국의 언어』, 신구문화사.

이익섭·임홍빈(1983), 『국어문법론』, 학연사.

이익섭·채완(1999), 『국어문법론강의』, 학연사.

장경희(1980), 「지시어 '이, 그, 저'의 의미 분석」, 『어학연구』 16-2, 서울대학교 언어교육원, 167-184.

_____(2002), 「대명사」, 『새국어생활』 12-2, 국립국어원, 147-161.

_____(2004), 「국어 지시표현의 유형과 성능」, 『한국어 의미학』 15, 한국어 의미학회, 51-70.

장석진(1984), 「지시와 조응」, 『한글』 186, 한글학회, 115-150.

최현배(1937/1971), 『우리말본』, 정음문화사.

최형용(2016), 『한국어 형태론』, 역락.

Bhat, D. N. S.(2004), *Pronouns*, Oxford: Oxford University Press.

Fox, B.(ed.)(1996), *Studies in Anaphora*, Amsterdam: John Benjamins.

Himmelmann, N.(1996), Demonstratives in narrative discourse: A taxonomy of universal uses, In B. Fox(ed.)(1996), 205-254.

Huang(2007), *Pragmatics*, Oxford: Oxford University Press.

K. Brown et als.(eds.), *Encyclopedia of Language and Linguistics* (2nd edition), Amsterdam: Elsevier.

Lyons, J.(1977), *Semantics*, Cambridge: Cambridge University Press.

Saxana, A.(2006), Pronouns, In K. Brown et al.(eds.)(2006), 131-133.

제3부
어휘·사전

'빠가사리'魚名考

정 승 철

서울대학교

1. '동자개'와 '빠가사리'

민물고기 '빠가사리'는 『표준국어대사전』(1999)에 다음과 같이 풀이
되어 있다.

> **빠가사리** 명 ①〔방〕'동자개'의 방언(강원). ②〔북〕'동자개'의 북한어.

〈그림1〉 동자개(『표준국어대사전』)

다음 정의를 마저 참조할 때 '빠가사리'는 '메기'와 비슷하게 생겼으나
그보다 약간 작고, 등지느러미와 가슴지느러미에 가시가 있으며 네 쌍의
수염(메기는 네 개)을 가진 '동자개'의 비표준어가 된다. 강원도 및 북한
일부 지역에 분포하며 '등 및 가슴 지느러미의 가시'와 '네 쌍의 수염'이

있는 특정 민물고기를 '빠가사리'라 부른다는 말이다.

동자개 동자갯과의 민물고기. 몸의 길이는 25cm 정도이며, 잿빛 갈색 바탕에 반점이 있다. 가슴지느러미와 등지느러미에 가시가 있고, 입가에 네 쌍의 수염이 있으며 비늘은 없다. 한국, 일본, 중국 등지에 분포한다.

동자갯과 조기강 메기목의 한 과. 메기류와 비슷하나 등지느러미와 배지느러미[1]에 강한 가시가 있다. 눈동자개, 대농갱이, 동자개 따위가 있다.

메기 메깃과의 민물고기. 몸의 길이는 25~30cm가 보통이나 간혹 1미터가 넘는 것도 있다. 어두운 갈색이고 불규칙한 얼룩무늬가 있으며, 비늘이 없고 미끈거린다. 머리는 넓적하고 입은 매우 크며 네 개의 긴 수염이 있다. 한국, 일본, 중국, 대만 등지에 분포한다.

그런데 이러한 사전적 정의에서 방언형 '빠가사리'의 지역적 분포가 문제된다. 남한으로 한정하더라도 '빠가사리'가 강원도 이외의 지역에 꽤 널리 분포하고 있기 때문이다. 그 근거로서, 최기철(2001)[2]에 의지해

---

1 동자갯과 민물고기는 '배'가 아니라 "가슴" 지느러미에 가시가 있다(한정호 외 2015: 208-225).

2 저자는 이 책(『쉽게 찾는 내 고향 민물고기』)의 후반부 〈전국 민물고기 고향말과 분포표〉(289-666면)에서, 남한 전 지역에 분포하는 민물고기 각각의 '방언형들'을 시군별로 수록·제시했다(정승철 2014: 31). 하지만 이의 기초 자료가 되는 최기철 (1986) 등에 적어도 면 단위의 보고가 이루어진 것으로 보아, 책을 간행하면서 해당 자료를 시군 단위로 통합하였음을 알 수 있다. 이처럼 제보자들의 모든 "고향 말" 자료를, 출신 지역을 고려하여 시군별로 통합한 까닭에 최기철(2001)에는 민물 고기 한 종에 대해 이를 가리키는 한 지역의 방언형이 대부분, 여러 개에서 수십 개까지 보고되어 있다(최대로 전북 전주의 '점줄종개/참종개' 항목의 경우, 제시된 방언형이 이철동음어를 제외하고도 무려 44개). 한편 그 '일러두기'를 참조할 때

'동자개'를 '빠가사리'(또는 '바가사리')라 부르는 지역을 지도로써 나타
내 보이면 다음과 같다.[3]

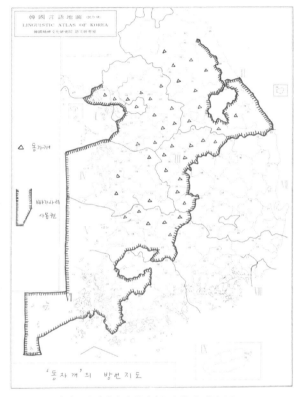

〈지도 1〉 '빠가사리'와 '동자개'의 방언 분포

이 책의 "고향말" 조사는 대체로, 1963년에서 1986년 사이(최종 조사는 1990년대
초)에 "초·중·고등학생 대상의 설문 조사와 현장 채집을 병행"하여 이루어졌다.
그러기에 최초 조사 후 수십여 년이 지난 오늘날에는, 지역에 따라 민물고기의
생태 및 방언 분포상의 相違가 노정되기도 한다.

3 최기철(2001)에 앞서 정문기(1977)에도 魚名(바닷고기 포함)의 방언형과 지역 분포
가 함께 명시되어 있다. 이 책은 북한 지역의 어명을 아우르며 도별(경우에 따라
군별 또는 섬·강·해안별)로 방언형들을 보고함으로써 학술적으로 유용하나 그 어형
의 수가 그리 많지 않은 까닭에 이 논문에서는 이를 근거 자료로 활용하지 않았다.

위 지도에서 알 수 있듯, '빠가사리'는 경상도와 전남 동부를 제외한 대부분의 지역[4] 그리고 표준어 '동자개'(또는 '동자가')는 그보다 좁은 남한의 중부 내륙 지역[5] 즉 경기도 동부(강화·김포·고양·서울 포함)와 강원도 서부 및 충북 전역 그리고 충남과 전북의 접경 지역에 나타나는 어형이다. 후자의 '동자개'는 중부 내륙 이외의 지역에서는 거의 쓰이지 않으며 중부 내륙 지역일지라도 그것은 항상 '빠가사리'와 병존·출현한다.[6]

그렇다면 하나의 궁금증. 이와 같은 '빠가사리 사용권'에서 벗어나는 경상도 및 전남 동부 지역에서는 '빠가사리'란 말이 아예 사용되지 않는 것일까?

이를 확인하기 위해 우선, 최기철(2001)에 기술된 '메기목 동자갯과' 민물고기의 "분포"를 살펴본다. 이 책에 수록된 '동자갯과' 민물고기는 다음 다섯이다.

① 동자개: 서해와 남해로 흘러드는 각 하천. 북한, 중국에도 분포(260면)
② 눈동자개: 임진강, 한강, 안성천, 웅천천, 만경강, 동진강, 영산강, 탐진강, 섬진강(268면)
③ 꼬치동자개: 낙동강 특산이며 희귀종(262면)
④ 대농갱이: 한강, 금강, 북한, 중국, 러시아에도 분포(270면)
⑤ 밀자개: 임진강, 영산강, 금강, 중국에도 분포(162면)

---

4 이와 같은 '빠가사리 사용권'(〈지도 1〉 참조)은, 민물고기 '동자개'의 생존권과 거의 일치한다.
5 구체적으로는 '가평·강화·고양·광주·김포·남양주·부천·서울·안성·양평·여주·의정부·이천·평택(경기), 양구·영월·원주·인제·정선·철원·춘천·홍천·화천·횡성(강원), 괴산·단양·보은·영동·옥천·음성·제천·진천·청주·충주(충북), 논산·보령·천안·홍성(충남), 군산·무주·익산·장수·전주·진안(전북)'이 그에 해당한다.
6 특별한 언급이 없는 한, 이 논문에서 인용하는 방언형 및 그것의 지역적 분포는 모두 최기철(2001)에서 가져왔음을 밝혀 둔다.

나아가 이 책의 〈전국 민물고기 고향말과 분포표〉에 의지하여 위 다섯 종 민물고기의 분포를, 전국을 셋으로 나눠 개략적으로 서술하면 다음과 같다. 이는 해당 물고기의 '생물' 분포지, '어형' 분포를 나타낸 것이 아니다.

- 중부: '동자개'가 전반적으로 분포(강원도 영동 일부 지역 제외)하는 가운데, '눈동자개'가 경기도 동부와 강원도 서부 및 충북 전역('음성' 제외)에 분포하며[7] '대농갱이, 밀자개'는 주로 경기도 지역에 한하여 산발적으로 분포
- 남부: 대체로 '동자개'는 전북 전역('순창' 제외) 및 전남 서부 지역, '꼬치동자개'는 경상도의 일부 내륙 지역 그리고 '눈동자개'는 그 사이의 전라도 동부와 경남 남해·하동 및 경북 상주에 분포
- 제주: 미분포[8]

특히 '남부'의 경우, 흥미롭게도 세 종류의 민물고기들(동자개, 눈동자개, 꼬치동자개)이 분포상으로 지역적 상보성을 보인다(전북 동부의 일부 지역에서는 '동자개'와 '눈동자개'가 공존). 그럼에도 이들을 가리키는 "고향말"은 거의 동일하다(최기철 2001). 사실상, 전라도와 경상도 전역에서 '빠가사리'란 명칭이 사용된다는 것이다. 구체적으로 말해, 전라도의 서부 지역에서는 '동자개'를 그리고 동부 지역에서는 '눈동자개'를 '빠가사리'라 부르는 반면, 경상도에서는 '꼬치동자개'를 '빠가사리'계 어형

---

7 중부 지역으로 한정할 때 이와 같은 눈동자개의 '생물' 분포가 동자개의 '어형' 분포(〈지도 1〉 참조)와 거의 일치한다는 점은, '동자개'의 어원과 관련해 시사하는 바가 크다. 어형 '동자개'가 원래는, 민물고기 '눈동자개'를 가리켰을 가능성을 제기해 주기 때문이다(후술).

8 제주도에는 '동자갯과' 민물고기가 없다. 다른 '도'에 비해 제주도는, 민물고기의 종 및 방언형의 수가 현저히 적은 지역이다.

(이때의 주된 형태는 '빼가사리')으로 부른다.[9]

이로써 보면 남부 즉 전라도와 경상도 지역에서는 '빠가사리'계 명칭이 나타내는 물고기가 그 종을 서로 달리하고 있는 셈이다. 결국 이들 지역의 '빠가사리'는, '동자개'라기보다는 그의 상위어로서 '동자갯과 민물고기'를 가리키는 것이 된다.

2. '빠가사리'와 '자가사리'

'동자개', 더 넓게는 '동자갯과 민물고기'를 뜻하는 '빠가사리'가 '자가사리'를 가리키는 수도 있다. 이때의 '자가사리'는 '퉁가릿과 민물고기'이지만 '메기목'에 속한다는 점에서 '동자갯과 민물고기'와 공통된다. 논의에 앞서, '자가사리'에 대한 『표준국어대사전』(1999)의 정의를 살펴본다.

> **자가사리** 몡 ① 퉁가릿과의 민물고기. 몸의 길이는 5~13cm이며, 등은 짙은 적갈색, 배는 누런색, 지느러미 가장자리는 황백색이다. 네 쌍의 수염이 있고 입이 아래로 향하여 있다. 우리나라 특산종으로 우리나라 남부에 분포한다. ②〔방〕'동자개'의 방언(강원).

---

9 이들에 대한 명칭이 '빠가사리, 빼가사리' 외에도 무척 많기 때문에 문제가 그리 단순하지만은 않다. '눈동자개'의 경우에는 전남의 '꺼벙이(광양), 당자개(곡성·구례)'와 경남의 '싸갱이(하동), 쎄미(남해)'에다가 '살치(충남 보령), 종자기(경북 상주)' 등 그리고 '꼬치동자개'의 경우에는 경남의 '싸갱이(진주)'와 경북의 '개가사리(성주), 동자개(대구), 전기고기(경산)' 등의 이칭들이 상당수 사용되고 있는 것이다. 심지어 이들을 '쏘가리'(농어목 꺽짓과)나 '자가사리'(메기목 퉁가릿과)와 구분 없이 부르는 지역도 있다. 복잡을 피하기 위해 이들 명칭에 대해서는, '빠가사리'와 '동자개' 그리고 이와 형태적 관련성을 가지는 '자가사리'를 제외하고 더 이상 상론하지 않기로 한다. 이는 '빠가사리'계 魚名에 우리의 논의를 집중하고자 함이다.

이 정의에 근거할 때 '자가사리'는, '빠가사리'에 비해 크기가 작고 색깔도 약간 다르며[10] 주로 남부 지역(대체로, 금강 이남)에 사는 민물고기다(아래 〈지도 2〉 참조). 하지만 양자는, 머리가 메기처럼 위아래로 '납작'하고 '일정 수의 긴 수염'을 가졌다[11]는 점에서 형태적 유사성을 드러낸다. 그러한 까닭에 일부 지역에서 '자가사리'를 '빠가사리'(또는 '빠가')라고도 부르는 것으로 여겨진다.[12]

그런데 이보다는 오히려 그 반대의 경우가[13] 더 흔하다. 아래에 제시한 목록에서 알 수 있듯, '동자갯과 민물고기'(즉 '빠가사리')를 '자가사리' 계 어형('짜가사리, 차가사리, 자가, 짜가' 등을 포함)으로 칭하는 쪽이[14] 지역적으로는 훨씬 더 넓은 분포를 보여주는 것이다.

- 자가사리, 짜가사리: 경기 가평·강화·과천·김포·남양주·부천·서울·안성·양평·연천·의정부·파주·평택·화성, 강원 영월·원성·인제·춘성·홍천·화천·횡성, 충북 진천·충주, 충남 공주·금산·논산·당진·대전·대천·보령·부여·서천·아산·예산, 전북 고창·군산·김제·남원·무주·부안·이리·익산·임실·전주·정읍, 전남 강진·곡성·광양·광주·나주·담양·보성·순천·영광·영암·장성·장흥·함평·화순, 경북 봉화, 경남 합천
- 차가사리, 채가사리: 전북 남원, 전남 곡성·구례·순천·여수, 경남 산

---

10 최기철(2001)을 참조하면 '자가사리'는 '누런색 배'에다가 '적갈색 등'을, '동자개'는 '누런색 바탕'에다가 '잿빛 갈색 무늬'를 가졌다. 양자의 비교에서 자가사리는 '붉은색', 동자개는 '짙은 회색' 빛깔을 더 띠고 있다 해도 무방하다.

11 그러기에 빠가사리 즉 '동자개'나 '눈동자개'를 '메기사촌(강원 횡성)' 또는 '메기조카(전북 익산)'라 부르기도 한다.

12 '평창(강원), 영동·옥천·진천(충북), 공주·천원·청양(충남), 무주·순창·장수·전주·정읍·진안(전북), 강진·완도·화순(전남), 사천(경남)'이 그런 지역인바 이들은 전국적으로 산발적인 분포를 보인다.

13 '자가사리'의 사전적 정의에 포함된 갈래뜻 ②('동자개'의 방언)가 바로 이에 해당한다.

14 물론 이 경우에 '자가사리'계는 대체로 '빠가사리'계와 공존한다.

청·진양·하동

- 자가, 짜가: 충북 영동, 충남 논산·부여·서천, 전북 장수·전주
- 동자가, 종자가: 경기 남양주·여주·의정부, 강원 영월·원성·횡성, 충북 괴산·단양·보은·영동·음성·제원·중원·진천·청주, 전북 장수·진안
- 황자가사리, 황자가: 경기 김포·서울·이천, 충북 괴산, 충남 공주

아래 지도를 마저 참조하면 이들 중 금강 이남(〈지도 2〉의 '자가사리 생존권')에 속하는 지역은, '퉁가릿과 민물고기'(즉 '자가사리')도 '자가사리'라 부르고 '동자갯과 민물고기'도 '자가사리'라 부르는 지역이 된다.[15]

〈지도 2〉 '자가사리'와 '눈동자개'의 생물 분포

결국 위 지도의 '자가사리 생존권' 지역에서는 '자가사리'가 '빠가사리'
보다 더 상위의 개념을 나타내는 명칭으로 쓰이고 있는 셈이다. 여기에다
'동자개'까지 포괄하면 우리는 각각의 명칭들이 나타내는 의미 영역의
크기를 '자가사리＞빠가사리＞동자개'로 특정할 수 있다.

이와 같은 명칭들의 생성 및 분화 과정과 관련하여, 한 지역에서 '동자
개'와 '눈동자개'(동자갯과 민물고기) 그리고 '자가사리'(퉁가릿과 민물고
기)를 모두 사용하는 충북 보은·옥천·영동의 경우가 크게 주목된다.[16] 우
선, 서술상의 균질성이 비교적 잘 유지되어 있는 〈두산백과〉(인터넷)를
참조하여 이들 물고기의 특징(특히 크기와 색깔)을 대조·기술해 본다.[17]

- 동자개: 10-20㎝, 등 쪽은 진한 갈색, 배 쪽은 옅은 노란색, 몸 옆에
  진한 갈색의 커다란 가로 무늬
- 눈동자개: 30㎝ 이내, 어두운 황갈색, 등 쪽은 짙고 배 쪽은 엹음
- 자가사리: 10-14㎝, 적황갈색, 등 쪽은 짙고 배 쪽은 누런 빛

이를 정리하면 '크기'에서는 눈동자개가 가장 크고 자가사리가 가장
작다. 아울러 '색깔'의 경우, 노란색 바탕에 진한 갈색 무늬(언뜻 보기엔,
진한 갈색 바탕에 노란색 결)를 가진 동자개와 달리 눈동자개는 전반적으

---

15 앞서 제시한 〈지도 1〉의 '빠가사리 사용권'이 곧 '동자개 생존권'이라는 점(주석
    4번 참조)을 감안할 때, 〈지도 1〉과 〈지도 2〉 두 지도는 '동자개'와 '자가사리'의
    생물 분포가 지역적으로 거의 상보적이라는 사실을 보여준다(충북 전역과 충남
    동부 및 전북 동부는 전이지대).
16 이 세 개의 군은 서쪽으로는 충남, 동쪽으로는 경북, 남쪽으로는 전북과 맞닿아
    있는 지역이다. 말하자면 충청도·전라도·경상도의 접촉 지역인 셈이다. 한편 충북
    진천·청주나 전북 남원·화순 등도 이와 유사한 모습을 보이는 지역들이지만 지리적
    접촉 양상을 고려하여 여기서의 논의에서는 제외했다.
17 이에 따르면 '꼬치동자개'는 크기(6-9㎝)가 가장 작고, 연한 노란색 바탕에 자갈색
    큰 무늬를 가진 민물고기다.

로 누런 갈색 그리고 자가사리는 전반적으로 붉고 누런 갈색을 띤다. '동자개'에 대해 상대적으로 그 특성을 살려 '누런 눈동자개'('눈동자개'의 '눈-'은 '누런'의 준말일 듯.) 그리고 '붉은 자가사리'라 부를 만하다. 이들 각각이 서로 비슷하면서도 차이나는 모습을 간직하고 있는 것이다.

이러한 점을 감안할 때 이 민물고기의 특징들이, 그들을 가리키는 "고향말" 속에 어떠한 형태로든 반영되어 있지는 않을까? 만일 그러하다면 해당 물고기의 방언형들을 각각의 특성과 관련지으면서 분석하는 작업도 어느 정도 가능하지 않을까?

이를 위해 이들 세 지역에서 사용되는 명칭 중에 '빠가사리'계와 '자가사리'계('쐐기'계 포함)를 중심으로 그 대표형(즉 '빠·바가'와 '자가'의 결합형)만을 드러내어 간략히 표로 정리해 보이면 다음과 같다.[18] 여기서의 논의 대상을 대표형으로 한정한 것은 그저 단순히, 설명의 편의를 도모하고자 함이다.

---

18 참고로, 해당 지역에 나타나는 기타 어형들을 모두 여기에 나열하여 제시한다. 〈보은〉 동박어, 동방가, 종바구, 동작어, 동자겨, 쏘가리(동자개), 빠가리, 명태칠거리(눈동자개/대농갱이), 통가리, 통바주, 통바구, 통사구, 쏘가리(자가사리), 퉁바구, 퉁바귀, 퉁바우, 뚱사, 퉁사구, 퉁서구, 씀바귀, 메가아재미(퉁가리) 〈영동〉 바개, 똥빠가, 종바가, 자개미, 동자개, 동자개미, 종제기(동자개), 밤바개, 빠개사리, 뿌가사리, 자개미, 갈자개미, 보리차개, 칠기, 칠거리, 명태칠거리(눈동자개/대농갱이), 과리, 중바개, 차가사리, 차개사리, 텅어리, 퉁가리, 퉁개, 퉁아리, 퉁어리(자가사리/퉁가리) 〈옥천〉 동박어, 동방아, 동방어, 동자개, 동자겨, 동자계(동자개), 배가사리, 껄고리, 명태껄거리, 명태줄거리, 명태칠기, 명태칠거리, 보리칠거리(눈동자개/대농갱이), 쫑바가, 불가사리, 차가사리, 펭바리, 탱가리, 텅어리, 퉁바우, 퉁사구, 퉁어리(자가사리/퉁가리)

어종\지역	동자개	눈동자개/대농갱이[19]	자가사리/퉁가리
보은	빠·바가사리, 빠가, 동바가, 퉁바가, 동자가	빠·바가사리, 빠가, 동바가, 보리자가	쐬기[20]
옥천	빠·바가사리, 동바가, 동자가	빠·바가사리, 빠가	빠가빠가, 불빠가, 자가사리, 쐬기
영동	빠가사리, 동바가, 동자가, 자가	빠·바가사리, 빠·바가, 바가바가, 보리자가	빠가사리, 불바가사리, 불빠가, 자가사리, 불자개사리, 홍자가사리

이 표를 통해 다음과 같이, 해당 지역들을 중심으로 한 어휘 체계 및 어휘 형성상의 특징을 서술하는 일이 가능하다.[21]

첫째, '자가사리'의 경우에는 '불-'('불바가사리, 불빠가, 불자개사리') 또는 '홍-'('홍자가사리')이 결합된 어형이 비교적 많이 발견된다. 이는 '동자개'나 '눈동자개'에 비해 '자가사리'가 붉은색을 더 많이 가지는 데에서 근거한 것이다. 따라서 이때의 '불-'이나 '홍-'은 '동자갯과 민물고기'에 대해 '퉁가릿과 민물고기'(즉 '자가사리/퉁가리')를 구별해 주는 표지로, '붉은 빛깔을 띤'의 정도의 뜻을 더하는 접두사라 할 수 있다.

둘째, '자가사리'와 달리 '동자개'나 '눈동자개'(즉 '동자갯과 민물고

---

19 이때의 사선(/)은 어떠한 이유로든, 두 개체(가령, '눈동자개'와 '대농갱이')의 구별이 없음을 의미한다.

20 '보은'은 퉁가릿과 민물고기에 속하는 '자가사리'와 '퉁가리'를 구별하는 지역이다(최기철 2001). 그럼에도 불구하고 보은 지역의 '쐬기'는 '자가사리'와 '퉁가리' 모두를 가리킨다. 이는 여러 제보자의 방언형을 통합한 데 따른 결과로 보인다.

21 최기철(2001)에서 "고향말"의 상당수를 설문 조사로 채집한 까닭에 해당 자료 중에는 魚種과 魚名이 잘못 연결된 예들이 "일부" 포함되어 있다(최기철 1986: 321). 또한 여러 제보자의 방언형을 한데 통합함으로써 상위어와 하위어의 구별이 모호해진 경우도 흔히 발견되므로 이 책을 바탕으로 민물고기의 어휘 체계를 기술할 때에는 주의를 요한다.

기')를 가리키는 "고향말"에는 '동-'(간혹 '통/통-')으로 시작하는 형태
가 많다. 이와 같은 접두어 '동-'(또는 '통-')의 연원은, 서유구(1764-
1845)가 지은 『蘭湖漁牧志』(1820년경)의 〈魚名攷〉까지 거슬러 올라간
다. 여기서의 '통쟈기'는, 그 번역된 내용을 참조할 때 '눈동자개'를 가리
키는 것으로 보인다.[22]

앙사어(鮏絲魚)〔통쟈기〕

계곡물이나 하천에 있는 비늘이 없는 작은 물고기이다. 모양은 메기
와 비슷하지만 누른빛을 띤 갈색이며 입이 크고 톱니처럼 생긴 잔 이빨이
있다. 작은 물고기를 잘 잡아먹고 꼬리에 작은 갈래가 있다. 큰 것은
7-8치이고 개구리와 같은 소리를 낸다. 등지느러미에 가시가 있어 사람
을 쏜다. 살이 엷고 맛이 좋지 않다.(이두순 평역 2015: 104)

그런데 번역자는 해당 물고기에 관한 '평설'에서, 서유구가 "어명고를
저본으로 〈전어지〉를 쓸 때에는 '동즈기'라 고쳤으니 어명고의 한글이름
은 오기"(104면)라 서술했다. 〈전어지〉에 '동즈기'로 되어 있으므로 〈어
명고〉에 나타나는 '통쟈기'의 '통'은 '동'의 잘못이라는 말이다. 하지만
저자 서유구의 기술적 태도를 고려하여 그리 이해하기보다는, 해당 시기
에 '동자기'와 '통쟈기'가 모두 쓰이고 있었다고 해석하는 편이 훨씬 더
합리적으로 판단된다.

그리하여 이들을 '통-쟈기'(또는 '동-자기')로 분석할 수 있다면 이때
의 '통-'(또는 '동-')은 크기 특성과 관련된 접사로 여겨진다. '자가사리'
에 비해 '눈동자개'가 훨씬 더 크고 통통하기 때문에 어기 '자개(<자가사

---

22 눈동자개의 '생물' 분포가 동자개의 '어형' 분포와 상당 부분 일치한다는 점에서
'동자개'라는 명칭이 원래는 '눈동자개'를 가리켰으리라 추정한 바 있다(주석 7번
참조).

리)'에 그러한 접사가 붙었으리라는 말이다. 만일 그러하다면 이 접사는 '통통/퉁퉁(하다)'의 '통/퉁'과 연관되었을 가능성이 농후하다.[23]

셋째, 보은·영동(충북 청주와 전북 장수 포함) 지역에서는 민물고기 '눈동자개'(또는 '대농갱이')를 '보리자가'라 부른다.[24] 이는 '보리'와 '자가(<자가사리)'의 합성어(compound)로 분석되는바, 이때의 선행 명사 '보리'는 색깔 특성과 관련된 요소로 여겨진다. '눈동자개'가 누런 갈색을 띠고 있다는 점을 감안하면 이는 '보리(麥)'에서 연상된 형태라 하겠다.[25] '보리(麥)'의 경우, 수확 바로 전 단계의 황숙기를 따로 일러 '보리누름(보리가 누렇게 익는 철)'이라 하므로 '보리'와 '누런색'의 연관성을 확인하는 것은 그다지 어려운 일이 아니다.

넷째, 전국 모든 지역에서 '빠가사리'(또는 '바가사리')와 '빠가'(또는 '바가'), '자가사리'와 '자가'가 수의적으로 교체되어 쓰인다. 아울러 이들이 복합어(complex word)를 이룰 때에는 短型의 '빠가'나 '자가'를 어기로 하는 경우가 더 일반적이라는 점도 여기에 언급해 둘 만하다.

---

23 김홍석(2000: 83)에서도 고문헌에 나타난 魚名의 명명법을 어휘론적으로 살피면서 '퉁'이 "大, 長"의 의미와 연관된다고 하였다.

24 이에 대해 옥천 지역에서는 '보리칠거리' 또는 '명태칠거리'를 쓴다(이때의 '보리'는 색깔, '명태'는 크기와 관련된 요소일 듯하다). '자가'계와 '칠거리'계가 상보적으로 출현하는 것이다. 그런데 이들 보은·옥천·영동 세 지역은 두 민물고기(즉 눈동자개와 대농갱이)의 구별이 없는 지역이므로 '보리자가'는 눈동자개 계통(즉 '자가'계)의 합성어 그리고 '보리칠거리'는 대농갱이 계통(즉 '칠거리'계)의 합성어로 추정된다. 한편 유일하게, 전북 진안에서는 '동자개'를 '보리자개'라 칭한다.

25 결국 '보리나방, 보리멸, 보리새우' 등과 동일한 셈틀에 속하는 합성어(compound)로 이해하는 셈이다. 그 이외에도 '보리'는 '보리쌀로 만든'(보리된장, 보리차), '보리가 익을 무렵의'(보리매미, 보리장마), '보리향이 배어 있는'(보리굴비) 등의 뜻으로 합성어를 형성하기도 한다.

3. '빠가사리'와 '빠가', '자가사리'와 '자가'

魚名 중에서 '빠가사리'와 '자가사리'는 어기 '빠가'와 '자가'에 '-사리'가 결합된 형태다. 장태진(1969: 120)에 따르면, 물고기 이름에 나타나는 '-사리'는 "새끼"를 뜻하는 "가장 전형적"인 접미 요소다. 그러한 '-사리'계 어형이, 시간이 흘러 "어의의 확대"가 이루어지면서 "중치 또는 성어"를 의미하게 되었다.[26] 결국 '-사리'계 어형과 '-∅'계 어형('-사리'가 붙지 않은 어형)이 동일한 개체를 가리키게 되는 것이다.

이 논문의 주 대상으로서 '빠가사리'와 '빠가' 그리고 '자가사리'와 '자가'도, 이와 같은 어휘의 분화와 통합 과정을 거쳤을 것으로 판단된다. 이들 어명과 관련하여, 전국 거의 모든 지역에 나타나는 長型('빠가사리, 자가사리' 등)과 短型('빠가, 자가' 등)의 공존(최기철 2001)은 바로 그러한 변화의 결과로 받아들여진다. 그렇다면 단형 어기 '빠가'와 '자가'는 어떻게 형성된 것일까?

이를 구명하기 위해 최기철(2001)의 〈전국 민물고기 고향말과 분포표〉에서 '-아'계 명칭을 추출하고 이들의 형성 과정을 유형별로 나누어 살펴보기로 한다. 그 변화 과정에 대한 추론이 비교적 명확한 예를 먼저 드러내 보인다.

---

26 '장어'(뱀장어과)와 '장어사리(경기 김포, 충북 영동)', '황어'(잉엇과)와 '황어사리(강원 강릉·동해·양양)' 등도 동일한 변화를 경험하였을 터이다. 나아가 이는 비단, 민물고기에 한정된 얘기는 아니다. 가령, 제주방언에서 '돼지'를 '도세기'(<도새기←돗-애기)라 하는데 이 또한 유사한 과정을 겪은 것으로 여겨지기 때문이다. 표준어의 경우에는 '강아지'가 요즈음, 해당 변화의 초기 단계에 놓여 있는 듯하다.

뱀장어

- 구무자~굼자[27]: 경남 밀양·울산
- 궁자: 경북 경주·영일, 경남 울산
- 물붕자: 경남 울산

이들 어형에 나타나는 '자'는 '장아'에서[28] 일련의 변화를 경험한 것이다. 즉 모음(V)과 모음 사이의 'ㅇ[ŋ]'이 비모음화($VŋV→\tilde{V}\tilde{V}$)를 겪어 탈락한 뒤 비음성 소거($\tilde{V}\tilde{V}→VV$)와 단모음화($VV→V$)를 거쳐 '(장아→)자'로 나타나게 되었다는 말이다('자아→자'의 단모음화는 아직 일어나지 않은 단계일 수도 있다). '구무장아(경남 김해·부산), 궁장아(경남 창원)' 등처럼 원형을 간직한 어형의 존재가 해당 추론을 뒷받침해 준다. 아울러 위 '-자'형의 방언 분포(경상도에만 존재)도, 이러한 비모음화가 경상도 지역(강원도 영동 지역 포함)에서 활발하다는 사실(정인호 2007)에 부합한다.

한편 다음 예들은 호격 조사 '-아'가 결합된 형태로 판단되는 것들이다.

가물치

- 가무차: 경남 창녕

---

27 이 형태는 '구무~굼'(구멍) 속에 숨어 지내는 '장어'에서 기원한 듯하다. 이의 변이형으로 출현하는 '꿈장어, 꼼장어(경남 김해)'나 '곰장어(충남 연기)'를 고려할 때 '먹장어'(꾀장어과의 바닷물고기)의 방언형 '꼼장어'도 '굼(穴)-장어'에서 연원하였을 가능성이 있다(〈네이버 지식백과〉에서는 이를 '꼼지락거리다'와 연관 지음).

28 이는 '장어>장아'의 변화를 겪은 것이다(후술). 한편 '뱀장우(강원 양구, 경북 상주·안동), 배미장우(경북 봉화), 비암장우(전북 임실)'에서 보듯, 지역에 따라 '-장우'형이 출현하기도 한다. '장어>장우'의 변화를 음운론적으로 자연스럽게 설명하기는 어려운바 어쩌면 '魚'의 "古層"(즉 古音)으로서 '우'의 존재를 가정하는 태도(장태진 1973: 12)를 받아들이는 편이 합당할는지도 모른다.

껵지[29]

- 껵자: 경북 성주

메기

- 메가: 충남 연기

이들 지역에서는 '가무치~가무차, 껵지~껵자, 메기~메가'의 수의적 교체가 발견되는바 후자의 '가무차, 껵자, 메가'는 전자('가무치, 껵지, 메기')의 호격형일 가능성이 매우 높다. 다만 그러한 어형의 출현이 각각 한 지역에 불과하여 해당 물고기에 대한 (장난스러운) 호칭어가 조사·보고되었을 수도 있다.

다음은 'ᄋ'에서 기원한 것이다. 해당 어명이 원래 'ᄋ'를 가졌기에 'ᄋ>아'의 변화를 겪어 현재는 '-아'계로 나타나게 되었다.

참마자(잉엇과)

- (참)마자~(참)마지: 경기 양평·연천·파주, 충북 괴산·진천, 전북 전주,. 경북 금릉
- (참)모자~(참)모지: 경기 용인, 전북 장수, 전남 곡성

---

29 '가물치'와 '껵지'를 구성하는 접사 '-치(<-티)'와 '-지(<-디)'는 본래 이형태 관계를 이루고 있었던 것으로 보인다. '누치, 버들치, 살치, 어름치, 학공치'(바닷고기로는 '갈치, 꽁치, 날치, 멸치, 삼치, 준치, 쥐치, 참치' 등)와 '껵지, 낙지, 뚝지'에서처럼 공명음(모음, 유음, 비음) 어기에는 '-치', 장애음 어기에는 '-지'가 결합되던 형태였으리라는 말이다('미꾸라지'처럼 '-아지' 결합형도 존재함). 그러다가 오늘날에는 점차 '-치'형이 우세해져 '개복치, 미역치, 넙치' 등이 출현하게 되었다. 한편 '서대, 눈볼대, 박대'와 '민태, 명태, 양태' 등의 바닷고기 명칭에서 발견되는 접사 '-대, -태'도, '-지, -치'와 유사한 관계를 보이는 이형태였을 개연성이 농후하다(대체로 구강음 어기에는 '-대', 비음 어기에는 '-태'). 이 '-대, -태'에 대해서는 "기원적으로 同系 語素"라 판단한 장태진(1973: 12)의 진술이 참조된다.

모래무지(잉엇과)

- 모래마자~모래마지: 경기 연천·파주·포천, 전북 진안
- (모래)모자~(모래)모지: 전북 김제·무주·부안·정주·진안, 전남 곡성
  ·광양·광주·구례·나주, 경남 산청·함양

이들 예에서 드러나는 '마자~마지, 모자~모지'의 변이에 근거할 때 '참마자'와 '모래무지'는 어기 'ᄆᆞᄌᆞ'를 후행 명사로 하는 복합어로 판단된다.[30] 그러한 형태가 'ᄋᆞ>아' 또는 'ᄋᆞ>이'의 변화 그리고 'ᄋᆞ>오'의 원순모음화 등을 선택적으로 겪어 '(ᄆᆞᄌᆞ>) 마자, 마지, 모자, 모지'로 실현된 것으로 여겨진다. '모래무지'는 『난호어목지』(1820년경)의 〈어명고〉에 '모릭ᄆᆞᄌᆞ'로 기록되었는바(이두순 평역 2015: 42) 이들 어명에 관한 추론의 중요한 단서가 된다.

그런데 이 책의 저자 서유구(경기도 장단 출신)가 태어나기(1764년) 훨씬 전에 이미, 중앙어에서는 비어두 음절의 'ᄋᆞ'가 변별성을 상실하였다. 이러한 사실을 고려할 때 그의 〈어명고〉에 보고된 'ᄆᆞᄌᆞ'의 마지막 음절 모음은 '-ᄌᆞ'가 아니라 '-자'일 수도 있다.[31]

하지만 표기의 보수성(예전의 형태를 그대로 표기) 또는 언어 변화의 점진성(단어에 따라 언어 변화가 순차적으로 적용)을[32] 감안하면 '마자'를 'ᄋᆞ>아'의 변화형(즉 'ᄆᆞᄌᆞ>마자')으로 보는 일도 충분히 가능하다.

---

30 잉엇과의 모래무지아과에 속한 '버들매치, 둥경모치' 등의 '매치, 모치'도 'ᄆᆞᄌᆞ'에서 기원한 형태로 추정된다. 이때의 '亞科'는 '과'보다는 아래, '속'보다는 위에 있는 분류 집단을 가리킨다.

31 원래부터 '-자'였다는 말이다. 이 견해에서는 'ᄆᆞᄌᆞ'를, 'ᄆᆞ자'(또는 '마자')의 과도 교정 표기로 이해하는 셈이다.

32 현대 제주방언의 경우, 비어두 음절 'ᄋᆞ>으'의 합류 과정에서 해당 변화를 입지 아니하고 꽤 오랜 기간 동안 'ᄋᆞ'를 유지하는 단어가 존재하는바(정승철 1995: 46-52) 이는 언어 변화의 점진성을 단적으로 드러내는 예다.

특히 '마자~마지, 모자~모지'의 변이가 전국성을 보인다는 점은, 이 단어의 원형을 'ᄆᆞᄌᆞ'로 이해하는 데에 상당한 정도의 정당성을 부여해 준다.

마지막으로, '어~아'의 모음 변이를 보이는 예들이다. 이는 물고기 명칭과 관련한 '어>아'의 모음 교체에 기인하는바 아마도, 최기철(2001)에 등장하는 '-아'계 어명의 상당수가 이 유형에 속할 듯싶다.[33]

밀어(망둑엇과)
- 밀아 : 경기 가평·남양주·미금·양평, 강원 양구·춘천·홍천, 충북 괴산·음성·충주

장어(뱀장어과)
- 구무장아~구무자 : 경남 김해·밀양·부산
- 궁장아~궁자[34] : 경북 경주·영일, 경남 울산·창원
- 뱀장아 : 경기 의정부, 전북 무주
- 짱·장아 : 경기 강화, 강원 홍천, 충남 보령·서산·청양, 전남 곡성·광양, 경남 고성·김해·남해

이들에 나타나 있는 '-아'는, 魚名의 가장 일반적인 한자어계 접사[35] '-어'에서 유래한 것이 확실하다. 아울러 위의 예에서 보듯, 이 접사와 관련된 '어>아'의 모음 교체는 거의 전국적인 현상으로 이해된다.[36]

---

33 이들 네 유형('장아→자' 축약형, 호격형, 'ᄋᆞ>아'형, '어>아' 교체형) 이외에 한자 어에서 기원한 형태도 있는 듯하다. 모래무지(잉엇과)의 방언형 '춘사(경북 경산)' 와 '추사(충북 영동, 충남 금산, 전북 무주·장수·진안, 경북 문경·상주, 경남 사천)' 가 바로 그런 예가 아닐까 한다.

34 '구무장아, 궁장아'에 축약형 '구무자, 궁자'를 포함한 것은, '어>아'의 모음 교체 가 '장아→자' 축약의 전제가 되기 때문이다.

35 이에 비해 "가장 우세한" 고유어계 접사는 '-치(<티)'다(이숭녕 1935/2011 : 25).

이와 같이 전국적 분포의 '어~아' 변이를 보이는 것은, 이 논문의 초점이 되는 '빠가'와 '자가'에서도 마찬가지다. 최기철(2001)에 근거하여 동일한 지역에서 두 변이형이 모두 나타나는 경우만 선별, 그것의 지역적 분포를 제시해 보면 다음과 같다.

눈동자개
- (동)빠거~(동)빠가: 충남 금산, 전남 장흥

동자개
- (동)빠·바거~(동)빠·바가: 강원 홍천·횡성, 충북 보은·옥천·진천·청주, 충남 대전, 전북 무주·장수·전주·정읍·진안
- 빠거사리~빠가사리: 강원 원주
- (동)자거~(동)자가: 경기 여주, 강원 영월, 충북 괴산·단양·보은·중원·진천·청주, 충남 부여, 전북 장수

자가사리
- 자거~짜가: 전북 진안

이처럼 '어~아'의 변이를 보이는 어명을, 한자어계 접사 '-어(魚)' 및 이 접사의 '어>아' 교체 현상과 관련지으면 위의 '빠거, 빠가'와 '자거, 자가'를 각각 '빡-어, 빡-아'와 '작-어, 작-아'로 분석하는 일이 가능해진다. 이에다가 '빠가사리'란 명칭이 '빠가빠가'(또는 '빡빡') 하는 지느러미 마찰 소리[37]에서 연유한다는 일반적 진술을 받아들이면 이들 접사

---

36 여기에다가, 다른 바닷고기(즉 '고등어')의 예로서 小倉進平(1944)와 김형규 (1974) 그리고『지역어 조사 보고서』(2005-2009)의 '고등아(경기 강화·서울·안성·연천·용인·이천, 황해 금천·서흥·수안·안악·연안·옹진·은율·장연·재령, 강원 홍천, 충북 괴산·제천·청주, 충남 예산, 제주 표선)'까지 포함하면 '어(魚)>아' 교체의 지역적 분포는 훨씬 더 넓어진다.

'-어, -아'에 연결된 '빡, 작'은 그런 마찰 소리에 대한 의성어 어기가 된다. 의성어 '빡, 작'과, 해당 접사의 모음 교체형 '-아'가 결합하여 '빠가' 또는 '자가'라는 형태를 생성하게 되었으리란 말이다. 두말할 필요 없이 '빠가사리'와 '자가사리'는 그리 생성된 어기 '빠가'와 '자가'에 접사 '-사리'가 붙은 형태다. 이로써 '빠가사리, 자가사리'와 연관된 일련의 명칭에 대해 가졌던 궁금증이 거의 다 해소된 셈이다.

이제 남은 하나, '빠가사리'의 대응 표준어 '동자개'에 관한 것이다. 결론부터 말하면 이 단어는, 앞서 상정한 변화 과정을 고려할 때 '동-작-애'로 분석된다.[38] 접두사 '동-(大)'과 의성어 어기 '작' 그리고 접미사 '-애'가 순차적으로 결합한 형태라는 뜻이다.

이때의 '-애'는 접사 '-어~아(魚)'가 경험한 어간말 '-이' 첨가 현상 (정승철 1995: 79-80)[39]과 연관된다. '동작-어'의 변이형 '동작-아'의

---

37 필자가 듣기에 이 소리는 '까거까거'에 가깝지만 경우에 따라 '짜거짜거'(또는 '빠거빠거')로도 들린다. 그러한 까닭에 '짜·자가사리'로도 불렸을 듯싶다(이를 감안 하면 의성어 '짜거, 빠거'를 '짝-어, 빡-어'로 재분석했을 수도 있다). 한편 정문기 (1977: 223)에서는 이 물고기가 "기, 기" 하는 소리를 낸다고 하였다. 이 책에 따르면 일본어 동자개는 '長義義(nagagigi)', 눈동자개는 '黑義義(kurogigi)', 꼬 치동자개는 '兎義義(usagigigi)', 자가사리는 '南赤佐(minamiakaza)'라 하는바 결국 동자갯과 민물고기(즉 '빠가사리')의 일본어 'gigi'가 되는 셈이다. 이 단어는 틀림없이, 일본어 의성어에서 기원한 형태일 터이다.

38 김홍석(1996: 62)에서는 이를 '동(大)-자개'로 분석하고서 그 어기를, 이 물고기의 "지느러미 가장자리가 황백색"을 띤다는 점으로부터 "金조개 껍데기를 썰어 낸 조각"으로서의 "자개"에서 온 말로 간주했다.

39 어명의 경우에, 한자어계 접사 '-어·아'가 '-이' 첨가를 겪어 '-에·애'로 실현되는 모습은 전국적으로 매우 쉽게 발견된다. 가령 小倉進平(1944)와 김형규(1974) 그리고 『지역어 조사 보고서』(2005-2009)의 '고등어'만 해도 전국 여러 지역에서 '고둥에·애(강원 원주·홍천, 충북 제천, 경남 산청, 제주 서귀), 고둥에(함남 신흥· 오로·정평·함흥, 함북 경성·경흥·길주·나남·무산·부령·성진·종성·회령), 고둥에· 애(강원 속초·양구·양양·영월·인제·춘천·홍천, 충북 보은·옥천, 전북 남원·무주· 순창, 전남 강진·광주·담양·목포·보성·순천·여수·영광·영암·완도·장성·진도·함평

어간말에 '-이'가 첨가되어 '동자개'가 만들어졌다는 말이다.[40] 이와 같은 추론 과정 즉 '빠가사리'계 어휘와 관련된 단어형성론 및 방언분화론 상의 해명 과정에서, 해당 형태들의 언어 변이에 대한 방언 분포를 폭넓게 관찰·검토하는 일이 필수적임을 확인하게 된다.

참고 문헌

강영봉(1986), 「제주도 방언의 어명 연구」, 『논문집』(제주대), 51-68.

국립국어연구원 편(1999), 『표준국어대사전』, 두산동아.

국립국어원 편(2005-2009), 『지역어 조사 보고서』, 국립국어원.

김대식(2000), 「『물명류고』의 생물학적 연구: 물고기 이름 분류를 중심으로」, 『새국어생활』 10-3, 국립국어원, 63-75.

김문기(2016), 「근세 동아시아의 어보와 어류지식의 형성」, 『역사와 경계』 99, 185-250.

김순자(2013), 「제주도 방언의 어류 명칭 연구」, 『영주어문』 25, 영주어문학회, 19-54.

김형규(1974), 『한국방언연구』, 서울대출판부.

김홍석(1996), 「한국산 어류명칭의 어휘론적 연구: 어류 명칭의 접미사 분류를 중심으로」, 공주대학교 석사학위논문(교육대학원).

_____(2000), 「어명의 명명법에 대한 어휘론적 고찰」, 『국문학논집』 17, 단국

·해남·화순, 경북 영덕, 경남 고성·마산·밀양·사천·충무·하동, 제주 대정·서귀·성산·제주·표선, 평북 강계·구성·자성·후창·희천)' 등으로 나타나는 것이다. 이에다가 『경북방언사전』(2000)의 '고대'형까지 포괄하면, '-에·애'형의 출현은 가히 전국적이라 할 만하다. 이에서는 일단 경기·충남·황해가 제외되는바 좀 더 조사가 필요하겠지만 이로부터, 어간말 '-이' 첨가 현상을 저지하는 힘의 중심지가 경기도였을 가능성을 제기해 볼 수 있다.

40 '(동)빠·바개' 또한, 이와 동일한 변화 과정을 거쳤을 것으로 판단된다.

대학교, 71-111.

_____(2008), 『『우해이어보』와 『자산어보』 연구』, 한국문화사.

노재민(2000), 「물고기 이름 연구」, 충북대학교 석사학위논문(교육대학원).

손병태(1997), 「경북 동남 지역의 어류 명칭어 연구」, 『한민족어문학』 32, 한민족어문학회, 149-163.

여찬영(1994), 「우리말 물고기 명칭어 연구」, 『한국전통문화연구』 9, 대구가톨릭대학교 인문과학연구소, 1-26.

왕사동(2014), 「한국의 어류 명칭어 연구」, 공주대학교 석사학위논문(한국어교육과).

윤정옥(2008), 「우리나라 물고기 이름의 형태·의미 구조 연구」, 울산대학교 석사학위논문(교육대학원).

이두순 평역(2015), 『난호어명고』(서유구 원저), 수산경제연구원BOOKS.

이병근(2004), 『어휘사』, 태학사.

이상규 편(2000), 『경북방언사전』, 태학사.

이숭녕(1935), 「어명잡고」, 『진단학보』 2, 진단학회, 134-149. 〔재수록: 『심악이숭녕전집』 9, 한국학술정보, 2011, 23-42.〕

장태진(1969), 「물고기 이름의 어휘 연구」, 『한글』 143, 한글학회, 112-141.

_____(1973), 「해안·도서방언의 언어사회학적 연구(1) -魚名 어휘를 중심으로」, 『조대 문리대 논문집』 1, 9-42.

정문기(1977), 『한국 魚圖譜』, 일지사.

정승철(1995), 『제주도 방언의 통시음운론』, 태학사.

_____(2013), 『한국의 방언과 방언학』, 태학사.

_____(2013), 「'고무래'의 방언 분포와 방언형의 분화」, 『국어학』 67, 국어학회, 35-61.

_____(2014), 「한국 방언자료집 편찬의 역사」, 『방언학』 20, 한국방언학회, 7-35.

정인호(2007), 「소위 '비모음화' 현상의 지리적 분포와 그 성격」, 『우리말글』 41, 우리말글학회, 135-162.

최기철(1986), 「담수어 편」, 『강원의 자연』, 강원도 교육위원회, 321-370.

_____(1987), 「담수어 편」, 『충남의 자연』, 한국교육기술진흥재단, 315-365.

_____(1988), 「담수어 편」, 『전북의 자연』, 전라북도 교육위원회, 328-386.

_____(1989), 「담수어 편」, 『전남의 자연』, 전라남도 교육위원회, 345-377.

_____(2001), 『쉽게 찾는 내 고향 민물고기』, 현암사.

최기철·전상린(1983), 「담수어 편」, 『경남의 자연』, 경상남도 교육위원회, 225-317.

한국정신문화연구원 편(1987-1995), 『한국방언자료집』, 한국정신문화연구원.

한미경(2009), 「조선시대 물고기관계문헌에 대한 연구」, 『서지학연구』 44, 237-269.

한정호·박찬서·안제원·안광국·백운기(2015), 『민물고기 필드 가이드』(한국 생물 목록 15), 자연과 생태.

홍윤표(2006), 「'가물치'와 '붕어'의 어원」, 『쉼표, 마침표』 12, 국립국어원.

小倉進平(1944), 『朝鮮語方言の研究』(上), 東京: 岩波書店.

단어 형성법과 국어사전
문법 기술과 국어사전 기술의 일관성을 중심으로

구 본 관

서울대학교

1. 서 론

국어사전은 일반 국민들의 언어생활의 지침서로서 국어를 통한 의사소통에서 가장 중요한 참조서가 된다. 또한 국어사전은 언어를 연구하는 문법 연구자들의 연구의 준거가 되기도 한다. 그런데 이 국어사전은 문법 연구의 준거가 될 뿐만 아니라 넓은 의미에서 보면 문법 연구의 결과물이기도 하다. 따라서 국어사전 기술과 문법 기술은 서로 영향을 주고받는 관계에 있다고 볼 수 있다. 즉 국어학자들은 문법 기술에 국어사전을 참조하지만, 국어사전의 기술 역시 문법 연구 결과를 바탕으로 기술되기도 하고 수정되기도 한다.[1]

국어사전 기술과 문법 기술이 서로 영향을 주고받고 있으므로 이 둘의

---

[1] 넓은 의미에서 보면 국어사전의 기술도 문법 기술에 포괄되지만 본고에서는 논의를 위해 문법 기술과 국어사전의 기술은 구별하기로 한다.

기술은 일관성이 있어야 한다. 국어사전은 문법 연구자들만의 것이 아니고 일반 국민들의 언어생활을 위한 것이다. 따라서 국민들의 언어생활의 편의를 위해 국어사전의 기술이 문법 기술과 어긋날 수도 있다. 그렇지만 특별한 경우가 아니라면 국어사전의 기술은 문법 기술과 일치하는 것이 바람직할 것이다. 국어사전과 문법 기술은 대체로 일관성을 가지고 있지만 서로 모순되는 점을 가지고 있기도 하다. 본고에서는 특히 파생과 합성을 포함하는 단어 형성법의 문법 기술과 관련되는 국어사전의 기술을 살펴보게 될 것이다.[2] 그리하여 『표준국어대사전』을 중심으로 하여 국어사전의 기술이 단어 형성법의 일반적인 문법 기술과 어긋나는 점에 대해 살펴보고, 가능하다면 둘의 기술이 일관성을 갖출 수 있는 방안에 대해서도 언급해 보고자 한다. 물론 문법 기술과 직접 관련이 없는 국어사전 자체의 일관성이 문제가 되는 것에 대해서도 다루게 된다. 논의 과정에서 국어사전뿐만 아니라 국민들의 언어생활에 미치는 영향이 큰 한글 맞춤법과 국어 교과서 편찬에 기준이 되는 교육부의 '교과용도서의 표기·표현 사례' 등도 참조하게 될 것이다.

국어사전은 일단 기술되고 난 후 편찬자에 의해 수정되기도 한다. 『표준국어대사전』의 경우도 최근 수차례에 걸쳐 표제어가 추가되거나 표제어의 미시 구조 기술이 수정되고 있다. 본고에서 문제가 되는 단어 형성법과 관련된 기술에 있어서도 변화를 보이기도 한다. 이런 변화는 많은 경우 본고에서 논의하는 것처럼 문법 기술과의 일치하는 방향으로 이루어진다. 우리는 논의를 진행함에 있어 이런 최근의 수정 상황도 살펴보게 될 것이다.[3]

---

2 본고가 단어 형성법과 국어사전의 관계에 주목하여 논의한 것은 파생법을 중심으로 단어 형성을 깊이 있게 연구하였으며 국립국어원장으로 재직하면서 국어사전과 국어 규범 문제에 깊은 관심을 보이신 송철의 선생님의 학덕을 기리기 위해서이기도 하다.

본고의 구성은 다음과 같다. 먼저 제2장에서는 국어사전의 표제어 선정과 파생법의 문제를 다룬다.[4] 여기에서는 파생어나 파생 접사 중 어떤 것을 표제어로 선정하는지, 파생어나 파생 접사의 표제어를 어떤 방식으로 등재하는지, 등재된 표제어의 미시 구조를 어떻게 기술하는지 등을 다루게 될 것이다. 제3장에서는 국어사전의 표제어 선정과 합성법의 문제를 다루게 될 것이다. 제3장에서 제2장과 마찬가지로 합성어 중 어떤 것을 표제어로 선정하는지, 합성어를 표제어에 어떤 방식으로 등재하는지, 등재된 표제어의 미시 구조를 어떻게 기술하는지 등의 문제를 다루게 될 것이다. 그런 다음 시사점을 정리하고 논의를 마무리하게 될 것이다.

---

3 『표준국어대사전』은 다양한 관점에서 수정이 이루어지고 있다. 예를 들어 '자장면, 간질이다, 허접하다, 푸르르다' 등이 표준으로 새롭게 등재되기도 하였으며, 뒤에서 언급할 것인바, '작은-, 큰-' 등을 표제어에서 제외하기도 하였다. 추후 『표준국어대사전』이 추가로 수정된다면 본고에 제기한 문제가 자연스럽게 해소될 수도 있다. 그러므로 본고의 논의는 2017년 9월 현재의 『표준국어대사전』과 문법 기술의 불일치를 다루고 있는 셈이다.

4 파생법 논의와 관련하여 국어사전과 문법 기술에 있어서의 용어 사용상의 차이를 다룰 수도 있다. 예를 들어 『표준국어대사전』의 경우 '어기'를 "단어 형성의 근간을 이루는 부분 또는 요소. 일반적으로 어간보다 더 범위가 작거나 어간과 같은 뜻으로 쓰인다."로 정의하여 '어근'과 유사한 개념으로 사용하고 있지만, 학교 문법을 비롯한 많은 문법서에서는 '어기'라는 용어를 아예 도입하지 않는 경우도 있고, 이익섭·채완(1999)처럼 '어간'과 '어근'을 묶는 상위의 개념으로 설정하기도 한다. 하지만 본고에서는 실제 단어 형성법에 의해 이루어진 파생어, 합성어, 파생어 형성에 참여한 접사, 어근 등의 표제어 등재 여부나 이들 표제어의 기술에 주목하므로 용어 문제는 다루지 않는다.

2. 국어사전의 표제어 선정과 파생법

2.1. 파생어나 파생 접사의 표제어 선정 여부

어근에 파생 접사가 결합한 파생어는 단어이므로 대체로는 국어사전의 표제어가 된다. 하지만 파생 접사가 결합한 형태가 모두 국어사전의 표제어가 되는 것은 아니다.

우선, '-들09'[5]의 경우 흔히 파생 접사로 분류하지만 엄격한 의미에서는 이런 것들을 파생 접사로 보기 어려워서 이들 접사가 결합한 복합형은 아예 표제어로 등재되지 않거나 일부만 국어사전에 표제어로 등재된다. '-들09'가 결합한 '사람들, 그들, 너희들' 등은 국어사전에 표제어가 되지 않는다. 이는 흔히 보조사로 처리하는 '들05'가 통사 요소로서 파생 접사가 아닌 것처럼 '-들09' 역시 단어 형성에 참여하지는 않는다는 점에서 파생 접사로 보기 어렵기 때문이다.[6] '-들09'에 대해서는 임홍빈(1989), 구본관(1999) 등에서는 통사적 파생 접사 등으로 불러 새로운 단어를 만드는 단어 형성에 참여하는 일반적인 파생 접사와 구별하기도 한다. '-들09'는 『표준국어대사전』에서 접미사, 곧 파생 접미사로 기술하고 있지만 이는 그간의 형태론 분야의 문법 기술을 고려하면 적절한 처리로 보기 어렵다.

임홍빈(1989)나 구본관(1999)에서 논의한 것처럼 '그는 한 가정의 가장답다.'와 같은 예에서의 '-답다' 역시 '-들09'와 같은 이유로 파생 접

---

5 '-들09'처럼 표제어 뒤에 붙인 번호는 가장 최근의 인터넷판 『표준국어대사전』의 분류 번호를 따르기로 한다.

6 문법 기술에서는 '-들09'는 접미사, '들05'는 보조사로 보는 견해가 많다. 『표준국어대사전』의 초기 종이사전에서는 '-들09'와 '들05'를 동일한 표제어 안의 다의어로 처리하였으나, 최근 인터넷 사전에서는 다른 표제어로 분리하였다. 『연세한국어사전』의 경우에는 두 가지 용법 모두를 접미사로 보아 하나의 표제어에서 다의어로 다루고 있다.

미사로 보기 어렵지만 『표준국어대사전』에서는 파생 접미사로 기술되어 있다. 이러한 '-답다'에 대해서는 뒤에서 자세하게 논의할 것이다.

또한 '-하다03, -되다05-①'처럼 생산적인 파생 접사가 결합한 형태는 국어사전에 표제어로 올리는 것이 일반적이지만 이들 접사가 결합한 모든 파생어를 사전에 올리지는 않는다. 사실 올리지 않는다는 표현보다는 올리기 어렵다는 표현이 맞을 수도 있다. '-하다'만 예를 든다면 주지하듯이 국어에서 동작성을 가진 명사가 '-하다'와 결합하면 대체로 파생동사가 될 수 있기 때문이다. '-하다03'가 결합한 파생어가 많고 공시적으로도 얼마든지 새롭게 만들어질 수 있기 때문에 사전의 양적인 한계 때문에라도 모두 표제어로 올리기가 어려운 것이다. 물론 이와 같이 매우 생산적인 파생 접사에 의한 파생어를 표제어로 올리지 않는 것은 단순히 양의 문제는 아니다. 지극히 생산적인 파생법에 의한 파생어는 통사 구성과 크게 다르지 않아 국어사전에 올리기보다 통사 과정에서 결합하는 것으로 보는 것이 합리적인 설명 방식이기 때문일 수도 있다.

'-하다03'의 『표준국어대사전』의 기술은 다음과 같다.

(1) '하다02': 「접사」「1」((일부 명사 뒤에 붙어)) 동사를 만드는 접미사. 공부하다/생각하다/사랑하다/빨래하다 「2」((일부 명사 뒤에 붙어)) 형용사를 만드는 접미사. 건강하다/순수하다/정직하다/진실하다/행복하다 「3」((의성·의태어 뒤에 붙어)) 동사나 형용사를 만드는 접미사. 덜컹덜컹하다/반짝반짝하다/소곤소곤하다 「4」((의성·의태어 이외의 일부 성상 부사 뒤에 붙어))동사나 형용사를 만드는 접미사. 달리하다/돌연하다/빨리하다

(1)과 같은 국어사전의 기술은 '하다'의 매우 높은 생산성을 적절하게 표현하지 못하고 있다. '-하다02'에 대해서는 생산성이 높은 파생 접미사

로 보는 방안과 통사 과정에 참여하는 의존 형용사 등의 다른 범주로 보는 방안이 있다. 어느 쪽이든 사전에서 적절하게 기술해 주고 이 '-하다02'가 다양한 단어의 형성에 참여한다는 정보를 적절하게 기술해 주어야 한다.

'-하다02'와 유사하게 생산적으로 단어 형성에 참여하는 '-시키다02'의 사전 기술은 또 다른 문제를 가지고 있다.

> (2) '-시키다02': ((일부 명사 뒤에 붙어)) '사동'의 뜻을 더하고 동사를
> 만드는 접미사. 교육시키다/복직시키다/오염시키다/이해시키다

'-하다02'처럼 '-시키다02'도 다양한 단어 형성에 참여한다. 하지만 '-하다02'의 예로 제시된 '공부하다, 생각하다' 등의 모든 사례들이 『표준국어대사전』에 표제어로 올라 있는 것과 달리 '-시키다02'에 의해 형성된 단어 사례로 제시된 '교육시키다, 복직시키다, 오염시키다, 이해시키다' 중 어느 하나도 사전의 표제어로 올라 있지 않다. 논리적으로는 파생 접사의 표제항에 예시된 파생어는 각각이 사전의 표제어로 올라 있어야 한다.[7]

'-하다03'의 경우 국어사전이 가지고 있는 한계 때문에 적절한 기술이 어렵다는 점에서 이해가 가능하지만 '-아/어하다'와 '-아/어지다'는 또 다른 문제를 가지고 있다. 주지하듯이 '좋-+-아/어하다', '밉-+-아/어

---

7 교육부(2015: 258)에서는 "자녀들을 교육시켰던"을 "자녀들을 교육하였던"으로 수정할 것을 권고하고 있다. 이는 지나친 사동 표현을 허용하지 않으려는 의도에서 그러했겠지만 '-시키다02'를 자연스럽게 보지 않는 직관이 작용한 것으로도 생각된다. 『표준국어대사전』에 '-시키다02'가 결합한 단어를 표제어로 올리지 않는 것도 이런 형태가 하나의 어휘로 굳어졌다고 보기에는 자연스럽지 못하다는 인식이 작용한 것으로 보인다.

하다', '즐겁-+-아/어하다'처럼 주로 심리 형용사 어근(어근)에 '-어하
다'가 결합하면 심리 동사를 만들어 낸다.[8]

   (3) '밉다'와 '미워하다'의 사전 기술
      가. 밉다: 「형용사」「1」 모양, 생김새, 행동거지 따위가 마음에
         들지 않거나 눈에 거슬리는 느낌이 있다. 「2」 모양, 생김새,
         행동거지 따위가 마음에 들지 않거나 눈에 거슬리는 성질이
         있다.
      나. 미워하다: 「동사」 밉게 여기거나 밉게 여기는 생각을 직접 행
         동으로 드러내다.

  (3)의 비교에서 알 수 있듯이 형용사에 '-아/어하다'가 결합하면 대체
로 동사, 특히 타동사가 된다. 이런 파생의 예가 제법 많으므로 '-아/어하
다'를 파생 접사로 사전에 올릴 만하다. 하지만 『표준국어대사전』을 비롯
한 사전류에서는 이를 등재하지 않고 있다. 물론 '-아/어하다'가 결합한
단어를 합성어로 보아 이를 파생 접사로 등재하지 않은 것으로 볼 수도
있다.

  '-아/어하다'가 결합한 결과가 동사로 바뀌는 '좋아하다'류와 달리 형
용사와 파생 접사가 결합하여 다시 형용사를 구성하는 '파랗다'나 '노랗
다' 등의 색채어에 결합하는 '-앟/엏(다)-' 역시 기원적으로는 '-아/어
ㅎ다'가 결합한 것이다.[9] 이러한 '-앟/엏(다)-' 역시 『표준국어대사전』

<hr>

8 구본관(2005), 고영근·구본관(2008: 260)에서 언급한 것처럼 이런 유형의 서술어
   들은 '놀라다(심리 동사)-놀랍다(심리 형용사)-놀라워하다(심리 동사)'처럼 순환
   구조를 가지는 단어 형성의 결과를 보여 주기도 한다.
9 이현희(1985), 구본관(1998나)에서는 중세 국어의 '누러ㅎ다'나 '파라ㅎ다'처럼 '-아/
   어ㅎ-'가 결합하면 상태성을 강조하는 기능이 있다고 지적하고 있다.

에는 표제어로 올라 있지 않다.

'-아/어하다'와 일견 유사한 것으로 보이는 것이 '찢어지다' 등에 나타나는 '-아/어지다'이다. 그런데 '-아/어지다'의 경우 국어사전에는 '지다04' 항목에서 다루고 있다.

(4) '지다04'의 사전 기술

　　지다: 〔Ⅰ〕「동사」「1」 어떤 현상이나 상태가 이루어지다. 「2」
　　　　　어떤 좋지 아니한 관계가 되다. 「3」 물 따위가 한데 모여
　　　　　모양을 이루거나 흐르다.
　　　　〔Ⅱ〕「보조동사」「1」 ((동사 뒤에서 '-어지다' 구성으로 쓰여)) 남
　　　　　의 힘에 의하여 앞말이 뜻하는 행동을 입음을 나타내는 말.
　　　　　이 건물은 예술적인 아름다움이 보태어졌다. 「2」 ((동사 뒤에
　　　　　서 '-어지다' 구성으로 쓰여)) 앞말이 뜻하는 대로 하게 됨을
　　　　　나타내는 말. 그 사람의 말이 사실인 것처럼 믿어진다. 「3」
　　　　　((형용사 뒤에서 '-어지다' 구성으로 쓰여)) 앞말이 뜻하는
　　　　　상태로 됨을 나타내는 말. 마음이 따뜻해지다.

(4)에서 알 수 있듯이 국어사전에서는 '-어지다'의 '-지다'를 보조 용언으로 기술하고 있다. 그렇지만 '-고 있다, -아/어/야 하다'와 같은 다른 보조 용언과 달리 '-아/어지다' 결합형은 '-아/어'와 '지다' 사이를 띄어 쓰지도 않는다. 띄어 쓰지 않는다는 것은 '-아/어지다'의 구성 요소들 사이가 긴밀해져 일종의 파생 접사가 된 것으로 볼 수도 있음을 의미하는 것으로 생각된다. 만일 파생 접사로 볼 수 있다면 '-어/어지다'를 표제어로 올려야 함은 물론 '-어/어지다' 파생어들인 '따스해지다, 미워지다' 등도 표제어로 등재해야 할 것이다.[10]

'작은-, 큰-, 늦-' 등은 파생 접사인지 어근인지 판단하기 어려워 사전

의 등재 여부가 문제가 되는 것들이다. '큰-'과 '작은-'의 경우 초기의
종이 사전에는 파생 접사로 등재되어 있다가 최근의 인터넷 사전에서는
제외되었다.

(5) '작은-'의 사전 기술

작은02: ((친족 관계를 나타내는 명사 앞에 붙어)) '맏이가 아님'
의 뜻을 더하는 접두사. 작은고모/작은이모/작은동생

(6) '큰-'의 사전 기술

큰: ((친족 관계를 나타내는 명사 앞에 붙어)) '맏이'의 뜻을 더하
는 접두사. 큰고모/큰이모/큰동생

'작은고모, 큰고모' 등에 쓰이는 '작은-'이나 '큰-'이 친족 관계라는
특수한 경우에 파생 접사로 볼 여지가 없는 것은 아니지만 최근의 인터넷
사전에서는 제외하고 있다. '작은-'과 '큰-'을 표제어에서 제외한 이유는
이들 형태를 어근으로 보고 '작은고모, 큰고모'를 합성어로 보기 때문으
로 해석할 수 있다.

'작은-', '큰-'처럼 접사로 볼 것인지 어근으로 볼 것인지 경계에 있는
예에는 '늦-'도 있다.

(7) 늦-01: 접사」「1」((일부 명사 앞에 붙어)) '늦은'의 뜻을 더하는
접두사. 늦공부/늦가을/늦더위 「2」((몇몇 동사, 형용사 앞에 붙
어)) '늦게'의 뜻을 더하는 접두사. 늦되다/늦들다/늦심다

---

10 우리가 논의하는 '-하다03, -되다05', '-어/어하다', '-어/어지다' 결합형이 합성
어인지 파생어인지는 다시 논의가 필요하다. 본고에서는 이에 대해 논의할 여력이
없으므로 일단 파생어에 가까운 것으로 보고 논의를 진행한다.

'늦-'의 경우『표준국어대사전』초기의 종이 사전에서뿐만 아니라 최근의 인터넷 사전에서도 파생 접사로 올라 있다. '작은-', '큰-', '늦-' 따위가 파생 접사인지 어근인지 문제가 되는 것은 특히 접두사의 경우 어휘 의미가 강해서 어근과의 구별이 어렵기 때문이다. 어근이 의미적인 추상화를 경험하여 원래 어근의 의미와 밀어져 새로운 단어 형성에 활발하게 참여하게 되면 파생 접사로 문법화된다. 그렇지만 어디가지나 정도 문제여서 '작은-', '큰-'과 달리 '늦-'만이 파생 접사로 볼 근거는 뚜렷하지 않다.

한편 파생 접사의 생산성이 표제어로의 등재 여부의 기준이 되기도 한다. 일반적으로 생산성이 높은 파생 접사는 표제어로 등재되는 반면, 생산성이 낮은 접사는 표제어로 등재되지 않는다. 고영근(1992)에서는 단어 형성에 참여하는 요소를 구성소와 형성소로 나누는데, '지붕'의 '-웅'이나 '주검'의 '-엄'과 같이 생산성이 낮은 파생 접사는 구성소가 된다. 그런데『표준국어대사전』의 경우 '-웅'은 표제어로 올라 있지 않으며 '-엄'의 경우 옛말의 접미사로 올라 있다.[11]

2.2. 파생어나 파생 접사의 표제어 등재 방식

앞에서 언급한 것처럼 생산적인 파생 접사에 의해 만들어진 파생어 중에는 국어사전에 등재되지 않는 경우도 있다. 파생 접사의 경우 생산적인 파생 접사는 국어사전에 등재되는 경우가 많지만 생산성이 낮은 경우에는 사전에 등재되는 경우도 있고 등재되지 않는 경우도 있다.

파생 접사 중 이형태를 가지는 경우 이형태 각각이 등재된다는 점이 특이하다. 예를 들어 '수/숫-'[12]의 경우를 살펴보기로 하자.

---

11 '-엄'을 옛말의 접미사로 올린 이유를 명확하게 알 수는 없다. 현대 국어와 달리 옛말에서 '-엄'이 생산성이 어느 정도 있다고 판단한 것일 수도 있고, 옛말의 경우 생산성이 낮은 접사도 등재하는 별도의 등재 기준을 적용한 것일 수도 있다.

(8) '수/숫-'의 사전 기술

　가. 수-32: 「접사」「1」(('양', '염소', '쥐'를 제외한 성의 구별이
　　　　있는 동식물을 나타내는 일부 명사 앞에 붙어)) '새끼를 배지
　　　　않거나 열매를 맺지 않는'의 뜻을 더하는 접두사. 수꿩/수소/
　　　　수캐/수컷/수탉 「2」(('짝이 있는 사물을 나타내는 일부 명사
　　　　앞에 붙어)) '길게 튀어나온 모양의', '안쪽에 들어가는', '잘
　　　　보이는'의 뜻을 더하는 접두사. 수나사/수단추/수키와
　　　　※ '수-'가 결합한 단어 중에서 '수캉아지', '수캐', '수컷', '수
　　　　키와', '수탉', '수탕나귀', '수톨쩌귀', '수퇘지', '수평아리'는
　　　　'수-' 다음의 첫소리를 거센소리로 적는다.
　나. 숫-04: 「접사」(('양', '염소', '쥐' 앞에 붙어)) '새끼를 배지
　　　　않는'의 뜻을 더하는 접두사. 숫양/숫염소/숫쥐

　(8가)의 사례 중 '수캐/수컷/수탉' 등에서는 엄밀하게 말하면 접두사
'숫-'을 분석해야 한다. 사전에서 '숫-'을 따로 분리하지 않은 것은 문법
기술과 무관하게, 표기된 음절을 중심으로 '수'만을 분별하기 때문이다.
문법서에서 '숫-'을 따로 이형태로 설정한 것과 달리 『표준국어대사전』
에서 이를 '수-' 안에서 다루고 다음 음절이 거센소리가 된다는 별도의
정보를 준 것은 문법 전공자뿐만 아니라 일반 국민들도 사전을 사용한다
는 점을 고려한 것으로 볼 수도 있다.
　파생 접사의 이형태를 모두 사전에 등재하는 방안은 이형태를 가지는
일반 어휘의 경우 표제어로 기본형 하나만을 올리는 것과 대비된다.[13]

---

12 '숫-'의 종성 'ㅅ'에 대해서는 중세 국어 이래의 '숳'의 'ㅎ'에서 온 것으로 설명하기
　도 하고, 사이시옷으로 설명하기도 한다.
13 『표준국어대사전』의 경우 '이/가'와 같이 이형태를 가지는 조사의 경우도 이형태
　각각을 표제어로 등재한다. 사실 사전에 따라서는 이형태를 모두 표제어로 올리되,

이런 조치 역시 엄밀한 문법 기술의 결과를 반영하기보다 일반 국민의 언어생활의 편의를 고려한 것으로 보인다.

이형태 간의 관련성이 명확하지 않아 사전 기술에 있어 일관성을 갖추지 못한 경우도 있다.

> (9) '-롭/답/되-'의 사전 기술
>
>> 가. '-롭다': 「접사」 ((모음으로 끝나는 일부 어근 뒤에 붙어)) '그러함' 또는 '그럴 만함'의 뜻을 더하고 형용사를 만드는 접미사. 명예롭다/신비롭다/자유롭다/풍요롭다/향기롭다
>>
>> 나. '-답다01': 「접사」 ((일부 명사 또는 명사구 뒤에 붙어)) '성질이나 특성이 있음'의 뜻 을 더하고 형용사를 만드는 접미사. 꽃답다/남자답다/사람답다/정답다/너답다/우리 엄마답다
>>
>> 다. '-되다05': 「접사」 「1」 ((일부 명사 뒤에 붙어)) '피동'의 뜻을 더하고 동사를 만드는 접미사. 가결되다/사용되다/형성되다. 「2」 ((몇몇 명사, 어근, 부사 뒤에 붙어)) 형용사를 만드는 접미사. 거짓되다/참되다/어중되다/숫되다/막되다/못되다/안되다

현대 국어의 '-롭다', '-답다01', '-되다05-「2」'는 기원적으로는 동일한 파생 접사의 이형태였다(구본관 1998가: 33-64, 2007). 이들이 이형태 관계라는 사실은 '-롭다'가 모음 뒤에서, '-답다01'과 '-되다05-「2」'가 자음 뒤에서 결합하는 것에서도 잘 드러난다. 기원적으로 동일한 파생 접사의 이형태를 사전에서 표제어로 삼을 경우 이들의 관계를 정확하게 파악하여야 하며, 공시적인 사용 양상도 고려해야 할 것으로 생각된다.

현대 국어에는 '-롭다', '-답다01', '-되다05-「2」'는 공시적인 관계가

뜻풀이를 어느 한쪽에서만 하는 절충적인 방안을 취하기도 한다.

멀어져 어느 정도 독립적인 접사로 인식되는 것으로 보인다. 이미 언급한 '수-'와 '숫-'의 경우를 고려하면 공시적으로 이형태 관계에 있는 형태들을 별개의 표제어로 올릴 수 있으며, 이들처럼 공시적으로 별개의 파생 접사로 인식되는 경우 각각의 표제어로 등재하는 것은 더 자연스럽다. 그렇기는 하지만 (9)의 기술은 몇 가지 점에서 문제가 된다. 우선 '-답다01'의 경우 둘로 나누어서 등재해야 할 것으로 생각된다. 김창섭(1984)에서 '-답다01'을 분리해야 한다는 것이 언급되었고, 그 후의 문법서인 '고영근·구본관(2008: 223-225) 등에서는 (9)의 예시 중 '-답다01'의 '정답다'류와 '남자답다, 우리 엄마답다'류를 다른 파생 접사에 의한 예로 구별하고 있다. 문법 기술에서의 논의를 반영한다면『표준국어대사전』의 기술은 수정되어야 할 것으로 보인다. '-되다05'의 경우 의미상으로 관련성이 없어 각각의 표제어로 다루어야 할 피동 접사로서의 '-되다'와 형용사 파생 접사로서의 '-되다'를 다의어로 처리하고 있으므로 수정되어야 할 것임은 물론이다.

'-장이'와 '-쟁이'의 경우 파생 접사를 표제어로 국어사전에 올리는 것과 관련하여 또 다른 문제를 제기한다.

(10) 가. -장이03:「접사」((일부 명사 뒤에 붙어)) '그것과 관련된 기술을 가진 사람'의 뜻을 더하는 접미사. 간판장이/땜장이/양복장이/옹기장이/칠장이

　　　나. -쟁이02:「접사」((일부 명사 뒤에 붙어))「1」'그것이 나타내는 속성을 많이 가진 사람'의 뜻을 더하는 접미사. 겁쟁이/고집쟁이/떼쟁이/멋쟁이「2」'그것과 관련된 일을 직업으로 하는 사람'의 뜻을 더하는 접미사. 그런 사람을 낮잡아 이를 때 쓴다. 관상쟁이/그림쟁이/이발쟁이

주지하듯이 '-장이03'과 '-쟁이02'는 모두 기원적으로 '장(匠)+-이'
가 결합한 것으로 '-쟁이02'는 '-장이03'에서 'ㅣ' 모음 역행동화가 일
어난 형태이다. 따라서 이들에 다른 의미를 부여할 이유가 없다. 이런
문제는 대부분의 문법서나 국어사전이 동일하다는 점에서 문법 기술과
국어사전의 문제가 아니라 표준어 규정 제9항의 〔붙임 2〕 "기술자에게
는 '-장이', 그 외에는 '-쟁이'가 붙는 형태를 표준어로 삼는다."라는
규정 자체의 문제일 수도 있다.

파생 접사의 사전 등재의 문제로 특히 동사나 형용사를 형성하는 접미
사의 경우 '다'를 붙이는 경우와 그렇지 않는 경우가 있어 일관성이 없다
는 것도 문제이다. 앞에서 언급한 '-롭다'의 경우와 사동이나 피동의 파
생 접미사 '-이-'를 비교해 보자.

> (11) 가. '-롭다': 「접사」 ((모음으로 끝나는 일부 어근 뒤에 붙어))
> '그러함' 또는 '그럴 만함'의 뜻을 더하고 형용사를 만드는 접
> 미사. 명예롭다/신비롭다/자유롭다/풍요롭다/향기롭다
> 나. '-이31-': 「접사」「1」 ((일부 동사 어간 뒤에 붙어)) '사동'의
> 뜻을 더하는 접미사. 보이다/기울이다/녹이다/먹이다/붙이다
> /끓이다「2」 ((일부 동사 어간 뒤에 붙어)) '피동'의 뜻을 더하
> 는 접미사. 깎이다/놓이다/꼬이다/쌓이다/떼이다

(11)에서 볼 수 있듯이 '-롭다'의 경우 '다'까지를 표제어에 올리고
'-이31-'의 경우 '다'를 제외한 형태인 '-이-'만을 표제어로 올린다. 문
법서에서의 기술의 경우 대체로 이 둘을 모두 '-롭-', '-이-'로 일관되게
기술하는 것과 차이가 난다. '-롭다'처럼 '다'를 결합한 형태가 표제어로
올라 있는 예에는 '-스럽다, -되다, -답다' 등이 더 있다.

2.3. 파생어나 파생 접사 표제어의 미시 구조 기술 방식

이제 이미 논의한 파생어나 파생 접사 표제어의 미시 구조 기술의 문제점에 대해 간단하게 언급해 보기로 하자. 앞에서 언급한 '-답다01'의 경우를 살펴보기로 하자. 이미 언급한 것처럼 『표준국어대사전』에서는 아래와 같이 두 가지 다른 표제어로 등재해야 할 '-답다01'은 구분하지 않고 있다. 『연세한국어사전』의 경우 두 가지 용법을 구분하고 있기는 하지만 하나의 표제어로 다루고 있어서 문제가 된다.

(12) '-답-'의 사전 기술(표준국어대사전)

　 '-답다1': 「접사」 ((일부 명사 또는 명사구 뒤에 붙어)) '성질이나 특성이 있음'의 뜻을 더하고 형용사를 만드는 접미사. 꽃답다/남자답다/사람답다/정답다/너답다/우리 엄마답다

(13) '-답-'의 사전 기술(연세한국어사전)

　 '-답다1': 〔Ⅰ〕 〔형용사를 만드는 데에 쓰이어〕

　　　　1. 〔사람명사 뒤에 붙어〕 '~의 자격이 있다. ~의 신분이나 특성에 잘 어울림'의 뜻을 나타냄. 〔예문〕어른답다/사람답다/인간답다/꽃답다

　　　　2. 〔'정, 참' 등의 말에 뒤에 붙어〕 '~ 성질을 지니고 있다'의 뜻을 나타냄. 〔예문〕참답다/정답다

　　　　3. 〔시간을 나타내는 명사 뒤에 붙어〕 '그 때와 같다'의 뜻을 나타냄. 〔예문〕평소답다

　　　　〔Ⅱ〕 〔구 뒤에 붙어〕 '그러한 자격이 있다. 그와 같은 성질이 있다'의 뜻을 나타냄. 〔예문〕 그는 한 집안의 가장답게 그 정도 일에는 혼들리지 않았다.

앞에서 언급한 것처럼 문법서들의 기술에 따르면 '-답다01'은 크게

두 가지로 나누어진다. 두 종류의 '-답다'는 의미나 기능에서 차이가 있으므로 국어사전에서는 다른 표제어로 다루어져야 한다.

『표준국어대사전』의 경우 두 종류의 '-답다'를 구분하고 있지 않다는 점에서 문제이다. 『연세한국어사전』의 경우 두 종류의 '-답다'를 구분하고 있지만 역시 하나의 표제어로 다룬다는 점에서 두 종류의 '-답다'의 근본적인 차이를 반영하지 못하고 있다. 또한 구에 붙는 '-답다'가 '정답다' 등과 무관하고 '어른답다'류와 관련된다는 것을 잘 포착해서 기술해 주지 못하고 있는 것도 문제이다. 『표준국어대사전』의 '우리 엄마답다'와 『연세한국어사전』의 '한 집안의 가장답다'의 경우처럼 구 뒤에 붙는 '-답-'을 접사로 기술하는 것도 최근 문법서에서 이들을 의존 형용사나 통사적 파생 접사 등으로 기술하는 것과 관련해 보면 수정되어야 한다.

국어사전과 문법 기술에서 파생 접사들과 해당 파생 접사에 의한 파생어의 기술이 서로 다른 경우도 있다.

> (14) 가. '-우-': 「접사」「1」 ((일부 동사 어간 뒤에 붙어)) 사동의 뜻을 더하는 접미사. 깨우다/비우다/피우다
>
> 나. '-구-': 「접사」 ((몇몇 동사 어간 뒤에 붙어)) '사동'의 뜻을 더하는 접미사. 달구다/솟구다/돋구다
>
> 다. '-추-': 「접사」「1」 ((몇몇 동사 어간 뒤에 붙어)) '사동'의 뜻을 더하는 접미사. 볼맞추다. 「2」 ((몇몇 형용사 어간 뒤에 붙어)) '사동'의 뜻을 더하고 동사를 만드는 접미사. 곧추다/낮추다/늦추다
>
> 라. '-애-': 「접사」 ((형용사 '없다'의 어간 뒤에 붙어)) '사동'의 뜻을 더하고 동사를 만드는 접미사. 없애다

'-우-', '-구-', '-추-', '-애-' 등은 문법 기술에서 흔히 사동 파생

접사로 등재되어 있으며, (14)에서 볼 수 있듯이 『표준국어대사전』에도 사동 파생 접사도 등재되어 있다. 그런데 파생어의 예로 제시된 것 중에서 '달구다'의 경우 『표준국어대사전』에는 "타지 않는 고체인 쇠나 돌 따위를 불에 대어 뜨겁게 하다."로 뜻풀이 되어 있어 사동사임이 명시적으로 드러나지 않는다.[14] 대부분의 문법서에서 '맞다'의 사동사로 다루는 '맞추다'의 경우도 『표준국어대사전』에서는 명시적으로 사동사로 기술되어 있지 않다.

3. 표제어 선정과 합성법

3.1. 합성어와 표제어 선정 여부

합성어는 단어이므로 국어사전에 표제어로 오르게 된다. 그렇다고 모든 합성어가 국어사전의 표제어가 되는 것은 아니다. 주지하듯이 합성은 매우 보편적이고 생산적인 단어 형성 방법이고, 합성에 따라 끊임없이 단어가 만들어지므로 신조어 합성어가 모두 국어사전에 등재되는 것은 아니다.

또한 합성어는 구와 구별이 어려워 사전 등재 여부를 일관되게 정하기도 어렵다. 『표준국어대사전』을 기준으로 말하면 비슷한 구조를 가지고 있다고 생각되는 '창밖'과 '문밖', '집밖' 중에서 '창밖'과 '문밖'은 사전에 표제어로 올라 있지만 '집밖'은 그렇지 못하다.

합성어의 표제어 등재 여부와 관련하여 국어사전의 다음의 기술을 살펴볼 필요가 있다.

---

14 사동사의 경우 『표준국어대사전』에는 대체로 "깨우다: '깨다01「3」'의 사동사."처럼 사동사임이 분명하게 드러나게 기술되어 있다.

(15) '무침'의 국어사전 기술

　　　무침: 「명사」 「1」 채소나 말린 생선, 해초 따위에 갖은양념을 하여
　　　　　　무친 반찬. 「2」 ((일부 명사 뒤에 붙어)) '양념을 해서 무친
　　　　　　반찬'의 뜻을 나타내는 말. 시금치무침/북어무침/골뱅이무
　　　　　　침/파래무침

　(15)에서 볼 수 있듯이 '무침'의 경우 명사이면서 「1」과 같은 용법
외에 「2」와 같은 용법도 지닌다. 사실 「2」의 용법은 명사의 속성으로만
설명하기 어렵고 어느 정도 파생 접사적인 용법을 가진 것으로 설명된다.
'일부 명사에 붙어'와 같은 표현은 파생 접사의 뜻풀이에 흔히 쓰이는
방식이다. 어찌 보면 '무침'의 「2」의 용법은 김창섭(1996)에 언급한 단어
형성 전용 요소에 가깝다고 할 수도 있다.[15]
　'무침'의 특성이 어떠하든 「2」처럼 풀이하고 구체적인 용례로 '시금치
무침, 북어무침, 골뱅이무침, 파래무침'을 제시했으므로, '무침'이 결합한
단어는 사전에 등재해야 한다. 모든 단어를 올릴 수 없다 하더라도 최소
한 국어사전에 용례로 제시한 이들 단어에 대해서는 국어사전에 표제어
로 등재해야 할 것이다. 그런데『표준국어대사전』에는 '북어부침'만 올라
있을 뿐 나머지는 표제어로 올라 있지 않다.
　이와 약간 다르지만 합성어의 표제어 선정의 기준과 관련하여 '약'이나
'값'이 결합한 구성을 검토해 볼 수 있다.

(16)『표준국어대사전』에 등재된 '약'과 '값'이 결합한 구성
　　　가. '약' 결합형: 눈약, 변비약, 설사약, 피부약, 회충약

───────────────

15 사실 단어 형성 전용 요소로 가장 잘 알려진 것은 '방'의 예이다. 최근 '노래방,
　빨래방, 피시방' 등의 생산적인 결합을 고려하면 '방' 역시 '무침'과 동일한 방식으
　로 다루는 것이 일관성이 있다.

나. '값' 결합형: 옷값, 책값, 밥값, 떡값, 물값, 술값

　교육부(2015: 195-196)에서는 합성 명사의 띄어쓰기에 대해 언급하면서 '약'과 '값' 결합형의 사전 등재 실태와 띄어쓰기에 대해 언급하고 있다. '약' 결합형의 경우 '눈약, 변비약, 설사약, 피부약, 회충약'은『표준국어대사전』에 합성어로 등재되어 있으므로 붙여 쓰고, '촌충 약'의 경우『표준국어대사전』에 등재되어 있지 않으므로 구로 보아 띄어 쓸 것을 제안한다. 이와 달리 '값' 결합형의 경우 '옷값, 책값, 밥값, 떡값, 물값, 술값'은『표준국어대사전』에 등재되어 있는 합성어이므로 붙여 써야 한다. 그런데 '기름값, 물건값, 신문값, 음식값' 등은『표준국어대사전』에 등재되어 있지 않지만 붙여 써야 한다고 규정하고 있다.

　띄어쓰기 여부에 대해서는 여기에서의 주된 관심이 아니므로 제외할 때 (16)의 예들은 등재 여부와 관련하여 다음 두 가지에 대해 논의가 필요하다. 첫째, '회충약'과 '촌충 약' 중 회충약만 등재할 뚜렷한 기준이 있느냐는 것이다. 아마 빈도수에서 '회충약'이 조금 높을 수 있을 뿐 양자는 본질적으로 차이가 없어 어느 하나만 등재해야 할 뚜렷한 기준을 만들기는 어렵다. 둘째, '값' 결합형의 경우 '옷값, 책값' 등과 '기름값, 물건값' 등의 비교를 통해서 판단해 보면 선행 요소가 1음절어인 경우 사전에 등재되어 있고, 2음절어인 경우는 등재되어 있지 않다. 선행 요소의 음절 수가 등재의 기준이 되는지도 명확하게 말하기 어렵고, 사전에 등재되지 않는 결합형을 굳이 붙여 써야 한다고 기술한 것도 그 근거가 무엇인지 알기 어렵다.

　'명사+명사' 합성어의 등재 여부를 판단하기 어려운 것처럼 '동사 어간'을 어근으로 하는 구성의 등재 여부도 판단이 매우 어렵다.『표준국어대사전』을 기준으로 살펴보면, '들려주다, 알려주다, 보여주다' 중에서 '들려주다'만 합성어로 보아 표제어로 올리고 '알려주다'와 '보여주다'를

사전에 올리지 않는 이유를 판단하기는 매우 어렵다.

3.2. 합성어의 표제어 등재 방식

합성어는 단어이므로 사전에 올릴 경우 구성 요소 사이를 띄어쓰기 하지 않는 것이 일반적이다. 하지만 『표준국어대사전』의 경우 띄어쓰기를 한 단위를 표제어로 등재하기도 한다.

(17) 가. 문명-사회: 「명사」 문명이 발달한 사회. 「참고 어휘」 미개사회

나. 미개^사회: 「명사」 문화가 발달하지 못하고 생활 문화 수준이 낮은 사회. 〔참고 어휘〕 문명사회

관련되는 어휘인 '문명-사회'와 '미개^사회'는 『표준국어대사전』에 모두 표제어로 올라 있다. 그런데 '-'으로 연결된 '문명-사회'와 달리 '미개^사회'는 '^'를 사용하여 연결되어 있다. 『표준국어대사전』의 '일러두기'에 따르면 '^'는 "띄어 쓰는 것이 원칙이나 붙여 쓸 수 있는 전문 용어나 고유 명사 표시"에 사용한다고 한다. '미개^사회'처럼 '^'로 표시된 표제어는 구인가 복합어인가? 구라면 원칙적으로 표제어에 올리지 않거나 올리더라도 부표제어 정도로 처리해야 하고, 복합어라면 굳이 '^'를 표시할 필요가 없는 것이다. 흔히 속담을 비롯하여 관용적인 구나 문장은 표제어가 아니라 부표제어로 처리하는 것이 『표준국어대사전』을 비롯한 국어사전의 관례라는 점을 고려하여 '^' 결합형을 구로 본다면 부표제어로 처리하는 것이 하나의 가능한 방안이다.

굳이 '^'를 도입한 이유는 한글 맞춤법 제49항인 "성명 이외의 고유 명사는 단어별로 띄어 씀을 원칙으로 하되, 단위별로 띄어 쓸 수 있다."라는 규정과 제50항인 "전문 용어는 단어별로 띄어 씀을 원칙으로 하되,

붙여 쓸 수 있다." 규정을 고려한 처리로 보이지만 단어가 아닌 구를 표제어로 올린 것으로 볼 수 있어 논리적으로 보면 문제가 된다.[16]

'^'의 사용과 관련하여 『표준국어대사전』의 표제어에서 '광개토^대왕', '선덕^여왕'처럼 '대왕', '여왕'의 경우는 선행 요소와의 사이에 '^'를 사용하여 결과적으로 띄어 쓰고, '의자-왕'처럼 '왕'의 경우 '-'만 사용하여 붙여 쓰는 것도 문제가 된다. 교육부(2015: 191)에서는 명시적으로 '대왕', '여왕'이 결합하는 경우는 띄어 쓰고, '왕'이 붙는 경우는 붙여 쓰는 것으로 기술하고 있다. '대왕, 여왕'이나 '왕'은 음절수가 2음절과 1음절로 다르지만 모두 명사라는 점에서 표제어에서 띄어쓰기가 차이가 날 이유가 분명하지 않다.

띄어쓰기와 관련하여 구성 요소의 하나가 용언의 관형사형인 경우도 문제가 된다. 『표준국어대사전』의 경우 '이어진문장, 안은문장'처럼 용언의 관형사형이 구성 요소로 오는 경우도 붙여 쓰는 경우가 있지만 아무래도 어색하다. 이에 대해 교육부(2015: 194)에서는 '간단한 도면 그리기'를 예로 들어 용언의 관형사형의 경우 후행 요소와 붙여 쓰지 않는 것으로 규정하고 있어 실제 『표준국어대사전』의 사례와 상반된다.

최근의 개정이 이루어지기 전에는 〈외래어 표기법〉의 '바다, 섬, 강, 산' 등의 표기 세칙에 '해', '섬', '강', '산' 등이 외래어에 붙을 때에는 붙여 쓰고 우리말에 붙을 때는 붙여 쓰는 규정이 있었다. 『표준국어대사전』도 이전의 종이 사전에서는 이 규정에 따라 띄어쓰기를 구분했는데, 이는 일관성이 있는 태도로 보기 어렵다. 그리하여 '동해, 서해, 북해', '목요섬' 등은 모두 붙여 쓰지만 '카리브 해, 발리 섬'은 띄어 쓰는 규정이 있었다. 그렇지만 최근에는 〈외래어 표기법〉 자체에서 이 규정이 삭제되

---

16 영어의 경우도 합성어를 표기하는 방안은 합성어의 구성 요소를 붙여 쓰는 경우, 중간에 하이픈을 넣는 경우, 아예 띄어 쓰는 경우 등이 있어 우리와 비교가 된다.

었고, 『표준국어대사전』의 표제어에서도 '카리브해', '발리섬'으로 수정되어 일관성의 문제는 해소되었다.

합성어의 표제어 등재 방식과 관련하여 '-'을 이용한 복합어의 분석이 문제가 되기도 한다.

『표준국어대사전』의 일러두기에서는 "복합어는 붙임표(-)로 분석하여 제시하였다."라고 설명되어 있다. 이에 따르면 국어의 복합어는 모두 붙임표를 사용하여 제시하여야 한다. 복합어로 생각되는 어휘에 대해서 붙임표를 붙이지 않는 경우도 있다.

> (18) 잘못 〔Ⅰ〕「명사」 잘하지 못하여 그릇되게 한 일. 또는 옳지 못하게 한 일.
> 〔Ⅱ〕「부사」「1」틀리거나 그릇되게. 「2」적당하지 아니하게. 「3」깊이 생각하지 아니하고 사리에 어긋나게 함부로. 「4」불행하게. 또는 재수 없게.

『표준국어대사전』에는 '잘'과 '못' 사이에 붙임표를 사용하지 않았다.[17] 그렇지만 남기심·고영근(1985/1993), 이익섭·채완(1999), 고영근·구본관(2008), 구본관 외(2015) 등 대부분의 문법서에는 '잘못'을 복합어(특히 합성어)의 예로 다루고 있으며, 비교적 단어 형성 과정을 충실하게 반영한 『고려대 한국어대사전』에도 이를 합성어로 처리하고 있다. 『표준국어대사전』이 '잘못'에 대해 붙임표를 붙이지 않은 것은 단순한 누락이 아니라면 '잘못'의 의미가 '잘'과 '못'의 의미의 결합으로 해석하기 어려운 점이 있기 때문으로 보인다. 사정이 어떠하든 『표준국어대사

---

17 초기 종이 사전에서는 물론 인터넷 사전에서도 최근까지 '잘못'처럼 붙임표를 사용하지 않았으나 이 글의 초고를 완성한 이후 인터넷 사전에서는 '잘-못'처럼 붙임표를 붙이는 것으로 수정되었다.

전』의 붙임표를 활용한 복합어 표시에 대해서는 전반적인 검토가 필요할 것으로 생각된다.

합성어의 표제어 등재 방식과 관련하여 '젓가락'과 '숟가락'의 차이에 대해서도 생각해 볼 수 있다. 이들은 각각 '저＋ㅅ＋가락'과 '술＋ㅅ＋가락'의 구성에서 온 합성어로 생각된다. 그런데 젓가락은 사이시옷이 'ㅅ'으로 표기된 것이 비해, '숟가락'의 경우 'ㄷ'으로 표기되어 있다. 이와 관련하여 한글 맞춤법 제7항이 주목된다.

> (19) 제7항 'ㄷ' 소리로 나는 받침 중에서 'ㄷ'으로 적을 근거가 없는
> 것은 'ㅅ'으로 적는다.

이 조항에 따르면 'ㄷ'으로 적을 근거가 명확하지 않다면 'ㅅ'으로 적어야 한다. 그런데 이 규정에 대한 국립국어원의 해설에서는 "'반짇-고리, 사흘-날, 숟-가락' 등은 'ㄹ' 받침이 'ㄷ'으로 바뀐 것으로 설명될 수 있다."고 기술하고 있다. 그러나 'ㄷ'으로 바뀌었다는 근거에 대해서는 분명하게 지시하고 있지 못하다. '풋-'이 접두사로 변했다는 점에서 다소 다르기는 하지만 '풋고추'의 경우도 '플＋ㅅ＋고추'에서 왔는데 'ㄷ'을 적지 않고 'ㅅ'을 적는다는 점을 고려하면 굳이 'ㄷ'으로 적을 이유는 없다.

3.3. 합성어 표제어의 미시 구조 기술 방식

합성어의 표제어의 미시 구조의 기술 방식의 문제에 대해서도 간단하게 언급하고자 한다. 이미 언급한 것처럼 '무침'의 경우 "채소나 말린 생선, 해초 따위에 갖은양념을 하여 무진 반찬."의 의미 외에 "((일부 명사 뒤에 붙어)) '양념을 해서 무친 반찬'의 뜻을 나타내는 말. 시금치무침/북어무침/골뱅이무침/파래무침."이라는 뜻풀이가 기술되어 있다. 이

에 대해서는 두 가지 문제점을 지적할 수 있다. 우선, 유사한 어휘와의 일관성의 문제이다. 앞에서 언급한 것처럼 '무침'류 중에는 새로운 단어의 형성에 활발하게 참여하는 이른바, 단어 형성 전용 요소들이 많은데 이들 중 '무침'에만 이런 뜻풀이를 추가하는 것이 일관성이 있는 처리가 아니라는 것이다. '무침'에 이런 뜻풀이를 추가하였다면 '방'에 대해서도 그리해야 할 것이다. 둘째, '((일부 명사 뒤에 붙어))'라는 표현이 가지는 애매성이다. 언어의 속성상 분명한 기술을 하기 어려울 수도 있으나 이런 표현은 어디까지 포함하는 것인지 판단이 어렵다는 것이 문제가 된다. 셋째, 앞에서 언급한 것처럼 사전에 '무침'의 예로 제시한 '시금치무침, 북어무침, 골뱅이무침, 파래무침' 중 '북어무침'만 『표준국어대사전』에 표제어로 올라 있다는 것이다. 나머지 어휘들을 사전에 올리지 않을 것이라면 '무침'의 예시로 제시하지 않는 것이 일관된 처리이다.

4. 결 론

지금까지 『표준국어대사전』을 비롯한 국어사전과 문법 기술의 일관성이라는 관점에서 단어 형성법과 관련된 국어사전 기술의 문제점을 살펴보았다. 이미 언급한 것처럼 국어사전은 사전이 가지고 있는 특성에 따라 일반적인 문법 기술과 다른 차이점을 가질 수도 있다. 하지만 가능한 한 국어사전과 문법 기술은 일관성을 가져야 한다는 점에서 우리의 논의는 의미를 가진다고 생각된다.

본고에서는 특히 파생어, 파생 접사, 합성어, 어근 등을 표제어로 선정하는 문제, 이들 표제어의 미시 구조 기술 문제 등에 주목하였다. 논의의 결과 국어사전은 대체로는 문법 기술을 적절히 담아내고 있었지만 표제어 선정에서 일관된 기준이 없는 경우가 있었고, 미시 구조의 기술에 있어서도 적절하지 못하다고 생각되는 경우들도 발견되었다.

최근에 만들어지는 신조어는 파생법이나 합성법으로 보기 어려운 예들도 상당수 존재한다. 따라서 단어 형성법과 관련된 국어사전의 문제는 파생법과 합성법을 제외한 다른 단어 형성법에 대해서도 논의되어야 한다. 또한 지면 관계로 자세하게 논의하지 못하였지만 파생법과 합성법과 관련된 국어사전 기술을 논함에 있어서도 본고보다 더 다양한 사례가 논의될 수 있으며, 각각의 사례에 대해서도 깊이 있는 논의가 이루어져야 한다. 이에 대해서는 후고를 기약한다.

어떤 언어에서든 사전은 그 언어를 사용하는 언어생활에서 가장 중요한 준거를 제공해 준다. 언중들 각각이 언어에 대한 다른 지식과 능력을 가지고 있으면서도 해당 언어로 어느 정도 정확한 의사소통 행위를 할 수 있는 것은 많은 점에서는 좋은 사전에 기대어 가능하다. 그렇기 때문에 많은 사람들이 국어사전의 개선을 위해 노력해 왔으며, 그런 노력은 앞으로도 이어질 것이다. 본고의 논의가 더 좋은 사전을 만들고 나아가서 국어로 정확하고 적절하며 타당한 언어생활을 하는 데에 작은 기여라도 할 수 있기를 희망해 본다.

참고 문헌

고영근(1987/1997), 『표준중세국어문법론』(개정판), 집문당.

_____(1989/1999), 『국어형태론연구』(증보판), 서울대학교출판부.

_____(1992), 「형태소란 도대체 무엇인가」, 『남사 이근수박사 환력기념논총』, 반도출판사, 1-10.

고영근·구본관(2008), 『우리말 문법론』, 집문당.

교육부(2015), 『교과서 편수 자료(Ⅰ) -편수 일반 편-』, 교육부.

구본관(1998가), 『15세기 파생법에 대한 연구』, 태학사.

_____(1998나), 「'푸르다'와 '파랗다'」, 『한국문화』 22, 서울대학교 한국문화연구소, 15-50.

_____(1998다), 「접미사의 사전적 처리」, 『새국어생활』 8-1, 국립국어연구원, 23-48.

_____(1999), 「파생접미사의 범위」, 『형태론』 1-1, 1-23.

_____(2005), 「어휘의 변화와 현대국어 어휘의 역사성」, 『국어학』 45, 국어학회, 335-372.

_____(2007), 「접미사 {들}의 이형태에 대한 통시적 연구」, 『우리말 연구』 21, 우리말학회, 135-175.

_____ 외(2015), 『한국어 문법 총론 I』, 집문당.

_____ 외(2016), 『한국어 문법 총론 II』, 집문당.

김창섭(1984), 「형용사 파생접미사들의 의미와 기능: '-롭-', '-스럽-', '-답-', '-하-'와 '-적'의 경우」, 『진단학보』 58, 진단학회, 145-161.

_____(1996), 『국어의 단어형성과 단어구조 연구』, 태학사.

_____(1998), 「접두사의 사전적 처리」, 『새국어생활』 8-1, 국립국어연구원, 5-22.

남기심·고영근(1985/1993), 『표준국어문법론』(개정판), 탑출판사.

송철의(1992), 『국어의 파생어형성 연구』, 태학사.

_____(2000), 「형태론과 음운론」, 『국어학』 35, 국어학회, 287-311.

이익섭·채완(1999), 『국어문법론 강의』, 학연사.

이현희(1985), 「'ᄒᆞ다' 어사의 성격에 대하여: 누러ᄒᆞ다류와 엇더ᄒᆞ다류를 중심으로」, 『한신논문집』 2, 한신대학교, 211-247.

임홍빈(1989), 「통사적 파생에 대하여」, 『어학연구』 25-1, 서울대학교 어학연구소, 167-196.

의태어의 내적변화;
어감의 차이인가? 어휘의 분화인가?

신 중 진
한양대학교

1. 서 론

"국어의 파생어형성의 유형은 크게 접사에 의한 파생과 내적변화에 의한 파생으로 나누어지고 접사에 의한 파생은 실질적인 접사에 의한 파생과 영접사에 의한 파생(영접사파생)으로 나누어진다(송철의 1992: 310)." 이 문장은 파생어형성의 유형을 구분하는 내용을 명쾌하고 심플하게 담고 있는 듯이 보인다. 그러나 이 문장이 함의하고 있는 내용은 그렇게 단순하지만은 않다.[1] 이 글의 참고문헌에서 드러나듯이 최근 영접사 혹은 영형태소에 의한 파생이 국어의 파생법 범주에 속하는지의 여부는 복잡한 논쟁을 안고 있다. 또 이 글에서 주목하는 내적변화에 의한

---

[1] 2017년에 간행된 『국어학』 81호에는 〈공동보론 특집: 영형태소에 대한 종합적 고찰〉이 마련되었다. 여기에서 '한국어의 형태와 형태소, 형태소의 식별과 분류, 교체의 개념과 조건, 이형태의 성격과 이형태교체의 유형, 단어 형성과 형태소'를 주제로 영접사와 교체에 대해 다루고 있다.

파생이 정말 파생어를 '파생'하는지, 그 결과 더 세부적인 유형이 존재하는지의 여부도 아직까지는 정밀하고 세세하게 규명되었다고 할 수 없다.

다음의 예시는 송철의(1992: 16)에서 그대로 인용하였다.

(1) 깎- (刻) : 꺾- (折)
    낡- (朽) : 늙- (老)
    남- (餘) : 넘- (越)
    갖 (皮) : 겉 (表)
    맛 (味) : 멋

위 예시는 내적변화에 의한 파생어 중에서 특히 모음교체에 의한 파생어의 대립 짝을 보여준다. 각각의 대립 짝 중에서 어느 하나의 단어이든지, 혹은 대립 짝이 가지고 있는 모음이 기원적으로 'ㆍ'나 'ㅡ'에 준하는 중립 모음을 갖는 어원적 단어(재구형)가 두 가지 의미를 모두 가지고 있다가 시간이 지나면서 어휘 분화를 겪어 서로 다른 단어가 되었다. 그러나 이들은 파생으로 볼 수 없다(송철의 1992: 16). 그렇다고 이형태 관계에 있는 단어라고는 더더욱 볼 수 없다. 의미도 이미 달라졌고, 분포도 배타적이지 않기 때문이다.

한편 모음교체나 자음교체로 서로 다른 단어가 되는 예시만 있는 것이 아니다. 모음교체나 자음교체로 어감의 차이만 갖는 예시도 있다. 다음의 예시도 송철의(1992: 16)에서 그대로 인용하였다.

(2) 감감하- : 깜깜하- : 캄캄하-
    가맣- : 까맣- : 새까맣- : 새카맣-
    발갛- : 빨갛-, 서늘하- : 써늘하-
    빙빙 : 뺑뺑 : 핑핑

바르르 : 파르르

(3) 가. 빨갛다 : 뻘겋다, 파랗다 : 퍼렇다, 노랗다 : 누렇다

　　거멓다 : 가맣다, 하얗다 : 허옇다

　나. 길죽하다 : 갈죽하다, 씁쓰름하다 : 쌉싸름하다,

　　짭짜름하다 : 찝찌름하다, 달착지근하다 : 들척지근하다

　(2)는 자음교체에 의한 파생어의 대립 짝을 보여주는 의태어이거나 의태성 용언의 예이다. 그리고 (3)은 모음교체에 의한 파생어의 대립 짝을 보여주는 의태성 용언의 예이다. (1)에 비해서 오히려 (2)와 (3)의 대립 짝들을 자음교체나 모음교체에 의한 파생의 예로 드는 것이 훨씬 타당할 것이다. 송철의(1992: 17)에 의하면 '파랗다 : 새파랗다'의 대립 짝에서 '새파랗다'는 '파랗다'를 어기로 접두사 '새-'에 의한 파생어로 분명히 인식되는데, 이들의 의미차이는 색채의 '농도차이'와 관련된다. 따라서 (3가)의 대립 짝도 색채의 농도차이와 관련되는바, 형태론적인 관점에서 이들을 파생관계로 보는 것이 합당하다.

　그런데 문제는 (2)와 (3)의 대립 짝이 별개의 단어일 수 있느냐 하는 것이다(송철의 1992: 289). 음성상징을 논의하는 자리에서 흔히 어의와 어감을 구분하고서 이들 짝들에서 드러나는 의미차이는 어감상의 차이라는 것이 강조되고는 하였다(이희승 1955: 290). 이제 답은 분명해졌다. 바로 앞 문단의 논리를 통해서 (2)와 (3)의 대립 짝도 내적변화에 의한 파생으로 이루어진 별개의 단어로 간주할 수 있다. 이제 의태어는 우리가 일찍이 알고 있듯이, 어감 차이만을 가지는 내적변화에 의한 별개의 파생어 대립 짝을 갖는다는 인식이 반드시 정합성을 갖는가를 규명해 볼 필요가 있다. 의태어들의 구체적인 용례 분석을 통해 어감 차이 이상의 차이 그리고 분포의 상보성을 보이는 의태어 대립 짝을 찾아보고, 어휘 분화의

길을 가는 의태어도 있음을 밝혀보려 한다.

다시 말해 내적변화에 의한 파생의 결과로 생기는 대립 짝은 서로 다른 단어라는 관점을 바로 앞에서 강조하였다. 그런데 의성어와는 달리 의태어의 경우에 어감 차이 이상의 차이를 보이는 대립 짝이 자주 발견된다. 즉 상보적 분포를 보이는 의태어의 대립 짝도 존재한다. 또 동일한 환경에서 교체되었을 때 어감의 차이만 가지는 대부분의 예들처럼 여전히 어감의 차이를 띠지만 동일한 환경에서 교체되지 않으며 상보적 환경에서 나타나는 의태어들도 존재한다. 경우에 따라서 의태어 중에 (1)의 모음교체에 따른 대립 짝처럼 의미/어감과 분포에서 차이를 보이면서 완전한 분화의 길을 가는 예들이 있는데, 세 가지 형태 범주에 따라 몇몇 사례를 제시하면서 의태어의 어휘 분화 양상을 아래에서 살펴보겠다.

2. 중첩 의태어

2.1. 방글방글 : 벙글벙글

모음교체에 의한 내적변화를 겪은 의태어 '방글방글 : 벙글벙글'은 언뜻 지극히 평범한 대립 짝으로서 작은말과 큰말의 어감 차이만 갖는 것으로 간주해 왔다. 그런데 실제로 의감 차이만을 가지는 것으로 보면 곤란하다. 어감 차이 이상의 차이를 보인다는 것을 규명하기 위해 우선은 『표준국어대사전』의 해당 용례를 분석해 보겠다. 다음은 '방글방글'에 대한 『표준국어대사전』의 용례이다.[2]

　　(4) ㄱ. 아기가 살포시 잠을 깨더니 <u>방글방글</u> 웃는다.

---

2 밑줄은 필자가 친 것이다. 이하 동일.

ㄱ´. 아기가 살포시 잠을 깨더니 *벙글벙글 웃는다.

ㄴ. 손에 땀이 쥐어지는 판인데, 계집애는 하얀 이를 드러내 보이
며 방글방글 웃기까지 했다. 《하근찬, 야호》

ㄴ´. 손에 땀이 쥐어지는 판인데, 계집애는 하얀 이를 드러내 보이
며 ²벙글벙글 웃기까지 했다.

(4ㄱ, ㄴ)은 '방글방글'의 용례이며 자연스러운 예문이다. 그런데 (4
ㄱ´, ㄴ´)은 그 대립 짝으로 교체한 예문이다. 모두 비문이거나 자연스럽
지 않다. 실제 언어생활에서 아기가 '방글방글' 웃는 것으로 표현은 해도
'벙글벙글' 웃는 것으로 표현하지는 않는다. '계집애' 정도는 '벙글벙글'
웃을 수도 있지만 언어현실에서는 대체로 용례처럼 '방글방글' 웃는 것으로
표현하기가 훨씬 쉽다. 이러한 점을 비교하기 위해 다음의 『표준국어대사
전』에 실린 '벙글벙글'의 용례를 보자.

(5) ㄱ. 천왕동이는 일이 소원대로 되어서 벙글벙글 웃는 웃음을 금치
못하였다. 《홍명희, 임꺽정》

ㄱ´. 천왕동이는 일이 소원대로 되어서 ²방글방글 웃는 웃음을 금치
못하였다.

ㄴ. 권율 장군의 입은 또다시 벙글벙글 벌어진다. 《박종화, 임진
왜란》

ㄴ´. 권율 장군의 입은 또다시 *방글방글 벌어진다.

(5ㄱ, ㄴ)은 '벙글벙글'의 용례이면서 자연스러운 예문이다. (5ㄱ´,
ㄴ´)은 그 대립 짝으로 교체한 예문이다. 칭자나 독자들은 (5ㄱ´, ㄴ´)을
자연스럽게 받아들이지 않는다. 역시 산적패의 구성원으로 장성한 청년
'청왕동이'는 '벙글벙글' 웃기가 쉽다. 그래서 '방글방글' 웃는 것으로

표현하면 상당히 어색하다. 장군의 반열에 오른 사람은 '벙글벙글' 웃을 수는 있지만 언어현실에서는 교체된 용례 (5ㄴ´)처럼 '방글방글' 웃지 않는다.

　『표준국어대사전』에 실린 '방글방글'의 사전적 정의는 "입을 조금 벌리고 소리 없이 자꾸 귀엽고 보드랍게 웃는 모양"이고 '벙글벙글'은 "입을 조금 크게 벌리고 자꾸 소리 없이 부드럽게 웃는 모양"이다. 입의 오무림 정도에 따른 어감 차이만 밝히고 있다. 그러나 실제 언어생활에서 보이는 용례를 분석해보면 의미자질 〔±baby〕, 〔±children〕, 〔±adult〕의 조합에 따라서 어의가 구별되는 셈이다. 가령, 아기처럼 확실히 〔+baby, -children, -adult〕의 의미자질을 갖는 대상에 대해서는 '방글방글'만 허용된다. 반면에 장군처럼 확실히 〔-baby, -children, +adult〕의 의미자질을 갖는 대상이면 '벙글벙글'만 허용된다. 계집애처럼 〔-baby, +children, αadult〕이면 '방글방글'과 '벙글벙글'이 모두 허용되기도 한다. 그래도 '방글방글'이 더 자연스럽고 출현빈도도 높다고 하겠다. 따라서 '방글방글 : 벙글벙글'은 무표적/중립적인 환경에서는 중화된 용법을 보이기도 하지만 점이성(漸移性)이 임계치를 확실히 넘는 문맥적 환경을 중심으로 점차 어휘 분화의 길을 가고 있다.

2.2. *싱글방글 : 싱글벙글

　『표준국어대사전』에 '싱글벙글'은 실려 있어도 '싱글방글'은 실려 있지 않다. 다음은 '싱글벙글'에 대한 『표준국어대사전』의 용례이다.

(6) ㄱ. 새색시가 부끄럼도 타지 않고 <u>싱글벙글</u> 웃는다.

ㄴ. 아들이 시험에 합격하자 어머니는 <u>싱글벙글</u> 좋아하신다.

ㄷ. 덕봉이는 무엇에 신이 나는지 주전자를 들고 돌아다니며 <u>싱글벙글</u> 입을 노상 벌려 놓고 있다. 《김춘복, 쌈짓골》

내적변화의 관점에서 보면 다소 의아하다. '방글'과 '벙글'이 모음교체에 의한 내적변화를 겪은 의태어이면서 단순히 어감의 차이만 가지는 파생어라면 중첩형에서 동일하게 파생에 참여하는 것이 맞을 텐데, 결과는 '싱글벙글'은 파생어를 형성하여도 '*싱글방글'은 파생어로 형성되지 않는다. '*싱글방글'은 비단어(nonword)이다. 이 글에서는 역시 '*싱글방글/싱글벙글'을 통해 '방글'과 '벙글'이 중첩 의태어를 형성할 때 어느 정도 어휘 분화를 겪은 것으로 분석한다. (6)에 나타난 주어의 대상인 '새색시, 어머니, 덕봉이'는 모두 2.1.1에서 분석한 바를 바탕으로 보면, 모두 적어도 〔-baby, + children or + adult〕의 의미자질을 포함한다. 이처럼 '싱글-X'의 주체가 언어 현실에서 〔-baby, + children or + adult〕이기 쉬운데, 이러한 사용 환경이 '*싱글방글/싱글벙글'의 어감 차이 이상의 결과를 낳은 것으로 파악한다. 결과적으로 사전 상으로나 언어 현실에서 '싱글벙글'은 허용되어도 '*싱글방글'은 불허한다. 여기의 '싱글-X'는 다채롭게 웃는 모양인 까닭에 작고 단순하게 웃는 '방글'의 대상인 아기에게는 어울리지 않기 때문이다.

2.3. *보들보들 : 부들부들01

『표준국어대사전』에 '부들부들'을 찾아보면 동음이의어로 분할 배열되어 있다. '부들부들01'의 뜻풀이는 "몸이 자꾸 크게 부르르 떠는 모양"이고 '부들부들02'는 "살갗에 닿는 느낌이 매우 부드러운 모양"이다. 그런데 흥미롭게도 모음교체에 의한 내적변화를 겪은 대립 짝은 '부들부들01'과 '부들부들02'가 사정이 다르다. 『표준국어대사전』에 '보들보들'은 단독으로 등재되어 있다. 이것은 바로 '부들부들02'의 대립 짝이다. 즉 모음교체에 따른 '부들부들01'의 대립 짝은 없다. 다음은 '부들부들01'에 대한 『표준국어대사전』의 용례이다.

(7) ㄱ. 손끝이 <u>부들부들</u> 떨린다.

ㄴ. 몸이 <u>부들부들</u> 떨리도록 춥다.

ㄷ. 화가 나다 못해 가슴이 <u>부들부들</u> 떨린다.

ㄹ. 비를 맞아서 온몸이 후줄근해 가지고 <u>부들부들</u> 떨고 있는 허연 물건은 틀림없는 계월향이다. 《박종화, 임진왜란》

ㅁ. 공포와 추위에 잔뜩 짓눌려서 그들은 끊임없이 몸을 <u>부들부들</u> 떨고 있는 것이다. 《홍성원, 육이오》

(7′) ㄱ. 손끝이 *<u>보들보들</u> 떨린다.

ㄴ. 몸이 *<u>보들보들</u> 떨리도록 춥다.

ㄷ. 화가 나다 못해 가슴이 *<u>보들보들</u> 떨린다.

ㄹ. 비를 맞아서 온몸이 후줄근해 가지고 *<u>보들보들</u> 떨고 있는 허연 물건은 틀림없는 계월향이다. 《박종화, 임진왜란》

ㅁ. 공포와 추위에 잔뜩 짓눌려서 그들은 끊임없이 몸을 *<u>보들보들</u> 떨고 있는 것이다. 《홍성원, 육이오》

(7)의 작성례나 인용례는 모두 자연스러운 예문들이다. 그런데 '부들부들'의 모음교체에 의한 내적변화를 겪은 (7′)의 예문들은 잠재어의 성격이 없다고는 할 수 없으나 비단어가 포함된 문장들이다. '부들부들02'가 어감차이에 따른 모음교체를 겪는 파생어라면, '부들부들01'은 단순한 어감 차이 이상의 어휘 분화 관점에서 어감 차이도 주지 않고 어휘 분화의 첫발도 딛지 못한 대립 짝의 공백으로 분석할 수 있겠다.

2.4. 솔솔 : 술술

'솔솔'과 '술술'도 역시 모음교체에 의한 내적변화를 겪은 대립 짝이다. 흥미롭게도 '솔솔'과 '술술'은 『표준국어대사전』에 여타 의태어들보다 다소 많은 다의성을 드러낸다. 다음은 『표준국어대사전』에 실린 '솔솔'과 '술술'의 사전 조항(article)의 전부인데 매우 재미있는 사실을 발견할 수 있다.

솔솔

「부사」

「1」 물이나 가루 따위가 틈이나 구멍으로 조금씩 가볍게 새어 나오는 모양.

¶ 자루에 구멍이 나서 밀가루가 바닥에 솔솔 뿌려졌다./갱장에게 산소 파이프를 맡기고 밑으로 내려와 보니 탄이 솔솔 새어 나가는 모양이 보였다. 《홍성암, 큰물로 가는 큰 고기》

「2」 바람이 보드랍게 부는 모양.

¶ 봄바람이 솔솔 분다./늦은 가을이라 찬 바람이 소매 끝으로 솔솔 기어듭니다. 《김유정, 아기》

「3」 가는 비나 눈이 잇따라 가볍게 내리는 모양.

¶ 구슬비가 솔솔 내리다.

「4」 말이나 글이 막힘없이 잘 나오거나 써지는 모양.

¶ 말은 청산유수로 솔솔 잘하는구나.

「5」 얽힌 실이나 끈 따위가 쉽게 잘 풀려 나오는 모양.

¶ 뭉친 실타래를 만져 놓으니 실이 솔솔 잘 뽑힌다.

「6」 얽히거나 쌓이었던 일들이 쉽게 잘 풀리는 모양.

¶ 경기가 좋아져 사업이 솔솔 잘 풀린다.

「7」 냄새나 가는 연기 따위가 가볍게 풍기거나 피어오르는 모양.

¶ 부엌에서 참기름 냄새가 솔솔 난다./시골집의 굴뚝에서 저녁연기가 솔솔 피어오른다.

「8」 재미가 은근히 나는 모양.

¶신혼 재미가 솔솔 나다.
「9」『북한어』남이 모르게 아주 살그머니 빠져나가는 모양.
¶중대는 몇 명씩 소부대로 나뉘어 적들의 우등불 사이로 솔솔 빠져나갔다. 《선대》

「참고 어휘」술술; 쏠쏠01.

술술
「부사」
「1」 물이나 가루 따위가 틈이나 구멍으로 조금씩 거볍게 새어 나오는 모양.
¶자루에서 밀가루가 술술 새어 나온다./배 바닥에서는 물이 술술 스며들어 올라온다. 《박종화, 임진왜란》
「2」 바람이 부드럽게 부는 모양.
¶나그네는 고갯마루에 올라 술술 부는 바람에 땀을 식힌다./바람이 술술 창문으로 들어오다.
「3」 가는 비나 눈이 잇따라 거볍게 내리는 모양.
¶가랑비가 술술 내리다./눈은 잠시도 멎지 않고 술술 내렸다. 《문순태, 타오르는 강》
「4」 말이나 글이 막힘없이 잘 나오거나 써지는 모양.
¶어려운 대답이 술술 나오다/까다로운 한문을 술술 읽다/거짓말을 술술 잘한다./그는 수필을 술술 써 내려갔다./이신은 그러한 이야기가 허윤 선생의 입에서 거침없이 술술 나왔다는 사실에 놀라지 않을 수 없었다. 《선우휘, 사도행전》
「5」 얽힌 실이나 끈 따위가 쉽게 잘 풀려 나오는 모양.
「6」 얽히거나 쌓이었던 일들이 쉽게 잘 풀리는 모양.

¶문제가 술술 풀리다/근심, 걱정이 술술 풀려 가다/일이 술술
풀리다.
【←술술이<첩신-초>←술술+-이】
「참고 어휘」 솔솔; 쑬쑬01.

　모음교체에 의한 내적변화를 겪음으로써 어감 차이를 가지는 의태어라
면 설령 다의어라도 원칙적으로 다의의 개수에 차이가 있을 수 없다.
그런데 '솔솔'과 '술술'은 다의의 개수에 차이가 있다. 『표준국어대사전』
에 '솔솔'의 다의로 9개가 등록되었다면 당혹스럽게도 '술술'은 다의가
6개 등록되어 있다. 우선 '솔솔'의 다의 번호 「1」에서 「6」은 '술술'의
다의 번호와 일치하는 바이다. 더 나아가서 개개 다의의 뜻풀이도 일치한
다.[3] 다만 제시된 용례만 차이를 보일 뿐이다.
　그런데 '솔솔'의 다의 번호 「7」부터 「9」까지는 '술술'에서 대립 짝을
찾아볼 수 없다. 필자는 이 자체를 어휘 분화의 흔적으로 파악한다. 확실
히 '솔솔'과 '술술'은 음성상징의 특성이 강한 의태어이다. 그러나 개별
어휘로서 '솔솔'과 '술술'은 따로따로 어휘사의 길을 걷고 있는 셈이다.
구체적으로 보면, 「9」는 사전의 지침에 의해 북한어 수록의 원칙에 따라
서 등록된 것이므로 논외로 할 수 있다. 그렇다하더라도 「7」과 「8」은
'솔솔'에서만 확인되고 내적변화를 겪은 대립 짝인 '술술'에서는 존재하
지 않는다. 이것은 어감 차이를 넘는 언어 현상이다. 결국 이들도 어휘
분화의 길을 가고 있는 것으로 분석된다.

---

3 「2」의 뜻풀이에서 '보드랍게/부드럽게'의 어감 차이가 드러나기는 하나 다의 정보
　의 전반적인 뜻풀이는 어감 차이를 드러내지 않고 있다.

2.5. 아장아장 : 어정어정

'방글방글 : 벙글벙글'처럼 '아장아장 : 어정어정'도 모음교체에 의한 내적변화를 겪은 의태어이다. 그래서 여타 의태어들처럼 대립 짝인 것으로 간주되어 왔다. 실제로도 그러한지 사정을 살피기 위해『표준국어대사전』의 용례를 살펴보자.

<blockquote>
(8) ㄱ. 아기는 벌써 <u>아장아장/*어정어정</u> 걸음마를 시작하였다.

ㄴ. <u>아장아장/*어정이징</u> 거니는 오리 새끼는 모두 스물일곱 마리였다. 《선우휘, 오리와 계급장》

ㄷ. 초가삼간에서 물동이를 인 새색시가 <u>아장아장/[?]어정어정</u> 걸어나왔다. 《박완서, 미망》
</blockquote>

'아장아장'의 사전적 의미는 "키가 작은 사람이나 짐승이 이리저리 찬찬히 걷는 모양"으로 규정되어 있다. 당연히 여기서 '키가 작은 사람'의 '아장아장'은 '키가 큰 사람'의 '어정어정'과 어감 이상의 차이를 갖는다. 그래서 (8ㄱ, ㄴ)에서는 아예 '아장아장'의 대립 짝인 '어정어정'이 대응하면 비문으로 판정된다. 약간의 판정 시비가 있을 수는 있어도 (8ㄷ)의 '어정어정'도 어색하게 받아들여진다. 이와 비교할 수 있는『표준국어대사전』의 '어정어정'에 제시된 용례도 보자.

<blockquote>
(9) ㄱ. 아버지는 뒷짐을 지고 <u>어정어정/*아장아장</u> 거닐며 깊은 생각에 잠겼다.

ㄴ. 황새 한 마리가 <u>어정어정/[?]아장아장</u> 걸으면서 우렁이를 찾고있는 게…. 《유주현, 대한 제국》
</blockquote>

'어정어정'의 사전적 의미는 "키가 큰 사람이나 짐승이 이리저리 천

천히 걷는 모양"으로 규정되어 있다. (9ㄱ)에서 '아버지'는 〔-adult〕의 대상에 비해 통상적으로 어느 정도 신장이 있으므로 '아장아장'은 그 어의에 맞지 않아서 대응 문장은 비문으로 판정된다. (9ㄴ)도 '어정어정'에 비해 '아장아장'이 대응하는 문장으로 역시 어색하다고 할 수 있다. '방글방글 : 벙글벙글'처럼 '아장아장 : 어정어정'도 의미자질〔±baby〕, 〔±children〕, 〔±adult〕의 조합에 따라서 어의가 구별된다. 가령, 확실히 〔+baby, -children, -adult〕의 의미자질을 갖는 대상에 대해서는 '아장아장'만 허용된다. 반면에〔-baby, -children, +adult〕의 의미자질을 갖는 대상이면 확실히 '어정어정'만 허용된다. 어중간한〔-baby, +children, αadult〕의 대상은 '아장아장'과 '어정어정'이 모두 허용되기도 하나, 대체로 어느 한쪽만 자연스럽게 받아들여지는 경향이 있다.

3. 단형 의태어

3.1. 왈가닥 : *월거덕[4]

『표준국어대사전』에 '왈가닥01'은 명사 표제어로서 등재되어 있다. 그러나 모음교체에 의한 내적변화의 대립 짝인 '월거덕'은 미등재어이다. 다음은 『표준국어대사전』에 실린 명사 '왈가닥'의 용례이다.

  (10) ㄱ. <u>왈가닥/*월거덕</u> 여사.

    ㄴ. 그는 우리 동네에서 소문난 <u>왈가닥/*월거덕</u>이다.

    ㄷ. 언니는 겉보기에는 <u>왈가닥/*월거덕</u>이지만 속이 깊고 꼼꼼한

---

4 『표준국어대사전』에 부사 '왈가닥02'도 등재되어 있다. 따라서 부사어로서 '왈가닥 : 월거덕'은 대립 짝을 이룬다.

여자이다.

ㄹ. 저 같은 <u>왈가닥</u>/*월거덕도 권 선생님한테만은 마구 대하기가
어려워요. 《박경리, 토지》

'왈가닥'의 사전적 의미는 "남자처럼 덜렁거리며 수선스러운 여자"이
다. 그런데 모음교체에 의한 대립 짝인 '월거덕'은 존재하지 않는다. 주로
어감의 차이를 갖는 한국어 의태어의 내적변화 패턴을 이해한다면 다소
의아한 결과이다. 물론 사전적 의미 정보에서도 "남자처럼 덜렁거리며
수선스러운 여자"보다는 "남자처럼 달랑거리며 수선스러운 여자"로 약
간의 수정이 필요해 보인다. 그렇다 하더라도 언어현실에서는 '월거덕'이
존재하지 않고 앞으로도 잠재어가 될 것으로 추정되지 않는다. 결국 명사
'왈가닥'은 모음교체에 의한 내적변화를 허용하지 않는 셈이다.

3.2. *살짝 : 슬쩍

'살짝01'과 '슬쩍'도 역시 모음교체에 의한 내적변화를 겪은 대립 짝이
다. 그래서 그런지 『표준국어대사전』에서 여러 개의 동일한 다의를 공유
하면서 동일한 의미정보를 제공하고 있다. 아래에 『표준국어대사전』의
조항으로 나타나는 '살짝01'과 '슬쩍'의 예를 그대로 인용하였다. 여기서
자세히 비교해 보면 흥미로운 사실을 찾을 수 있다.

살짝01

「부사」

「1」 <u>남의 눈을 피하여 재빠르게.</u>

¶ 그는 모임에서 살짝 빠져나갔다.

「2」 힘들이지 아니하고 가볍게.

¶ 이것 좀 살짝 들어 봐라./그녀는 고개를 살짝 들고 상대편을

쳐다보았다.

「3」 심하지 아니하게 아주 약간.

¶시금치를 살짝 데치다/소녀는 부끄러운지 얼굴을 살짝 붉혔다./ 누가 살짝 건드려 주기만 하여도 달아나고 싶은 심정이었던 것이 다. 《박경리. 토지》

「4」 표 나지 않게 넌지시.

¶그는 그 일을 내게만 살짝 알려 주었다.

「참고 어휘」 슬쩍.

슬쩍

「부사」

「1」 남의 눈을 피하여 재빠르게.

¶ 남의 물건을 슬쩍 훔쳐 도망가다/그들은 내 주머니에다 슬쩍 시계를 집어넣고는 일단 파출소에다 도둑놈이라고 신고를 했다. 《황석영. 어둠의 자식들》

「2」 힘들이지 않고 거볍게.

¶슬쩍 건드렸는데도 아프다고 야단이다./달주는 몸을 슬쩍 피하 며 날아오는 목침을 손으로 덥석 잡아 버렸다. 《송기숙, 녹두 장군》

「3」 심하지 않게 약간.

¶슬쩍 익히다/봄나물을 슬쩍 데쳐 갖은양념을 넣어 무쳐 먹었다.

「4」 표 나지 않게 넌지시.

¶의중을 슬쩍 떠보다/슬쩍 화제를 돌리다.

「5」 특별히 마음을 쓰거나 정성을 들이지 않고 빠르게.

¶그는 책을 한 번 슬쩍 훑어보더니 재미없다는 듯 곧 팽개쳐 버렸다.

「참고 어휘」살짝01.

슬쩍-하다 〔-쩌카-〕

「동사」【…을】(속되게) 남의 물건을 몰래 훔치다.

¶남의 지갑을 슬쩍한 소매치기가 경찰에 붙잡혔다.

이상은 모음교체에 의한 내적변화로 어감 차이를 가지는 의태어인 '살짝01'과 '슬쩍'의 사전 조항이다. 둘은 뜻풀이만 보면 「1」∼「4」가 조금의 어감 차이도 드러내지 않고 완전히 일치한다. 전형적인 내적변화에 따른 대응 짝을 보여준다고 하겠다. 그러나 면밀히 분석하면 사정은 사뭇 다르다. 먼저 각각 다의의 「1」은 뜻풀이가 동일함에도 제시하는 용례에서는 차이가 있다. '살짝01'의 「1」 용례(그는 모임에서 살짝 빠져나갔다.)는 윤리적 판단을 내릴 수 없는 가치중립적인 예문이다. 그러나 '슬쩍'의 「1」 용례(남의 물건을 슬쩍 훔쳐 도망가다.)는 가치부정적인 예문이다. 또 다른 예문과 함께 이 때의 '슬쩍'은 사실 "남의 눈을 피하여 몰래 훔치는 모양"을 뜻한다. 사소한 의미 차이로 보이지만 사실 이것은 파생어 형성에서 매우 큰 차이를 유발한다. '슬쩍'의 파생어로 '슬쩍하다'는 형성되어도 '살짝01'의 파생어로 '살짝하다'는 결코 대응하지 않기 때문이다.

따라서 사전에서 '슬쩍'의 「1」은 재분할 배열할 필요가 있다. '살짝01'의 모음교체에 의한 내적변화의 대응어로서 '슬쩍'과 '살짝01'의 대응을 불허하는 '슬쩍'이 (11)처럼 분할되어야 실제 언어 현실을 정확히 반영하는 사전 정보가 된다.

(11) ㄱ. '슬쩍'의 「1」-1) 눈을 피하여 재빠르게

ㄴ. '슬쩍'의 「1」-2) 훔치기 위해 남의 눈을 피하여 몰래-관련어:
슬쩍하다

'슬쩍'의 수정된 사전 조항(article)은 다음과 같다.

슬쩍

「부사」

「1」 남의 눈을 피하여 재빠르게.

¶ 그는 모임에서 슬쩍 빠져나갔다.

「2」 훔치기 위해 남의 눈을 피하여 몰래.-관련어: 슬쩍하다

¶ 남의 물건을 슬쩍 훔쳐 도망가다/그들은 내 주머니에다 슬쩍 시계를 집어넣고는 일단 파출소에다 도둑놈이라고 신고를 했다. 《황석영, 어둠의 자식들》

「3」 힘들이지 않고 거볍게.

¶ 슬쩍 건드렸는데도 아프다고 야단이다./달주는 몸을 슬쩍 피하며 날아오는 목침을 손으로 덥석 잡아 버렸다. 《송기숙, 녹두 장군》

「4」 심하지 않게 약간.

¶ 슬쩍 익히다/봄나물을 슬쩍 데쳐 갖은양념을 넣어 무쳐 먹었다.

「5」 표 나지 않게 넌지시.

¶ 의중을 슬쩍 떠보다/슬쩍 화제를 돌리다.

「6」 특별히 마음을 쓰거나 정성을 들이지 않고 빠르게.

¶ 그는 책을 한 번 슬쩍 훑어보더니 재미없다는 듯 곧 팽개쳐 버렸다.

「참고 어휘」 살짝01.

슬쩍-하다 〔-쩌카-〕

「동사」【…을】 (속되게) 남의 물건을 몰래 훔치다.

¶ 남의 지갑을 슬쩍한 소매치기가 경찰에 붙잡혔다.

한편 '살짝01'과 '슬쩍'의 뜻풀이에서 가장 큰 차이는 '슬쩍'만 「5」의 뜻풀이를 베풀고 있다는 점이다. 용례를 보면 "그는 책을 한 번 슬쩍 훑어보더니 재미없다는 듯 곧 팽개쳐 버렸다."에서 '슬쩍'을 '살짝'으로 대응시키면 어색하다. '책을 훑어보는 행위'는 남의 눈의 피할 상황도 아니고 더군다나 재빠르게 살피는 상황도 아니다. '책을 슬쩍 훑어 보는 행위'는 무엇보다도 순식간이 아니라 다소 시간이 걸리는 행위의 상황이다. 역시 이러한 경우에는 '슬쩍'만 허용되는 것으로 판단된다. 이 때의 '슬쩍'도 일반적인 모음교체에 의한 내적변화의 의태어와는 다른 길을 걷는 셈이다.

4. 의태성 합성어

4.1. 숙덕공론~쑥덕공론 : *속닥공론~*쏙닥공론

'숙덕'과 '쑥덕'은 자음교체에 의해 내적변화를 겪은 대립 짝이다. '속닥'과 '쏙닥'도 마찬가지이다. 한편 '숙덕 : 속닥', '쑥덕 : 쏙닥'은 각각 모음교체에 의한 내적변화를 겪은 대립 짝이다. 그런데 이와 관련한 의태성 합성명사에서 흥미로운 예를 찾을 수 있다. 『표준국어대사전』에 '숙덕공론, 쑥덕공론'은 등재되어 있지만 내적변화의 대립 짝으로서 '*속닥공론, *쏙닥공론'은 등재되어 있지 않다. 물론 언어 현실에서도 '*속닥공론, *쏙닥공론'은 잠재어로도 쓰이지 않는다. 다음은 『표준국어대사전』에 제시된 '숙덕공론, 쑥덕공론'의 용례를 그대로 가져온 것이다.

(12) ㄱ. 그 일에 대해서 사람들의 <u>숙덕공론/*속닥공론</u>이 끝없이 이어졌다.

ㄴ. 남들의 이런 백안시나 <u>숙덕공론/*속닥공론</u> 때문에 괴로워하고

기를 못 펴는 건 누구보다도 종상이 내외였다. 《박완서, 미망》

ㄷ. 밤낮 우리끼리 이렇게 쑥덕공론/*쏙닥공론만 해 봤자 남는 건 맨손뿐이다.

모음조화를 반영한 조어가 의태어의 합성에서 자연스럽다면 '숙덕공론, 쑥덕공론'은 다소 의아한 조어의 결과이다. 즉 '공론'의 음절구조는 양성모음 '오오'를 가지고 있다. 음성상징의 특징이 강한 의태어는 모음조화의 원리에 따르는 경향이 강하다. 그래서 음성모음의 음절구조인 '우어'의 '숙덕, 쑥덕'보다는 양성모음 '오아'의 '속닥, 쏙딱'이 '공론'과 통합하는 것이 자연스럽다. 그러나 '속닥공론, 쏙닥공론'은 비단어(nonword)이다. 따라서 의태성 합성명사 '숙덕공론, 쑥덕공론'을 통해서 '숙덕, 쑥덕'은 합성어 형성 참여에 있어서 '속닥, 쏙닥'과 단순한 내적변화의 대립 짝을 넘어 어의 분화의 길을 가고 있다는 판단이다.

4.2. 발버둥 : *발바둥/*발바동

'버둥버둥'은 모음교체에 의한 내적변화를 겪은 '바둥바둥'과 대립 짝을 이룬다. 또 그 어말음성모음화를 겪은 '바동바동'과도 대립 짝을 이룬다. 그런데 이와 관련된 의태성 합성명사에서 재미있는 사실을 발견할 수 있다. 우선 의성어뿐만 아니라 의태어도 합성명사 형성에 자주 참여한다. 그런데 거의 대부분이 '의성어+명사(뻐꾹새, 땡처리 등)', 혹은 '의태어+명사(뭉게구름, 팔랑귀 등)'의 구조이다. 합성어의 후행요소가 의태어이면서 합성명사가 되는 예는 한국어에서 발견되지 않는데, 거의 유일하게 '발버둥'이 쓰인다.[5] 그런 '발버둥'에 관여한 의태어의 내적변화에 따른 대립 짝인 '*발바둥/*발바동'은 비단어이다. 모음조화를 생각하면

---

5 의성어의 경우 '스카이콩콩'이 있다.

'*발바동/*발바둥'이 적합한 의태어 합성명사이지만, 언어 현실에서는 전혀 나타나지 않는다. 한편 '발버둥'은 다의성을 지니고 있다.

(13) ㄱ. 아기들의 발버둥.

ㄴ. 뒤집힌 거북이 발버둥을 친다.

ㄷ. 대문에 빗장까지 건 외팔이는 더 이상 망설일 것 없이 미순이를 번쩍 안아 버렸다. 발버둥은 치면서도 여자는 역시 소리는 지르지 못하였다. 《이문희, 흑맥》

ㄹ. 장정들은 마당쇠의 시체를 떠메고 둑길로 올라서는데, 마당쇠의 아낙, 그의 자식들이 울며 발버둥을 치며 따라간다. 《박경리, 토지》

ㅁ. 더구나 머리를 씻길 때에는 싫다고 떼를 쓸 뿐더러 비눗물이 눈에 들어가기나 하면 "으아." 하고 울고 발버둥을 쳤다. 《이효석, 발발이》

ㅂ. 쓰러지면서 그녀는 앙탈을 했다. 발버둥을 치기도 하고 고개를 회회 저어대기도 했다. 《한승원, 해일》

ㅅ. 어렸을 때 동인은 울음을 한 번 터뜨리면 좀처럼 그치지를 않았다고 한다. 또 울 때는 발버둥을 치는 까닭에, 가족들은 혹시나 어린것의 발꿈치에 가시라도 박히면 어쩌나 하여…. 《정병욱 외, 한국의 인간상》

ㅇ. 누워서 발버둥을 치던 칠성이가 발딱 일어나 개천 언덕 위를 가리켰다. 《최인호, 지구인》

(14) ㄱ. 그녀는 자신의 아들을 살려 보려고 발버둥을 쳤다.

ㄴ. 그는 정말 혀를 깨물며 더욱 노력했지만, 그런 발버둥도 아무 효력 없었더라고 한다. 《이문구, 장한몽》

ㄷ. 어른이 되어 어느 정도 잘 먹고 잘 살게 되었어도 늘 허기증을 느끼고 분수도 모르면서 더 많이 먹으려고 <u>발버둥</u>까지 치게 되는 것이다. 《강신항·정양완, 어느 가정의 예의범절》

ㄹ. 그들은 꿈을 실현시키려고 <u>발버둥</u>도 치지 않고, 그냥 꿈의 형태로 간직하며 살아가기 때문에 행복한지도 모른다. 《안정효, 하얀 전쟁》

ㅁ. 온갖 <u>발버둥</u>을 다 쳐 봤는데도 언제나 그에게는 허기와 고달픔과 절망만이 남겨질 뿐이다. 《홍성원, 흔들리는 땅》

ㅂ. 달과 같이 자유로 커 가지 못하는 처지를 <u>발버둥</u> 쳤다. 《이기영, 고향》

ㅅ. 내 운명의 답답한 테두리에서 벗어나고자 지금까지 무모한 <u>발버둥</u>을 쳐 왔다. 《윤후명, 별보다 멀리》

(13)의 '발버둥'은 "주저앉거나 누워서 두 다리를 번갈아 내뻗었다 오므렸다 하면서 몸부림을 하는 일"로 구체적인 행위를 반영한 명사이다. (14)의 '발버둥'은 "온갖 힘이나 수단을 다하여 애를 쓰는 일"로 비유적으로 이르는 말이다. 어느 쪽도 의미나 품사범주를 바꾸지 않는 접미사 '-이'가 통합한 '발버둥이'와 유의어 관계를 형성한다. 여전히 어느 쪽도 대립 짝으로 '*발바동이/*발바둥이'는 허용하지 않는다. 우리는 '버둥'과 '바동, 바둥'도 어감 차이를 넘어서 어휘 분화의 길을 가고 있다는 판단을 할 수 있다.

4.3. 딱총 : *떡총

『표준국어대사전』에 "단단한 물건이 부러지거나 서로 부딪치는 소리. 또는 그 모양"으로 등재되어 의성성이 강한 의태어의 사례이지만 '딱01'도 모음교체에 의해 내적변화를 겪은 '떡05'과 대립 짝을 이룬다(cf. 작은

돌멩이가 날아들어 벽에 딱/떡 부딪쳤다). 그런데 이와 관련된 합성명사 인 '딱총'은 등재어이지만, '*떡총'은 미등재어이다.

(15) 아이들이 딱총/*떡총을 쏘며 전쟁놀이를 한다.

이처럼 모음조화를 지킨 '딱총'에 대한 모음교체형의 대립 짝인 '*떡총' 은 비단어이다. 우리는 '딱01'과 그 대립 짝인 '떡01'도 합성어 형성에 있어서는 어감 차이를 넘어서 어휘 분화의 길을 가고 있다는 판단을 할 수 있다.

5. 결 론

국어의 파생어는 주로 접사에 의한 파생으로 형성되지만, 영접사의 파 생으로 형성되기도 하고 모음교체나 자음교체에 따른 내적변화에 의한 파생으로 형성되기도 한다. 그러나 이 글에서 주목하는 내적변화에 의한 파생이 정말 파생어를 '파생'하는지의 여부가 분명하게 규명되었다고 할 수 없다. 그 한 가지 실마리를 찾아보는 것이 이 글의 목적이다. 이 글에 서 의태어의 모음교체나 자음교체에 따른 대립 짝 가운데 어감 차이 이상 의 차이, 분포의 상보성을 보이는 의태어 대립 짝을 찾아보고, 이들이 어휘 분화의 길을 가고 있다는 점을 밝히고자 했다. 결국 의태어에 따라 서는 교체에 따른 대립 짝처럼 의미/어감과 분포에서 차이를 보이면서 분화의 길을 가는 예들이 있었다. 세 가지 형태 범주에 따라 몇몇 사례를 제시하면서 의태어의 어휘 분화 양상을 살펴보았다.

첫 번째 형태 범주는 중첩 의태어이다. 이 글에서 내적변화를 겪으면서 어휘 분화를 보이는 중첩 의태어로 '방글방글 : 벙글벙글', '*싱글방글 :

싱글벙글', '*보들보들 : 부들부들01', '솔솔 : 술술', '아장아장 : 어정어정'을 들어보았다. '방글방글 : 벙글벙글', 솔솔 : 술술, 아장아장 : 어정어정'은 언어 현실에서 모두 사용되지만 구체적인 어의나 용법에서 상보적 분포를 가짐으로써 어감 차이 이상의 차이로 어휘 분화의 길을 가고 있었다. '*싱글방글 : 싱글벙글', '*보들보들 : 부들부들01'은 아예 내적변화의 대립 짝 중에 하나가 비단어이므로 의태어들이 통상적으로 보이는 어감 차이조차 가질 수 없었다.

두 번째 형태 범주는 단형 의태어이다. 이 글에서 내적변화를 겪으면서 어휘 분화를 보이는 단형 의태어로 '왈가닥 : *월거덕', '살짝01 : 슬쩍'을 들어보았다. 명사의 용법을 보이는 '왈가닥'은 모음교체에 의한 내적변화로 '*월거덕'을 허용하지 않았다. 사전의 처리도 마찬가지였다. '살짝01 : 슬쩍'의 사전 정보를 자세히 비교해 보면 흥미로운 사실을 찾을 수 있었다. 먼저 두 대립 짝의 다의 가운데 「1」은 뜻풀이가 동일함에도 제시하는 용례에서는 차이가 있다. 결국 '슬쩍'의 또 다른 다의는 "남의 눈을 피하여 몰래 훔치는 모양"이었다. 이것은 결국 파생어 형성에서 매우 큰 차이를 유발했다. '슬쩍'의 파생어로 '슬쩍하다'는 형성되어도 '살짝01'의 파생어로 '살짝하다'는 대응하지 않기 때문이다. '왈가닥 : *월거덕', '살짝01 : 슬쩍'도 역시 모음교체에 의한 내적변화를 겪는 일반 의태어와는 다른 길을 걷는 셈이다.

세 번째 형태 범주는 의태성 합성어이다. 이 글에서 내적변화를 겪으면서 어휘 분화를 보이는 의태성 합성어로 '숙덕공론~쑥덕공론 : *속닥공론~*쏙닥공론', '발버둥 : *발바둥/*발바동', '딱총 : *떡총'을 들어보았다. 모음조화를 어겨가면서 합성어를 형성한 '숙덕공론~쑥덕공론, 발버둥'은 매우 의아한 조어의 결과인 셈이다. 의성성이 강한 의태어 '딱01'도 모음교체에 의해 내적변화를 겪은 '떡05'과 대립 짝을 이루는데 그 합성명사인 '딱총'은 등재어이지만, '*떡총'은 미등재어이다. 우리는 '딱01'과 그 대립 짝인 '떡01'도 합성어 형성에 있어서는 어감 차이를 넘어서 어휘 분화의 길을 가고 있다는 판단을 할 수 있었다.

참고 문헌

고영근(1987), 「보충법과 불완전계열의 문제」, 『어학연구』 23, 서울대학교 어학연구소, 505-526.

＿＿＿(2005), 「형태소의 교체와 형태론의 범위」, 『국어학』 46, 국어학회, 19-51.

구본관 외(2015), 『한국어 문법 총론 1』 집문당.

김건희(2014), 「이형태 설정의 문제」, 『어문학』 123, 한국어문학회, 1-37.

김경아(2003), 「형태음운론적 교체에 대하여」, 『국어교육』 110, 한국어교육학회, 181-200.

김유범(2002), 「이형태란 도대체 무엇인가?-음운론과 형태론의 끊임없는 대화」, 『21세기 국어학의 현황과 과제』, 한국문화사, 235-253.

＿＿＿(2008), 「이형태교체의 조건과 중세국어 이형태교체의 몇 문제」, 『국어국문학』 149, 국어국문학, 201-222.

박재연(2010), 「이형태 교체와 관련한 몇 문제」, 『국어학』 58, 국어학회, 129-155.

배주채(2009), 「'달다, 다오'의 어휘론」, 『국어학』 56, 국어학회, 192-220.

송정근(2005), 「미각형용사의 형태론」, 『형태론』 7-2, 303-324.

송철의(1992), 『국어의 파생어형성 연구』, 태학사.

＿＿＿(2000), 「형태론과 음운론」, 『국어학』 35, 국어학회, 287-311.

신중진(1998), 「현대국어 의성의태어 연구」, 『국어연구』 154, 서울대학교 국어연구회.

＿＿＿(1999), 「의성어의 조어원리와 단어형성 참여 양상」, 『형태론』 창간호, 61-73.

_____(2001), 「의성의태어(擬聲擬態語)의 사전(辭典) 처리와 그 방향 -국립국어연구원의 『표준국어대사전』을 중심으로」, 김윤식, 민병수, 고영근 교수 정년퇴임 기념호: 『관악어문연구』 26, 서울대학교 국어국문학과, 265-292.

_____(2008), 「한국어 의성어와 의태어에 대한 재론: 채완(2003)을 중심으로」, 『형태론』 10-2, 437-454.

_____(2015), 「의성의태성 용언의 논항구조와 자·타동성 양상」, 『한국언어문화』 56, 한국언어문화학회, 135-160.

양정호(2016), 「'않-'와 '말-'의 교체에 대하여」, 『국어학』 78, 국어학회, 105-137.

오규환(2016), 「한국어 어휘 단위의 형성과 변화 연구」, 서울대학교 박사학위논문.

이선웅·오규환(2016), 「형태소의 식별과 분류」, 『2016년 국어학회 제43회 전국학술대회 발표집』, 219-236.

이진호(2014), 「형태소교체의 규칙성에 대하여」, 『국어학』 69, 국어학회, 3-29.

_____(2015), 「형태소의 교체 조건」, 『형태론』 17-1, 169-183.

이혁화(2002), 「교체에 대하여」, 『형태론』 4-1, 59-80.

이홍식(2000), 「교체와 관련된 몇 가지 문제」, 『성심어문논집』 22, 성심여대, 247-272.

이희승(1955), 『국어학개설』, 민중서관.

장윤희(2010), 「『국어학』 50년-형태 연구의 성과와 전망」, 『국어학』 57, 국어학회, 335-372.

채 완(2003), 『한국어의 의성어와 의태어』, 서울대학교출판부.

최형용(2016), 『한국어 형태론』, 역락.

황화상(2013), 개정판 『현대국어 형태론』, 지식과 교양.

경주 지역어의 일본어 차용어 채소명

이 상 신

아주대학교

1. 서 론

무심코 쓰는 말이 고유어가 아님을 알고 놀랄 때가 있다. 일제강점기의 아픈 과거 때문이겠지만 그것이 일본어에서 온 것임을 알면 더더욱 놀란다. 아직도 일부 지역의 계층에서 일본어로부터 기원한 줄 모르고 흔히 쓰이고 있는 '데꾸보꾸(でこぼこ, 凹凸)'나 '고바이(こうばい, 勾配)'가 그런 예이다.

필자의 고향에는 아이들의 놀이 중 '진도리'라는 것이 있었다. 필자가 어렸을 때 가장 열심히 했던 놀이도 이것인데, 다음 (1)과 같이 경주 지역어 사전인 김주석·최명옥(2001: 617)에서 표제어 '진또리'를 발견할 수 있어 필자만 이 놀이를 기억하고 있는 것은 아님을 알 수 있다.

(1) 진또리〔진또′리〕 몡 아이들 술래잡기 놀이의 일종. ◁진-돌이. 진
    또리하다 통짜 ¶ 우리 타아장 마다아느〈타작 마당에는〉, 도옹네

아아드리〈동네 아이들이〉 진또리한다꼬〈진돌이??한다고〉 생야
아다니더라〈생야단이더라〉.

위 (1)에서는 '진또리'라 하여 필자의 '진도리'와 경음과 평음의 차이가
있지만 둘은 동일한 놀이를 가리키지 않을까 하는데,[1] 어릴 때 필자 나름
으로는 '진'을 '돌'아다니며 하는 놀이여서 "'진'+'돌'+이'라는 어원론을
가지고 있었고, 우리말 곳곳에 자리잡고 있는 차용어, 특히 일본어의 존
재에 대한 인식이 필자에게 싹튼 후에는 이 '진도리'가 일본어와 관련되
어 있을 것이라는 추정을 할 수 있었다. 실제로 정석호(2007: 591)의
다음 부분에서 이 추정이 사실임을 확인할 수 있었다.[2]

    (2) 진도′리 <u>명</u> 진(陳) 빼앗기. 편을 갈라서 자기들 진을 방어하면서
        상대방 진을 공격하는 놀이. ⓐ 'ちんとり(陳取)'.

이와 같이 우리말 구석구석에 차용어, 특히 일본어로부터 기원하는 차
용어가 숨을 죽인 채 살아 있을 것을 추정할 수 있는데, 이런 사정은

---

1 동일한 놀이라면 (1)의 뜻풀이와 같이 '술래잡기'라 하기는 어려울 것으로 보인다.
    (2)와 각주 2)의 뜻풀이 참고.

2 위 (1)에서 "〈진돌이??한다고〉"라 물음표를 붙여 "상응하는 표준말이 없거나 발
    견되지 않거나 불확실함"(김주석·최명옥 2001: 253)을 나타내고 있듯이 '진도리'
    의 표준어는 없는 것으로 보인다. 실제로 관련되어 있는 것으로 추정되는 어휘로
    『표준국어대사전』에 '진놀이'가 제시되어 있지만 이는 북한어로 처리되고 있다. "진
    놀이(陣--) 『명사』 『북한어』 진을 치고 노는 일. 또는 그런 아이들의 놀이. 상대편
    을 많이 잡고 진을 차지하는 편이 이긴다." 한편, 『보리 국어사전』(윤구병 감수,
    토박이 사전 편찬실 엮음, (주)도서출판 보리, 2008)에 '진놀이'가 제시되어 있어
    ("**진놀이** 아이들 놀이 가운데 하나. 편을 갈라서 마주 진을 치고 상대편에게 손을
    대어 죽게 하여 진을 빼앗는다."(1252쪽)), 형태론적·의미론적으로 불투명한 '진도
    리'가 '진놀이'로 변형된 채 명맥을 유지하고 있음을 알 수 있다.

표준어와 순화의 힘이 미치지 못하는 방언에서 더욱 그러할 것임을 쉽게 상상할 수 있다. 경주 지역어 역시 예외가 아닌데, 표준어 화자나 다른 방언 화자가 보면 이게 우리말인가 싶은 단어가 한둘이 아니다. '간낭'("양배추")과 같이 다른 방언에서도 쉽게 들을 수 있는 말에서부터, '밍진'("당근")과 '호렌초, 호랑초'("시금치")처럼 조금 일본어 지식이 있는 사람에게 언어적 상상력을 불러일으키는 말을 거쳐, '시나나빠'("유채(油菜)")처럼 상상력 너머에 존재하는 말까지 여러 층의 단어들이 존재하는 것이다. 본고는 이와 같이 그 차용 과정이 불분명하나 일본어와 직접 혹은 간접의 관련이 있는 것으로 추정되는 경주 지역어의 채소명 넷, '간낭', '밍진', '호렌초, 호랑초', '시나나빠'의 차용어 형성과정을 추정하는 것을 목적으로 한다.[3]

본고에서 다룰 네 채소명 차용어의 선정과 조사에 대해 간단히 언급해 두기로 한다. 본고에서 논의할 채소명 넷 말고도 경주 지역어에는 일본어 차용어들이 많이 있는데, 채소가 아닌 "오징어"를 뜻하는 '이까(いか, 烏賊)', "멸치"를 뜻하는 '이루꾸(いりこ, 熬子)'는 물론이고 "양파"를 뜻하는 '다마네기(たまねぎ, 玉葱)'와 같이 잘 알려져 있는 차용어는 본고의 논의에서 배제하였다. '간낭'은 노년층에서는 너무나 익숙한 차용어일 가능성이 있으나 중장년층 이하에서는 익숙하지 않은 듯해서 논의에 포함하였다.[4] 본고에서 이용한 자료는 경주에서 출생하고 거주하고 있는 필자의 어머니

---

3 유채가 왜 채소인지 하는 의문을 가질 수 있으나 '유채'의 '菜'가 "나물, 푸성귀"를 뜻하는 데에서도 유채가 채소임을 알 수 있을 뿐 아니라, 유채의 어린 잎과 줄기를 식용한다는『한국민족문화대백과사전』(유채(油菜))의 설명에 따르면 유채는 분명히 채소이다. 경주에서는 유채의 잎을 생으로 먹는다.

4 아울러, 본고의 네 차용어가 모두 식물, 특히 채소이나 이 점이 차용어의 의미 영역의 제한성과 관련되어 있는 것은 아니다. 차용어의 의미 영역의 제한성은 "일반적으로 차용어는 문화 접촉의 산물이므로 그 접촉의 성격에 따라 어떤 의미 영역에 몰리게 마련"(李基文 1991=1986: 245)이라는 언급을 참고할 수 있다.

(현 78세)로부터 얻은 것이다. 그런데 본고에서 제시하는 네 채소명은 연령과 계층에 따라 그 인지 정도에 편차가 있을 듯하다. 40대인 필자로 말하자면, 본고의 채소명 중 '간낭'과 '시나나빠'는 매우 익숙하나, '호렌초'와 '밍진'은 그렇지 않다. 우연히 들은 뒤의 두 단어가 본고 집필의 계기가 되었지만, 본고의 자료는 노년층의 것임을 재차 강조해 둔다.

2. '간낭'("양배추")

경주 지역어에서는 "양배추"를 '간낭'이라 한다.

> (3) 경주 지역어의 "양배추": '간낭(HH)'

이 '간낭'은 다른 지역의 자료에서 보고된 바 있어 경주에서만 쓰이는 것은 아니다.

> (4) 기존에 보고된 '간낭'
>> ㄱ. 강원도(영동남부, 이경진 2002: 17): "**간낭(간나ㅇ이)** 양배추. 양배추를 한자로 "감람(甘藍)"이라고 하는데, 발음이 어려워 말이 변형되어 "간낭" 또는 "간나이"라고 하는 듯하다. 예) 요새 배추 값이 금값이라미(이라며)? 이럴 때는 배차(배추) 대신에 간나이를 사다가 짐치(김치)를 좀 당구는(담그는) 것도 지혜다."
>> ㄴ. 강원도(강릉, 박성종·전혜숙 2009: 14): "간낭 圕 양배추. 'かんらん'(일어). 식용하는 채소로 잎은 두껍고 크며, 초여름에 줄기가 나와 담황색의 꽃이 피고, 가을에 고갱이를 겹겹이

에워싼 잎이 큰 공 모양을 이룬다. ⓑ 당낭·양배차."

ㄷ. 황해도(황대화 2007: 396): "간낭(송림, 토산, 금천, 사리원, 신계, 서흥), 강낭(봉산), 간낭배추(은파, 금천, 해주, 재령, 장연, 과일, 연안), 강낭배추(황해 전역)"

ㄹ. 경상북도(구미, 이상규 2000: 14): "간낭베차 뗑 양배추.〔간 낭베차(간낭(일본외래어))-베차(白寀)〕나락, 뻘근무시, 무 시, 간낭베차, 감자도 잘되는기라(구미)"[5]

손에 잡히는 대로 찾아본 것이어서, 실제로는 쓰이나 (4)에 제시하지 못한 것이 많을 것으로 생각되나, 경상북도, 강원도, 황해도에서 쓰이고 있어 적어도 지역적으로 고립적인 분포를 보이고 있지는 않다고 말할 수 있을 것으로 판단된다. 물론 강원도의 경우 영동지역이어서 크게 보면 '간낭'은 동남방언권에서 주로 나타난다고 할 수 있겠다.

위 (4)에서 우선, 황해도와 경북 구미에서 '간낭배추, 강낭배추, 간낭베 차'가 쓰여 '간낭+배추' 구조의 단어 형태를 보여 주고 있는 점이 눈에 뜨이나, 이는 새로운 단어를 만들 때 기존의 언어 자료를 유개념어로 하되 다른 종개념과 구별해주는 수식어를 붙이는 익숙한 방식이어서 특 별할 것은 없다. 여기서 문제가 되는 것은 (4ㄱ)과 (ㄴ, ㄹ)에 제시된 차용의 공급원에 대한 설명이다. 전자는 한자어 기원설을 추정하고 있는 데 반해 후자는 일본어 기원설을 확정적으로 말하고 있어 충돌하고 있기 때문이다. 본고에서는 이 두 설을 중국어 기원설과 일본어 기원설로 바꿔 논의하고자 한다. 한자어 기원설은 근거가 미약하고 중국어 속어에 '甘藍 (gānlán)'이 있기 때문이다.[6]

---

5 '白寀'는 '白菜'의 오자인 것으로 보인다.

6 일본어 'かんらん'이 아니라 중국어 '甘蓝' 즉 '甘藍'을 차용하였을 가능성이 있는 것이다. 고려대학교 민족문화연구원에서 편찬한 『고려대 중한사전』과 『고려대 한

본고는 두 경우가 다 가능하다고 보나, 일본어 기원설이 좀 더 설득력이 있는 것이 아닌가 한다. 한반도의 남과 북 할 것 없이 일본의 강점을 36년 동안 받았지만, 아무래도 북쪽으로 갈수록 중국과 러시아, 만주 등의 영향이 클 것이고 남쪽으로 갈수록 일본의 영향이 클 것을 상식적으로 가정할 수 있는 점이 그 근거이다. "양배추"의 경우 한반도의 지배적인 어형은 '다두배추'류와 '가달배추'류인데, 대략적으로 말해 '다두배추'는 한반도 최북쪽인 함경도에 주로 분포하고 '가달배추'는 그 외의 지역에서 주로 분포한다. '가달배추'의 '가달'에 대해서는 지금으로서는 만족할 만한 어원론이 제시되어 있지 않은 듯하나[7] '다두배추'는 중국어 '大頭白菜'에서 온 것이므로(곽충구 1998: 663), '가달배추'와 중국어의 관련성에 대해 지금으로서는 이렇다 할 결론을 내리기 어렵고, 또 적어도 "양배추"의 경우에는 '다두배추'를 고려할 때 함경도만이 중국어의 영향권 아래에 있고, 제한된 수집·정리에 의한 것이기는 하나 '간낭'이 황해도 이남에서만 분포하는 것으로 보이므로, 우리의 '간낭'은 일본어로부터의 차용어일 가능성이 크지 않나 한다.[8]

중사전』을 기반하는 하는 인터넷 포털 '다음'의 중국어 사전에 따르면 "양배추"에 해당하는 중국어로는 '〈植物〉圓白菜yuánbáicài, 〈俗语〉洋白菜yángbáicài, 甘蓝gānlán, 〈方言〉卷心菜juǎnxīncài, 〈方言〉玉白菜yùbáicài'가 있다.

7　안옥규(1989: 1)는 '가달배추'류의 일종일 것으로 보이는 '가두배추'에 대해 "가드라드는 배추"라는 뜻이라 하여 '가두배추'의 '가두'를 동사 '가드라들다'와 관련시켰으나 '가드라드는>가두'의 설명이 제시되어 있지 않아 지금으로서는 이 설을 받아들이기 어렵다. 억측에 불과하지만 이 '가두배추'의 '가두'는 '가달배추'의 '가달'과 '다두배추'의 '다두'의 혼효일 가능성은 없는지 검토될 필요가 있을 것으로 보인다. 참고로 『표준국어대사전』에 제시된 북한어 '가드라들다'의 뜻은 다음과 같다. "「1」 빳빳하게 되면서 오그라들다. 「2」 긴장하여 몸이 펴지 못하게 굳어지다. 「3」 마음이나 심리 상태가 몹시 긴장하여 죄어들다."

8　안옥규(1989: 1)도 '간낭'을 일본어로부터 기원한 차용어로 보고 있고, 김민수(1997: 29)도 "(일)甘藍(kanran)>간낭"이라 하여 '간낭'을 일본어 차용어로 보고 있다. 한편, 어휘의 차용과는 별개로 식물 양배추는 19세기 말엽 미국에서 돌아온

'간낭'이 일본어로부터의 차용어라면 음상으로 볼 때 일본어 '칸랑(かんらん)'이 그 기원인 것으로 보인다. 일본어 'かんらん'과 '간낭'의 음상이 전체적으로 유사하기 때문이다. 정리하면, '甘藍'의 일본식 발음이 'かんらん'이고[9] 이를 차용한 것이 바로 경주 지역어의 '간낭'이다.

八坂書房〔編〕(2001: 177)에 따르면 'かんらん'은 "양배추"의 구마모토(熊本, 玉名) 방언이라고 한다. "양배추"를 뜻하는 일본어는 '캬베츠(キャベツ)'로서 영어 'cabbage'를 그 근원으로 하는데, 八坂書房〔編〕(2001: 177)에 계속 의지할 때, 이 '캬베츠(キャベツ)'를 제외한 방언으로 'たまな'가 많은 지역에 분포하고 있으며(일부 지역에서 'だまな'), 'かんらん'과 'たまな'의 병렬형인[10] 'かんらんたまな'가 교토(京都)에 분포할 따름이어서 이 두 지역, 즉 구마모토와 교토가 우리의 '간낭'과 경주, 강원도 영동, 황해와 어떤 연관성이 있는지 조사되어야 할 것이다.

최경석(崔景錫)이 '가베지'란 이름으로 시험재배를 시작하였으나 실제로 보급된 흔적은 없고 1930년대 이후 일본인을 통해 조금 보급되다가 본격적으로는 6·25전쟁 이후 유엔군 보급용으로 재배가 크게 늘어났다고 한다(『한국민족문화대백과사전』(양배추(洋-)). 이를 통해 중국보다는 일본의 영향이 컸을 가능성을 상정할 수 있으나 더 이상의 억측은 하지 않기로 한다.

9 '일본 식물학의 아버지'로 불리는 마키노 도미타로(牧野富太郎)에 따르면 양배추를 '甘藍'이라 하는 것은 적절하지 않다고 한다(안은미 옮김 2016: 186-187). 그에 따르면 '甘藍'은 결구(結球)하지 않는 '모란채'를 가리키는 말이어서 결구하는 양배추를 '甘藍'이라 하여서는 안 된다는 것이다. 오늘날 일본에서 '甘藍'은 주로 관상용 양배추. 즉 '엽모란(葉牡丹)'을 가리킨다. 한편, 『표준국어대사전』에서도 '감람(甘藍)'이 실려 있으나 이를 '양배추'의 비표준어로 보고 있다.

10 '병렬형'의 '병렬'은 정승철(2013: 225-227)의 용어이다. 정승철(2013)에서의 '병렬'은 공존하는 방언형을 거의 그대로 접속하여 새로운 어형을 만드는 것인데, 구마모토의 'かんらん'이 교토의 'たまな'에 영향을 미칠 수 있었는지에 대해서는 명확하게 말하기 어렵다(八坂書房〔編〕(2001: 177)에 따르면 교토에는 'たまな'와 'かんらんたまな'가 공존함).

3. '밍진'("당근")

경주 지역어에서는 '당근'을 '밍진'이라 한다.

(5) 경주 지역어의 "당근": '밍진(RH)'

이 '밍진'은 국내의 다른 지역의 자료에서도 보고된 바 없고 일본의 방언을 확인하기 위해 이용한 위 2장의 八坂書房[編](2001)의 'にんじん(ninjin)' 부분에서도 '밍진'에 해당하는 자료는 제시되어 있지 않다. 그런데 八坂書房[編](2001: 402)에서 재미있는 방언형을 발견하게 된다.

(6) 일본어 'にんじん(人参[11], ninjin, "당근")'의 방언
　　ㄱ. にんじ(ninji): 和歌山(和歌山·海草·有田·日高)
　　ㄴ. ねんじ(nenji): 靑森(八戸), 岩手(紫波), 秋田(鹿角·南秋田·北秋田), 和歌山(海草·那賀·伊都)

위 (6)의 'ninji'와 'nenji'가 재미있는 이유는 한국어의 중국쪽 방언에서 이와 흡사한 방언형을 발견할 수 있기 때문이다.

(7) "당근"의 중국쪽 방언[12]
　　ㄱ. 닌지: 〈중국, 흑룡강성〉 화룡, 연길, 훈춘, 계동, 할빈, 돈화

11　주지하는 바와 같이 일본에서는 우리의 "인삼"을 '朝鮮人参(ちょうせんにんじん)'이라 하고, 우리의 "당근"을 '人参(にんじん)'이라 한다.

12　(7ㄱ)은 리윤규·심희섭·안운(1992: 94)에 의한 것이고, (ㄴ)은 국립국어원 홈페이지의 '자료 찾기 → 지역어 자료'에 의한 것이다. 국립국어원의 같은 자료에 따르면 '닌지'는 함경남도와 중국의 길림성(경흥, 명천, 경성)과 흑룡강성(함흥, 아동, 회룡봉)에서도 나타난다.

ㄴ. 넝지: 〈중국, 흑룡강성〉 영덕

위 (6)과 (7)의 대응을 통해 (7)의 '닌지'와 '넝지'는 일본어 'ninji'와 'nenji'로부터의 차용어일 가능성이 큼을 알 수 있다.[13] 여기에서 두 가지 점이 확인되어야 한다. 첫 번째 문제는 일본어가 차용의 공급원이라고 했는데 혹시 그 반대일 가능성은 없는지 하는 점이다. 차용의 방향에 대해 논의한 李基文(1991=1986: 244-246)에 따르면 차용의 공급언어와 수용언어 중 형태론적 분석이 가능한 경우의 언어가 있으면 그 쪽이 공급언어라 한다.[14] 'ninji'와 'nenji'는 어말의 'n'이 없기는 하나 표준적 일본어 'にんじん(人参)'을 고려하면 'nin+ji'와 'nen+ji'로 분석될 여지가 다소라도 있는 반면에[15] 우리의 '닌지'와 '넝지'는 분석의 가능성이 없다. 따라서 일본어가 차용의 공급지가 된다. '닌지, 넝지'와 관련하여 생각할 두 번째 문제는 '닌지'와 '넝지'가 중국쪽 방언이라는 점을 고려할 때 이들이 혹시 중국어 차용어가 아닌지 하는 점이다. 충분히 개연성 있는 차용의 경로라 할 만하지만, 중국어에서는 "당근"을 '胡萝卜(húluó·bo)' 혹은 '红萝卜(hóngluó·bo)'라 하므로[16] 이는 고려하지 않아도 무방할 것으로 보인다.

위의 (6)과 (7)을 통해 "당근"의 특이한 방언 중 일본어 차용어가 있음

---

13 〔e〕(nenji, ねんじ)와 〔ə〕(넝지)의 대응은 가볍게 볼 문제가 아니겠으나, 적어도 중세국어를 중심으로 한 'ㅓ'의 음가와 관련된 문제라 하기는 어렵지 않나 한다.

14 동일한 기준(First, if the word is morphologically analyzable in one language but unanalyzable in another one, then it must come from the first language.)이 Haspelmath (2009: 45)에도 제시되어 있다.

15 'ninji'와 'nenji'에 대하여 표준이 'にんじん(ninjin)'과 방언 'ねんじん(nenjin)'(八坂書房〔編〕 2001: 402)이 있는 점도 참고가 된다.

16 『표준국어대사전』에는 "당근"의 동의어로 '호나복(胡蘿蔔), 홍나복(紅蘿蔔)'과 함께 '홍당무(紅唐-)'가 제시되어 있다.

을 알게 되었다.[17] 그러면 우리의 '밍진'도 일본어 차용어일 가능성이 없는지 검토해 볼 여지가 생긴다. 단정적으로 말하기 어려우나 본고는 이 '밍진' 역시 일본어 차용어일 것으로 보고 있다. 위에서도 들었지만 다시 일본어의 "당근"을 제시하면 다음과 같다.

(8) 일본어의 "당근": にんじん(ninjin, 人参)

위 (8)과 같이 일본에서는 "당근"이 한자로 '人参'이고 이의 일본식 한자음이 바로 위의 'にんじん'이다. 이 'にんじん'을 한글로 표기하면 '닌진' 정도가 가능할 것으로 보이는데, 이 '닌진'이 우리의 '밍진'과 관련되어 있을 가능성이 있다고 생각된다. 억측을 할 수밖에 없는 상황이지만, '닌진'의 어두 음절 '닌'이 차용의 과정에서 문제가 되었을 것으로 보인다. '닌'의 '니'는, 어두에 'ㄴ'과 'i' 혹은 'y'의 연쇄를 금하는, 이른바 두음법칙의 적용을 받을 상황에 처해 있고 이 상황을 극복할 수 있는 가장 최적의 대체 후보는 '미'이다.[18] '니'의 'ㄴ'과 같은 비음으로 'ㅁ'과 'ㅇ'이 있는데 이 중 'ㅇ'은 초성에 올 수 없으므로 'ㅁ'이 선택될 수밖에 없는 것이다.[19]

---

17 중국 흑룡강성 등의 일본어 차용어 '닌지, 넝지'는 일본의 괴뢰국이었던 만주국 (1932-1945)의 유흔(遺痕)으로 봄이 합리적일 것이다(1937년 만주국은 학제의 공포를 통해 일본어를 만주국 전 지역에서 익혀야 하는 제1국어로 정하였음(윤대석 옮김 2009: 284)). 연변의 한 동포(30대 초반)는 만주국 시절에는 시장에서의 상행위가 일본어로만 이루어지도록 강제되었다는 말을 자신의 할머니로부터 들었다고 필자에게 알려주었는데, 이런 사정 역시 '닌지, 넝지'의 일본어적 성격을 수긍하게 한다.

18 조음 방법을 중시하는 관점에서 볼 때 그렇다는 말이다. 조음 위치를 중심으로 하면, '니'를 '디'로 바꾸는 선택이 가능했을 수 있다.

19 '닌진'과 '밍진'의 첫 음절 종성의 차이는 종성의 비음으로 'ん'만이 존재하는 일본어의 음운론적 제약과 관련되어 있을 것이다. 한편, '니'의 '미'로의 교체를 두음법

경주 지역어의 '밍진'이 일본어 'にんじん'으로부터의 차용어라 하면, 이 '밍진'으로부터 일본의 특정 지역과 경주를 관련시키기는 어렵게 된다. 'にんじん'은 일본의 표준어 혹은 이른바 '공통어(共通語)'일 뿐 아니라 한자 '人參'을 배경으로 하고 있어 전국적 영향력을 가지고 있을 것이기 때문이다.

4. '호렌초, 호랑초'("시금치")[20]

경주 지역어에서는 시금치를 '호렌초'나 '호랑초'라 한다.[21]

(9) 경주 지역어의 "시금치": '호렌초(RHL), 호랑초(RHL)'

이 '호렌초, 호랑초'는 극미한 차이를 보이는 형태로 이미 보고된 바 있다.

칙과 관련시키지 않고 "우박"을 가리키는 '누리'와 그것의 방언 '무리'(황해, 함북, 평남, 평북, 崔鶴根(1978: 44))에서 얻을 수 있는 'ㄴ~ㅁ' 교체와 관련시킬 가능성이 없는지도 검토할 필요가 있겠으나, 근대국어시기부터 보이는 '누리'와 중세국어에 이미 존재하는 '무뤼(무뤼爲雹, 『訓民正音解例(用字例)』)'를 고려하면 설령 둘 간의 직접적 선후관계가 있다 하더라도 그 변화의 방향이 반대일 것으로 보여 '닌징~밍진'과 '누리~무리'는 무관할 것으로 판단된다.

20 경주 지역어에서는 '에'와 '애'가 변별되지 않으므로 전사에 '에'를 쓰든 '애'를 쓰든 특별한 의미가 있는 것은 아니다. 어원적인 면이 고려될 여지가 있으면 '에'와 '애' 중 하나로 표기하고 그렇지 않으면 '에'로 표기하기도 한다.

21 필자가 알고 있는 "시금치"의 경주 지역어는 '호렌초'였고 1차 조사에서 얻은 것도 '호렌초'였는데, 2차 조사에서는 '호랑초'를 얻을 수 있었다(이 둘의 관계에 대해서는 후술 논의 참고).

(10) 기존에 보고된 '호렌초, 호랑초' 관련어: 호 : 렌추 囡 시금치. 囲
     'ほうれんそう(菠草)'.[22]

위 (10)에 이미 제시된 바와 같이 '호렌초, 호랑초'는 음상으로 볼 때
일본어 'ほうれんそう(菠稜草)'로부터의 차용어임이 명백하다.[23] 일본
어 'ほうれんそう'와 '호렌초'의 앞 두 번째 음절까지의 음상이 대체로
유사하기 때문이다. 이와 관련하여 세 가지 문제가 해소될 필요가 있다.
  첫째, '호렌초, 호랑초'와 'ほうれんそう'의 마지막 음절에서 '소(そ
う)'와 '초'의 차이가 있다. 이는 기존의 형태론적 지식으로는 이해할 수
없는 '호렌소'를 이해할 수 있는 여지가 생길 수 있도록, 한자어 '초(草)'
를 이용하여 '호렌소'를 풀의 일종으로 해석해 낸 경주 지역어 화자의
고민의 결과일 것으로 판단된다. 낯선 단어를 대하는 언중의 태도는 때로
놀라울 정도의 변개를 그 단어에 가져올 때가 있는데(李基文 1991=1978:
162), 낯선 새 단어, 즉 차용어를 낯익은 모습으로 해석하려는 노력은
여러 언어에서 볼 수 있는 현상인 것이다(李基文 1991=1978: 156).
  둘째, '호렌초, 호랑초'와 '호렌추' 사이에는 '초'와 '추'의 차이가 있
다.[24] 이는 고모음화와 그것의 적용 여부를 통해 해소될 수 있는 문제일
것으로 보인다. 고모음화가 적용되지 않은 것이 '호렌초, 호랑초'이고
고모음화가 적용된 것이 '호렌추'인데, 경주 지역어의 '벌추(<伐草)'에
서 볼 수 있는 바와 같이 비어두의 '초(草)'는 경주 지역어에서 고모음화

---

22 영천·경주·포항의 자료이다(정석호 2007: 675). '菠草'는 '菠稜草'의 잘못이다.

23 『표준국어대사전』에 '시금치'의 동의어로 '마아초(馬牙草), 적근채(赤根菜)'와 함
    께 '파릉채(菠稜菜)'가 실려 있는데 '파릉채'의 '파릉(菠稜)'이 'ほうれんそう(菠稜
    草)'의 '菠稜(ほうれん)'과 일치한다.

24 주지하는 바와 같이 '시금치'도 중국어 '赤根菜'의 차용어인데, 이 '시금치'의 방언
    으로 '시금초'와 '시금추'가 함께 있는 점이 '호렌초'와 '호렌추'가 함께 있는 점과
    평행적이어서 흥미롭다.

에 의해 '추'로 실현될 수도 있지만 적용 가능 어휘에 포괄적으로 적용될 정도로 고모음화의 힘이 강력하지 않았던 것에 '초~추'의 공존이 관련되어 있다고 할 수 있을 것이다.[25]

셋째, '호렌초'와 '호랑초'의 사이에는 '렌'과 '랑'의 차이가 있다. 같은 화자에게서 두 어형을 함께 얻을 수 있는 것은 어느 한쪽으로 힘이 몰리지 않았음을 의미하고 이는 이어서 이 단어 자체가 그다지 익숙하지 않음을 의미하기도 하는 것으로 보인다. '호렌초'보다는 '호랑초'가 음상의 면에서 좀 더 한자어에 가까운 느낌을 주는 점이 관여되어 있는 듯도 하지만 더 이상의 억측은 삼가기로 한다.

5. '시나나빠'("유채")

경주 지역어에서는 "유채"를 '시나나빠'라 한다.

> (11) 경주 지역어의 "유채": '시나나빠(LLHL)'

이 '시나나빠'는 다른 지역의 자료에서 보고된 바 없는 것으로 보인다. 이 '시나나빠'는 네 음절 단어로 그 길이가 짧지 않음에도 형태소 분석이 어렵고 국어와 경주 지역어의 어떤 다른 단어와도 연관되어 있지 않고 경주 지역어의 어휘 체계 속에서 고립되어 있어[26] 차용어일 가능성이 있

---

25 '호렌추'의 '추'를 고모음화보다는 다른 채소명, 즉 '상추' 등에 영향을 받은 결과로 해석할 수도 있겠으나 이 경우에도 '배추'는 이와 무관할 것이다. "배추"의 경주 지역어는 '뱁차'이기 때문이다.

26 李基文(1991=1986: 244-246)에서 차용어 판정 기준으로 든 음운론적 기준, 형태 론적 기준, 의미론적 기준, 어휘론적 기준 중 형태론적 기준과 어휘론적 기준이

다. 이 '시나나빠'가 차용어라면 음절 구조상 차용의 공급원이 일본어일 가능성이 적지 않을 것으로 보인다. 하지만, 필자가 확인한 자료에 한하는 것이기는 하지만, '시나나빠' 그 자체는 일본어 방언자료에서 확인되지 않는다. '시나나빠'가 일본어 자료에 있으면 이를 일본어 차용어라 하고 넘어가면 되지만, 이를 일본어 자료에서 찾을 수 없으므로 '시나나빠'의 일본어 차용어설을 펴기 위해서는 '시나나빠'에 대한 개연성 있는 일본어 형태론과 어휘론이 필요하다. 이 형태론과 어휘론의 실마리는 경주 지역어 '시나나빠'의 '나빠'와 음상이 거의 같은 일본어 'なっぱ'가 존재한다는 점이다. 'なっぱ'는 "푸성귀의 잎. 잎을 먹는 푸성귀."를 의미하는 표준어로도 존재하고 'あぶらな(油菜)'의 방언형으로도 존재한다(靜岡(小笠·富士), 八坂書房〔編〕(2001: 28)). 음운론적인 면과 의미론적인 면에서 경주 지역어 '시나나빠'의 '나빠'와 일본어 'なっぱ'는 너무나 흡사하여 이 둘은 같은 존재라 하여도 과하지 않은 것으로 보인다.

이제 문제는 '시나나빠'의 '시나'인데, '시나'의 정체를 확인하기 위해 우선 일본어의 "유채"를 확인하고자 한다.

(12) 일본어의 "유채": 'あぶらな(aburana, 油菜)'
　　ㄱ. 분석: あぶら(油)＋な(菜)
　　ㄴ. 동의어: なのはな[27]

위 (12ㄱ)에서 확인할 수 있듯이 일본어 'あぶらな'는 '油菜'를 훈독하

여기에 해당한다.

27 (12ㄴ)의 동의어 'なのはな(菜の花)'와 'な(菜)＋はたけ(畑)'로 분석되는 'なばたけ(菜畑)', 그리고 '푸성귀. 푸른 채소. 녹황색 채소'의 의미와 함께 "유채의 한 품종"을 뜻하는 'あおな(青菜)'에서 볼 수 있듯이 "푸성귀. 남새. 나물"을 뜻하는 'な'는 그 자체로 "油菜"를 뜻하기도 한다.

여 나타낸 것이다. 그런데 우리나라의 '유채(油菜)'는 중국어 차용어일 것으로 보인다.[28] 중국이 식물 '유채'의 원산지는 아니지만 '유채'가 중국의 명나라로부터 전래된 것으로 보이고 중국어에 'yóucài(油菜)'가 존재하기 때문이다(『한국민족문화대백사전』(유채(油菜)). 일본어에 'あぶらな(aburana, 油菜)'의 별칭으로 'こさい(kosai, 胡菜)'가 존재하는 것을 고려하면 일본도 우리와 사정이 특별히 다르지 않았을 것으로 보이는데,[29] 중국으로부터 이 식물 "유채"를 수입하면서 '油菜'를 함께 차용하되 훈독 차용을 한 것이다. 여기서 주목할 점은 'こさい(kosai, 胡菜)'를 통해서도 두드러지는 바와 같이 "유채"의 원산지가 중국이라는 점이다. 또 앞의 'なっぱ'를 중시하여 경주 지역어의 '시나나빠'를 '시나'와 '나빠'로 분석하면 "중국"을 의미하는 일본어 단어 'しな'가 우리의 '시나'가 아닌가 하는 추론이 가능해진다.[30] 이렇게 "유채"가 '중국'과 관련되어 있다고 보면 일본의 방언에 'しな("中國")+なっぱ("菜葉")'로 분석될 수 있는 'しななっぱ'가 존재하고 이를 차용한 것이 우리의 '시나나빠'라

---

28 한자를 매개로 한, 이른바 간접 차용(南豊鉉 1968: 213-215)의 예에 속할 것이다('간접 차용'이라는 용어는 제3국에서 차용한 것을 간접적으로 차용하거나 다른 언어를 거쳐서 차용할 경우를 가리키는 데(송철의 1998: 23)에 쓰이기도 한다.).

29 여기서 'こさい'로 음독되는 '胡菜'를 훈독한 것이 'しななっぱ'라 할 수 있겠다는 생각이 가능하나, 이 생각이 옳으려면 '胡'가 'こ'와 'しな'의 두 가지 음으로 가능한 예가 있어야 할 것이다.

30 일본어에는 "중국"을 뜻하는 'しな'도 있지만, '「접미사」 …할 때. …하는 길에. …함과 동시에.', '「명사」 물건. 물품. 상품. / 품. 품질. / 신분. 품위. 품격.', '「명사」 교태.', '「명사」 시나. 세멘시나.'를 뜻하는 'しな'도 있다(여기서의 일본어는 두산동아 사전편찬실(1996)에 의지하였음). 마지막의 '시나. 세멘시나'는 식물이어서 우리의 '시나나빠'와 관련되어 있을 수 있으나 『표준국어대사전』의 설명(세멘-시나(semen cinae) 「명사」『식물』 국화과의 여러해살이풀. 높이는 30~50cm이며, 잎은 이회 우상 복엽이다. 꽃은 누런 회색이고, 산토닌의 함유량이 많아 회충 구제약으로 쓰인다. 투르키스탄이 원산지이다. (Artemisia cina))에 따르면 그 가능성은 거의 없는 것으로 보인다.

고 볼 수 있다. 문제는 'しななっぱ'의 'しな'가 '중국'과 관련되어 있다고 확신할 수 있는지 하는 점으로 귀결되는데, 이 문제의 해결에 중국이 원산지인 "油桐"이 도움을 줄 수 있는 것으로 보인다.[31] 八坂書房〔編〕(2001: 26)에 'あぶらぎり(油桐)'의 방언형으로 'しなぎり'가 있기 때문이다.[32]

지금까지 경주 지역어의 '시나나빠'를 가상의 일본어 방언 'しななっぱ'로부터의 차용어인 것으로 보았다. 하지만 여기서 다시 한번 더 강조되어야 할 점은 이렇게 '시나나빠'를 일본어 차용어로 보는 데에 가장 크게 문제가 되는 것은 일본어와 그 방언에서 이 'しななっぱ' 혹은 그 유사형을 발견할 수 없다는 점이다. 본고로서는 "유채"의 일본 방언으로 'しななっぱ'가 존재하는데 조사되지 않았거나 혹은 조사된 자료가 있는데 필자가 찾지 못했을 뿐 'しななっぱ'가 있을 가능성이 크다고 보고 있다. 이런 추정이 옳다면 우리의 '시나나빠'는 경주와 일본의 특정 지역과의 관련성을 시사하므로 양 지역의 교류사 연구에 일정한 공헌을 할 것으로 보인다. 八坂書房〔編〕(2001: 28)에 "유채"의 일본 방언이 35개 제시되어 있고 여기에 웬만한 세력의 방언은 망라되었다고 보면 우리의 'しななっぱ'는 일본 극소 지역에서만 쓰이는 방언일 것이기 때문이다.

---

31 『표준국어대사전』에서도 "油桐"의 중국 기원을 분명히 밝히고 있다. "유동01(油桐) 「명사」「1」『식물』 대극과의 낙엽 활엽 교목. (중략) 중국이 원산지로 우리나라 남쪽에 분포한다. 늑기름오동·동유수·앵자동. (Vernicia montana) 「2」'「1」'의 열매."

32 "油菜"와 "油桐" 모두 '기름(油)'과 관련되어 있다는 점이 'しな'의 공유에 더 책임이 있는지도 모른다. 또 일본에는 "油桐"과 함께 "支那油桐(しなあぶらぎり)"가 있는데 이 둘을 구분하지 못해 "油桐"을 'しなぎり'라 했을 수도 있다. "支那油桐"을 고려하면 "油桐"은 중국적이지 않다고 해야 할 것이므로 'しなぎり'의 'しな'가 중국과는 무관할 여지도 생기는 것이다. 하지만 그렇다고 하여도 "支那油桐(しなあぶらぎり)"을 통해 식물명에서 "중국"을 가리키는 데 'しな'가 쓰일 수 있음을 확인한 것만은 분명하다 할 것이다.

6. 결 론

우리말 단어 중에 외래어가 있듯이, 우리가 먹는 음식의 재료에도 외래 식재료가 있다. 외래어든 외래 식재료든 다른 민족, 다른 국가와의 교류 과정에서 그것들에 차츰 낯이 익어 가는 것은 이상한 일이 아니라 오히려 자연스러운 일이다. 그런데 외래의 식재료를 받아들일 때 그 외래 식재료 와 함께 그 식재료를 가리키는 외래의 단어까지 함께 받아들일 수도 있고, 식재료만 받아들이되 그 식재료를 가리키는 단어는 기존의 우리말을 적 절히 활용하여 새로운 단어를 만들어 쓸 수도 있다. 전자, 즉 외래의 식재료를 받아들이면서 그 식재료와 함께 그 식재료를 가리키는 단어까지 함께 받아들인 것으로 배추를 대표로 들 수 있다. 잘 알려져 있는 바와 같이 배추의 원산지는 중국이며 우리말 '배추'는 중국어 '白菜'에 그 기원 을 두고 있다(李基文 1991=1965: 226). 2장에서 5장까지 살펴본 경주 지역어에서 쓰이고 있는 일본어 기원의 차용어 넷도 모두 전자에 속하는 예일 것으로 보인다. 적어도 경주 지역어에서는 그럴 것으로 판단된다.

본고의 논의는 피상적인 관찰과 무리한 추론이 적지 않았지만 표준어 나 중부 방언을 중심으로 한 차용어 연구에서 벗어나 방언의 차용어를 보고하였다는 점에서 의의를 찾고자 한다. 본고의 논의를 간략히 정리한 뒤, 본고에서 논의하지 못하여 앞으로 더 연구되어야 할 몇 가지 점에 대해서 언급하는 것으로 결론을 대신하기로 한다.

본고에서 논의한 점은 다음과 같다. 첫째, "양배추", "당근", "시금 치", "유채"에 해당하는 경주 지역어는 '간낭(HH)', '밍진(RH)', '호렌 초, 호랑초(RHL)', '시나나빠(LLHL)'이다. 둘째, '간낭'은 일본어 'かん らん'의 차용어이고, '호렌초, 호랑초'는 일본어 'ほうれんそう'의 차용 어이고, '밍진'은 일본어 'にんじん'의 차용어이고, '시나나빠'는 일본어 'しななっぱ'의 차용어이다. 셋째, 이와 같은 일본어의 배경을 고려할

때, Haugen(1950)의 차용어 분류에 따르면, '간낭'과 '밍진'은 '차용어'이고, '호렌초, 호랑초'는 '차용 혼성어'이고, 그 형태론적 정체가 불명이기는 하나 본고의 추론이 사실이라면 '시나나빠'도 '간낭, 밍진'과 함께 '차용어'라 할 수 있겠다.[33]

  본고에서 충분히 논의하지 못한 점이 적지 않지만 앞으로의 논의를 통해 좀 더 보완되기를 바라는 점 몇을 제시하면 다음과 같다. 첫째, 본고의 차용어가 일본의 어떤 지역을 기반으로 하는지 검토되어야 할 것으로 보인다. 본고에서 제시한 네 차용어의 배경이 되는 일본의 지역을 특정할 수 있다면 그 지역이 경주와 어떤 식으로든 교류가 있었을 가능성이 생겨 일제 강점기의 정치, 문화적 상황을 추론할 수 있고 이를 통해 일본어 차용어의 성격을 좀 더 명확히 파악할 수 있겠기 때문이다. 둘째, 네 차용어 중 "유채(油菜)"를 뜻하는 '시나나빠'의 정체에 대해서는 본고가 충분히 근거를 확보했다고 보기 힘들다. 일본어학에 무지한 필자로서는 본고에서 훑어본 일본 방언 자료집의 규모나 성격에 대해 확신을 가지고 말하기 어려운데, 이런 이유로 '시나나빠'는 이미 일본어학계에서 알려진 방언일 뿐 아니라 그 형태론적 검토 역시 끝났거나 어쩌면 그 검토가 불필요할 정도로 자명한 방언일지 모른다. 일본 방언을 대상으로 한 자료와 연구에 대해 본격적인 검토가 필요할 것으로 보인다. 셋째, 이런 일본어 차용어들이 경주 지역에서만 유독 더 그 생명력을 유지하고 있을 이유

---

33 본고의 '차용어'와 '차용 혼성어'는 Haugen(1950: 214-215)이 차용(loans)을 'loanwords, loanblends, loanshifts'로 나눈 것을 李基文(1991=1978: 162)이 '차용어, 차용 혼성, 차용 변환'으로 번역한 것을 가져온 것이다. 이 셋의 구분은 차용이 행해지는 과정이 단순한 수입(importaion)인가, 아니면 어느 정도의 자국어 요소에 의한 대체(substitution)가 이루어지고 있는가에 따른 것이다. 한편, '차용 변환'에 속하는 경주 지역어의 채소명은 찾지 못했는데, 지역과 시대 그리고 분야의 범위를 넓히면 개화기의 '하늘나라'(Heavenly Kingdom, 민현식(1997: 927)), 현대의 '돈세탁'(money laundering, 이봉형(2013: 4)) 등의 예를 찾을 수 있다.

가 있는지 검토할 필요가 있다. 문화적 차원에서 경주가 일찍부터 일본인
들에게 주목을 받아 왔을 수도 있겠으나 필자로서는 경주가 더 특별할
이유는 없을 것으로 보인다. 이런 필자의 판단이 실제에 가깝다면, 일본
에 대한 뿌리 깊고 근거 있는 거부감으로 인해 일본어 차용어가 충분히
조사되지 않았을 가능성이 있었을 것으로 보이며, 더욱이 방언조사의 경
우 전통적 고유어를 대상으로 한 경우가 많다는 점을 고려하면 그 가능성
은 더 커질 것으로 보인다. 같은 알타이어족을 배경으로 하는 만주어나
퉁구스어 차용어는 차치하고서라도 육진 방언을 대상으로 한 연구에서
러시아어 차용어가 학계에 보고된 연구 성과(대표적으로 곽충구(1998)
등)를 감안하면 일본어 차용어에 대한 연구도 좀 더 본격화될 필요가
있다고 필자는 생각하고 있는데,[34] 방언은 고유어가 물론 가장 중요하지
만 한자어나 그 외의 차용어도 방언 화자들에게 생명력을 가지고 있다면
이 역시 무시되어서는 안 될 것으로 보인다.

참고 문헌

곽충구(1998), 「육진방언의 어휘」, 『國語 語彙의 基盤과 歷史』, 태학사, 617–
    669.
김민수(1997), 『우리말 語源辭典』, 태학사.
김주석·최명옥(2001), 『경주 속담·말 사전』, 한국문화사.
南豊鉉(1968), 「中國語 借用에 있어 直接借用과 間接借用의 問題에 對하여」,
    『李崇寧博士 頌壽紀念論叢』, 乙酉文化社, 211–223.
두산동아 사전편찬실(1996), 『동아 프라임 日韓辭典』, 두산동아(동아출판사).
리윤규·심희섭·안운(1992), 『조선어방언사전』, 연변인민출판사.

---

34 최근의 정석호(2007)에서 일본어 차용어를 대량으로 제시하고 있는 점은 이런 점에
   서 특기할 만하다고 생각된다.

민현식(1997), 「외래어의 차용과 변용」, 『國語史硏究』, 태학사, 921-951.

박성종·전혜숙(2009), 『강릉 방언 사전』, 태학사.

송철의(1998), 「외래어의 순화 방안과 수용 대책」, 『새국어생활』 8-2, 국립국어연구원, 21-40.

안옥규(1989), 『어원사전』, 東北朝鮮民族敎育出版社.

안은미 옮김(2016), 『하루 한 식물: 일본 식물학의 아버지 마키노의 식물일기』, 한빛비즈. 〔牧野富太郎(1953), 『隨筆 植物一日一題』, 東洋書館.〕

윤대석 옮김(2009), 『키메라 -만주국의 초상』, 소명출판. 〔山室信一(2004), キメラ-満洲国の肖像, 中公新書.〕

이경진(2002), 『강원도 영동남부지방 방언』, 藝文社.

李基文(1991=1965), 「近世中國語 借用語에 대하여」, 『國語 語彙史 硏究』, 東亞出版社, 214-226.

_____(1991=1978), 「語彙 借用에 대한 一考察」, 『國語 語彙史 硏究』, 東亞出版社, 148-163.

_____(1991=1986), 「借用語 硏究의 方法」, 『國語 語彙史 硏究』, 東亞出版社, 241-251.

이봉형(2013), 『차용어 음운론』, 한국문화사.

이상규(2000), 『경북방언사전』, 태학사.

이우철(2005), 『한국 식물명의 유래』, 일조각.

정석호(2007), 『경북동남부 방언사전 -영천·경주·포항을 중심으로』, 글누림.

정승철(2013), 『한국의 방언과 방언학』, 태학사.

최학근(1978), 『韓國方言辞典』, 玄文社.

황대화(2007), 『황해도방언연구』, 한국문화사.

八坂書房〔編〕(2001), 『日本植物方言集成』, 八坂書房.

Haspelmath, Martin(2009), Lexical borrowing: Concepts and issues, *Loanwords in the World's Languages: A Comparative Handbook*, De Gruyter Mouton, 35-54.

Haugen, Einar(1950), The analysis of linguistic borrowing, *Language* 26, Linguistic Society of America, 210-231.

심리어휘부에서의 어휘정보 간 관련에 대한 단견
연상어가 시사하는 바를 중심으로

안 소 진

울산대학교

1. 서 론

언어의 이해·산출을 위한 어휘정보 처리는 그야말로 순간에 일어나는
과정이다. 언어처리 과정 안에는 상호역동적으로 일어나는 수많은 하위
처리가 포함되어 있음에도(이재호·김성일 1997: 158), 언어처리는 매우
짧은 시간에 완료된다. 하위처리와 관련하여 언어 이해의 경우를 예로
들면, 언어 이해를 위한 처리에는 단어 수준과 문장 수준, 글 수준 등
여러 수준에서 일어나는 처리가 포함되어 있고, 단어 수준에서 일어나는
어휘처리의 경우만 해도 어휘접근·어휘선택·의미해석 등의 하위과정이
있다(이재호·김성일 1997: 157). 인지심리학의 언어처리 논의들을 살펴
보면 언어이해 과정의 구체적인 모습에는 다양한 의견이 있지만(처리가
순차적인가 병렬적인가, 상향적인가 하향적인가, 처리의 각 수준들은 고
립된 모듈인가 아니면 상호작용 하는가, 상호작용한다면 구체적인 모습
은 어떠한가 등) 언어처리에 여러 수준의 복잡한 과정이 포함되어 있다는

심리어휘부에서의 어휘정보 간 관련에 대한 단견 579

점, 그럼에도 불구하고 이 처리가 매우 즉각적이라는 점에는 이견이 없다. 어휘부(mental lexicon, 인지심리학의 번역어로는 심성어휘집)는 이 즉각적 처리를 지원할 수 있어야 하므로, 어휘부는 구조화된 조직, 다시 말해 기억된 요소들이 언어처리에 효과적으로 활용될 수 있도록 서로 관련된 조직으로 가정된다.

어휘부 저장 조직에 대한 탐구는 어휘부가 기본적으로 언어 단위를 기억하는 부문이라는 점과, 많은 형태론적 현상이 저장된 단어에 기반해 화자가 갖게 되는 형태론적 구조 파악 능력, 즉 단어의 내부 구조를 분석하고 구성요소를 인식하며 단어들 사이에서 발견되는 규칙성을 포착하는 능력에 의해 설명(안소진 2014: 127)된다는 점에서 가치가 있다. 이에 다수의 선행연구에서 어휘부에 저장된 정보들의 관련에 관심을 두었고, 주로는 새로 만들어지는 단어의 모습을 근거로 삼아 형태소를 연결의 절점으로 두는 연결망 조직을 제안한 바 있다(채현식 2003: 63, 204, 이광호 2005: 130, 나은미 2009: 62, 안소진 2014: 128-130 등).

이 글에서는 연상어 관찰을 통해 어휘정보들의 관련에 대해 추론할 수 있는 부분을 기술한다. 선행연구의 연결망 조직은 단어 형성을 설명하는 맥락에서, 조어에 활용된다고 생각되는 단어 연결망의 예를 보인 것으로 어휘정보 간의 관련이 연구의 중심은 아니었다. 본고는 선행연구에서 연결망 조직이라는 화제 아래 부분적으로 언급되어 온 어휘정보 간의 관련이 어휘부 연구의 일환으로 보다 본격적으로 조명 받을 가치가 있다는 생각 하에, 활용할 수 있는 자료로 출발하여 보는 시론적 연구라 할 수 있다.

논의의 구성은 다음과 같다. 2장에서는 연구 방법, 선행 연구, 대상 자료를 설명한다. 3장에서는 인지 관련 연구에서 기초 자료로 활용할 수 있도록 구축된 박태진(2004)의 연상어와 연상 빈도 조사 자료를 활용하여, 어휘 의미 정보와 관련해 연상어로써 추론할 수 있는 사실 몇 가지를 기술한다.

2. 연구 방법, 선행 연구, 대상 자료

본고에서 어휘정보의 관련을 추론하는 방법으로 택한 것은 연상어 관찰이다. 연상어는 자극 단어를 보았을 때 머릿속에 떠오르는 단어를 말한다. 사고는 언어로 표현되고, '한 자극어에 주어진 반응은 그 자극어에 가장 강하게 연합되어 있는 것(Jung 1966: 129, 조명한 1969: 257에서 재인용)'이라고 볼 수 있기 때문에 연상어는 정신의학, 인지심리학, 언어학 등의 분야에서 인간의 머릿속을 간접 관찰하기 위한 수단으로 활용되었다. 각 분야 다수의 연구들이 연상어 관찰이 '콤플렉스 영역(박현순 2005: 19), 마음의 내용(박미자 2008: 20), 뇌 속에 형성되어 있는 의미들의 상호 관련(이찬규 2002ㄴ: 50)' 등으로 표현되는 '인간의 머릿속'을 짐작하는 데 유용하다는 점을 언급한다.

언어학적 관점에서 국어자료로 연상어를 다룬 연구로[1] 이찬규(2002ㄱ, 2002ㄴ), 이유미·이찬규(2007), 이광호(2009) 등이 있다. 연상어 수집 방법에 초점을 맞춘 논의인 이광호(2009)를 논외로 하면[2] 앞의 세 편의 논의는 품사, 계열관계와 통합관계, 반의관계와 같은 언어학적 기준에 의한 분석만으로는 연상어에서 얻을 수 있는 정보가 제한됨을 강조하고 있다. 이찬규(2002ㄱ, 2002ㄴ)은 2,000여 명을 대상으로 연상어를 조사

---

1 본고는 국어학을 기반으로 한 연상어 연구이기는 하나 인지심리학의 자료와 관점을 끌어들이려고도 하는바 지면에 심리학과 언어학을 아우르는 연구사 정리가 필요하지만, 연구자는 아직 이를 요령 있게 정리할 만한 식견을 갖고 있지 못하다. 이에 연구사 검토의 대상 논문을 언어학적 관점에서 국어자료로 연상어를 다룬 연구로 한정한다. 국내의 정신의학, 언어학 분야의 연상어 연구에 대해서는 정성미(2012: 185-188)에 정리된 것을 참고할 수 있다. 정신의학의 연상 검사에 대해서는 이철·이부영(1976: 65)과 박현순(2005)를, 인지심리학에서 연상 검사에 대해서는 조명한(1969), 박태진(2004)를 참고할 수 있다.
2 이광호(2009)에서는 코퍼스에서 인접 단어를 추출하는 것이 설문 조사 방식보다 효율적이고 경제적인 연상어 수집을 가능하게 해 준다는 결론을 내었다.

한 뒤 이 중 대표 항목 12개를 언어학적 관계 및 사회언어학적 측면에서 분석한 결과를 보인 것이다. 연상어는 결합관계·계열관계 등 언어적 관계로 설명할 수 있는 것과 그렇지 않은 것이 있으며 개개인의 경험, 제시어 관련 장면 등이 제시어-연상어 관계에 관여하기도 한다는 점, 무엇이 관여하는가에는 제시어 항목에 따른 차이가 있다는 점 등을 보고하고, 언어학적 관계로 모든 연상어를 설명할 수 없는 만큼 의미 관계에 대한 보다 폭넓은 검토가 필요하다는 점을 강조하였다. 이유미·이찬규(2007)는 여성가족부에서 네이버 접속 네티즌 12,000여 명을 대상으로 조사한 '가족' 연상어를 분석한 것이다. 연상어는 자극 단어를 보고 떠오른 반응어를 적도록 하는 설문 조사 형태의 자유연상과제를 통해 수집되는 것이 보통인데, 이 연구는 '가족'하면 생각나는 것을 한 문장으로 쓰도록 한 뒤 문장을 단어 단위로 나누어 연상어를 얻었다. 품사, 어휘 의미 관계(대립관계·동의관계 등)와 같은 언어학적 기준에 따라 분석을 하기도 하고, 의미군별 관찰(공간적 어휘, 가족 구성원과 관련된 어휘 등), 연령·성별에 따른 차이 분석 등을 통해 사회언어학적 해석을 끌어내기도 하였다. 연상어에 대한 일반적 결론을 이끌어내기에는 자극어의 수가 매우 제한되어 있기는 하지만, 이 연구들의 결론은 우리가 어휘부를 연구 주제로 다룰 때 '형태소를 절점으로 하는 연결망'보다 관심의 범위를 넓혀야 한다는 점을 보여준다고 생각된다.

선행연구의 강조점을 염두에 두면서, 본고에서 관찰할 구체적인 자료는 박태진(2004)에서 조사하여 정리한 연상어와 연상 빈도이다. 이 자료는 인지 관련 연구에서 기초 자료로 활용할 수 있도록 구축된 것으로, 인지심리학 연구에서 중요한 실험 자료로 사용하는 '단어'라는 대상의 특성 조사 차원에서 명사 665개의 연상어와 그 빈도, 심상가를 조사한 것이다.

665개 단어를 셋으로 나눈 3종의 설문지가 배부되었고, 각 설문지당

100명이 조사에 참여하였다. 참여자는 설문지에 인쇄된 단어를 보고 한 단어 당 15초의 시간 동안 최대한 많은 연상어를 쓰도록 요구 받았다. 이 300명과 별도로 100명이 심상가 조사에 참여하였다. 심상가는 어휘가 얼마나 명확한 심상을 일으킬 수 있는가 하는 정도를 숫자로 표현한 것인데, 보통은 실험참가자가 7점 척도 상에 쓴 값으로 표현된다(박태진 2004: 239). 박태진(2004)의 자료에서 조사 참여자는 어떤 단어를 보고 그 이미지를 즉각적으로, 그리고 명료하게 떠올릴 수 있다고 판단하면 7에 가까운 값에 표시하고, 그렇지 않을수록 1에 가까운 값에 표시하였다.

〈표1〉 연상어, 연상 빈도, 심상가 자료의 예

제시어	연상어1	빈도	연상어2	빈도	연상어3	빈도	연상어4	빈도	심상가
치약	칫솔	85	이빨(이)	40	양치질	16	치과	14	6.17
밭	논	34	호미	32	채소	25	콩	10	5.60
분노	화	60	폭발	12					2.82

위 표는 조사 결과에서 제시어 '치약, 밭, 분노'의 경우를 보인 것이다. 빈도는 해당 연상어에 대한 응답자 수를 세어서 표시한 것이다. 자료에서는 연상 빈도가 10 이상인 연상어만 제시하고 있는데, 연상 빈도 10 이상인 것으로만 셈하여서 연상이 수가 가장 적은 것은 1개이고('망원' 등. 망원: 망원경), 가장 많은 것은 10개이다〔공책 등. 공책: 연필, 노트, 공부, 학교, 필기, 수업, 펜(볼펜), 지우개, 숙제, 책상〕. 명확한 심상의 정도를 표시하는 심상가는 '치약'의 경우 6.17, '밭'은 5.60, '분노'는 2.82로 조사되었다.

3. 어휘정보들의 관련에 대한 시사

3.1. 연상어에는 상당한 공통성이 있다.
-경험적 어휘부 연구 자료로서 연상어의 효용성

이 자료에 따르면 연상어의 평균 연상 빈도는 제1연상어부터 제10연상어까지 순서대로 46.2, 30.6, 23.1, 18.3, 15.4, 13.8, 12.5, 11.5, 11.0, 10.5이었다. 제1연상어의 평균 연상 빈도는 연구에서 사용된 제시어들 전반에 대해 많은 참가자들이 동일한 단어를 연상해냈음을 의미한다(박태진 2004: 241). 일부 단어는 제1연상어가 상당히 높은 빈도를 보이기도 한다(제1연상어 빈도 90 이상: 12항목, 빈도 80~99: 22항목, 빈도 70~89: 39항목). 연상어의 공통성은 이른 시기의 관련 연구에서부터 지적되어 왔고, 연상어 연구의 전제라고도 할 수 있다. 조명한(1969: 288)에 따르면, 단어의 연상 빈도를 최초로 측정한 것은 독일의 Thumb와 Marbe(1901)에서인데 이들이 연상 빈도 측정을 통해 알아낸 사실 중 하나가 여러 사람들의 연상 반응이 대개 일치한다는 점이었다고 한다. 조명한(1969: 282)에서는 큰 표본에서 조사한 연상 빈도가 실험참여자 개개인의 연상 반응율과 관련을 맺고 있다는 점을 보고하면서 연상과 관련된 자료에서는 '집단과 개인의 재료의 등가성'이 가능할 수 있다고 하였다.

앞서 언급한 바와 같이 한 자극어에 주어진 반응은 그 자극어에 가장 강하게 연합되어 있는 것이라고 가정되므로, 연상어의 보편성은 같은 언어를 사용하는 화자들의 심리어휘부 내 어휘 관계에 공통점이 있음을 추론케 한다. 또한 연상어라는 실험 자료가 어휘부의 모습을 짐작하는 데 유용한 도구가 될 수 있다는 점을 시사한다. 국어학에서 심리어휘부를 상정한 연구들은 연구 방법 면에서 경험적 어휘부 연구를 지향하는 경우가 많은데, 어휘부 구조, 등재 단위의 연결 조직 등을 연구 주제로 삼고 관찰을 통해 경험적 일반화를 하려는 연구에서는 무엇을 실험 조사의 자료로 삼을 것인가, 어떻게 조사를 설계할 것인가, 그 결과가 일반적인 가치를 갖는 진술로 연결되는가가 매우 중요하다.[3] 연상어는 어휘부 조직과 밀접한 관련이 있으면서 학문적 일반화가 가능한 수준의 보편성을 보이므로 경험적 어휘부 연구의 자료로 유용할 것이라고 판단된다.

3.2. 언어 경험을 포함한, 경험이 연상어에 큰 영향을 미친다.
-심리어휘부의 어휘 간 관계에서 형태론적 관련성 이상의 것을 고려해야 할 필요성

아래 표는 제1연상어를 기준으로 연상빈도가 높은 단어들과 낮은 단어들을 보인 것이다. 제1연상어의 연상빈도가 가장 높은 축에 속하는 단어들을 보면(예: '바늘-실, 우산-비, 망치-못, 책장-책, 지갑-돈, 세탁기-빨래') 일상 경험의 영향이 두드러진다.

〈표2〉 제1연상어의 빈도가 높은 경우와 낮은 경우

순위	제시어	심상가	제1연상어	빈도
1	바늘	6.4	실	95
2	열무	5.34	김치	95
3	우산	6.45	비	95
4	망치	6.15	못	94
5	잉꼬	4.54	부부	94
6	책장	5.93	책	93
7	배추	6.4	김치	92
8	우표	6.51	편지	92
9	이륙	4.31	비행기	92

---

3 심리어휘부라는 연구 대상과 경험적 연구 방법론의 관계에 대해서는 주지연(2017), 안소진(2017)을 참고할 수 있다.

10	지갑	6.38	돈	92
11	낙타	6.22	사막	91
12	칠판	6.29	분필	90
13	칫솔	6.64	치약	88
14	벼루	5.74	먹	85
15	세탁기	6.36	빨래	85
16	치약	6.17	칫솔	85
17	찹쌀	5.67	떡(찹쌀떡)	84
18	둥지	5.45	새	83
19	목사	5.28	교회	83
…	…	…	…	…
650	자유	2.46	책임	18
651	구리	4.55	전선	17
652	남색	5.25	바지	17
653	정직	2.49	솔직	17
654	토론	3.45	논쟁	17
655	고고	1.76	고고학	16
656	공간	3.13	방	16
657	내피	2.95	껍질	16
658	취항	2.28	항구	16
659	송치	2.52	감옥	15
660	주석	3.06	금속	15
661	다리	5.79	강	13
662	관사	3.19	a	11
663	어깨	6.11	조폭(건달)	11
664	반출	2.25	반입	10

박미자(2008)에서는 초등학생과 대학생의 연상어를 비교하면서 초등
학생과 대학생의 단어 연상 구조의 유사점과 차이점은 일상 경험의 결과
로 형성된 두 집단의 표상과 인출이 반영된 것이라고 하였다. 단어 연상

은 개인이 일상생활에서 겪는 경험의 산물이어서 경험의 결과로 학습된 단어들 간의 연결이 단어 연상의 반응에 나타나므로(박미자 2008: 26) 두 집단의 같은 경험은 두 집단이 공통적으로 보이는 연상어에(제시어 '바늘'에 대하여 공통 연상어 '실, 뾰족하다') 다른 경험은 서로 다른 연상어에 반영된다는 것이다(제시어 '기차'에 대하여 초등학생의 연상어: '지하철, 철도', 대학생의 연상어: '여행, 계란')(박미자 2008: 25-26).

연상어 분석 결과가 보여주는 경험과의 관련은 앞서 선행연구를 검토할 때 언급한 것처럼, 우리가 어휘부를 연구 주제로 다룰 때 '형태소를 절점으로 하는 연결망'보다 사고의 범위를 넓혀야 한다는 점을 보여준다고 생각된다. 국어 형태론의 어휘부론은 단어 형성론에 그 출발이 있어서 단어 간 연결을 논할 때 연결의 매개 중 형태론적 관련성이 논의의 중심에 놓여왔다(안소진 2012). 우리의 연구 대상을 단어 형성에 관련된 연결로 국한시키지 않는다면, 연결의 모습을 짐작케 하고 이를 설명하는 여러 요인들(예컨대 학습과 기억의 절차 같은)에 대한 관심이 필요하다. 관심의 확장은 단어 형성의 설명에도 기여할 수 있을 것이다.

3.3. 일상적·구체적 성격의 단어일수록 연상의 공통성이 크다.
─어휘정보 간 관련을 파악하기 위해 언어 습득 연구 등을 참고해야 할 필요성

박태진(2004: 241)의 기술통계치에 따르면 심상가와 전체 연상 빈도(한 제시어에 대하여 빈도 10 이상인 연상어의 빈도 합) 간에는 상당한 상관관계가 있다. 연상 빈도 합이 크려면 한 제시어에 대한 연상어들 각각이 최소 10이상의 빈도를 보이면서 숫자가 커야 하므로, 심상가와 전체 연상 빈도의 상관은 '심상가가 높은 단어일수록 연상어가 조사 참여자들에게 공통적'이라고 해석할 수 있다.[4]

그렇다면 심상가가 높은 단어는 어떤 어휘적 특징을 가진 단어인가?

심상가가 높은 순으로 순서를 매겼을 때 상위에 있는 단어들과 하위에 있는 단어들 몇을 아래에 보인다.

〈표3〉 심상가가 높은 단어와 낮은 단어[5]

순위	제시어	심상가	제1연상어	빈도
1	돼지	6.68	고기	40
2	버스	6.65	기사	33
3	칫솔	6.64	치약	88
4	수박	6.63	여름	64
5	딸기	6.62	빨갛다	49
6	깻잎	6.60	머리(깻잎머리)	43
7	고추	6.58	매움(맵다)	68
8	사과	6.58	과일	28
9	침대	6.57	잠	63
10	계란	6.57	닭	60
11	당근	6.54	말	48
12	반지	6.53	결혼	59
…	…	…	…	…
654	변별	2.20	구별	29
655	평화	2.17	비둘기	54
656	장황	2.12	길다(김)	21

---

4 심상성은 단어의 중요한 인지적 특성 중 하나여서 많은 연구들이 심상성이 단어 재인, 기억 수행 등에 영향을 미친다는 점을 보고한다. 심상성이 단어 재인에 영향을 주는 주요 변임임을 보고하는 논의들에 대해서는 김민정(2009: 7)을 참고할 수 있다.

5 조사 대상 단어 중 심상가 순위로 마지막 두 항목인 '마치(664위)'와 '고고(665위)'는 제외하였다. 박태진(2004)에서는 명사를 제시어로 한다고 하였으므로 부사인 '마치'가 제시어에 포함된 것은 오류로 보인다. '고고'는 한자가 병기되어 있지 않아서 박태진(2004)에서 의도한 의미가 '高高'인지 '考古'인지는 알 수 없다. 제1 연상어가 '고고학'인 것으로 보아 한글로 제시된 '고고'를 보고 '考古'를 떠올린 참여자가 많은 듯하다.

657	찰라	2.11	순간	71
658	기고	2.10	기고만장	33
659	마음	2.04	사랑	30
660	계측	2.03	측정	24
661	환멸	1.98	멸시	21
662	편저	1.90	책	33
663	초탈	1.78	해탈	22

제시어 중에서 심상가가 가장 높은 것은 '돼지'이고, 가장 낮은 것은 '초탈'이다. 심상가가 높은 단어는 '돼지, 버스, 칫솔, 수박, 딸기' 등이고 낮은 단어는 '계측, 환멸, 편저, 초탈' 등이다. 심상가가 높은 단어는 구체적인 사물을 나타내는 단어, 일상적으로 사용되는 단어가 많은 반면 심상가가 낮은 단어는 직접 경험하기 어려운 대상, 지각하기 어려운 대상을 의미로 하는 경우가 많다. 심상가가 높은 단어와 심상가가 낮은 단어의 어휘적 특징은 김광해(1988), 김광해(1989)에서 설명한 1차 어휘와 2차 어휘의 성격과 대체로 대응한다.

(4) 1차 어휘와 2차 어휘(김광해 1989: 181)

    가. 1차 어휘

        ㈀ 언어 발달 과정의 초기부터 음운 부문이나 통사 부문의 발달과 병행하여 형성된다.

        ㈁ 언중 전체의 공동 자산으로서 기본적인 통보를 위한 도구로 사용된다.

        ㈂ 어휘 의미의 영역이 광범위하며 의미 내용이 전문적이기보다는 보편적이고 일반적이다.

        ㈃ 학습 수준이나 지식 수준의 고저와는 관계없이 대부분의 언중에게 공통적으로 습득된다.

(ㅁ) 체계적인 교육 활동이나 전문적인 훈련과 관계없이 일상생활을 통하여 자연스럽게 습득된다.

나. 2차 어휘
  (ㄱ) 언중에게 공유된다기보다는 전문분야에 따라 어휘의 분포가 한정된다.
  (ㄴ) 기초적인 언어 발달이 완료된 후 고등 정신 기능의 발달과 더불어 습득된다.
  (ㄷ) 어휘의 의미 영역이 협소하며 용법상의 제약이 존재한다. 전문적이고 특수한 용법으로 사용되는 것이 일반적이다. 전문적인 분야의 작업이나 이론의 전개를 위한 술어로서의 기능을 담당한다.
  (ㄹ) 학습의 성취도나 지식의 정도에 비례하여 습득된다.
  (ㅁ) 의도적이며 인위적인 교육과 특수한 훈련 과정을 거쳐서 습득된다.

위의 특징에서 우리는 '심상가가 높은 단어의 연상어가 조사 참여자들에게 공통적'인 경향의 이유를 추론할 수 있다. 심상가가 높은 단어는 일상에서 접하는 구체물을 의미로 한다. 이 의미는 언어 발달 과정의 초기부터, 의식적인 노력 없이 매일의 생활을 통해 습득된 것이어서 국어 화자가 공유하는 어휘목록에 포함될 가능성이 매우 높다.[6] 2장에서 살펴본 바와 같이 연상어는 언어 경험을 포함한 경험의 장면과 밀접한 관련이

---

6 또한 대부분의 화자에게 확고히 저장된다. 많은 연구들이 심상성이 기억 수행과 단어 재인에 영향을 미친다는 점을 보고하는데〔심상성이 단어 재인에 영향을 주는 주요 변임임을 보고하는 논의들에 대해서는 김민정(2009: 7)을 참고할 수 있다.〕이러한 보고는 심상가가 높은 단어의 인지적 지위를 보여준다.

있는데, 심상가가 높은 단어는 이 단어가 가리키는 사물을 접하는 실제적 경험 및 단어를 사용하는 언어적 경험이 널리 공유되기 때문에 연상어의 공통성이 커지게 된다. 예를 들어 심상가가 3위인 제시어 '칫솔'이 가리키는 사물은 실세계에서 치약과 같은 장면에 나타나기 마련이고 이 때문에 '칫솔'과 '치약'은 언어에서도 고빈도로 인접 출현한다. 연상어는 우리가 실생활의 경험, 그리고 언어적 경험을 통해 알게 된 단어들 사이의 연관 관계를 반영한 것이므로 이 경험이 공유되면 연상어도 공통적이게 된다. 박미자(2008: 25)에서는 연상 강도가 매우 높은 단어들의 경우 대학생과 초등학생 간에 큰 차이가 나타나지 않는다는 점을 보고하면서 의미적으로 강하게 연결되는 단어들은 일찍부터 그 관계를 형성한다는 것을 조사 결과가 시사한다고 하고 있다. 일상적이고 구체적인 단어들은 경험의 시기가 빠르고 경험의 일반성도 높아 그 의미 관계가 강하게, 그리고 많은 이들에게 공통적으로 형성된다고 볼 수 있다.

반면 심상가가 낮은 단어는 교육의 정도나 지식수준에 따라 습득 여부가 달라질 법한 단어들이다. 직접 경험하기 어려운 대상, 지각하기 어려운 대상을 의미로 하므로 '단어가 가리키는 사물을 접하는 실제적 경험'을 할 수 없다. 심상가가 낮은 단어와 관련된 경험은 언어적 경험뿐인데 이들 단어는 어휘의 의미 영역이 좁고 사용되는 부문이 전문적·특정적이므로 단어를 사용하는 언어적 경험이 보편적이기 어렵다.

〈표3〉이 보여주는 심상가와 연상 빈도의 관련, 그리고 이에 대한 해석은 경험과 언어 습득 과정, 그리고 이를 포괄하는 정보 처리 차원에서의 '기억'이 어휘의미 관계에 깊이 관여하고 있다는 점을 보여준다. 아동의 연상어를 조사한 연구들은 어휘의미 관계에 언어 습득 과정이 관련되어 있다는 점을 보여주는 사실들을 보고한다. 예컨대 박미자(2008: 25-26) 반응한 총 연상어 수에 대해 두 명 이상이 반응한 연상어의 비율을 볼 때 연령이 증가할수록 보다 전형적인 의미망, 수렴된 의미망을 형성하는

반면 어릴수록 좀 더 확산이고 덜 전형적인 의미망을 형성한다고 보았다. 아동의 단어 연상 반응에 대한 연구인 김민선(2004: 39)에 따르면 조사에서 연령이 낮은 아동들은 단어를 주로 주제적이거나 경험적, 사건 중심적으로 이해하고 있는 반면 아동의 연령이 증가함에 따라 단어를 범주적이며 체계적으로 이해한다고 한다. 어휘정보 간 관련을 파악하기 위해서는 언어 습득 연구와, 인지심리학의 학습과 기억에 대한 연구를 참고할 필요가 있다고 생각된다.

4. 결 론

인간 기억의 지식표상은 두드러진 연상적, 연결적 특징이 있다(이정모 2009: 454). 본고에서는 이 점을 전제로, 연상어 관찰을 통해 어휘정보들의 관련에 대해 추론할 수 있는 부분을 기술하였다. 어휘 의미 정보와 관련해 연상어로써 추론할 수 있는 사실 세 가지 즉 연상어에는 상당한 공통성이 있으며, 경험이 연상어에 큰 영향을 미치고, 일상적·구체적 성격의 단어일수록 연상의 공통성이 크다는 점을 언급하였다. 그리고 이 점들이 '연상어는 경험적 어휘부 연구 자료로서 가치를 가질 수 있고, 심리어휘부의 어휘 간 관계를 논의할 때는 형태론적 구조 이상의 것을 고려하면서 언어 습득과 학습과 기억에 대한 논의를 적극적으로 참고해야 할 필요가 있다'는 점을 시사한다고 보았다.

참고 문헌

강소영(2010), 「성별 대상어의 의미와 성별 분포와의 상관관계 -남성다움과 여성다움의 연상어휘를 중심으로」, 『여성학논집』 27-1, 이화여자대학교 한국여성연구원, 37-72.

김광해(1988), 「이차 어휘의 교육에 대하여」, 『선청어문』 16·17, 서울대학교 국어교육과, 50-63.

_____(1989), 「현대국어의 유의현상(類意現象)에 대한 연구 -고유어 대 한자어의 일대다(一對多)대응현상을 중심으로」, 서울대학교 박사학위논문.

김민선(2004), 「언어발달지체 아동과 정상 아동의 낱말 연상에 관한 연구」, 단국대학교 석사학위논문.

김민정(2009), 「단어재인에 미치는 연상과 심상성의 영향」, 충북대학교 석사학위논문.

나은미(2009), 『(연결주의 관점에서 본) 어휘부와 단어형성』, 도서출판 박이정.

박미자(2008), 「대학생과 초등학생의 단어 연상 비교」, 『인지과학』 19-1, 한국인지과학회, 17-39.

박선희(2016), 「단어 연상을 통한 언어장애아동의 연상어 반응 유형 및 품사 유형 분석」, 『언어치료연구』 25-1, 한국언어치료학회, 77-87.

박태진(2004), 「한국어 단어의 연상 빈도 및 심상가 조사」, 『한국심리학회지: 실험』 16-2, 한국인지및생물심리학회, 237-260.

박현순(2005), 「한국형 단어연상검사 사례연구」, 『인간이해』 26, 서강대학교 학생생활상담연구소, 17-37.

안소진(2014), 『심리어휘부에 기반한 한자어 연구』, 태학사

_____(2017), 「'누구의' 심리어휘부인가 -심리어휘부 연구에서 자료와 일반화의 문제에 대하여」, 『형태론』 19-2, 1-23.

이광호(2005), 「연결망과 단어형성」, 『국어학』 46, 국어학회, 125-146.

_____(2009), 「한국어 연상어 사전 구축을 위한 시험적 연구 -코퍼스 내의 인접 단어를 이용한 계량적 접근」, 『한국문화』 45, 규장각한국학연구소, 177-206.

이유미·이찬규(2007), 「'가족' 단어의 연상의미 연구」, 『국어학』 50, 국어학회, 295-328.

이인섭(1984), 「언어와 사고의 연상구조에 관한 연구 (1)」, 『서울여자대학교 논문집』 13, 서울여자대학교, 201-228.

_____(1985), 「연상어휘의 의미구조 (2) -엄마, 아빠, 여자, 남자의 연상어 연구」, 『어문논집』 24·25-1, 고려대학교국어국문학연구회, 413-430.

이재호·김성일(1998), 「언어이해 과정의 연구 방법」, 『인지 심리학의 제문제』 II, 학지사, 155-182.

이정모(2009), 『인지과학-학문 간 융합의 원리와 응용』, 성균관대학교출판부.

이정모·이재호 편(1998), 『인지 심리학의 제문제』 II, 학지사.

이찬규(2002ㄱ), 「단어 연상에 관한 조사 연구 (I)」, 『어문연구』 114, 어문연구학회, 5-33.

_____(2002ㄴ), 「단어 연상에 관한 조사 연구 (II)」, 『한국어 의미학』 11, 한국어의미학회, 49-78.

이철·이부영(1976), 「한국대학생에 대한 연상검사의 예비적 연구」, 『신경정신의학』 15-1, 대한신경정신의학회, 65-76.

정성미(2012), 「연상어휘검사 개발을 위한 예비적 연구 -대학생과 여성결혼이민자의 연상어휘비교」, 『인문과학연구』 33, 강원대학교 인문과학연구소, 183-210.

조명한(1969), 「단어내 연상요인으로서의 연상어수와 연상빈도 -단어연상에 대한 상대적 거리 이론」, 『서울대학교 논문집』, 서울대학교, 255-292.

주지연(2017), 「국어 한자어 연구와 어휘부 이론」, 『형태론』 19-1, 47-71.

채현식(2003), 『유추에 의한 복합명사 형성 연구』, 태학사.

최서윤(2009), 「아동·청소년을 대상으로 한 단어연상 검사의 연상규준 연구」, 한양대학교 석사학위논문.

James, C. T.(1975), The Role of semantic information in lexical decisions, *Journal of Experimental Psychology: Human Perception and Performance*, 1(2), 130-136.

단어 형성론 관련 전문용어의 사전 뜻풀이에 대한 관견
『표준국어대사전』·『고려대 한국어 대사전』·『연세 현대 한국어사전』을 중심으로

오 규 환

동덕여자대학교 국어국문학과

1. 머리말

'기술 문법'에 관심을 두고 있는 한국어학자들이라면 '단어 형성론'의 기본 개념들을 숙지하기 위하여 여러 연구들을 참조할 수 있을 것이다.[1] 당장 최근의 논의만 하더라도 이선웅(2012)가 있으며, 전문용어 사전인 한글학회 편(1995)와 남기심·고영근(1993), 이익섭·채완(1999), 구본관 외(2016) 등을 위시로 한 여러 한국어학 개론서에서도 단어 형성론 관련 전문용어의 개념을 상세히 설명하고 있다. 또한 최근의 한국어 형태론 개론서인 최형용(2016)에서도 우리의 관심 대상에 대한 치밀한 고찰이 이루어진 바 있다.

그러나 '학교 문법'에 익숙한 일반 언중들이 단어 형성론의 기본 개념

---

1 이 글에서의 '기술 문법'과 '학교 문법'은 모두 이선웅(2012)의 정의를 따른다. 즉 '기술 문법'은 '규범 문법'이 전제되지 않은 문법이요, '학교 문법'은 '규범 문법'이 전제된 문법이 되는 셈이다.

들이 무엇인지를 알고자 할 때 그 뜻을 가장 손쉽게 알 수 있는 방법은 바로 '사전'을[2] 참조하는 것이 아닐까 싶다. 그리고 일반 언중들이 '사전'을 통하여 단어 형성론의 전문용어가 가리키는 바를 온전히 이해하려면 사전의 뜻풀이가 '제대로'[3] 이루어져 있어야만 한다.[4] 다음의 〈표1〉은 이 글에서 연구 대상으로 삼은 『표준국어대사전』, 『고려대학교 한국어대사전』, 『연세 현대 한국어사전』 등에서 제시한 '합성어', '파생어', '복합어'의 뜻풀이만을 정리하여 보인 것이다.[5]

〈표1〉 『표준』, 『연세』, 『고려』에서의 '합성어', '파생어', '복합어' 뜻풀이

합성어	『표준』	둘 이상의 실질 형태소가 결합하여 하나의 단어가 된 말. '집안', '돌다리' 따위이다.
	『고려』	두 개 이상의 실질 형태소가 모여 새로운 뜻을 가진 한 단어가 된 말. '집안', '병마개', '맛있다' 등이 있다.
	『연세』	둘 이상의 낱말이 모여 만든 하나의 낱말.
파생어	『표준』	실질 형태소에 접사가 결합하여 하나의 단어가 된 말. 명사 '부채'에 접미사 '-질'이 붙은 '부채질', 동사 어간 '덮-'에 접미사 '-개'가 붙은 '덮개', 명사 '버선' 앞에 접두사 '덧-'이 붙은 '덧버선' 따위가 있다.

---

2 이때의 사전은 '종이 사전'이 아니라 '웹 사전'이다. 최형용(2017: 162, 각주 1번)에 따르면 종이 사전은 그 개정이 쉽지 않지만, 웹 사전은 종이 사전보다는 개정이 쉽게 이루어질 수 있다고 한다. 이 글에서 웹 사전을 참고하는 것은 단어 형성론의 전문용어들의 뜻풀이를 보완할 때에 이 글의 성과가 반영되기를 바라는 소박한 마음을 담은 것이라 할 수 있다.

3 후술하겠지만, 오해의 소지를 피하고자 미리 언급하자면, '제대로'는 '옳은'을 가리키는 것이 아니라 '한 사전 내에서 모순이 없는' 정도를 가리킨다.

4 홍종선 외(2009: 111)는 『표준대국어사전』의 등재어의 40% 정도가 '전문어(=전문용어)'인데 이 전문어들이 해당 전문 분야의 학술 용어의 전체도 아니며 분야별로 형평성 있게 배분되지 않았으므로 전문어 등재를 재검토해야 한다고 주장하였다.

5 이후의 논의에서는 편의상 이들을 각각 『표준』, 『연세』, 『고려』로 줄여 부르고 이들을 아우를 때에는 '세 사전'이라는 표현을 쓸 것이다. 그리고 논의 전개에 큰 지장이 없다면 뜻풀이만 제시할 것이다.

	『고려』	단어의 어근에 파생 접사가 붙어서 생긴 단어. 어근에 접두사 또는 접미사가 붙어 이루어진다. 명사 '신'에 접두사 '덧-'이 붙은 '덧신'이나 명사 '선생'에 접미사 '-님'이 붙은 '선생님' 따위의 단어들이 있다.
	『연세』	·
복합어	『표준』	하나의 실질 형태소에 접사가 붙거나 두 개 이상의 실질 형태소가 결합된 말. '덧신', '먹이'와 같은 파생어와, '집안', '공부방'과 같은 합성어로 나뉜다.
	『고려』	단어 구성 형태의 한 가지. 짜임새가 단일하지 않고 복합적인 말로, 형성 방식에 따라 실질 형태소 '신'에 형식 형태소 '덧-'이 붙은 '덧신'과 같은 파생어와 두 개의 실질 형태소 '짚'과 '신'이 어울려 이루어진 '짚신'과 같은 합성어가 있다.
	『연세』	(합성어나 파생어와 같이) 둘 이상의 형태소로 이루어진 말.

위의 〈표1〉에서 확인할 수 있듯이, 사전들마다 '합성어', '파생어', '복합어'를 다르게 뜻풀이하고 있다. 하지만 우리는 지금 동일한 전문용어를 사전마다 달리 정의하는 것을 문제 삼으려는 것이 아니다. 개별 사전의 뜻풀이야 어찌되었든지 간에 그 사전 안에서 일관되게 전문용어의 뜻풀이를 제시하기만 하면 그만이기 때문이다.

그러나 뜻풀이에 제시된 전문용어가 해당 사전의 표제어로 등재되지 않은 경우가 있다든지, 서로 관련된 표제항들에서 모순된 뜻풀이를 제시한다든지 하는 것은 결코 바람직하지 않다고 할 수 있다. 예컨대『연세』는 '파생어'가 미등재어라는 점이 문제가 될 수 있다. 『연세』의 표제어 선정 기준 중 하나는 중·고교 공통 교과 과정에서 출현하는 어휘는 그 출현 빈도가 높지 않더라도 표제어로 선정한다는 것이다(김선혜 2013). 하지만 '파생어'는 중·고교 공통 교과 과정에서 출현하지만『연세』의 표제어가 아니다. 물론 교과서에 실려 있더라도 용례가 많이 발견되지 않는 어휘의 경우는 삭제할 수도 있다는 단서 조항이 있다고는 하지만, '파생어'의 용례가 많이 발견되지 않는지, '복합어'와 '합성어'는 사전에 등재하였지만 유독 '파생어'만 등재하지 않은 이유가 무엇인지는 의문으로 남는다.

한편 『고려』는 또 다른 유형의 문제점을 보여 주고 있다. 『고려』에서는 '파생어'의 뜻풀이에 '접미사'라는 용어를 명시적으로 사용하였다. 하지만 '복합어'의 뜻풀이에는 '형식 형태소'라는 용어를 사용하였다. 그런데 『고려』는 '형식 형태소'를 〔실질 형태소에 붙어 말과 말 사이의 문법적 관계를 나타내는 형태소. 조사, 어미가 이에 해당한다.〕 정도로 뜻풀이하고 있다. 즉 『고려』의 정의를 그대로 따른다면 '접사'는 '형식 형태소'의 테두리 안에 들어오지 못하는바, 결국 '파생어'가 '복합어'에서 제외되는 심각한 문제가 발생하게 된다. 파생어는 조사나 어미가 결합한 단어가 아니라 접사가 결합한 단어이기 때문이다.

이 글에서는 이처럼 세 사전에 등재된 단어 형성론의 전문용어의 뜻풀이가 가지는 문제점들이 무엇인지를 지적하고 그러한 문제점들을 어떻게 보완하여야 할지를 모색하여 보고자 한다. 전술하였듯이 우리의 논의를 통하여 세 사전의 단점을 보완하고 장점을 부각할 수 있다면, 언어학 전공자가 아닌 다른 이들도 사전을 통하여 단어 형성론의 전문용어가 어떠한 뜻을 담고 있는지도 쉽게 이해할 수 있을 것이다. 이는 결국 전문용어를 사전에 어떻게 담아낼 것인지와도 직결된다는 점에서 그 의의가 있다고 할 수 있을 것이다. 우리가 연구 대상으로 삼은 단어 형성론 관련 전문용어는 다음의 〈표2〉와 같다.

〈표2〉 본 연구의 대상이 되는 단어 형성론 관련 전문용어

단어의 분류		단어, 단일어, 합성어, 파생어, 복합어
단어의 형성	단위	형태소, 접사, 접두사, 접미사, 단어
	과정	합성(법), 파생(법)

이 글에서 이와 같은 전문용어만을 다루는 이유는 크게 두 가지이다. 첫째, 〈표2〉에 제시된 전문용어들은 기술 문법에서 단어 형성론을 전개할 때 자주 등장하기 때문이다.[6] 국립국어연구원(2003: 61-62)은 기술 문법서들에서 등장하는 '단어 형성' 관련 전문용어를 총 275개 제시하고 있다. 하지만 우리가 아는 한, 적어도 위의 〈표2〉에 제시한 전문용어들은 연구자들마다 독창적으로 사용하는 전문용어가 아닌 것으로 보인다.[7]

둘째, 〈표2〉에 제시된 전문용어는 중·고교 교과 과정에서도 언급되는 전문용어, 즉 학교 문법에서도 필수적으로 제시되는 전문용어이기 때문이다. 즉 위의 표에 제시한 전문용어들은 기술 문법과 학교 문법에서 모두 언급되는바, 여타의 전문용어들보다 먼저 그 뜻풀이를 검토하여 볼 필요가 있다. 이러한 점을 염두에 두어 우리는 〈표2〉에 제시된 전문용어의 뜻풀이를 비판적으로 검토하여 보고자 한다.

2. '단어의 분류' 관련 전문용어 뜻풀이의 비판적 검토

본격적인 논의를 시작하기에 앞서 '단어'라는 전문용어와 관련된 문제 하나를 간략히 언급하도록 하자. 잘 알려져 있다시피 '단어'에 대한 부동(不動)의 정의는 존재하지 않는다. 이러한 사정에는 여러 이유가 있을 것이다. 그렇지만 적어도 사전 편찬의 관점에서는, 어떻게든 '단어'라는 단어를 정의하여야 한다.

그렇다면 이때의 '단어'가 무엇이냐는 의문을 제기할 수도 있을 것이

---

6 '사전'은 어떻게든 '규범'과 식산접적으로 관련을 맺고 있을 수밖에 없으므로 '사전'이 학교 문법의 체계를 반영하여야 한다는 사실은 두말할 나위가 없다.

7 '어간'을 '가지'로, '품사 전성'을 '몸바꿈' 정도로 가리키는 것은 거의 동일한 현상을 다른 용어로 부른 것이다. 이와 관련된 논의는 우리의 관심 밖에 있다.

다. 그런데 사전 편찬의 관점에서라면 이와 같은 의문을 제기할 필요가 없다. 극단적으로 말하자면, 적어도 사전 편찬의 관점에서는 해당 사전의 거시 구조와 미시 구조를 고려하여 '단어'라는 단어의 뜻풀이를 체계적으로 제시하면 그만이기 때문이다.

잘 알려져 있다시피 '단어'를 어떻게 정의하느냐에 따라 문법 기술이 달라지고, 더 나아가 어휘부 모형까지도 달라질 수 있다(이선웅 2012). 예컨대 조사와 어미를 모두 단어로 이해하든, 조사만을 단어로 이해하든, 조사와 어미 모두를 단어로 이해하지 않든지 간에 '단어'라는 단어의 뜻풀이만 잘 이루어지면 문제가 없다. 따라서 우리는 '단어'라는 단어의 뜻을 해당 사전에서 풀이한 뜻 그대로 따르고자 한다.

〈표3〉 세 사전에서의 '단어'의 뜻풀이

단어	『표준』	분리하여 자립적으로 쓸 수 있는 말이나 이에 준하는 말. 또는 그 말의 뒤에 붙어서 문법적 기능을 나타내는 말. "철수가 영희의 일기를 읽은 것 같다."에서 자립적으로 쓸 수 있는 '철수', '영희', '일기[12]', '읽은', '같다'와 조사 '가[11]', '의[10]', '를', 의존 명사 '것[1]' 따위이다.
	『고려』	자립성(自立性)과 분리성(分離性)을 가진 말의 최소 단위. 최소한 1개 이상의 형태소로 이루어지고, 일정한 뜻을 가진다. '학교에 간다.'에서 '학교', '에', '간다' 따위이다.
	『연세』	일정한 뜻과 기능을 가지고 있으면서 홀로 쓰일 수 있는 가장 작은 말의 단위. 문장을 이루는 낱낱의 단위.

위의 〈표3〉에서 확인할 수 있듯이 세 사전 모두 '단어'는 '자립성'을 가져야 한다는 점을 강조하고 있다. 즉 이때의 '단어'는 학교 문법의 단어와 동일한 개념이며, 기술 문법의 용어를 빌려 표현하자면 '음운론적 단어'에[8] 가까운 개념인 셈이 된다.

---

8 음운론적 단어는 Di Sciullo & Williams(1987), Dixon & Aikhenvald(2010), 최형

그런데 '단어'를 이와 같이 정의하면 『고려』와 『연세』의 뜻풀이에는 문제가 있다고 할 수 있다. 한국어의 조사는 '자립성'이 없으므로 그 자체로 하나의 음운론적 단어를 이루지 못하기 때문이다. 따라서 『고려』와 『연세』는 『표준』과 같이 '또는 그 말의 뒤에 붙어서 문법적 기능을 나타내는 말'이라는 단서 조항을 명시하여야 할 것이다.

하지만 『표준』의 뜻풀이에도 보완되어야 할 점이 있다. 『표준』은 '단어'의 뜻풀이에 '문법적 기능'이라는 표현을 사용하였는데 이때 '문법적 기능'이 무엇을 가리키는지 명확하지 않기 때문이다. 다음의 (1)은 '문법적 기능'이 뜻풀이에 제시된, 『표준』의 '교착어', '형식어'라는 표제어를 보인 것이다.[9]

(1) ㄱ. 『표준』의 '교착어'

〈언어〉 언어의 형태적 유형의 하나. 실질적인 의미를 가진 <u>단어 또는 어간에 문법적인 기능을 가진 요소가 차례로 결합함</u>으로써 문장 속에서의 문법적인 역할이나 관계의 차이를 나타내는 언어로, 한국어·터키어·일본어·핀란드어 따위가 여기에 속한다.

ㄴ. 『표준』의 '형식어'

〈언어〉 실질적인 의미를 가지는 말의 보조로서, 오로지 추상적인 관계나 문법적 기능만을 나타내는 말. <u>조사·보조 동사 따위가 있으며,</u> 형식 명사를 말하기도 한다.

(1)에서 짐작할 수 있듯이 『표준』의 '문법적 기능'은 명사구에 조사가 결합하는 것만을 가리키는 것이 아니라, 동사구나 형용사구에 어미가 결

용(2013, 2016) 등에서 그 정의를 확인할 수 있다.

9 이 글의 밑줄은 모두 필자가 친 것이다.

합하거나 보조 동사 구성이 결합하는 것까지도 가리키는 표현이다. 물론 사전 내부의 정합성만 따진다면 '교착어'나 '형식어'의 뜻풀이만 수정하여도 문제가 되지 않을 것이다. 그러나 한국어의 어미도 '문법적 기능'을 표현하는 요소라는 점을 감안하여 뜻풀이를 수정하는 것도 '단어'라는 전문용어의 뜻풀이를 더욱 선명하게 제시하는 대안이 될 수 있을 것으로 보인다.[10]

한편 『표준』은 뜻풀이에 '실질 형태소'라는 전문용어를 보여 주고 있다. 따라서 '단어'를 '문법적 기능과 실질 의미를 가진 최소의 자립적 단위'로 정의하고자 하였다는 점은 짐작할 수 있다. 하지만 '실질 의미'라는 표현을 뜻풀이에 명시적으로 사용하는 편이 더 나을 것이다.[11]

이제 관심을 돌려 '합성어', '파생어', '복합어'의 뜻풀이를 검토하여 보도록 하자. 가장 먼저 살펴볼 전문용어는 바로 '합성어'이다. 편의상 서론에 제시한 내용을 간추려 다음의 〈표4〉에 제시하였다.

〈표4〉 세 사전에서의 '합성어'의 뜻풀이

합성어	『표준』	둘 이상의 실질 형태소가 결합하여 하나의 단어가 된 말. '집안', '돌다리' 따위이다.
	『고려』	두 개 이상의 실질 형태소가 모여 새로운 뜻을 가진 한 단어가 된 말. '집안', '병마개', '맛있다' 등이 있다.
	『연세』	둘 이상의 낱말이 모여 만든 하나의 낱말.

합성어를 정의하기 위하여 『표준』과 『고려』는 '실질 형태소'라는 개념

---

10 학교 문법에서는 조사는 단어로 인정하되 어미는 단어로 인정하지 않는 절충적 체계를 취하고 있다. 반면에 최형용(2016)은 '어미'도 단어로 인정할 수 있다고 주장한 바 있다. 우리도 최형용(2016)의 견해를 지지하고 있다.

11 남길임(2008)에서는 『표준』의 전문용어 뜻풀이는 일반인에게는 너무나 어렵고 전문가에게는 정확하지 못하다는 점을 지적한 바 있다. 『표준』에서 '실질 의미'라는 표현을 누락한 것은 남길임(2008)의 지적과 동궤의 것이라 할 것이다.

을, 『연세』는 '낱말'이라는 개념을 사용하였다. 이 용어들의 뜻풀이를 해당 사전에서 찾아 보이면 다음의 (2)와 같다.

(2) ㄱ. 『표준』의 '실질 형태소'

　　구체적인 대상이나 동작, 상태를 표시하는 형태소. '철수가 책을 읽었다.'에서 '철수', '책', '읽' 따위이다.

　ㄴ. 『고려』의 '실질 형태소'

　　구체적인 대상이나 동작, 상태와 같은 실질적인 의미를 나타내는 형태소. 예를 들어 '고래는 물을 뿜었다'에서 '고래', '물', '뿜'이 이에 해당한다.

　ㄷ. 『연세』의 '낱말'

　　일정한 뜻과 기능을 가지고 있으면서, 홀로 쓰일 수 있는 가장 작은 말의 단위. 문장이나 이야기를 이루는 낱낱의 뜻의 단위.

여기에서 흥미로운 점은 바로 『연세』의 뜻풀이이다. 앞서 검토하였듯이 『연세』에서 풀이하고 있는 '낱말'을 그대로 이해한다면 '조사'와 '어미'는 '낱말'이 될 수 없다. 따라서 『연세』의 뜻풀이는 어찌 보면 '합성어'를 설명하기에는 가장 적합하다고 할 수 있다.

『표준』과 『고려』의 뜻풀이에서 보이는 가장 큰 차이는 바로 합성어를 이루는 요소들의 의미만으로는 짐작할 수 없는 '새로운 뜻'이 합성어에서 반드시 관찰되어야 하느냐의 문제와 얽혀 있다. 『고려』에서는 합성어의 뜻풀이에 대한 이해를 돕기 위하여 '병마개'와 '마개'라는 단어를 제시하였다.

(3) 『고려』의 '병마개'와 '마개'

　ㄱ. 병마개: 입구가 비교적 좁은 병(瓶)의 아가리나 구멍 등에 끼

위 막는 물건.

    ㄴ. 마개: 입구가 비교적 좁은 <u>용기</u>의 아가리나 구멍 등에 끼워
막는 물건

하지만 위의 (3)에서 확인할 수 있듯이 '병마개'의 의미는 '병'과 '마개'
라는 실질 형태소의 의미만으로도 충분히 도출될 수 있다. 사정이 이러하
다면 『고려』의 '합성어'는 새로운 예를 제시하거나 '새로운 뜻'이라는
단서 조항을 삭제하는 편이 나을 듯하다.[12]

두 번째로 살펴볼 전문용어는 '파생어'이다. 『연세』에는 '파생어'가
등재되어 있지 <u>않으므로</u> 『표준』과 『고려』만을 검토하도록 하겠다.

〈표5〉 『표준』과 『고려』에서의 '파생어'의 뜻풀이

파생어	『표준』	실질 형태소에 접사가 결합하여 하나의 단어가 된 말. 명사 '부채'에 접미사 '-질'이 붙은 '부채질', 동사 어간 '덮-'에 접미사 '-개'가 붙은 '덮개', 명사 '버선' 앞에 접두사 '덧-'이 붙은 '덧버선' 따위가 있다.
	『고려』	단어의 어근에 파생 접사가 붙어서 생긴 단어. 어근에 접두사 또는 접미사가 붙어 이루어진다. 명사 '신'에 접두사 '덧-'이 붙은 '덧신'이나 명사 '선생'에 접미사 '-님'이 붙은 '선생님' 따위의 단어들이 있다.

파생어를 정의하기 위하여 『표준』과 『고려』는 '어근', '접사', '접두
사', '접미사' 등의 용어를 사용하고 있다. 하지만 『표준』은 파생어를
'어간'과 '접사' 또는 '명사'와 '접사'의 결합으로 이해하였지만 『고려』는
파생어를 '어근'과 '접사'의 결합으로 이해하였다는 차이를 보인다.

---

12 이는 곧이어 검토할 '파생어'와의 관련성도 염두에 둘 필요가 있다. 『고려』의 '파생
어'에는 '새로운 뜻'을 가져야 한다는 진술이 없기 때문이다.

그런데 여기에서의 문제는 『표준』과 『고려』의 정의를 따를 때, '개도둑 놈의갈고리'처럼 접사가 복수의 실질 형태소로 이루어진 단위와 결합한 단어를 설명하기 어렵다는 점이다. 최형용(2017)이 지적하였듯이, 사전 에서는 접미사로 처리하고 있지만, 한국어에는 구 이상의 단위에 결합하 는 의존 형태소가 적지 않다. 물론 '개도둑놈의갈고리'와 같은 단어들은 전형적인 파생어보다 그 수가 적기는 하다. 하지만 사전이 정확한 뜻풀이 를 제시하여야 한다는 점을 감안하면 '하나의 실질 형태소'(『표준』)나, '단어의 어근'(『고려』)와 같은 표현은 '실질 의미를 가진 단위' 정도와 같은 느슨한 표현으로 바꾸는 편이 나을 듯하다.[13]

세 번째로 살펴볼 표제어는 바로 '복합어'이다.

〈표6〉 세 사전에서의 '복합어'의 뜻풀이

복합어	『표준』	하나의 실질 형태소에 접사가 붙거나 두 개 이상의 실질 형태 소가 결합된 말. '덧신', '먹이'와 같은 파생어와, '집안', '공 부방'과 같은 합성어로 나뉜다.
	『고려』	단어 구성 형태의 한 가지. 짜임새가 단일하지 않고 복합적인 말로, 형성 방식에 따라 실질 형태소 '신'에 형식 형태소 '덧-' 이 붙은 '덧신'과 같은 파생어와 두 개의 실질 형태소 '짚'과 '신'이 어울려 이루어진 '짚신'과 같은 합성어가 있다.
	『연세』	(합성어나 파생어와 같이) 둘 이상의 형태소로 이루어진 말.

서론에서 지적하였듯이 『연세』는 파생어를 등재하지 않았다는 점이 문제이고, 『고려』는 '접사'라는 용어 대신에 '형식 형태소'라는 용어를 사용한 것이 문제가 될 수 있다.

여기에 한 가지 문제를 덧붙이자면 『고려』의 '두 개의 실질 형태소'라 는 표현이 문제가 될 수 있다. 예컨대 『고려』에서 등재어로 처리한 '한목

---

13 실제로 『표준』과 『고려』에서는 '개도둑놈의갈고리'를 모두 파생어로 처리하고 있다.

소리'는 '한'과 '목소리'로 분석할 수 있지만, 이는 세 개의 실질 형태소, 즉 '한', '목', '소리'로 이루어진 단어이다. 즉 『고려』는 두 단어로 분석되기는 하지만 셋 이상의 실질 형태소로 이루어진 단어까지 포괄할 만한 뜻풀이까지는 미처 고려하지 못한 것이다. 따라서 '두 개의 실질 형태소'라는 표현은 『표준』과 『연세』처럼 '둘 이상의 실질 형태소'라는 표현으로 바꾸는 편이 조금 더 합리적인 방법이 아닐까 한다.

3. '단어의 형성' 관련 전문용어 뜻풀이의 비판적 검토

3.1. '단어 형성 단위'와 관련된 전문용어의 검토

단어는 형태소를 기반으로 형성될 수도 있고, 단어를 기반으로 형성될 수도 있는바, 우리는 '형태소'라는 용어부터 검토하여 보고자 한다.

〈표7〉 세 사전에서의 '형태소'의 뜻풀이

형 태 소	『표준』	1. 뜻을 가진 가장 작은 말의 단위. '이야기책'의 '이야기', '책!' 　따위이다. 2. 문법적 또는 관계적인 뜻만을 나타내는 단어나 단어 성분. 　프랑스의 언어학자 마르티네(Martinet, A.)가 제시하였다.
	『고려』	(1) (기본의미) 〔언어〕 의미를 가진 가장 작은 말의 단위. (2) 〔언어〕 문법적 또는 관계적인 뜻만을 나타내는 단어나 단 　어 성분.
	『연세』	더 이상 분석하면 의미를 잃거나 의미를 알기 어려운 소리가 되어 버리는, 말의 가장 작은 단위.

이견의 여지가 있기는 하지만 일반적으로 기술 문법에서나 학교 문법에서나 '형태소'는 '최소의 유의적 단위' 정도로 정의된다. 〈표7〉에서 확인할 수 있듯이 세 사전 모두 '형태소'라는 전문용어를 '최소의 유의적

단위'정도로 뜻풀이하고 있다. 세 사전의 뜻풀이에는 큰 문제가 없어 보인다. 다만『연세』에서 관찰할 수 있는 흥미로운 점을 하나만 언급하여 두고자 한다.

『연세』에서는 형태소를 정의할 때 '의미를 알기 어려운 소리'라는 표현을 사용하였다. 『연세』의 사전 편찬자들이 의도한 것인지는 알 수는 없지만 이와 같은『연세』의 뜻풀이는 현대 한국어의 '공형태'까지도 감안한 뜻풀이로 이해할 수 있다. 공형태는 분석을 하였을 때 의미를 알기 어려운 소리가 되어 버리기 때문이다. 또한 이와 같은 뜻풀이는 Aronoff(1976)의 진술을 떠올리게 한다. 잘 알려져 있다시피 Aronoff(1976)에서는 음운론적 현현 양상을 고려하여 형태소를 분석하였기 때문이다.

이제 관심을 돌려 '어근'과 '접사'를 어떻게 정의하였는지를 살펴보도록 하자. 다음의 〈표8〉와 〈표9〉는『표준』과『고려』에서 각각 '어근'과 '접사'를 어떻게 정의하고 있는지를 보인 것이다.

〈표8〉『표준』과『고려』의 '어근'의 뜻풀이

| 어
근 | 『표준』 | 단어를 분석할 때, 실질적 의미를 나타내는 중심이 되는 부분. '덮개'의 '덮-', '어른스럽다'의 '어른' 따위이다. |
| | 『고려』 | 한 단어에서 더이상 나눌 수 없이 의미의 중심이 되는 요소. 여기에 접사나 어미가 붙어서 단어가 이루어진다. '아름답다', '밝다', '덧버선'에서 '아름-', '밝-', '버선'을 말한다. |

〈표9〉『표준』과『고려』의 '접사'의 뜻풀이

| 접
사 | 『표준』 | 단독으로 쓰이지 아니하고 항상 다른 어근(語根)이나 단어에 붙어 새로운 단어를 구성하는 부분. 접두사(接頭辭)와 접미사(接尾辭)가 있다. |
| | 『고려』 | 어기(語基)의 앞이나 뒤에 붙어, 어떤 뜻을 더하거나 품사를 바꿈으로써 새로운 단어를 만드는 형태소. 어기에 붙는 위치에 따라 접두사와 접미사, 접요사 따위로 구별된다. |

『고려』는 '어근'을 뜻풀이할 때에는 '어근'이 '접사'와 결합한다고 하였지만, 정작 '접사'를 뜻풀이할 때에는 '어기'와 '접사'가 결합한다고 하였다. 그렇다면 『표준』과 『고려』에서 '어기'를 어떻게 풀이하고 있는 지를 확인하여 보도록 하자.

〈표10〉 『표준』과 『고려』의 '어기'의 뜻풀이

어기	『표준』	단어 형성의 근간을 이루는 부분 또는 요소. 일반적으로 어간보다 더 범위가 작거나 어간과 같은 뜻으로 쓰인다.
	『고려』	단어 구성의 기본적 요소의 하나. 단어 구성에 있어 근간을 이루는 부분으로, 접사와 어미에 대하여 어근과 어간을 통틀어 이르는 말이다.

『표준』은 '어기'를 접사의 짝이 되는 단위로 풀이하지 않았지만, 『고려』는 접사의 짝이 되는 단위로 이해하였다. 그런데 흥미로운 점은 『고려』는 '접사'의 짝을 '어근'으로, '어간'의 짝을 '어미'로 인정하고 있다는 점이다. 즉 『고려』의 '어기'는 넓게는 문장 형성의 차원에서도 논의될 만한 개념을 가리키는 셈이 된다.

그렇다면 『고려』에서 '어간'을 어떻게 뜻풀이하고 있는지를 확인하여 보도록 하자.

(4) 『고려』의 '어간'

〔언어〕 동사, 형용사, 서술격 조사 등 활용어의 활용에서 변하지 않는 줄기 부분. 예를 들어 '잡아, 잡으니, 예뻐, 예쁘니' 등의 활용에서 '잡-, 예쁘-'에 해당하는 부분이다.

'어간'을 (4)와 같이 이해한다면 '어기'를 통하여 문장을 형성할 수 있다는 진술도 가능하게 된다. 이는 학교 문법의 설명과 다소 차이를 보이는 것이다. '어간'이라는 용어만을 사용하여도 문장의 형성은 충분히 설명할 수 있고 또 현행 학교 문법에서도 어기와 어미의 결합보다는 어간과 어미의 결합으로 문장 형성 과정을 설명하고 있기 때문이다. 따라서 어느 경우에는 어간이라는 용어를 사용하고, 어느 경우에는 어기라는 용어를 사용할 수 있다는 상황을 피하기 위하여서라도 『고려』의 '어기'의 뜻풀이는 수정되어야 할 듯하다.[14] 즉 『고려』의 '어기'가 '어근'과 '어간'을 아우르는 개념이기는 하지만 이와 같은 처리는 다소 부정확한 뜻풀이라 할 수 있다. 오히려 『표준』처럼 '어기' 대신에 '어근'이라는 용어를 사용하는 편이 더 나을 듯하다.

또한 『표준』에는 '접사'가 음운론적 의존성을 지니는 단위라는 점을 분명하게 언급하였지만, 『고려』에서는 접사의 음운론적 의존성을 명시하지 않았다. 따라서 『고려』의 뜻풀이만으로는 '새싹'의 '새'를 접두사로 처리할 여지가 생길 수도 있다. 따라서 『고려』의 '접사' 뜻풀이는, '접사'의 음운론적 의존성을 명시하는 편이 좋을 것이다.[15]

이제 마지막으로 『표준』과 『고려』에서 '접두사'와 '접미사'를 어떻게 풀이하고 있는지를 검토하여 보도록 하자. 다음의 〈표11〉과 〈표12〉는 『표준』과 『고려』에서 각각 '접두사'와 '접미사'를 어떻게 풀이하고 있는지를 간추려 보인 것이다.

---

14 굳이 '어기'라는 용어를 사용하고자 한다면, 파생어의 뜻풀이에서 '어기' 대신에 '어근'을 사용하는 것도 한 방법이라 할 수 있다.

15 지엽적인 문제이기는 하지만 '접요사'라는 범주가 한국어에서 관찰되지 않는다는 점을 고려하면 접요사를 뜻풀이에 명시하지 않는 편이 더 나을 듯도 하다.

<표11> 『표준』과 『고려』의 '접두사'의 뜻풀이

접두사	『표준』	파생어를 만드는 접사로, 어근이나 단어의 앞에 붙어 새로운 단어가 되게 하는 말. '맨손'의 '맨-[5]', '들볶다'의 '들-[8]', '시퍼렇다'의 '시-[26]' 따위가 있다.
	『고려』	접사(接辭)의 하나로 어기(語基) 앞에 붙어서 새로운 단어를 만드는 형태소. 단독으로는 사용되지 않고 항상 다른 단어의 앞에 결합하여 쓰인다. 그 뜻을 더하며, 품사를 바꾸어 놓는 일이 없다. 이 새로운 단어는 파생어에 속한다. '맨손'의 '맨-', '들볶다'의 '들-', '새하얗다'의 '새-' 등이 있다.

<표12> 『표준』과 『고려』의 '접미사'의 뜻풀이

접미사	『표준』	파생어를 만드는 접사로, 어근이나 단어의 뒤에 붙어 새로운 단어가 되게 하는 말. '선생님'의 '-님[4]', '먹보'의 '-보', '지우개'의 '-개[13]', '먹히다'의 '-히-' 따위가 있다.
	『고려』	접사(接辭)의 하나로 어기(語基) 뒤에 붙어서 새로운 단어를 만드는 형태소. 단독으로는 사용되지 않고 항상 다른 단어의 뒤에 결합하여 쓰이며, 그 뜻을 더하거나 품사를 바꾼다.

　『표준』과 『고려』의 접두사 및 접미사의 뜻풀이에는 큰 문제가 없어 보인다. 하지만 논의를 마무리하기에 앞서 『고려』의 '접사' 항목과 '접두사', '접미사' 항목의 뜻풀이의 관련성만을 간단하게 살펴보도록 하자. 앞서 우리는 『고려』에서 '접사'를 뜻풀이할 때, 음운론적 의존성을 명시하지 않았다는 점을 문제 삼은 바 있다. 이와 같은 우리의 문제 제기는 『고려』의 접두사와 접미사 항목의 '단독으로는 사용되지 않고'라는 뜻풀이에서도 지지를 받을 수 있을 것으로 보인다. 즉 '접두사'와 '접미사'에는 음운론적 의존성을 명시하였지만, 정작 이 둘을 아우르는 '접사'라는 표제어에서는 음운론적 의존성에 대한 언급을 찾아 볼 수 없는바, 『고려』는 이와 같은 문제를 보완할 필요가 있다.

3.2. '단어 형성 방법'과 관련된 전문용어의 검토

일반적으로 기술 문법에서는 둘 이상의 언어 단위가 결합하여 단어가 형성되는 과정을 가리키기 위하여 '합성'과 '파생'이라는 용어를 사용한다. 하지만 다음의 〈표13〉과 〈표14〉에서 확인할 수 있듯이, 세 사전에서의 '합성'과 '파생'에서 기술 문법에서 사용하는 뜻을 찾아 보기란 쉽지 않다.

〈표13〉 세 사전에서의 '합성'의 뜻풀이

합성	『표준』	1. 둘 이상의 것을 합쳐서 하나를 이룸. 2. 〈물리〉 벡터, 힘 따위의 방향성이 있는 양을 둘 이상 합침. 또는 그런 일. 3. 〈생물〉 생물이 빛이나 유기물, 무기물의 산화에 의하여 얻은 에너지를 이용하여 유기 화합물을 만듦. 또는 그런 작용. 4. 〈수학〉 두 가지 이상의 변환을 거듭 실행함. 또는 그런 일. 5. 〈화학〉 둘 이상의 원소를 화합하여 화합물을 만들거나, 간단한 화합물에서 복잡한 화합물을 만듦. 또는 그런 일. 6. 〔북한어〕 〈언어〉 자립적인 단위끼리 결합하여 하나의 단어를 만듦. 또는 그런 일. 자립적인 단위로는 '단순한 것, 확대된 것, 문법 형태를 가진 것' 따위가 다 될 수 있다.
	『고려』	(1) 〔화학〕 둘 이상의 원소를 화합시켜 하나의 화합물을 만드는 일. 열, 빛 또는 촉매, 효소 따위를 가하는 일이 많다. (2) (기본의미) 둘 이상의 것이 합쳐져 하나를 이룸. (3) 〔물리〕 둘 이상의 벡터 또는 텐서의 합을 구하는 연산.
	『연세』	1. 둘 이상의 사물이 한데 합해지는 것. 2. 둘 이상의 사물이 합해져 새로운 물질을 이루는 것.

〈표14〉 세 사전에서의 '파생'의 뜻풀이

파생	『표준』	사물이 어떤 근원으로부터 갈려 나와 생김.
	『고려』	(1) 사물이나 현상이 어떤 근원으로부터 갈려 나와 생김. (2) 〔언어〕 단어의 어기(語基)에 접사를 붙여서 새로운 단어를 만듦. 또는 그 방법.
	『연세』	하나의 본체에서 다른 사물이나 현상이 갈려 나와 생기는 것.

기술 문법에서 사용하는 '합성'과 '파생'이라는 용어의 뜻은 각각 『표준』과 『고려』에서만 확인할 수 있다. 그나마도 『표준』은 북한어의 경우만이 제시되어 있을 뿐이다. 이와 같은 사정은 '합성'과 '파생'이라는 용어가 다른 분야에서도 쓰일 뿐만 아니라, 일상어로도 사용된다는 점이 깊게 관여한 결과가 아닐까 싶다. 잘 알려져 있다시피 전문용어가 일상어의 자격을 갖추게 되는 변화 양상도 확인할 수 있지만, 일상어를 빌려 전문용어로 사용하는 경우도 있다.[16] 우리가 관심을 두는 '합성'과 '파생'은 이 중 후자의 경우에 속하는 것이라 할 것이다.

또한 『표준』과 『고려』가 기술 문법의 '합성'과 '파생'이라는 용어 대신에 '합성법'과 '파생법'이라는 용어를 채택하여 등재한 것도 '합성'과 '파생'이라는 기술 문법의 전문 용어를 등재하지 않은 이유가 될 듯하다.

〈표15〉 『표준』과 『고려』의 '합성법'의 뜻풀이

| 합성법 | 『표준』 | 1. 〈언어〉 실질 형태소끼리 결합하여 합성어를 만드는 단어 형성 방법.
2. 〔북한어〕〈미술〉 다른 시기와 장소에서 벌어진 사건 내용을 하나의 화면 구성 속에 결합하여 생활 내용을 폭넓게 보여 주는 미술 표현 수법. 선전화와 조각에서 많이 이용되며, 특히 대형 기념 작품에서 필수적인 수법으로 이용된다. |
| | 『고려』 | 〔언어〕 실질 형태소를 서로 결합하여 합성어를 만드는 단어 형성법. |

〈표16〉 『표준』과 『고려』의 '파생법'의 뜻풀이

| 파생법 | 『표준』 | 〈언어〉 실질 형태소에 접사를 붙여 파생어를 만드는 단어 형성 방법. |
| | 『고려』 | 〔언어〕 실질 형태소에 형식 형태소를 붙여서 파생어를 만드는 단어 형성법. 즉 어기에 파생 접사를 붙여서 파생어를 만드는 단어 형성법을 말한다. |

16 이와 관련된 논의는 장유진·홍희정(2005)를 참조할 수 있다.

위의 〈표16〉과 〈표17〉에서 확인할 수 있듯이 『표준』과 『고려』의 '합성법'과 '파생법'은 각각 기술 문법의 '합성'과 '파생'에 대응한다. 그리고 그 뜻풀이에도 큰 문제가 없어 보인다. 그렇다면 기술 문법과 사전 편찬학에서 확인되는 이와 같은 기술의 불일치는 어떻게 극복할 수 있을지를 고민하여 볼 필요가 있다. 이와 같은 상황을 해결하는 방법은 크게 두 가지 정도가 있을 듯하다.

첫째는, 『표준』의 '합성'에 제시한 북한어의 경우를 삭제하고, 『고려』의 '파생'에 제시한 뜻풀이를 삭제하여 사전의 내적 정합성을 추구하는 것이다. 하지만 이와 같은 처리는 기술 문법에서 사용하는 용어의 개념과 사전의 뜻풀이에서 확인되는 개념 간의 괴리를 극복할 수 없다는 단점이 있다.

둘째는, 『표준』과 『연세』에는 '합성'과 '파생'에, 『고려』에는 '합성'에 〔언어〕라는 전문용어 표찰을 매겨 뜻풀이를 추가하는 것이다. 이미 『표준』과 『고려』가 '합성'과 '파생'이라는 용어에 모두 다의어 정보, 그것도 전문용어와 관련한 다의어 정보를 주고 있으므로, 이와 같은 처리는 크게 문제가 되지 않을 것으로 보인다.

4. 맺음말

사전 편찬이라는 작업도 결국에는 사람이 하는 일이기 때문에 개별 사전에서의 오류는 발생할 수밖에 없을 것이다. 하지만 사전에서의 오류를 수정할 수만 있다면 이는 지속적으로 수정하여야 할 것이다. 이 글에서는 『표준』, 『고려』, 『연세』에 실린 단어 형성론 관련 전문용어의 사전 뜻풀이가 가지는 문제점이 무엇인지, 또 그 문제점을 보완할 수 있는 방안은 무엇인지 등을 살펴보았다.

그럼에도 불구하고 우리의 주장이 조금 더 설득력을 얻기 위하여서는 다음과 같은 점들까지도 고려하여야 할 것이다. 첫째, 단어 형성론 관련 전문용어를 찾아 보면 그와 관련된 단어(관련어)나 유의어를 확인할 수 있다. 예컨대『고려』에서 '혼성어'를 찾아 보면 '혼태어', '혼효어' 등이 유의어로 제시되는데 이 글에서는 이러한 유의어까지는 미처 관심을 두지 못하였다. 대사전을 편찬할 때에는 미시구조뿐만 아니라 거시구조까지 신경 써야 한다는 점을 고려하면 각 사전들에서 단어 형성론 관련 전문용어의 관련어로 싣고 있는 표제어들의 뜻풀이까지도 아울러 살펴볼 필요가 있을 것이다.

둘째, 전문용어 사전이라 불리는 언어학 사전과 한글학회 편(1995)에서 전문용어를 어떻게 처리하고 있는지를 검토하여 볼 필요가 있다. 그리고 전문용어의 역사를 꼼꼼하게 검토하고 우리가 관심을 둔 세 사전들에는 어떠한 개념들이 담겨 있는지도 검토할 수 있다면 전문용어의 어휘사를 탐색할 수도 있을 것이다. 우리는 이와 같은 문제들을 고스란히 후일의 과제로 삼고자 한다.

참고 문헌

고려대학교 민족문화연구원(2009),『고려대 한국어 대사전』, 고려대학교출판부.
구본관 외(2015),『한국어 문법 총론 1』, 집문당.
국립국어연구원(2003),『국어학 용어 분류 체계에 관한 연구』, 국립국어연구원.
김병문·주영훈(2017),「남북 통합 국어사전에서의 언어학 용어 처리 방안 연구」,『한국사전학』29, 한국사전학회, 7-40.
김선혜(2013),「『연세 현대한국어사전』의 전문용어 표제어에 대한 연구」,『한국사전학』22, 한국사전학회, 7-31.

김한샘(2015), 「전문용어의 일반어화에 대한 소고」, 『한민족어문학』 71, 한민족어문학회, 129-154.

남기심·고영근(1993), 『표준 국어 문법론』, 탑출판사.

남길임(2008), 「『표준국어대사전』의 전문어 표제항에 대한 사전학적 분석: 식물 영역 전문어를 중심으로」, 『언어과학연구』 47, 언어과학회, 75-97.

도원영(2010), 「『고려대 한국어대사전』의 뜻풀이 정보」, 『한국사전학』 16, 한국사전학회, 106-136.

도원영·차준경(2009), 「『고려대 한국어대사전』의 종합적 고찰」, 『민족문화연구』 51, 고려대학교 민족문화연구원, 1-54.

송길룡·민경모·서상규(2003), 「『표준국어대사전』의 표제어 구성」, 『한국사전학』 2, 한국사전학회, 9-43.

안의정·황은하(2010), 「『연세 현대한국어사전』의 표제어 목록 구성의 이론과 실제」, 『한국사전학』 15, 한국사전학회, 165-193.

연세대학교 언어정보개발연구원 편(20), 『연세 현대 한국어 사전』, 두산동아.

유현경(2010), 「한국어대사전 편찬에 대한 새로운 제안」, 『한국사전학』 15, 한국사전학회, 220-246.

_____(2011), 「한국어사전 편찬의 현황과 이론적 전개」, 『한국사전학』 17, 한국사전학회, 186-208.

이병근(2000ㄱ), 「『표준국어대사전』에서의 정의(뜻풀이)에 대하여」, 『새국어생활』 10-1, 국립국어연구원, 73-84.

_____(2000ㄴ), 『한국어 사전의 역사와 방향』, 태학사.

이선웅(2012), 『한국어 문법론의 개념어 연구』, 월인.

이익섭·채완(1999), 『국어문법론 강의』, 학연사.

이정민 외(1987), 『언어학 사전』(개정증보판), 박연사.

장유진·홍희정(2005), 「국어사전의 전문용어에 관한 연구」, 『한글』 270, 한글학회, 197-232.

조재수(2003), 「『표준국어대사진』의 뜻풀이 살펴보기」, 『한국사전학』 2, 한국사전학회, 45-84.

최형용(2013), 『한국어 형태론의 유형론』, 도서출판 박이정.

_____(2016), 『한국어 형태론』, 역락.

_____(2017), 「구와 결합하는 접미사의 사전적 처리에 대하여」, 『한국사전학』 29, 한국사전학회, 162-190.

한글학회 편(1995), 『국어학 사전』, 한글학회.

홍종선·김양진(2012), 「〈고려대 한국어대사전〉(2009) 접사 선정의 기준: '공시적 분석 가능성'을 중심으로」, 『한국어학』 54, 한국어학회, 325-359.

_____ 외(2009), 『국어 사전학 개론』, 제이앤씨.

Aronoff, M.(1976), *Word Formation in Generative Grammar*, The MIT Press.

Di Sciullo, A. M. & Williams, E.(1987), *On the Definition of Word*, MIT.

Dixon, R. M. W. & Aikhenvald, A. Y.(2002), Word: A Typological Framework, in Dixon, R. M. W. & Aikhenvald, A. Y.(eds.), *Word: A Cross-Linguistic Typology*, Cambridge University Press, 1-41.

민물고기명의 단어 형성에 대하여
납지리·납자루·납줄개류 민물고기명의 방언 분포를 중심으로

김 수 영

서울대학교

1. 서 론

1.1. 연구 주제 및 목적

이 글은 납지리·납자루·납줄개류 민물고기명의 단어 형성 과정을 밝히는 데 그 목적이 있다. 납지리는 잉어목 납자루아과에 속하는 민물고기로, 큰납지리, 가시납지리 등이 있다. 동일하게 잉어목 납자루아과에 속하고 생김새도 비슷해 여러 지역에서 동일한 방언형으로 불리는 민물고기에는 납자루가 있는데, 그 하위 부류에는 줄납자루, 칼납자루, 묵납자루, 일자납자루 등이 있다. 이들과 생김새는 비슷하지만 그 생물학적 분류가 다른 민물고기에 납줄개류 민물고기가 있다. 납줄개, 달납줄개, 납줄갱이 등인데 이들은 모두 잉어목 잉어과에 속하는 물고기다.

이들은 모두 생김새가 유사하고, 주로 서해안과 남해안에 연결된 하천에 분포하기 때문에 그 생물학적 분류는 다르지만 방언형들이 섞여 있다.[1] 따라서 이들 방언형의 상관관계를 살펴보면, 단어 형성 과정에 대하여 일부나마 추론할 수 있을 것으로 기대된다.

이 글에서는 이들 방언형 가운데 '납-' 또는 '납작-/넙적-'을 어근으로 갖는다고 생각되는 예들만을 대상으로 하여, 어근을 기준으로 분류하여 기술할 것이다. 또한 그 형성 방식을 설명하는 데에 있어서는 방언 분포를 적극적으로 활용하고자 한다.

1.2. 연구 대상

이 글에서 사용한 자료는 모두 최기철이 펴낸 『慶南의 自然-淡水魚편』(1983), 『江原의 自然-淡水魚편』(1986), 『忠南의 自然-淡水魚편』(1987), 『全北의 自然-淡水魚편』(1988), 『全南의 自然-淡水魚편』(1989), 『쉽게 찾는 내 고향 민물고기』(2001)에 제시된 것이다.[2] 이들 논저에서는 민물고기명의 방언형과 표준어형을 제시하고 해당 방언형이 어느 지역에서 나타나는지를 정리하였다. 다음 〈그림1〉에 그 일부를 보였다.

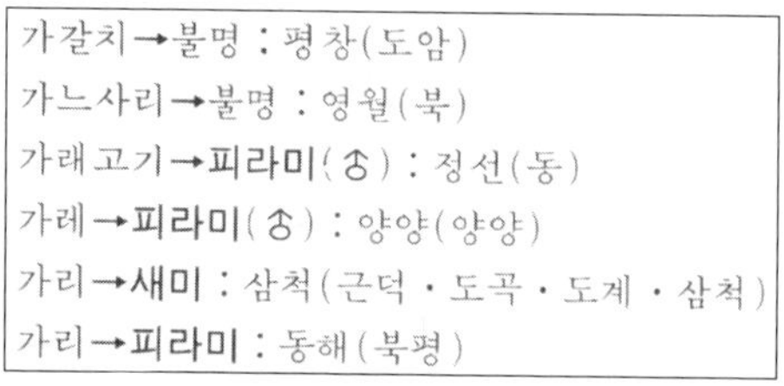

> 가갈치→불명 : 평창(도암)
> 가느사리→불명 : 영월(북)
> 가래고기→**피라미**(송) : 정선(동)
> 가래→**피라미**(송) : 양양(양양)
> 가리→**새미** : 삼척(근덕·도곡·도계·삼척)
> 가리→**피라미** : 동해(북평)

〈그림1〉 최기철(1986)에서 제시된 민물고기명의 방언형

---

1 최기철(1986: 321)에서 이들 물고기에 대한 식별이 쉽지 않다는 것을 확인할 수 있다. 다음 내용이 그것이다. '종 감별에 대한 허약점이 전국적으로 거의 일치된다는 것을 알았다. 예를 들면, (중략) 납줄개 무리에 속하는 각종, (중략) 등을 구분하지 않았다.'
2 최기철(1910~2002)은 생물학자로, 1948년 서울대학교 사범대학 교수로 부임하여 1975년까지 재직하였다. 1963년 이후부터는 한국의 민물고기 연구에 힘썼다. 대표 저서로 『한국의 민물고기』, 『쉽게 찾는 내 고향 민물고기』 등이 있다. 민물고기명의 조사 방법으로 설문지 조사와 직접 조사를 활용하였다.

위의 〈그림1〉에서 확인할 수 있는 것처럼, 화살표 앞에는 해당 지역 (〈그림1〉에서는 강원도)에서 쓰이는 방언형, 화살표 뒤에는 표준어, 콜론(:) 뒤에는 방언형이 쓰이는 세부 지역명이 제시되었다.[3]

다음으로 이 글의 대상이 될 민물고기들을 보이고자 한다. 아래 (1)에 표준어를 기준으로 한 물고기의 이름과 그 생물학적 분류를 제시하였다. 〈그림2〉, 〈그림3〉, 〈그림4〉는 이들 중 대표가 될 만한 물고기들이다.

(1) ㄱ. 잉어목 납자루아과

   -각시붕어

   -납지리(가시납지리, 큰납지리)

   -납자루(줄납자루, 칼납자루, 묵납자루, 일자납자루)

   ㄴ. 잉어목 잉어과

   -납줄개(달납줄개, 흰줄납줄개)

   -납줄갱이

〈그림2〉 큰납지리

이들 민물고기명의 방언형 가운데, 이 글에서 논의 대상으로 삼는 것은

---

3 이 글에서 방언 분포를 제시할 때에는 군 이하 행정구역에 대하여는 고려하지 않았다.

〈그림3〉 흰줄납줄개　　　　　　　　　〈그림4〉 줄납자루

'납-' 또는 '납작-/넙적-'을 어근으로 갖는 것들이다. '각시붕어', '색붕어', '비단붕어' 등 형용사 어근을 갖지 않은 단어들은 제외하였다.

이 글의 구성은 다음과 같다. 2장에서는 민물고기의 이름들을 단어 형성 방법 및 어근을 기준으로 하여 분류하고, 이들의 방언 분포를 제시한다. 또한 각 단어들을 어떻게 분석할 수 있을지 살펴본다. 3장에서는 2장에서의 내용을 바탕으로 방언형들 사이의 관련성을 추정하는데, 이때 방언 분포가 주된 근거가 될 것이다. 4장은 결론으로 논의를 요약하고 보완해야 할 점 등을 밝힌다.

2. 납지리·납자루·납줄개류 민물고기명의 방언 분포

2.1. 민물고기명의 분류

이 장에서는 민물고기명을 다음 〈표1〉과 같은 기준으로, 단어 형성 방법과 어근에 따라 분류한다. ①~④는 모두 각 부류에 속하는 실제 방언형이다. ①과 ②에는 각각 '납-'과 '납작-'류를 어근으로 갖는 합성어들이, ③과 ④에는 파생어들이 속한다.

〈표1〉 민물고기명의 분류

단어 형성 방법 〳 어근	'납-'류	'납작-'류
합성어	① 납붕어	② 납작붕어
파생어	③ 납치, 납지리	④ 납자기

①의 '납붕어'는 합성어이면서 '납-'이라는 어근을 갖는 단어이며, ②의 '납작붕어' 역시 합성어이면서 '납작-'이라는 어근을 갖는다. ③의 '납치'는 '납-'을 어근으로, '-치'를 접미사로 갖는 파생어이며, '납지리'는 '납-'에 접미사 '-지'가 결합하고 여기에 다시 '-리'가 결합한 것이다. ④의 '납자기'는 '납작-'을 어근으로, '-이'를 접미사로 갖는 파생어이다.

합성어들은 모두 제시된 어근에 '붕어' 또는 '고기'가 결합된 형태이며, 파생어들은 다양한 접미사들과 결합하는 양상을 보인다. '납-'류에 포함되는 어근에는 '납-', '넙-', '납작-'류에 포함되는 어근에는 '*납족-', '납작-', '넙적-', '납죽-', '넙죽-', '납닥-' 등이 있다.

이제 이러한 분류 기준을 바탕으로 각각에 해당하는 방언형의 예와 그 분포를 살펴볼 것이다. 2.2에서는 합성어를, 2.3에서는 파생어를 다룬다.

2.2. 합성어

납지리·납자루·납줄개류 민물고기명의 방언형들 가운데 합성어로 분류할 수 있는 것들을 살펴보면, 다음 (2)와 〈지도 1〉에서 그 예와 분포 지역을 확인할 수 있다.[4] (3)은 형용사 '납작-'과 '납-'이 문헌에서 쓰인 예이다.

---

4 본문에는 포함하지 않은 예 가운데 '납작어'(전북 김제), '납살붕어, 날살붕어(전북 김제)'도 있다. '납작어'의 '어'는 '魚'일 것인데, 접미한자어로 볼 수도 있지만 이 글에서는 어근으로 보고 합성어에 분류하였다. '납살붕어, 날살붕어'는 '납살-'과 '날살-'을 각각 분석할 수 있을 듯하지만 '납살-'과 '날살-'이 다른 단어에 쓰이는

(2) ㄱ. 납작고기, 납작붕어, 넙적고기, 넙적붕어, 납죽붕어: 강원 춘
천·평창, 경북 경산·김천·선산, 충북 괴산·진천·옥천·보은,
충남 공주·부여·청양, 전북 김제·군산·부안·완주·전주, 전남
영암·나주

ㄴ. 납닥고기, 납닥붕어: 경남 밀양·진양·산청·하동, 전남 강진,
경북 선산

ㄷ. 납붕어: 전북 장수·옥구, 경북 문경

(3) ㄱ. 납작ᄒ다(面板), 납작코(蝎鼻) 〈한불자뎐 268〉

ㄴ. 匾子船 납은 비 〈漢淸文鑑 12: 19b〉

〈지도 1〉 '납작-'류 합성어의 분포 지역

(2ㄱ)은 형용사 어근 '납작-', '넙적-', '납죽'에 명사 '붕어' 또는 '고
기'가 결합한 예이다. 중부 지역을 중심으로 확인된다. (2ㄴ)은 '납작-'
의 방언형인 '납닥-'에 '붕어' 또는 '고기'가 결합한 예인데, '납닥-'이

────────────

예를 확인하기 어려웠기 때문에 포함하지 않았다.

쓰이는 일부 지역에서만 보인다.[5] 형용사 '납작하다'는 (3ㄱ)에서 확인되듯이, 19세기부터 나타난다. (2ㄷ)의 예는 '납-'에 '붕어'가 결합한 형태이다. '납-'은 '납작하다'의 뜻을 가진 형용사 어근으로, 18세기 무렵부터 나타나며 (3ㄴ)에 그 예가 있다. '납-'은 현대국어에서 쓰이는 어근이 아니기에 공시적으로 합성어라고 할 수 없지만, 합성의 방식으로 형성되었을 것이므로 합성어로 분류하였다. 전북 장수·옥구, 경북 문경 등의 일부 지역에서만 확인된다.

2.3. 파생어

이제 '납-'류와 '납작-'류를 어근으로 갖는 파생어를 다룰 것이다. 이들 형용사 어근에는 다양한 접미사가 결합한다. 이들은 어근에 따라 다시 크게 세 부류로 나눌 수 있는데, ① 어근 '납-'류에 접미사가 결합한 '납치'류 ② 어근 '납작-'류에 접미사가 결합한 '납조기'류 ③ 어근 '납-'에 접미사 '-지'가 결합하고, 여기에 다시 다양한 파생접미사들이 결합한 '납지리'류가 그것이다. 각 부류의 예와 그 방언 분포에 대하여 살펴보면 다음과 같다.

2.3.1. '납치'류

    (4) ㄱ. 납치: 강원 원주, 경북 군위·달성·의성, 경남 합천·창원, 충남
         홍성·청양

---

5 '납닥-'은 '납작-'의 방언형으로 주로 경남과 전남에서 확인된다. 예시는 다음과
  같다.
  ① 밀가리 반죽을 한 거로 납닥항이 피이가 〔경주〕『경북방언사전』
  ② 납닥허다 〔담양〕『전남방언사전』
  ③ (코가) 납닥하다 〔김해, 통영〕『韓國方言資料集(慶尙南道編)』

ㄴ. 넙치: 강원 철원·양구·춘성·홍천, 경북 선산·칠곡·경산·월성, 충북 충주·괴산·청주·옥천·영동, 충남, 전북, 전남 나주·화순

ㄷ. 납사리: 경남 사천, 전북 김제

ㄹ. 납세기: 전남 나주

ㅁ. 납세미: 경북 청도, 경남 김해·함안·창녕·사천·밀양·마산, 전북 익산

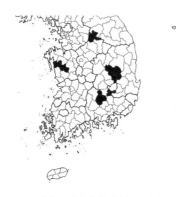

〈지도 2〉 '납치'의 분포 지역

〈지도 3〉 '넙치'의 분포 지역

(4ㄱ), (4ㄴ)은 형용사 어근 '납-/넙-'에 물고기명에 쓰이는 접미사 '-치'가 각각 결합한 예인데, '-치'는 물고기 이름에 붙는 일반적인 접미사라고 할 수 있다(이숭녕 1935/2011: 29; 장태진 1969: 140). '납치'형의 분포 지역을 보인 〈지도 2〉와 '넙치'형의 분포 지역을 보인 〈지도 3〉을 비교해 보면 '납치'형은 그 분포가 한 곳에 집중되었다기보다는 산발적으로 퍼져 있고, '넙치'형은 충남과 전북을 중심으로 비교적 넓은 지역에서 확인된다는 것을 알 수 있다.

(4ㄷ)은 '납-'에 치어(稚魚)를 의미하는 접미사 '-사리'가 결합한 것으로 보인다(장태진 1969: 120).[6] '-사리'는 점차 그 의미를 잃고 성어(成魚)에도 결합하게 되었다고 하며, 그렇게 보면 형태적 접미사로 생각된

다. (4ㄹ)과 (4ㅁ)은 '납-'에 '-세기' 또는 '-세미'가 결합하였다고 볼 수 있다. 하지만 현재로서는 '-세기' 또는 '-세미'를 접미사라고 보기에는 근거가 충분하지 않으며, '-세미'가 주로 동남방언, 그 중에서도 경상남도에 주로 분포한다는 점만을 언급할 수 있다.

2.3.2. '납조기'류

'납조기'류는 '납작하다'의 뜻을 가진 형용사 어근 '*납족-', '납죽-/넙죽-', '납작-/넙적-', '납닥-' 등에 파생접미사 '-이' 또는 '-우'가 결합하여 형성된 파생어들이다. 다음 (5)에 이들을 어근을 기준으로 제시하였다.

(5) ㄱ. *납족-: 납조기(전북 무주·장수), 납조구(전북 임실·장수), 납종갱이(전북 부안)

ㄴ. 납죽-/넙죽-: 납주기(강원 춘성, 충남 금산), 넙주기(충북 충주·중원, 충남 아산·홍성·청양·서천, 전남 화순, 전북 무주·장수, 강원 춘성·화천)

ㄷ. 납작-/넙적: 납재기(충북 영동·진천, 전북 익산), 넙저기(충북 옥천, 충남 금산·당진, 경남 진주·의창·진양, 전남 곡성)

ㄹ. 납닥-: 납대기(경남 창녕, 전북 남원, 경북 칠곡)

(6) ㄱ. 鼈兒 밍들기를 져기 납죡이 ᄒᆞ고 〈朴通事諺解, 下 29b〉

ㄴ. 匾的 납죡ᄒᆞᆫ것 〈譯語類解補 55a〉

ㄷ. 匾嘴 입납죡ᄒᆞ다 〈漢淸文鑑 6:5b〉

---

6 그 예로는 연어사리, 송어사리 등이 있다(장태진 1969: 120).

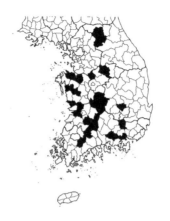

〈지도 4〉 '납조기'류의 분포 지역

　(5ㄱ)에서 확인되는 '*납족-'은 현대국어에서 쓰이는 어근은 아니지만, (6ㄱ), (6ㄴ)에서 볼 수 있듯이 '납족-'에서 온 것으로 추측된다. 따라서 (5ㄱ)은 공시적으로는 파생어라 할 수 없지만 파생의 방법으로 형성되었을 것이다. '납조기'는 어근 '납족-'에 파생접미사 '-이'가 결합한 형태로 추정되는데, '-이'는 생산력이 강한 접미사로 주로 어근이나 의성·의태어에 결합하여 그러한 성질을 갖는 유정명사를 파생시킨다(송철의 1992: 136). '납조구'는 '납족-'에 '-우'가 결합한 것으로 보인다. 그렇지만 '-우'가 사람 또는 동물 등의 명사를 파생시키는 명사형 접미사로 사용된 다른 예는 찾아보기 어렵다.[7] '납종갱이'는 '납조기'에 파생접미사 '-앙이'가 결합한 것으로 여겨진다. '-앙이'는 본래 지소사였으나 '고양이', '토깽이' 등 '새끼'의 의미를 가지지 않고도 동물 이름에 널리 쓰이는 접미사이다(구본관 1998: 96-97). (5ㄴ), (5ㄷ), (5ㄹ)의 예들은 모두 '납죽-/넙죽', '납작-/넙적-' 등에 '-이'가 결합하여 형성된 파생명사이다.

　7　동일한 형태를 가진 척도명사 파생접미사 '-우'와 '-구'는 평북 철산지역어를 대상으로 한 정의향(2010: 74)에서 확인할 수 있는데, 이 지역어에는 '너부'(넓이), '기당구'(길이) 등의 예가 있다.

이제까지 살펴본 '납조기'류는 그 분포 지역이 넓지는 않지만, 주로 한반도의 서쪽 지역에서 관찰된다는 점이 특징적이다.

2.3.3. '납조리'류

이 절에서 살펴볼 '납조리'류는 단일어로는 찾아볼 수 없는 '납지'를 어근으로 갖는 예들이다. 2.3.1에서 물고기 이름에 붙는 접미사 '-치'를 언급하였는데, 그 이형태로 '-지'가 있다고 할 수 있다. 즉 '갈치', '준치', '꽁치', '쥐치'에서 확인되듯이 '-치'는 모음이나 유성 자음 뒤에 오고, '꺽지' 등에서 보이듯이 '-지'는 평폐쇄음 뒤에 오는 것이 일반적이다. 그렇다고 하면 현재 방언 자료에는 '납치', '넙치'만이 있지만, '납-'에 '-지'가 결합한 '납지', '넙지' 또한 있었을 것이라고 추측된다. 이러한 가능성을 보다 적극적으로 받아들여, 이 절에서 살펴볼 예들은 모두 '납-'에 '-지'가 결합한 '납지'를 어근으로 갖는다고 가정하는 것들이다. 다음 (7)~(10)이 그 예이다.

(7) ㄱ. 납조리: 전북, 경남 북부, 전남 보성, 강원 평창, 경북 청송, 충북 옥천·영동, 충남 금산

ㄴ. 납주리: 경북 경산·안동·청송, 충북 옥천, 충남 금산·공주, 경남 사천·마산·함양, 전북 익산, 강원 평창

ㄷ. 납자리: 경북 달성, 경남 산청, 전북 김제·완주·익산·임실

ㄹ. 납저리: 경남 진양, 전북 부안·완주

ㅁ. 납지리: 강원 영월, 경북 내륙, 충북 충주·괴산·청주·보은·영동, 충남 서산·홍성·부여·대전, 전북 북부, 전남 보성

(8) ㄱ. 납조라기: 충북 영동, 경남 창녕, 전북 무주, 경북 내륙

ㄴ. 납주러기: 경북 칠곡

ㄷ. 납자라기: 경북 문경·봉화·안동

ㄹ. 납지라기: 충북 괴산·제원·중원·보은·충주, 충남 예산·청양·
대전·예산·보령·공주·홍성·부여·청양, 경북 문경·상주, 전북
군산, 강원 횡성

(9) ㄱ. 납조랭이: 경북 의성, 전북 무주

ㄴ. 납조래미: 경북 군위·의성

ㄷ. 납주라미: 전북 완주

ㄹ. 납지라지: 충남 홍성

ㅁ. 납지랑이, 납지랭이: 전북 임실, 경북 문경, 충북 괴산·제원·
중원, 충남 보령·홍성·청양

(10) 납지기: 전북 익산

〈지도 5〉 '납조리'형의 분포 지역   〈지도 6〉 '납지리'형의 분포 지역

(7ㄱ)부터 (7ㄹ)까지는 '납지'에 각각 '-오리', '-우리', '-아리', '-어리'
가 결합하여, '납조리', '납주리', '납자리', '납저리'가 형성되었다고 추

정해볼 수 있는 예이다. '-오리', '-우리'는 김형규(1974: 191)에서 접미사로 보고 있다.[8] '-아리', '-어리'는 본래 축소접미사 또는 지소사로 불리는 것이지만('이파리', '병아리', '등어리', '줄거리' 등(구본관 1999: 110)), 이들 물고기 이름에서는 어떤 의미를 갖지 않고 결합된 형태적 접미사로 보인다. 이들 방언형들의 분포는 대체로 겹치고 있으며 그 중 가장 많은 지역에서 확인되는 것은 (7ㄱ)의 '납조리'다. 〈지도 5〉에 그 분포 지역을 제시하였다.

(7ㅁ)의 '납지리'는 '납지'에 '-리'가 결합된 것으로 보이는데, (7ㄱ)-(7ㄹ)과는 구분되는 분포를 보인다. 〈지도 6〉에서 확인할 수 있듯이, 충청북도의 북부나 강원도 남부, 경북 북부 등에서 확인되고 있어 다른 단어들보다는 상대적으로 북쪽에 분포한다.

(8)은 (7)의 단어들에 각각 접미사 '-아기' 또는 '-어기'가 결합한 예이다. (8ㄱ)은 '납조리-아기', (8ㄴ)은 '납주리-어기', (8ㄷ)은 '납자리-아기', (8ㄹ)은 '납지리-아기'로 분석된다. 그 분포에 있어서는 어떤 특징을 보이지는 않는다. 이어서 (9)에서는 그 외 접미사들이 결합한 예를 확인할 수 있다. (9ㄱ), (9ㄴ)은 '납조리'에 각각 '-앙이', '-아미'가, (9ㄷ)은 '납주리'에 '-아미'가, (9ㄹ), (9ㅁ)은 '납지리'에 '-아지', '-앙이'가 결합한 예이다. (10)은 유일례인데 '납지'에 접미사 '-기'가 결합된 것으로, 이를 통해 '납지'를 확인할 수 있다고 생각된다.

2.3.4. 기타 민물고기명

이제까지 다루지 않은 물고기 이름 가운데 다음 (11), (12)에 분류한 예들은 앞에서와는 조금 다르게 분석될 수 있다.

---

8 김형규(1974: 191)에서는 '-오리', '-우리'가 접미사로 쓰인 예로 '봉오리', '봉우리'를 제시하였다.

(11) ㄱ. 납조류: 전북 전주

ㄴ. 납자루: 강원 영월·원주·철원·춘천·홍천, 충북 진천·제원·음
성·괴산·청주, 충남 대전·논산·청양·서천, 전북 고창·김제·남원
·익산·전주·정읍, 전남 고흥·나주·장흥·함평, 경북 군위·김천

(12) ㄱ. 납졸개: 충남 대전

ㄴ. 납졸갱이: 강원 정선, 충남 공주·홍성

ㄷ. 납줄개: 충북 괴산·영동·단양·음성·제원, 전북 익산, 경북 대
구, 충남 공주

ㄹ. 납줄갱이: 경북 영양·의성, 충북 영동, 충남 대전·아산·공주·
논산·홍성, 전북 익산·전주, 강원 정선·철원

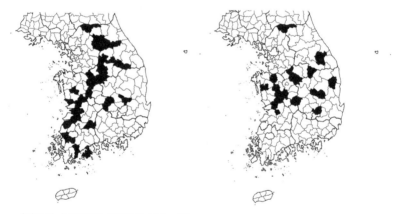

〈지도 7〉'납자루'류 단어들의 분포 지역   〈지도 8〉'납줄개'류 단어들의 분포 지역

위의 (11)은 '납자루'류에 속하는 단어들이다. (11ㄱ)은 '납조류'라는
형태를 보았을 때 '납조리'에 '-우'가 결합한 것으로 분석할 수 있다.
(11ㄴ)의 예들을 분석하는 데에는 다음 두 가지 방법이 가능하다. '납자
리'에 '-우'가 결합하였다고 보는 것과 '납잘-'에 '-우'가 결합하였다고

보는 것이다. 어느 쪽이 보다 타당할지는 다음 장에서 논의할 것이다.

(12)는 '납줄개'류 단어들이다. (12ㄱ), (12ㄴ)의 '납졸개', '납졸갱이'는 각각 어근 '납졸-'에 접미사 '-개'가 결합한 '납졸개', '납졸개'에 다시 '-앙이'가 결합한 '납졸갱이'로 분석 가능하다. 어근 '납졸-'을 어떻게 상정할 것인지는 다음 장에서 논의할 것이다. (12ㄷ)의 '납줄개', (12ㄹ)의 '납줄갱이' 또한 '납줄-'에 접미사들이 결합한 것으로 생각된다. '납졸-', '납줄-'과 같은 'ㄹ' 말음 어근을 어떻게 상정할 수 있는지는 다음 장에서 논의를 이어가기로 한다.

3. 납지리·납자루·납줄개류 민물고기명의 형성 과정

이 장에서는 앞서 살펴본 민물고기명의 방언 분포를 바탕으로, 물고기의 각 이름들이 어떤 관련성을 갖고 있는지 살펴보고, 2.3.4에서 미처 시도하지 못했던 '납자루'류, '납줄개'류 단어들을 분석하고자 한다.

먼저 논의의 전제가 되는 것은 이들 납지리·납자루·납줄개류 물고기들의 생물학적 차이를 일반 사람들이 잘 구분하지 못한다는 것이다. 따라서 단어가 형성된 다음 이들이 서로 섞여 영향을 주고받았을 가능성이 높고, 어떤 개체를 가리키는 단어가 먼저 형성되었다면 다른 개체를 가리키는 말이 생겨날 때에 기존의 단어가 영향을 주었을 것이라고 생각된다.

이 민물고기명들 가운데 먼저 생겨난 단어가 무엇일지, 다른 단어들은 어떻게 생겨났을지 추측해 보기로 하자. '납족-'이 문헌에서 확인되는 가장 예전의 어형이기 때문에 '납족-'이 어근으로 포함되어 있는 단어가 가장 예전에 형성되었을 것이라고 추측할 수 있다. '납족-'이 포함되어 있는 단어는 위의 (5ㄱ)에서 살펴본 '납조기', '납조구', '납종갱이'에 해당한다. 이 방언형은 전북 무주·임실·장수·부안에서만 확인되는데, 무주에는 금강이 흐르고 임실에는 섬진강이 있으며, 용담호 등 큰 호수도 많아 민물고기 개체 수가 많을 것으로 보인다. 즉 다양한 방언형들이 공존하는 곳이며, 그 때문에 예전의 어형을 유지하고 있을 것이다.

'납-'을 어근으로 갖고 있는 단어들은 '납족-'을 갖고 있는 단어들보다 좀 더 늦은 시기에 형성되었을 것으로 추측할 수 있다. '납-'이 문헌에서 보고되는 시기는 18세기 무렵이기 때문이다. 이 가운데서 '납치'형은 확인되는 지역이 매우 적고 산발적으로 나타난다. '납-'을 어근으로 하는 다른 단어들이 여럿 존재하고 있기 때문에 '납치'의 세력도 '넙치'만큼 상당했으리라 여겨지는데도 일부 지역에서 산발적으로 나타나는 것은, 이전에는 이들을 모두 포괄할 정도로 '납치'형의 분포 지역이 넓었음을 의미한다. 또한 '-치'의 이형태로 '-지'가 있다고 할 수 있기 때문에, '납지' 형도 존재했으리라 예상되는데 이를 어근으로 갖고 있는 예들이 위의 2.3.3에서 본 '납조리'류이다. 이들 중 가장 많은 지역에서 쓰이는 것은 '납조리' 형과 '납지리'형이며 '납지리'형이 '납조리'형보다 북쪽 지역에 주로 분포한다. '납주리', '납자리', '납저리'의 분포는 '납조리'형과 유사하다.

한편 '납작-', '넙적-', '납죽-', '넙죽-', '납닥-'을 어근으로 갖는 예들도, 합성어와 파생어모두 그 분포가 넓지는 않지만 주로 한반도의 서부에서 찾아볼 수 있다. '납작-'은 19세기 무렵에나 문헌에서 확인되었으므로 '납작-'을 가진 단어들은 가장 최근에 생겼다고 하겠으나, '납죽-'과 '넙죽-'은 '납족-'에서 형성되었다고 할 수 있으므로 그보다는 이른 시기에 형성되었을 가능성이 있다.

남은 것은 2.3.4에서 다룬 '납자루'류 단어들과 '납줄개'류 단어들이다. '납자루'류 단어들을 설명할 수 있는 방법으로 다음 두 가지를 고려할 수 있다고 하였다. 첫째는 '납졸-우', '납잘-우'로 분석하는 방법이고, 둘째는 '납조리-우', '납자리-우'로 분석하는 방법이다. '납줄개'류 단어들의 경우에도 마찬가지다. '납졸-'과 '납줄-' 즉 'ㄹ' 말음 어근을 인정할지 여부가 문제된다.

결론부터 말하자면 이들 민물고기명에서 '납졸-', '납잘-', '납줄-'이라는 'ㄹ' 말음 어근을 인정할 수 있다고 생각된다. '납졸-'은 '납조리'가 '납졸-이'로 재분석된 결과라고 할 수 있는데, 그 이유는 '납조리'형이 이들 민물고기명 가운데 비교적 넓은 지역에서 사용되고, 파생접미사 '-이'가 유정명사를 파생시키는 데 생산적인 접미사이기 때문이다. '납잘-', '납줄-'은 '납졸-'로부터 유추되었다고 할 수 있을 듯하다.

또한 다음 충주 지역어의 자료를 보면, '납작하다'류 형용사에 'ㄹ' 말음 어근이 존재하고 있는 것도 알 수 있다.

> (13) (애호박 요리에 관한 구술 자료) 더 맛있게 먹을라믄 아까처럼 요래 납질납질해개 쓸:어서 후라이팬에다 기름 늫구 〈충주 2007〉[9]

물론 위의 (13)은 다른 방언에서 확인되지 않으며 '납질-'이 단독으로 쓰이거나 '납질하-'로 쓰이는 경우도 찾아보기 어렵기 때문에 이 자료만으로는 근거가 되지 못한다. 그러나 '납작하다'류 형용사에 'ㄹ' 말음 어근이 쓰일 수 있다는 가능성은 충분히 보인 예라고 할 수 있다.

마지막으로 이들 민물고기명의 어근 목록이 수정되었기 때문에 민물고기명의 분류도 다음 〈표2〉에 다시 제시한다.

〈표2〉 납지리·납자루·납줄개류 민물고기명의 분류

단어 형성 방법 \ 어근	'납-'류	'납작-'류	'납잘-'류
합성어	납붕어	납작붕어	-
파생어	납치, 납지리	납자기	납졸개, 납자루, 납줄개

---

9 출처는 다음과 같다. 국립국어원 편(2007), 『충북 지역어 조사 보고서』, 국립국어원.

4. 결 론

이제까지 납지리·납자루·납줄개류 민물고기명의 형성 과정 및 방언 분포에 대하여 살펴보았다. 납지리·납자루·납줄개류 민물고기들은 주로 서해안과 남해안에서 연결되는 하천에 살며, 한국의 토종 민물고기로 그 개체 수가 많은 편이다. 이들은 생물학적 분류에 따르면 종이 다양하지만, 생김새가 유사하기 때문에 일반인들이 그 차이를 식별하기는 쉽지 않다고 한다. 이 글은 이들 민물고기명의 방언형들이 서로 섞여 영향관계를 주고받으면서 형성되었다는 전제 하에 단어 형성 방법 및 어근을 기준으로 방언형들을 분류하고, 그 방언 분포를 살펴보았다.

납지리·납자루·납줄개류 민물고기명은 크게 합성어와 파생어로 나뉜다. 합성어에는 어근 '납-'류를 갖는 예들과 '납작-'류를 갖는 예들이 있다. 그중 '납작-'류는 주로 한반도의 서부에 분포한다는 특징이 있다.

파생어는 다소 복잡한데, 어근에 '납-'류, '납작-'류, '납졸-'이 있다. '납-류'에는 '납-', '넙-', '납지-'가 포함되는데, 이 중 '납지-'는 단일어로 존재하지는 않지만 '납치', '넙치' 등과의 관계를 고려하여 '*납지'를 어기로 보았다. 이들 '납-'류 어근에는 '-치', '-사리', '-세기', '-세미', '-오리', '-우리', '-아리', '-어리', '-리', '-아기', '-아지', '-앙이', '-아미' 등의 다양한 접미사가 결합한다. 그 방언 분포는 중부 내륙 지역을 중심으로 하여 충청남도, 전라북도에서 주로 사용됨을 알 수 있었다. '-오리', '-우리', '-아리', '-어리'는 비슷한 지역에서 확인되는데 '-리'는 이보다는 북쪽 지역에서 확인된다.

'납작-'류에는 '납족-', '납작-', '넙적-', '납죽-', '넙죽-', '납닥-' 등이 포함된다. 여기에는 주로 파생접미사 '-이'가 결합하여 방언형들을 형성하는데 주로 한반도의 서부에 분포하며 이는 '납작-'류를 어근으로 가진 합성어의 방언 분포와도 부분적이나마 일치한다.

마지막으로 어근 '납졸-'은 '납조리'(납지-오리)에서 '납졸-이'로 재분석되어 형성된 것으로 보았으며, 이러한 '납졸-'이 결합하여 '납졸개' 등의 새로운 단어를 만든 것으로 추측하였다.

　이 글은, 납지리·납자루·납줄개류 민물고기명의 형성 과정을 살펴봄으로써 다양한 민물고기명의 관련성을 밝히고 이를 설명하는 데 있어 방언 분포를 적극적으로 활용하고자 했다. 그러나 방언에서 쓰이는 다양한 파생접미사에 대한 검토가 충분하지 못하였고, 이들 민물고기명을 제외한 다른 예들을 폭넓게 다루지 못하여 논의의 타당성을 마련하지 못했다는 한계가 있다. 그럼에도 이제껏 한국어학계에서 크게 주목받지 않았던 민물고기명의 형성 방식을 방언학적 관점에서 다루었다는 데 그 의의가 있다고 하겠다.

참고 문헌

구본관(1998), 『15세기 국어 파생법에 대한 연구』, 태학사.

_____(1999), 「축소 접미사에 대한 연구」, 『국어학』 34, 국어학회, 109-141.

국립국어원 편(2007), 『충북 지역어 조사 보고서』, 국립국어원.

기주연(1994), 『近代國語 造語論 硏究 Ⅰ』, 태학사.

김유겸(2015), 「유추에 의한 파생접미사의 생성과 분화」, 『국어학』 73, 국어학회, 229-267.

김창섭(1996), 『국어의 단어형성과 단어구조 연구』, 태학사.

김형규(1974), 『韓國方言硏究』, 서울대학교출판부.

노명희(2005), 『현대국어 한자어 연구』, 태학사.

송정근(2007), 「현대국어 감각형용사의 형태론적 연구」, 서울대학교 박사학위 논문.

송철의(1992), 『國語의 派生語形成 硏究』, 태학사.

심악이숭녕전집간행위원회 편(2011), 『心岳李崇寧全集』, 태학사.

심재기(1982), 『國語語彙論』, 집문당.

이기갑(2005), 「전남 방언의 파생접미사 (Ⅰ)」, 『언어학』 41, 한국언어학회, 159-193.

이승녕(1935), 「漁名雜攷」, 『진단학보』 2, 진단학회, 134-149. 〔심악이숭녕전 집간행위원회 편(2011)에 재수록〕

이춘영(2016), 「연변 지역어의 접미파생법 연구」, 서울대학교 박사학위논문.

임홍연(2015), 「함북 방언의 파생접미사 -『咸北方言辭典』을 중심으로-」, 서울대학교 석사학위논문.

장태진(1969), 「물고기 이름의 어휘 연구」, 『한글』 143, 한글학회, 112-141.

정성경(2013), 「전남 방언의 파생 접사 연구」, 목포대학교 박사학위논문.

정승철(1995), 「제주도 방언의 파생접미사 -몇 개의 재구형을 중심으로」, 대동문화연구 30, 성균관대학교 대동문화연구원, 359-374.

_____(2013), 『한국의 방언과 방언학』, 태학사.

정의향(2010), 「평북 철산 지역어의 접미파생법 연구」, 서울대학교 박사학위논문.

조성금(2015), 「후기 근대한국어 접미파생법 연구」, 서울대학교 박사학위논문.

최기철·전상린 공편(1983), 『慶南의 自然: 淡水魚 편』, 경상남도교육위원회.

_____ 편(1986), 『江原의 自然: 淡水魚 편』, 강원도교육위원회.

_____ 편(1987), 『忠南의 自然: 淡水魚 편』, 한국교육기술진흥재단.

_____ 편(1988), 『全北의 自然: 淡水魚 편』, 전라북도교육위원회.

_____ 편(1989), 『全南의 自然: 淡水魚 편』, 전라남도교육위원회.

_____(1993), 『민물고기』, 대원사.

_____ 편(2001), 『쉽게 찾는 내 고향 민물고기』, 현암사.

한국정신문화연구원 편(1995), 『韓國方言資料集』, 한국정신문화연구원 어문연구실.

홍종선 외(2006), 『후기 근대국어 형태의 연구』, 역락.

David Fertig(2013), *Analogy and Morphological Change*, Edinburgh University Press.

제4부
국어사

17세기 중반 '진주유씨가 묘 출토 언간'의 상대경어법과 그 해석*

황 문 환

한국학중앙연구원

1. 서 론

'진주유씨가 묘 출토 언간'은 경기도 포천 柳時定의 묘에서 출토된 총 58건의 한글 편지를 이른다(이하 〈편지〉로 약칭). 이들 〈편지〉는 移葬 과정에서 발굴된 것을[1] 鮮文大 朴在淵 교수께서 입수하여 1차 판독을

* 이 글은 2006년 8월 24일 강남대 인문과학연구소 제36차 국내학술대회(주제: 京畿 동부지역 古文獻을 통해 본 言語와 文化)에서 구두로 발표한 내용 중 상대경어법과 관련한 부분을 수정, 보완한 것이다. 당시 지정 토론을 맡아 발표 내용을 보완하는 데 도움을 주신 경북대 백두현 교수께 이 자리를 빌어 우선 감사드린다. 당시 구두로 발표한 내용은 〈편지〉 자료가 학계에 공개되기를 기다려 정식 논문으로 발표할 예정이었으나 자료 공개가 계속 지연되면서 발표 기회를 갖지 못하였다. 그러다가 〈편지〉 자료를 소장한 鮮文大 양승민 교수께 양해를 얻어 (아직 공개가 되기 전임에도 불구하고) 이번에 기존 내용의 일부를 논문으로 발표하게 된 것이다. 미공개 자료의 활용을 양해해 주시고 여러모로 도움을 주신 양승민 교수께 이 자리를 빌어 깊이 감사드린다.

1 이에 대한 자세한 내용은 양승민(2006) 참조.

가하고 필자가 그에 대한 校閱을 의뢰받으면서 판독 결과를 수정, 보완하였다.[2] 〈편지〉는 아내 안동김씨(1593~1676)의 유언에 따라 생전에 남편 柳時定(1596~1658)으로부터 받은 편지를 관 속에 副葬한 것인데 柳時定의 생몰 연대 등으로 미루어 〈편지〉가 씌어진 시기는 17세기 초반에서 1658년 사이일 것으로 추정되고 있다(양승민 2016). 〈편지〉에 적힌 年紀가[3] 1647~1657년 사이에 집중된 점을 감안한다면 〈편지〉는 보다 시기를 좁혀 17세기 중반의 자료로 다루어 크게 무리가 없다.

〈편지〉는 58건 모두가 남편이 아내에게 쓴 것이기 때문에 당시의 夫婦間 특히 〔남편→아내〕의 상대경어법을 살피기에 좋은 자료가 된다. 이미 황문환(2010: 9, 44)에서는 〈편지〉의 종결형과 관련하여 "〔남편→아내〕 언간의 종결형이 'ᄒᆞᆸ소'체에서 'ᄒᆞᆸ'체로 옮아가는 과도기적 양상이 반영된" 특징을 보고한 바 있다. 그러나 종결형의 '과도기적 양상'을 지적했을 뿐 황문환(2010)에서는 〈편지〉의 상대경어법 전반을 구체적으로 점검하고 음미할 기회는 갖지 못하였다. 이에 본고에서는 〈편지〉의 2인칭대명사와 종결형 전반을 통해 〈편지〉에 구사된 상대경어법을 정밀하게 관찰하는 한편, 상대경어법의 통시적 변화와 관련하여 〈편지〉에서 관찰되는 '과도기적 양상'을 어떻게 해석해야 할지 그 의의를 음미하는 데 목표를 두고자 한다.

---

2 그동안 〈편지〉를 소중히 보관해 오신 진주유씨가 후손 분들과 귀한 자료를 발굴해 주신 강남대 고문헌 팀의 연구책임자 홍순석 교수, 그리고 그동안 애써 작성한 〈편지〉의 판독 결과를 발표자에게 기꺼이 제공해 주신 박재연 교수 등 여러분께 이 자리를 빌어 깊은 사의를 표한다.
3 뎡희(1647, 인조 25) 〈11, 19, 28〉, 신묘(1651, 효종 2) 〈38〉, 丁酉(1657, 효종 8) 〈6〉.

2. 〈편지〉의 2인칭 대명사

2인칭 대명사는 청자를 직접 지시 대상으로 하기 때문에 話階(speech level)와 일대일 대응 관계에 놓일 정도로 화계 표시력이 높은 형식이다. 〈편지〉에서 청자(수신자)를 직접 지시 대상으로 한다고 볼 수 있는 형식은 아래 (1)에서 보듯이 '자내'와 '게셔'를 들 수 있다.

(1) a. 〔間〕**자내** 츌힝을 예셔 두 고듸 바드니 …(중략)… 예 들 날은 스므닐웬날과 초사흔날이 극길타 ᄒ니 …(중략)… 모다 의논ᄒ여 급；긔별ᄒ여든 죵마를 보내**오리** 겨집죵톨이 며치 될고 그 점 긔별ᄒᆞᆸ 아긔 대샹이 닷새 이시니 〔間〕**자내** 셜워ᄒ시ᄂ 양을 보ᄂ 듯홀 분 아니와 혼자셔 디내게 되니 그런디 …(중략)… 요ᄉ이ᄂ 줌든 ᄉ이도 닛디 몯ᄒ여 눈믈로 디내오며 대동문곧 보면 남대문 ᄀᆞ튀여 반가오니 뎌리 얼골이나 ᄀᆞ튀니를 반가이 보리 삼고져 특；셜워ᄒᆞᆸ 〈11: 남편(유시정)→아내(안동김씨)〉

a′. 셰다븐 과심ᄒ건마ᄂᆞᆫ 엇딜고 이제란 원간 겨집죵으란 내브려 두어돈 **자내** 브리소 ᄉᆞ나히 그 조차 검거ᄒᄂ 양이 얼운답디 아니ᄒ 수미 오면 됴컨마ᄂᆞᆫ 누를 드려 **올고** 막죵이만 맛뎌란 보내디 마소 힝혀 무게 나 다티니 손첨디 모롤샤 ᄒ**뇌** 긔우ᄂ 져그나 ᄒ**린가** 〈순천김씨묘출토언간(16세기 중후반) 6: 남편(채무이)→아내(순천김씨)〉

b. ᄉ연을 보ᄋᆸ거든 특；망극ᄒ온 졍ᄉ을 〔間〕**게셔나 예셔나** 어이 견듸여 디내**올고** 아마도 거즈일 ᄀᆞ튀여 더욱 닛디 몯ᄒᄂ 가온대 열이 극듕ᄒ니 됴셕의 주글 줄은 모르거니와 민망기 ᄀᆞ이업서 ᄒᆞᆸ 〈2: 남편(유시정)→아내(안동김씨)〉 **예셔** 무르니

구월 초열흔날 나셔 스므날 들거나 열엿샌날 나셔 스므닐웬날
들거나 ᄒᆞ라 ᄒᆞ니 초열흔날이야 됴홀가 시브느 **게셔도** 그리 츌
혀오게 ᄒᆞ시되 **게셔도** 다ᄅᆞᆫ ᄃᆡ 고텨 무러 보와 ᄒᆞᆸ 〈31, 55⁴:
남편(유시정)→아내(안동김씨)〉

b′. 셰목 두 필을 어더ᄉᆞ오니 **게셔가** 오시면 가을의 겹것 가튼 거시
나 ᄒᆞ야 입으면 됴홀 거슬 아직 두어시니 내년이들 못 ᄒᆞ야 입습
〈추사 김정희 언간(19세기 전반) 09: 남편(추사 김정희)→아내
(예안이씨)〉 집안일이 즉금은 더고 **게셔씌** 다 달여시니 응당
그런 도리은 알으시려니와 동동ᄒᆞᆫ ᄆᆞ음은 별노 간졀ᄒᆞ와 이리
말ᄉᆞᆷ을 구구히 ᄒᆞᆸ 〈20: 남편(추사 김정희)→아내(예안이씨)〉

　(1a)의 '자내'는 (1a′)와 같이 〈편지〉 이전의 〔남편→아내〕 언간에서
도 이미 그 존재가 확인된다. 황문환(2007: 125)에 따르면 16~17세기
언간에서 '자내'는 이른바 'ᄒᆞ소'체⁵의 대표적인 2인칭 대명사로 자리잡
아 〔장모 → 사위〕, 〔시누이 → 올케〕, 〔남동생 → 누이〕 등 여러 경우에
적용되던 형식이었다. 이에 비해 (1b)의 '게셔'는 문맥상 2인칭 인물(=수
신자)을 지시하더라도 그것이 2인칭 대명사의 자격으로 쓰였다고 할 수
있는지는 의문스러운 형식이다. 〈편지〉에서 '게셔'는 "거기서"를 의미하
는 부사어로 쓰여 '예셔'("여기서")와 짝을 이루며 수신자를 우회적으로
가리키는 데 쓰이고 있을 뿐이기 때문이다.⁶ 물론 '게셔'는 〈편지〉보다

4　55번은 내용상 31번 뒤에 이어진다. 원래 두 장에 걸쳐 씌어진 언간이나 자료를
　 정리할 때 별도의 편지로 분리되어 번호가 매겨진 것이다.
5　당시의 'ᄒᆞ소'체는 "'ᄒᆞ여라'체("안높임")와 'ᄒᆞ쇼셔'체("높임") 사이의 중간 등급
　 에 해당하는 화계"(황문환 2007: 125)를 이른다.
6　여기서 '게셔'가 청자(수신자)를, '예셔'가 화자(발신자)를 가리킬 수 있는 것은
　 '게셔'와 '예셔'에 포함된 '그'와 '이'의 화시적(話示的, deictic) 용법에 따른 것이라
　 할 수 있다. 이에 대해서는 張京姬(1980: 182), 任洪彬(1987: 194) 참조.

후대의 18~19세기 언간(특히 추사 집안의 언간)에서 (1b′)와 같이 (주격 '가'나 여격 '씌'와 결합하여) 2인칭 대명사로 쓰인 듯한 예가 확인되지만 (황문환 2004: 367-368) 적어도 〈편지〉에서는 이 같은 용법이 확인되지 않는다.

대명사 자격이 의심스러운 '게셔'를 제외한다면 〈편지〉에서 관찰되는 대표적 2인칭 대명사는 바로 '자내'라 할 수 있다. 먼저 〈편지〉에 출현하는 '자내'(7회)를 아래 (2)에 모두 예시하기로 한다.

(2) a. 내 ᄆᆞ음을 이리 뎐티 몯ᄒᆞ며 [間]**자내게** 당부ᄒᆞ미 소활커니와 우리 견ᄃᆡ여 ᄒᆞᆫ 여라믄 ᄒᆡ나 사래야 집일이 져그나 ᄀᆞᆺ 자바 ᄌᆞ식들히나 굿기디 아닐 거시니 ᄒᆞ갓 □□억디 마오 음식이나 브ᄃᆡ ᄌᆞ로 [間]**자시고** 울음도 무시에 말고 몸을 도라보와 조심 ᄒᆞᆸ 〈9〉

b. [間]**자내** 츌힝을 예셔 두 고ᄃᆡ 바드니 …(중략)… 예 들 날은 스므닐웬날과 초사흔날이 극길타 ᄒᆞ니 …(중략)… 모다 의논ᄒᆞ여 급ː 긔별ᄒᆞ여든 죵마를 보내**오리** 겨집죵틀이 며치 될고 그 졈 긔별ᄒᆞᆸ 아긔 대샹이 닷새 이시니 [間]**자내** 셜워ᄒᆞ시는 양을 보는 ᄃᆞᆺ홀 분 아니와 혼자셔 디내게 되니 그런디 …(중략)… 요ᄉᆞ이는 줌든 ᄉᆞ이도 닛디 몯ᄒᆞ여 눈믈로 디내오며 대동 문곧 보면 남대문 ᄀᆞᆺᄐᆞ여 반가오니 뎌리 얼골이나 ᄀᆞᄐᆞ니를 반 가이 보리 삼고져 특ː 셜워ᄒᆞᆸ 〈11〉 (=1a)

c. 요ᄉᆞ이는 엇더ᄒᆞ오며 [間]**자내** 목증은 엇더ᄒᆞ신고 념 ᄀᆞ이업**습** 〈17〉

d. 한진ᄉᆞ 안해 병환도 그저 ᄒᆞ가시오 [間]**자내도** 홍쥐 증 ᄀᆞᄐᆞᆫ 증이 나 겨시다 ᄒᆞ니 … [間]**자내** ᄆᆞ자 누오시면 나 이러ᄒᆞ고 다만 ᄒᆞᆫ ᄌᆞ식의 뎌를 엇다라 ᄒᆞ시고 그리 ᄒᆞ시**ᄂᆞᆫ고** 분별이 ᄀᆞ이

업고 애드옵 〈39〉

e. 예셔도 졈ᄒ고 무르니 〔間〕**자내롤** 하 하라니 일졀 병가의 통티
말라 ᄒ니 조심ᄒ옵 〈44〉

위 (2)에서 '자내'는 (여격형, 속격형, 주격형, 대격형 등) 다양한 격형
(格形)으로 출현하지만 〈편지〉 이전의 〔남편→아내〕 언간에 출현하는
'자내'와 비교하여 이렇다 할 차이를 보여 주지는 않는다. 그러나 〈편지〉
에서 '자내' 앞에 한결같이 공백(空白)을 두어 이른바 '間字法'을 적용하
고 있는 점은 이전과 두드러진 차이점으로 반드시 주목할 필요가 있다.
황문환(2015: 113)에 따르면 이 '間字法'은 (대우 격식의 하나로서) '擡
頭法'과 달리 "행을 바꾸지 않는 대신 대상 글자 앞에 글자 간격을 빈칸으
로 두어 발신자의 존대 의사를 표시하는 방법"이다. 〈편지〉에서 '間字法'
은 아래 (3)에서 보듯 대명사 '자내'뿐 아니라 수신자(아내 안동김씨)와
관련된 여러 표현에도 자주 적용되었다.〔위 (2a)의 예에서도 '자시고'
앞에 '間字法'이 적용된 것을 볼 수 있다.〕

(3) 듕실 오나눌 〔間〕**더그시니** 보오와 〔間〕**안부**는 아오나 수연을 보
옵거든 특ᄾ 망극ᄒ온 졍수을 〔間〕**계셰**나 예셔나 어이 견듸여 디
내올고 …(중략)… 녀나믄 수연은 어제 ᄒ엿고 가는 사ᄅᆷ 졉글게야
알고 잠 뎍습 아모리나 〔間〕**부디ᄒ실** 일을 싱각ᄒ옵 〈2〉, 광덕
디나가올시 잠 뎍습 아마도 〔間〕**조심ᄒ여** 평안히 겨옵 〈33〉, 나흔
날 〔間〕**뎍습신** 편지 보오와 더위예 아기네ᄒ시고 〔間〕**몸이나** 편
안ᄒ시니 그지업시 깃ᄉ와 ᄒ오며 〈35〉, 뎍쇠 도라갈 제 뎍습더니
〔間〕**보옵신가** ᄒ오며 광쥐 디난 후 긔별 드롤 길히 업ᄉ오니 엇디
〔間〕**겨옵신고** 넘이 ᄀ이업습 〈41〉

위 (3)을 보면 일부 용례를 예시했을 뿐이지만 수신자와 관련된 용언('뎌그시니, 부디ᄒᆞ실, 조심ᄒᆞ여, 덕습신, 보ᄋᆞ신가, 겨ᄋᆞ신고')을 비롯하여 체언('안부, 몸')과 부사어('게셔') 등에도 '間字法'이 적용된 것을 관찰할 수 있다. 수신자와 관련하여 '間字法'이 적용되었다면 〈편지〉에서 발신자(남편)는 수신자(아내)에게 일종의 "존대 의사"를 표현한 셈이라 할 수 있는데 이는 〈편지〉 곧 17세기 중반 이전의 〔남편→아내〕 언간 자료에서는 전혀 관찰되지 않던 것이다. 아래 (4)를 보기로 하자.

(4) a. 셰다븐 과심ᄒᆞ건마ᄂᆞ 엇딜고 이제란 왼간 겨집죵으란 내브려 두어든 **자내** 브리소 ᄉᆞ나히 그 조차 검거ᄒᆞᄂᆞᆫ 양이 얼운답디 아니ᄒᆡ 수미 오면 됴컨마ᄂᆞᆫ 누를 드려 **올고** 막죵이만 맛뎌란 보내디 마소 ᄒᆡᆼ혀 무게 나 다티니 손첨디 모ᄅᆞᆯ샤 ᄒᆞ**뇌** 긔우ᄂᆞᆫ 져그나 ᄒᆞ**린가** 〈순천김씨묘출토언간(16세기 중후반) 6: 남편(채무이)→아내(순천김씨)〉 (=1a´)

   b. 뎌근 거슨 ᄌᆞ셰 보아니와 저의 셜워ᄒᆞ다 ᄒᆞ고야 제곰 집의 나려 **홀가** **자내게옷** 하 셟디 아니ᄒᆞ면 삼 년으란 아ᄆᆞ려나 ᄒᆞᆫ 집의 **살고** 삼 년 후에 제곰 나고뎌 ᄒᆞ니 **자내** 짐쟉ᄒᆞ여 긔별ᄒᆞ**소** 친어버이 친ᄌᆞ식 ᄉᆞ이예도 편치 아년 이리 혹 잇거든 ᄒᆞᄆᆞᆯ며 다ᄉᆞᆷ어버이와 ᄒᆞᆫ 집의 살며 엇디 일마다 다 됴케야 싱각**홀고** **자내게** 하 셟게 아니커 든 삼년으란 견듸게 ᄒᆞ고 하곳 셟게 ᄒᆞ거든 다시 긔별ᄒᆞ**소** …(중략)… **자내** 긔별ᄒᆞᆫ 말도 올ᄒᆞ니 나도 짐쟉ᄒᆞ**뇌** 녀ᄂᆞ 여러 마를 다 내 타신 듯ᄒᆞ거니와 **자내**ᄂᆞᆫ 어ᄂᆡ 경에 면 발 굴러 말ᄒᆞ여 겨**신고** **자내** 면 발 굴러 마를 아니ᄒᆞᆫ들 이제ᄯᆞᆫ **자내** 가슴 틔올 이를 내 홀 주리 이**실가** 글란 싱각도 말고 **자내** 몸애 병이나 삼가 됴슈히 사**소** 〈진주하씨묘출토언간(17세기 전기) 6: 남편(곽주)→아내(진주하씨)〉

위에서 (4a)는 16세기 중후반 '순천김씨묘 출토 언간', (4b)는 17세기 전기 '진주하씨묘 출토 언간'을 예시한 것이다. 모두 〔남편→아내〕의 편지에 해당하지만⁷ 2인칭 대명사 '자내'를 비롯하여 어느 경우에도 수신자 (아내)와 관련된 표현에 '間字法'이 적용된 사례를 찾아볼 수 없다. 이같은 '間字法' 적용 여부에 주목하면 〈편지〉에서 드러나는 문장 종결형의 차이도 범상히 넘기기 어렵게 된다. 위 (4)에서 보듯이 〈편지〉 이전의 부부간(〔남편→아내〕) 상대경어법에서는 (2인칭 대명사 '자내'와 함께) 문장 종결형으로 '-뇌, -ㅣ'(평서형), '-ㄴ가, -ㄹ가/고'(의문형), '-소' (명령형) 등 이른바 'ᄒᆞ소'체 형식을 사용하는 것이 일반적이었다. 그러나 〈편지〉에서는 이미 (3)과 같이 '자내' 앞에 일관되게 '間字法'을 적용하면서 문장 종결형도 대부분 (기존의 'ᄒᆞ소'체 종결형이) '-습/읍' 등으로 대체된 양상을 보여 주는 것이다. 종결형의 차이는 3장에서 자세히 다루겠지만 '間字法'의 "존대 의사"와 관련지어 볼 때 위 (3)과 (4)에서 드러나는 차이는 〔남편→아내〕의 상대경어법에 모종의 변화가 일어났을 가능성을 시사하기에 부족함이 없을 것이다.

다만 이 같은 차이에도 불구하고 2인칭 대명사와 관련하여 흥미로운 공통점이 포착되는 것도 놓칠 수 없다. '자내'라는 공통된 형태와 더불어 '자내'의 속격형이나 여격형이 각각 '자내', '자내게'로 등장하는 공통점이 드러나기 때문이다. 특히 '자내게'는 대명사 '자내'가 존칭 '쯰'가 아니라 평칭 '의게/ㅣ게'와 통합한 사실을 보여 주는데⁸ 〈편지〉에 국한해

---

7 황문환(2002: 35-36)에 따르면 두 언간 자료에 포함된 〔남편 → 아내〕 언간의 수효는 각각 42건('순천김씨묘 출토 언간'), 95건('진주하씨묘 출토 언간')에 달한다.

8 '자내게'를 '자내+ㅣ게(여격)'로 분석한다면, 이때 'ㅣ게'는 평칭의 여격형 '의게'가 대명사나 일부 어사 아래에 나타난 형태론적 이형태로 해석될 수 있다.(이는 곧 중세국어 이래 속격 조사 '의'가 대명사 등 일부 어사 아래에서 'ㅣ'로 나타나는 사실과 상통한다.)〈편지〉에서는 동일한 발신자(남편 유시정)가 다음과 같이 대상 인물에 따라 평칭의 'ㅣ게'(←'의게')와 존칭의 '쯰'를 뚜렷이 구별하여 사용한 예를

보자면 '자내'에 '間字法'을 적용하면서도 여격형으로는 평칭과 결합한 '자내게'를 사용한 셈이다. 결국 〈편지〉에서는 발신자(남편)가 수신자(아내)에게 "존대 의사"를 표하면서도 평칭 대신 존칭의 '씌'를 택할 만큼 존대 대상으로 여기지는 않았을 가능성이 있다고 하겠다.

3. 〈편지〉의 문장 종결형

문장 종결형은 상대경어법에서 핵심을 이루는 요소라 할 수 있다. 종결형의 체계적 대립을 확인하는 일이야말로 話階(speech level)를 설정하는 대표적 준거가 되기 때문이다. 〈편지〉에 등장하는 종결형을 보면 아래 (5)에서 드러나듯이 이른바 '-습/줍/옵'으로 끝나는 '-습'류 종결형의 출현 빈도가 가장 높다.

> (5) 막남이네 어제 들게 가더니 갓습던가 ᄒ오며 …(중략)… 쓸의 병은 생되나 어더슴ᄂ는가 일졀 긔별 드룰 길히 업서 아둘 오기룰 기둘오되 지금 아니 오고 쑴자리ᄂ는 어즈럽고 ᄒ니 근심 분별이 ᄀ이업습나ᄂ는 …(중략)… 굿득ᄒᄃᄃ 긔운 슈습디 몯ᄒ오니 민고롭기 ᄀ이업서 ᄒ옵 …(중략)… 윤셩우 디나가다가 보라 오나ᄂ놀 듁합 너 되 싱포 셜흔 양깃 세 조각 봉ᄒ여 보내오니 즈시 밧줍 …(중략)… 밤 들고 알파 잠 덕스오며 아마도 〔間〕과셰 평안ᄒ옵 〈21〉

확인할 수 있다. 예: 모든 **아기네게** 총망ᄒ여 답장 몯 ᄒ오니 던ᄒ시고 **셔모씌**도 이리ᄒ여 답장 몯ᄒ오니 슬오쇼셔 〈3〉 이는 '진주하씨묘 출토 언간'(17세기 전기)과 같이 〈편지〉 이전의 언간에서 평칭 'ㅣ 세'와 존칭 '씌'가 뚜렷이 구별, 사용된 사실과 조금도 다를 바 없는 것이다. 예: 덕남이 올 제란 쇠오기를 내게 보내디 말고 두고셔 **쟝모씌** 잡숩게 ᄒ소 셔원에서 쇼룰 잡으니 **내게**란 쇠오기를 보내디 마소 〈진주하씨묘 출토 언간 071(17세기 전기), 곽주(남편)→진주하씨(아내)〉

‘-습’류 종결형은 선행 형태의 음운 조건에 따라 /-습~-읍~-줍/으로 교체되면서(선어말어미 ‘-습-’과 교체 조건이 동일함) 동일한 형태가 평서와 명령 등 여러 敍法(mood)에 두루 사용되는 것이 특징이다.(서법에 따른 형태차가 없음) 〈편지〉의 종결형이 이같은 ‘-습’류로만 일관한다면 화계 설정상 〈편지〉에 쓰인 화계(곧 남편이 아내에게 사용한 화계)를 ‘ᄒᆞᆸ’체로 판정하는 데 무리가 없다. 그러나 〈편지〉에는 ‘-습’류 외에도 형태 원리상 ‘ᄒᆞ소’체, ‘ᄒᆞᆸ소’체, ‘ᄒᆞ쇼셔’체에 해당하는 종결형이 공존하여 복잡한 양상을 보인다. 종결형의 공존 양상은 서법에 따라 큰 차이를 보이는데 먼저 〈편지〉에 등장하는 평서형을 일람표로 정리해 보이면 아래 (6)과 같다.

(6) 〈편지〉에 등장하는 평서형의 출현 형태와 빈도

출현 형태 (빈도)	-ㅣ(2)[9] -ㄹ셰(1)[10] -ㄹ쇠(1)[11]	-습늬(1)[12] -습데(1)[13] -읍돈데(1)[14] -ᄉᆞ외(1)[15]~ -ᄌᆞ외(1)[16]~ -외(6)[17] -ᄉᆞ오리(1)[18]~ -오리(6)[19] -올쇠(4)[20]	-습(35)[21]~ -줍(2)[22]~ -읍(176)[23]	-노이다(1)[24] -도소이다(1)[25] -ㄹ셰이다(1)[26]
관련 화계	‘-늬’류(4) ‘ᄒᆞ소’체	‘-습늬’류(21) ‘ᄒᆞᆸ소’체	‘-습’류(213) ‘ᄒᆞᆸ’체	‘-ᄂᆞ이다’류(3) ‘ᄒᆞ쇼셔’체

9 업식 〈50〉, ᄀᆞ이업식 〈11〉

10 샹홀셰 〈50〉

11 홀쇠 〈17〉

12 ᄒᆞ엿습늬 〈50〉

표에서 보듯이 〈편지〉에서 압도적 출현 빈도로 등장하는 평서형은 'ᄒᆞᆸ'체에 속하는 형태들이다. 이에 비해 'ᄒᆞ소'체('-ᄂᆡ'류)나 'ᄒᆞ쇼셔'체('-ᄂᆞ이다'류)에 속하는 형태들은 예외에 가까울 정도로 출현 빈도가 미미하다. 다만 'ᄒᆞᆸ소'체('-ᅌᅳᄂᆡ'류)에 속하는 형태는 전체 출현 빈도의 약 10%를 차지할 정도로 만만치 않은 비율을 보여 주목되는데 이들은

---

13 잇ᄉᆞᆸ데 〈44〉

14 스ᄋᆞᆸ돋데 〈2〉

15 ᄀᆞ이업ᄉᆞ외 〈37〉

16 ᄀᆞᆺᄌᆞ외 〈31〉

17 잔잉ᄒᆞ외 〈1〉, 시브외 〈19, 32〉, 민망ᄒᆞ외 〈22, 50〉, 심심ᄒᆞ외 〈32〉

18 덕ᄉᆞ오리 〈28〉

19 보내오리 〈1, 11, 40〉, 브리오리 〈10〉, ᄀᆡ별ᄒᆞ오리 〈36〉, 몯ᄒᆞ오리 〈53〉

20 가올쇠 〈12〉, 모ᄅᆞ올쇠 〈17, 25〉, ᄒᆞ올쇠 〈27〉

21 마련ᄒᆞ엿ᄉᆞᆸ 〈1〉, 업ᄉᆞᆸ 〈1, 4, 5, 6, 18, 19, 28〉, 덕ᄉᆞᆸ 〈2, 4, 7, 9, 10, 19, 20, 28, 33, 35(2회), 36, 42, 48〉, 깃ᄉᆞᆸ 〈3, 13, 24〉, ᄒᆞ엿ᄉᆞᆸ 〈7〉, ᄀᆞ이업ᄉᆞᆸ 〈13, 15, 17, 21, 28, 43〉, 만ᄉᆞᆸ 〈25〉, 잇ᄉᆞᆸ 〈28〉, 바다ᄉᆞᆸ 〈44〉

22 웃ᄌᆞᆸ 〈50, 54〉

23 ᄒᆞᆸ 〈1, 2(2회), 3, 4(2회), 7, 8, 9, 10(3회), 11(5회), 15(2회), 16, 17(3회), 19(5회), 20(4회), 21, 23, 24, 26(2회), 28(4회), 29(2회), 34(3회), 35, 38, 39(5회), 40(2회), 42(2회), 43, 44, 45(3회), 46(3회), 47, 48, 49, 50, 52, 53(2회), 54, 55(2회)〉, 브라ᄋᆞᆸ 〈1, 11, 19, 28, 31, 44〉, 보내ᄋᆞᆸ 〈1, 11, 20〉, 가ᄋᆞᆸ 〈3, 11, 23, 28, 35, 52, 54〉, 원ᄒᆞᆸ 〈3, 6, 12, 17, 18, 22, 23, 25, 29, 31, 38, 40, 43, 45, 48, 52, 54, 55〉, 아ᄋᆞᆸ 〈5〉, 시브ᄋᆞᆸ 〈5, 13, 15, 38, 53〉, ᄒᆞᄒᆞᆸ 〈5, 6, 22, 26, 35, 40〉, 일이ᄋᆞᆸ 〈6〉, 근심ᄒᆞᆸ 〈7〉, 넘ᄒᆞᆸ 〈9, 12, 22, 23(2회), 33, 34, 37, 40, 53〉, 쇼수ᄋᆞᆸ 〈11〉, 근심이ᄋᆞᆸ 〈12, 38〉, 민망ᄒᆞᆸ 〈13, 20, 23, 27, 48, 51, 52, 56〉, ᄀᆞ이업ᄉᆞᆸ 〈15, 17, 21, 42(2회), 43〉, 브리ᄋᆞᆸ 〈15, 47〉, 몯ᄒᆞᆸ 〈18, 27〉, 분별ᄒᆞᆸ 〈19, 51〉, 애ᄃᆞᆸ 〈26, 39, 42〉, 그치ᄋᆞᆸ 〈26, 33〉, 망녕이ᄋᆞᆸ 〈29〉, 디내ᄋᆞᆸ 〈31〉, 극열ᄒᆞᆸ 〈31〉, 쑨이ᄋᆞᆸ 〈35(2회)〉, 반가ᄋᆞᆸ 〈38〉, 통분ᄒᆞᆸ 〈39〉, 넘이ᄋᆞᆸ 〈39〉, 민망이ᄋᆞᆸ 〈39, 45, 53〉, 서운ᄒᆞᆸ 〈45〉

24 ᄒᆞ노이다 〈20〉

25 보내시도소이다 〈7〉

26 업슬셰이다 〈17〉

출현 분포상 다음과 같은 특징을 지적할 수 있다. 첫째, 이들은 형태상 '-(으)리', '-(으)ㅣ', '-(으)ㄹ쇠' 등 매개모음을 취하는 'ᄒᆞ소'체 어미에 선어말어미 '-습-'이 결합한 것이 대부분이다. '-습-'의 형태가 자음 앞에 나타나는 '-습/즙/옵-'이 아니라 모음 앞에 나타나는 이형태 '-ᄉ 오/ᄌᆞ오/오-'로 나타나는 점이 두드러진 특징이 된다. 둘째, 아래 (7)에서 보듯이 이들은 바로 인접한 문장에서 'ᄒᆞᆸ'체에 속하는 종결형과 함께 출현하는 경우가 대부분이다. 한 편지 내 공존 양상에 입각한다면 적어도 대우상으로는 이들 형태와 'ᄒᆞᆸ'체에 속하는 형태를 구분짓기 어렵다고 하겠다. 결국 〈편지〉는 'ᄒᆞᆸ'체 평서형으로 일관하다가 (형태적 요인상 필요할 경우) 간간이 'ᄒᆞᆸ소'체 평서형('-습ᄂᆡ'류)을 대신 섞어 쓰기도 한 양상으로[27] 대략 정리할 수 있을 것이다.

(7) a. '-습ᄂᆡ'(1회)

설워 시월 〔間〕졔를 ᄒᆞᆸ고 즉 오게 ᄒᆞ엿**습ᄂᆡ** 혼인 것들 미비

ᄒᆞᆫ 것 싱각ᄒᆞ셔 긔별ᄒᆞ**옵** 〈50〉

'-습데'(1회)

난나치 오로는 그러티 아녀 잇다감 그러니 잇**습데** 약탕 됴ᄒᆞ니

로 사 보내**옵** 닛디 마**옵** 〈44〉

'-옵돈데'(1회)

늇월은 농시오 비도 올 때니 어일고 ᄒᆞ**옵** 누록 셰하란 ᄒᆞᆫ 되를

넛고 아니 스**옵돈데** 〈2〉

---

27 이러한 양상은 'ᄀᆞ이업습'〈15, 17, 21, 42(2회), 43〉과 함께 'ᄀᆞ이업ᄉ외'〈37〉가
공존하고, '민망ᄒᆞᆸ'〈13, 20, 23, 27, 48, 51, 52, 56〉과 함께 '민망ᄒᆞ외'〈22, 50〉가
공존하며, '시브옵'〈5, 13, 15, 38, 53〉과 함께 '시브외'〈19, 32〉가 공존하는 사실
에서 뒷받침될 수 있다.

b. '-ㅅ외'(1회) ~ '-ㅈ외'(1회) ~ '-외'(6회)

날은 칩고 엇디시는고 더옥 닛디 몯ᄒᆞ여 넘ᄒᆞᆸ 나는 열사흔날

드러오니 … 인매 브죡ᄒᆞ니 엇디 가러니 근심이 ᄀᆞ이업**ㅅ외**

〈37〉, 가ᄂᆞᆫ 거슨 바리 갑만 몯ᄒᆞ니 거즈일 ᄀᆞᆺ**ㅈ외** ᄏᆞ니와 바다

ᄡᆞᆸ 〈31〉, 내죵이 엇더려 이런디 고롭기 ᄀᆞ이업ᄉᆞ오니 민망

ᄒᆞ**외** 진ᄉᆞᄂᆞᆫ 언제나 **올고** 하 호졋ᄒᆞ니 더옥 팔즈를 흔ᄒᆞᆸ

〈22〉

'-ㅅ오리'(1회) ~ '-오리'(6회)

아젼이 블의예 가올ᄉᆡ 이리 덕**ᄉᆞᆸ** 죵마 갈 제 즈시 덕**ㅅ오리** 〈28〉,

젼의 초사흔날 들라턴 거시니 그 ᄉᆞ이 머니 엇딜디 게셔도

〔間〕무러 보**ᄉᆞᆸ** 예셔도 고텨 무러 듕노로 긔별ᄒᆞ**오리** 〈36〉

'-올쇠'(1회)

요ᄉᆞ이 아기네ᄒᆞ시고 〔間〕긔운이나 평안ᄒᆞ오신가 넘ᄒᆞᆸ 나도

계유 드러와 … 연고옷 업스면 그믐ᄱᅴ로 가ᄋᆸ고 몯ᄒᆞ면 초싱

으로 가**올쇠** 〈12〉

평서형과 비교할 때 〈편지〉의 의문형에서는 앞의 (6)과 판이한 양상이
나타난다. 〈편지〉에 등장하는 의문형을 일람표로 정리해 보이면 아래
(8)과 같다.

(8) 〈편지〉에 등장하는 의문형의 출현 형태와 빈도

출현 형태 (빈도)	-ㄴ가(8)[28] -ㄴ고(5)[29] -ᄂᆞᆫ가(4)[30] -ᄂᆞᆫ고(11)[31] -던고(1)[32] -ㄹ가(2)[33] -ㄹ고(12)[34]	-습ᄂᆞᆫ가(2)[35] ~ -ᄋᆸᄂᆞᆫ가(1)[36] -습던가(1)[37] -ᄋᆸ던고(1)[38] -ᄋᆸᄃᆞᆫ던가(1)[39] -온가(3)[40] -온고(3)[41]	〔없음〕	〔없음〕

		-ᄉᆞ올가(2)[42]~ -올가(5)[43] -ᄉᆞ올고(5)[44]~ -ᄌᆞ올고(1)[45]~ -올고(7)[46]		
관련 화계	'-ᄂᆞᆫ가'류(43)	'-ᅀᆞᆸᄂᆞᆫ가'류(32)	'-ᅀᆞᆸ'류(0)	'-ᄂᆞ니잇가'류(0)
	'허소'체	'ᄒᆞᅀᆞᆸ소'체	'ᄒᆞᅀᆞᆸ'체	'ᄒᆞ쇼셔'체

평서형과 달리 '-ᅀᆞᆸ'류 종결형은 의문형에 일체 쓰이지 않았다. 〈편지〉에서 발견되는 의문형은 '허소'체('-ᄂᆞᆫ가'류)나 여기에 '-ᅀᆞᆸ-'이 더

---

28 평안ᄒᆞ오신가 〈18〉, 평안ᄒᆞ신가 〈22, 49〉, 가오신가 〈27〉, 보신가 〈28, 29, 48〉, 아ᅌᆞᆸ신가 〈54〉

29 엇더ᄒᆞ신고 〈17, 37〉, 거신고 〈19〉, 알흔고 〈35〉, 엇더흔고 〈39〉

30 몯ᄒᆞ연ᄂᆞᆫ가 〈28〉, 되연ᄂᆞᆫ가 〈29〉, 브런ᄂᆞᆫ가 〈55〉, 빅호ᄂᆞᆫ가 〈56〉

31 엇더ᄒᆞ연ᄂᆞᆫ고 〈6, 25, 44〉, ᄒᆞ시ᄂᆞᆫ고 〈17, 39〉, 가ᄂᆞᆫ고 〈22〉, 묵ᄂᆞᆫ고 〈23〉, 인ᄂᆞᆫ고 〈28〉, 되연ᄂᆞᆫ고 〈29〉, 드르시ᄂᆞᆫ고 〈34〉, ᄒᆞᄂᆞᆫ고 〈35〉

32 겨시던고 〈53〉

33 어들가 〈19〉, 죽홀가 〈40〉

34 사라날고 〈8〉, 엇딜고 〈10, 11, 12, 50〉, 될고 〈11〉, 미들고 〈12〉, 디내실고 〈17〉, 올고 〈22〉, 슈던홀고 〈25〉, 볼고 〈35〉, 오실고 〈49〉

35 잇습ᄂᆞᆫ가 〈25, 45〉

36 ᄒᆞᅌᆞᆸᄂᆞᆫ가 〈52〉

37 갓습던가 〈34〉

38 몇 셤이ᅌᆞᆸ던고 〈1〉

39 ᄒᆞᅌᆞᆸ돈던가 〈15〉

40 디내온가 〈18, 48〉, 드리온가 〈55〉

41 쟉이온고 〈17〉, 일이온고 〈28〉, 거시온고 〈44〉

42 됴ᄉᆞ올가 〈17〉, 잇ᄉᆞ올가 〈46〉

43 죽ᄒᆞ올가 〈25〉, 쑨이올가 〈35〉, 오죽ᄒᆞ올가 〈35〉, 쇽졀이올가 〈53〉, ᄒᆞ올가 〈55〉

44 넘ᄉᆞ올고 〈3〉, 잇ᄉᆞ올고 〈13, 26, 45, 55〉

45 닛ᄌᆞ올고 〈44〉

46 디내올고 〈2〉, 아올고 〈5, 19, 27〉, 가올고 〈11〉, 엇디ᄒᆞ올고 〈47〉, ᄂᆞ려오올고 〈56〉

추가된 'ᄒᆞᆸ소'체('-습ᄂᆞᆫ가'류)에 속하는 형태들뿐이다. 곧 〈편지〉에서는 '-습'류의 출현 빈도가 압도적이면서도 의문형으로 쓰인 예만큼은 전혀 찾아볼 수 없는 것이다.

여기에는 어느 정도 이유가 있는 것으로 생각된다. 〈편지〉에서는 아래 (9)와 같이 'ᄒᆞ-'를 상위 동사로 하는 '간접의문문 # ᄒᆞᆸ'(이때의 '-ᆸ'은 평서형에 해당)의 통사 구성이 자주 발견되기 때문이다.

(9) a. 슴녜셔 안졍의 갈 졔ᄒᆞ고 만마골셔 노비 신공 시러 가는 놈의 편지ᄒᆞ더니 다 **보신가 ᄒᆞᆸ** 은구어 두 못 가**ᆸ** 〈54〉 ; 젼나도ᄂᆞᆫ 누를 보내려 ᄒᆞ시**ᄂᆞᆫ고** 무명을 밧거나 우케를 밧거나 분부를 ᄒᆞ여야 ᄒᆞ러니 엇**딜고 ᄒᆞᆸ** 〈17〉

b. 졔믈 가던 놈 열아ᄒᆞ랜날도 몯 갓던가 시브오니 과심ᄒᆞ여 ᄒᆞ**ᆸ** 그후 공 몃디 가져 효위 쏘 가더니 갓**습ᄂᆞᆫ가 ᄒᆞᆸ** 〈19〉, 일뎡 여ᄃᆞ랜날 드디 몯ᄒᆞ여 아ᄒᆞ랜날 비에 젹셔 간가 시브니 그런 죵이 어딕 잇**ᄉᆞ올고** 가져가던 거시나 올히 가져갓**습던가 ᄒᆞᆸ** 〈45〉 ;

위에서 (9a)는 형태상 ('ᄒᆞ소'체에 속하는) '-ᄂᆞᆫ가'류 의문형이, (9b)는 ('ᄒᆞᆸ소'체에 속하는) '-습ᄂᆞᆫ가'류 의문형이 'ᄒᆞ-' 동사를 서술어로 하는 상위문에 각각 내포된 경우이다. 이때 '-ᄂᆞᆫ가'류나 '-습ᄂᆞᆫ가'류는 간접 의문형에[47] 해당하는데 이러한 구성에서 上位文('ᄒᆞᆸ')만 생략되면 곧 앞의 표 (8)과 같은 직접 의문형의 분포와 다를 것이 없게 된다. 이는 'ᄒᆞ소'체나 'ᄒᆞᆸ소'체 의문형이 상위문 생략의 절차를 통해 간접 의문형

---

47 예컨대 'ᄒᆞᆫ가'류는 "'니ᄅᆞ다, 묻다' 등 遂行 動詞와 함께 間接 話法의 疑問文에 출현하거나 '너기다, 疑心ᄒᆞ다' 등 思惟 動詞와 함께 思惟者의 內的 疑心을 표현하는 의문문에 출현하여 주로 間接 疑問을 표시한 데 사용된 형식이었다(李承旭 1963, 安秉禧 1965, 金貞娥 1985 등)."(黃文煥 2002: 226)

에서 직접 의문형으로 전용된 결과라는 종래의 견해(黃文煥 2002: 225-232)를 재확인시켜 준다. 그렇더라도 〈편지〉에서는 평서형에서 볼 수 있던 공존 양상, 곧 '-습'류로 일관하다가 간간이 'ᄒᆞᆸ소'체 종결형('-습닋'류)을 섞어 쓰던 그러한 사용 양상은 찾아볼 수 없다. '-습'류에 초점을 맞춘다면 평서형과 달리 〈편지〉에서는 '-습'류가 의문형으로 전혀 쓰이지 못한 특징을 지적할 수 있을 것이다.

〈편지〉의 명령형에서는 평서형이나 의문형과는 또 다른 양상이 나타난다. 〈편지〉에 등장하는 명령형을 일람표로 정리해 보이면 아래 (10)과 같다.

(10) 〈편지〉에 등장하는 명령형의 출현 형태와 빈도

출현형태 (빈도)	〔없음〕	-읍소(1)[48]	-줍(4)[49] ~ -읍(95)[50]	-쇼셔(17)[51]
관련 화계	'ᄒᆞ소'체(0)	'ᄒᆞᆸ소'체(1)	'ᄒᆞᆸ'체(99)	'ᄒᆞ쇼셔'체(17)

---

48 보내읍소 〈50〉

49 밧줍 〈11, 21, 28, 39〉

50 보내읍 〈6, 7, 13, 15, 17, 20, 25, 27, 28, 32, 35, 40(3회), 42, 43, 44, 47, 54, 55(4회)〉, 마읍 〈1, 24, 44(2회)〉, 생각ᄒᆞᆸ 〈2〉, 니르읍 〈2, 6, 17, 33, 42〉, ᄒᆞᆸ 〈4, 8(2회), 10, 15, 16, 17, 18, 21, 26, 28(4회), 34, 38(2회), 40, 51, 54, 55(2회)〉, 쓰읍 〈7, 24, 31, 43, 44〉, 겨읍 〈7, 24, 33, 42, 50〉, 두읍 〈8, 10, 17〉, 오읍 〈8, 26, 36(2회)〉, 조심ᄒᆞᆸ 〈9, 44〉, 보읍 〈11, 20, 36〉, ᄀᆞ별ᄒᆞᆸ 〈11, 26, 48, 50〉, 던ᄒᆞᆸ 〈12, 15, 25(2회), 27, 53〉, 자읍 〈19〉, 츄심ᄒᆞᆸ 〈20〉, 평안ᄒᆞᆸ 〈21, 53〉, 언치읍 〈24〉, 주읍 〈28, 54〉, 디내읍 〈28〉

51 솔오쇼셔 〈3, 28, 38〉, 엿줍쇼셔 〈5〉, 오쇼셔 〈8〉, ᄒᆞ쇼셔 〈10, 31, 39, 48〉, 마르쇼셔 〈10〉, 보내쇼셔 〈12, 32, 52〉, 바드쇼셔 〈16, 17〉, 겨쇼셔 〈37〉, 평안ᄒᆞ쇼셔 〈51〉

654   제4부 국어사

명령형에서는 '-습'류 종결형이 압도적인 빈도로 출현하여 일견 평서형과 유사한 모습을 보인다. 그러나 섞여 쓰인 종결형을 보면 'ᄒᆞᆸ소'체('-ᄋᆞᆸ소')가 아니라 'ᄒᆞ쇼셔'체 종결형('-쇼셔')의 빈도가 높아 평서형과 차이를 보인다. 나아가 'ᄒᆞ소'체나 'ᄒᆞᆸ소'체 종결형만 쓰인 의문형과 비교한다면 (종결형의 형태상에) 거의 공통점이 보이지 않는다고 할 정도로 대조를 보인다. '-습'류 종결형에 초점을 맞출 경우 〈편지〉에서는 '-습'류로 일관하는 가운데 간간이 'ᄒᆞ쇼셔'체 명령형을 섞어 쓰기도 한 양상으로 대략 정리할 수 있을 것이다.

4. 〈편지〉의 상대경어법상 특징과 해석

이상에서 상대경어법에서 화계를 표시하는 핵심 요소로서 2인칭 대명사와 문장 종결형의 출현 양상을 살펴보았다. 2장과 3장에서 논의된 내용을 종합하여 표로 정리하면 아래 (11)과 같다.

(11) 〈편지〉에 등장하는 상대경어법 관련 주요 형태의 출현 빈도

구분 \ 관련 화계	'ᄒᆞ소'체	'ᄒᆞᆸ소'체	'ᄒᆞᆸ'체	'ᄒᆞ쇼셔'체	빈도 총계
'자내'	–	1	6	–	7
평서형	4	21	213	3	241
의문형	43	32	–	–	75
명령형	–	1	99	17	117

위의 표에서 가장 두드러진 것은 '-습/줍/읍'으로 끝나는 '-습'류 종결형의 출현 빈도이다. 명령형과 평서형만 놓고 보자면 전체 출현 빈도의

각각 84.6%(99/117)와 88.3%(213/241)를 차지하여 〈편지〉에서는 거의 이들 종결형으로 일관했다고 할 수준에 근접한 양상을 보인다. 그러나 이러한 양상만으로 〈편지〉를 18세기 이후 후대의 'ᄒᆞᆸ'체 언간과 동일시할 수는 없다.

첫째, 'ᄒᆞᆸ'류 종결형이 의문형으로 쓰인 예가 전혀 발견되지 않는다. 의문형에서는 'ᄒᆞ소'체나 'ᄒᆞᆸ소'체에 쓰이던 '-ᄂᆞᆫ가'류나 '-습ᄂᆞᆫ가'류 의문형이 그대로 쓰이고 있을 뿐이다. 이는 후대의 'ᄒᆞᆸ'체 언간에서 의문형에 대해서도 '-습'류 종결형을 일관되게 사용한 것과 확연히 구별된다.[52]

둘째, 2인칭 대명사로 일관되게 '자내'가 쓰이고 있다. '자내' 앞에 間字法이 적용되어 나타난 차이는 있지만 '자내'라는 형태 자체는 'ᄒᆞ소'체나 'ᄒᆞᆸ소'체에 쓰이던 대표적 2인칭 대명사와 다를 바 없다.(황문환 2007: 124-125, 황문환 2012: 142-145) 후대의 'ᄒᆞᆸ'체 언간에서는 2인칭 대명사로 '게셔'가 쓰이거나 대명사가 아예 쓰이지 않는 것이 특징인데 후대에 '자내'의 사용이 회피된 점만큼은 분명히 드러난다.

---

52 18세기 후반 秋史의 부친 金魯敬의 언간에 쓰인 '-습'류 종결형을 예로 들면 아래와 같다.(언간에 대한 자세한 소개는 김일근·황문환 1998 참조) 종결형이 '-습'류로 일관하는 가운데 밑줄 친 '-ᄋᆞᆸ'(엇더ᄒᆞ시ᄋᆞᆸ)이나 '-습'(덕습)은 의문사(엇더ᄒᆞ-, 엇디)와 함께 나타나는 점에서 의문형으로 쓰인 것이 분명하다.

사룸 오ᄋᆞᆸᄂᆞᆫ듸 덕수오시니 보ᄋᆞᆸ고 든ᄂᆞᆫ 반갑ᄉᆞ오며 수일간 〔頭〕긔운 **엇더ᄒᆞ시ᄋᆞᆸ** 그 ᄉᆞ이 〔間〕대고쥬 졔수 지나오시니 즉히 쇠로와 ᄒᆞ시랴 일커**ᄌᆞᆸ** 나는 더위와 음식과 모긔와 다 못 견딀 듯ᄒᆞ오니 ᄎᆞ마 민망ᄒᆞ**ᄋᆞᆸ** 시긔ᄂᆞᆫ 간뎡ᄒᆞ여시나 학질이 쏘 셩ᄒᆞᆫ다 ᄒᆞ오니 위편ᄒᆞ옴 **엇디** 다 덕**습** 이 회편 ᄂᆞ려 보내시**ᄋᆞᆸ** 만일 못 미처 ᄽᆞᆯ아시면 말이 아니될 거시 부듸 보내**ᄋᆞᆸ** 인편이 믜양 잇ᄂᆞᆫ 것과 달나 과시곳 ᄒᆞ면 어렵**ᄉᆞᆸ** 〔頭〕쟝인ᄭᅴ 샹셔ᄒᆞᄂᆞᆫ듸 비러 줍시샤 ᄒᆞᄂᆞᆫ 게 이시니 혹 잇ᄋᆞ오실지라도 엿ᄌᆞ오시고 주시거든 옷보의 한듸 너허 보내**ᄋᆞᆸ** 더워 이만 그치**ᄋᆞᆸ** 二十七日 南齋 〈김노경 언간(1791무렵): 남편(秋史 父親 金魯敬)→아내(杞溪兪氏)〉

이러한 차이를 설명하기 위해서는 조선시대 언간 자료에 나타나는〔남편→아내〕언간의 종결형 변화를 살펴볼 필요가 있다. 이미 황문환(2010: 43-44)에서는〔남편→아내〕언간의 종결형이 "'ㅎᄋ소'체(16-17세기) >'ㅎᄋ쇼'체(17~18세기) >'ㅎᄋ'체(18~19세기)로 옮아간 변화 과정이 확연"하게 드러나는 사실을 보고한 바 있다. 이에 따르면〈편지〉는 결국 'ㅎᄋ쇼'체에서 'ㅎᄋ'체로 옮아가는 과도기적 양상을 반영한 것으로 해석될 수 있다. 곧 '-습'류 종결형이 명령형과 평서형으로 확산되기는 했으나 아직 의문형으로까지는 확산되지 못한 현실을 〈편지〉는 보여 주는 셈이다. '-습'류를 중심으로 한 변화 과정에서 보자면 기존의 'ㅎᄋ쇼'체를 'ㅎᄋ'체가 대체해 나가되 이러한 대체가 아직은 명령형과 평서형에 머문 단계로 파악될 수 있을 것이다.

이러한 해석은 평서형에 잔존한 'ㅎᄋ쇼'체 종결형의 특징에 대해서도 새롭게 음미할 기회를 제공한다. 'ㅎᄋ쇼'체 평서형('-습ᄂᆡ'류)은 대부분 '-습-'의 형태가 자음 앞에 나타나는 '-습/즙/ᄋ-'이 아니라 모음 앞에 나타나는 이형태 '-ᄉ오/ᄌ오/오-'로 나타나는 점이 두드러진 특징이었다. 이는 '-습'류 종결형의 확산 과정에 대해 또 다른 단서를 제공할 수 있다. 곧 형태상 자음으로 시작하는 어미 앞에서 '-습'류 확산이 먼저 일어나고 그 다음에 모음으로 시작하는 어미 앞의 환경으로 확산되었을 것이라는 추정이 그것이다. 〈편지〉에서 'ᄀ이업ᄉ외/ᄀ이업습, 시브외/시브ᄋ, 민망ㅎ외/민망ㅎᄋ'이 공존하는 사실은 '-습'류 종결형의 확산(=대체)이 (형태상) 자음 어미를 넘어 모음 어미 앞의 환경에까지 진행중인 단계를 여실히 보여 준다 하겠다.

다만 〈편지〉를 '-습'류 종결형의 확산 단계와 관련지어 이해할 때 명령형에서 '-쇼셔'가 공존하는 점은 설명을 필요로 한다. '-습'류가 압도적으로 출현하는 중에도 명령형 '-쇼셔'는 전체 출현 빈도의 14.5%(17/117)를 차지할 만큼 만만찮은 공존 양상을 보였기 때문이다. 현재로서는 뚜렷한 설명을 제시하기 어렵지만, ('-쇼셔'와 대조적으로) 명령형 '-읍소'가 단 1회 출현하는 데 그친 것을 보면 '-읍소'에 포함된 형태 '-소'의 대우 성격이 문제되었을 가능성이 있다. 명령형 '-소'는 후대로 갈수록 手下 인물에 사용되는 경향이 두드러져 중앙어에서는 결국은 새로운 명령형 '-게'로 대치되기에 이르는데(이승희 2007: 253-257) 이러한 '-소'의 대우 성격이 〔남편→아내〕의 상대경어법에서는 부적절하게 받아들여졌을 수 있다. 곧 '-습-'의 대우 견인에도 불구하고 '-읍소'가 회피되고 오히려 '-쇼셔'가 선택되는 양상이 빚어졌을 수 있는 것이다. 이러한 해명은 중간 등급에서 'ᄒᆞ소'체가 겪는 변화 과정을 추적하여 정밀하게 뒷받침해야 할 것이나 현재로는 가능성 정도만을 언급할 수 있을 뿐이다.

5. 결 론

이상에서 17세기 중반 '진주유씨가 묘 출토 언간'(〈편지〉)을 대상으로 상대경어법을 고찰하고 그 의의를 음미하였다. 그 결과 〈편지〉는 (〔남편→아내〕 언간에서) 종래의 'ᄒᆞ읍소'체가 'ᄒᆞ읍'체로 옮겨 가는 과도기적 양상을 반영한 것으로 파악되었다. 종결형에서 '-습'류가 'ᄒᆞ읍소'체 종결형을 대체하여 대세로 자리잡았지만 그러한 대체가 아직 의문형에는 미치지 못했으며, 2인칭 대명사에서도 종래의 'ᄒᆞ소'체나 'ᄒᆞ읍소'체에서 쓰이던 '자내'가 (비록 '間字法'의 적용을 받는 차이가 있기는 하지만) 여전히 유지된 사실이 관찰되었다.

요컨대 〈편지〉는 근대국어 시기에 'ᄒᆞ읍소'체가 'ᄒᆞ읍'체로 대체되는 변화를 실증하는 자료로서 특별한 의의를 지닐 수 있다. 〔남편→아내〕 언간에서 "'ᄒᆞ소'체(16~17세기) → 'ᄒᆞ읍소'체(17~18세기) → 'ᄒᆞ읍' 체(18-19세기)로 옮아간 변화 과정"(황문환 2010: 44)을 상정할 수 있다면, 〈편지〉는 바로 'ᄒᆞᆸ소'체가 'ᄒᆞᆸ'체로 대체되기 전 과도기적 양상을 뒷받침하는 실물 증거가 된다. 그러나 이러한 변화 과정은 어디까지나 언간 자료에 국한하여 얻을 수 있는 결론에 지나지 않는다. 언간 자료가 아닐 경우, 예컨대 개화기 신소설 자료에서 〔남편→아내〕의 화계로 'ᄒᆞ오'체가 주로 쓰인 것을 감안하면(이경우 1998: 144-145) 종래의 'ᄒᆞᆸ소'체가 'ᄒᆞ오'체로 대체된 변화도 상정해 보아야 한다.[53] 『漂民對話』와 같은 일부 자료에서 이미 이같은 변화가 실증되기도 하지만(황문환 2012: 143-145) 언간 이외의 자료에서 'ᄒᆞᆸ소'체 > 'ᄒᆞ오'체의 변화를 실증하려면 근대국어 시기에 사용된 'ᄒᆞᆸ소'체의 존재를 먼저 폭넓게 확인하고 그 변화를 정밀하게 추적할 필요가 있을 것이다.

참고 문헌

金一根(1986/1991), 『三訂版 諺簡의 硏究』, 건국대출판부.

김일근·이종덕·황문환(2004), 『秋史의 한글편지』, 예술의전당 서울서예박물관.

김일근·황문환(1998), 「金魯敬(秋史 父親)이 아내와 어머니에게 보내는 편지(1791년)」, 『문헌과해석』 5, 문헌과해석사, 64-71.

_____(1999), 「어머니 海平尹氏(秋史 祖母)가 아들 金魯敬(秋史 父親)에게 보내는 편지」, 『문헌과해석』 6, 문헌과해석사, 61-68.

백두현(2003), 『현풍곽씨언간 주해』, 태학사.

양승민(2006), 「진주유씨가 묘 출토 언간에 대하여」, 『京畿 동부지역 古文獻

---

53 '-ᄉᆞᆸ'류 종결형과 '-오'류 종결형을 일종의 '상보적' 관계를 보이는 종결형으로 볼 경우 더욱 그러하다. 황문환(2010: 55)에서는 둘 사이의 '상보적' 관계를 (형태 원리에 초점을 맞추어) 다음과 같이 언급한 바 있다. "'ᄒᆞᆸ'류는 자음 어미 앞의 폐음절 형태가 선택되어 언간 자료에서 주로 사용된 반면, 'ᄒᆞ오'류는 모음 어미 앞의 개음절 형태가 선택되어 언간 이외의 자료에서 주로 사용되었다"

을 통해 본 言語와 文化』, 강남대 인문과학연구소 제36차 국내학술대회, 13-28.

이경우(1998), 『최근세국어 경어법 연구』, 태학사.

이승희(2007), 『국어 청자높임법의 역사적 변화』, 국어학총서 59, 태학사.

任洪彬(1987), 『國語의 再歸詞 研究』, 新丘文化社.

張京姬(1980), 「指示語 '이, 그, 저'의 意味 分析」, 『語學研究』 16-2, 서울대학교 어학연구소, 167-184.

趙恒範(1998), 『註解 순천김씨묘출토간찰』, 태학사.

한국학중앙연구원 편(2005), 『조선 후기 한글 간찰(언간)의 역주 연구』 1-3, 태학사.

_____(2009), 『조선 후기 한글 간찰(언간)의 역주 연구』 4-10, 태학사.

황문환(1999), 「근대국어 문헌 자료의 'ᄒᆞᆸ'류 종결형에 대하여」, 『배달말』 25, 배달말학회, 113-129.

_____(2001), 「이인칭대명사 '자네'의 기원」, 『국어학』 37, 국어학회, 197-217.

黃文煥(2002), 『16, 17世紀 諺簡의 相對敬語法』, 국어학총서 35, 태학사.

_____(2004), 「추사(秋史) 한글 편지의 국어학적 특징에 대한 일고찰」, 『한국어의 역사』, 보고사, 363-382.

황문환(2006), 「'진주유씨가 묘 출토 언간'의 문법론적 고찰」, 『京畿 동부지역 古文獻을 통해 본 言語와 文化』, 강남대 인문과학연구소 제36차 국내학술대회, 65-79.

_____(2007), 「조선시대 언간 자료의 부부간 호칭과 화계」, 『藏書閣』 17, 한국학중앙연구원, 121-139.

_____(2010), 「근대국어 'ᄒᆞᆸ'체의 형성 과정과 대우 성격」, 『국어학』 58, 국어학회, 29-60.

黃文煥(2012), 「『漂民對話』의 相對敬語法에 대하여」, 『譯學과 譯學書』 3, 譯學書學會, 129-156.

황문환(2015), 『조선시대의 한글 편지, 언간(諺簡)』, 역락.

황문환·김주필·배영환·신성철·이래호·조정아·조항범(2016), 『조선시대 한글

편지 어휘사전』 1-6, 한국학중앙연구원 어문생활사연구소, 역락.

황문환·임치균·전경목·조정아·황은영(2013), 『조선시대 한글편지 판독자료집』
    1-3, 한국학중앙연구원 어문생활사연구소, 역락.

脫漢字化 文字 生活 時代 韓國의 漢字 研究 動力*

이 건 식

단국대학교

1. 序言

오늘날 韓國은 語彙 生活의 側面에서 漢字語를 使用하는 漢字 文化圈에 屬하고 있다. 그러나 文字 生活의 側面에서 韓國은 脫漢字化 時代에 접어 들었다. 韓國이 文字 生活의 側面에서 脫漢字化되었다고 해서 漢字에 대한 研究 動力이 蘇生할 可能性이 없다는 것은 아니다. 韓國語 語彙의 大多數를 차지하고 있는 漢字語의 研究 動力이 스러져 가고 있지만 漢字의 研究 動力을 蘇生시켜 줄 可能性이 남아 있기 때문이다. 韓國에서 漢字의 研究 動力이 蘇生할 可能性을 打診하기 위해서 이 글은 文字

---

* 이 글은 일본의 『日本語學』 2018년 2월호에 마련된 '세계 한자의 연구' 특집란에 '脫漢字化の文字生活時代に於ける韓国の漢字研究動力'의 제목으로 일본어로 번역하여 게재한 글의 한국어 원문이다. 한국어 독자를 위하여 본래의 글을 발표한다. 다만 『日本語學』의 편집부에서 분량을 제한하여 보충될 필요가 있는 내용을 추가하였다.

生活에 있어서 脫漢字化 時代에 直面한 韓國에서 漢字 硏究 動力의 痕迹을 檢討해 보고자 한다.

한국에서 漢字 硏究 動力의 불씨를 살리기 위해서는 漢字의 어떤 特性이 한국에서 公共的 價値를 가질 수 있는가를 注目해 보아야 한다. 公共的 價値를 가지는 漢字의 특성은 逆說的으로 漢字의 硏究 動力을 소멸시킨 脫漢字化 過程 속에서 찾을 수 있을 것으로 展望된다.[1]

高麗 時代까지 韓國은 漢字에 依存한 文字 生活을 營爲하였다. 그런데 1446年의 訓民正音 創製, 1894年 高宗 皇帝의 勅令으로 公布된 國漢文混用 語文 政策, 1948年 10月 9日 法律 第6號로 制定된 '한글專用法' 등으로 韓國의 文字 生活은 한글 專用 表記 中心으로 疾走하게 되었다. 1980年代 末에 시작된 컴퓨터 基盤 디지털 社會는 韓國에서 脫漢字化 文字 生活을 더욱 더 加速시키게 되었다.

그런데 逆說的으로 컴퓨터 基盤 디지털 社會는 韓國에서 漢字에 對한 公共的 硏究를 促進하는 繼起가 되었다. 컴퓨터 基盤 디지털 社會가 要求하는 漢字의 公共的 硏究는 두 方向으로 나타났다. 하나의 方向은 컴퓨터 基盤 디지털 時代 東亞細亞 漢字文化圈의 連帶를 爲한 必要性에 依한 것이었고, 다른 하나의 方向은 傳統 文化의 整理와 維持를 爲한 必要性에 依한 것이었다.

이 글에서는 韓國의 脫漢字化 文字 生活 時代를 訓民正音 創製 時代, 國漢文混用 時代, 한글轉用 表記 時代, 컴퓨터 基盤 디지털 時代 等으로

---

1 韓國에서 漢字에 대한 硏究 成果와 方向을 點檢하는 硏究로 金王奎(2006), 許喆(2011), 韓延錫(2014), 尹在敏(2014) 等을 찾아 볼 수 있다. 그러나 이들 硏究는 漢字 硏究의 目標를 學術 硏究에 置重하여 韓國이 文字 生活의 側面에서 脫漢字化 常態에 놓인 事實을 看過한 側面이 있다. 이로 말미암아 이들 硏究는 脫漢字化 常態에 놓인 韓國에서 公共的 活用의 側面에서 解決해야만 하는 漢字 問題의 本質을 捕捉하기에는 不足한 點이 있다.

나누어 公共的 價値를 가지는 漢字의 特性을 찾아보고자 한다.

2. 文字 生活의 脫漢字化 過程과 漢字 研究

2.1. 訓民正音 創製 時代의 漢字 研究

1446年 訓民正音 創製는 韓國에서 文字 生活의 脫漢字化 基盤을 마련한 것이다. 이것으로 因해 韓國에서 國漢文混用體와 純國文體의 文字 生活이 나타나기 시작하였다.

國漢文混用體란 韓國語의 文法 形態素는 訓民正音으로 表記하고 漢字語의 境遇에는 漢字로만 表記하거나 漢字를 提示하고 漢字의 音을 訓民正音으로 註釋하는 表記 方式을 말한다. 15世紀에 佛典을 韓國語로 飜譯한 諺解 資料가 모두 國漢文混用體의 表記 方式을 採擇하고 있다. 純國文體란 韓國語를 訓民正音으로만 表記한 것을 말한다. 朝鮮 時代 國王들이 女性들에게 便紙를 쓸 境遇에 純國文體를 使用한 것을 代表的으로 들 수 있다.

訓民正音 創製로 韓國에서 國漢文混用體와 純國文體가 등장했다고 해서 韓國의 전체 계층이 脫漢字化된 文字 生活을 始作한 것은 아니었다. 朝鮮 時代가 存續되는 동안 지배층과 지식 계급에서는 오히려 漢文의 言語 生活을 지속적으로 강화시켜 나갔으며, 행정 관리들은 이두 문서를 여전히 使用하였다. 오로지 庶民과 女性 階層에서만 訓民正音으로 文字 生活을 營爲하여 文字 生活의 脫漢字化 傾向을 보여 줄 뿐이었다. 朝鮮 時代 知識層들은 漢文을 通해 學術 研究를 展開하였다. 이러한 사정은 訓民正音 창제 당시에 반대 상소를 올렸던 崔萬理의 상소문[2]에서

---

2 『세종실록』 1444년(세종 26) 2월 20일 기사.

확인할 수 있다. 崔萬理의 上疏文을 中國에 대한 事大主義의 發露로 評價하는 論議가 있어 왔다. 崔萬理 上疏文에 대한 이러한 평가는 상소문에 나오는 "성스럽게 大國을 섬기어"라는 표현 때문인 것으로 생각된다. 그런데 이 표현 뒤에 나오는 "한결같이 中華의 제도를 遵行하였는데"라는 표현을 고려하면 漢字를 통해 세계적 수준의 學術과 文化가 流入되는 점을 崔萬理가 지적했던 것으로 생각된다.

이와 같이 朝鮮 時代 지식층들은 漢文을 통해 학술 研究를 전개하였기 때문에 중국에서 編纂된 자서나 운서만으로도 그들의 學術을 충분히 전개시킬 수 있었다고 생각된다. 이러한 까닭에 朝鮮 時代의 韓國에서는 일반적으로 특별한 目的의 境遇에만 漢字의 字形, 字音, 字意 등에 대해 研究했던 것으로 파악된다.

자음의 경우 韓國에서 통용되는 漢字의 음이 중국과는 다르므로 한국의 漢字音을 규정하고자 하는 韻書들이 출현하였다. 이러한 운서로『東國正韻』(1448),『奎章全韻』(1796년),『全韻玉篇』(1796년 추정) 등을 들 수 있다.

자의의 경우 아동의 漢字 敎育을 爲하여 漢字의 字義를 韓國語의 어휘로 해설해 주는 최세진의『訓蒙字會』(1527), 편자 미상의『光州千字文』(1575), 柳希春의『新增類合』(1576), 鄭允容의『字類註釋』, 李承熙의『正夢類語』(1884) 등이 編纂되었다.[3]『訓蒙字會』가 3,360자,『光州千字文』이 1,000자,『新增類合』이 3,000자,『正夢類語』가 1,008자를 수록한 것에 근거하면 이들이 아동의 漢字 교육을 위한 것임을 알 수 있다. 또

---

3 兒童의 漢字學習을 위한 字典과 詞典으로『訓蒙字會』,『新證類合』,『字類註釋』,『正夢類語』,『夢喩編』(1810) 등을 드는 경우가 있다.『夢喩編』(1810)은 詞典으로 語彙集이다.『訓蒙字會』,『新證類合』,『字類註釋』,『正夢類語』 등은 표제자를 부수별로 제시하지 않고 분류별로 제시하였으므로 字典이라 할 수 없고 분류어휘집 정도로 부를 수 있다.『字類註釋』(1856)의 경우는 수록 漢字의 수가 11,000여 항목이라는 점에서 아동의 漢字學習을 위한 것이 아니라 漢字의 전문적인 使用者를 위한 분류어휘집이다. 이 문제에 대해서는 서수백(2009: 23)에서 논의되었다.

표제 한자를 부수별로 제시하지 않고 분류별로 제시한 것으로 보면 이들이 字書 또는 字典이 아니다. 이들은 분류 어휘집의 성격을 가지고 있다. 또한 분류 어휘집에 나타난 韓國語의 어휘는 韓國語 이해의 수단으로 제시된 것이 아니라 漢字에 의한 槪念 체계를 이해하는 보조 수단으로 제시된 것에 유의할 필요가 있다. 이러한 점에서 朝鮮 時代 분류 어휘집은 20세기 초 編纂된 漢韓 對譯 字典과는 성격을 달리 한다. 漢韓 對譯 字典은 漢文을 이해하고 있는 한국인들에게는 漢文을 위한 것이기도 하지만 韓國語만 알고 있는 한국인들에게는 韓國語만을 위한 것이다.

字形의 경우에는 朝鮮 時代 독자적인 研究를 찾아 보기 어렵다. 이 사실은 『新字典』에 실린 「崔南善序」에서 言及된 內容으로 확인해 볼 수 있다. 「崔南善序」에서는 韓國에서 編纂된 字書나 韻書에 대한 言及이 있으나 字形을 研究한 書籍을 言及하지 않고 있다.

2.2. 國漢文混用體 時代의 漢字 研究

韓國에서 國漢文混用의 文字 生活 時代는 1894년 고종 황제의 칙령 1호 제14조로 시작되었다. 고종 황제의 칙령은 "法律 勅令 總以國文爲本 漢文附譯 或混用國漢文(법률 칙령은 모두 국문을 기본으로 하고 한문으로 번역을 붙이거나 혹은 국한문을 혼용한다"는 것을 천명하고 있다. 이것은 한문에 의한 언어 생활을 버리고 韓國語에 의한 언어 생활을 시작하게 되었음을 선언한 것이다. 이 선언으로 韓國에서는 國漢文混用 文字 生活 時代가 本格的으로 開幕되었다.

1908年부터 多數의 漢字 字典이 출판되기 시작하였다. 박형익(2012: 401-451)에 따라 國漢文混用 文字 生活 時代의 이른 시기에 編纂된 主要 字典을 제시하면 다음과 같다.

종류	書名	編作者	出版社	出版年	收錄 標題字
漢韓 對譯 字典	國漢文新玉篇	鄭益魯	耶穌教書院	1908	10,963
	字典釋要	池錫永	匯東書館	1909	16,300
	漢鮮文新玉篇	玄公廉	大昌書院	1913	16,708
	新字典	崔南善	新文館	1913	13,321
	字林補註	劉漢翼	大廣書林	1921	18,177
漢鮮日 對譯 字典	日鮮大字典	朴重華	光東書局	1912	
漢日鮮 對譯 字典	漢日鮮新玉篇	李種楨	光東書局 太學書館	1916	16,708

위에 제시한 字典들은 漢字의 字音과 字義를 모두 제시하고 표제자를
부수별로 제시하고 있다. 그런데 漢字의 字義를 韓國語로 풀이했으므로
漢韓 對譯 字典의 성격을 가진다. 이점에 대해『新字典』에 실린「崔南善
序」에서는 '本義를 直闡하고 定訓을 확립하야 自語의 權威를 발휘하고
漢學의 蓁莽을 披闢하려한 一片誠心'으로 표현하고 있다.

國漢文混用 時代의 특성 상 漢韓 對譯 字典의 출현은 예고된 것이다.
國漢文混用의 문자 생활 時代에서는 漢字를 漢文의 문맥에서 이해할 필
요는 없고 漢字도 韓國語의 문맥 속에서 이해해야 하기 때문이다. 물론
이러한 경우는 漢文을 모르는 한국인에만 해당된다. 漢文을 이해하는
한국인들의 경우에는 漢字를 漢文의 문맥에서 이해할 경우도 發生한다.

『日鮮大字典』의 경우 '한자, 일본어, 韓國語' 등의 순서로 제시되어
있으므로 '漢鮮日大字典'의 명칭이 더 적합할 것으로 생각된다. 『漢日鮮
新玉篇』의 경우 '한자, 일본어, 韓國語' 등의 순서로 제시되어 있으므로
'漢日鮮新玉篇'의 명칭은 적합하다.

1908년에 編纂된『國漢文新玉篇』의 표제자 수 10,963개에서 1921년
編纂된『字林補註』의 표제자 수 18,177개로 수록 표제자의 수가 7,214
개 증가하였다. 표제자 수의 증가 경향은 이전 字典의 소략함을 극복하기
위한 것이다. 이 점에 대해 金允植은「字林補註序」에서 '우리 나라에서

간행된 '新玉篇' 등의 책은 왕왕 소략하여 사물의 뜻을 곡진하게 나타내지 못한다'고 말하였다.

2.3. 한글專用 時代의 漢字 硏究

1948년 10월 9일 법률 제6호로 '한글전용법'을 제정한 한국 정부는 지속적으로 한글 전용 정책을 추진하여 1970년 3월부터는 초등학교, 중학교, 고등학교에서 순한글로 개편된 교과서를 채택하였다.[4]

한국이 한자문화권에 속해 있기 때문에 '한글전용' 정책을 반대한 한국의 여론도 거셌다. 1949년 11월 5일 한국의 국회에서 任永信 의원이 초등학교에서의 漢字 교육 부활을 건의하는 것을 시작으로 한국 정부의 '한글 전용' 정책을 반대하는 운동이 전개되었다.[5]

한국 정부의 '한글 전용' 정책에 대한 반대 운동의 결과 1963년부터 1969년까지 초중고에서 한자를 교육할 수 있게 되었으며[6] 상용한자 또는 교육용기초한자를 제정하게 되는 성과를 거두었다. 張源柱(1991: 23)와 金永玉(2013)에 따라 상용한자 또는 교육용기초한자를 제정한 경과를 제시하면 다음과 같다.

1950년 1월	문교부 상용 漢字 제정위원회 상용한자 1,271자 제정
1950년	상용한자를 1,000자로 수정
1957년	300자 추가
1963년 9월	신학기부터 초등학교 600자, 중학교 400자, 고등학교 300자를 교육

---

4 한국 정부가 1974년까지 '한글 전용 정책'을 추진한 경과는 張源柱(1991: 17-23) 참조.
5 한국 정부의 '한글 전용' 정책을 반대하는 운동의 경과는 張源柱(1991: 17-28) 참조.
6 이에 대해서는 張源柱(1991: 23) 참조.

1967년 12월   韓國신문협회에서 상용漢字 2,000자 제정
1967년 3월   국어심의위원회 한문 분과에서 상용한자 1,300자 중
                   542자의 약자 제정
1972년 8월 17일   문교부 교육용기초한자 제정
                   (중학교 900자, 고등학교 900자)
2000년   교육인적자원부 기초한자조정위원회 교육용 기초한
                   자 조정

　1959년 1월 선정한 1,271자는 1948년 문교부가 5만자를 대상으로 빈
도가 높은 것을 선정한 것이다. 1957년 300자의 추가 선정은 1956년
문교부가 실시한 '漢字語 使用 빈도 조사' 작업을 통하여 이루어진 것이
다. 1972년에 500자 추가가 이루어졌는데 30여자를 기존의 목록에서
삭제하고 530여자를 추가할 때에 '기존의 한문 교과서에서 使用되던 한
자, 일본의 當用漢字 1,750자, 예일대의 교육용 漢字 1,000자' 등에서
선정한 것이다.[7]
　2000년 12월에 있었던 '교육용 기초 한자' 조정은 '조정의 기본 원칙과
방향'의 기준을 가지고 이루어졌다. '조정의 기본 원칙과 방향'은 교육인
적자원부에서 발표한 '한문 교육용 기초 漢字 조정 백서'에 수록되어 있
으며 그 내용은 다음과 같다.[8]

　　•동북아 한자문화권(한국, 북한, 일본, 중국, 대만)에서 널리 쓰이는
　　　한자.
　　•한문 고전에 자주 쓰이는 한자

───────────────

7　여기의 설명은 金永玉(2013: 226-234)를 참조한 것임.
8　이에 대해서는 金永玉(2013: 226-234) 참조.

•국어생활에 자주 쓰이는 한자.

한국에서 '상용한자' 또는 '교육용 기초 한자'를 선정할 때에 두 가지 원칙을 가지고 있음을 알 수 있다. 하나는 한자의 使用 빈도이고 다른 하나는 한자의 국제적 통용성이다.

'한자의 使用빈도'의 기준은 상용한자 제정의 당초부터 적용된 것이고, '한자의 국제적 통용성'의 기준은 1972년부터 적용된 것이다. 2000년 12월에 '교육용 기초 한자'를 조정할 때에는 '한자의 국제적 통용성'의 기준을 명백하게 구체화하고 있다.

1967년 12월에 한국신문협회에서 상용한자로 2,000자를 제정하였는데 이는 당시 한국 정부가 제정한 상용한자 1,300자보다는 무려 700자를 더 선정한 것이다. 이것은 한국의 신문사와 한국 정부 간에 상용한자 제정 범위에 대한 의견 차이를 보인 것이다. 이것은 또한 한국 정부보다는 한국 신문사 측에서 보다 國漢文混用 표기를 선호하고 있음을 말해 주는 것이다.

2.4. 컴퓨터 기반 디지털 時代 漢字 硏究

2.4.1. 한자문화권 연대를 위한 국제한자 코드의 통일

컴퓨터 기반 디지털 時代에 동아시아 한자문화권인 한국, 중국, 일본, 베트남 등은 漢字의 컴퓨터 코드를 통일할 것을 요구 받았다. 이러한 시대적 요청에 따라 '한국, 중국, 일본' 등 3국은 1991년 2월 서울에서 漢字의 컴퓨터 코드를 통일하기 위하여 CJK-JRG(한중일의 Joint Research Group)를 결성하기로 합의하였다. 1991년 7월에 동경에서 개최된 CJK-JRG 제1차 회의에서 ISO 10646의 漢字 부문에 한국, 중국, 일본, 중국, 대만이 使用하고 있는 국가 표준 한자를 통합하여 배치하기로 결정하였다.

5차에 걸친 CJK-JRG 활동을 끝으로 1993년에 국제 표준화 기구의 정식 조직으로 편입하기 위하여 ISO/SC2/WG2 산하의 IRG로 재편하게 되었다. IRG는 여러 차례의 논의를 거쳐 20,902자의 기본 漢字 세트, 6,582자의 추가한자 A세트, 42,711자의 추가한자 B세트, 4,073자의 추가한자 C세트의 제정을 거쳐 2002년 5월 마카오에서 개최된 19차 IRG 회의에서 70,205자의 Super CJK 14.0 버전에 대한 검토를 하였다.[9]

한국은 CJK(중일한) 漢字 코드를 정하는 회의에 처음부터 참가하게 되었으며 CJK 漢字 코드를 표준화하기 위한 여러 활동에 참여하였다. CJK 漢字 코드를 표준화하기 위한 활동을 하기 위해서는 우선 각국에서 한자에 관한 대규모적 연구가 필요하였다. 이러한 대규모적 연구를 한국의 국립국어원이 지원하게 되었다. CJK 漢字 코드를 표준화하기 위한 한국 내 대규모 漢字 연구 사업은 다음과 같다. 이 연구 사업의 결과는 한국의 국립국어원 홈페이지에서 무료로 다운로드 받을 수 있다.

- 우리나라 漢字의 약체 조사(1991)
- 東洋 삼국의 약체자 비교 研究(1992)
- 漢字코드 표준화 개선 방안에 대한 기초 研究-국내외 표준화 대응을 위한 확장 漢字세트 선정을 위하여(1991)
- 漢字코드 표준화 개선 방안에 대한 기초 研究-국내외 표준화 대응을 위한 확장 漢字세트 선정을 위하여 추가(1992)
- 漢字 약체 조사 研究(1994)
- 漢字音에 의한 漢字 입력 방법 研究(1994)
- 漢字의 자형 조사 (1)(1996)
- 漢字의 자형 조사 (2)(1997)

---

9 CJK 관련 내용은 李峻碩(2003)에 설명된 것을 인용한 것이다.

- •국제 문자 코드 漢字 Super CJK 研究(2000)
- •국제 문자 코드계의 漢字 표준화에 대한 研究(2001)
- •韓國 漢字 이체자 조사 -표준코드 KS C 5601 漢字를 중심으로(2002)
- •국제 문자 코드계 EXTB 등재 漢字의 비교 研究(2003)
- •신출漢字 국제 표준화 研究(2008)

이와 같은 한자에 대한 대규모 연구 사업은 CJK 漢字 목록에 포함시킬 한자를 발굴하거나 CJK 漢字 목록에 포함된 漢字 자형의 변별성을 어떤 근거로 판별할 것인가에 대한 목적이 주류가 된다. 한국의 경우에는 '音'을 통하여 한자를 이해하므로 한자음에 대한 것도 연구의 목표가 되었다.

2.4.2. 국가 지식 정보 자원 데이터베이스화

컴퓨터 기반 디지털 時代가 진행됨에 따라 1990년대부터 진행된 한국 정부의 사업은 점차적으로 전산화 기반으로 추진되기 시작하였다. 한자의 연구와 관련된 정부 사업으로 '인명전산화 사업, 지식정보자원사업' 등을 들 수 있다.

한국 정부가 인명전산화 사업을 추진하여 한국인들은 자신의 이름을 한자로 표기하는 데에 제한을 받게 되었다. 1990년에 한국의 호적법 개정으로 한국인들은 인명용 한자로 2,731자만을 使用해야 하는 제한을 받았다. 일부 한국인들이 이름으로 한국 고유어를 使用하기는 하지만 대다수의 한국인들은 이름을 한자를 使用해서 표현하고 있다. 많은 한국인들이 漢字語를 한글로 쓰지만 자신의 이름만큼은 한자로 작명하기를 원한다. 한국인들의 이같은 漢字 문화 의식으로 2,731자의 인명용 한자는 여러 차례의 개정을 거듭하게 되었다. 2014년 10월 20일에 이르러서는 인명용 한자가 8,142자로 증가하게 되었다.

국가의 지식 정보 자원을 데이터베이스화하는 과정에서 한자와 관련한 문제가 심각하게 제기되었다. 한국학중앙연구원, 국사편찬위원회, 서울대규장각한국학연구원, 한국고전번역원이 연합하여 2000년부터 2008년까지 진행시킨 한국역사정보통합시스템 구축 사업과 고려대장경을 전산화하는 사업에서 한적 자료 입력 시 한자와 관련된 여러 문제가 연구될 필요성이 제기되었다. 이 문제가 원만히 해결되지 않으면 한적 자료의 전산화 성과가 반감된다는 위기의식을 가지게 되었다.

한국역사정보통합시스템 구축 사업으로 기존 자전과 CJK 유니코드 EXT_B 영역까지에 정의되지 않은 신출한자 5,908개가 새로이 발굴되었다. 이 신출한자의 자형을 정확하게 판단하여 새로운 한자로 판단할 경우, 이 한자의 의미를 규정하고 한자음을 부여하는 일이 과제로 남아 있다. 申相賢(2008)은 한국역사정보통합시스템 구축 사업에서 발견된 신출 한자를 주요한 연구 대상으로 하여 한국어 표기를 위한 특별한 구성 방식의 漢字(틀[10], 싸[11], 莗[12]의 여러 종류를 논의하였고, 人名 표기를 위한 특수한 造字의 漢字[13])에 대해 논의하였다. 또 방대한 자료를 대상으로 異體字의 유형을 논의하여 異體字의 發生 要因으로, ʻ構件의 증가, 構件의 생략, 構件의 改換, 構件의 위치 변화, 書寫에 의한 변이, 신자형의 창조, 斤音으로 代替, 合文ʼ 등을 들고 있다. 한자의 자형에 관한 申相賢(2008)의 연구는 실증적인 점에서 매우 가치가 있다.

한국역사정보통합시스템 구축 사업으로 발견되고 정리된 신출한자의 목록과 자형은 http://www.koreanhistory.or.kr/newchar에서 열람할 수 있다.

2004년에 국립국어원이 수행한 연구 과제인 ʻ국제 표준코드 漢字 EXT

---

10 이 글자는 한자 틀와 乙을 결합한 것으로 의미는 없고 한국 발음 ʻ걸ʼ을 표기한다.
11 이 글자에서 ʻ斗ʼ는 한자이고 ʻㄱʼ 한글 ʻㄱʼ으로 ʻ싹ʼ은 ʻ둑ʼ의 음을 표기한다.
12 이 글자는 한국어 ʻ꽃ʼ을 표기한다. 花는 한국어 ʻ꽃ʼ을 훈차한 것이고 ʻ叱ʼ은 末音 添記로 한국어 莗을 한국어 ʻ꽃ʼ으로 읽어야 됨을 표시한 것이다.
13 인명 표기를 위한 造字의 방식은 部首를 첨가하거나 避諱이다.

B의 漢字 표준음 硏究'는 CJK EXT_B 영역의 漢字 중에서 17,211자 한자에 표준음을 부여하였다. 金興圭·金彦鍾·李載勳·沈慶昊·李建植·申相賢(2013)의『Unicode 漢字 情報 辭典』는 CJK에 등록된 漢字의 관련 정보를 제공한 것으로 이 연구에서 CJK BMP의 漢字 20,902字, EXT_A의 6,582字, EXT_B의 17,700餘 字에 대한 한글 音을 부여하였다. 한국에서는 漢字를 이해할 때 우선적으로 字音을 통하기 때문에 이 연구는 중요한 가치를 가진다.

2.4.3. 어문정책 추진을 위한 데이터베이스화

컴퓨터의 도움을 받아 대용량의 데이터 처리가 가능해져 漢字 및 漢字語의 실태 조사가 이루어졌다. 이러한 실태 조사는 국립국어원 중심으로 이루어졌는데 국립국어원이 진행시킨 연구 사업은 다음과 같다. 이 연구 사업의 결과는 한국의 국립국어원 홈페이지에서 무료로 다운로드 받을 수 있다.

- 漢字 使用 實態 조사(1990)
- 漢字, 外來語 使用 實態 조사(1991
- 15세기 漢字語 조사 硏究 (I)(1993)
- 15세기 漢字語 조사 硏究 (II)(1993)
- 북한의 漢字語 외래어 使用 실태 조사(1993)
- 국어 어휘 자료 처리를 위한 漢字語의 형태 통사론적 硏究(1999)
- 남북한 漢字어 어떻게 다른가-남북한 漢字 漢字語 차이 조사 硏究-(1999)
- 초등학교 교과서 漢字語 및 漢字 분석 硏究(2003)
- 중학교 교과서 漢字語 및 漢字 분석 硏究(2004)

위의 연구 사업으로 韓國語에서 漢字 및 漢字語의 使用 실태가 어느 정도는 밝혀져 한국에서 漢字 및 漢字語에 관한 어문 정책을 합리적으로 수립할 수 있을 것으로 기대된다. 이러한 사례로 2017년에 추진되고 있는 '韓中日共通語彙集編纂事業'을 들 수 있다. 이 사업은 韓中日 3개국에서 공통적으로 사용되고 있는 語彙를 선정하여 語彙集을 편찬하는 것으로 목표로 하고 있다. 이 사업은 韓中日3國協力事務局이 추진하고 있다.[14] 筆者는 이 事業에 韓國의 研究團으로 참여하고 있는데, '초등학교 교과서 漢字語 및 漢字 분석 研究(2003), 중학교 교과서 漢字語 및 漢字 분석 研究(2004)' 등의 연구 결과를 효과적으로 활용하여 韓國이 제출한 漢字語 3,000여개 목록을 작성한 바 있다.

2.4.4. 새로운 漢字 研究의 方法

디지털 시대는 지식의 폭발 시대이기 때문에 漢字 研究의 새로운 방법이 나타났다. 이 글에서는 '文書의 自動 認識 方法, 漢字 Typography, 漢字文化學' 등의 세 가지 측면에서 새로운 한자 연구 방법을 간단히 소개하고자 한다.

文書의 自動 認識 方法을 활용하는 한자 연구 방법의 사례는 다음과 같다.

---

14 韓中日3國協力事務局은 韓中日 3國 外務部에서 資金을 出資하여 韓中日 3國의 友好 增進을 目標로 하고 있다. 현재 韓中日協力事務局은 韓國의 서울에 설치되어 운영되고 있다. 현재 韓中日 3국의 共通 語彙 658個를 選定하여 뜻풀이와 같은 후속 작업을 진행하고 있다.

〈朴大泛·金星周(2014: 220).〉

위 자료는 컴퓨터 프로그램을 활용하여 日本 東大寺 所藏의 新羅 時代 『華嚴經』에 출현한 '眞'字를 모아 놓은 것이다. '眞'字의 자형이 기본적으로 유사하지만 자세하게는 미세한 차이가 있음을 알 수 있다. 이러한 방법을 통하여 異體字와 異形字의 판별 기준을 명확하게 제시할 수 있을 것으로 기대된다.

漢字 Typography 분야의 연구에서는 漢字가 가지는 造形性을 活用하여 商品의 價値를 높이고자 한다. 이러한 연구 방법은 漢字를 주요 표기 수단으로 하는 中國과 日本에서는 활발하게 전개되고 있다. 그러나 한국에서는 漢字가 주요 표기 수단이 아니기 때문에 漢字 Typography 분야의 연구는 활발하지 못하다. 일부의 연구자들이 이에 대한 관심을 보이고 있다. 한국에서 漢字 Typography 분야의 연구 결과를 활용하여 商品의 價値를 높인 사례는 찾아 보기가 어렵다.

漢字文化學은 漢字나 漢字語를 통해서 漢字를 사용했던 사람들이 가졌던 文化의 모습을 재구하는 연구 분야를 말하는 것이다. 예컨대 최근 한국에서 발표된 '한자를 통해 본 중국 고대 漁獵, 漢字에 투사된 고대 중국의 生育崇拜 문화' 등의 연구 논문을 漢字文化學 분야의 연구로 들 수 있다. 漢字文化學의 연구는 난이도가 매우 높지만 漢字 연구 분야에서 반드시 극복해야 할 탐구 주제라고 생각한다.

3. 結言

訓民正音 創製 時代에 訓民正音이 創製 되었지만 韓國의 文字 生活이 바로 脫漢字化 시대로 移行되지 않았다. 漢文에 의한 文字 生活을 營爲한 支配層이 訓民正音의 脫漢字化 動力을 消滅 시켰기 때문이다. 여러 가지 狀況 때문에 오늘날 한자로 학술을 연구해야 한다는 이 方面에서 漢字의 公共的 價値를 찾아보는 것은 無意味한 일로 생각된다. 오늘날 학술 연구 방법론은 서구의 방법론에 의존하고 있기 때문이다.

國漢文混用 時代에 多數의 漢韓字典이 出版되었다. 이 시기에 多數의 漢韓字典이 출판된 것은 漢字가 韓國에서 公共的 價値를 지닌 것이며 漢字가 韓國語 이해에 必須的인 存在임을 말해 주는 것이다. 하지만 한글專用의 語文政策으로 이 方面에서 漢字의 公共的 價値를 찾아내는 것도 어려운 問題이다.

한글轉用 表記 時代에 한글專用의 語文政策에도 不拘하고 漢字語가 韓國語 語彙의 多數를 차지하고 있어 常用漢字 또는 敎育用 基礎 漢字 制定이라는 성과를 얻어 내어 漢字의 公共的 價値를 찾아내었다. 하지만 이 方面에서 漢字의 公共的 價値도 얼마 가지 않으면 소멸될 것으로 생각된다. 오늘날 韓國語의 言語 生活에서 英語가 漢字語를 急激하게 밀어 내고 있기 때문이다.

컴퓨터 基盤 디지털 時代는 漢字의 公共的 價値를 急激하게 下落시킨 存在인 同時에 漢字의 公共的 價値를 드높인 存在이다. 컴퓨터 基盤 디지털 時代에 CJK 한자 코드의 공동 제정을 위한 활동의 측면, 한적 자료 전산화와 같은 전통 문화의 정리 측면, 한자어가 한국어 어휘의 다수를 차지하는 측면, 인명에 한자를 사용하는 전통 유지의 측면에서 漢字의 公共的 價値가 높다는 것은 쉽게 확인할 수 있다.

그런데 한적 자료 전산화와 같은 전통 문화의 정리 측면에서 발생된 한자의 공공적 가치는 일시적인 것이다. 한적 자료 전산화와 같은 전통 문화의 정리가 지속될 수 없기 때문이다. 또한 인명에 한자를 사용하는 전통 유지의 측면에서 발생한 한자의 공공적 가치는 지속적이기는 하나 영향력이 미미한 것이 문제이다.

CJK 한자 코드의 공동 제정을 위한 활동에서 경험하였듯이 漢字文化圈의 연대를 강화하는 방법과 한국어의 이해를 위해서 한자어에 대한 심도 있는 연구 활동이 한국 사회에서 탈한자화하려는 문자 생활의 속도를 늦추는 방안이라고 생각된다.

디지털 시대에 한국에서는 한자 연구의 새로운 연구 동력이 생겨났으므로 漢字에 대한 연구가 한국에서 활성화될 것으로 생각된다. 1,500여 년 이상 한자로 우리의 세계관을 형성해 왔고 또 학술 연구를 수행해 왔으므로 우리의 세계관과 학술 연구 방법론이 한글에 의해 완전히 대체되기 전까지는 한자에 대한 연구가 필요할 것으로 생각된다.

참고 문헌

金敏洙(1986), 『新國語學史 全訂版』, 一潮閣.

金永玉(2013), 「漢文 敎育用 基礎 漢字 制定 課程에 對한 史的 考察」, 『漢文敎育硏究』 40, 韓國漢文敎育學會, 211-245.

金王奎(2006), 「字源硏究와 漢字敎育 ; 漢字 敎育 硏究의 動向과 課題」, 『漢字漢文敎育』 17, 韓國漢字漢文敎育學會, 15-52.

金興圭·金彦鍾·李載勳·沈慶昊·李建植·申相賢(2013), 『Unicode 漢字 情報 辭典』, 高麗大學校 民族文化研究院.

朴亨益(2010), 『韓國 字典의 歷史』, 역락.

朴大泛·金星周(2014), 「新羅 寫經 字形 디지털 아카이브 構築에 대하여」, 『口訣研究』 33, 口訣學會, 197-228.

서수백(2009), 「字類註釋의 辭典的 體裁 研究」, 大邱가톨릭大學校 博士學位論文.

申相賢(2008), 「朝鮮時代 漢字 字形 研究」, 高麗大學校 博士學位論文.

尹在敏(2014), 「韓國의 漢文教育研究의 動向과 課題」, 『漢文教育研究』 43, 韓國漢文教育學會, 349-376.

李峻碩(2003), 「國際漢字特別專門委員會(IRG)의 코드 標準化 活動과 南北 電算 漢字 統合의 展望과 對策」, 『漢字漢文教育』 10, 韓國漢字漢文教育學會, 3-23.

張源柱(1991), 「우리나라 漢字教育政策에 關한 研究」, 梨花女子大學校 教育大學院 碩士學位論文.

韓延錫(2014), 「漢字學 研究의 動向과 爭點」, 『東方漢文學』 58, 東方漢文學會, 53-98.

許喆(2011), 「韓國 漢字教育研究의 動向과 課題」, 『漢文教育研究』 37, 韓國漢文教育學會, 121-187.

洪允杓(1997), 「朝鮮後期 漢字語彙分類集에 關하여」, 『朝鮮後期漢字語彙檢索辭典: 物名考.廣才物譜』, 韓國情神文化研究院, 1-37.

祇林寺本『慈悲道場懺法』卷4의 音注에 대하여

권 인 한

성균관대학교

1. 들어가기

2015년 12월 南權熙 교수가 발굴하여 2016년 1월 13일에 연세대학교에서 열린 국어사학회 전국학술대회와 2016년 3월 26일 陽地原에서 열린 구결학회 월례발표연구회에서 소개된『慈悲道場懺法』卷4 殘片(17~21 5張, 이하 '이 자료'로 줄임)에는 釋讀口訣이 달려 있어 세간의 관심이 고조된 바 있다. 구결학회에서는 근 20여 년만에 새로 발굴된 고려시대 석독구결 자료라는 중요성을 감안하여 2016년 3월부터 2017년 4월에 이르기까지 9차에 걸쳐 이 자료를 회원들과 함께 講讀한 바 있다.[1]

같은 자료도 보는 사람의 시각이나 관심 분야에 따라 달리 보일 수 있다. 이 자료에 대한 필자의 관심은 처음부터 墨書 音注에 고정되어

---

1 지금까지의 강독 주관 발제자는 다음과 같다.
　2016.03(남경란), 04(남경란), 05(김성주), 06(김성주), 09(하정수), 11(문현수), 12(허인영), 2017.03(이병기), 04(이병기),『口訣研究』37·38집 휘보 참조.

있었다고 해도 過言이 아니다. 2016년 3월에 있었던 남권희 교수와 남경란 교수의 발표문을 통하여 이 자료에 13세기 중·후반에 쓰여진 것으로 추정되는 일부 音注들이 존재함을 알게 되었고, 강독의 次數가 늘어날수록 그 수효가 늘어남을 알고 나서는[2] 이에 대한 본격적인 고찰의 필요성을 느끼게 되었다. 한국한자음 연구에 매우 중요한 자료일 뿐만 아니라, 音注를 다는 방법도 이전에 볼 수 없었던 매우 독특한 유형까지를 포함하고 있다는 점에서 더욱 그러하였다.

지난 2017년 4월 22일의 구결학회 월례연구발표회를 끝으로 이 자료에 대한 강독은 일단락된 바 있다. 이에 따라 이 자료에 보이는 音注에 대한 확인 작업은 완료된 것으로 보이거니와, 필자가 살핀 바에 의하면 이 자료에는 10개의 글자에 대한 11개의 각종 音注가 기입된 것으로 집계되고 있다. 이들을 대상으로 각각의 音注들이 지시하는 당시의 한국한자음을 고찰하는 한편, 시기적으로 보아 이 자료가 중세 한국한자음의 초기 모습을 보여주는 존재라는 점에서[3] 한국한자음사에서의 가치에 대해서도 언급하게 될 것이다.

---

2 특히 2016년 12월, 2017년 3~4월의 발표를 통하여 音注의 수효가 크게 늘어났다. 허인영, 이병기 교수의 혜안 덕분에 자료 수집의 수고를 대폭 줄일 수 있었음을 밝혀 감사의 뜻을 전한다.
　또한 이 자료의 사진을 제공해주신 남권희 교수님, 남경란 교수님, 이용 교수님, 하정수 박사께도 謝意를 표하고자 한다. 더불어 다음 장에서 제시되는 사진 중 17~20장은 하정수 박사 제공분이며, 21장은 이용 교수 제공분임을 밝혀둔다.
3 현재 필자가 생각하고 있는 한국한자음사의 시대 구분은 다음과 같다.
　•상고 한국한자음(ASK; Archaic Sino-Korean)：3세기~7세기 중엽
　•고대 한국한자음(OSK; Old Sino-Korean)：7세기 중엽~13세기 초엽
　•중세 한국한자음(MSK; Middle Sino-Korean)：13세기 중엽~16세기 말엽
　•근대 한국한자음(ModSK; Modern Sino-Korean)：17세기~19세기
　•현대 한국한자음(ConSK; Contemporary Sino-Korean)：20세기~현재

2. 자료 개관

앞에서도 말한 바와 같이 이 자료는 남권희 교수가 2015년 12월 기림사 성보박물관에 수장되어 있는 자료들을 조사하면서 발견된 것이다. 이 자료에 대해서는 이미 남권희·남경란(2016)에서 상세하게 소개된 바 있으므로 여기에서는 위의 논의 내용 중에서 본고의 이해를 위해 필요한 정도로만 요약·정리하면서 필자의 생각을 약간 보태는 선에서 그치고자 한다.

- •소장처: 祇林寺 聖寶博物館

- •서지 사항
  ① 간행 시기: 高麗 木版本, 折帖, 13세기
  ② 종이: 두께 0.09㎝(18장 기준)
  ③ 크기 등: 紙幅 55.6㎝(17장), 56.0㎝(18장), 55.7㎝(19장), 56.2㎝(20장), 56.0㎝(21장)
     紙高 30.3㎝, 匡高 25.3㎝(21장 기준)
     21행, 1행 13~15자, 折帖 크기 30.3×10.4㎝
     版心題 '四', 張次 '二十一'

- •구결 기입 시기 등
  ① 이 자료에는 묵서로 석독구결이 기입되어 있으며, 본문에 새겨진 글자의 서체나 판본 시기는 13세기 중엽으로 추정되고 구결이 기입된 시기도 그 무렵으로 추정된다(남권희·남경란 2016: 201).
  ②『慈悲道場懺法』의 여러 판본 중 至元 19年(1282) 壬午 7月에 東京副留守였던 李德孫이 발원하여 간행된 판본(개인 소장 및 南禪

寺 소장)과 비교할 때 서체, 크기, 1행 13자 등 대부분 일치하고 있으나, 李德孫 發願本이 매장 20행임에 비하여 이 자료는 21행씩 나누어지고 張次가 바뀐 점에서는 그 底本은 같을 수 있으나 서로 다른 시기에 판각된 것으로 판단된다. 이 자료가 권말까지 남아 있다면, 李德孫 發願本보다 빠른 시기의 跋文이 있을 가능성이 높다.

③口訣字 총 54자: 'ハ, 厺, ナ, ロ, 尒, 十, ㇆, 乃, 卜, 匕, ㄹ, 斤, 丨, 丁, 亻, 刀, 斗, 支, 矢, 入, 厶, 尸, 乚, 罒, 灬, 扌, 亽, 亣, 个, 丶, 毛, 勿, 七, 氵, 立, 二, 白, ろ, 冫, 亠, ㅅ, ラ, 刂, 印, 〔ㄋ〕, 子, 下, ノ, 丂, ソ, 入, 甲, 及, 令'

*주체 존대의 '-시-'가 구결자 '二'(<示)로 나타남은 구결의 기입 시기 추정에 도움을 준다. 왜냐하면, 이러한 양상은 『(合部)金光明經』 卷3(13세기 중엽 구결로 추정), 『舊譯仁王經』 上·『瑜伽師地論』 卷20(13세기 후반 구결로 추정)[4]의 양상과 동일하기 때문이다. 따라서 이 자료의 구결 및 音注 기입 시기를 13세기 중·후반으로 보고자 한다(단, 反切注는 14세기 말엽 이후로 추정).

④ 자료 영인처

- 『국어사연구』 22호, pp.234-248(흑백 도판)
- 『특별전 고려시대의 경주』(국립경주박물관, 2016), pp.83-85 (컬러 도판).

4 구결 기입 시기의 추정은 南權熙(2002: 597)의 〈高麗 釋讀 口訣 資料 比較表〉에 의한 것이다.

3. 자료 정리 및 고찰

3.1. 자료 정리

No.	사진 〈張: 行〉	음주 내용	유형
①	〈17: 14〉	【塡=天】	直音注
②	〈19: 14〉	【披=非】	直音注
③	〈19: 14〉	【覽=羅+音】	合音注
④	〈20: 12, 14〉	【嚂=合】	直音注

---

5 이 자료의 反切注에서는 '某某反'의 「反」자가 구결자 'ㆍ'와 동일하게 나타남이 특
   징적인데, 이는 「反」자의 제4획으로 省劃한 자형으로 판단된다. 이에 대해서는 허인
   영(2016: 6)의 각주 35)에서 정확히 지적된 바와 같이 『瑜伽師地論』 卷20에서 欄上
   注에서 實例를 찾을 수 있을 뿐만 아니라, 高田時雄(1994: 150-156)에서 사진 자료
   로 제시된 高麗本 『內典隨函音疏』 卷490 등에서도 풍부한 예들을 볼 수 있기 때문

⑤ ⑥	 〈20: 12 欄下〉	⑤【嶍】苦合反[5] ⑥【傞】七何反	反切注
⑦	 〈20: 15 欄下〉	【剝=朴】	直音注

이다(〈사진 1〉 참조). 중국에서 '某某反'이 '某某切'로 바뀐 이유로 「反」이 '反逆'을 뜻하여서 함부로 쓸 수 없는 글자라는 점을 들듯이 高麗에서도 같은 사정에 있었던 듯하다. 다만, 高麗에서는 「反」의 省劃字로 표기하였음이 차이점일 뿐이다.

⑧	 〈20: 19 欄上〉	【筩】徒[6]冬反	反切注
⑨	 〈21: 07〉	【陷=含】	直音注
⑩	 〈21: 11〉	【耐=乃丨】	合音注
⑪	 〈21: 14〉	【舠=斤】	直音注

---

6 원문 자형(徒)은 얼핏 우측 자형이 '支'인 것처럼 볼 수도 있으나, 자세히 보면 左上에 점이 있을 뿐만 아니라, 마지막 획의 처리가 '支'자와는 다르다. 이 글자는 '徒'자의 초서체를 매우 과감하게 단순화시킨 자형으로 판단된다.

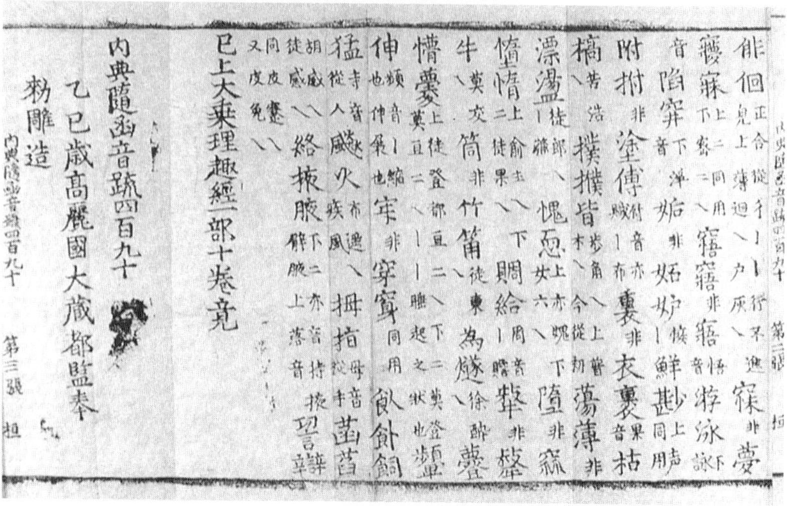

〈사진 1〉 高麗本 『內典隨函音疏』 490 卷尾 部分(大谷大學圖書館藏, 高田 1994: 152 재인용)

3.2. 類型別 音注 各論

3.2.1. 直音注

① 【塡=天】

「塡」: 『廣韻』 徒年切/ 平先定// L뎐[7]

「天」: 『廣韻』 他前切/ 平先透// L텬

---

cf)

7 被音注字 및 音注字의 정보 제시 방법은 다음과 같다.
「字」: 『韻書』 反切/ 中古音(MC) 聲調·韻母·聲母// 중세 한국한자음(MSK)
※MC는 『漢語大詞典』, MSK는 졸저(2009)에 의거함을 원칙으로 하되, 일부 臺灣 教育部 異體字典이나 南廣祐(1995)에 의거 보충한 것임을 밝혀둔다.

全濁의 定母(/d-/)字「塡」의 音注字로 次淸의 透母(/tʻ-/)字「天」이
선택되었음은 당시(13세기 중·후반)에 우리말 有氣音의 發達이 아직 微
弱한 狀態였음을 알려주고 있다.

　②【披=非】
　　「披」:『廣韻』敷羈切/ 平支滂// X피
　　「非」:『廣韻』甫微切/ 平微非// L비

　次淸의 滂母(/pʻ-/)字「披」의 音注字로 全淸의 非母(/f-/)字「非」가
선택되었음도 ①의 예와 동일하게 有氣音의 發達이 아직 微弱한 狀態였
음을 알려주고 있다. 非母가 輕脣音字임이 주의를 필요로 하지만, 한국
한자음에서 重脣과 輕脣의 차이가 中和될 뿐만 아니라(非=幫(/p-/)),
이 자료에 보이는 "疲侍ㅅㄴ非 → 시들비"〈21:14〉의 訓注[8]를 통하여 '非=
비'의 대응을 확인할 수 있어서 별다른 문제는 없다.

　④【嵃=合】
　　「嵃」:『龍龕手鏡』口盍切/ 入盍溪// ---
　　「合」:『廣韻』侯閤切/ 入合匣// H합

　「嵃」은『廣韻』이나『集韻』에 보이지 않는 글자로서 高麗本『龍龕手鏡』
에 처음 보이는 難解字이다.[9] 따라서 이 자료에 音注를 다는 사람으로서

8　疲侍ㅅㄴ非 → 시들비:侍 R$_H$시, 非 L비

9　臺灣 敎育部 異體字典(http://140.111.1.40)에 나타난「嵃」자의 반절은 다음과 같다.
　『龍龕手鏡』口盍反,『四聲篇解』口盍切,『字彙』苦盍切,『正字通』訛字. 舊註

는 상당히 고민하였을 것임에 틀림없을 것이다. 실제 이 글자에 대해서만 欄下에 反切注를 다시 단 것은 이러한 사정을 말해주는 것으로 판단된다.

盍韻의 溪母字(/kʻɑp/)「嗑」의 音注字로 合韻의 匣母字(/ɦʌp/)「合」이 선택되었음은 聲母의 비정상적인 대응으로 해서 특별한 고려가 필요하다. 韻母 '盍=合'의 대응은 한·중 한자음에서 특별한 문제는 없으나, 聲母 '溪=匣'의 대응은 정상적인 것이라고 할 수 없기 때문이다. 이 대응은 중국한자음으로도 물론이려니와 한국한자음으로도 설명되기 어려운데, 한국한자음에서 溪母는 /ㄱ/으로 匣母는 /ㅎ/으로 반영됨이 일반적이기 때문이다.[10] 따라서 이 音注는 「嗑」의 聲符 '盖(=蓋)'의 한국한자음에[11] 이끌린 俗音을 표시한 것으로 보아야 할 것이다.

⑦【剝=朴】

　　「剝」: 『廣韻』 北角切/ 入覺幫// X박

　　「朴」: 『廣韻』 匹角切/ 入覺滂// H박

全淸의 幫母(/p-/)字「剝」의 音注字로 次淸의 滂母(/pʻ-/)字「朴」이 선택되었음도 ①, ②의 예들과 마찬가지로 有氣音의 微弱한 發達과 관계가 있다. 다만, 次淸字「朴」의 한국한자음이 아직도 全淸字와 동일한 상태임이 위의 예들과의 차이점이다. 「朴」의 한국한자음이 유기음으로 발달되지 못한 이유는 분명치 않으나, 滂母(/pʻ-/)가 /ㅍ/, /ㅂ/으로 반영된 비율이 비슷한 데서[12] 나타난 현상이거나 또는 일찍부터 姓氏로

音堪入聲……

10　溪母(215) → /ㄱ/(190), /ㅋ/(2), /ㅎ/(18), /ㄱ~ㅎ/(3), 기타(2)

　　匣母(311) → /ㅎ/(272), /ㄱ/(27), /ㄱ~ㅎ/(4), 기타(8)

　　※未刊『中世 韓國漢字音의 分析的 硏究 -硏究篇-』의 원고에서 인용함. 以下同.

11　「蓋」: 〔廣韻〕 古太切/ 去泰見// R_H개

　　　　〔廣韻〕 胡臘切/ 入盍匣// H합

쓰이는 등 일상생활에 多用된 글자여서 擬古的인 한자음으로 쓰인 때문으로 설명되어야 할 것이다.

⑨ 【陷=含】

「陷」: 『廣韻』 戶䛒切/ 去陷匣// R함

「含」: 『廣韻』 胡男切/ 平覃匣// L함

去聲의 陷母(/-ɐm/)字 「陷」의 音注字로 平聲의 覃母(/-ʌm/)字 「含」이 선택된 것에는 聲調上의 不一致가 주목된다. 韻母 '陷=含'의 대응은 한·중 한자음에서 특별한 문제는 없으나,[13] 聲調의 대응은 정상적인 것이라고 할 수 없기 때문이다.

去聲과 平聲의 대응은 다음의 두 가지 가능성으로 설명될 수 있을 듯하다. 첫째로는 우리의 借字表記法에서 音假字가 聲調를 제외한 分節音만이 이용된 전통(安秉禧 1977: 123, 南豊鉉 1981: 28 등)에 관계된 현상으로 보는 방안이다. 둘째로는 '함'의 음을 지닌 글자들(函, 含, 咸, 檻, 涵, 緘, 艦, 菡, 醎, 衒, 鋿, 陷, 頷, 餡, 鹹) 중에서 「陷」의 直音注字로 선택될 만한 쉬운 글자로는 '函, 含, 咸'를 지목할 수 있을 정도이나, 이 세 글자는 모두 平聲字일 뿐만 아니라 去聲字를 선택하고자 하여도 難解字에 속할 「餡」〔(떡의) 소 함〕한 글자밖에 없어서[14] 빚어진 결과로 이해하는 방안이다. 전자보다는 후자의 가능성을 말하고 싶은데, 말하자면 이 音注만으로는 당시에 聲調 對應이 무시되었다거나 더 나아가 한국한자음의 성조가 불규칙했다거나 하는 언급으로까지 발전될 수 없음을 말하고 싶은 것이다.

---

12 滂母(78) → /ㅍ/(40), /ㅂ/(36), /ㅍ~ㅂ/(2)

13 陷母(4) → /암/(4) ※韻母音은 편의상 'ㅇ'을 앞세워 표기함.
　　覃母(27) → /암/(25), /암~아/(1), /음/(1)

14 졸저(2009)에 수록된 글자들로 판단한 것임.

⑪【劤=斤】

「劤」:『龍龕手鏡』音斤

「斤」:『廣韻』舉欣切/ 平欣見// L근

「劤」=「斤」의 音注는『龍龕手鏡』과 완전 일치하는 것으로 한자음의 대응상 아무런 문제도 없다. 高麗本『龍龕手鏡』의 유통을 짐작케 하는 자료의 하나로 삼을 수 있을 듯하다.

3.2.2. 反切注

⑤【嵯】苦合反

「嵯」:『字彙』苦盍切/ 入盍溪// ---

　　　『懺法』苦合反/ 入合溪// ---

⑥【傞】七何反

「傞」:『廣韻』七何切/ 平歌清// ---

　　　『懺法』七何反/ 平歌清// ---

⑧【笇】徒冬反

「笇」:『玉篇』虛誑切/ 去漾匣// ---

　　　『懺法』徒冬反/ 平冬定// ---

위의 세 被音注字는 모두 우리의 전통적인 자전류에 등재되어 있지 않을 만큼 일상생활에 거의 쓰임새를 찾기 어려운 難解字에 속한다. 따라서 이들의 音注를 위해서는 韻書나 字典類의 도움을 받을 수밖에 없었음을 짐작하기 어렵지 않다. 실제로 허인영(2016: 6)의 각주 34, 38에서 지적된 바와 같이 『慈悲道場懺法集解』(祖丘, 1377년 전후 간행)[15]의 音注와 그대로 일치함은 위의 세 反切注는 앞서 본 直音注들과는 달리 麗末鮮初期의 한자음에 대한 인식이 반영된 것으로 보아야 할 것이다.

⑤, ⑥의 예는 祖丘가 직접 기술한 反切注로서[16] 字典音과 비슷하거나(⑤) 완전히 일치한다(⑥). ⑤의 예에서 韻母 '盍=合'의 대응은 앞서 ④의 예에서 말한 바와 같이 한·중 한자음에서 특별한 문제는 없다. 둘 다 中古音 계통의 한자음이 14세기 말엽에 자리 잡았음을 보여준다고 할 수 있다.

그러나 ⑧의 예는 聲調, 韻母, 聲母 어느 것 하나도 일치하지 않기 때문에 정상적인 한자음 대응으로는 설명되기 어렵다. 이 反切注는 祖丘가 彌授 스님[17]의 말을 인용한 것으로서[18] 法相宗 계통의 俗音일 가능성을 찾을 수 있는데, 실제로 '丹'을 聲符로 가지는 글자 중에서 '동'의 음을 지니는 글자로 「彤」=「蚒」〔붉을 동〕, 「浵」〔물 깊을 동〕 등 소수나마 확보할 수 있음이 俗音 발생의 근거로 삼을 수 있을 것이다. 문제는 이들이 일상생활에 잘 쓰이는 않는 글자라는 점이나, 「彤」만은 함안 목간 33호에서 村名字로 쓰임을 볼 수 있음에서(〈사진2〉 참조) 그

〈사진2〉 함안 성산 산성 목간 33호 (『개정판 한국의 고대목간』, p.57)

---

15 南權熙(1991, 2012)의 논의 종합.

16 "'합사嶍佳'의 앞 글자는 고苦와 합合의 반절이고, 뒷글자는 칠七과 하何의 반절이다."(조구/성재헌 역 2011: 351)

17 彌授(1240~1327): 號 慈淨. 고려 중기 法相宗의 大師로서 法住寺에 머물면서 국왕의 명에 따라 92권의 章疏를 간행, 유통시킨 것으로 유명하다.

18 "'동筒'을 미수 스님은 도徒와 동冬의 반절이라 하였다."(조구/성재헌 역 2011: 351)

가능성이 아주 없지는 않다고 해야 할 것이다.

3.2.3. 合音注

③【覽=羅＋音】

「覽」: 『廣韻』 盧敢切/ 上敢來// R람

「羅」 L라 ＋ 「音」 L음=　　　　　　L?람

⑩【耐=乃ㅣ】

「耐」: 『廣韻』 奴代切/ 去代泥// X내

위의 두 音注는 중국이나 일본은 물론이려니와 한국의 종전 자료들에서는 볼 수 없었던 새로운 유형의 사례들이라는 점에서 우선 주목된다.

③은 被音注字 「覽」의 注音을 위하여 「羅」와 「音」을 借字表記式 방식으로 결합시키고 있는데, 分節音의 注音에는 성공하고 있으나 聲調의 대응은 무시되었다고 할 수밖에 없는 예다. 이는 앞서 본 바와 같이 借字表記法에서는 聲調를 제외한 分節音 중심의 寫音이 이루어진 것과 同軌로 보아야 할 것이다. 군이 이 예로써 알 수 있는 음운사적 의의를 꼽자면, 〈ram → ra/m〉의 분석을 보여준다는 점에서 우리 선조들이 일찍부터 우리말의 音節構造를 〈CV/C〉 구조[19]로 파악하고 있었음을 보여주는 실체적 증거의 하나로 삼을 수 있다는 점이 될 것이다.

마지막으로 ⑩의 예는 被音注字 「耐」의 注音을 위하여 口訣字 '乃', 'ㅣ'를 이용하고 있음이 더욱 특이한 사례로 다가온다. 이는 口訣字를 마치 음성 기호로 이용하기도 하였음을 알려주는 것으로 당시 高麗人들

---

19 국어의 음절구조 문제에 대한 것은 權仁瀚(1987: 37-42)의 논의를 참조.

의 창의적이고도 자유로운 사고를 보여주는 예라 하지 않을 수 없다. 이 예를 통하여 「耐」의 음을 〈na(乃)+i(ㅣ)→nai〉로 寫音함으로써 한국 한자음 '내'에 근접하게 이중모음적 특성을 的確히 포착한 것으로 평가할 만하다.

4. 韓國漢字音史에서의 가치―결론을 겸하여

이상에서 이 자료에 나타난 11개 각종 音注에 대하여 고찰한 바를 정리 해보면 다음과 같다.

(1) 有氣音 微弱: ①, ②, ⑦

(2) 俗音의 發達: ④, ⑧

(3) 中古音 反映: ⑤, ⑥, ⑪

(4) 聲調 未反映: ③, ⑨, ⑩

※ ⑤, ⑥, ⑧은 14세기 말엽 이후의 反切注, ①, ②는 15, 6세기 현실음 과 차이나는 音注, ③, ⑦, ⑨, ⑩, ⑪은 15, 6세기 현실음과 동일한 音注(단, 성조 제외), ④는 15, 6세기 현실음과의 차이를 알 수 없는 音注임.

위에서 정리된 것을 통해서 보면, 전체적으로 13세기 중·후반의 초기 중세 한국한자음이 이미 15, 6세기의 현실음에 상당 부분 근접한 상태였 음을 알 수 있게 해준다. 13세기 중·후반의 音注例로 추정되는 ①, ②, ③, ④, ⑦, ⑨, ⑩, ⑪의 8례 중에서 15, 6세기의 현실음과 사실상 동일 한 것은 ③, ⑦, ⑨, ⑩, ⑪의 5례나 되므로 단순 계산으로도 5/8=62.5% 정도의 일치율을 보이고 있기 때문이다. (4)의 예들은 동일 聲調의 적절 한 直音注字가 없거나(⑨) 聲調를 무시한 특이 音注例(③, ⑩)에 해당하므로 15, 6세기의 한자음과의 異同 與否를 분절음 중심으로 파악할 수밖에 없으므로 위의 일치도가 사실에 크게 어긋나지 않는 것으로 판단된다. 이것이 이 자료의 音注들이 한국한자음사에서 지니는 첫 번째의 가치가 될 것이다.

그런데 이 자료는 당시의 한자음이 15, 6세기의 한자음과 차이도 적지 않았음을 알려주고 있다. 그것은 (1)의 예들 중에서 次淸字「天」, 「披」의 음이 당시에 각각 '*뎐', '*비'였을 것으로 추정할 수밖에 없게 한다는 점이다. 문제의 두 글자는 이 자료에서 全濁字의 音注字로 쓰이거나(「天」), 全淸字의 被音注字로 쓰임으로써(「披」) 당시에는 平音이었던 것으로 봄이 합리적인 추론이기 때문이다. 이는 次淸字가 15, 6세기 정도로 有氣音으로 정착된 것은 14세기 이후의 일이었을 가능성을 말해준다고 해야 할 것이다. 이것이 이 자료가 한국한자음사에서 지니는 두 번째의 가치가 될 것이다. 물론 이러한 한자음의 양상이 音注를 단 사람의 개인적/지역적인 음일 가능성은 완전 배제하기는 어려우나, 13세기 중·후반 당시 한국한자음의 한 양상이었음은 분명하다 할 것이다. 앞으로 14세기 이후의 音注例의 발굴·분석을 통하여 이 문제에 대한 정밀한 논의의 필요성이 느껴진다.

이 밖에 ④, ⑤가 同一字「嵯」의 音注이면서 正音(⑤)과 俗音(④)을 함께 보여주고 있다는 점에서 14세기 이후에 難解字를 중심으로 正·俗音이 공존하였을 가능성을, ③은 13세기 중·후반 우리말의 音節構造를 ⟨CV/C⟩ 구조로 파악하고 있었음을 보여준다는 점 등도 이 자료가 지니는 또다른 가치로 평가될 수 있을 것이다. 後考를 기약하고자 한다.

[後記] 이 글은 『朝鮮學報』247호(2018년 4월)에 게재된 졸고 「中世韓国漢字音の研究 (Ⅰ)」의 초고에 해당한다. 본고에다 조선학회 발표 시의 지적 사항들을 바탕으로 수정·보완한 것이 위의 학보 게재분임을 밝혀두고자 한다.

참고 문헌

高田時雄(1994), 「可洪隨函錄と行瑫隨函音疏」, 高田時雄(編), 『中國語史の 資料と方法』, 京都大學 人文科學研究所, 109-156.

權仁瀚(1987), 「音韻論的 機制의 心理的 實在性에 對한 硏究 –發話失手와 外來語 受容의 資料를 中心으로」, 『國語研究』 76, ⅵ+87.

_____(2009), 『中世 韓國漢字音의 分析的 研究: 資料篇』, 박문사.

南廣祐(1995), 『古今漢韓字典』, 인하대학교출판부.

南權熙(1991), 「興德寺字로 찍은 『慈悲道場懺法集解』의 撰者와 刊行에 관한 考察 –새로 발견된 覆刻本의 卷首事項을 중심으로」, 『서지학연구』 7, 한국서지학회, 3-31.

_____(2002), 『高麗時代 記錄文化 研究』, 청주고인쇄박물관.

_____(2012), 「興德寺字로 간행된 『慈悲道場懺法集解』」, 『한국멀티미디어 학회지』 16-2, 19-37.

남권희·남경란(2016), 「13세기 高麗 釋讀口訣本 『慈悲道場懺法』 卷4 殘片의 구결 소개」, 『국어사연구』 22, 국어사학회, 199-232.

南豊鉉(1981), 『借字表記法 研究』, 檀大出版部.

_____(1999), 『國語史를 위한 口訣 研究』, 태학사.

_____(2000), 『吏讀研究』, 태학사.

安秉禧(1977), 『中世國語 口訣의 研究』, 一志社.

이병기(2017), 「祇林寺本 『慈悲道場懺法』 卷4 (20: 21-21: 12) 강독」, 구 결학회 월례연구발표회(2017.03.25., 2017.04.22.), 1-7.

조 구, 성재헌 역(2011), 『자비도량참법집해』, 동국대학교출판부.

허인영(2016), 「祇林寺本 『慈悲道場懺法』 卷4 (19: 03-20: 21) 강독」, 구결 학회 월례연구발표회(2016.12.17.), 1-8.

활용과 곡용에서의 언어 화석 문제

장 윤 희

인하대학교

1. 서 론

현재의 언어는 과거 언어가 변화해 온 결과물이다. 이러한 까닭에 현재의 언어에는 과거 언어의 흔적이 남아 있을 수 있는데, 경우에 따라서는 그 흔적이 현재 언어의 불규칙한 현상을 초래하기도 한다. 그 가장 대표적인 경우가 '언어 화석'이다. 지질학이나 생물학의 화석과 마찬가지로, 언어 화석은 이전 시기 언어 흔적이 그대로 남아 현재까지 이어져 온 것이어서 현재의 언어 직관으로는 쉽게 이해하기 어려운 요소가 된다. 국어에서도 이러한 언어 화석이 발견되는데, 이에 대한 본격적인 관심은 이승재(1992), 송철의(1993ㄱ) 등에서 시작되었다. 특히 송철의(1993ㄱ)는 공시태 속에 남아 있는 통시태적인 요소를 언어의 '화석'으로, 이 화석을 담고 있는 언어 형식을 '화석형'으로 정의하고 언어 화석을 음운 화석, 형태소 화석, 어휘 화석 등의 '단위 화석'과 음운 규칙 화석, 형태 규칙 화석 등의 '규칙 화석'으로 그 유형을 분류하는 등 가장 깊이 있는 언어 화석 연구라 할 만하다.

독립적인 생물이 멸종하거나 변화를 경험했음에도 퇴적층 등 외부 환경의 영향에서 벗어날 수 있는 환경 속에서 생물학적 화석이 만들어지는 것과 마찬가지로, 언어 화석은 독립된 언어 단위들이 겪는 변화로부터 벗어날 수 있는 환경에서 나타난다. 이러한 환경 가운데 가장 대표적인 경우가 복합어이다. 합성이나 파생에 의해 형성된 복합어의 내부 요소들은 대부분 그 자체가 문장의 독립적인 단위로 사용되지 않기 때문에, 그 요소들이 독립적인 단위일 때 겪는 변화로부터 자유로울 수 있다. 따라서 복합어는 언어 화석이 존재할 수 있는 최적의 환경이 된다. 이러한 까닭에 송철의(1993ㄱ) 등 기존의 연구에서 다루어진 언어 화석은 '좁쌀, 갈치, 안팎, 새롭-, 맏이' 등과 같은 복합어에서 발견되는 것들이 대부분이었다.

그러나 복합어에서만 언어 화석이 발견되는 것은 아니다. 활용에서도 화석형이 발견될 뿐만 아니라(김성규, 1989 ; 이진호, 2002), 곡용[1]에서도 언어 화석이 발견된다(2, 3장 참고). 그런데 현대어에 남아 있는 화석형은 공시적 형태 분석과 관련하여 언어 화석이 분석의 대상이 된다는 점에서 문제를 제기하게 된다. 예를 들어 현대어 '갈치', '휩쓸다'에서는 각각 '갈', 'ㅂ쓸다'가 분석될 수 있을 듯이 보이는데 이들을 과연 현대어 '칼', '쓸다'의 이형태로 볼 수 있느냐 하는 문제가 제기된다. (장윤희, 2010) 이러한 문제는 복합어에서보다 활용이나 곡용에서의 화석형에서

---

1 주지하는 바와 같이 '곡용'은 명사의 굴절을 가리키는 것으로 곡용형들은 별개의 단어일 수 없어야 한다. 이러한 까닭에 초기 국어학에서 '곡용'이라는 용어를 쓰면서 현재의 조사를 '곡용어미, 격어미' 등으로 불렸던 것이다. 따라서 별개의 품사로서 조사를 상정하는 현재 대부분의 관점에서는 '곡용'을 상정할 수 없다. 본고에서도 '이/가', '을/를' 등을 '곡용어미'나 '격어미'가 아닌 조사로 보고 있다. 그럼에도 '곡용'이나 '곡용 패러다임'이라는 용어를 사용하는 것은 단지 명사에 조사가 결합하는 현상을 '활용'이라는 용어와 대비하여 가리키기 위한 편의적인 것이다.

더 심각하다. 활용이나 곡용은 공시적으로 매우 생산적인 현상일 뿐만 아니라 형태론적으로 규칙적인 현상이기 때문에 용언 어간과 어미, 명사와 조사는 공시적으로 활성적인 존재인 경우가 대부분이다. 그런데 예를 들어 '푸-'의 활용 패러다임에 나타나는 화석형 '퍼'(김성규, 1989)의 존재는 어간 '푸-'의 이형태 '프-'의 설정 여부와 같은 쉽지 않은 문제를 제기하는 것이다.

이에 본고에서는 지금까지 본격적으로 다루어지지 않았던 활용과 곡용에서의 언어 화석 문제에 관심을 두고자 한다. 현재의 공시적인 활용과 곡용에서 발견되는 언어 화석에는 어떠한 것이 있는지를 살펴보고, 이들을 화석이라고 했을 때 제기되는 공시적인 분석의 문제를 살펴보고자 하는 것이다.[2] 이러한 논의 과정에서 언어 화석인 것과 언어 화석이 아닌 단순한 통시적 변화형의 구별 문제도 함께 다루어질 수 있을 것이다.

2. 활용에서의 언어 화석

언어 화석[3]은 규칙적으로 나타나는 것이 아니라, 주로 복합어 등의 복합 형식 속에서 산발적이고 불규칙적으로 나타난다. 예를 들어 현대어의 파생어 '휩쓸-'에서는 화석 'ㅂ쓸-'(<뜰-)이 발견되지만, 같은 파생어임에도 '치쓸-'에서는 화석이 발견되지 않는다. '새롭-, 많이' 등에서 발견되는 화석 명사 '새'나 '많'은 이들 단어 이외에서는 찾아볼 수 없다. 이렇듯 화석은 단어 개별적이고 불규칙하게 나타나는 것이 일반적이다.

---

2 이에 대해서는 장윤희(2010: 70-72)에서 간략히 다루어진 바 있다. 본고는 그 논의를 보다 보완하고 잘못을 바로잡는 성격의 것이라 할 수 있다.

3 이하에서 지질학적 화석과 혼동의 우려가 없을 경우에는 '언어 화석'을 '화석'으로 부르기로 한다.

그런데 활용이나 곡용과 같이 형태론적으로 규칙적인 현상에서 화석이 발견될 경우에 그 어형은 공시적으로 설명하기 어려운 것이 된다.

다음은 김성규(1989)와 이진호(2002)에서 활용에 나타나는 화석형[4]으로 다룬 예이다.

   (1) 가. 푸-(汲) : 푸고 푸지 **퍼 펐다** … 푸니 푸시고 푸는

      나. 알- : 알고 알지 알아 알았다 … 아니 아시고 아는 **아옵고 아오니**

(1가)에서 보이는 이른바 '우' 불규칙의 '푸-'가 보이는 활용 패러다임에서 '푸 + 어'가 '*푸어, *풔'가 아닌 '퍼'로 나타나는 현상은 공시적으로 설명하기 어렵다. '꾸어, 다투어' 등과 같이 어간 말음 'ㅜ'는 모음 어미 앞에서 탈락하지 않는데, '퍼'에서만 'ㅜ'가 탈락하므로 이 어간 교체는 공시적으로 매우 불규칙하고 예외적인 것이 되는 것이다. 이 활용형이 '퍼'로 나타나는 것은 동사 '푸-'가 '프- > 푸-'의 변화를 경험하기 전 '프 + 어 → 퍼'의 활용형이, 독립적인 어간형의 변화 이후에도 활용 패러다임의 '어간 + -어' 활용형으로 남아 있는 화석형이라고 봄으로써 이러한 예외성과 불규칙성을 해결할 수 있다. (1나)의 '아옵고, 아오니' 역시 공시적으로 설명하기 어려운 활용형인데, 어간 부분은 비록 '아니, 아시고' 등에서 발견되는 것이기는 하지만 그것이 모음어미인 '-옵-, -오-' 등의 앞에서 나타난 이유를 설명하기 어렵다. 이들 활용형 역시 이 활용형들의 '-옵-, -오-'가 '-ᄉᆞᆸ- > -옵-'의 변화를 겪기 전의 활용형 '아ᄉᆞᆸ고(← 알+ ᄉᆞᆸ+고)', '아ᄉᆞ 보니(← 알+ ᄉᆞᆸ+ ᄋᆞ니)'가 패러다임의 해당 활용형으로 남은 뒤 음운 변화를 겪은 결과로 보는 편이 합리적이다.[5]

---

4 언어 화석은 공시적인 복합 구성 속에 존재하는데, 이때 공시적인 복합 구성 속에 남아 있는 통시태적인 요소를 '언어 화석'이라 하고, 이 화석을 담고 있는 공시적 복합 형식을 '화석형'이라 한다(송철의, 1993ㄱ/2008: 397).

(1)은 공시적인 활용 패러다임 속에, 과거 언어 질서에 의해 만들어져 굳어진 활용형, 곧 화석형이 존재함을 보여준다. 송철의(1993ㄱ)의 정의를 따르면 여기의 '퍼', '아옵고, 아오니' 등은 모두 화석을 포함하고 있는 '화석형'이고, '퍼'의 '프-', '아옵고, 아오니'의 '-옵-, -오-'(<-ᄉᆞᆸ)가 '화석'이 될 것이다. 그런데 문제는 이들 화석형이 공시적인 활용형으로서 활용 패러다임에서 규칙적으로 나타난다는 점이다. 곧 화석형 '퍼', '아옵고, 아오니'가 각각 공시적으로 어간과 어미의 통합으로 만들어진 '푸고, 푸지, 푸니', '알고, 알지, 아니, 아시고' 등과 대등한 자격으로 패러다임을 구성하고 있어, 이들 화석형인 활용형들이 공시적으로 형성된 활용형처럼 다루어질 가능성이 높다. 어간이 이형태 '프-'(또는 '프-')로 교체되는 '우' 불규칙 활용형이 '퍼'라거나, '아옵고, 아오니'의 경우는 어간 '알-'이 선어말어미 '-옵-, -오-' 앞에서 어간이 '아-'로 불규칙하게 교체된다는 설명이 바로 그것이다.

이러한 문제는 또 다른 화석인 다음 활용형들에서 더 심각할 수 있다.

(2) 이르-(到): 이르고 이르지 이르니 이르면 **이르러 이르렀다** 이르는 …

(3) 가. 푸-: 푸고 푸지 퍼 펐다 … 푸니 푸는 **푸옵고 푸오니**

　　　나. 이르-: 이르고 이르지 이르러 이르렀다 … 이르니 이르는 **이르옵고 이르오니**

　　　다. 오르-: 오르고 오르지 올라 올랐다 … 오르니 오르는 **오르옵고 오르오니**

　　　라. 하-: 하고 하지 하여 하였다 … 하니 하는 **하옵고 하오니**

---

5 송철의(1993ㄱ/2008: 388)에서 지적한 바 있듯이, 언어 화석은 지질학적인 화석과는 달리 화석화한 뒤에도 변화를 입을 수 있다.

(2)의 '이르러' 등 이른바 불규칙 활용형은 중세어에서 '니르-'(>이르-)의 쌍형어간 '니를-'의 활용형이 굳어진 화석형이다(장윤희, 2010: 71). 쌍형어간 '니를-'이 소멸되어 '니르-'로 통일되었지만, 패러다임에서 모음어미와 결합한 활용형으로는 '니를-'의 활용형이 남아 현재 화석형으로 남게 된 결과가 (2)의 활용 패러다임인 것이다. 그런데 현재의 대부분의 문법서에서는 '이르러'에 대해 '이르-'(到)의 어간이 모음어미 앞에서 '이를-'로 교체된 활용형, 곧 '러' 불규칙 활용형으로 설명하고 있다. 이는 '이를-'을 '이르-'의 공시적인 이형태로 보는 것인데(장윤희, 2002ㄴ: 102), 이렇게 보면 화석을 공시적 형태로 보는 문제가 발생한다.

(3)의 불규칙 활용을 보이는 용언의 모음 말음 어간과 어미구조체 '-옵고, -오니' 등의 결합형도 (1나)의 '아옵고, 아오니'와 같은 화석형으로 보아야 한다. (3가)의 '푸'가 이른바 '우' 불규칙 동사라면 '-옵고, -오니'와의 활용형이 '*폽고, *포니'로, (3나)의 '이르-'가 이른바 '러' 불규칙 동사라면 이 활용형이 '*이르롭고, *이르로니'로, (3다)의 '르' 불규칙의 '오르-'가 '*올롭고, *올로니'로, (3라)의 '여' 불규칙의 '하-'가 '*하옵고, *하요니'(또는 '*하엽고, *하여니')로 실현되지 않는 이유를 설명하기 어렵다. 만일 이를 공시적 교체로 설명한다면 '푸-', '이르-', '오르-', '하-' 등은 모음어미와의 결합에서 불규칙 교체가 나타날 뿐만 아니라, '-옵-, -오-'와의 결합에서도 또 다른 불규칙 교체가 일어난다는 무리한 기술을 할 수밖에 없다. (3)에서 '-옵-, -오-'와 결합한 활용형들의 어간이 자음어미와 결합할 때와 같은 '푸-', '이르-', '오르-', '하-'로 나타나는 이유는, 이들이 후행 선어말어미가 자음을 지녔던 '-ᅀᆞᆸ-'이었을 때의 활용형이 굳어진 화석형이기 때문이라고 볼 때 설명의 어려움이 해결된다. 그런데 문제는 이렇게 동일한 요인에 의해 만들어진 화석형들이 상대적으로 다수의 활용 패러다임에 나타나 '아옵고, 푸옵고, 이르옵고, 오르옵고, 하옵고', '아오니, 푸오니, 이르오니, 오르오니, 하오니'와 같이 다

소 규칙적인 것처럼 나타남으로써 이들 각각의 활용형들이 공시적인 활용에서 형태론적 교체를 보인 결과처럼 보인다는 점이다.

앞서 우리가 살펴본 활용에서의 화석형에 대한 형태 분석에서 제기되는 문제는 결국 화석형 속의 화석을 공시적 형태로 분석할 수 있느냐 하는 문제라고 할 수 있다. 여기에서 화석이 화석형 속에서만 존재하는 과거 질서가 반영된 요소, 곧 "공시태 속에 남아 있는 통시태적인 요소"(송철의, 1993ㄱ/2009: 403)라는 사실에 주목할 필요가 있다. 공시적으로 활성적인 요소는 화석형이지 화석이 아니므로 화석은 공시적인 형태로 다루어질 수 없다. 곧 화석형 '퍼', '이르러' 속에 각각 존재하는 '프-', '이를-'은 공시적으로 비활성적인 화석으로서 통시적인 요소이다. 따라서 화석을 공시적인 교체형, 곧 이형태의 하나로 분석하는 것은, 비활성적인 통시태를 소환하여 활성적인 공시태로 파악하는 일이 된다. 화석형 '퍼', '아옵고' 등을 활용형 전체가 어휘부에 등재되는 것으로 보아야 한다는 김성규(1989: 164), 이진호(2002: 51)의 연구는 화석형 속의 화석이 공시적으로 비활성적임을 말하는 것이다. 따라서 화석이 공시적 형태와 교체된다거나 공시적 교체의 조건이 된다는 설명도 성립하기 어렵다.

그렇다면 '퍼, 이르러, 아옵고, 아오니' 등의 화석형은 공시적으로 더 분석되지 않는 화석형 전체로 분석되어야 한다. 이렇게 봄으로써 그동안 설명하기 어려웠던 불규칙 교체형의 실현 문제도 해결할 수 있게 된다. 이들을 불규칙 교체형으로 파악해 온 것은 공시와 통시를 엄격히 구분하여 통시적인 사실을 완전히 배제한 공시적 분석의 결과이거나 통시적 사실에 대한 이해가 깊지 않았기 때문일 것이다. 사실 통시적 이해가 깊어지면서 통시적 관점에서 보았을 때 공시적으로는 설명하기 어려웠던 언어 사실들을 무리 없이 설명할 수 있는 경우가 많은데, 화석의 문제가 바로 이러한 경우의 하나라 할 수 있다.

다음 (4) 역시 활용에서 나타나는 화석과 관련된 것이다. 다만 앞의 (1)~

(3)은 활용형 전체가 화석형인 것과 달리 이들 대부분은 어미 부분만이 화석형인 경우로서 활용 패러다임 상의 불규칙성을 초래하는 일은 없다.[6]

(4) 가. 가노라 (내로라 / (왕)이로라)
나. 가리다
다. 가거라, 잡아라, 오너라

(4가)의 '-노라', '-로라'는 각각 중세어의 선어말어미 '-오-'가 활성적일 때 'ᄂ+ 오 + 라(← 다)', '로(← 오) + 라(← 다)'의 결합에서 보이는 교체가 반영된 어형이다. 선어말어미 '-오-'가 16세기에 사라졌으면서도 이들 어미구조체 속에서는 화석화하여 오늘날까지 전해진 것이다. 따라서 '-노라'는 그 전체가 어미화한 화석형인 것이다. '-로라'의 경우는 조금 복잡한데, 중세어에서도 '-로-'는 계사 뒤에서 나타나는 '-오-'의 이형태였던 만큼 '-로라'는 현대어에서도 항상 계사와 통합하여 나타난다. 따라서 활성적인 공시태로서의 화석형은 '이로라'라고 할 수 있다. 이에 비해 '내로라'는, 계사와 '-오-', '-다'의 결합형은 물론, '나'와 계사의 결합형까지도 화석형이라는 점에서 이 전체를 화석형으로 보아야 할 것이다.

(4나)의 '-리다'는, 중세어의 상대 높임 선어말어미 '-이-'가 결합한 어미구조체 '-리이다'의 변화형(-리이다 > -리이다 > -리다)인데, 독립적인 '-이-'(<-이-)가 소멸했음에도 이 구조체 속에 화석으로 남아 있는 화석형이다.(장윤희, 2005: 326) '-리-' 뒤에서 '-다'가 '-라'로 실현되지 않은 공시적 불규칙성이나 외형상 '-리-'와 '-다'의 결합형으로 보임에도 상대 높임을 표시하는 것은 여기에 화석 '-이-'(<-이-)가 그 형태 및

---

6 (4가, 나)의 화석형 '-노라, -로라', '-리다'는 장윤희(2010)에서 자세히 다룬 바 있다. 장윤희(2010)에서는 (4가)의 '-로라'를 화석형인 것처럼 다루었으나 이 자리에서 바로잡는다.

기능상 흔적을 남기고 있기 때문이다.(장윤희, 2005: 326) (4다)의 현대 명령어미 '-거라, -어라, -너라' 역시 화석형이라고 할 수 있다. 중세어에서 선행 어간의 성격에 따라 비타동성 어간 뒤에는 '-거-', 타동성 어간 뒤에서는 '-어-', '오-' 뒤에서는 '-나-'로 교체되던 선어말어미와 명령어미 '-라'의 결합형이 단일어미화한 것이 '-거라, -어라, -너라'인데, 이 단일어미들 안에 기원적인 선어말어미의 교체형이 화석으로 남아 있는 것이다.

　이상의 사실을 통해서 과거의 선어말어미와 어말어미가 결합한 어미구조체가 화석형이 된 경우가 있음을 알 수 있다. 이들이 화석형이라는 사실은, 앞서 살펴본 바와 같이 (4)의 '-노라, 이로라, 내로라'나 '-리다', '-거라/-어라/-너라' 등은 공시적 분석 대상이 될 수 없음을 말한다. 예를 들어 '-리다'의 특이성을 설명하기 위하여 이를 '리 + ∅ + 다'의 공시적 결합형으로 보아 상대 높임 요소로서 공시적인 ∅를 분석해 내는 일은 합당치 않다는 것이다.

　그런데 경우에 따라서는 화석을 지닌 공시적 화석형인지 단지 통시적 변화의 결과형인지 판단이 쉽지 않은 경우가 있다.

　　　(5) 갑시다 가십시다

　(5)의 '-읍시다'를 화석형으로 볼 수 있을까? 이 어미는 근대어 '-읍사이다'에서 온 것이므로(장윤희, 2005: 326) 이를 화석형이라고 한다면 '시' 속에 청유의 '-사-'와 상대 높임의 '-이-'가 화석으로 남아 있다고 보아야 할 것이다. 그러나 이때의 '시'는 과거 언어의 질서에 의해 형성된 어형이 아니라, '-읍사이다 >-읍새다 >-읍시다'의 통시적 변화를 경험한 결과일 뿐이다. 화석은 공시태 속에 남아 있는 통시태적인 요소인데, '-읍시다'에서는 통시태적인 요소, 곧 화석을 찾을 수 없다. 따라서 이를

화석형으로 보기는 어려울 것이다.[7] 만일 이를 화석형이라고 한다면 '-습니다', '-습니까', '-습디다', '-는가'(하게체) 등과 같이 기원적으로 복합 구성이 단일어미화한 경우도 모두 화석형이라고 해야 할 터이지만, 이들은 통시적 변화의 결과형으로 보는 일이 일반적이다.

3. 곡용에서의 언어 화석

곡용에서도 화석형을 발견할 수 있는데, 활용에서와 마찬가지로 곡용에서의 화석형은 곡용 패러다임에서 불규칙한 요소로 나타난다. 그 대표적인 경우가 중앙어 인칭 대명사의 곡용에서 나타나는 화석형이다.

(6) 인칭 대명사의 곡용 패러다임

나	내가	나를	나의 내	나와	나에게 내게	나로	…
너	네가	너를	너의 네	너와	너에게 네게	너로	…
저	제가	저를	저의 제	저와	저에게 제게	저로	…
누구	누가	누구를	누구의 (뉘)	누구와	누구에게 (뉘게)	누구로	…

---

7 화석형과 통시적 변화형의 구별과 관련하여 장윤희(2010: 53-54)에서 화석을 지닌 것으로 볼 수 없다고 본 '뵙-', '여쭙-'에 대해 살펴볼 필요가 있다. 그 글에서, '뵙-', '여쭙-'을 '뵈숩-', '엳줍-'과 결부시키는 설명은 단일어화한 단어에 대한 통시적, 어원적 설명일 뿐이므로 이들을 화석형으로 볼 수 없다고 본 바 있다. 그러나 이는 복합 형식이 단일어화한 경우가 있다는 사실과 중세어에서의 '뵈-'의 활용형 등을 깊이 고려하지 못한 결과이므로 이 자리를 빌려 바로잡고자 한다. '뵙-', '여쭙-'은 과거 '-숩', '-줍-'의 형태와 기능을 화석으로 지니고 있는 화석형으로 보아야 할 것이다.

(6)의 주격형 '내가, 네가, 제가'의 곡용상 불규칙성에 대해서는 송철의 (1995/2008: 142) 등 많은 연구에서 다루었듯이 '내, 네, 제' 등은 각각 중세어의 주격형 '내(naj, 거성), 네(nəj, 상성), 제(cəj, 상성)'에서 기원한 것이다. 이들은 그 자체로 주격형이었음에도 주격조사 '가'가 출현하여 널리 쓰이면서 이 어형이 주격이라는 인식이 약화됨으로써 여기에 '가'를 결합시켜 새로이 나타난 주격형들인 것이다.[8] 따라서 현대어의 주격형 '내가, 네가, 제가'는 중세어의 주격형 '내, 네, 제'를 화석으로 지니고 있는 화석형임을 알 수 있다. 이들이 화석형이라는 사실은, 앞 장의 활용형에서와 같은 이유로 화석인 '내, 네, 제'를 대명사 '나, 너, 저'의 공시적인 이형태로 볼 수 없음을 의미한다. '나, 너, 저'는 모두 그 주격형으로 화석형 '내가, 네가, 제가'를 취한다고 말할 수 있을 뿐이다.

속격형 '내, 네, 제'는 각각 중세어 '나 + 이, 너 + 의, 저 + 의'의 결합형인 '내(naj, 평성), 네(nəj, 평성), 제(cəj, 평성)'에서 온 것이다. 그런데 이 속격형 '내, 네, 제'를 화석 또는 화석형이라고 할 수 있느냐가 문제이다. 이들은 화석형이 아니라 단지 중세 속격형의 변화형이라고 볼 수도 있을 듯하기 때문이다. 여기에서 화석이 공시적 질서가 아니라 과거 언어 질서가 반영된 요소라는 사실에 주목할 필요가 있다. 공시적으로 '나의' 등이 '내'로 축약되는 현상은 '가(邊)의 → *개, 마(麻)의 → *매' 등에서 보듯이 음운론적으로 설명하기 어려운 불규칙한 것이다. 반면 중세어 질서에 의한 '나 + 이→ 내(naj)'의 형성과 이후 '내(naj)＞내(nɛ)'의 변화[9]를 통해서 이 속격형들을 적절히 설명할 수 있다. 곧 속격형

---

8 이는 호격형 '아가'에 다시 호격조사가 통합한 '아가야'와 동일한 구조이며(송철의, 1995/2008: 143), 뒤에서 살펴볼 근대어의 '누고고, 누구고'와도 유사한 구조의 것이다.

9 '나'의 주격 및 속격형 '내(nɛ)'에는 이전 곡용형의 음운 j가 화석으로 남았다고 할 수도 있을 듯하다. 그러나 여기에서 화석은 전 시기의 조사 형태소이지 음운 자체가 아니다. 만일 이렇게 본다면 현대 중앙어의 단모음 'ㅐ, ㅔ, ㅚ, ㅟ'에도

'내, 네, 제'는 모두 중세어 속격조사 '이/의'가 결합할 때의 질서를 통해 그 형성 과정을 설명할 수 있는 것이다. 따라서 이들은 중세어 속격조사의 흔적을 화석으로 지닌 화석형이다. 주격형인 '내가'는 중세어의 주격형 전체가 화석인 화석형인 데 비해, 속격형인 '내'는 속격조사만이 화석인 화석형이라는 차이가 있다. 여격형 '내게, 네게, 제게'도 속격형과 마찬가지 이유로 중세어의 여격조사 '이게/의게'를 화석으로 지닌 화석형이라고 할 수 있다.

속격형과 여격형으로 곡용형이 둘씩 존재하는 현상[10]도 화석형을 상정함으로써 무리 없이 설명할 수 있다. 속격과 여격의 화석형은 중세어의 질서로 만들어진 어형을 화석으로 지닌 것으로서 (6)에서와 같이 공시적인 곡용 패러다임에서 불규칙성을 초래한다. 이러한 불규칙성을 해소하기 위한 유추적 평준화에 의해 나타난 새로운 곡용형이 '나의, 나에게' 등이라고 할 수 있다. 최근 (6)의 주격형 외에 '나가, 너가, 저가, 누구가' 등이 사용되고 있는 사실 역시 화석형으로 인한 곡용 패러다임의 불규칙성을 해소하기 위한 유추적 평준화의 결과이다. 이렇게 '내, 네, 제'를

모두 j가 화석으로 남았다고 보아야 할 터이지만, 이들은 변화형일 뿐이다. 이와 관련하여 음운 화석은 있을 수 없다는 장윤희(2010: 57)의 주장이 의미하는 바를 명확히 할 필요가 있어 보인다. 이는 '좁쌀'의 ㅂ만을 화석으로 볼 수는 없음을 강조한 것인데 오해의 여지가 있는 것이다. '좁쌀'에서 화석은 ㅂ만이 아니라 'ㅂ쌀'(<ᄡᆞᆯ) 전체이다. 그러므로 이 화석을 이루는 자음 ㅂ 역시 화석이다. 따라서 화석을 이루는 음운이라는 의미로 음운 화석이라고 할 수는 있을 것이다. '좁쌀'에서 ㅂ만을 음운 화석으로 보는 것은, 이때의 '조'와 '쌀'은 현대어인데 ㅂ만이 화석으로 남았다는 식의 오해를 불러일으킬 수 있어 결국 통시적 측면을 전혀 고려하지 않은 채 '조'와 '쌀'이 만날 때 ㅂ이 덧난다는 식의 어문 규정과 같은 오해로 이끌 수 있다.

10 중세어의 주격형이 그대로 남은 화석형 '내, 네, 제, 뉘' 등의 주격형이 현대어에서 전혀 발견되지 않는 것은 아니다. "내 이럴 줄 알았다. 네 좋을 대로 해. 동생은 제 하고 싶은 대로만 한다. 뉘 감히 거역하겠는가?" 등이 그것인데, 이들은 매우 제한된 표현이나 의고적 표현에 남아 있을 뿐이다.

화석형으로 분석함으로써 이를 무리하게 '나의, 너의, 저의'의 공시적 축약형으로 보지 않으면서도 속격과 여격에 쌍형의 곡용형이 존재하는 이유를 설명할 수 있는 것이다.

(6)의 미지칭 '누구'의 곡용 패러다임에서는 '나, 너, 저'와는 약간 다른 양상이 나타난다. 주격형 '누가'는 중세어의 미지칭 대명사 '누'가 그대로 화석이 된 화석형이라는 점에서 나머지와 차이를 보인다. 널리 알려진 바와 같이, '누구'는 중세어의 미지칭 대명사 '누'에 의문의 '고'가 통합한 의문형 '누고' 전체가 근대어 시기에 대명사로 재구조화하여 만들어진 것이다. 독립적인 대명사는 '누 > 누구'의 변화를 경험했지만 변화 전의 주격형은 그대로 남아 '누'가 화석으로 남은 것이다. 따라서 현대어 주격형 '누가'의 '누'를 현대어 '누구'의 이형태로 볼 수는 없다. 한편 다른 인칭 대명사들과는 달리 화석형인 미지칭의 속격형(뉘)과 여격형(뉘게)은 그 세력이 극히 미미한데, 이는 아마도 이들 화석형 '뉘, 뉘게' 등과 재구조화하여 나타난 대명사 '누구'의 곡용형('누구의, 누구를' 등) 사이에 대명사의 형태상 괴리가 커졌기 때문에 빠르게 '누구'의 곡용형으로 통일되었기 때문일 것이다.

곡용 패러다임에 같은 자격을 갖는 곡용형이 둘씩 존재하는 현상과 관련된 또 다른 문제가 있다. 다음 (7)에서 보는 대격과 주제의 곡용형이 그것이다.

(7) 현대어의 대격 및 주제의 곡용형

집	집을		집은	
나	나를	날	나는	난
사람	사람을		사람은	
노래	노래를	노랠	노래는	노랜

(8) 가. 夫人이 <u>머리를</u> 문지시면 〈월석2: 30ㄴ〉

가′. 부텨 조쪽와 <u>머릴</u> 갓고이다 〈능엄1: 42ㄴ〉

나. 乃終ㄱ <u>소리ᄂ</u> 다시 첫소리를 쓰ᄂ니라 〈훈언11ㄴ〉

나′. ᄇᄅ맷 솔 <u>소리</u> 싁싁ᄒ야 冷冷ᄒ도다 〈두시6: 17ㄴ〉

(9) 가. 菩薩ㅣ/보살은 〈화소01: 04〉, 我ㅣ/난 〈화소12: 16〉

나. 妙法乙/묘법을 〈화엄20: 07〉, 是ㅐ乙/일 〈화소20: 03〉

대부분의 문법서에서 선행 체언의 음운론적 환경에 따라 대격조사는 '을'과 '를', 주제 보조사는 '은'과 '는'이 교체되는 것으로 설명하고 있다. 그러나 (7)에서 보듯이 선행 체언 말음이 모음인 경우의 대격형으로 '를' 곡용형(나를, 노래를) 외에 'ㄹ' 곡용형(날, 노랠)도 존재하며, 주제화형으로 '는' 곡용형(나는, 노래는) 외에 'ㄴ' 곡용형(난, 노랜)도 존재한다. 이때의 '를'과 'ㄹ', '는'과 'ㄴ'은 분포가 겹치므로 이형태 관계에 있는 것이 아니다. 또한 '난, 날' 등이 '나는, 나를'의 준말일 수 없음은 송철의 (1993ㄴ: 96-101)에서 충분히 입증한 바도 있다. 명사의 곡용 패러다임에서 대격형과 주제화형이 규칙적으로 두 가지 곡용형으로 나타나는 (7)과 같은 현상은, 공시적으로 설명하기가 결코 쉽지 않다. 그런데 이러한 현상은 (8)에서 보듯이 중세어에서도 마찬가지였다. '머리를'과 '머릴', '소리ᄂ'과 '소리'이 공존했던 것이다. 따라서 현대어의 모음 말음 체언의 대격과 주제화 곡용에 두 가지 곡용형이 나타나는 현상은 중세어로부터 그대로 이어져 내려온 것임을 알 수 있다.

이와는 달리 고대어에서는 (9)에서 보듯이 선행 체언 말음이 모음이든 자음이든 대격조사는 '乙/乙'(을), 주제 보조사는 'ㅣ/隱'(은)만이 통합한다. 이는 고대어에서는 대격조사가 '을', 주제 보조사가 '은' 하나뿐이었다가 고대어에서 중세어에 이르는 사이에 새로운 대격조사 '를', 주제 보조사 '는'이 나타났음을 시사한다. 새로이 출현한 '를'과 '는'은 김완진

(1975)에서 지적한 바와 같이 동일 형태소 '중가'에 의한 것임에 틀림없어 보인다. '중가'의 이유는 현재 명확치 않으나[11], 'ᄀᆞᅀᆡ > 가에, ᄀᆞᆺ과 > 가와', '어믜(어미 + 의) 〉 어미의, 톳ᄀᆡ(톳기 + ᄋᆡ) > 토끼의' 등에서와 같이 체언의 통시적 변화가 어간 교체를 최소화하는 방향으로 진행되었다는 사실(송철의, 1991/2008: 13-19)과 관련이 있는 것으로 보인다. 이러한 변화의 방향성은, 곡용에서는 명사가 고정적으로 나타나 패러다임의 규칙성을 추구하는 경향이 있음을 말해 주는데, 고대어 이후 모음말음 체언의 대격형 '일'이나 주제화형 '난' 등은 중세어의 '어믜, 톳ᄀᆡ'와 유사하게 패러다임에서 명사의 규칙적인 출현을 저해하므로 명사형을 고정시켜 패러다임의 규칙성을 확보하기 위한 것이 '를', '는' 등의 중가형일 가능성이 있는 것이다. 고대어 '나'의 곡용 패러다임을 예로 들자면, '**날**(我乙), **나**의(我ラ), **나**의긔(我ラ 十), **나**로(我灬/我乂), **나**여(我 : / 我亠), **난**(我ㄱ)'의 패러다임에서 명사를 고정시켜 패러다임을 규칙적으로 만들기 위해 '나를, 나는'이 출현했다고 보는 것이다.

이렇게 보면 '날, 난' 등은 고대어 시기부터 존재해 오던 곡용형이고 '나를, 나는' 등은 후대에 새로이 나타난 곡용형이므로 이들은 신·구형의 관계에 있다. 통시적 변화에서는 신형이 구형을 대체하는 일이 일반적이지만, 이 곡용에서는 특이하게 구형인 '날, 난' 등이 중세어는 물론 현대어까지 면면히 이어진 것이다. 현재 '날, 난' 등이 "일상의 회화와 같은 비공식적인 스타일의 발화"에 주로 쓰인다는 점(김완진, 1975: 13)을 고려하면, 발화의 경제성이 중시되는 비공식적인 구어체에서는 음절수가 적은 '날, 난' 등의 구형이 사용되는 방향으로 사용역을 분담함으로써

11 김완진(1975: 12-13)에서는 형태소 중가가 표면형에서 유절적 안정성을 추구하는 '은', '을'의 특성에 의한 공시적 현상으로 파악한 바 있다. 그러나 관형사형 어미 '-은'과 달리 주제의 '은'만이 음절적 안정성을 추구하는 이유를 쉽게 이해하기 어려운 것이 사실이다.

긴 생명력을 유지할 수 있었던 것으로 보인다.

그렇다면 현재의 '날, 난' 등은 고대어부터 이어져 온 곡용형이므로 여기의 'ㄹ'과 'ㄴ'은 고대어에서의 질서를 여전히 지닌 요소가 된다. 그렇다면 이들은 화석인가? 결론부터 말하자면 이들은 정의상 화석으로 보기 어렵다. 앞서 화석이 공시적으로 비활성적이고 독립적으로는 사용되지 않는 통시태적인 요소임을 살펴본 바 있는데, 현재의 조사 'ㄹ', 'ㄴ'은 모든 모음 말음 체언에 규칙적으로 결합할 수 있는 활성적인 것이다. 따라서 이들은 고대어의 모습을 지닌 오랜 조사이긴 하지만 화석이라고 할 수는 없다. 생물학에서 현재까지도 수억 년 전인 고생대나 중생대에서의 모습을 유지하고 있는 생물인 실러캔스나 악어, 고사리 등을 '살아 있는 화석(living fossile, 생존 화석, 잔존 화석)'으로 부르는 사실을 참고하면, 현대어의 'ㄹ', 'ㄴ'은 고대어의 모습을 그대로 유지한 채 여전히 독립적인 형태소로 기능하는 '살아 있는 언어 화석'이라고 할 수 있을 것이다.

곡용에 나타나는 화석의 문제와 관련하여 곡용 패러다임에서 호격형이 불규칙하게 나타나는 다음의 예들도 주목된다.

  (10) 가. 기러기가 기러기는 기러기를 기러기와 기럭아/기러기야
      나. 거북이가 거북이는 거북이를 거북이와 거북아/거북이야
      다. 두꺼비가 두꺼비는 두꺼비를 두꺼비와 두껍아/두꺼비야

(10)의 불규칙한 호격형은 송철의(1993ㄴ/2008: 93-96)에서 논의되었던 것인데, 이들이 호격조사 앞에서 접미사 '-이'가 탈락하는 규칙에 의해 형성된 것이지[12] 결코 '기러기야' 등의 준말일 수 없음이 충분히

_____

12 '기럭아' 등이 접미사 '-이' 탈락에 의한 것임은 '토끼야(*토까), 까치야(*까차),

논증된 바 있다. 특히 (10가)의 '기럭아'는 물론 '기러기야'가 공존하는 것은 접미사 '-이' 탈락 규칙과, 이와 역급여 관계에 있는 활음 첨가 규칙의 선별적 적용에 의해 나타난 공시적 현상으로 보았는데, '기럭아'와 '기러기야' 두 호격형을 공시적으로 만들어진 곡용형으로 단정하기는 쉽지 않아 보인다. 이 두 호격형이 앞서 살펴본 바와 같은 화석형 또는 통시적 신·구형으로 인해 나타난 것일 가능성도 있기 때문이다. 곧 (10)의 '기러기야, 거북이야, 두꺼비야' 등이 이전에 존재하던 불규칙 곡용형 '기럭아, 거북아, 두껍아' 등으로 인한 패러다임의 불규칙성을 해소하기 위한 후대의 새로운 곡용형일 가능성이 있는 것이다.

이러한 가능성을 확인하기 위해 (10)과 관련된 통시적 사실을 확인해 보기로 한다. 우선 (10가)와 (10다)의 중세어로는 접미사 '-이'가 결합한 파생어 '그려기', '두터비'는 물론 '-이'가 결합하지 않은 '그력', '두텁'도 발견된다.[13] (10나)의 선대형은 중세어에서는 물론 근대어에서도 '거붑, 거북'만 나타날 뿐이어서[14] '거북이'형은 최근에 형성된 것으로 보인다. 이러한 사실은 (10)의 단어들은 한동안 어근만이 독립적인 단어로 존재하다가 후대에 '-이' 접미형이 나타났음을 말해준다.[15] 그렇다면 어근만이 독립적으로 존재했던 시기의 곡용형으로 호격의 '*그력아, *거붑아, *두텁아'(편의상 분철함)가 존재했다고 보아야 할 것이다. 이렇게

영미야(*영마)' 등과의 비교를 통해서 잘 알 수 있다.(송철의, 1993ㄴ/2008: 94)

13 이들은 "그려기를 〈월석22: 61ㄱ〉, 그력 올히로 〈두시21: 3ㄴ〉"〔10가〕, "두터비 스론 지 〈구간6: 36ㄱ〉, 두텁爲蟾蜍 〈훈민정음해례 용자례〉"〔10다〕에서 확인할 수 있다.

14 중세어의 "거붑과 〈능엄9: 113ㄴ〉", 근대어의 "거북 귀 龜 〈유합7: 9ㄴ〉" 등이 그 예이다.

15 '-이'가 통합한 '그려기, 두터비, 거북이'와 어근인 '그력, 두텁, 거북' 사이에는 의미나 통사 범주상의 아무런 차이가 없다. 따라서 이때의 '-이'는 공형태라 할 수 있다. 공형태에 대해서는 장윤희(1999)에서 자세히 다룬 바 있다.

보면 (10)의 '기럭아' 등은 '그력 〉 기러기'의 변화를 겪은 이후에도 변화 전의 호격형이 패러다임에 남아 현재까지 이어져 온 화석형이고, '기러기야' 등은 '-이' 접미형이 나타난 뒤에 패러다임의 규칙성을 위해 나온 새로운 호격형이라고 할 수 있다.

위에서 우리는 공형태인 접미사 '-이'가 통합한 '기러기, 두꺼비, 거북이' 등의 불규칙 호격형을 화석형으로 볼 수 있음을 살펴보았다. 그런데 이와 형태가 같은 다른 접미사 '-이'가 통합한 파생어의 호격형은 그렇게 보기 어렵다.

> (11) 길동이가 길동이를 … 길동아(*길동이야), ○○이가 ○○이를 …
> ○○아(*○○이야)
> (12) 가. 절름발이가 절름발이는 절름발이를 절름발이와 절름발아
> 나. 똑똑이가 똑똑이는 똑똑이를 똑똑이와 똑똑아
> 다. 홀쭉이가 홀쭉이는 홀쭉이를 홀쭉이와 홀쭉아
> (12′)범생이 + 아 → 범생아, 삼식이 + 아 → 삼식아, 찌질이 + 아 → 찌질아

(11)은 받침이 있는 인명 뒤에 규칙적으로 붙는 접미사 '-이'가 결합한 명사의 곡용 패러다임이다. 여기의 접미사는 형태가 (10)의 공형태 접미사 '-이'와 동일하고 그 성격도 유사한데 이 접미사에 의한 파생어의 호격형도 패러다임에서 불규칙하게 나타난다. 반면 (10)과는 달리 그 호격형으로는 '-이' 탈락형만이 가능하다. 이때의 '-이' 탈락은 매우 규칙적이어서, 이러한 접미사가 통합하는 받침 있는 인명 모두에서 예외 없이 나타난다. 미지의 인명일지라도 받침이 있다면 그 호격형에서의 명사는 '-이'가 탈락할 것을 충분히 예측할 수 있을 정도이다. 따라서 이들 호격형을 (10)의 호격형들과 같은 화석형으로 보기는 어렵다.

(12)는 이상의 접미사들과 동일한 형태이지만 "어근의 성격을 지닌 사람"의 뜻을 지닌 명사를 파생시키는 또 다른 접미사 '-이'에 의한 파생어의 곡용 패러다임이다. '절름발이, 똑똑이, 홀쭉이' 등의 이러한 파생명사 역시 호격형에서 '-이'가 탈락하는 일이 일반적인데,[16] 이러한 호격형의 실현은 현재 규칙적으로 적용되고 있는 현상으로 보인다. (12′)에서 볼 수 있는 최근에 만들어진 파생명사 '범생이, 삼식이, 찌질이' 등의 호격형 역시 '범생아, 삼식아, 찌질아' 등으로 실현되기 때문이다. 이들을 화석형으로 볼 수 없음은 물론이다.

따라서 (11), (12)의 호격형들은 (10)의 호격형들과는 달리 현재도 규칙적으로 적용되고 있는 호격조사 앞의 접미사 '-이' 탈락 규칙에 의해 나타난 것이라고 할 수 있다. 이러한 차이가 파생접사의 성격으로 인한 것인지, 다른 요인에 의한 것인지는 분명히 알기 어렵지만 곡용 패러다임에서 불규칙하게 실현되는 곡용형을 일률적으로 설명하기 어렵다는 사실은 분명하다. 이러한 이유로 다음 (13)에서 보이는 '아기'의 곡용형 '아가'의 성격을 파악하기 쉽지 않다.

   (13) 아기가 아기는 아기를 아기와 아가/아기야[17]

(13)의 '아기'의 불규칙 곡용형 '아가'는 (10)~(12)에서와 같이 접미

---

16 이 접미사에 의한 파생명사라고 해도 '총잡이야(*총잡아), 구두닦이야(*구두닦아)'나 '도우미야(*도움아), 지키미야(*지킴아)' 등과 같이 어근이 동사의 어간이나 명사형일 때에는 접미사 '-이'가 탈락한 호격형이 불가능하고 '날나리야(*날날아)'와 같이 어근의 독립적 성격이 분명하지 않을 때에도 이러한 호격형으로 나타나는 일이 드물다.

17 호격형 '아가야'도 가능한데 이는 호격형 '아가'가 새로운 명사로 어휘화한 뒤에 나타난 '아가'의 호격형이므로(송철의, 1995: 141), '아기'의 곡용 패러다임을 구성하는 호격형이 아니다.

사 '-이'에 의한 파생명사에서와 같은 양상으로 실현되고 있다. 따라서 이 '아기'는 접미사 '-이'에 의한 파생어라고 할 수 있다. 그런데 분명한 것은 여기까지이다. '아기'의 '-이'가 (10)과 같은 성격의 것인지, (12)와 같은 성격의 것인지 확실치 않은 것이다.

만일 (10)과 같은 성격의 것이라면 (10)의 곡용형들과 마찬가지로 현대어의 '아가'는 전 시기의 곡용형이 그대로 굳어진 화석형이라고 할 수 있다.[18] 다만 (10)의 경우와는 달리, 중세어에서도 접미사 '-이'가 결합한 '아기'와 호격형 '아가'는 발견되지만(아기 안고 〈석상3: 37ㄱ〉, 아가 아가 긴 劫에 몯 볼까 ᄒ다니 〈월석23: 87ㄱ〉) 어근에 해당하는 '*악'은 보이지 않으므로, 이미 중세어 시기부터 '아가'는 전 시기의 어근 '*악'을 화석으로 담고 있는 화석형이었다고 해야 할 것이다. 반면 '아기'의 '-이'가 (12)와 같은 것이라면 현대의 호격형 '아가'는 화석형이 아니라 공시적인 접미사 '-이' 탈락 규칙에 의해 형성된 곡용형으로 볼 수 있다. '아가'가 화석형과 공시적 곡용형 가운데 무엇이라고 단언하기는 어렵지만, 무엇보다도 '아기'가 사람과 관련된 명사라는 점에서 전자보다는 후자일 가능성이 높아 보인다.[19]

---

18 장윤희(2010: 72)에서 충분한 논증 없이 이렇게 주장한 바 있으나, 후술할 사실들을 함께 고려해 보면 달리 볼 가능성이 오히려 높아 보인다.

19 중세어에서 (11)에 해당하는 곡용 패러다임이 "阿難이ᄅᆞᆯ 〈월석23: 77ㄱ〉, 阿難이와 〈석상23: 6ㄱ〉, 阿難이ᄃ려 〈월석15: 37ㄴ〉, 阿難아 〈釋詳9: 28a〉"처럼 문증되는데 여기의 '阿難아'를 통해 중세어에서도 (12)와 같은 사람 관련 '-이' 접미파생명사의 호격형이 접미사 '-이' 탈락 규칙에 의해 만들어졌을 가능성을 확인할 수 있다. 그렇다면 의미상 모두 사람 관련 명사로 묶일 수 있는 '아기'의 당시 호격형 '아가'를 '阿難아'와 같은 규칙적 곡용형으로 보는 편이 중세 이전 시기의 독립적인 어근 '*악'을 상정하여 화석형으로 보는 것보다 설명의 부담이 적을 수 있다.

4. 결 론

지금까지 형태론적으로 규칙적인 활용이나 곡용에서 통시태적인 화석을 지닌 화석형이 나타나는 경우가 있음을 확인해 보았다. 그 대부분은 기존의 공시적 연구에서 불규칙 교체형으로 처리했던 것인데, 이러한 불규칙 교체형의 형성을 공시적 규칙으로 적절히 설명하기 어려웠던 이유가 오로지 공시적 관점으로만 이들을 다루었기 때문이라 할 수 있다. 현대어에 남아 있는 통시적 요소를 공시적 교체형으로 기술하기가 어려울 수밖에 없었던 것이다. 이러한 관점에서 벗어나 이들을 화석형으로 볼 때, 설명하기 어려웠던 불규칙 교체형이 사실은 과거 언어 질서를 따른 언어 화석임을 알 수 있고 공시적 설명이 어려운 이유도 알 수 있었다. 구체적인 논의 내용을 요약해 보면 다음과 같다.

공시적 활용 패러다임에서 '퍼', '아옵고, 아오니', '이르러' 등 그동안 형태론적인 불규칙 교체에 의한 활용으로 설명해 왔던 활용형들은 그 전체가 어휘부에 등재된 화석형이다. 따라서 이 안에는 과거 언어 질서가 반영된 화석이 포함되어 있으므로 이 화석을 공시적 이형태의 하나로 분석할 수 없다. 모음 말음 어간형 가운데 불규칙 활용을 보인다고 알려진 어간들의 활용형 '푸옵고, 이르옵고, 오르옵고, 하옵고' 등도 '아옵고, 아오니'와 같은 화석형이다. 활용 어미 중에도 화석형인 경우가 있는데 '-노라', '-리다', '-거라/-어라/-너라'가 그것이다. 이들은 중세어의 질서에 의해 형성된 어미구조체가 화석화한 것으로 이들을 공시적 형태소의 결합으로 분석할 수는 없다. 특히 과거의 어미구조체 '-로라'는 화석형 '이로라'와 '내로라' 속에 화석으로 남아 있다. 한편 현대어의 어미 '-읍시다'는 이전 형태소들의 결합체가 통시적 변화를 경험한 결과이지 화석형이 아니다.

곡용 패러다임에서 불규칙 요소로 나타나는 인칭 대명사의 주격형 '내가, 네가, 제가'와 속격형 '내, 네, 제', 여격형 '내게, 네게, 제게' 등은 모두 화석형으로서 중세어 시기의 곡용형 또는 조사가 화석으로 남은 것이다. '누구'의 주격형 '누가'는 중세어의 미지칭 '누'가 화석으로 남은 화석형인데, 화석형과 '누구'의 곡용형 사이의 형태상 괴리로 인하여 나머지 곡용형에서는 화석형이 매우 약화되어 있다. 한편 대격과 주제의 곡용형이 둘씩 존재하는 곡용 패러다임상의 불규칙한 모습은 고대어 시기부터 현재까지 이어진 곡용형 '날, 난'형과 후대에 새로이 나타난 곡용형 '나를, 나는'이 사용역을 나누어 공존하고 있기 때문에 나타난다. 고대어부터 현대어까지 이어져 내려온 조사 'ㄹ', 'ㄴ'은 정태적인 화석이 아니라 현대어에서도 활성적인 '살아 있는 화석'이라고 할 수 있다. 한편 곡용 패러다임에서 불규칙한 호격형을 보이는 '기럭아, 두껍아, 거북아' 등은 화석형이라고 할 수 있는 반면, 사람과 관련된 '-이' 접미사 파생명사의 호격형 '길동아, 똑똑아, 홀쭉아, 범생아' 등은 현재 공시적 규칙에 의해 만들어진 곡용형이다. '아가'는 화석형일 가능성은 물론 공시적 곡용형일 가능성 모두 존재하는데, 사람 관련 파생어라는 공통성으로 볼 때 공시적 곡용형일 가능성이 높다.

이상에서 확인했듯이 순수한 공시적 관점으로 설명하기 어려운 사실들이 통시적 관점에서는 설명이 가능하거나 용이할 수 있다. 반면 통시적 관점을 도입할 경우, 지금까지 거의 의심 없이 공시적인 형태론적 교체형으로 받아들여졌던 이형태들을 공시적으로 분석 불가능한 화석으로 보아야 하는 것과 같이 기존에 널리 받아들여지던 것과는 다른 결론이 도출되기도 한다. 공시와 통시를 지나치게 엄격히 구별해 왔던 지금까지는 이러한 문제가 제기되는 일이 드물었다. 그러나 통시적 연구의 깊이가 더해 갈수록 이러한 문제는 더 많아질 가능성이 높다. 이를 아우르는 설명 방식에 대한 관심이 필요하다.

참고 문헌

김성규(1989), 「활용에 있어서의 화석형」, 『주시경학보』 3, 탑출판사, 159-165.

김완진(1975), 「음운론적 유인에 의한 형태소 증가에 대하여」, 『국어학』 3, 국어학회, 7-16.

송철의(1991), 「국어 음운론에 있어서 체언과 용언」, 『국어학의 새로운 인식과 전개』, 민음사, 278-296. 〔송철의(2008), 11-35면에 재수록〕

_____(1993ㄱ), 「언어 변화와 언어의 화석」, 『국어사 자료와 국어학의 연구』, 문학과지성사, 352-370. 〔송철의(2008), 383-405면에 재수록〕

_____(1993ㄴ), 「준말에 대한 형태음운론적 고찰」, 『동양학』 23, 단국대 동양학연구소, 25-49. 〔송철의(2008), 85-123면에 재수록〕

_____(1995), 「곡용과 활용의 불규칙에 대하여」, 『진단학보』 80, 273-290. 〔송철의(2008), 125-154면에 재수록〕

_____(2004), 「'ㅎ'변칙과 '어'변칙에 관련된 몇 가지 문제」, 『조선어연구』 2, 동경: 조선어연구회, 213-236. 〔송철의(2008), 155-185면에 재수록〕

_____(2008), 『한국어 형태음운론적 연구』, 태학사.

이승재(1992), 「융합형의 형태분석과 형태의 화석」, 『주시경학보』 10, 탑출판사, 59-80.

이진호(2002), 「화석화된 활용형에 대하여」, 『국어국문학』 130, 국어국문학회, 27-57.

이현희(2005), 「현대국어의 화석과 그 역사적 해석」, 『국어학』 45, 국어학회, 275-288.

장윤희(1999), 「공형태 분석의 타당성 검토」, 『형태론』 1-2, 227-244.

_____(2002ㄱ), 「현대국어 '르-말음' 용언의 형태사」, 『어문연구』 114, 한국어문교육연구회, 61-83.

_____(2002ㄴ), 「국어 동사사의 제문제」, 『한국어 의미학』 10, 한국어 의미학회, 97-141.

_____(2005), 「현대국어 문법 요소와 통시적 정보」, 『국어학』 45, 국어학회, 313-336.

_____(2010), 「언어 화석의 확인과 공시적 처리 방안」, 『한국어학』 48, 한국어학회, 45-76.

'히다'와 '희다'의 변화과정

김 경 아

서울여자대학교

1. 서 론

색채형용사에 대한 형태음운론적인 논의는 주로 어간말음이 'ㅎ'인 '까
맣-, 하얗-, 노랗-, 파랗-, 빨갛-'의 불규칙적인 공시적 패러다임의 활용
내지는 통시적 변화과정에 논의의 초점이 놓여 있었다. 'ㅎ'불규칙 활용 패러
다임을 보여주는 어간들은 모두 형용사로 '그렇다' 류의 지시형용사이거
나 '하얗다/허옇다' 류의 색채형용사, '높다랗다' 류의 '-다랗-'파생형용
사 그리고 '둥그렇다, 조그맣다'와 같은 몇몇 형용사가 있는데 이들은
모두 'X아/어 ㅎ-'의 구성으로부터 발달한 예들이다. 중세국어에서 형용
사어간에 '-아/어 ㅎ-'가 결합하면 새로운 형용사어간이 만들어지게 된
다(검다〈형용사〉→거머ㅎ다〈형용사〉). 반면 현대국어에서는 형용사어간
에 '-아/어 하-'가 결합하면 동사가 되는(좋다〈형용사〉→ 좋아하다〈동
사〉) 차이점도 보인다. 통시적으로 형용사어간에 '-아/어 ㅎ-'가 결합한
형태는 'X앟/엏-'의 형태로 변화하게 되었다(거머ㅎ다〉거멓다).

이러한 맥락에서 색채형용사 어간들의 형태음운론적 교체 양상이 다루어지게 되었고 음양오행의 색을 나타내는 '흑, 백, 황, 청, 적'의 오방색에 대한 논의는 이들 색채형용사들의 공통적인 변화양상을 중심으로 검토되는 것이 일반적이었다. 그런데 이 다섯 가지 색채형용사 어간들 가운데 주된 관심의 대상이 되었던 대표적인 예들은 황색과 청색 관련 형용사 어간인 것으로 보인다. 아마도 모음교체의 양상을 좀 더 분명하게 보여주고 현대국어 어간들과의 연계성이 명확히 드러나기 때문일 것이다.

이 논의에서는 'ㅎ'말음을 가지고 있는 색채형용사 가운데 다소 특이한 양상을 보인다고 할 수 있는 '백색' 관련 형용사어간들의 경우를 중심으로 기본 어간이라 할 수 있는 '희다'는 물론, 이 색채형용사 어간과 관련된 합성어간과 파생어간들 간의 공시적인 관계와 통시적 변화과정을 간략히 검토해 보고자 한다. 기존의 논의에서 색채형용사들 가운데 관심을 크게 받은 적이 없었던 것으로 보이기 때문이다.

2. 본론

2.1. '희다'와 '하얗다'의 통시적 변화과정

중세국어에서 고유어의 색채형용사들 가운데 '희다' 계열은 어간말음이 하향이중모음으로 끝나고 있기 때문에 그 교체 양상이 좀 더 복잡한 양상을 보이고 있으나 그에 대한 구체적인 언급은 많지 않았던 것으로 보인다. 현대국어에서 보면 '검다'의 경우 '검다'와 '거멓다'의 관계가 명쾌하게 드러나는 반면 사실 다른 색채형용사들의 경우는 이처럼 그 구성과 변화과정이 분명하지는 않다. 공시적인 패러다임만 보면 '희다~하얗다/ 푸르다~파랗다/ 붉다~발갛다'의 경우에서 볼 수 있듯이 기본 어간에 '-앟/엏-'을 연결한 파생어간의 도출과정을 쉽게 설명할 수 없기 때문이다. 이들 색채형용사 어간들은 15세기 당시 모음교체에 의해 새로운 어간을 형성한 것으로 보이는데 그 가운데 '희-'와 '하얗-'의 관계는 표면적인 관계만을 보면 현대국어에서 직접적인 관련성을 찾기가 어려워 보인다.

오방색에 해당하는 '흑, 백, 황, 청, 적'을 나타내는 색채형용사 어간들의 다양한 형태는 중세국어에서 다음과 같이 등장한다.

- 검-~감-/ 희-~히-/ 누르-~노르-/ 프르-~프르-/ 븕-~붉-
- **거머-~가마-/ 혜여(허여)-~해야(하야)-/ 누러-~노라-/ 퍼러-~파라-/ 벌거-~발가-**
- 거멓-~가맣-/ 허옇-~하얗-/ 누렇-~노랗-/ 퍼렇-~파랗-/ 벌겋-~발갛-
- 거멓-~가맣-/ 허옇-~하얗-/ 누렇-~노랗-/ 퍼렇-~파랗-/ 벌겋-~발갛-

위의 예들을 보면 다섯 가지 색의 형태가 동일한 양상으로 등장하고 있음을 알 수 있을 것이다. 이 가운데 '희다'의 분화 형태가 좀 더 복잡하다는 것을 확인할 수 있을 것이다. 문헌상으로는 일단 '히-'의 형태가 먼저 보인다. 다음은 국립국어원의 『표준국어대사전』의 기술을 옮겨놓은 것이다.

〈희다〉
'희다'의 옛말

힌 므지게 히예 ᄢᅦ니이다 〈龍歌 50장〉
히요미 눈 ᄀᆞᆮᄒᆞᆫ 거시라 〈釋詳 21 : 46〉

마슨 ᄒ나차힌 손과 발왜 붉고 히샤미 蓮ㅅ고지 ᄀ트시며 〈月釋 2: 57〉

져근 ᄆᄉ미 블그니 프른 묏 디ᄂ 히예 ᄀ롰ᄆ리 히얫도다 〈杜詩초 25:
48〉

'희-'의 옛말이라는 기술을 통해서 알 수 있듯이 '히-'가 먼저 등장한
것으로 파악하고 있음을 알 수 있다.[1] 상대적으로 '희-'는 늦게 문헌에
등장하는데 모음교체에 의한 짝으로 이미 '히-'와 짝을 이루며 존재했을
가능성이 크다. 다음 표준국어대사전의 예를 근거해 보면 두시언해 초간
본에는 '히-'와 '희-'의 두 어간이 동시에 등장했음을 알 수 있다.

〈희다〉

흰 ᄆ딕 서르 비취엿도다 <杜詩초 25:2〉

남ᄌ의 쎠ᄂ 희오 ᄆ겁고 〈恩重 2〉

희여 픳ᄭ 업스니ᄂ 〈痘上 35〉

흰 빅(白) 〈倭下 11〉

송철의(1992: 291)에서는 모음교체나 자음교체에 의해 등장하는 경우
를 단순히 음성상징으로만 기술하지 않고 내적 변화에 의한 파생이라고
보았는데, 색채형용사들을 그에 해당하는 대표적 예들 가운데 하나로 기
술하였다. 즉 위의 유형에서 볼 수 있는 것과 같이 음성모음과 양성모음

---

1 확인할 수 있는 문헌에서 '히-'가 먼저 보인 것인지 원래 '희-'보다 선행한 형태인
지를 판단하기는 어렵다. 김주필(2011: 82-83)에서는 색채형용사들이 음모음형이
기원형에 보다 가깝다면 거기에 모음교체를 통하여 양모음형이 만들어지고, 양모음
형이 기원형에 좀 더 가깝다면 거기에서 모음교체를 통하여 음모음형이 만들어졌다
고 보고 있다. 즉 모음조화상의 대립을 바탕으로 모음교체를 보이는 이들 어형들에
대해 어느 한 유형이 일률적으로 기본형 내지는 기원형이라고 단정짓기는 어렵다는
것이다.

의 짝에 따라 'ㅡ : ·/ ㅓ : ㅏ'의 대립짝을 이루면서 'ㅡ'는 'ㅓ'로 교체하고 '·'는 'ㅏ'로 교체하게 된다는 것이다.

그러나 현대국어의 '희다'와 '하얗다' 혹은 '허옇다'와의 관계는 중세국어 시기의 모음교체로 설명할 수는 없기 때문에 이들의 어간 형성과정을 공시적인 것이라고 볼 수 없을 것이다. 주지하다시피 '하얗다'와 '허옇다'는 '-아/어 ㅎ-' 구성의 어간이 다시 '-앟/엏-' 구성의 어간으로 변화하여 만들어진 것이다. 즉 우리가 문헌에서 확인할 수 있는 '히-' 혹은 '희-'에 '-아/어 ㅎ-'가 결합하고 다시 '-앟/엏-' 구성으로 변화한 것이다.

〈하얗다〉

< 하야ㅎ다 〈두시-초8: 50〉 / 해야ㅎ다 〈두시-초11: 47〉 ← 히-+-아+ㅎ-2

두시언해 초간본에 '하야ㅎ다'와 '해야ㅎ다'의 두 형태가 모두 나오는 것은 이 형용사 어간의 통시적 발달에 여러 가지 설명이 필요함을 보여준다. 표준국어대사전의 형태소 분석은 '히-'어간에 모음조화에 따라 '-아ㅎ-'가 결합되었음을 보여준다. 두시언해 초간본에 '하야ㅎ다'와 '해야ㅎ다' 두 형태가 등장하는 이유는, '히-'의 '·'가 'ㅏ'로 모음교체하여 '해/haj/'의 반모음 j가 '-아 ㅎ-'의 '아'와 결합하면 '하야ㅎ-'로 등장하는 반면 '·'가 'ㅏ'로 교체하여 '히→해'의 변화 뒤 '해/haj/'가 '-아 ㅎ-'의 '아'와 결합할 때 다시 반모음이 삽입되면 '해야ㅎ-'의 형태로 등장하는 것이다. 물론 하향이중모음과 상향이중모음의 연속이라는 특이한 음절구조가 생기지만 어간의 형태를 고정하고 음절분계를 분명히 하기 위한 조치가 아니었을까 생각된다. 다음 '허여ㅎ-'와 '헤여ㅎ-'의 경우 역시

---

2 '하여ㅎ다'의 형태도 보인다(하여흔 셴 머리터리/두시-중17: 8).

동일한 분석이 가능하다.

〈허옇다〉
<허여ᄒ다 〈두시-초16: 33〉 / 헤여ᄒ다 〈두시-중12: 13〉 ←희-+-어+ᄒ-

  '희'가 모음교체에 따라 'ㅡ'가 'ㅓ'로 변하여 '헤/həj/'의 형태가 등장하고 어간말 하향이중모음의 반모음 'j'와 '어'가 결합하여 '허여'가 나타나고, '헤/həj/'에 '어'가 결합할 때 다시 반모음이 삽입되면 '헤여'의 형태가 등장하게 되는 것이다. '희다' 류의 중세국어 형태들은 기본적으로 이 어간이 하향이중모음을 말음으로 가지고 있기 때문에 후행하는 '-아/어ᄒ-'의 결합관계에서 다른 색채형용사와는 다른 형태를 더 만들어내게 되었던 것으로 생각된다.

  현대국어에서 '희다'와 '하얗다/허옇다'의 관계를 공시적으로 설명하기는 어렵지만 통시적인 변화과정을 추적해 보면 이처럼 그 관계성이 확인된다. 그런데 '하야ᄒ-'와 '허여ᄒ-'는 현대국어에 이르기까지 남아 있지만 '해야ᄒ-'와 '헤여ᄒ-'는 '해얗다'나 '헤옇다'의 형태로도 이어지지 못했고 그 형태도 사라졌다. 사실 하향이중모음을 어간의 말음으로 가지고 있었던 '히-'와 '희-'의 경우 하향이중모음을 가지고 있는 '해야'와 '헤여'의 형태가 계승되는 것이 더 타당해 보임에도 불구하고 원래 어간의 형태를 유지하지 못한 '하야'와 '허여'가 남게 된 것은 흥미롭다. 또한 기본어간의 경우에도 일단 문헌에 가장 먼저 보이는 어간은 '히-'이고 그 모음조화의 짝인 '희-'를 확인할 수 있었는데 현대국어의 상황을 보면 양성모음을 핵모음으로 가지고 있던 '히-'가 사라지면서 '희-'만이 남게 되었음을 알 수 있다.

2.2. '해맑다'와 '해사하다'의 통시적 변화과정

한 가지 우리의 관심을 끄는 것은 '해야ᄒ다'의 형태이다. 이미 언급한 바와 같이 '해야ᄒ다'는 현대국어의 '하얗다'의 형태로 이어지지 않았을 뿐 아니라 '헤여ᄒ다'와 함께 그 자취를 감춘 상태이다. 그런데 재미있는 사실은 이 형태의 제1음절 '해'가 현대국어의 몇몇 단어에 그 흔적을 남기고 있다는 점이다. 색채와 관련된 형용사어간의 제1음절에 등장해서 '희다'의 의미를 드러내고 있다. 다음의 어간들과 그들의 사전적 의미를 살펴보도록 하자.[3]

〈해맑다〉

「1」 물질적인 대상물이 환하게 맑다.

해맑은 박꽃/해맑은 살결/해맑은 이마/해맑은 피부

「2」 사람의 모습이나 자연의 대상 따위에 잡스러운 것이 섞이지 않아 티 없이 깨끗하다.

해맑게 웃다/해맑은 눈동자/눈망울이 해맑다/해맑은 미소/해맑은 표정

「3」 소리 따위가 탁하지 않고 경쾌하다.

해맑은 음성/해맑은 웃음소리/해맑은 교회당의 종소리/해맑은 풍경 소리

사실 '맑다'는 명암과 관련된 형용사이다. 위의 사전적 정의를 보면 2번과 3번은 명암의 의미로 사용된 경우임이 분명하다. 1번의 정의 역시 명암을 나타내고 있으며 사전 내항의 기술만을 본다면 색채형용사와의 관련성을 확인할 수 없다. 그러나 제시된 예들을 통해 피부나 살결이

---

3 국립국어원 『표준국어대사전』의 기술을 인용하였다.

희다는 것을 의미함을 알 수 있을 것이다. 사전의 기술에서 '희다'와의 관련성을 드러내지 않았지만 이 단어가 희고 투명한 이미지를 나타낸다는 것은 분명하다.

현대국어에서 '해맑다'의 중심의미는 '맑다'에 놓여있어 투명하다는 뉘앙스가 강한 듯하지만 그 기저에 희다는 의미를 내포하고 있음을 알 수 있다. 이처럼 의미의 축이 맑다는 것에 놓이게 된 이유는 '해'가 현대국어에서 '희다'의 어간 '희'와 음운론적으로 거리가 있기 때문일 것이다.[4] 다음 어간의 사전적 정의를 보면 이 같은 상황을 더욱 확인할 수 있다.

〈희맑다〉
희고 맑다.

매일같이 듣는 북소리, 목탁 소리, 그리고 그 경을 치게 <u>희맑은</u> 은행나무, 염주나무, 이런 것까지 모두 싫증이 났다. 《김동리, 역마》

'희맑다'의 경우는 '해맑다'와는 달리 '희다'의 의미와 '맑다'의 의미가 대등하게 사전의 기술에서 드러나고 있음을 알 수 있다. '희-' 어간에 대한 정확한 분석이 가능하기 때문일 것이다. 현대국어에서 '희다'와 '맑다'의 의미를 내포한 형용사 어간은 다음과 같은 경우에 더 확인할 수 있다.

---

4 통계는 아니지만 수강생들을 대상으로 확인해 본 결과 '해맑다'에 '희다'의 의미가 있다는 사실은 모두 동의하지만 그 의미를 전달해 주는 것이 '해'라는 사실을 정확히 지각하지 못했다. '해'가 접두사적 속성을 지닌 것인지 어근형성요소인지를 판단하는 문제는 차후 논의가 필요하다.

〈**하야말갛다**〉[5]

「1」 살빛이 탐스럽도록 윤기가 있게 희고 맑다.

　　아기가 백일 후부터는 살이 올라 하야말가니 보기가 좋다.

「2」 하얀빛을 띠며 맑다.

〈**허여멀겋다**〉[6]

「1」 살빛이 탐스럽게 희고 맑다.

　　얼굴이 허여멀건 청년/여인네의 허여멀건 속살/허여멀건 살결

「2」 허연빛을 띠며 멀겋다. ≒희묽다「2」

　　허여멀건 죽/허여멀겋고 흐리멍덩한 하늘

　모음교체에 의한 쌍인 '하야말갛다'와 '허여멀겋다'는 '희다'의 의미를 명백히 드러내고 있다. 현대국어에서 '하야'나 '허여'가 '하얗다'와 '허옇다'라는 생산적인 어간과 음운론적으로 동일한 부분이 있기 때문에 희다는 의미가 분명히 드러나고 있는 것이다. 이러한 어간들과 비교하면 '해맑다(혹은 해말갛다)'는 희다는 의미가 분명 있기는 하지만 상대적으로 덜 명시적이라 할 수 있다. 또한 '맑다'의 경우 어근형성요소나 접미사와의 결합 양상이 색채형용사어간들과 거의 동일하기 때문에 의미적인 융합이 더욱 용이하지 않았나 생각된다.[7] 다음은 명암형용사인 '밝다'와 관련된 어간들의 사전적 정의이다.

5　'해말갛다'형도 보인다. 해말간 웃음/얼굴이 해말갛고 몸집이 날씬하였다. 《이기영, 고향》

6　'희멀겋다'형도 보인다. 희멀건 얼굴이었다. 《윤흥길, 묵시의 바다》

7　송정근(2007: 79)에서는 '맑다'는 '말갛다'와 같이 색채형용사에서 분석 가능한 접미사 '-앟-'도 분석할 수 있으며 접두사 '새/샛-'의 결합도 확인할 수 있고 어근형성요소와의 결합관계를 보아도 '말그스름하다, 말그레하다'와 같은 어형이 존재하는 바, 색채형용사와 유사한 특징을 보인다고 기술하고 있다.

〈해밝다〉[8]
희고 밝다.

달빛이 해밝다

'해밝다'와 비교하면 '희다'의 의미를 사전에서 명확히 명시하고 있음을 알 수 있다. 물론 이 단어의 경우 사용빈도가 '해밝다'만큼 높지 않으므로 의미의 변화를 추적할 만한 예들이 많지 않았던 이유도 있을 것이다. 이 경우만 놓고 본다면 '해밝다'의 경우도 사전적 정의에 '희다'의 의미를 명시해 주는 것이 더 정확한 것이 아닌가 생각된다. 그런데 다음과 같은 예들은 '해'의 의미를 분리해 '희다'와 관련짓는 것이 좀 더 어려워 보인다.

〈해사하다〉
「1」 얼굴이 희고 곱다랗다.
　　해사한 얼굴/눈이 크고 얼굴이 해사한 것이 귀염성 있고 순진하게 《이기영, 고향》
「2」 표정, 웃음소리 따위가 맑고 깨끗하다.
　　금아가 신바람이 났던지 예의 해사한 "해해해" 소리를 내고 웃곤 《최정희, 인간사》
「3」 옷차림, 자태 따위가 말끔하고 깨끗하다.
　　귀공자다운 해사한 면모를 빛내고 있었다 《손창섭, 잉여 인간》

---

8 '해밝다'의 경우 '새밝다'는 보이지 않고 아주 밝다는 의미의 '드밝다'만이 사전에 등재되어 있다.

사전적 정의에 '희다'는 의미를 명시적으로 드러내고 있지만 이 경우 '해맑다'와는 달리 '해'와 분리된 제2음절 '사'의 의미를 독립적으로 확인할 수는 없기 때문에 '해사-'라는 어간 전체의 의미 속에 '희다'가 녹아 있다고 보아야 한다. '해맑다'와 동일하게 곱고 맑고 깨끗한 의미를 함께 가지고 있음을 알 수 있다. 다음 어간의 경우도 비슷한 양상을 보이고 있다.

〈해쓱하다〉
「1」 얼굴에 핏기나 생기가 없어 파리하다.

　　 노국 공주의 얼굴은 조금 해쓱하게 놀란 듯하다가 《박종화, 다정 불심》

「2」 『북한어』 두드러지게 하얗다.

'해사하다'의 경우와 마찬가지로 '해'와 분리된 '쓱'의 의미를 확인할 수도 없고 '희다'의 의미도 명확히 보이지 않는다. 생기가 없는 파리한 모습은 창백하다는 측면에서 희다는 의미가 분명 내재되어 있지만 이 어간의 핵심적인 의미는 여위고 수척한 모습에 초점이 놓인 창백함이기 때문이다. 이러한 의미적 속성은 '해'의 '희다'라는 의미가 상당히 약화되었음을 확인하게 해준다. 다음의 예는 그러한 측면에서 '해'의 의미가 아예 드러나지 않음으로써 등장하게 된 어형이라 할 수 있다.

〈핼쑥하다〉
얼굴에 핏기가 없고 파리하다.

빙낭을 이마에 얹고 핼쑥한 얼굴로 누워 있던 경애 《이병주, 관부 연락선》

'해쓱하다'와 거의 동일한 의미를 지닌 형용사어간으로 1음절말음에 '르'이 첨가됨으로써 형태상 아예 다른 모습을 드러내면서 '희다'라는 의미와도 어느 정도 거리를 가지게 된 것으로 판단된다.

이상의 논의를 통해 확인해보려 한 것은 중세국어의 '히-'가 통시적인 변화과정 속에서 독립적인 어간의 지위를 잃게 되면서 어떤 흔적을 남겼느냐 하는 사실이었다. 기본어간의 지위는 '희-'에 빼앗기고 파생어간인 '하얗-'에 그 흔적을 남기거나 어근적 요소인 '해-'의 모습으로 현대국어에 남아있는 것으로 판단되었다. '해-'의 문법적 지위에 대한 논의는 본고의 역량을 벗어나는 것이기에 언급하기는 힘들다. 그러나 일종의 어근 형성요소로 등장하고 있음을 확인할 수는 있었다. 그러나 위에서 살펴본 몇몇 예들을 통해 '해'의 형태를 '희다'와 직접적으로 연결시킬 수 없거나 의미상의 변화가 생겼음을 확인할 수 있었을 것이다. 통시적으로 '해'가 15세기의 '히-'의 계승형임을 인지하거나 분석하는 것이 현대국어에서는 어느 정도 어려울 수 있기 때문이다.

2.3. '백색' 관련 형용사 어간의 분화과정

일반적으로 색채형용사의 경우 기본이 되는 색채형용사 어간에 다양한 어근형성요소가 결합되어 복합어근이 만들어지는 것으로 확인된다. 그런데 '희다'의 경우는 다소 예외적이어서 '하야스름하다, 허여스레하다'의 경우를 통해서 알 수 있듯이 파생어간 '하얗다' 혹은 '허옇다'에 어근형성요소와 접미사가 결합되어 등장하거나 '희끄무레하다, 희끗하다'에서와 같이 '희다'에 어근형성요소와 접미사가 결합되기도 한다.

현대국어의 색채형용사들 가운데 '희다'의 경우는 상대적으로 어근형성요소나 접미사의 결합이 다른 색채형용사들에 비해 제한되는 경우가 많은데 이는 기본어간의 속성이 다른 까닭에 있다고 판단된다. 예를 들어 '거무스레, 노르스레, 푸르스레, 불그스레'의 경우에는 기본 어간인 '검-,

노르-, 푸르-, 붉-'을 분리해 낼 수 있지만 '하야스레, 허여스레'에서 현대국어의 기본어간 '희-'를 분리해낼 수는 없으며 '희읍스레, 해읍스레'의 경우도 '거무스레, 노르스레, 푸르스레, 불그스레'와는 달리 '읍'이라는 음절을 지니고 있는 까닭에 '스레'를 동일하게 분석해 내기 어렵다.

현대국어에서 나타나는 다른 색채형용사들의 분화 양상과 '백색' 관련 형용사들의 분화 양상의 차이점은 궁극적으로 '희-' 어간이 사라진 것에 그 이유가 있다고 판단된다. '희-'가 사라짐으로써 이에서 파생된 어간인 '하얗다' 류가 현대국어의 기본 어간이랄 수 있는 '희-'어간과 공시적 관련성을 확보할 수 없었던 것이다. 앞서 언급한 대로 '희-'에 '-아/ㅎ-'가 결합하여 '하야ㅎ다'의 형태가 만들어지고 다시 '하얗다'의 형태가 만들어졌으며 '희-'에 '-어/ㅎ-'가 결합하여 '허여ㅎ다'와 '허옇다'에 이른 것으로 보아야 하기 때문이다.

공시적으로 보면 '희다'와 '허옇다'와의 관계도 직접적인 관련성을 찾기 어렵게 느껴지는데 그것은 중세국어의 모음교체 양상을 현대국어의 화자들이 직관적으로 인식하기 어렵기 때문이다. 중세국어에서는 '희- : 히-'의 대립관계에 근거하여 '희-'의 핵모음 'ㅡ'가 'ㅓ'로 교체하고 '히-'의 'ㆍ'가 'ㅏ'로 교체한 것이지만 '희-'가 사라지고 모음교체든 음성상징이든 내적 파생이든 이들 어간들의 관계를 공시적인 도출관계로 인식하기 어려운 까닭에 '하얗다'는 물론이고 '허옇다' 역시 '희다'와의 직접적 관련성을 인지하기 어려운 것이다. 이것이 현대국어에 이르러 '희다'와 관련된 색채형용사 어간들이 다소 예외적인 양상을 보이게 된 이유라고 판단된다.

『두시언해』 초간본에는 '히-'와 '희-', 그리고 '하야ㅎ-'와 '해여ㅎ-' 그리고 '허여ㅎ-'까지 모두 등장하고 있다. 중간본에서 '혜여ㅎ-'도 확인할 수 있다. 가장 일찍 한글문헌에 등장하는 어간이 '히-'이고 현대국어에서 기본어간으로 존재하는 것이 '희-'이기 때문에 사전적 정의에서 '히-'를 '희-'의 옛말로 기술하고 있지만 문헌에 드러나지 않았을 뿐 '희-'가 이미 모음조화의 짝으로 존재했을지 그것은 사실 알기 어렵다. 중요한 것은 현대국어에서 '희-'와는 달리 '히-'가 비록 자립적인 어간으로서의 지위는 없지만 그 흔적을 남기고 있다는 사실이다.

한국어에는 대단히 다양한 색채형용사들이 존재하지만 사용빈도가 높은 어형은 사실 제한되어 있기 때문에 거의 사전에만 존재할 것 같은 색채형용사들의 어간 생성과정이 공시적인 결합과정의 결과물이라고 보기는 어렵다고 생각된다. 특히 '히-'에 뿌리를 두고 있는 '해'를 지니고 있는 색채형용사들의 경우는 더욱 그러하다. 물론 '희맑다, 희붉다'와 같이 '희-'가 결합된 비통사적 합성구조의 어간들도 공시적인 결합구조일 수는 없다. 다음은 현대국어에서 확인할 수 있는 '해'를 구성요소로 가진 어간들의 예이다.

〈합성어의 경우〉[9]

해맑다 해말갛다 해말끔하다 해말쑥하다 해반들하다 해반드르르하다 해반지르르하다

〈파생어의 경우〉

해끄무레하다 해끔하다 해끗하다 해뜩하다 해사하다 해쓱하다 해읍스레하다 해읍스름하다

홍석준(2015: 165)에서는 '해'를 '희-'의 모음교체형으로 볼 수 있다고 기술했는데 문헌상으로만 보면 '히-'가 선행형이므로 '히>해'의 결과인 '해'가 '희-'의 교체형으로 보기는 어려울 것이다. 특히 공시적으로

---

9 홍석준(2015: 165-6)의 예들을 인용함.
   같은 쪽 각주11에서 필자는 '해'를 어근으로 파악하고 '어근+어간'의 구조를 가진 합성어로 기술하였다.

두 형태의 문법적 지위가 전혀 다르므로 공시적인 교체형으로 이해하는 것은 위험하다.

현대국어에서 합성어라고 판단되는 '해맑다' 류와 파생어로 판단되는 '해사하다' 류는 상대적으로 '해'의 고유한 의미 속성과 형태적 분석 가능성에서 명백한 차이가 있는 것으로 보인다. '해맑다' 류의 경우는 후행하는 어간의 생산성 때문에 '해'의 분리가 용이하고 그 의미를 '희다'와 연결시킬 가능성이 상대적으로 커 보인다. 반면 '해사하다' 류는 후행요소들의 분리가 용이하지 않기 때문에 '희다'는 의미가 어간 전체를 통해 드러나게 되고 의미가 분리되어 확인되지 않는다.

이 두 유형의 '해'를 포함한 용언어간들은 중세국어의 '히-' 어간이 사라지면서 남긴 일종의 화석형이라고 할 수 있을 것이다. 국어사전에 '해'에 대한 구체적인 정보는 없고 당연히 접두사로 처리되지 않는다. 문제는 사용빈도도 많고 후행어간의 자립성이 확보되는 '해맑다'류의 '해'가 접두사처럼 인식되는 경향이 있다는 점이다. 특히 다음과 같은 예들과 비교해 보면 형태적인 측면에서 그러한 오해가 생길만 함을 알 수 있을 것이다.

〈새맑다〉
아주 맑다.

하늘이 새맑게 갰다/구름 한 점 없는 새맑은 하늘 《현진건, 무영탑》

〈드맑다〉
아주 맑다.

드맑은 가을 하늘

'드-'와 '새-'는 분명 접두사이다. 표면적인 형태 구성만 보면 '해맑다'의 '해'도 접두사적 기능을 가지고 '희다'는 의미를 추가한다고 볼 수 있을 듯하다. 그러나 '해사하다' 류의 경우로 인해 '해'에 접두사적인 자격을 줄 수 없는 것이다. 학교문법에서 접두사와 관련해 학생들이 '해맑다' 류의 '해'를 접두사로 잘못 파악하는 경우가 종종 있다. 통시적인 변화과정을 알지 못하면 '해맑다'를 어근과 어간의 합성어간임을 파악하기가 쉽지 않은 것이다. '희-'가 결합된 '희맑다' 류의 경우는 '희-'라는 어간이 공시적으로 생산적인 어간으로 존재하기 때문에 어간과 어간의 결합이라는 비통사적 통합관계임을 이해할 수 있지만 '히->해-'의 과정을 인지하지 못하면 접두사로 오인할 수도 있는 것이다. 물론 '해맑다' 류의 '해'만을 접두사로 처리하는 방법이 있을 수도 있겠지만 이 경우 접두사를 새로 하나 더 설정하는 것이 지금의 처리 방법보다 더 경제적일지는 판단할 수 없다.

3. 결 론

우리는 이상의 논의를 통해 색채형용사들 가운데 다소 독특한 양상을 보인다고 할 수 있는 '백색' 관련 형용사어간들의 경우를 중심으로 기본 어간이라 할 수 있는 '희다'는 물론 이 색채형용사 어간과 관련된 합성어간과 파생어간들 간의 공시적인 관계와 통시적 변화과정을 간략히 검토해 보았다.

특히 중세국어의 '히-'가 통시적인 변화과정 속에서 독립적인 어간의 지위를 잃게 되면서 어떤 흔적을 남겼는지를 몇몇 형용사어간들을 중심으로 살펴보았다. 파생어간인 '하양-'에 그 흔적을 남기거나 어근적 요소인 '해-'로 현대국어에 그 모습을 남기게 됨으로써 현대국어에서 기본어간인 '희-'와의 공시적 관련성이 음운론적으로 불투명해진 것으로 판단되었다. '해-'의 문법적 지위를 판단할 만한 논의를 전개하기는 어려웠으나 일종의 어근형성요소로 등장하고 있음은 분명하다고 생각되었다. 또한 이상에서 살펴본 몇몇 예들을 통해 '해'의 형태를 '희다'와 직접적으로 연결시킬 수 없거나 의미상의 변화가 있음도 확인할 수 있었다.

참고 문헌

김주필(2011), 『국어의 음운현상과 음운변화 연구』, 역락.

송정근(2007), 「현대국어 감각형용사의 형태론적 연구」, 서울대학교 박사학위논문.

송철의(1992), 『국어의 파생어형성 연구』, 국어학총서 18, 태학사.

_____(2008), 『한국어 형태음운론적 연구』, 태학사.

윤예진(2016), 「'하-'의 어간교체에 대한 통시적 연구」, 『국어연구』 254, 서울대학교 국어연구회.

이선영(2006), 「후기 중세국어 색채어의 어휘적 특징과 의미」, 『국어학』 47, 국어학회, 235-263, 536-537.

최명옥(1998), 『국어음운론과 자료』, 태학사.

홍석준(2015), 「국어 색채형용사의 어휘형태론적 연구」, 서울대학교 박사학위논문.

중세국어 형용사 파생 접미사
'-ᄫᅵ/브-, -얼-'에 대하여

유 필 재

울산대학교

1. 서 론

중세국어 형용사 파생 접미사에는 '-드ᄫᅵ/듸/ᄅᄫᅵ/리-', '-답-'과 '-ᄫᅵ/브-', '-얼-', 그리고 '-갑-' 등이 있다. 이들은 語基 조건이 달랐다. '-드ᄫᅵ/듸/ᄅᄫᅵ/리-', '-답-'은 명사를, '-ᄫᅵ/브-', '-얼-'은 동사를, 그리고 '-갑-'은 형용사를 語基로 하는 접미사였다.

본고에서는 이 중 동사를 語基로 하는 접미사를 대상으로 하여 (1) '-ᄫᅵ/브-'의 교체 양상과 '-ᄫᅵ/브-' 파생어의 성조를 정밀하게 기술하여 이 사실을 再構에 이용하고 (2) '-얼-'의 역사적 변화 양상을 구체적으로 제시하고자 한다.

파생 접미사 '-ᄫᅵ/브-'는 여러 가지 異形態를 가지는데 특히 語基의 분절음(자음, 모음, ㄹ)에 따른 교체의 양상을 분명히 하고자 한다. 또 '-ᄫᅵ/브-'에 의한 파생어의 성조를 語基 성조를 기준으로 분류하여 제시한다. 이상의 결과를 통해 語基가 되는 동사 어간과 파생 형용사를 再構

할 수 있다.

파생 접미사 '-얼-'이 語基의 환경을 확대하는 방향으로 변화되어 온 사실은 이미 기존 연구에서 지적된 바 있다. 본고에서는 파생 접미사 '-얼-'의 語基에는 ① 동사 '이, j' 어간, ② 語根, ③ 동사 자음 어간, 세 종류가 있으며 ①, ② 語基에 의한 파생어는 중세국어에서, ③ 語基에 의한 파생어는 그 이후에(본격적으로는 19세기에) 나타난 사실을 분명히 하고자 한다. 이를 통해 현대국어 '미쁘-, 미덥-'와 '섦-, 서럽-'처럼 의미가 유사한 두 형용사의 관계에 대한 설명도 제공되기를 기대한다.

2. 형용사 파생 접미사 '-ᄫ/브-'의 교체와 파생어 성조

2.1. 분절음 조건에 따른 '-ᄫ/브-'의 교체 양상

형용사 파생 접미사 '-ᄫ/브-'는 다양한 異形態를 가진다. 동사 어간이 語基가 되는데 우선 語基의 末音에 따라 자음 뒤에서는 '-브/ᄇ-'로, 모음과 'ㄹ' 뒤에서는 '-ᄫ-'로 교체된다. 자음 뒤 이형태 '-브/ᄇ-'는 자음이 장애음일 때는 '-브-'로, 'ᅀ'일 때는 '-ᄇ-'로 교체되며 이들은 각각 모음조화에 따라 '-ㅂ/ᄫ-'로도 나타난다.[1]

(1)은 장애음 'ㄷ, ㅊ, ㄱ, ㅎ' 뒤에서 나타난 '-브-, -ㅂ-'의 예이다. '믿-, 잊-(勞)'에 '-브-'가, '곳-(疲), 앓-'에 '-ㅂ-'가 결합된 사실을 알 수 있다.

---

1 金完鎭(1985=1996: 130)에서 지적한 것처럼 '애받브- RLL'의 '-브-'는 모음조화를 따르지 않고 있다.

(1) 믿브- LL[2] ← 믿- L

　　잇브- LL ← 잊- L(勞)

　　굿브- LL ← 곯- L(疲)

　　알프- LL ← 앓- L

(2)는 '△' 뒤에 나타난 '-브-'의 예이다. '웃-'에 '-브-'가 결합되었다.

(2) 웃브- RL ← 웃- R![3]

───────────

2　설명의 편의상 평성, 거성, 상성은 각각 L, H, R로 표기한다.

3　중세국어의 1음절 용언 어간의 성조는 다음과 같이 6가지로 나눌 수 있다.

	자음어미 결합형	모음어미 결합형	매개모음어미 결합형
L	먹고 LH	먹어서 LHH	먹으니 LHH
L! (불규칙)	듣고 LH	들어서 LHH	들으면 LLH
H	크고 HH	커서 HH	크니 HH
H! (불규칙)	가고 LH	가서 HH	가니 LH
R	얻고 RH	얻어서 RLH	얻으니 RLH
R! (불규칙)	걷고(步) RH	걸어서 LHH	걸으니 LHH

'불규칙'으로 표시한 어간들은 성조면에서 불규칙적인 형태음운론적 교체 양상을 보여 준다. 'L! (L 불규칙)'은 후행하는 매개모음의 성조가 평성인 점이(예: 들으면 LLH), 'R! (R 불규칙)'은 어간이 모음 앞에서 평성으로 교체되는 점에서(예: 걸어서 LHH, 걸으니 LHH) 불규칙적이다. 'H! (H 불규칙)'은 후행하는 어미에 따라 어간이 평성과 거성으로 교체된다는 점에서 불규칙적이다. 다시 말해서 선어말어미 '-습-, -으시-, -더-, -거-, -ㅁ-'나 모음어미 '-아/어', 자음어미 '-도다' 등의 어미 앞에서는 거성으로 교체되지만 그 밖의 자음어미나 매개모음어미, 선어말어미 '-오/우-' 앞에서는 평성으로 교체된다. 예를 들어 '-아서'가 결합된 '가서 HH'에서는 어간 성조가 거성이지만 '-고'나 '-으니'가 결합된 '가고 LH, 가니 LH'에서 어간 성조는 평성으로 나타난다. 본고에서는 설명의 편의를 위해서 '불규칙'은 '!'로 바꾸어 표시하도록 한다. 예로 든 '웃-'는 'R 불규칙'에 해당되므로 'R!'으로 표기하였다. 이에 대한 자세한 내용은 유필재(2003) 참조.

중세국어 '둏오- RH'는 동사 '둧-(戀)'를 語基로 한 파생어로 생각된
다. 그렇다면 '둏오-'는 '*둧ᄫ-'에서 온 것으로 생각되며 이 역시 'ㅿ'
뒤에 나타난 '-ᄫ-'의 예가 된다.

(3) *둧ᄫ-〔둏오-〕[4] RH ← 둧- R! (戀)

(4)는 모음 뒤에 나타난 '-ᄫ-'의 예이다. '그리-, 믜-, 놀라-, 怒ᄒ-'
는 末音이 모음인 어간의 예인데 이 경우 '-ᄫ-'가 결합되어 '그릳-, 믤-,
놀랍-, 怒ᄒᆞ-'가 되었다.

(4) 그릳- HH ← 그리- HH(慕)
    믤- L! ← 믜- L(憎)
    놀랍- RH ← 놀라- RH
    怒ᄒᆞ- -H ← 怒ᄒ- -H!

(5)는 'ㄹ' 뒤에 나타난 '-ᄫ-'의 예이다. 특히 語基 末音이 'ㄹ'인
예들은 기존 연구에서 분명히 제시되지 못한 경우가 있었다. 이는 해당
예들이 파생어 혹은 語基 어느 한 쪽이 文證되지 않아서 再構를 통해서만
양자가 파생어 관계임을 알 수 있기 때문이다.

(5) *애듧-〔애듧-![5]〕 RH ← 애들- RH

---

4 '둧-'에 파생 접미사 '-ᄫ-'가 결합된 '*둧ᄫ-'는 文證되지 않는다. 주지하는 바와
   같이 'ᄫ'은 刊經都監 간행 한글 문헌에서부터 나타나지 않기 때문이다. '둏오-'는
   '*둧ᄫ-'의 변화형이다. 이해의 편의를 위해 파생 접미사 '-ᄫ/ᄫ-'의 형태를 살려
   再構된 형태를 예로 제시하고 실제 나타나는 형태는 대괄호 안에 제시한다.
5 '애듧-'는 이른바 'ㅂ 불규칙용언'에 속한다. 설명의 편의를 위해 성조 표시와 마찬

*븗-〔븗-!〕 ← 블- L(羨)

'애둘온 RLH(금강경삼가해 3: 55b), 애둘와 RHH(번역박통사 상: 35b)' 등의 활용형에서 확인되는 중세국어 '애둘-! RH'는 동사 '애둘-RH'와 관련된 형용사이며 이전 형태는 '*애둟-'였을 것으로 추정된다. 접미사 '-ᄫ-'에 의한 파생어이다. 'ᄫ'의 변화 후에는 ㅂ 불규칙용언 '애둷-!'가 된다.

{羨}을 의미하는 어간 '븗-!'는 그 예가 매우 적다.

(6) 비록 궁혼 몸이나 목젼 유복은 눕 븗디 아니ᄒᆞᄃᆡ 〈한중록 372〉
피히 차탄ᄒᆞ여 <u>블워</u> ᄒᆞ며 LHLH … 아닐 거시니 (不可歎羨) 〈소학 언해 5: 102b〉
블울 션 羨 〈신증유합 하: 26b〉

(6)의 활용형들은 시기는 각각 다르지만 '븗디, 블워, 블울'에서 어간 '븗-!'를 확인할 수 있다. '븗-!'는 현대국어 공통어에서는 死語가 되었으며[6] 그 대신 또다른 형용사 파생 접미사 '-얼-'에 의한 파생어 '부럽-!'가 남아 있다. 이 '븗-!'는 이전 시기에는 'ᄫ'을 말음으로 가진 '*븗-'였을 것으로 추정되며 이는 동사 '블- L(羨)'에서 온 것이다.

반대로 語基가 문증되지 않는 경우로 '셟- R(苦) ← *셜-'를 들 수 있다. 중세국어 형용사 '셟- R' 역시 '*셜-'에 파생접미사 '-ᄫ-'가 결합된 것으로 추정된다. 그렇다면 이 예도 語基 末音이 'ㄹ'인 예로 추가할 수 있다. '*셜-'에 대해서는 2.3.1에서 다시 설명하고자 한다.

가지로 불규칙 용언에는 '!'를 붙여 두었다.
6 육진방언 등의 방언에는 남아 있다. 이에 대해서는 '2.3 語基와 파생어의 再構' 부분에서 후술함.

이상의 교체 양상을 간단히 정리하면 접미사 '-병/보-'는 자음 뒤에서는 '-보-'계열 異形態로, 모음과 'ㄹ' 뒤에서는 '-병-'로 교체된다고 말할 수 있다. 매개모음을 頭音으로 가지고 있지 않은데도 교체의 조건이 매개모음 '으'를 가지는 어미들과 같다.

2.2. '-병/보-' 파생어의 성조

이 절에서는 접미사 '-병/보-'에 의한 파생어의 성조 양상을 정리한다. 파생어의 성조를 語基의 성조를 기준으로 분류하여 그 양상을 제시하려 한다.

우선 語基의 성조가 평성일 때는 '-병/보-'는 평성으로 나타난다. '믿-, 잊-(勞), 깄-(喜), 앓-'의 어간 성조는 모두 평성인데 각각의 파생어인 '믿브-, 잇브-, 깃브-, 알프-'의 성조 역시 평성, 평성이다. 이 때 '-브-, -ㅂ-'의 성조는 평성으로 기술하게 된다.

> (7) 믿브- LL ← 믿- L
> 잇브- LL ← 잊- L(勞)
> 깃브- LL ← 깄- L(喜)
> 알프- LL ← 앓- L

한편 '믜- L, 믤- L'의 경우처럼 語基 성조가 평성이면서도 파생어의 성조는 평성 불규칙(L!)으로 나타나는 경우도 있다.

> (8) 믤- L! ← 믜- L (憎)

'믤-'는 (9)의 '믜볼 LL'에서 알 수 있듯이 후행하는 매개모음이 평성으로 나타나는 불규칙적인 교체 양상을 보인다.

(9) 믜본 LL 〈월인석보 2: 64a〉

　평성 불규칙의 예가 하나뿐이어서 단정하기는 어렵지만 두 부류의 성
조 차이는 語基의 음운론적 조건에 의한 것으로 보인다. 語基가 자음으로
끝날 때는 '-보-'가 결합되며 파생어의 성조는 평성으로 끝나고, 語基가
모음으로 끝날 때는 '-봉-'가 결합되며 평성 불규칙이 된다.
　이상의 사실은 語基 성조가 평성 불규칙(L!)일 때도 적용된다. 語基가
평성 불규칙일 때 '-봉/보-'는 평성으로 교체된다. '젛-(畏), 곯-'는 매
개모음어미가 결합된 활용형 '저흟씨 LLH (월인석보 12: 1a), 빗 골ᄒ며
L LLH (내훈 2상: 16a)'를 보면 평성 불규칙 어간이다. 그리고 이들을
語基로 한 '저프-, 골프-'의 성조는 평성, 평성이다.[7]

　　(10) 저프- LL ← 젛- L!
　　　　골프- LL ← 곯- L!

　다음으로 語基에 거성이나 상성이 있는 경우를 검토하기로 하자. 金完
鎭(1977)에서 간접적으로, 金星奎(1994)에서 직접적으로 지적한 것처럼
중세국어의 성조는 성조 실현 단위의 첫 번째 거성이 음운론적으로 변별
적이다. 語基에 거성(혹은 상성)이 있는 경우에는 파생 접미사가 語基의
첫 번째 거성 위치를 바꾸지 않는 한, 파생어와 語基의 성조에는 차이가
없다고 할 수 있다.[8] 語基에 거성이나 상성이 있는 경우를 한데 묶어

7　'저코 LH(젛- + -고)'에서 보듯이 평성 불규칙에 속하는 어간은 자음으로 시작하
　는 어미 앞에서는 평성으로 교체된다. '젛- + -브-, 곯 + -ㅂ-'에서 후행하는
　접미사는 모두 자음 'ㅂ'로 시작되므로 파생에서도 활용에서와 동일한 교체 규칙이
　적용된다고 볼 수 있다.
8　'숨- H(隱), 숨기- LH'의 '-기-'처럼 중세국어에는 語基의 성조를 바꾸는 파생

평성인 경우와 구별하여 제시하는 이유가 여기에 있다.

구체적인 예로 설명해 보도록 한다. (11)의 '듫- R!, *듫ᄫ-〔듫오- RH〕'에서 보듯이 語基 성조가 상성 불규칙일 때는 '-ᄫ/보-'는 형태음운론적 규칙에 의해서는 거성으로 교체된다. '걷고 RH (步)'에서 알 수 있듯이 상성 불규칙 어간은 자음 앞에서 상성으로 교체되며 '-ᄫ/보-' 역시 자음으로 시작하는 접미사이므로 이는 중세국어 문법으로 자연스럽게 설명된다.

> (11) *듫ᄫ-〔듫오- RH〕 ← 듫- R!

'*듫ᄫ-〔듫오-〕'의 '*-ᄫ-〔-오-〕' 성조가 거성임은 '듫온 RH 말와 (愛語와) (원각경언해 하1-1: 61a)'에서 확인할 수 있다. 한편 '듫오며 RLH (능엄경언해 4: 16a)'처럼 평성으로 나타나기도 한다. 이는 율동규칙에 의한 것이다. 어미 '-며'의 성조 역시 거성이기 때문에 '듫오며'의 성조는 애초에 RHH 가 되며 여기에 율동규칙인 이른바 '去聲不連三'이 적용되어 RLH 로 나타나게 된 것으로 설명하게 된다. 따라서 '*듫ᄫ-〔듫오-〕'의 기본 성조는 RH 로 보아야 할 것이다.[9]

예를 들어 '웃- R!'가 語基인 파생어 '웃보-'의 성조는 '웃보니 RLH (월인천강지곡 상: 64b), 웃보리 RLH (월인석보 20: 61a)'처럼 어간 부분이 'RL'인 것만 문증되는데 이 역시 율동규칙에 의한 결과로 해석할 수 있다.

접미사도 있다.

9 이 때 語頭의 상성과 달리 두 번째 음절의 거성은 음운론적으로는 비변별적이다. 음성규칙인 율동규칙의 적용을 받아 평성으로 나타나기도 하는 것이다. 이 점을 분명히 하기 위해 金星奎(1994)의 제안처럼 음운론적으로 변별적인 부분의 성조만 남겨 'R○'로 표시할 수 있다.

語基 성조가 거성 불규칙(H!)일 때는 파생어의 성조는 거성이 된다.

(12) 怒흘- --H ← 怒ᄒᆞ- --H!

우선 語基가 되는 '怒ᄒᆞ-'의 성조부터 설명하도록 한다. 앞 절에서 언급한 것처럼 중세국어 1음절 용언 어간에는 후행하는 어미에 따라 거성과 평성으로 교체하는 부류가 있다. 'ᄒᆞ-'는 이 부류에 속하는 대표적 예인데 (13)은 'ᄒᆞ-'가 어미 '-시-, -ᄂᆞ-, -아/어' 앞에서는 거성으로, 자음어미 '-고'나 매개모음어미 '-ᄋᆞ며, -을' 앞에서는 평성으로 교체되는 양상을 보여준다.[10]

(13) a. 怒ᄒᆞ샤 -HH 〈월인석보 20: 68b〉, 怒ᄒᆞᄂᆞ니 -HLH 〈금강경삼가해 4: 39b〉, 怒ᄒᆞ야 -HH 〈월인석보 19: 14b〉
    b. 怒ᄒᆞ고 -LH 〈월인석보 25: 140b〉, 怒ᄒᆞ며 -LH 〈월인석보 21: 197a〉, 怒홀 씨라 -L HH 〈월인석보 11: 124a〉

한편 이 '怒ᄒᆞ- -H!'에 파생 접미사 '-ᄫᆞ-'가 결합된 '怒흘-'는[11] 자음어미 '-디'나 매개모음어미 '-은' 앞에서도 거성으로 나타나 '怒흘-(怒홇-)'의 성조는 규칙적인 거성임을 확인할 수 있다.[12]

(14) 怒홉디 -HH 〈월인석보 20: 88b〉
    怒ᄒᆞᄫᆞᆯ -HL 〈월인석보 7: 53b, 17: 74b〉

---

10 '怒ᄒᆞ-'처럼 'ᄒᆞ-'에 의한 합성어도 교체 양상은 단일어 'ᄒᆞ-'와 같다.

11 (14)에서 보듯이 '怒홇-'로도 나타난다.

12 이 예로 거성 불규칙(H!) 용언 어간이 거성으로 교체되는 조건에 파생 접미사 '-ᄫᆞ/ᄫᆞ-'를 추가할 수 있다.

語基 성조에 거성이나 상성이 있는 것 중 語基가 2음절 이상인 경우를 제시하면 (15, 16)과 같다. 語基가 거성(혹은 상성)이 있는 2음절 어간일 경우에는 파생어는 (15)의 '두릴- LH, 그릴- HH, 놀랄- RH'처럼 거성 으로 끝나는 경우와 (16)의 '아쳔브- LHL, 뉘웃브- RHL'처럼 평성으로 끝나는 경우가 있다. 어느 경우에도 앞에서와 마찬가지로 語基의 변별적 거성 위치는 바뀌지 않는다.

> (15) 두릴- LH ← 두리- LH(畏)
> 그릴- HH ← 그리- HH(慕)
> 놀랄- RH ← 놀라- RH

> (16) 아쳔브- LHL ← 아쳔- LH
> 뉘웃브- RHL ← 뉘웃- RL

이상에서 살펴 본 바와 같이 '-ᄫᆞ/브-' 파생어의 성조 양상은 단순하 지 않다. 이를 단순화하여 이해하기 쉽도록 이상의 예들을 語基에 거성이 있느냐 없느냐만으로 분류하여 정리해 보도록 한다.

語基에 거성이 없는 경우, 다시 말해서 語基가 평성인 경우 파생어 역시 평성으로만 나타난다. '-브-'가 평성으로 나타난다. 접미사가 '-ᄫᆞ-' 일 때 파생어의 성조는 평성 불규칙(L!)이 된다.

> (17) 믿- L : 믿브- LL
> 잊- L : 잇브- LL
> 깄- L : 깃브- LL
> 앓- L : 알프- LL

(18) 젛- L! : 저프- LL

　　곯- L! : 골프- LL

(19) 믜- L : 믤- L!

語基에 거성(상성 포함)이 있는 경우는 파생어에서도 첫 번째 거성(상성)의 위치는 변하지 않는다.[13]

(20) 두리- LH : 두맇- LH

　　그리- HH : 그맇- HH

　　놀라- RH : 놀랗- RH

(21) 둏- R! : *둏ᄫ-〔둏오- RH〕

(22) 怒ᄒ- --H! : 怒흫- --H

(23) 뉘읓- RL : 뉘읏브- RHL

　　아쳔- LH : 아쳔브- LHL

그러나 '-ᄫ/보-'를 포함하여 첫 번째 거성 이후 부분의 성조는 일률적이지 않다. '*둏ᄫ-〔둏오-〕'의 '둏'은 언제나 상성이지만 '-ᄫ-〔-오-〕'는 거성으로도 평성으로도 나타나는 것이다. 특히 '뉘읏브- RHL, 아쳔브- LHL'는 '-브-'가 거성으로 나타낸 예를 찾을 수 없었다.[14]

---

13 '둏- R!, 怒ᄒ- --H!'처럼 語基 성조가 불규칙일 때는 활용형의 성조 중 일부에서만 위치가 변하지 않는다.

14 이점을 중시하여 金完鎭(1977: 37f)에서는 '-ᄫ/보-'를 고정적 평성으로 설명하였

'뉘읏브-, 아쳘브-'의 '브'가 거성인 예가 없다는 사실이 율동규칙에 의한 우연의 일치인지 아니면 복합어의 경우처럼 파생접미사도 자신의 성조를 고수하는 경우가 있는 것인지는 현재로써는 확실하지 않다.

(23)의 '뉘읏브-, 아쳘브-'의 성조를 포함해서 중요한 사실은 語基에 거성(상성 포함)이 있을 경우에 '-ᄫᅟᅵᆼ/브-' 파생에 의해 그 위치가 바뀌지 않는다는 사실이다. 語基의 변별적인 거성 위치는 '-ᄫᅵᆼ/브-'에 의한 파생어에서도 유지된다.

한편 語基에 거성이 없을 때는 접미사가 '-브-'일 때는 평성으로 끝나고 접미사가 '-ᄫᅵᆼ-'일 때는 평성 불규칙으로 파생어의 성조가 바뀐다. 語基에 변별적인 거성이 없으므로 파생어의 성조가 달라지는 것이다.[15] 語基에 변별적 거성이 없을 때는 '-ᄫᅵᆼ/브-' 파생어의 성조는 평성으로 끝나거나 ('-브-'의 경우), 평성 불규칙이 된다고('-ᄫᅵᆼ-'의 경우) 정리된다.

2.3. 語基와 파생어의 再構

이제까지 파생 접미사 '-ᄫᅵᆼ/브-'가 자음 뒤에서는 '-브-' 계열의 이형태로, 모음과 '르' 뒤에서는 '-ᄫᅵᆼ-'로 교체됨을 확인하였다. 또 '-ᄫᅵᆼ/브-'에 의한 파생어의 성조를 語基 성조를 기준으로 분류하여 검토한 결과 語基가 평성일 때 '-ᄫᅵᆼ/브-' 파생어의 성조는 평성으로 끝나거나('-브-'의 경우), 평성 불규칙이 된다('-ᄫᅵᆼ-'의 경우)는 사실을 알게 되었다. 이 절에서는 이상의 사실을 토대로 '-ᄫᅵᆼ/브-' 파생어의 語基가 되는 동사 어간과 파생 형용사를 再構해 본다.

다. 한편 金星奎(1994: 65-72)처럼 통시적 해석을 도입하여 '-ᄫᅵᆼ/브-'의 성조를 前倚的 성조로 해석한 연구도 있다.

15 語基가 평성일 때도 변별적 거성의 위치는 바뀐다. '믿고 LH'에서는 두 번째 음절에, '믿브고 LLH'에서는 세 번째 음절에 변별적 거성이 오는 것이다.

2.3.1. *셜-

중세국어에서 형용사 '셟- R'는 나타나지만 이에 대한 語基로 예상되는 동사 '*셜-'은 文證되지 않는다.[16] 그런데 앞에서 본 형용사 파생 접미사 '-ᄫ/보-'의 교체 조건을 고려하면 '*셜-'은 어렵지 않게 再構할 수 있다. 파생 접미사 '-ᄫ/보-'는 자음 뒤에서는 '-보-' 계열의 이형태로, 모음과 'ㄹ' 뒤에서는 '-ᄫ-'로 교체되므로 '셟-'은 語基 '*셜-'에 파생 접미사 '-ᄫ-'가 결합된 것으로 분석된다.

2.3.2. *븗-〔븝-!〕*L!

앞에서 '-ᄫ/보-' 파생어로 제시한 어간 '*븗-〔븝-!〕'의 성조는 '-ᄫ/보-' 파생어의 성조 양상으로 보아 평성 불규칙(L!)으로 재구된다. '*븗-〔븝-!〕'의 활용형으로 성조까지 알 수 있는 예는 현재로서는 (24)가 있다.

(24) 블워ᄒᆞ며 LHLH 〈소학언해 5:102b〉

(24)의 '블워 LH'로 보아 '*븗-〔븝-!〕'의 성조는 평성이거나 평성 불규칙, 상성 불규칙 세 가지 가능성이 있다.

한편 語基가 되는 어간 '블-'의 성조는 평성으로 추정된다.[17]

---

16 후대형인 '셜-'는 19세기 간행의 『한불자전』(1880)에 표제어로 실려 있다. 뜻 풀이도 '哀痛 Etre affligé, etre triste'로 중세국어 '셟-'와 같다. 다만 관형사형 활용형이 'SE-REUN(셜은)'으로 되어 있는 점이 특이하다. 『한불자전』 내의 일반적인 경향이라면 'SEN(선)'이 기대된다.

17 자음어미 '-디'와 결합한 활용형이므로 평성 불규칙(L!)일 가능성도 있지만 '블-'의 경우는 그렇지 않다. 중세국어 용언 1음절 자음 어간은 어간 말음과 성조 사이에 밀접한 상관 관계가 있다. 중세국어 용언 1음절 'ㄹ' 어간의 성조는 대체로 상성 불규칙(R!)에 속하며 이에 해당되지 않는 어간은 대부분 어간 모음이 'ㆍ, ㅡ'인 경우이다. 말음이 'ㄹ'인 1음절 용언 어간 중 성조가 평성 불규칙(L!)인 예는 현재로써는 찾을 수 없다. 이에 대해서는 Martin(1996: 12), 유필재(2003: 94 각주 5)

(25) 브디 LH 아니ᄒ며 LHLH 〈월인석보 18:32a〉

　그런데 '밑- L!, 믜- L (憎)'에서 보듯이 語基에 변별적 거성이 없고 접미사가 '-ᄫᅳ-'일 때 '-ᄫᅳ/브-' 파생어의 성조는 평성 불규칙이 된다.[18] 이에 따라 '*븗-〔븞-!〕'의 성조는 평성 불규칙(L!)으로 再構할 수 있다.

(26) *븗- *L! ← 블- L (羨)

　'*븗-〔븞-!〕'의 성조가 평성 불규칙(L!)인 것은 현대국어 反射形으로도 확인할 수 있다. 함경북도 六鎭방언의 악센트는 중세국어의 성조와 규칙적으로 대응되는 것으로 유명하다. 중세국어의 평성은 육진방언에서 低調로, 거성과 상성은 高調로 대응된다(郭忠求 1994: 456).

　'*븗-〔븞-!〕'는 현대국어 공통어에서는 死語가 되었지만 육진방언에는 남아 있는데 매개모음어미와의 결합형이 '低調, 低調'로 나타난다.

(27) 븗운 LL 게 H 한나투 없는데 (부러운 것이 하나도 없는데)[19]

　(27)의 '븗운 LL'은 중세국어의 '*븗은 LL'으로 再構된다. 매개모음 부분이 低調(평성)이므로 '븗-'의 성조는 평성 불규칙으로 추정된다.

참조.

18 어간 말음이 'ᆲ'이면서 성조가 L!인 예는 이 외에 '묽- L!(哀)'가 더 있다. 이 역시 파생어일 가능성이 있다.

19 (27)의 육진방언 자료는 곽충구 선생님께서 제공하여 주셨다. 소중한 자료를 제공해 주신 선생님께 감사드린다.

3. 형용사 파생접미사 '-얼-'의 변화

중세국어어에서 동사를 語基로 하는 형용사 파생 접미사에는 '-병/브-' 외에 '-얼-'이 더 있다. '-병/브-'는 중세국어 시기 이후에는 생산성을 잃고 새로운 형용사를 만드는 데에 사용되지 못했다. 그러나 '-얼-'은 근대국어 시기에도 계속 사용되어 왔을 뿐 아니라 오히려 선행 語基의 범위를 확대하는 방향으로 변화해 왔다.

파생 접미사 '-얼-'에 있어서는 이러한 변화의 과정이 중요하므로 이 장에서는 접미사 '-얼-'의 변화를 중심으로 서술한다. 국어사 전체로 보면 '-얼-'의 語基에는 ① 동사 '이, j' 어간, ② 語根, ③ 동사 자음 어간이 있다. ①, ②의 두 語基는 중세국어 시기부터 존재한다. 이와 달리 ③의 동사 자음 어간이 '-얼-'의 語基가 되는 것은 그 이후의 일이다. ③의 동사 자음 어간이 '-얼-' 파생어의 語基가 되면서 '-얼-'은 형용사 파생 접미사로서의 위치를 확고히 한 것으로 생각된다. 이하에서 각각의 語基 부류를 순서대로 제시함으로써 변화의 과정을 제시한다.

3.1. 동사 '이, j' 말음 語基

중세국어에서 접미사 '-병/브-'는 특별한 제약 없이 동사 어간을 語基로 한다. 이와 달리 접미사 '-얼-'이 동사 어간을 語基로 할 때는 음운 제약이 존재한다. 語基 말음이 '이, j'인 경우에만 '-얼-'이 결합되는 것이다. 형용사 '붓그립-, *쁜덟-〔쁜덥-!〕'와 '므싀엽-'는 모두 동사 '붓그리-, 쁜디-' 그리고 '므싀-'에 접미사 '-얼-'이 결합된 것인데 語基가 되는 동사는 모두 末音이 '이, j'이다.[20]

---

[20] '그리- HH(慕), 믜- L(憎)' 역시 어간이 '이, j'로 끝났지만 접미사는 '-병/브-'가 결합되어 '그립- HH, 믤- L!'가 되었다. '-병/브-'는 음운 제약이 없기 때문에 '이, j' 뒤에서도 결합된다.

(28) 붓그릴- LHH ← 붓그리- LHH

　　*쁜뎔〔쁜덥-!〕[21] ← 쁜디- HH

(29) 므싀옐- LHH ← 므싀- LH

　접미사 '-얼-'은 모음조화에 의해 '-얼-'과 '-앓-'으로 교체된다. 이 때 어간 말음 '이'는 이른바 部分中立이라고 할 수 있다. '늘기-, 므기-, 즐기-'에는 접미사 '-얼-'이, '앗기-, 답씨-'에는 '-앓-'이 결합되는데 이 때 파생 접미사의 異形態를 결정하는 것은 '이'가 아니라 선행 모음인 '으'와 '아'이다.

(30) *늘겶-〔늘겁-!〕 HH ← 늘기-

　　　므겶- HH ← 므기- HL

　　　즐겶- HH ← 즐기- HH

(31) 앗갏- LR! ← 앗기- LH

　　*답쌓-〔답쌉-!〕 HH ← 답씨- HL

　'가비얍- LHH'의 語基 '*가비-'는 文證되지 않으나 '가비얍- LHH'를 '-얼-' 파생어로 인정한다면 앞에서 예로 든 '므싀옐- LHH ← 므싀- LH'와 함께 모음조화에 의한 異形態의 예가 된다.

　중세국어 시기 '-얼-' 파생에서 보이는 음운 변동은 활용과 다른 경우도 있고 같은 경우도 있다. '붓그리-, 붓그릴-'에서 보듯이 파생에서는

21　현대국어에는 '쩬덥-!'로 남아 있다. 'ㅅ, ㅈ, ㅊ' 아래에서 'ㅡ > ㅣ' 변화(전설모음화)를 겪은 형태이다.

語基의 '이'가 탈락한다. 그러나 활용에서는 '붓그려 LHH (월인석보 20: 13b)'에서처럼 반모음화가 일어난다. 한편 '므싀옇-(← 므싀-)'에서 보듯이 'j' 末音 語基일 때는 j 삽입이 일어나는데 이는 활용에서와 같은 양상이다. 활용에서도 '므싀여 LHH (석보상절 24: 52a)'처럼 j 삽입이 일어난다.[22]

다음으로 접미사 '-엃-'에 의한 파생어의 성조 양상을 정리해 보도록 한다. 중세국어에서 '-엃-'의 語基는 어간 末音이 '이, j'인 동사 외에 語根인 경우도 있다. 그런데 語根이 語基일 경우는 動詞 어간이 語基인 경우와 '-엃-' 파생어의 성조 양상이 다소 다르므로 해당 부분에서 따로 논의하도록 한다. '-붕/보-'와 마찬가지로 파생어의 성조를 語基의 성조에 따라 분류하여 제시한다.

그런데 語基 성조를 분류할 때 고려해야 할 부분이 있다. 앞에서 보았듯이 '이' 末音 語基에 '-엃-'이 결합할 때는 '이' 탈락이 일어난다. 그런데 중세국어 성조는 해당 음절의 모음에 연결된 것으로 생각되며 모음이 탈락하면 해당 음절의 성조 역시 형태음운론적 교체에 아무 역할을 하지 못한다. {益}을 뜻하는 '더으-'는 '더으게 LLH (월인석보 18: 15b), 더으니 LLH (월인석보 1: 26a)'를 보면 어간 성조가 LL 임이 분명하다. 그런데 '더으-'의 모음어미 활용형인 '더어'의 성조는 'LH (월인석보 17: 86b)'인데 이는 모음어미 '-어'의 성조가 거성(H)이기 때문이다. 어간 말음 '으 L'의 성조는 '으' 탈락과 함께 형태음운론적 교체에 참여하지 못하게 된 것이다. '-엃-' 파생어 형성에서 나타나는 '이' 탈락 역시 같은 양상을 보인다. 語基 성조 분류에서 語基 말음절의 성조는 의미가 없다고 할 수 있다.

---

22 중세국어 '게엷- RH. 거엷- RH'은 모두 '-엃-' 파생어이고 의미가 동일한 共存形 이라고 생각된다. 이상의 교체 양상을 고려하면 이 중 '게엷- RH'이 원래의 형태임을 추측할 수 있다.

중세국어 '-얼-' 파생어 語基 중 1음절인 것은 없다. 語基 末音 '이'의 탈락을 고려하여 語基 성조를 정리하면 접미사 '-ᄫᆞ/ᄫᆞ-'에서처럼 語基 성조에 거성이 있는 것과 그렇지 않은 것으로 양분할 수 있다.

'이' 탈락 이후 語基에 거성이 없는 경우, 다시 말해서 語基가 평성인 경우 파생어의 성조는 평성, 상성으로 나타난다. '앗기- LH'에 대해 '앗갈-'의 성조는 LR!이다. 다시 말해서 이 때의 상성은 모음 앞에서는 평성으로 교체되는 상성 불규칙이다.

(32) 앗갈- LR! ← 앗기- LH

'앗갈-LR!'의 '갈' 부분이 불규칙 상성(R!)인 것은 (33)처럼 '앗갈-'의 활용형 성조에서 확인할 수 있다. '앗갈-'는 '앗갑디 LRL'처럼 자음 앞에서는 '앗갑- LR', '앗가ᄫᆞᆯ LLH, 앗가ᄫᆞᆯ써 LLHH'처럼 모음 'ᄋᆞ' 앞에서는 '앗갈- LL'으로 교체되므로 기본 성조는 LR! 이라고 보게 된다.

(33) 앗갑디 LRL 〈속삼강행실도 충: 5b〉
       앗가ᄫᆞᆯ LLH 〈월인석보 8: 91b〉, 앗가ᄫᆞᆯ써 LLHH 〈월인석보 17: 34b〉

다음은 '이' 탈락을 고려했을 때 語基 성조에 거성이 있는 경우이다. 語基에 거성이 있는 경우 파생어에서도 첫 번째 거성의 위치는 변하지 않는다.

(34) 므겁- HH ← 므기- HL
       즐겁- HH ← 즐기- HH
       *답잡-〔답잡-!〕 HH ← 답씨- HL

(35) 붓그릴- LHH ← 붓그리- LHH

(34)는 2음절, (35)는 3음절 語基의 예인데 파생어에서 '-얼-'부분의 성조는 거성으로 나타난다. 그러나 앞에서도 언급한 것처럼 중세국어에서 성조 실현 단위의 첫 번째 거성이 변별적이며 두 번째 이하의 거성은 음운론적으로는 의미가 없다. 이 점을 고려하면 '므겁-, 즐겁-, *답깝-〔답깝-!〕'의 변별적 거성은 첫 번째 음절인데 이는 각각의 語基와 같다. '붓그릴- LHH' 역시 '붓그리- LHH'와 마찬가지로 두 번째 음절의 거성이 음운론적으로 변별적이고 그 위치에 차이가 없다.

語基 말음이 'j'인 경우는 '므싀열- LHH ← 므싀- LH'가 있다. 語基 말음이 하향이중모음인 경우 반모음 삽입이 일어나는데 '열'의 성조가 거성으로 나타나 있다. 이 때의 거성은 음운론적으로는 변별적이지 않고 단어 내부의 첫 번째 거성인 '싀 H'가 변별적이 된다. '므싀열- LHH, 므싀- LH'에서도 파생어와 語基의 변별적 거성 위치는 동일함을 확인할 수 있다.

이상에서 살펴 본 것처럼 語基가 '이, j' 末音을 가진 동사일 때 접미사 '-얼-' 파생어 형성에서 나타나는 성조 교체의 양상은 비교적 단순하다. 파생 접미사 '-얼-' 역시 '-봉/보'처럼 語基의 성조를 바꾸지 않는 접미사 부류에 속한다. '앗기- LH, 앗갈- LR!'에서 보듯이 語基에 변별적 거성이 없을 때 '-얼-' 파생어는 불규칙 상성으로 끝나는 성조를 가진다. '-얼-'의 성조는 金星奎(1994: 72-75)에서 제시한 것처럼 불규칙 상성 (R!)으로 설명할 수 있다.

3.2. 語根

중세국어에서 파생 접미사 '-얼-'의 語基로 語根이 존재함은 이미 宋喆儀(1992: 215)에서 지적되었다.

(36) 서느럽- LHL

   부드럽- LHL

   보드랍- LHL

   바드랍- LHL

(36)의 예들은 어근 '서늘, 부들'과 '보들, 바들'에 접미사 '-얼-', '-알-'이 결합된 형용사로 생각된다.[23] 접미사 '-얼-, -알-'의 교체는 모음조화에 의한 것이다.

파생어에서 語基가 되는 語根 '서늘 LH, 부들 LH, 보들 LH, 바들 LH'이 분석되어 나온다. 이들은 모두 두 번째 음절에 변별적 거성을 가지고 있다. 앞서 동사 어간이 語基인 '즐기- HH, 즐겁- HH' 등의 예에서 본 것처럼 語基에 변별적 거성이 있을 때 '-얼-' 파생어의 변별적 성조 위치는 語基와 동일하다. 접미사 '-얼-'은 語基의 변별적 거성 위치를 바꾸지 않는다. 따라서 語根이 語基인 '-얼-' 파생어의 성조 양상은 동사 어간이 語基인 경우와 다르지 않다고 할 수 있다.

그런데 語根이 語基인 '-얼-' 파생어들이 율동규칙의 적용에서 독특한 경향을 보이는 경우가 있어 이에 대해 언급해 두고자 한다. 우선 '보드랍-'의 활용예를 보면 (37)과 같다.

(37) 보드랍다 LHLH 〈석보상절 13: 12b〉, 보드랍거시늘 LHLHLH
   〈월인석보 25: 97a〉

   보드라바 LHLH 〈월인석보 11: 99a〉

   보드라ᄫᅵ시며 LHLHLH 〈월인석보 25: 119b〉

---

23 이현희(1987=1994: 458)에서는 '서느럽-'의 語基로 '*서느리-'를 설정했다. 구본
   관(1998: 216)에서는 '*부드리-, *보드리-'를 語基로 再構했다.

'보ᄃ랍-'은 '드' 부분에 최초 거성이 있고 이 거성이 변별적이다. 이후의 성조는 율동규칙(음성규칙)에 의해 변동된다. (37)에서 '랍' 혹은 '랄' 부분은 모두 평성이지만 이는 去聲不連三 규칙으로 설명할 수 있다.

그러나 '보ᄃ랍-'의 활용 예 중 세 번째 음절 '라'가 평성으로 나타난 (38)의 예들은 율동규칙으로는 이해하기 어려운 것들이다. (38)의 예들은 율동규칙에 의한다면 '보ᄃ라ᄫ며 LHHLH, 보ᄃ라오ᄆ LHHLH'이 기대된다.

(38) 보ᄃ라ᄫ며 LHLHH 〈월인석보 25: 5b〉
보ᄃ라오ᄆ LHLHH 〈법화경언해 4: 63b〉

그런데 율동규칙으로 설명되지 않는 (38)과 같은 양상은 語根이 語基인 '-얼-' 파생어에 다 적용된다. 예외도 거의 없다. '부드러ᄫ며, 부드러우메, 바ᄃ라오며' 모두 율동규칙에 의하면 'LHHLH'가 기대되지만 실제 성조는 모두 'LHLHH'로 '-얼-' 부분이 평성으로 되어 있다.

(39) 부드러ᄫ며 LHLHH 〈월인석보 14:54a〉, 부드러우메 LHLHH 〈능엄경언해 9:69b〉
바ᄃ라오며 LHLHH 〈능엄경언해 2:4a〉

語根이 語基인 '-얼-' 파생어의 이러한 성조 특징에 대한 설명은 쉽지 않다. '앗기- LH, 앗갈- LR!'로 알 수 있듯이 '-얼-'의 성조는 불규칙 상성(R!)으로 생각된다. 율동규칙과 관계없이 '-얼-' 부분이 평성으로 나타나는 예는 모두 모음 앞의 예이므로 이 현상은 語根이 語基인 '-얼-' 파생어가 모음 앞에서는 파생접미사의 성조를 고수하고 있다고 해석할 수도 있다. 불규칙 상성(R!)은 모음 앞에서 평성으로 변동되기 때문이다.

이러한 사정으로 우선은 語根이 그대로 語基가 되는 '-얼-' 파생어들은 어간 성조를 (36)에서 LHL 로 해 두었다. 현재로써는 語根이 語基인 '-얼-' 파생어의 특징으로 기술해 두기로 한다.[24]

3.3. 동사 자음 어간

3.1에서 본 것처럼 중세국어에서 접미사 '-얼-'이 동사 어간을 語基로 할 때는 음운 제약이 존재했다. '붓그럽-, 므싀엽-'에서 보듯이 語基 말음이 '이, j'인 경우에만 '-얼-'이 결합되었다.

그런데 그 후에 '미덥-!(← 믿-)'처럼 이러한 음운 제약이 없어진 예가 나타난다. 語基 末音이 자음인 경우에도 '-얼-'이 결합된 예가 출현하는 것이다. 이는 '-얼-'의 語基가 확대되는 변화로 간단히 이해할 수 있다.

변화의 경향 자체는 분명하지만 이를 구체적으로 보이기 위해서는 두 가지 문제가 있다. 우선 이러한 변화를 보여 주는 예들이 긴 시기에 걸쳐 산발적으로 나타나기 때문에 변화의 시기를 특정하기 어렵다. 또 이 시기에 나타나는 '-얼-' 파생어 중에는 語基 환경의 확대로만 설명하기 어려운 예들이 있다. 이 예들을 따로 묶어 설명하지 않으면 변화의 경향을 선명하게 파악하기 어렵다. 이하에서는 두 문제에 대해 순서대로 설명해 나가는 방식으로 '-얼-' 파생어의 변화에 대해 서술하도록 한다.

---

24 일부 예외가 있지만 '어즈럽- HHL' 역시 '-얼-'이 평성으로 고정되어 나타나는 경향을 보인다.

 어즈러븐가 HHLHH 〈월인석보 14: 79a〉
 어즈러브며 HHLHH 〈월인석보 18: 17a〉
 어즈러봄도 HHLHH 〈몽산법어 67a〉

 동사 '어즈리- HHH'가 문증되지만 '-업-'이 모음 앞에서 평성으로 고정되어 나타나는 성조상의 특징을 보면 '어즈럽- HHL'의 語基는 語根 '어즐-'일 가능성도 있다.

16세기말에 '이, j'라는 음운 제약이 없는 '-엏-' 파생어의 분명한 예가 확인된다. 동사 어간이 語基인 '-엏-' 파생어 중에 자음 語基와 결합한 예가 나타나는 것이다. '믿-(信)'가 語基가 된 '미덥-!'가 그 예이다.

(40) 미더울 신 信 〈新增類合 하: 3b〉(1576)

동사 자음 어간을 語基로 하는 '-엏-' 파생어는 근대국어 시기에 산발적으로 예가 보인다. (41)의 '부럽다, 서럽고'는 '-엏-' 파생어인 '부럽-!, 서럽-!'의 예이다.[25]

(41) 부럽다 歆羡 〈同文類解 상: 33b〉(1748)
　　　서럽고 원통하다 여자된 몸 더욱 설따 〈韓國精神文化研究院 古典
　　　資料編纂室 編, 閨房歌詞 (Ⅰ), 경계사라, 76쪽〉[26]

語基가 동사 자음 어간인 '-엏-' 파생어의 예가 다양한 활용형으로, 본격적으로 문헌에 나타나는 것은 19세기에 와서이다. (42)에서 보듯이 '깃-(喜)'의[27] '-엏-' 파생어인 '깃겁-!'은 19세기말에야 문증된다. (43)은 '미덥-!'의 활용형 '미덥지, 미더운'의 예이고 (44)는 '부럽-!'의 활용

25　'부럽-!, 서럽-!'의 語基가 되는 동사 '붏-, 섫-'의 확실한 예가 문증되지 않는다. 그러나 '브러ᄒ-(부러ᄒ-)' 혹은 '블워ᄒ-(불워ᄒ-)'나 '셜워ᄒ-(설워ᄒ-)'는 19세기까지도 나타난다. 이들은 동사 어간 혹은 '-ᄫ/보-' 파생어의 모음어미 활용형에 'ᄒ-'가 결합된 복합어인데 근대국어에서 자주 사용되었다(李基文 1998: 217). '부럽-!, 서럽-!'의 語基는 이 '모음어미 결합형 + ᄒ-'에서 이용된 것으로 생각된다.
26　'서럽-!'는 刊本에서 예를 찾을 수 없었다. 歌辭, 고전소설, 판소리 시설 등에서만 예가 확인된다.
27　설명의 편의상 표기를 '깃-'으로 해 두었다. 실제 발음은 '긴글 희 喜 (倭語類解 上: 23a)'에서 보듯이 '긴-'이거나 혹은 '깄-'로 생각된다.

형 '부럽다, 부러워 (ㅎᄂ)'의 예이다.

(42) 깃겁다, KIT-KEP-TA, -KE-OUE, -KE-ON 歡. 〈한불자전 175〉(1880)

(43) 만일 오히려 깁히 <u>미덥지</u> 못 홀진딕 〈易言 2: 02b〉(1875)
<u>미더운</u> ᄉ람을 그 일을 쥬쟝ᄒ게 ᄒ고 〈蠶桑輯要 1b〉(1886)

(44) 부럽다, PPOU-REP-TA, -RE-OUE, -RE-OUN. 羨 〈한불자 전 343〉
남의 부귀ᄒ믈 보아도 <u>부러워ᄒᄂ</u> ᄆ음이 업스며 〈三聖訓經 21b〉 (1880)

'미덥-!, 깃겁-!, 부럽-!, 서럽-!'로 근대국어 시기에 '-엏-' 파생어의 語基 조건이 자음 뒤로 확대되었음을 확인할 수 있다. 이제 '-엏-'은 '-ᄫ/ᄫ-'를 대신하여 동사를 語基로 하는 형용사 파생 접미사로 확실한 위치를 확보하게 된 것으로 보인다.

한편 근대국어 시기에 확인되는 '-엏-' 파생 형용사에는 '우솝-!, 무섭-!, 두렵-!(畏)'가 더 있다. 그러나 이들은 '-엏-'의 변화 외에 다른 사정이 함께 관여되어 있다. 語基가 되는 동사 어간이 바뀌거나 파생과 관련된 형태음운론적 규칙에 차이를 보인다. 차례대로 검토해 보기로 한다.

'우솝-!'는 語基가 되는 동사 어간이 '웃:-'로 바뀐 예이다. 이에 대당되는 이전 시기의 파생 형용사 '웃ᄫ- RL'에서 보듯이 語基는 원래 △을 말음으로 가지는 '웃- R!'였다.

그러므로 (45)의 '우솝다'가 '웃-'의 정상적인 '-엏-' 파생어형이라고 할 수 있다. 어간 말음에 '△'을 가진 용언 어간들은 모음 사이에서 '△'의

소실을 겪게 되기 때문이다.[28]

(45) ᄀ장 우옵다 極好笑 〈語錄解 18a〉(1657), 好笑 〈五倫全備諺解 6: 26a〉(1721)

그러나 현대국어의 '우:습-!'는 (45)의 '우옵다'가 아니라 (46)의 '우솝-!, 우숩-!' 등의 후대형으로 생각된다.

(46) 거르기 <u>우소온</u> 일이웁도쇠 〈첩해신어 9: 21a〉
우숩다 耻笑 〈蒙語類解 補: 9b〉

'우소온, 우숩다'의 語基는 모두 규칙 용언인 '웃-'이다. 현대국어의 '웃-(笑)'는 중세국어형 '웅-'의 反射形이 아니라 방언 차용에 의한 것으로 알려져 있다. '우:습-'의 선대형인 '우솝-!, 우숩-!' 역시 방언 차용이거나 '웃-'가 차용된 뒤 '웃-'를 語基로 하여 형성된 파생어인 것으로 생각된다.

'무섭-!' 역시 중세국어 한글 문헌에 나타나는 '므싀엽-'가 아니라 방언형 '*므싀엽-'에서 온 것으로 추정된다. '*므싀엽 → *므시엽 → 므셥→ 무셥 → 무섭-!' 정도의 변화 과정을 거쳐 현대국어의 '무섭-!'가 된 것으로 생각된다. 중세국어형인 '므싀엽-'의 자연스러운 변화형은 『重刊 杜詩諺解』(1613)에 나타나는 '므의엽도다(7: 24b), 므의여운(1: 28b)' 등이다.

한편 '두렵-!'는 16세기말을 경계로 그 이전 시기 한글문헌에는 {圓}의 의미로, 이후에는[29] {畏}의 의미로 사용된다.[30] {畏}를 뜻하는 '두렫-'가

---

28 접미사가 '-얼-'이 아닌 '-옵-'인 것은 문제이다.
29 이른 시기의 용례는 『논어언해』(1590)에 나타난다.

'-얼-'에 의한 파생어인지는 쉽게 말하기 어렵다. '두렵-'가 '-얼-'에 의한 파생어라면 語基는 '두리-'가 되어야 한다. 그런데 앞에서 본 것처럼 '-얼-' 파생에서 보이는 형태음운론적 교체 양상은 모음 어미 '-아/어'와 다르다. 중세국어 문법으로 예상되는 형태는 語基 모음 '이'가 탈락한 '두렇-'인 것이다. 예가 하나뿐이어서 파생에서의 형태음운론적 교체 규칙이 변한 것인지 아니면 '두렵-' 단어 자체가 의미 변화를 겪은 것인지 단언하기 어렵게 되어 있다.

이상의 내용을 보면 '우습-!, 무섭-!, 두렵-!(畏)'는 '-얼-' 파생어의 변화에 대한 전형적인 예가 아님을 알 수 있다. '-얼-' 파생어와 관련해서는 '미덥-!, 깃겁-!, 부럽-!, 서럽-!'를 대상으로 하는 편이 변화의 방향이 더 잘 드러난다. 이 예들을 대상으로 하면 15세기에 '-얼-'은 '이, j'로 끝나는 동사 어간과 語根을 語基로 하는 파생 접미사였으나 그 이후에 '이, j'라는 음운론적 제약이 사라지고 자음 뒤로 환경이 확대된 것으로 설명된다. 이 변화 외에 '우습-!, 무섭-!'는 방언 차용을, '두렵-!(畏)'는 교체 양상의 변화나 의미 변화를 더 고려해야 한다.

4. 결 론

본문의 내용을 요약하고 그 언어학적 의미를 제시함으로써 결론을 대신하고자 한다.

파생 접미사 '-ᄫ/브-'는 동사와 결합하여 형용사를 파생시킨다. '-ᄫ/

子ㅣ ᄀᆞᆯᄋᆞ샤ᄃᆡ 後生이 可히 <u>두려오니</u> LHLH (子ㅣ曰 後生ㅣ 可畏니) 〈논어언해 2: 47a〉

30 16세기 이전에는 '두렴-'가 {畏}의 의미로 사용되었다. '두렵-' 역시 19세기말까지 '두렴-'와 함께 쓰이나 용례가 나타나는 문헌은 한정되어 있다.

브-'는 다양한 異形態를 가지는데 우선 語基의 末音에 따라 자음 뒤에서는 '-브/보-'로, 모음과 'ㄹ' 뒤에서는 '-ㅸ-'로 교체된다. 자음 뒤 이형태 '-브/보-'는 자음이 장애음일 때는 '-브-'로, 'ㅿ'일 때는 '-보-'로 교체되며 이들은 각각 모음조화에 따라 '-ㅂ/ㅸ-'로도 나타난다.

'-ㅸ/보-' 파생어의 성조를 語基의 성조에 따라 분류하여 제시하면 다음과 같다. '믿브- LL(← 믿- L), 저프- LL(← 젛- L!)'에서 보듯이 語基 성조가 평성이거나 평성 불규칙이면서 자음으로 끝나는 語基일 때 '-브-' 부분은 평성으로 나타난다. 같은 조건에서 모음으로 끝나는 語基일 때는 평성 불규칙으로 나타난다. '믿- L!'가 그 예이다. 語基에 거성 (상성 포함)이 있을 경우에 '-ㅸ/보-' 파생에 의해 그 위치가 바뀌지 않는다. 다시 말해서 語基의 변별적인 거성 위치는 '-ㅸ/보-'에 의한 파생어에서도 유지된다. 다만 '뉘웃브- RHL, 아쳔브- LHL'는 '브' 부분이 거성으로 나타난 예가 발견되지 않는다.

분절음과 성조 조건에 따른 '-ㅸ/보-' 파생어의 교체 양상을 통해 '셟- R'의 語基가 되는 동사 '*셜-'를 再構할 수 있다. 파생어 '*븗-〔븖-!〕'의 성조는 '믿- L!'와 같이 평성 불규칙(L!)으로 再構된다.

중세국어에서 동사를 語基로 하는 형용사 파생 접미사에는 '-얼-'이 더 있다. 그런데 국어사의 시기에 따라 '-얼-'과 결합하는 語基의 종류가 달라진다. '-얼-'의 語基에는 ① 동사 '이, j' 어간, ② 語根, ③ 동사 자음 어간이 있다. ①, ②의 두 語基는 중세국어 시기부터 존재하지만 ③ 語基는 근대국어 시기에 들어서야 본격적으로 나타난다. 동사 자음 어간이 語基인 전형적인 예들은 근대국어 시기에서도 매우 늦은 시기(대체로 19세기)에 주로 나타난다.

파생 접미사 '-얼-' 역시 '-ㅸ/보'처럼 語基의 성조를 바꾸지 않는다. '앗기- LH, 앗갈- LR'에서 보듯이 語基에 변별적 거성이 없을 때[31] '-얼-' 파생어는 불규칙 상성으로 끝나는 성조를 가진다.

'-넝/브-'와 '-업-'은 기능이 같은 파생 접미사의 성장과 쇠퇴를 보여주는 좋은 예라고 생각된다. '-넝/브-'와 '-업-'은 모두 중세국어에서 동사를 語基로 하여 형용사를 파생시키는 접미사였는데 둘의 관계는 명사 파생 접미사 '-ㅁ/음'과 '-기'의 관계를 떠올리게 한다. 중세국어 시기에 두 가지 형태가 공존했던 점, 이 때 어느 한 쪽은 분포상의 제약이 있거나 열세형이었던 점이 그러하다. 이러한 역사적 사정을 이해하면 '섧:-!, 서:럽-!'와 '걸음, 걷기'에서 상대적으로 각각의 전자는 舊形, 후자는 新形인 이유를 알게 된다.

본문에서 밝힌 것처럼 파생 접미사 '-넝/브-, -업-'은 語基의 변별적 거성 위치를 바꾸지 않는 접미사 부류에 속한다고 할 수 있다. 한편 사동접미사 '-기-'는 語基의 성조를 바꾸는 접미사 부류에 속한다. '숨- H(隱), 숨기- LH'에서 알 수 있듯이 語基의 성조를 바꾼다. '듬- H(沈), ᄃᆞ므/듬- LL/L'에서 보듯이 타동사를 만드는 '-ᄋᆞ/으-' 역시 語基 성조를 바꾼다. 중세국어의 파생 접미사에는 語基의 변별적 성조를 바꾸는 것과 그렇지 않은 것, 두 가지 종류가 있음을 알 수 있다.[32]

'-업-'이 語基의 변별적 거성에 영향을 주지 않으면서도 '보ᄃᆞ라ᄫᅥ며 LHLHH'에서처럼 語根이 語基일 때는 접미사 역시 자신의 성조를 주장하고 있는 경우가 있는 듯하다. 중세국어 복합어에서 구성성분의 성조가 유지되고 있음은 알려져 있으나 파생어에 대해서도 그러한 경우가 있는지는 앞으로 확인해 보아야 한다.

---

31 '앗기- LH'의 거성은 '이' 탈락과 함께 사라진다.

32 강세 악센트(stress accent)를 가진 영어에서도 유사한 현상이 보인다. 'eléctric, electrícity'에서 보듯이 영어 접미사 '-ity'는 語基의 악센트를 바꾸지만 'cólour, cólourful'의 '-ful'처럼 語基 악센트에 영향을 주지 않는 접미사도 있다.

참고 문헌

강은국(1993), 『조선어 접미사의 통시적 연구』, 서광학술자료사.

郭忠求(1994), 『咸北 六鎭方言의 音韻論』, 太學社.

구본관(1998), 『15세기 국어 파생법에 대한 연구』, 太學社.

奇周衍(1994), 『近代國語 造語論 硏究 (Ⅰ)』, 太學社.

金星奎(1994), 「中世國語의 聲調 變化에 대한 硏究」, 서울대학교 박사학위 논문.

金完鎭(1977), 『中世國語 聲調의 硏究』, 塔出版社.

_____(1985), 「母音調和의 例外에 대한 硏究」, 『韓國文化』 6, 서울대학교 한국문화연구소, 1-12. 〔김완진(1996)에 재수록〕

_____(1996), 『음운과 문자』, 신구문화사.

석주연(1995), 「근대국어 파생형용사의 형태론적 연구」, 서울대학교 석사학위 논문.

_____(2015), 「중세국어 형용사 파생법의 연구 성과와 쟁점」, 『국어사연구』 21, 국어사학회, 69-93.

宋喆儀(1992), 『國語의 派生語 形成 硏究』, 太學社.

安秉禧(1978), 『十五世紀 國語의 活用 語幹에 對한 形態論的 硏究』, 塔出版社.

유필재(1998), 「形態素構造制約과 形態論的 構成 -'푸개(扇)'를 예로-」, 『韓國文化』 22, 서울대학교 한국문화연구소, 1-13.

_____(2003), 「후기중세국어 용언 어간의 성조와 기저형 설정」, 『語學硏究』 39-1, 서울대학교 어학연구소, 91-110.

_____(2007), 「후기중세국어 부사파생접미사 '-이'의 형태음운론」, 『國語學』 49, 국어학회, 3-31.

李基文(1998), 『國語史槪說(新訂版)』, 태학사.

_____(2014), 「語源 硏究의 뒤안길 (3)」, 『韓國語硏究』 11, 한국어연구회, 21-126.

李秉根 外(1993) 『形態(國語學講座 3)』, 太學社.

이지양(1988), 「'업', '겁' 파생형용사에 대하여」, 『대전대 논문집』 7-1, 대전 대학교, 1-12.

李賢熙(1987), 「중세국어 '둗겁-'의 형태론」, 『震檀學報』 63, 진단학회, 133 -150. 〔李秉根 外 編(1993)에 재수록〕

_____(1994), 『中世國語 構文硏究』, 新丘文化社.

허 웅(1975), 『우리 옛말본』, 샘문화사.

황선엽(1998), 「중세국어 '슬갑다'에 대한 고찰」, 『한국문화』 21, 서울대학교 한국문화연구소, 25-43.

Martin, S. E.(1996), *Consonant Lenition in Korean and the Macro-Altaic Question*. Honolulu: University of Hawaii Press.

語基	'-빙/브-' 파생어
	두렫- LH(圓)
	*可憐흫-〔可憐흡-!〕 --H
스랑ᄒ- LLH!	*스랑흫-〔스랑흡-!〕 LLH
	*愛樂흫-〔愛樂흡-!〕 --H
	恭敬흫- --H
궂- L, 애 R[34]	애궂브- RLL
받- L, 애 R	애받브- RLL
밫- L, 뵈- R	뵈왓브- RHL
	낟브- LL
밫- L	밧브- LL
	어엿브-, 에엿브- RHL
語基	'-얼-' 파생어
	*돋갈-〔돋갑-!〕 LR!
	두텁- LR!
	*둗걸-〔둗겁-!〕 LR!
	반갑- HH
	*슬갈-〔슬갑-!〕 LR!
	*너그럴-〔너그럽-!〕[35]
	*믯그럴-〔믯그럽-!〕 LLH
	*시드럴-〔시드럽-!〕 LHH

---

33 이해의 편의를 위해 파생 접미사 '-얼-'의 형태를 살려 再構된 형태를 예로 제시하
고 실제 文證된 형태는 대괄호 안에 제시한다.

34 '애 R, 궂- L'로 이루어진 복합어이다.

35 거의 같은 의미로 현대국어 '너글너글하다'도 있다.

중세국어 격조사의 교체 양상에 대하여

비자동적 교체 명사의 우세 결합형을 중심으로

이 병 기

한림대학교

1. 서 론

중세국어에서는 명사[1] 중에도 비자동적 교체를 보이는 예들이 있다. 예를 들어 현대 국어 '나무'는 결합하는 조사와 상관없이 항상 '나무' 형태인데 중세국어에서는 자음으로 시작하는 조사 앞에서는 '나모', 모음으로 시작하는 조사 앞에서는 '낡'ㄱ' 두 가지 형태로 교체를 한다. 그런데 조사 역시 자음과 모음 뒤라는 음운론적 환경에 따라 교체를 보인다. 예를 들어 목적격 조사는 자음 뒤에서는 '-올/을'이 모음 뒤에서는 '-룰/를/ㄹ'로 나타난다. 그래서 이론적으로는 '나모룰'과 '낡글' 그리고 '나몰' 결합형이 모두 가능한 것이다. 그런데 실제로는 이들 결합형이 모두 고르게 나타나지 않는다. 그렇다면 어떤 결합형이 주로 나타나며, 각 유형의 비자동적 교체 명사가 비슷한 양상을 보일까? 그리고 비슷한 양상을

---

1 이 논문에서 '명사'는 체언을 포괄하는 넓은 의미로 사용한다.

보인다면 이를 통해 격조사의 교체 및 비자동적 교체 명사들에 대한 기본형 내지는 우세형을[2] 결정할 수 있을까? 그리고 이러한 결정에 역사적 배경은 무엇일까? 이 논문에서는 이러한 의문들을 대한 대답을 찾아보고자 한다. 이를 위해 중세국어 격조사 교체의 다양한 환경과 양상을 고찰하기로 한다. 특히 이론적으로 가능한 비자동적 교체형들 중 우선 선택되는 형태가 무엇인지, 그리고 그 배경은 무엇인지 살펴보고자 한다.

비자동적 교체를 보이는 명사와 성격이 다르기는 하지만 흔히 'ㅎ 종성 체언'이라 불리는 부류도 결합하는 조사의 음운적 환경에 따라 두 가지 형태를 보인다는 점에서 같이 다루기로 한다. 격조사는 학교문법에서는 기능에 따라 주격조사, 서술격조사, 목적격조사, 보격조사, 관형격조사, 부사격조사, 호격조사로 나누고 접속조사와 보조사를 따로 분류한다. 앞서의 의문들에 대하여 답을 얻기 위하여 모든 조사를 대상으로 하면 좋겠지만 격조사만을 대상으로 한다. 격조사 중에서도 서술격 조사와, 보격 조사는 주격 조사와 같은 양상을 보이므로 제외하고 부사격 조사는 교체 양상이 훨씬 다층적이고 문법화가 진행 중인 형태도 있어서 이를 모두 고려하면 이 논문에서 고찰하고자 하는 범위를 벗어나므로 제외하기로 한다. 반면 접속조사는 부사격으로서 공동격조사의 용법도 가지고 음운적 환경에 따른 교체만을 보이므로 같이 포함하여 고찰하기로 한다.

문헌 자료는 15세기 한글 자료를 대상으로 하되, 필요한 경우 16세기 이후의 한글 자료와 고려 시대 석독 구결 자료를 중심으로 차자 표기

---

2 이 논문에서는 '우세형'과 '우세 결합형'이라는 용어를 다음과 같은 의미로 사용할 것이다. '우세형(優勢形)'은 교체형 중에서 출현의 우선 순위가 앞서는 형태를 말한다. 그리고 '우세 결합형'은 명사와 조사의 여러 가능한 결합형 중에서 역시 우세하게 많이 나타나는 결합형을 말한다. 이러한 용어는 음운변화로 기본형과 교체형과의 관계를 설명할 수 있는 자동적 교체에서는 필요 없지만 그렇지 않은 선택적인 비자동적 교체에서는 기본형을 명확하게 설정할 수 없기 때문에 필요하다.

자료도 같이 살펴볼 것이다. 차자 표기 자료의 경우는 이들 자료에 나타나는 격조사 교체가 한글 자료에서의 교체와 비교하여 그 차이가 역사적 변화를 반영하는 것인지 아니면 차자표기의 한계인지 등에 대하여 주목할 것이다.

2. 주격조사의 교체

15세기 국어 주격조사는 다음 표에서와 같이 선행 명사의 음운 조건에 따라 '-이/ㅣ/ø'의 이형태 교체를 보이는데 이는 서술격 조사와 보격 조사도 마찬가지이다.[3]

〈표1〉 15세기 국어 주격조사의 일반적 교체 양상

구분 주격조사	선행 명사의 조건	
	음운 조건(어말)	비음운 조건
이	자음	×
ㅣ	'ㅣ'를 합용할 수 있는 모음	×
ø	'ㅣ'를 합용할 수 없는 모음 (이, j 하향 이중, 삼중 모음)	×

〈표1〉에 따르면 주격조사가 선행 명사의 어말 음운 조건에 따라 상보

---

3 이러한 일반화는 이기문(1961/1972/1998), 안병희(1967), 안병희·이광호(1990), 고영근(1987/1997), 허웅(1975) 등에서 이미 이루어진 것이지만 이제는 일반화된 내용이므로 이에 대한 구체적인 인용은 하지 않는다. 그리고 이들 논저에서 사용한 용어나 환경에 대한 기술은 약간씩 차이를 보이고 이곳의 기술에서도 차이를 보이는 부분이 있는데 이는 기술적인 문제이지 기본적인 사실에 대한 차이는 아니므로 이에 대하여도 따로 언급하지 않기로 한다.

적으로 교체를 보이고 명사의 형태를 알면 어떤 형태가 결합할지 예측이 가능함을 알 수 있다. 예를 들어 '일'이라는 명사는 자음으로 끝나므로 '이' 형태가 결합하고 '부텨'는 'ㅣ'를 합용할 수 있는 모음 'ㅕ'로 끝나므로 'ㅣ' 형태가 결합한다. 그리고 '선혜'는 'ㅣ'를 합용할 수 없는 j 하향 삼중 모음 'ㅖ'로 끝나므로 ø 형태가 결합한다. 즉 이 경우는 주격조사가 외현되지 않는다.

그런데 이러한 일반적인 예측을 할 수 없는 명사들이 있다. 흔히 말하는 비자동적 교체를 보이는 명사는 어말 음운 환경이 두 가지이므로 어떤 조사를 결합시켜야 할지 예측할 수 없는 것이다. 물론 교체형 중 하나가 고정되면 결합하는 조사를 예측할 수 있지만 문장을 발화할 때 어떤 교체형이 고정되는지 알려져 있지 않기 때문에 복수의 결합형을 떠올 릴 수밖에 없다. 이론적으로 예측을 할 수 없기 때문에 당시 나타나는 결합형의 분포를 가지고 귀납적으로 예측 가능성을 따져 볼 필요가 있다. 귀납적으로 그 분포를 확인해야 할 비자동적 교체 명사의 종류는 다음과 같다.

〈표2〉 비자동적 교체 명사 유형

	휴지, 자음 앞	모음 앞	같은 유형의 예
나모/남ㄱ 유형	나모(나모, 나못, 나모도, 나모와)	남ㄱ(남ᄀ,남ᄀᆯ, 남ᄀ로, 남기)	구무~굼ㄱ〔穴〕, 녀느 ~년ㄱ〔他〕, 불무~붊 ㄱ〔冶〕 등
노ᄅ/놀ㅇ 유형	노ᄅ(노ᄅ, 노ᄅ도, 노ᄅ와)	놀ㅇ(놀이, 놀은, 놀을, 놀이)	가ᄅ~갈ㅇ〔粉〕 ᄂᆞᄅ~ 놀ㅇ〔津〕, 시ᄅ~실ㅇ〔甑〕, 쟈ᄅ~쟐ㅇ〔袋〕, ᄌᆞᄅ ~즐ㅇ〔柄〕 등
므ᄅ/믈ㄹ 유형	므ᄅ	믈ㄹ	ᄒᆞᄅ~ᄒᆞᆯㄹ〔一日〕
아ᅀ/앗ㅇ 유형	아ᅀ	앗ㅇ	여ᅀ~엿ㅇ〔狐〕 무ᅀ~ 뭇ㅇ〔菁〕 등

이들 비자동적 교체 명사 이외에도 후행하는 조사에 따라 형태가 다르게 선택되는 명사로 흔히 말하는 'ㅎ 종성체언'이 있다.

<표3> ㅎ 종성 명사의 교체 양상

	휴지, 평폐쇄음을 제외한 자음〔#, ㅅ, 롤/를, 눈/는, 로 등〕	평폐쇄음 앞 〔과, 도〕	모음 앞 (이, 올/을, 은/은, 은/으로, 익/의 등)
나라ㅎ/날	나라	나라ㅎ (유기음화)	나라ㅎ
뫼ㅎ/뫼	뫼	뫼ㅎ (유기음화)	뫼ㅎ

하늘ㅎ/하늘, 싸ㅎ/싸, 나라ㅎ/나라, 갈ㅎ/갈, 길ㅎ/길, 내ㅎ/내, ㄱ술ㅎ/ㄱ술, 나조ㅎ/나조, 우ㅎ/우, 뒤ㅎ/뒤, 안ㅎ/안, 뫼ㅎ/뫼, 드르ㅎ/드르, 돌ㅎ/돌, ㅁ술ㅎ/ㅁ술, 조ㅎ/조, 고ㅎ/고, 볼ㅎ/볼, 술ㅎ/술, 암ㅎ/암, 수ㅎ/수, ㅎ나ㅎ/ㅎ나, 둘ㅎ/둘 등

〈표1〉에서는 주격 주사가 여러 교체형을 가지고 〈표2〉와 〈표3〉에서는 이에 결합하는 명사가 여러 교체형을 가지는 양상을 보여주고 있는데 이론적으로 가능한 결합형 중에 실제 어떤 결합형이 우세하게 나타나는지 살펴보기로 한다. 유형별 모든 명사를 고찰하면 좋겠지만 각 명사들의 결합 양상이 비슷하게 나타나므로 각 유형별로 비교적 출현 빈도가 높은 다음의 대표적 명사들을 대상으로 결합형의 출현 빈도를 알아보기로 한다.

　(1) 나모/남ㄱ, 아ᅀ/앗ㅇ, 노르/놀ㅇ, ㅁ르/믈ㄹ, 나라ㅎ, 뫼ㅎ

보통 15, 16세기 국어가 후기 중세국어로 같이 묶이지만 16세기 자료에서도 15세기 자료와 다른 변화 모습들이 발견되므로 15세기 자료만을 대상으로 출현 빈도를 조사하였다.

<table>
<tr><th colspan="2" style="text-align:center">〈표4〉 명사 교체형 별 주격조사 결합형의 빈도</th></tr>
</table>

유형별 명사	가능 결합형	출현 빈도	비고
나모/남ㄱ	나모+ㅣ → 나뫼	0	
	남ㄱ+이 → **남기**	112	
아ᅀ/앗ㅇ	아ᅀ+ㅣ → 아싀	0[4]	
	앗ㅇ+이 → **앗이**	18	
노ᄅ/놀ㅇ	노ᄅ +ㅣ → 노릐	0	
	놀ㅇ+이 → **놀이**	2	
ᄆᆞᄅ/ᄆᆞᆯㄹ	ᄆᆞᄅ +ㅣ → 마릐	0	
	ᄆᆞᆯㄹ+이 → **ᄆᆞᆯ리**	15	
나라ㅎ	나라+ㅣ → 나래	0	
	나라ㅎ+이 → **나라히**	71	
뫼ㅎ	뫼(+∅) → 뫼	19[5]	
	뫼ㅎ+이 → **뫼히**	73	

〈표4〉의 출현 예를 보이면 다음 (2)와 같다.

(2) 가. 치운 ᄇᆞᄅ매 노푼 <u>남기</u> 것거듀믈 時로 듣노라 5: 365a〉

　　나. 岳秀ㅣ 닐오ᄃᆡ 兄이 죽거든 <u>앗이</u> 어듸 가리잇고 ᄒᆞᆫᄃᆡ 죽가지라 ᄒᆞ야늘 〈삼강 충: 23b〉

　　다. 돌애山 두 <u>놀이</u> ᄒᆞᆫ 사래 ᄢᅦ니 天縱之才를 그려ᅀᅡ 아ᅀᅡ 뵐까 〈용가 43〉

　　라. 여슷차힌 곳 <u>ᄆᆞᆯ리</u> 놉고 두렵고 고ᄃᆞ시고 굼기 아니 뵈시며

4　16세기 자료에 '아싀' 형이 보이는데 이는 관형격 조사 결합형 '앗이'가 연철 표기된 것인데 15세기 자료에서는 이러한 형태도 보이지 않는다.

5　'뫼 ᄀᆞᆮᄒᆞ-, 뫼 높-' 등 특정 용언과 결합하며 ø 주격조사 결합형이라기보다는 단독형으로 볼 가능성이 크다. 그러나 성조로도 구분이 되지 않아 이를 확정할 수는 없다. '+∅'의 괄호는 주격조사가 결합하지 않은 단독형일 수 있다는 것을 나타내기 위해서이다.

〈月釋2: 56a〉

바. 그 뫼히 흔 것도 업시 믈어디거늘 〈釋詳6: 31b〉

〈표4〉와 (2)를 통해 주격 조사에 결합하는 비자동적 교체형은 다음과 같이 '나모, 아ᅀ'와 같은 단독형이 아니고, 모음으로 시작하는 어미와 결합하는 '남ㄱ, 앗ㅇ'과 같은 1음절 형태임을 알 수 있다. 주격조사는 세 형태 중 가장 온전한 형태인 '이'를 기본형이라고 할 수 있을 것이다. 이 기본형 '이'에 이끌려 결합하는 명사 형태가 정해진 것이 아니라면 받침이 있는 1음절 명사 형태가 '우세형' 내지는 '우선 선택형'으로서 주격조사 형태로 '이'를 요구했다고 보아야 할 것이다.

이러한 주격조사의 교체 양상이 15세기 이전에는 어떠했는지 알아보기 위해 석독구결 자료에 나타나는 주격조사를 찾아보았다.

(3) 가. 何ᅀ 法ᄼ 最ᄉ 初ᅥ十 在ᄼᅔ 〈화소08: 03〉

나. 花上ᅥ十 皆ᄐ 量 無ᄐ기 國土ᄼ 有ᄐᅔ기ᄆ 〈구인02: 04-05〉

다. 第二 發心기 譬ᄉ기 大地ᄼ 一切 (法)事ᅩノ尸乙 持尸 如ᄒᄼᅭ
기ᄉᄼ 故ノ 是乙 名下 尸波羅蜜因ᅩノオᅔ 〈금광02: 01-02〉

석독 구결 자료에서는 (3)에서 보는 바와 같이 선행 명사의 음운적 조건에 상관 없이 주격조사가 모두 'ㅣ'로 표기되었다. (3가, 나, 다)의 '法, 國土, 大地'는 모두 음독했을 것으로 추정되는데 15세기라면 '法이, 國土ㅣ, 大地'와 같이 주격조사 결합형이 나타났을 텐데 모두 'ㅣ'가 결합되어 있다.[6] 이를 표로 보이면 다음과 같다.

---

6 당시 한자음이 현재와 같지 않다 하더라도 크게 차이나는 것은 아니므로 현대 한자음에 준해서 음운론적 환경을 고려해도 큰 문제는 없을 것이다.

〈표5〉 석독구결 자료의 주격조사 표기 양상

주격조사 ＼ 구분	선행 명사의 조건	
	음운 조건(어말)	비음운 조건
刂	자음	×
刂	‘ㅣ’를 합용할 수 있는 모음	×
刂	‘ㅣ’를 합용할 수 없는 모음 (이, j 하향 이중, 삼중 모음)	×

여기서 문제는 표기가 당신 음운론적 교체를 반영한 것인지, 그렇지 않은 것인지를 판단하는 것이다. 향가 자료까지 거슬러 올라가면 주격조사가 ‘是, 伊, (也)’로[7] 이두에서는 ‘亦’로 표기되기도 하지만 음운적 환경에 따라 달라지는 것은 아니었다. 그리고 ‘익 또는 이기’를 나타내는 형태가 주격을 나타내기도 하는데 이는 이두의 ‘亦’과 관련이 있을 것으로 추정되지만 아직 명확하게 밝혀지지는 않았다.[8] 그런데 이 역시도 어떤 형태론적 내지는 음운론적 교체를 반영한 정황은 보이지 않는다.[9]

(4) 가. 身靡只 碎良只 塵伊去米 〈常隨佛學歌〉

나. 右別將金仁俊矣 父母 及 先後妻 封爵 向事 幷以 各掌官弋只 追乎 啓授使內良於爲敎矣 〈1262 柳璥功臣錄券(尙書都官貼)〉

다. 我ラ 身セ 中ろ十 八萬戶蟲刂 有セろ {於}我乙 依ろ尔 住ソㄱ

7 民是 愛尸 知古如 〈安民歌〉, 脚烏伊 四是良羅 〈處容歌〉, 彗星也 白反也 人是 有叱多 〈혜성가〉

8 이승재(1990: 124-125), 정재영(1996: 148-152), 박진호(1998: 177) 등의 논의가 있다.

9 이러한 사실에 기반해 현재 취하고 있는 일반적 태도는 고대국어에서도 음운환경에 따른 교체는 일어났지만 표기에 반영되지 않은 것이라는 것이다. 여기서는 이에 대한 판단도 보류하기로 한다.

刂罒 我ㇷ 身亠〔弋〕 充樂ソ氵 彼刀 亦ソ丁 充樂ソ𣺇乛七㫆
我ㇷ 身亠〔弋〕 飢苦ソ丁丨十丁 彼刀 亦ソ丁 飢苦ソ𣺇乛七丨
〈화소09:13-15〉

라. 菩薩刂弋 反生憍心慢心癡心ソ㇇ 不起ソ㇇ 承迎禮拜ソ㫆〈범망경 15a〉

이상 차자 표기 자료들에 나타나는 주격조사의 출현 양상을 고찰한 바로는 15세기 〈표4〉와 같은 주격 조사 교체 양상에 대한 역사적 배경을 얻을 수 없었다. 지금까지 고찰을 통해 주격조사의 교체에 대하여 알 수 있는 바를 정리하면 다음과 같다.

〈주격조사의 교체〉

15세기 이전 차자표기 자료에서 주격조사는 '이' 형태를 나타내는 차자로 표기되었으며 선행 명사의 음운적 환경에 따른 교체를 반영하지 않는다. 15세기 한글 자료에서는 주격조사가 음운 환경에 따라 교체를 하였으며 명사의 비자동적 교체의 경우 자음으로 끝나는 1음절 형태와 '이'의 결합형이 압도적인 우세결합형이었다. ㅎ종성 명사도 마찬가지이다.

3. 목적격조사의 교체

15세기 국어 목적격조사는 (5)에서 볼 수 있는 바와 같이 음운 조건에 따라 '-ㄹ/올/을/롤/를'의 이형태 교체를 보인다.

(5) 가. 虞芮 質成ᄒᆞᄂᆞ로 方國이 해 모ᄃᆞ나 至德이실ᄊᆡ 獨夫受ㄹ 셤기시니

威化 振旅ᄒ시ᄂ로 興望이 다 몯ᄌᄇ나 至忠이실ᄊᆡ 中興主를
셰시니 〈龍歌11〉

나. 말ᄊᆞᄆᆞᆯ 슬ᄫᅳ리 하ᄃᆡ 天命을 疑心ᄒ실ᄊᆡ 쑤므로 뵈아시니
놀애ᄅᆞᆯ 브르리 하ᄃᆡ 天命을 모ᄅᆞ실ᄊᆡ 쑤므로 알외시니 〈龍歌13〉

이를 표로 정리하여 보이면 다음과 같다.

〈표6〉 15세기 국어 목적격조사의 일반적 교체 양상

구분 목적격조사	선행 명사의 조건	
	음운 조건(어말)	비음운 조건
ㄹ	모음	×
을	자음, 양성모음	×
을	자음, 음성모음	×
를	모음, 양성모음	×
를	모음, 음성모음	×

〈표6〉에 따르면 목적격조사도 주격조사와 같이 선행 명사의 음운 조건에 따라 교체를 보이는데 모음의 경우 양성모음과 음성모음에 따라 달라지는 점이 다르다. 그리고 'ㄹ'과 '를/ᄅᆞᆯ'이 (5가)에서와 같이 수의적 교체를 보인다는 점도 차이가 있다.

〈표6〉에서 보이는 일반적인 교체 양상으로 그 결합형을 예측을 할 수 없는 〈표2〉와 〈표3〉의 명사들이 실제 목적격조사와 어떠한 결합 양상을 보이는지 그 가능 결합형 별로 출현빈도를 보이면 다음과 같다.

〈표7〉 명사 교체형 별 목적격조사 결합형의 빈도

유형별 명사	가능 결합형	출현 빈도	비고
나모/남ㄱ	나모+ᄅᆞᆯ → 나모ᄅᆞᆯ/나몰	1/0	
	남ㄱ+을 → **남ᄀᆞᆯ**	32	

아ᅀᆞ/앗ᄋ	아ᅀᆞ+를 → 아ᅀᆞ/아ᅀᆞᆯ	0/1	
	앗ᄋ+을 → **앗올**	5	
노ᄅᆞ/놀ᄋ	노ᄅᆞ+를 → 노ᄅᆞ를/노ᄅᆞᆯ	0/0	
	놀ᄋ+을 → **놀올**	1	
ᄆᆞᄅᆞ/ᄆᆞᆯ르	ᄆᆞᄅᆞ+를 → ᄆᆞᄅᆞ를/ᄆᆞᄅᆞᆯ	0/0	
	ᄆᆞᆯ르+을 → **ᄆᆞᆯ룰**	9	
나라ㅎ	나라+를 → 나라를/나랄	0/0	
	나라ㅎ+을 → **나라홀**	75	
뫼ㅎ	뫼+를 → 뫼를/뫵	0/0	
	뫼ㅎ+을 → **뫼홀**	30	

목적격조사의 경우도 주격조사와 마찬가지로 '남ㄱ, 앗ᄋ'과 같은 1음절 형태와 모음으로 시작하는 목적격조사 형태의 결합형이 압도적으로 나타나고 일부 예외적으로 '나모', '아ᅀᆞ'와 같은 단독형이 '-를/를' 형태와의 결합형으로 나타난다. ㅎ 종성 명사의 경우도 '-울/을' 형태와의 결합형만 보인다. 주격조사의 경우는 〈표4〉를 전반적으로 보여주는 예들을 보았는데 목적격조사부터는 전반적인 양상은 반복적인 기술이 될 수 있으므로 지면을 아끼기 위하여 이들 특징적인 출현 예들을 중심으로 보도록 한다.

(6) 가. 阿育王이 臣下ᄃᆞ려 닐오ᄃᆡ 너희 곳과 果實을 버히고 가식 남굴 시므라 臣下들히 對答ᄒᆞᄃᆡ 곳과 果實와 버히고 가식 나모 심고믈 듣보디 몯ᄒᆞ리로소이다 〈月釋25: 74b〉

　　나. 出城來ᄂᆞᆫ 나모를 驛으로셔 門의 내 심거실시라 〈杜詩13: 44a〉

　　나'. 龍門이 미해 빗거 그첫ᄂᆞ니 驛엣 셧는 남근 城으로 나오놋다 (龍門橫野斷 驛樹出城來) 〈杜詩13: 44a〉

다. 病中에 내 아亽 보니(病中吾見弟) 〈杜詩8: 39a〉

다′. 제 어버싀 왼소노로 형을 자브며 올흔소노로 아亽 잇들며 형은
알프로 어버싀 옷기즐 잡고〈飜小7: 39a〉

　(6가)는 '심다'의 목적어로 '나모'가 올 경우. 목적격조사가 생략된 경
우는 '나모' 형태가 쓰이지만 목적격조사 결합형으로는 '남ㄱ' 형태가
쓰이고 있음을 보여주고 있다. 이러한 '남굴' 결합형이 15세기 자료에서
압도적으로 나타나는데 유일한 예외로 (6나)가 있다. (6나)는 '龍門'이라
는 시의 제목 아래 있는 주석 내용이고 이에 관련한 실제 시구는 (6나′)이
다. '出城來'에 대한 설명과 언해인데 전자에서는 '나모＋를'결합형이,
후자에서는 '남ㄱ＋은' 결합형이 보인다는 점에서 그야말로 예외로 간주
할 수 있을 듯하다. (6다) 역시 『두시언해』의 예로 유일하게 '앙을'이
아닌 '아亽' 결합형을 보여준다. 『두시언해』는 『월인석보』나 다른 불경
언해와 비교하여 후대인 15세기 말 자료에 해당하므로 16세기 이후 종종
보이는 '나모를' 형태로의 변화를 보여주는 단초라고 할 수 있을 것이다.
다만 '나모를'과 '아亽'의 예외는 성격이 좀 다른데 전자는 비자동적 교체
명사의 격조사 결합형 전체적인 변화의 단초를 보이는 것이라면[10] 후자는
후두 유성 마찰음 〔ㅇ〕의 소실과 연철 표기를 반영하는 것이라고 할 수
있다.

　다음은 고대국어 차자표기 자료에 나타나는 목적격조사의 모습을 살펴
보기로 한다.

10　16세기 자료에서는 다음과 같이 합성어에서부터 교체형이 '나모'로 단일화하면서
　　'나모를'이 종종 쓰이기 시작한다.
　　또 際夜ㅅ 바밋 뜰헤 섭나모를 사모 픠우면 災厄을 업게ᄒ며 〈간이벽온방 19a〉
　　병긔운 ㅈ 잇거든 븕나모를 버혀다가 오양의 쓰려 두라 〈우마양저염역병치료방 3b〉

(7) 가. 則 功德 <u>法性身乙</u> 獲3ハ 法七 <u>威力乙</u> 以3 世間3十 現ヒオ
ケ 若 功德 法性身 獲 法 威力 以 世間3十 現ヒ尸入ㄱ 則
十地ミ 十自在ミ<u>ノ令乙</u> 獲3尒 諸ㄱ 度ミ 勝解脫ミノ令乙 修
行ソヒオケ 若 十地ミ 十自在ミ<u>ノ尸乙</u> 獲3尒 諸ㄱ 度 勝解脫
修行ソヒ尸入ㄱ 則 <u>灌頂大神通乙</u> 獲3尒 {於}最勝ソ令七 諸ㄱ
三昧3十 住ソヒオケ 〈화엄13: 20-24〉

나. <u>薯童房乙</u> 夜矣 卯乙 抱遣去如 〈서동요〉

다. 此 <u>地肹</u> 捨遣只 於冬是去於丁 〈安民歌〉

다′. <u>吾肹</u> 不喩 慚肹伊賜等 花肹 折叱可 獻乎理音如 〈獻花歌〉

다″. 心未 <u>際叱肹</u> 逐內良齊 〈讚耆婆郎歌〉

라. 同生兄 副戶長 稟柔亦 公山新房依止修善僧覺 <u>由本貫壽城郡
乙</u> 繼願 成畢爲等 勸善爲 食佰貳石 幷以 准受令是遣在如,
太平九年己巳□月日 <u>右伯士乙</u> 仍請爲 〈1031 淨兜寺五層石
塔造成形止記〉

(7가)는 석독구결 자료 『화엄경』 권13의 한 문장에서 여러 음운적 환경의 명사들에 모두 같은 구결자 ‘乙〔을〕’이 목적격조사로 표기된 것을 보여준다. ‘乙’은 (7나), (7라)와 같이 향가 및 이두 자료에서도 폭넓게 사용되고 있다. (7다)에서는 향가에서 ‘乙’ 외에 ‘肹’도 목적격조사를 나타내는 데 사용된 것을 보여주는데[11] ‘地’의 훈독 ‘싸ㅎ’를 고려하면 ‘肹’이 ‘乙’과 달리 초성의 ‘ㅎ’도 함께 나타내기 위한 것으로 볼 수 있다. 그러나 (7다′, 다″)은 ㅎ 종성 명사가 아닌 명사 뒤에서 ‘肹’이 결합한 것을 보여주어 ‘乙’의 단순 이표기로 이해하는 것이 좋을 듯하다. 석독구

11 ‘肹’자는 『삼국유사』 소재 향가에서 목적격조사로 9회가 쓰였다. 그리고 ‘二肹/두블’, ‘慚肹伊/붓글이-’에서와 같이 ‘ㄹ’ 말음 첨기에도 사용되었다.

결 자료를 기준으로 선행 명사의 환경에 따른 목적격조사 표기 양상을
정리하면 〈표8〉과 같다.

〈표8〉 석독구결 자료의 목적격조사 표기 양상

구분 목적격조사	선행 명사의 조건	
	음운 조건(어말)	비음운 조건
ㄹ	모음	×
ㄹ	자음, 양성모음	×
ㄹ	자음, 음성모음	×
ㄹ	모음, 양성모음	×
ㄹ	모음, 음성모음	×

(7)의 예들과 〈표8〉을 통해 차자 표기 자료에서 목적격조사 역시 교체
를 보여주지 않는다는 것을 확인할 수 있다. 박진호(1998: 177)에서는
'ㄹ/을/을/를/를'과 같은 이형태의 변이는 표기에 반영되지 않는다고 하
여 이형태 교체가 있었지만 표기에는 반영되지 않은 것으로 보았다. 이러
한 견해는 일반적으로 받아들여지고 있고 필자 역시 그렇게 생각하고
있기는 하지만 여기에서는 이에 대한 판단을 보류하고 '을'을 표기하는
형태가 석독구결을 비롯한 차자 표기 자료에서 목적격조사로 쓰였고 15
세기 국어에서도 '를/를'이 아닌 '을/을' 형태가 비자동적 교체 명사화의
결합 시 우세형으로 나타난다는 사실만을 강조하기로 한다.[12] 지금까지
고찰을 통해 목적격조사의 교체에 대하여 알 수 있는 바를 정리하면 다음
과 같다.

---

12 이기문(1961/1998: 166-7)에서는 목적격조사 형태로 'ㄹ'을 기본으로 보고 '을/
  을'이 중첩되어 '를/를' 형태가 나오게 되었다고 하였다. 그렇다면 중첩된 시기에
  대한 해석에 따라 구결 자료의 'ㄹ'은 '(?/으)ㄹ'을 나타낸 것이고 '를/를'을 포함
  하지 않은 것으로 볼 수도 있다. 그리고 중세국어 '남글' 등이 우세 결합형인 이러한
  중첩 이전의 모습이 반영된 것으로 볼 수도 있을 것이다.

〈목적격조사의 교체〉

15세기 이전 차자표기 자료에서 목적격조사는 '을'형태를 나타내는 차자로 표기되었으며 선행 명사의 음운적 환경에 따른 교체를 반영하지 않는다. 15세기 한글 자료에서는 목적격조사가 음운 환경에 따라 교체를 하였으며 명사의 비자동적 교체의 경우 자음으로 끝나는 1음절 형태와 '올/을'의 결합형이 압도적인 우세결합형이었다. ㅎ종성 명사도 마찬가지이다.

4. 관형격조사의 교체

15세기 국어 관형격조사는 다음에서 볼 수 있는 바와 같이 선행 명사의 음운 조건 외에 비음운 조건에 따라서도 이형태 교체를 보인다.

(8) 가. 長者ᅌᅵ ᄯ리 쇠 져즈로 粥 쑤어 〈석상 3: 40a〉

　　나. 거부븨 터리와 〈능엄 1: 74a〉

　　다. ᄂᆞᄆᆡ 나랏 그를 제 나랏 글로 고텨 쓸 시라 〈월석 1: 석서 6a〉

　　라. 子賢長者ㅣ 지븨 세 分이 나ᅀᅡ가셔 겨집 죵ᄋᆞᆯ ᄑᆞ라지이다 〈月釋8: 81a〉

(8)을 보면 관형격조사의 형태로 'ᄋᆡ, 의 ㅅ, ㅣ'등이 분석된다.[13] 이를

---

13 이들 외에 흔히 사잇소리 표기라고도 하는 다음의 형태들이 있는데 이들도 관형격 조사로 볼 수 있지만 본 논의의 목적과 크게 관련되지 않고 벗어나는 부분도 있으므로 이들은 논의에서 제외하기로 한다.

동계열 전청자	뫼ㄱ ᄠᅳ디, 몃 間ㄷ 지븨, 사ᄅᆞᆷ 서리라, 先考ㆆ ᄠᅳᆮ
ㆆ	하ᄂᆞᆳ 소리며, ㅎㄴ ᄠᅳᆮ, 官ㆆ 字ᄅᆞᆯ,

선행 명사의 음운적, 비음운적 조건에 따라 정리하면 다음 표와 같다.

〈표9〉 15세기 국어 관형격조사의 일반적 교체 양상

구분 관형격조사	선행 명사의 조건	
	음운 조건	비음운 조건
인	양성모음	평칭인 유정물 명사
의	음성모음	
ㅅ(△)[14]	×	존칭인 유정물 명사 무정물 명사
ㅣ	'ㅣ'를 합용할 수 있는 모음으로 끝난 일부 명사 (내, 네, 뉘, 제, 쇠, 獅子ㅣ, 長者ㅣ 등)	

〈표9〉를 보면 평칭의 유정물 명사에 결합하는 관형격조사는 모음이 양성이냐 음성이냐에 따라 '인/의'로 교체하는 것을 제외하고는 받침 유무에 따라 규칙적으로 교체를 보이는 형태는 없다. 따라서 앞서 고찰한 주격조사와 목적격조사와는 달리 가능 결합형이 이론적으로 규칙적이지 않고 임의적일 수 있다. 특히 유정성과 높임에 대한 판단은 주관적이어서 임의적인 성격을 가지며 주어적 속격 같은 경우는 통사적 성격의 조건이 된다. 이들 가능 결합형을 모두 살펴보는 것은 큰 의미가 없으므로 주격조사와 목적격조사와를 고찰한 틀 내에서 그 출현 빈도를 조사하면 다음과 같다.

---

14 英主△ 알픽 〈용가 16〉, 바룺 우희 〈용가 83〉, 나랏 일훔 〈용가 85〉, 집 우흿 龍이 〈용가 100〉 등에서와 같이 모음과 ㄹ 뒤, 모음 앞에서 'ㅅ'이 '△'으로 나타나기도 한다.

유형별 명사	가능 결합형	출현 빈도	비고
나모/낡ㄱ	나모＋ㅅ/의 → **나못**/나모의	188/0	
	낡ㄱ＋ㅅ/의 → 낡ㅅ(남ㅅ)/남기	0/3[15]	
아ᅀ/앙ㆁ	아ᅀ＋의 → 아쉬(아ᅀ의)	0	
	앙ㆁ＋의 → **앙의**	8	
노ᄅ/놀ㆁ	노ᄅ＋ㅅ/의 → 노릇(노ᄅ의)	0	
	놀ㆁ＋ㅅ/의 → 놀의	0	16세기 1회[16]
ᄆᆞᄅ/ᄆᆞᆯㄹ	ᄆᆞᄅ＋ㅅ/의 → **ᄆᆞ릇**/ᄆᆞ릐(ᄆᆞᄅ의)	5/0	
	ᄆᆞᆯㄹ＋ㅅ/의 → ᄆᆞᆯㅅ/ᄆᆞᆯ릐	0/1	부사격 9회
나라ㅎ	나라＋ㅅ/의 → **나랏**/나라의	234/0	
	나라ㅎ＋의 → 나라히	0	부사격 2회
뫼ㅎ	뫼＋ㅅ → **묏**	230	

관형격조사는 가능 결합형은 매우 많을 수 있지만 음운적 조건 외에
비음운적 조건이 복합적으로 작용하여 실제 출현 결합형은 오히려 적다.
그래서 무정물인 '나모, ᄆᆞᄅ, 나라ㅎ, 뫼ㅎ' 등은 관형격조사 'ㅅ'이 결합
하고 '아ᅀ, 노ᄅ'에는 관형격조사 '의'가 결합한다. 그래서 각각 나못,
ᄆᆞ릇, 나랏, 묏; 앙의 등의 결합형이 우세 결합형 내지는 유일 결합형으로
나타난다. 다음 예들을 통해 이러한 양상과 예외적인 모습을 확인하기로
한다.

(9) 가. 남기 읏드믄 幹이라 ᄒ고 프릐 읏드믄 莖이라 ᄒᄂ니 다 불휘
　　　를 브터셔 ᄂ니 불휘ᄂ 種性을 가즐비시고 줄기ᄂ 發心을 가즐
　　　비시고 〈月釋13: 47a〉

　　가'. 대의 精靈은 二乘이오 남기 精靈은 凡夫ㅣ니 〈金三1: 3b〉

---

15 부사격조사 결합형인 '남기'는 29회 나타난다. 그리고 '남깃'도 8회 나타난다.
16 어미 쏘 놀이 고기 먹고쟈 커늘 〈續三효2a〉

가″. 남기 긔운은 봀 더우미 드외ᄂᆞᆫ디라 그 얼구리 ᄣᅡ해 이셔 곧 蒼然히 퍼러ᄒᆞᄂᆞ니 이ᄂᆞᆫ 用앳 句ㅣ라 〈金三2: 29b〉

나. ᄡᅳ른 앒의 겨지블 절ᄒᆞ고 아득ᄂᆞᆫ 앒을 절ᄒᆞᄂᆞ다 〈두시-초 8: 28a〉

다. ᄆᆞ릇 ᄠᅳ디 달오미 겨실ᄊᆡ 셰요미 굳디 아니ᄒᆞ시니 믈를 得ᄒᆞ야 불휘예 가면 엇뎨 다ᄅᆞ리오 〈法華4: 127a〉

다′. 五敎애 믈릐 ᄠᅳ들 一定ᄒᆞᆞ오니 〈권공19a〉

다″. 보 믈릐 기우룸 ᄀᆞᆮᄒᆞ니 〈法華2: 105a〉

(9가, 가′, 가″)은 모두 유정 명사에 결합하는 관형격조사 '-ᄋᆡ'가 무정 명사 '나모'에 결합한 일종의 예외적인 것이다. 하지만 중세 문헌에서 식물은 보통 무정물로 간주되는데 이 예들을 보면 모두 불교의 비유적인 표현에 사용된 것으로 유정물로 해석할 여지가 있다. (9나)는 유정 명사 '아ᅀᆞ'에 관형격조사 '-ᄋᆡ'가 결합하기 때문에 '앒ᄋ' 형태가 선택된 결합형을 보여준다. (9다)는 무정 명사 'ᄆᆞ름'에 관형격조사 '-ㅅ'이 결합하기 때문에 'ᄆᆞ릇' 형태가 선택된 결합형을 보여준다. 그런데 (9다′)에서는 후행명사가 똑같이 'ᄠᅳᆮ'으로서 유정성에 대한 해석에서 차이를 보일 것 같지 않은데 예외적인 결합형 '믈릐'가 나타난다. (9다″) 역시 '믈릐'가 나타나는데 이는 명사형을 수식하여 '주어적 속격'으로 볼 수 있기 때문에 성격이 약간 다르다. 이렇게 예외적인 형태가 있기는 하지만 (9나′)을 제외하고는 나름의 해석이 가능한 예외들이 대부분이고 비음운적 조건에 기반하여 결합형이 정해지기 때문에 관형격조사의 경우는 우세 결합형을 따로 설정할 수 없다.

차자 표기 자료에 나타나는 관형격조사도 앞에서 살펴 본 15세기 자료의 관형격조사의 교체 양상과 크게 다르지 않다.

(10) 가. 王ラ 身刀 我ラ 臣僕リ尸{爲}入乙ソロ八亦立ソ去𠃌丨十 〈화소11： 20〉

나. 聲聞ラ 法冫 獨覺ラ 法冫 菩薩尸 法冫ノ令 壞ソ亣可セソ𠃌 不矢𠃌矢ナ丨 〈화소19： 02-03〉

다. 則 {於}十方セ 諸𠃌 佛矢 所ろ十ソろ八 灌頂乙 受ろホ 〈화엄14： 02〉

라. 七佛セ 偈リ 是 {如}丨ソナ丨 〈구인14： 23〉

마. 耆郞矣 皃史 是史藪邪 〈찬기파랑가〉

마'. 逸烏 川理叱 磧惡希 〈찬기파랑가〉

(10가, 나)는 음운적 환경에 상관없이 평칭의 유명 명사에 'ラ(의)'가 결합함을 보여주고, (10다, 라) 역시 음운적 환경에 상관없이 무정 명사나 존칭의 유정 명사에 'セ(ㅅ)'이 결합함을 보여준다. 다만 (10나)의 '菩薩尸 法'에서는 '尸(ㅭ/ㄹㅅ)'도 관형격조사로 'セ'과 계열적인 위치에 나타나고 있음을 보여준다.[17] (10마, 마')에서는 향가에서도 '矣(의)'와 '叱(ㅅ)'이 관형격조사로 쓰임을 보여준다. 석독구결 자료를 기준으로 선행 명사의 환경에 따른 목적격조사 표기 양상을 정리하면 다음 표와 같다.

17 '菩薩' 뒤에 'セ'이 결합하는 예는 없으며 '尸'이 결합하는 경우는 모두 관형격이나 '十'에 선행하여 여격으로 사용되었다. 그런데 언해 자료에서 여격은 'ㅅ긔/이긔' 등과 같이 관형격 조사가 결합하여 나타나므로 '菩薩尸十'의 '尸' 역시 관형격과 같은 범주로 이해할 수 있다. 이러한 사실은 15세기 국어의 관형격 조사 'ㅅ'의 경우 무정물에 결합하는 것과 존칭 유정물에 결합하는 것이 기원적으로 다른 것일 수 있음을 시사한다. '尸'의 독음으로 생각하는 'ㅭ'은 15세기에 'ㄹㅅ'으로도 나타나고 한자음 't'계 입성운미를 나타내기 위한, 소위 말하는 '以影補來'로도 쓰인다는 점에서 '尸'과 'ㅅ'의 음가적 유사성을 생각할 수 있으며, 관형격조사라는 동일 기능에 의해 한글 자료에서는 'ㅅ'으로 합류되었다고 추론할 수 있기 때문이다.

구분 관형격조사	선행 명사의 조건	
	음운 조건(어말)	비음운 조건
ㄱ	×	평칭인 유정물 명사
ㄴ	×	존칭인 유정물 명사 무정물 명사
ㄹ	菩薩, 如來 등 특정 명사	

한편 석독구결 자료에서도 15세기 한글자료에서와 마찬가지로 'ㅔ(이)'가 관형격조사로 사용된 예가 있는데[18] 이에 대한 고찰은 격조사의 우세 결합형을 찾는 본고의 목적과는 본 논의에서는 거론하지 않기로 한다. 지금까지 고찰을 통해 관형격조사의 교체에 대하여 알 수 있는 바를 정리하면 다음과 같다.

〈관형격조사의 교체〉

15세기 이전 차자표기 자료에서 관형격조사는 'ㅅ'과 '의' 형태를 나타내는 차자로 표기되었으며 선행 명사의 음운적 환경에 따른 교체를 반영하지 않는다. 15세기 한글 자료에서도 관형격 조사가 모음조화에 따른 '-익/의' 교체를 제외하면 음운 환경에 따른 교체를 보이지 않으며 평칭 유정 명사, 존칭 유정 명사, 무정 명사에 따라 다른 형태가 사용되었다. 이러한 이유로 선행 명사의 교체에 따른 우세결합형을 따로 판정할 수는 없었다.

---

18 박진호(2016)에서는 이러한 예들을 바탕으로 '이'가 원래 관형격 조사였고 주어적 속격 구문에서 주격 조사로 발달했다는 논지를 펼쳤다.

5. 공동격조사[19]

15세기 국어 공동격조사는 (11)에서와 같이 선행 명사의 어말 음운 조건에 따라 '와'와 '과'로 교체를 하였다.

(11) 가. 엄과 혀와 입시울와 목소리옛 字쭝는 中듕國귁 소리예 通통히
　　　 쓰느니라 〈훈언15b〉
　　 나. 다숫 길흔 地獄과 餓鬼와 畜生과 天道와 人道왜라 〈釋詳3:
　　　 19a〉

(11가)를 보면 받침 ㅁ 뒤에서는 '과'가 모음과 받침 'ㄹ' 뒤에서는 '와'가 결합하였다. (11나)도 같은 양상을 보여주는데 받침 ㄱ, ㅇ 뒤에서는 '과'가 모음 뒤에서는 '와'가 결합하였다. 다른 격조사의 교체 양상과 차이를 보이는 것은 자음인데도 ㄹ 뒤의 환경에서는 모음 뒤에서와 같은 형태가 결합한다는 것이다. 이에 대하여 ① 현대국어와 같이 자음 뒤 '과', 모음 뒤 '와'의 교체를 상정하고, ㄹ 뒤 'ㄱ'약화를 적용하여 기술하는 방안, ② '과'를 기본적으로 상정하고 모음과 ㄹ 뒤에서는 'ㄱ'약화를 적용하여 기술하는 방안, ③ 'ㄱ'약화를 생각하지 않고 단순하게 모음과 ㄹ 뒤 '와', ㄹ 외 자음 뒤 '과'의 교체로 기술하는 방안이 있다. 황선엽(1998)에서는 ①의 방안을 따라 자음으로 끝나는 명사 뒤에서는 '과', 모음으로 끝나는 명사 뒤에서는 '와'가 선택된다고 기술하였다. 이에 따라 'ㄹ' 뒤에서는 '과'가 선택되고 'ㄱ'약화에 의해 '와[ɦwa]'로 실현된 것으로 보았다. 받침 'ㄹ'이 연철되지 않는다는 점에서 일단 타당한 견해라고 생각된다. 그런데 보조사 '곰'이 같은 환경에서 '옴'의 형태

---

19 이곳의 공동격조사는 전술하였듯이 접속조사를 따로 구분하지 않은 것이다.

로도 나타나는데 '옴'은 대부분 모음과 ㄹ로 끝나는 명사 뒤에서 나타난 다는 점에서 명사에 조사가 결합하는 경우 모음과 ㄹ 뒤에서 일어나는 ㄱ 약화가 어느 시기에는 존재했다고 가정할 수 있다. 보조사 '곳'과 '옷'의 경우는 '과'와 '와'의 상보적 분포와 거의 유사하게 나타난다.[20] 이를 고려하 면 ②의 방안도 좀 더 정밀하게 분석해 볼 필요가 있다.[21] 우선 단순하게 현상을 기술하는 ③의 방안에 따라 다음과 같이 공동격조사의 교체 양상을 정리하기로 한다.

〈표12〉 15세기 국어 공동격조사의 일반적 교체 양상[22]

구분 주격조사	선행 명사의 조건	
	음운 조건	비음운 조건
과	자음 뒤	×
와(또는 와〔ɦwa〕)	모음 뒤, ㄹ 뒤	×

---

20 김유범(2008: 19)는 '옷에 대하여 선행 요소의 말음이 모음일 때 실현되는 형태인 '-옷₁'과, 선행 요소의 말음이 'ㄹ'일 때 '-곳'에서 'ㄱ'이 탈락한 형태인 '-옷₂'를 구분하였다. 이는 모음 뒤 '와'와 ㄹ 뒤 '와'를 구분하는 황선엽(1998)의 태도와 통한다. 그러나 이러한 견해에는 반모음 y 뒤에 나타나는 '와'에 대하여도 ㄹ 뒤 '와'와 동일하게 묶어야 한다는 점이 간과되어 있다.

21 실제로 박종희(2003)에서는 이러한 방안을 따르고 있다. 다만 /ㄹ/, /j/ 뒤에서 /ㄱ/이 탈락하여 '-와'가 나타나는 현상(입시울와, 히와)과 모음 뒤에서 /ㄱ/이 탈락하여 '-와'가 나타나는 현상(혀와)은 서로 다른 기제에 의하여 발생한 것으로 보는데 전자는 필수 굴곡 원리(OCP, 〔-voc. +high〕)의 적용에 의해, 후자는 복합 초성(/kw/)을 피하려는 제약(*Complex(onset))이 작용한 결과라고 설명한다. 그 리고 곡용에서는 *Complex(onset) 제약이 상위 등급에 위치하므로 /ㄱ/ 탈락이 필수적으로 일어나고, 활용에서는 이 제약이 하위 등급에 위치하므로 /ㄱ/ 탈락이 강요되지 않아 차이를 나타내게 되는 것으로 설명한다.

22 "身과 上왜 眞을 〈원각상2-2: 131b〉"에서처럼 예외가 전혀 없는 것은 아니다.

〈표12〉에서 보이는 일반적인 교체 양상으로 그 결합형을 예측을 할 수 없는 〈표2〉와 〈표3〉의 명사들이 실제 목적격조사와 어떠한 결합 양상을 보이는지 그 가능 결합형 별로 출현빈도를 조사한 결과는 다음 〈표13〉과 같다. 그런데 가능 결합형이 앞의 조사들과는 다르게 모순적이다. 예를 들어 명사를 기준으로 보면 '나모'는 자음으로 시작하는 조사와 결합하므로 '과'를 요구한다. 반대로 조사를 기준으로 보면 '과'는 자음으로 끝나는 명사와 결합하므로 '남ㄱ'을 요구한다. 그리고 '남ㄱ'은 모음으로 시작하는 조사와 결합하므로 '와'를 요구하고, 반대로 '와'는 모음이나 ㄹ로 끝나는 명사를 요구한다. 이렇게 모순되는 요구를 모두 수용하여 가능 결합형을 생각하면 '나모과, 남꽈(남과), 남과, 나모와' 네 개가 된다. 가능 결합형의 수가 증가한 만큼 대상 명사를 출현 빈도가 높은 '나모/남ㄱ', '뫼ㅎ'만 조사하였다.

〈표13〉 명사 교체형 별 공동격조사 결합형의 빈도

유형별 명사	가능 결합형	출현 빈도	비고
나모/남ㄱ	나모＋과 → 나모과	0	
	남ㄱ＋과 → 남꽈(남과)	0	
	남ㄱ＋와 → 남과	0	
	나모＋와 → **나모와**	20	
뫼ㅎ	뫼ㅎ＋와 → 뫼화	0	
	뫼＋와 → 뫼와[23]	0	
	뫼ㅎ＋과 → **뫼콰**	22	

---

23 '와'가 요구하는 형태도 모음으로 끝나는 '뫼'이고, '뫼'가 요구하는 형태도 모음과 결합하는 '와'여서 '나모/남ㄱ'과 달리 가능 결합형이 세 개가 되었다.

〈표13〉을 이해할 수 있는 15세기 국어의 예를 보이면 다음과 같다.

(12) 가. 仙人들히 다 <u>나못</u> 것과 닙과로 옷 ᄒᆞ야 닙고 곳과 果實와 플와
<u>나모와</u>를 머그리도 이시며 믈와 블와 ᄒᆡ ᄃᆞᆯ를 셤기리도 이시며
믈와 블와 지와 가ᄉᆡ <u>남기</u> 누ᄫᅳ리도 잇더니 〈釋詳3: 33a-b〉
나. 내 이 土ㅣ 두듥과 굳과 가시와 몰애와 ᄒᆞᆰ과 돌콰 <u>뫼콰</u> 더러운
거시 ᄀᆞ득ᄒᆞᄆᆞᆯ 보노라 〈원각상2-2: 131a〉

‘나모/남ㄱ’과 공동격조사의 압도적인 우세 결합형은 ‘나모와’이다.
모음 뒤 ‘와’를 모음으로 시작하는 조사라고 하면 앞서 살펴본 주격조사,
목적격조사의 경우와는 다른 양상을 보이는 것이어서 흥미롭다. 주격조
사 우세 결합형 ‘남기’나 목적격조사 우세 결합형 ‘남글’은 모두 모음으로
시작하는 조사와 ‘남ㄱ’의 결합형이었는데 공동격조사는 모음으로 시작
하는 조사와 ‘나모’의 결합형이기 때문이다. (12가) 한 문장에서 같이
나타나는 ‘나못, 나모와, 남기’ 이 셋을 비교하면 이러한 공동격조사 결합
형의 특이성을 바로 이해할 수 있다. (12나)의 ‘뫼콰’도 같은 이유로 다른
양상을 보이는 것이다. ‘뫼히’, ‘뫼흘’은 모두 모음으로 시작하는 조사와
‘뫼ㅎ’의 결합형인데 ‘뫼콰’는 자음으로 시작하는 조사와 ‘뫼ㅎ’의 결합
형이다.

공동격조사의 이러한 상반된 양상의 결합은 공동격조사의 형태를 기원
적으로 ‘과’ 하나로 보고 모음과 ㄹ 뒤에서 ‘ㄱ’이 약화되는 규칙이 적용
되던 시기를 상정하면 이해가 가능하다. 즉 공동격조사가 ‘과’이므로 자
음으로 시작하는 조사와 결합하는 형태 ‘나모’가 결합하고 모음 ‘ㅗ’ 뒤에
서 ‘ㄱ’이 약화되어 결합형 ‘나모와’가 되었다고 이해하는 것이다. ‘뫼콰’
의 경우도 공동격조사를 ‘과’ 하나로 상정하면 ‘뫼콰’가 우선적으로 나올
수밖에 없다.

이전 시기 석독구결 자료에서는 실제로 공동격조사가 다음과 같이 'ㅅ (과)'로만 표기된다.

(13) 가. 謂ノㄱ 所ㄱ 色ㅅ 受ㅅ 想ㅅ 行ㅅ 識ㅅㅣㅓㅣ 〈B화소02: 09〉

　　나. 謂ノㄱㄱ 四聖諦ㅅ 四沙門果ㅅ 四辯ㅅ 四無所畏ㅅ 四念處ㅅ

　　　　四正勤ㅅ 四神足ㅅ 五根ㅅ 五力ㅅ 七覺分ㅅ 八聖道分ㅅㅣㅓ

　　　　ㅣ 〈B화소04: 17-19〉

　　다. 十住菩薩ㅅ 諸ᄼㄱ 佛ㅅㄴ 五眼ㄲ 〈B구인14: 13〉

　　라. 一十ㄱ 在家位ㅅ 二 出家位ㅅ 三 遠離閑居ᆢㅏ㐄 <B유가08:

　　　　03-04>

(13)을 보면 공동격조사가 ㄹ을 포함한 자음 뒤나, j 하향 이중모음을 포함한 모음 뒤나 모두 'ㅅ〔과〕'로 표기되었다. 이승재(1996)의 논의에 따르면 13세기 이후 음독구결 자료에서는 'ㅏ〔와〕'도 표기되는데 석독구결 자료에서는 'ㅅ〔과〕'로만 표기되고 있는 것이다. 이에 대하여 김유범 (1999/2007: 109)에서는 'ㅅ'가 '와/과'를 모두 나타내는 형태음소적인 표기로 보았는데 역시 교체는 하되 표기에는 반영되지 않은 것으로 본 것이라 할 수 있다. 그런데 전술한 바와 같이 기원적으로 공동격조사의 형태가 '과' 하나였고, ㄱ 약화 및 탈락 현상이 12세기경에 시작하여 13 세기와 14세기에 정착되었다고 설명한 이승재(1996)의 논의를 참고한다 면 석독구결의 표기 양상은 그대로 형태를 표기한 것으로 볼 수도 있을 것이다. 지금까지 고찰을 통해 공동격조사의 교체에 대하여 알 수 있는 바를 정리하면 다음과 같다.

〈공동격조사의 교체〉
고려시대 석독구결 자료에서 공독격조사는 '과' 형태를 나타내는 차자로 표기되었으며 선행 명사의 음운적 환경에 따른 교체가 나타나지 않는다. 15세기 한글 자료에서는 공동격조사가 모음과 ㄹ 뒤에서는 '와'로 나타났는데 이는 ㄹ 약화 규칙에 따른 것일 가능성이 크다. 명사의 비자동적 교체의 경우 주격조사와 목적격교사의 경우와는 달리 모음으로 시작하는 형태인 '와'와[24] 모음으로 끝나는 2음절 형 '나모'가 결합하였다.

6. 마무리

명사와 조사의 결합형이 이론적으로 여러 개가 가능한 경우 어떤 결합형이 우세하며 그 이유나 역사적 배경은 무엇일까에 대한 답을 구하기 위해 주격조사, 목적격조사, 관형격조사, 공동격조사의 교체 양상을 살펴보았다. 고찰의 결과 주격조사와 목적격조사는 모음으로 시작하는 조사와 자음으로 끝나는 명사 형태의 결합형이 압도적인 우세 결합형이었다. ㅎ 종성 명사의 경우는 ㅎ이 발현되는, 모음으로 시작하는 조사와의 결합형이 압도적인 우세 결합형이었다. 그런데 공동격조사는 이와는 달리 비자동적 교체 명사의 경우 모음으로 시작하는 형태 '와'와 모음으로 끝나는 명사 형태의 결합형이 우세하였고, ㅎ 종성 명사의 경우 자음으로 시작하는 형태 '과'와의 결합형이 우세하였다.

본 논의를 통해 우세 결합형에 결합하는 조사의 형태는 모두 석독구결 자료의 표기형과 동일하다는 것을 확인했는데 이러한 고찰들을 통해 격조사 교체의 변화에 대한 여러 시사점을 얻을 수 있었다. 먼저 우세 결합형에 쓰이는 조사가 기원적으로 더 앞서는 형태일 가능성을 생각할 수

---

24 모음 뒤 ㄱ 약화 교칙의 결과라면 15세기 국어에서도 모음 뒤 '와'의 'ㅇ'도 후두유성마찰음 /ɦ/이겠지만 추정적인 단계이고 여기서는 교체의 특이성을 강조하기 위한 것이므로 모음으로 시작한다고 하였다.

있다. 그리고 일반적으로 고려시대의 격조사 교체는 15세기 국어와 크게 다르지 않고 석독구결 당시의 자료의 표기는 차자표기법의 특성상 교체를 반영하지 않는 것으로 보고 있는데, 우세 결합형과 연관하여 생각할 때 공동격조사의 경우는 단일 형태 그대로 표기에 반영된 것일 가능성을 보여주었다.

현대국어와 비교하여 또 생각할 점은 비자동적 교체 명사의 경우 조사와 결합할 때, 현대국어로 이어지는 단독으로 쓰일 때의 형태가 우세형이 아니고 다른 교체형이 우세형으로 쓰였다는 것이다. 이러한 사실이 시사하는 국어사의 면모는 무엇인지 이 역시 찬찬히 따져볼 가치가 크다고 생각한다.

그리고 대표적인 격조사를 중심으로 교체 양상을 살펴본 본 논의에 이어 처격조사와 다른 보조사의 교체 양상, 그리고 비자동적 교체 명사와 비슷한 음운적 특성을 가지는 '시므-/심ㄱ-, 오ᄅ-/올ㅇ-, 흐르-/흘ㄹ-, ㅂᄉ-/빗ㅇ-'와 같은 용언의 비자동적 교체 양상 등에 대하여도 공통된 경향성과 역사적 배경을 생각할 수 있는지도 고찰할 필요가 있다.

참고 문헌

고영근(1987/1997), 『개정판 표준 중세국어 문법론』, 집문당.

김성규(1994), 「중세국어 성조 변화에 대한 연구」, 서울대학교 박사학위논문.

김완진(1975), 「음운론적 유인에 의한 형태소 증가에 대하여」, 『국어학』 3, 국어학회, 7-16

김유범(1999/2007), 「고대국어의 격과 조사」, 『국어 문법형태소의 역사적 이해』, 도서출판 박이정, 85-113.

_____(2008), 「'ㄱ'탈락 현상의 소멸에 관한 고찰 -16세기 이후 변화 양상을

중심으로-」, 『우리말연구』 23, 우리말학회, 35-55.

_____(2018), 「고려시대의 음운과 고려가요」, 『구결연구』 40, 구결학회, 5-27.

박종희(2003), 「중세국어 공동격 조사 '-와/과'의 교체 현상-」, 『한글』 261, 한글학회, 5-32.

박진호(1998), 「고대 국어 문법」, 『국어의 시대별 변천 연구3 -고대 국어』, 국립국어원 편, 121-205.

_____(2008), 「鄕歌 解讀과 國語 文法史」, 『국어학』 51, 국어학회, 313-338.

송철의(2000), 「형태론과 음운론」, 『국어학』 35, 국어학회, 287-311.

_____(2008), 『한국어 형태음운론적 연구』, 태학사.

안병희(1967), 「문법사(한국어 발달사 中)」, 『한국문화사대계 Ⅴ(언어·문화사)』, 고대 민족문화연구소, 166-259.

_____(1968), 「中世國語 屬格語尾 '-ㅅ'에 대하여-」, 『이숭녕박사 송수기념논총』, 을유문화사.

안병희·이광호(1990), 『중세국어문법론』, 학연사.

엄태수(1996), 「15세기 국어의 'ㄱ' 탈락과 'ㄹ' 탈락 현상에 대하여 -楞嚴經諺解를 중심으로-, 『언어연구』 14, 경희대학교 언어연구소, 113-125.

이건식(1996), 「高麗時代 釋讀口訣의 助詞에 대한 硏究」, 단국대학교 박사학위논문.

이기문(1961/1972/1998), 『國語史槪說(新訂版)』, 태학사.

이승재(1996), 「'ㄱ' 약화·탈락의 통시적 고찰 -남권희본 능엄경의 구결자료를 중심으로-」, 『국어학』 28, 국어학회, 49-79.

_____(1998), 「고대 국어 형태」, 『국어의 시대별 변천 연구3 -고대 국어』, 국립국어원 편, 41-75.

정재영(1996), 「順讀口訣 資料 『梵網經菩薩戒』에 대하여」, 『구결연구』 1, 구결학회, 127-234.

허 웅(1975), 『우리 옛말본-15세기 국어 형태론』, 샘 문화사.

황선엽(1998), 「중세국어 '슬갑다'에 대한 고찰」, 『한국문화』 21, 서울대학교 한국문화연구소, 25-43.

對談

송철의 선생님 퇴임 기념 대담회*

대담자 선생님, 안녕하세요? 전화로 말씀 드린 것처럼 선생님과 대담 나누려고 이렇게 찾아 왔습니다.

송철의 그래요. 반가워요. 그런데 어떻게 이렇게 많이들 왔어요?

대담자 여기 참석하고 싶단 대학원생들이 많다고 해서 저희도 깜짝 놀랐습니다. 저희들 엄격한 선발 과정을 거쳐서 참석하게 된 겁니다. (일동 웃음)

송철의 이 좋은 날 놀러가야지 왜 여길 와요. (일동 웃음)

대담자 선생님, 이 좋은 날 선생님 뵈니까 너무 좋아요.

송철의 하기는 우리 때도 이렇게 차출을 당할 때가 더러 있었어요. 그런데 우리 때는 형편들이 넉넉할 때가 아니니까 이렇게 차출해서 밥도 사 주시고, 때로는 술도 사 주시고, 그러시니까 차출해 주시는 게 즐거웠는데, (일동 웃음) 요즘은 뭐 그렇지는 않지요?

대담자 그래서 오늘은 정말 차출 당해서 온 게 아니라 오고 싶어 하는 사람들이 왔습니다. 같이 밥이나 먹으러 온 친구는 없는 것 같아요. (일동 웃음)

---

* 이 대담은 2017년 10월 21일 진진바라 서울역 점에서 이무어졌다. 참석자는 이진호, 김세환, 송정근, 채숙희, 서승완, 박보연, 안소진, 홍은영, 이현주, 윤예진, 김지은, 엄상혁이었다. 송철의 선생님은 '송철의'로 표시하였고, 질문자는 모두 '대담자'로 표시하였다.

송철의 아무튼 이렇게들 와 주어서 고마워요. (일동 웃음)

대담자 선생님 근황을 저희가 잘 모르는데요. 어떻게 지내시는지요?

송철의 국립국어원장으로서 맡은 일 열심히 하면서 즐겁게 지내요.

대담자 지난 2월에 명예퇴직을 하셨는데, 정년을 1년 남겨 놓고 명예퇴직을 하신 특별한 이유가 있으신가요?

송철의 특별한 이유는 없고, 내 국어원장 임기가 정년퇴직보다 3개월이 더 길어요. 그래서 어차피 학교로 복귀하지는 못할 것 같아서 명퇴를 했어요.

대담자 명퇴를 하셨으니 이제 학교는 떠나신 셈인데요, 느낌이 어떠신지요?

송철의 국어원에 매일 출근을 하고 있으니까, 아직 퇴직했다는 실감이 나지는 않아요.

대담자 전화를 드리는 것이 좀 편하지가 않습니다. 바쁘시거나 회의 중이실 것 같아서.

송철의 그 정도로 늘 바쁘지는 않아요. 회의가 그렇게 많지는 않거든요. 행사에 참석하는 일은 좀 많은 편이지만요.

대담자 선생님 손자, 손녀들은 어떻게 되시나요? 저희가 듣기에는 따님도 아기를 낳으셨다고 하던데요.

송철의 손자만 셋입니다. (일동 웃음)

대담자 손자만 셋. 그러면 친손자 둘에 외손자 한 명이에요?

송철의 그래요. 손녀는 아직 없고. (일동 웃음)

대담자 선생님, 어린 시절은 어떠셨는지 궁금합니다. 임홍빈 선생님 대담집에도 그런 얘기들을 나누셨더라고요.

송철의 임홍빈 선생님은 어려서지만 6·25를 겪으셨기 때문에 얘기하실 게 많으셨을 텐데, 나는 전쟁 중에 시골에서 태어나서 죽 거기서 자랐기 때문에 특별한 거는 없습니다.

나중에 커서 어른들 말씀을 통해 우리 마을에도 전쟁통에 이념 대립으로 인한 갈등과 아픔이 없지는 않았다는 것을 알게 되었지만, 내 어린 시절에는 그런 것을 전혀 느끼지 못했습니다. 우리 마을이 송씨 집성촌이었기 때문이 아닐까 하는 생각이 듭니다.

내가 자란 시대는 전쟁 후의 궁핍한 시대여서 대부분의 농촌이 그랬듯이 생활이 그리 풍족하지는 않았지만 우리 집은 형편이 끼니를 거를 정도는 아니어서 자연 속에서 맘껏 뛰놀며 행복한 어린 시절을 보냈다는 생각이 들어요. 형제자매도 많고 집안도 화목한 편이어서 더욱 그랬던 것 같아요.

우리 아버님은 소학교(초등학교)도 못 나오신 분이었지만, 인품이 매우 훌륭한 분이셔서 일가친척은 말할 것도 없고 온 마을 사람들로부터 존경을 받는 분이셨어요. 일을 사심 없이 사리에 맞게 잘 처리하시고, 도리에 어긋나는 일 안 하시고, 종중 일이나 마을 일 앞장서서 하시고, 그러면서도 너그러운 분이셨어요. 어렵거나 소외된 사람들을 배려해 주시고 알게 모르게 보살펴 주시기도 했지요. 누가 잘못을 했을 때에도 그 자리에서 크게 나무라기보다는 적당한 때에 좋은 말로 타이르는 식이셨어요. 그래서 마을의 말썽꾸러기들도 아버님 말씀은 잘 듣는 편이었어요. 아버님은 자식들한테도 매를 대거나 크게 꾸중하신 적이 없어요. 그렇지만 틈틈이 사람의 도리와 예의범절에 대해서 말씀을 해 주시고 형제자매간의 우애를 강조하곤 하셨어요. 아버님 말씀 중에 "제 귀염 제가 받는다.", "짐승은 기르다가 마음에 안 들면 내다 팔면 되지만, 사람은 그럴 수 없으니, 가족들끼리 의 상하는 일이 없도록 유념들 해라" 이런 말씀이 생각나네요. 우리 형제자매들은 모두 아버님을 존경했고,

우애도 좋은 편이었어요. 그래서 어린 시절을 행복하게 보낼 수 있었던 거지요.

나는 8남매(5남3녀) 중 여섯째로 태어났는데(형 셋, 누나 둘, 남동생 하나, 여동생 하나) 어려서는 유난히 수줍음을 많이 타는 아이였어요. 누나나 형들이 재미 삼아 놀려 대면 울어버리곤 했지요. 그렇지만 형들이 초등학교 들어갈 무렵부터 학교생활과 공부에 대한 이런저런 지도를 해 주어서 초등학교 때 공부를 잘하는 편이었습니다. 그래서 부모님이나 선생님들께는 사랑을 많이 받았습니다. 2학년 때부터 6학년까지 죽 반장을 했지요. 내가 다닌 초등학교는 한 학년이 두 학급(100여 명) 정도인 작은 규모의 학교였습니다. 그런데 농촌 인구가 줄어들면서 학생 수도 점차 줄어든다고 하더니 결국은 몇 년 전에 폐교되었지요.

대담자 선생님은 호적상의 나이와 실제 나이가 다르시다는 이야기가 있던데요, 사실인지요?

송철의 사실이에요. 내가 어렸을 때만 해도 시골에서는 출생신고를 돌 무렵에 하는 것이 관행이었어요. 돌도 되기 전에 세상을 떠나는 아이들이 많아서 그랬다고 그래요. 그래서 내 실제 생년월일은 1951년 음력 12월 4일(양력 12월 31일)인데, 호적에는 1952년 12월 6일로 되어 있습니다. 날짜도 잘못 되어 있지요. 내 출생신고 할 때 누군가 둘째형 생일과 혼동을 했던 것 같아요. 둘째형 생일이 12월 6일이거든요.

대담자 중학교는 어디서 다니셨는지요?

송철의 중학교는 홍성 읍내에 있는 홍성중학교를 다녔는데, 우리 집에서 학교까지 30리 길인데다 버스도 다니질 않아서 중학교 때부터 하숙을 했습니다. 주말마다 집에 왔는데, 30리길을 선배, 후배들과 몇 명이 무리지어 함께 걸어 다녔던 기억이 생생하네요. 키도 작았던 나에게는 30리 길이 무척 멀게 느껴졌어요. 가끔 빈 석탄 트럭이 지나가다가 우리를 짐칸에 태워 줄 때가 있었는데, 그럴 때면 정말 기사 아저씨가 고마웠지요. 중학교 마치고 서울로 올라 왔습니다. 그런데 고등학교 시험에서 첫 해에는 떨어지고 말았어요. 서울에 어떤 고등학교들이 있는지도 잘 몰랐는데, 서울에 먼저 올라와 직장을 다니던 형이 경복고등학교 원서를 사서 보내주어 응시를 했던 것이지요. 그러나 시골 중학교에서 참고서도 별로 없이 공부한 실력으로는 시험 문제를 제대로 풀 수가 없었어요. 결국 한 해를 재수해서 경복고등학교에 들어갔습니다.

대담자 아직 그러면 고향에 부모님이나 형제분들이 계속 계신 건가요?

송철의 부모님과 큰형님 내외분이 계시다가 다 돌아가시고 큰형수님만 살아 계신데, 큰형수님도 연세가 많아서 요양원에 계시니까 시골집은 비어 있는 상태예요. 우리 마을은 산으로 둘러싸인 조그만 분지 같은 곳인데, 한 쪽 트인 곳을 막아서 저수지를 만들었어요. 그래서 논들은 다 수몰되었는데, 다행히 우리 집은 수몰되지 않아서 바로 저수지 옆에 있는 집이 되었지요. 경치도 좋아지고.

대담자 소설에 나오는 수몰지구, 뭐 그런 건가요? (일동 웃음)

송철의 저수지의 규모가 작은 편이어서 수몰지구라고 할 것까지는 없고.

대담자 중학교를 마치고 서울로 오셨으면 고등학교, 대학교 때까지도 계속 하숙이나 자취를 하실 수밖에 없었겠네요?

송철의 그렇지는 않아요. 큰누님이 결혼해서 서울에 살고 계셔서 서울로 올라와서는 누님 댁에 있게 되었지요. 중학교 졸업하고 올라와서 대학원 석사 졸업할 때까지 큰누님 댁에 신세를 졌습니다. 어려운 살림에도 불구하고 제 뒷바라지 하시느라고 큰누님이 고생을 많이 하셨어요. 큰누님께는 평생 감사한 마음을 가지고 살고 있습니다.

대담자 대학에 진학하실 때 어떻게 국어국문학과를 선택하셨는지 궁금합니다.

송철의 고등학교 3학년 때 담임 선생님이 서울대 사범대 국어교육과를 나오신 국어 선생님이셨는데, 진학 상담을 하시면서 "네 성적이나 성향으로 보면 국문과를 가는 것이 좋겠다. 서울대 국문과에는 너희 선배(고등학교)이신 이숭녕 박사라는 유명한 분이 계시다."라고 말씀을 하시더라고요. 그래서 큰 고민 없이 국어국문학과를 선택하게 되었습니다. 그렇지만 당시만 해도 대학에 대한 정보가 거의 없어서 국어국문학과가 무엇을 공부하는 학과인지 정확히는 몰랐습니다. 막연히 문학을 다루는 학과, 혹은 시인이나 소설가를 길러내는 학과가 아닌가 생각을 했었지요.

대담자 선생님이 대학을 다니신 70년대는 유신시절이었는데, 대학 생활이 어떠셨는지요?

송철의 내가 대학에 입학한 해가 1972년인데, 그해 가을(10월)에 유신이 선포되었습니다. 그로 인해 바깥의 정치 상황이 소용돌이를 치던 때이다 보니 대학생활이 전체적으로 순조롭지 못했습니다. 8학기 중에서 수업이 제대로 끝까지 진행된 학기는 4학기뿐이었습니다. 그래서 가끔 나는 농담처럼 "우리(72학번)는 전문대학을 나온 사람들이다."이런 말을 하기도 했어요(당시에 전문대학은 2년제였음). 학교가 문을 닫을 때도 많아서 남산에 있는 국립중앙도서관으로 몇 달씩 학교 다니듯 다니기도 했습니다. 거기다가 우리 학년은 캠퍼스를 여러 번 옮겨 다니기도 했습니다. 1학년 때에는 공릉동에 있던 교양과정부로 다녔고, 2, 3학년 때에는 동숭동 문리대 캠퍼스로 다녔어요. 그리고 4학년 때(1975년)에는 서울대학교가 종합화되면서 관악 캠퍼스로 각 단과대학들이 모두 모이게 되어 관악 캠퍼스로 다녔지요. 서울대학교가 종합화되면서 문리대는 인문대학, 사회대학, 자연대학으로 분화되었습니다. 그래서 우리 72학번은 인문대학으로 졸업한 첫 번째 학번이 되었어요. 그러니까 우리는 문리대생으로 입학해서 인문대생으로 졸업을 한 셈이지요.

대담자 학부 때에는 어떤 선생님들께 어떤 강의를 들으셨나요?

송철의 1학년 교양과정부 때는 전공과목이 통년 과목으로 '국어학개론', '국문학개론' 이렇게 두 과목이 있었는데, '국어학개론'은 안병희 선생님께, '국문학개론'은 김진세 선생님께 배웠습니다. 국어는 민병수 선생님께 배웠고, 작문은 남성우 선생님께 배웠습니다.

2학년으로 진입해서는 당시 문리대 국문과에 계셨던 여섯 분 선생님, 국어학에 이기문 선생님과 김완진 선생님, 고전문학에 정병욱 선생님과 장덕순 선생님, 현대문학에 전광용 선생님과 정한모 선생님. 이 여섯 분한테 주로 강의를 들었습니다. 나는 2학년 때 국어학을 전공하기로 마음을 먹었기 때문에 국어학 과목은 빠짐없이 다 수강했습니다. 이기문 선생님과 김완진 선생님께 강의를 많이 들었습니다. 두 분 선생님은 대개 강의 노트도 없이 강의를 하셨는데, 두 분 강의가 모두 명강의여서 타과 학생들도 꽤 많이 와서 들었습니다. 어느 시간엔가 이기문 선생님께서 알타이어 또는 국어계통론을 연구하려면 러시아어를 배워 둘 필요가 있다고 강조하셨던 것이 기억납니다. 알타이어 관계의 중요 자료가 주로 러시아 쪽에서 많이 나오기 때문이라고 하셨습니다. 그래서 언어학과에서 개설하던 러시아어 과목을 청강하려 했었는데, 러시아어가 나한테는 너무 어려워서 두 달 정도 수강하다가 포기했습니다.

어학 과목을 많이 듣기는 했지만, 문학 과목 중에도 전공필수 과목이 많았고, 졸업 학점도 160학점이던가 그래서 문학 과목도 많이 수강했습니다. 그리고 교양과정부에 계시던 이익섭 선생님(국어정서법, 국어문법론), 심재기 선생님(국어의미론), 이병근 선생님(이기문 선생님 미국 가시면서 '국어사' 과목 대강)께도 강의를 들었어요. 이병근 선생님은 국어사 과목 대강을 하시면서, 어떻게 아셨는지 국어학을 전공하겠다는 학생들에게 발표를 시키셨는데, 나한테는 '모음조화'에 대해서 발표를 하라고 하셨지요. 그리고 학기가 끝날 무렵에 Block B. and G.L. Trager의 *Outline of Linguistic Analysis*라는 얇은 책을 주시면서 한 번 읽어 보라고 하셨어요. 이병근 선생님은 국어학 선생님 중에서는 가장 젊으신 편이셨기 때문에 학부 학생들과도 자주 어울려 주시면서 이런 저런 일들을 자상하게 보살펴 주셨지요. 그래서 나도 선생님을 자주 뵙게 되었고 4학년 때는 1년 가까이 선생님 연구실에 있기도 했습니다. 나는 특히 선생님의 은혜를 많이 입었지요.

일석 이희승 선생님께는 2학년 때 '국어학강독' 강의를 들었습니다. 학부에서 일석 선생님 강의를 들은 학년은 우리가 마지막이 아닌가 싶습니다. 일석 선생님은 그때 연세가 70대 후반이셨는데도 휴강하시는 일이 없었습니다. 축제 기간에는 대부분 휴강을 했지만, 선생님께서는 휴강을 하시지 않았습니다. 그리고 100분 강의를 조금도 에누리 없이 꼬박꼬박 다 하셨지요. 국어학에 관심이 없는 친구들이 가끔 조금 일찍 끝내 주실 것을 청하면 "빨리 끝내는 것만이 능사가 아니오"라고 한 말씀 하시고는 그대로 강의를 계속하셨습니다.

일제 식민지 시대에 조선어학회 사건으로 옥고를 치르시기도 했던 선생님께서는, 우리가 일본을 이기려면 일본 사람들보다 더 열심히 공부를 해서 실력을 쌓는 수밖에는 없다고 말씀하신 적이 있다고 합니다. 그래서 휴강하는 일도, 강의를 일찍 끝내는 일도 없으셨다고 합니다. 선생님께서 단국대학교 동양학연구소장을 맡고 계실 때 대학원 강의도 하셨는데, 한 번은 수강생이 현대문학전공 박사 과정생 한 명이었다고 합니다. 그 수강생은 40대 중반의 현직 대학

교수였는데(당시에는 석사학위만 가지고도 대학 교수가 될 수 있어서 박사
과정은 대개 대학 교수가 된 다음에 다녔음), 이 수강생 한 명을 놓고
한 학기 내내 시간을 다 채워서 강의를 하시더라는 겁니다. 이 이야
기는 수강했던 분한테 직접 들은 이야기입니다.

심악 이숭녕 선생님은 대학원장을 맡고 계셔서 학부 수업은 안 하시
고 대학원 강의만 하셨어요. 그래서 학부 때에는 심악 선생님 강의
는 못 들었습니다. 심악 선생님 강의는 대학원에 진학해서야 들을
수 있었지요. 심악 선생님께서는 자주 학문하는 사람이라면 밤낮없
이, 나이가 들어서도 아르바이트(공부, 연구)를 해야 한다고 강조하
셨습니다. 외국학자들 중에는 80세, 90세가 되어도 연구논문이나
저서를 내는 사람이 많은데, 한국의 학자들은 너무 조루하는 경향
이 있다, 그러나 당신께서는 끝가지 논문을 쓰겠다, 이런 취지의
말씀도 가끔 하셨던 기억이 납니다.

외부에서 강의를 오셨던 분으로는 정연찬 선생님(서강대 재직, 국어
학), 주종연 선생님(국민대 재직, 현대문학), 이상택 선생님(당시 이화여
대 재직, 고전문학), 이혜순 선생님(이화여대 재직, 고전문학)이 기억 나
네요.

국어학을 하려면 알타이어도 좀 알아야 한다고 해서 언어학과에서
만주어(성백인 선생님)와 터키어(은재균 선생님) 강의를 듣기도 했습니
다. 성백인 선생님께 만주어 강의를 들을 때 삼전도비를 탁본하러
갔던 기억이 나네요.

대담자 선생님 학부 다니실 때 동아리 활동 같은 건 안 하셨어요?

송철의 우리 때는 동아리라고 하지 않고 서클이라고 했는데, 나는 아르바
이트(중·고등학생 과외)를 해서 생활비를 벌어야 했기 때문에 서클
활동을 할 여유가 없었습니다. 그런데 내가 대학 2학년일 때(1973
년) '언어연구회'라는 공부 모임이 결성되었어요. 정식 서클은 아니

고, 당시 언어학과 3학년이던 어용영이란 분이 주도해서 국문과와 언어학과 학생들로 언어학 공부 모임을 결성한 것이었어요. 나도 거기에 처음부터 참여했는데, 영어 원서도 같이 읽고 국어학 논문도 같이 읽고 했지요. 한국에 생성문법이 막 들어올 때여서 생성문법에 대한 공부도 했는데, 개념이 생소한 것이 많아서 이해하는 데 어려움이 많았던 기억이 나네요. 이 공부 모임은 4년 정도 계속되다가 어용영이란 분이 미국으로 유학을 가는 바람에 해체되었습니다.

대담자 그 공부 모임에는 어떤 분들이 참여했었나요?

송철의 71학번, 72학번, 73학번. 이렇게 세 학번이 주축이었는데요. 국문과에서는 박민규 선생, 채완 선생, 이남순 선생, 그리고 내가 참여했고, 언어학과에서는 강인선 선생, 권재일 선생, 이기갑 선생이 참여했었어요. 그 밖에 몇 분이 더 있었는데, 그분들은 대학원 진학을 하지 않고 다른 진로를 택했지요.

대담자 그때는 학부생들도 최첨단 이론을 스스로 공부하고 했던 모양이네요.

송철의 생성문법에 대한 강의는 많지 않았고, 앞에서 말한 것처럼 여러 가지 정치 상황 때문에 강의가 제대로 이루어지지 않은 학기가 많아서 학부생들도 스스로 공부하지 않으면 안 되었습니다. 그때 언어연구회에서 같이 공부했던 게 도움이 많이 되었어요.

대담자 또 재미도 있으셨을 것 같아요. 선생님, 혹시 그걸 하시면서 국어학을 계속 해야겠다 생각하셨나요?

송철의 그런 셈이지요. 그 모임에 참여하면서 국어학을 하겠다고 생각을 굳혔던 것 같아요. 1학년 때는 어떤 전공을 할지 확고한 생각이 없었으니까요.

대담자 선생님은 언어학과 권재일 선생님하고 아주 친하신 걸로 알고 있는

데요. 권재일 선생님과는 학과도 다른데, 언제부터 알고 지내셨나요?

송철의 언어연구회에 참여하면서부터 알게 되었어요. 그러니까 대학 2학년(1973년) 1학기 때였겠네요. 그때부터 권 선생과는 뜻이 잘 맞았고, 권 선생이 워낙 인품이 좋은 분이어서 각별한 사이로 지내 오게 되었지요. 권 선생은 언어학과와 간호학과 학생들이 주축이었던 서울대학교 국어운동학생회 회장도 했었는데, 나는 그 모임의 회원도 아니면서 회장의 절친이라는 명목으로 그 모임의 야외 행사에 가끔 참여하기도 했었지요. (일동 웃음) 일영 딸기밭 야유회와 강촌 1박2일 행사 등에 따라갔던 기억이 나네요. 권 선생 하숙집에 가서 밤 늦게까지 이야기를 나누었던 적도 여러 번 있었어요.

대담자 선생님 대학원 때는 어떠셨는지요? 고등학교 교사를 하시면서 석사 과정을 다니셨다고 들었는데요.

송철의 그때는 장학 제도도 미흡할 때고 해서 대부분 중·고등학교 교사를 하면서 석사 과정을 다녔습니다. 나는 장훈여자고등학교라는 야간 학교 교사를 하면서 석사 과정을 다녔습니다. 낮에는 대학에 나가서 강의 듣고, 공부도 하고(대학원 석사 과정 때 나는 김완진 선생님 연구실에 있었습니다), 밤에는 고등학교에 가서 학생들을 가르쳤지요. 그 고등학교 교장 선생님과 교무주임 선생님께서 여러 가지 편의를 봐 주어서(담임을 맡기지 않는다든지, 대학원 수업이 있는 날은 조금 늦게 출근할 수 있도록 시간표를 조정해 준다든지) 큰 애로사항 없이 석사과정을 마칠 수 있었습니다. 다들 고마운 분들이지요.

대담자 선생님 대학원 다니실 때에는 대학원생이 그렇게 많지는 않았었다고 들었는데요.

송철의 많지 않았어요. 우리 때는 국문과 학부 한 학년 정원이 20명이었는데, 대학원에 4~5명 정도 진학하는 것이 일반적이었습니다. 전공별

(어학, 고전문학, 현대문학)로 한두 명씩 진학을 했던 셈이죠. 그리고 지금은 대학원생을 학기마다 모집하지만 그때는 1년에 한 번씩만 모집했습니다. 그러니 대학원생 수가 적을 수밖에 없었지요. 그러다가 80년대 들어서 새로운 대학도 많이 생겨나고 대학생 정원도 크게 늘면서 대학 교수가 많이 필요하게 되니까 대학원에 진학하는 사람도 많이 늘었지요.

대담자 선생님 대학원 다니실 때 강의는 어떻게 진행이 됐었는지요?

송철의 석사 과정 때는 일반 강의처럼 진행이 됐습니다. 다만, 수강생 수가 많지 않다 보니 강의를 선생님 연구실에서 하는 경우가 많았습니다. 심악 선생님께서는 댁에서 강의를 하신 적도 있습니다. 우리가 청량리 선생님 댁으로 가서 강의를 들었지요. 박사과정 때는 과목마다 다 강의를 하지는 않고, 한 과목당 4-5주 정도씩 강의를 해서 세 과목을 한 과목처럼 운영했습니다. 문학 쪽에서는 수강생들이 한 학기에 한 번씩 연구발표를 하는 것으로 강의를 대신하기도 했습니다. 세 과목을 합동으로 운영한 셈이지요. 우리 때만 해도 박사 과정을 다니는 사람들이 대부분 대학의 전임 교수들이었기 때문에 강의보다는 연구에 중점을 두었던 것이 아닌가 합니다. 박사 과정 생쯤 되면 연구를 하는 사람들이지 강의나 듣는 사람은 아니라고 선생님들께서 생각하셨던 것 같습니다. 실제로 그때는 학기 중에 연구발표를 했던 것이나 기말 과제로 냈던 과제물을 조금 수정 보완해서 정식 논문으로 발표하는 경우가 많았지요. 박사 과정에서도 꼬박꼬박 강의를 하게 된 것은 1990년대 이후가 아닌가 싶습니다.

대담자 대학원 시절에는 공부 모임 같은 것은 없었나요?

송철의 있었습니다. '동숭어학회'라고 있었지요. 대학원 석사 과정 이상의 국어학 전공자들이 모여서 학술토론도 하고 연말에는 선생님들께

세찬도 하는 그런 모임이었습니다. 그 모임의 제일 선배는 60학번이신 홍윤표 선생님이셨어요. 내가 처음 그 모임에 나갔을 때는 회원이 10여 명이었는데, 매월 발표 및 토론회를 가졌습니다. 오후 5시쯤에 만나서 2시간 정도 발표(2명)와 토론을 하고 저녁을 먹은 다음, 술집으로 자리를 옮겨서 학술적인 토론을 이어갔는데, 어떤 때는 11시가 넘도록 진지하면서도 열띤 토론이 계속되기도 했습니다. 그때는 통행금지가 있던 때여서 그 이상 시간을 끌 수는 없었어요. 그때 선배님들의 그런 진지하고 열띤 토론을 들으면서 배운 게 많았어요. 지금도 가끔 그때의 그 분위기가 그리울 때가 있습니다.

대담자 선생님은 석사를 마치고 군대에 가셨다고 들었는데요, 군대를 좀 늦게 가신 편이셨던 거죠?

송철의 많이 늦은 편이었지요. 실은 석사를 마치고 해군사관학교 교관으로 갈 계획으로 군 입대를 연기했던 것인데, 뜻대로 안 되어서 사병으로 가게 되었어요. 그때는 각 사관학교에서 석사 졸업한 사람을 교관요원으로 뽑는 제도가 있었어요. 내가 석사를 마칠 무렵에는 해군사관학교 국어교관으로 가 있던 우리 선배 한 분이 제대를 하시게 되어 있어서, '내가 석사를 마치면 거기로 갈 수 있겠구나' 그렇게 생각을 하고 사병 입대를 연기했었지요. 그런데 내가 석사 졸업하는 해에 해군사관학교에서 해군본부에 국어교관 후보자 선발을 의뢰하지 않은 거예요. 그래서 내가 해군사관학교 교관요원으로 갈 수 없게 된 거지요. 그 바람에 좀 늦은 나이에 사병으로 입대하게 되었습니다.

대담자 아, 그때 굉장히 상심이 크셨을 것 같아요.

송철의 좀 그랬지요. 그런데 나중에 생각해 보니 사병으로 갔다 온 게 더 다행이었다는 생각이 들기도 했어요. 군대에서 고생한 걸 생각하면 웬만한 일은 다 해낼 수 있겠다는 자신감이랄까, 그런 게 생겼거든요. (일동 웃음) 그리고 건강도 많이 좋아졌고.

대담자 제대하시고 군대 가시는 꿈도 꾸셨다고 들었는데요?

송철의 그때만 해도 군대에서 100킬로 행군이라는 게 있었어요. 2박3일 동안 100킬로를 행군하면서 훈련하는 건데. 밤에도 계속 걷기도 하고, 완전 군장하고 걸으니까 굉장히 힘들어요. 더욱 힘든 거는 한겨울에 훈련 나가서 산속에서 텐트 치고 자는 거지요. 바닥에 볏짚을 깔고 모포를 3장씩이나 덮고 자도 얼마나 추운지 몸이 덜덜 덜 떨려요. 그런 고생을 했기 때문에 제대하고 나서도 가끔 군대 꿈을 꾸었던 것 같아요. 언젠가 여러 사람들과 군대 이야기를 하다 보니 다른 사람들도 그런 꿈을 꾼 경험을 했다고 하더라구요.

대담자 몸이 약하셔서 더 고생스러우셨을 것 같아요. 공부만 하시다 군대 에 가셨으니….

송철의 그렇지만 다행인 것은 위장병으로 굉장히 고생을 했었는데, 군대 가서 2년 반 동안에 많이 좋아졌습니다. 규칙적인 생활을 하고 식 사도 규칙적으로 하고 훈련 받으면서 적당히 운동도 한 셈이어서 그런 것 같아요. 몸무게도 늘었고. 그래서 오히려 사병으로 갔다 온 게 나한테는 낫지 않았나 하는 생각이 들어요.

대담자 술을 안 드셔서 위장병이 나으신 것은 아닐까요? (일동 웃음)

송철의 그런 면도 있겠네요. 군대에서는 아무래도 사회에서처럼 술을 마실 수는 없으니까요. 아무튼 그때 위장이 많이 좋아져서 지금까지 그 런 대로 버티고 사는 것이 아닌가 하는 생각이 들어요. 그리고 군대 갔다 온 경험이 세상을 살아오는 데에 큰 도움이 됐던 것 같아요. 사회에서 겪는 웬만한 일은 고생도 아니다 그렇게 생각하게 되었으 니까요. 그래서 아마 "젊어서 고생은 사서도 한다"는 말이 있는 모양이지요?

대담자 그러면 제대하시고, 사모님 만나신 얘기도 들어야 하는데요. (일동

웃음)

송철의 여러 번 얘기한 것처럼 소개로 만났어요. 고등학교 후배이기도 한 이승재 교수가 소개를 해 주었지요. 이승재 교수 부인과 우리 안식구가 고등학교 동창이에요. 그때는 이승재 교수도 결혼하기 전이었는데, 이승재 교수와 이 교수 부인이 나와 안식구를 만나게 해 준 것이지요. 이 교수 부부께 고맙게 생각하고 있어요.

대담자 결혼하실 때는 어느 즈음인가요?

송철의 82년 3월 말에 했어요. 그해 3월 1일 자로 단국대 전임강사 발령을 받았으니까 전임강사가 되자마자 결혼을 한 셈이네요. 그때는 대학 교수로 취직이 잘 될 때였습니다. 석사과정 포함해서 연구경력 3년에 논문 2편만 있으면 전임강사가 될 수 있었지요.

대담자 그럼. 단국대에서 10년 넘게 근무하신 거네요.

송철의 15년 있었어요.

대담자 단국대학교에서의 생활은 어떠셨는지요?

송철의 나는 단국대학교 천안 캠퍼스에서 근무했는데, 내가 갔을 때 천안 캠퍼스 국어국문학과는 3학년 학생까지만 있는 신설학과였습니다. 그래서 교수들도, 학생들도 의욕에 넘쳐 있었지요. 게다가 교수들 간의 관계도 돈독하고 교수와 학생들 관계도 원만해서 과 분위기가 아주 좋았습니다. 또 그때는 단국대의 경우 서울캠퍼스 국문과 교수들과 천안캠퍼스 국문과 교수들이 서로 교차 강의를 했습니다. 서울캠퍼스 교수들은 천안 캠퍼스에 하루씩 강의를 나오고 천안캠퍼스 교수들은 서울캠퍼스에 하루씩 강의를 나갔습니다. 당시에 단국대 국문과에는 서울대 국문과 선배님들이 여러분 계셨는데, 서울캠퍼스 국문과에는 김석하 선생님(당시 부총장), 남풍현 선생님(국어학), 윤홍로 선생님(현대문학), 전광현 선생님(국어학), 박인기 선생님(현대문학)이 계셨고, 천안캠퍼스 국문과에는 홍윤표 선생님

(국어학), 정학성 선생님(고전문학)이 계셨습니다. 선배 교수님들이 나를 많이 아껴 주시기도 해서 15년을 즐겁고 보람 있게 보냈습니다. 술도 꽤나 마셨던 것 같아요. (일동 웃음) 교수들끼리도 많이 마시고, 학생들과도 많이 마셨어요. 그때는 신입생 환영회, MT, 답사, 수학여행(3학년), 졸업여행(4학년), 졸업논문 발표회 등등 행사도 많았는데, 학생들 행사에는 꼭 교수가 참석을 해야 했습니다. 그러다 보니 학생들과 술을 마시는 기회도 많았었지요.

대담자 선생님 서울대 부임하신 게 98년도인가요?

송철의 97년에 서울대로 왔습니다.

대담자 98년 그때 선생님이 국문과 1학년 학생들을 데리고 뭔가 같이 하시려고 많이 제안하셨던 게 생각나요.

송철의 아, 그랬었나요? (일동 웃음)

대담자 등산을 가자고 하신 적도 있고. 그때 과방의 상태를 보러 오신 적도 있으셨어요.

송철의 조교 선생들과 1학년 학생 몇 명 데리고 학교 옆 산에 갔던 기억이 나네요. 과방에 들르곤 했던 건 학과장 할 때였고.

대담자 학과장 하실 때였나요?

송철의 그래요. 학과장 할 때였는데 과방을 한 번 가 보았더니 정리가 너무 안 되어 있었어요. 지나다니다가 독문과나 불문과 과방을 보면 나름대로 잘 정리되어 있던데…. (일동 웃음) 전단지 같은 것도 큰 봉투를 만들어서 문에다 걸어 놓고 거기에 넣게 했던데, 우리 국문과 과방을 가봤더니 이건 좀 너무하다 싶었어요. (일동 웃음) 아주 좋게 해석을 하면 우리 국문과 학생들이 정말 자유분방하구나 그럴 수도 있겠지만, 이거는 좀 관리가 돼야 되겠다 싶어서 학생들하고 같이 치우기도 하고 청소도 하고 그랬는데 지금은 어떤지 모르겠네요.

대담자 그때가 아마, 저도 군대 갔다 와서 복학했을 때 즈음인 것 같은데,

선생님 수업이 재미있었던 것 같습니다. 그래서 제가 대학원을 가야겠다는 생각을 처음 했습니다.

대담자 선생님이 그때 무슨 과자이름 같은 걸 조사해서 형태론적으로 분석해 오라는 과제를 내주셨어요. 그게 저한테는 혁신적인 과제였어요. 재미있었어요. 저희가 문헌연구를 하거나 이런 건 있어도 실제로 언어자료를 직접 조사해서 분석해 본 적은 없었어요.

송철의 그때 그런 과제를 내주었던 이유는 학생들이(학부) 언어를 분석하는 이론이나 방법은 많이 배우지만 실제의 언어 자료를 분석해 보는 실습은 많이 하지 않다 보니까 추상적인 이론은 잘 아는데 실제의 언어 자료를 분석해서 거기서부터 무언가를 이끌어 내는 능력들은 좀 부족한 것이 아닌가 하는 생각이 들어서였어요. 과자이름을 분석하다 보면 우리말에서 과자이름이 어떤 방식으로 지어지는지, 과자 이름 짓는 방식이 시대에 따라 어떻게 달라지는지, 그런 것도 알게 되지 않을까 기대를 했고, 실제로 언어 자료를 분석하다 보면 이론대로만 되지는 않는 경우가 있다는 것을 알게 되는데, 그런 경험을 해 보기를 바랐던 것이지요.

대담자 그때 주로 형태론 수업을 많이 하셔서 제가 형태론을 전공하게 되었습니다. 음운론 수업을 많이 하셨으면 제가 음운론을 전공했을지도…. (일동 웃음)

송철의 그런데 나는 원래는 전공이 음운론 쪽이어서 석사 논문을 쓸 때 내 주제가 처음에는 "국어의 음운현상과 제약", 그런 것이었어요. 당시의 국어 음운론 분야에서는 음운현상에 대한 음운론적 및 비음운론적 제약이 한창 논의되던 때여서 음운현상에 대한 제약을 전반적으로 한번 다루어 보려고 했던 것이지요. 그러다 보니 형태소 경계, 단어 경계 등의 경계와 곡용, 활용, 파생 등의 문법범주 문제를 다루게 되었는데, 파생 쪽이 예외도 많고 해서 파생어 쪽에 많은 관심을 가지게 되었어요. 그런데 그때 마침 Aronoff의 *Word Formation in Generative Grammar*(1976)라는 책을 접하게 되었습니다. 그 책을 통해서 어휘화라는 개념을 알게 되었고, 단어형성 규칙(형태 규칙)에도 음운규칙에서와 마찬가지로 여러 가지 제약이 있다는 것을 인식하게 되었습니다. 그래서 내 석사학위논문 제목이 "파생어형성과 음운현상"이 되었습니다.

1970년대에 서양의 일반언어학 쪽에서도 형태론이 다시금 부각되어서 단어형성 규칙(형태 규칙), 단어형성의 층위, 단어형성의 생산성, 어휘화 등의 문제들이 활발하게 논의되고 있었습니다. 그리고 많은 음운론자들이 이런 형태론적인 문제들도 다루었습니다. 과거에는 단어형성 문제가 일반적으로 문법론자들이 다루는 과제였는데, 생성문법 시기에는 음운론자들이 단어형성의 문제를 다루는 경향이 있었습니다. 일반언어학 쪽의 이런 경향에 영향을 받기도 해서 석사 논문을 쓴 이후에 국어의 파생어 형성 규칙을 수립하고 그 규칙에 대한 여러 가지 제약들을 밝히려다 보니 내가 파생어 전공자처럼 되었지요. 그렇지만 나는 음운론에 발을 딛고 있었기 때문에 파생어까지만 다루고 복합어까지는 가지 않았습니다. 복합어는 아무래도 통사론적인 문제들과도 깊숙이 관련되어 있을 것 같아서 거기까지 나아가지는 못했지요.

대담자 선생님께서는 음운론과 형태론 외에 표기법(맞춤법)이라든가 국어 정책 관련 업적도 많이 내셨는데, 그런 쪽에 관심을 가지시게 된 계기가 있으셨나요?

송철의 특별한 계기가 있었던 것은 아니고 표기법(맞춤법)이란 것이 음운론이나 형태론과 밀접한 관계를 가지는 것이기 때문에 음운론과 형태론이 전공이었던 나로서는 자연스럽게 표기법(맞춤법) 문제도 다루게 되었지요. 15세기 국어의 표기법을 음운론적 관점에서 고찰해 본 것이 시작이었고, 박사학위논문에서 '한글 맞춤법'을 어휘화의 관점에서 살펴 본 것이 그 다음이었습니다. 그러다 보니 주시경의 표기법, 지석영의 표기법 등에 대해서도 관심을 가지게 되었지요. 국어정책에 관련된 글은 처음에 한국문화연구소 부장을 맡고 있을 때 중점연구소 과제의 일부로 한국 근대 초기의 어문정책에 관하여 쓴 것이 계기가 되어 몇 편 쓰게 되었습니다.

대담자 다시 강의 이야기인데요, 선생님께서 학부 수업하실 때, 저희에게 가르쳐 주신 유머들을 아직도 학생들이 기억하고 있습니다. '왓데이, 먼데이, 버스데이' 같은…. (일동 웃음)

송철의 아, 그거. (일동 웃음) 그 이야기는 80년대에 나온 우스갯소리 중 하나예요. 경상도 어느 시골에서 미국 사람과 경상도 할머니가 버스를 기다리고 있었는데, 한참을 기다리다가 버스가 오니까 경상도 할머니가 "왓데이"라고 하니까 옆에 있던 미국사람이 무슨 요일이냐고 묻는 줄 알고 "먼데이"라고 대답을 했더니 다시 할머니가 "버스데이"라고 했고, 그 말을 들은 미국 사람이 그날이 할머니 생신날인 줄 알고 "해피 버스데이 투 유"라고 했다는 얘기였어요. (일동 웃음)

대담자 선생님 혹시 기억나시는지 모르겠는데요, 제가 박사 수료 후 첫 강의 나간다고, 선생님 연구실에 갔더니 선생님께서 비밀 자료처럼 강의 노트 중간 중간에 재미있는 내용을 메모한 것을 보여 주시면서 이렇게 준비를 해야 된다고 하셨던 게 기억납니다. 그래서 저도 그걸 굉장히 유용하게 잘 써 먹었습니다. (일동 웃음)

송철의 언어의 기능이 의사소통이라 것을 이야기 할 때 '왓데이, 먼데이' 같은 우스갯소리를 활용하곤 했지요. 내 강의를 학생들이 굉장히 지루해 하는 것 같아서 옛날이야기나 우스갯소리를 활용하는 방안을 강구해 본 것입니다.

대담자 선생님 강의 저희는 재미있었는데요.

송철의 그렇게 말해 주니 고마워요.

대담자 선생님이 주신 자료가 사실은 저한테 굉장히 도움이 됐던 것 같습니다.

송철의 그 전에는 강의를 열심히만 하면 명강의라고 생각을 했는데, 교양 과목이나 개론 과목은 열심히 하는 것만으로는 안 되겠다 그런 생각을 했어요.

대담자 재미도 있어야 된다 그런 말씀이신가요?

송철의 그렇지요. 중간 중간에 재미난 이야기도 곁들여서 강의가 지루하지 않게 해야 되겠다 그런 생각을 했지요. 언어와 관련된 재미있는 이야기는 많아서 찾아보면 우리 국어학 과목에서 활용할 만한 것도 많이 있더라구요. 맹사성의 '공당문답(公堂問答)' 같은 옛날이야기도 있고. 물론 아무 이야기나 그냥 하는 것은 아니고 대개는 그 시간 강의 주제와 관련된 이야기를 하면서 주의를 환기시키는 것이지요. 나는 요즈음의 재미있는 이야기들은 안식구한테 많이 들었어요. 안식구가 밖에서 듣고 와서 나한테 전해 주곤 했지요.

대담자 소스가 있으셨군요, 선생님. (일동 웃음) 선생님께서 eTL에 사모님과 같이 곤돌라, 이탈리아에서 배를 타신 사진 올려놓으셔서, 다들 그거 보고 너무 좋으시다고.

송철의 eTL에 과목 담당 교수와 수강자들 사진을 올리게 돼 있잖아요. 나는 사진 잘 나온 게 없어서 계속 못 올리고 있었는데, 이탈리아에 여행갔다가 곤돌라 타는 사진 찍은 게 있길래 한 번 올려놓아 봤었어요. (일동 웃음)

대담자 혹시 아직도 연구하시고 싶은 주제가 있으신가요?

송철의 퇴임하면 모든 욕심을 버리고 자유롭게 살아야지, 그렇게 마음먹고 있기는 한데, 그래도 혹시 시간과 여력이 있다면 두어 가지 해보고 싶은 주제가 있기는 해요. 하나는 인문대학에서 집필 지원을 받아 연구를 진행하다가 국어원장 되는 바람에 집필을 포기한 '한국어 불규칙 활용 연구'이고요. 다른 하나는 주시경의 표기법 이후 한글 맞춤법이 정립되는 과정을 정밀하게 밝혀 보는 것이에요. 불규칙 활용에 대해서는 오래 전부터 관심을 가져 왔는데, 국어의 불규칙 활용을 통시적으로 고찰하기도 하고 공시적으로 고찰하기도 해서 입체적으로, 또 종합적으로 조명해 보았으면 하는 생각이 있어요. 그리고 교착어인 국어의 불규칙은 굴절어인 서양 여러 언어들의 불규칙과는 그 성격이 어떻게 다른지도 탐구해 보고 싶어요. 맞춤법 관련해서는 『주시경의 언어 이론과 표기법』이라는 책을 집필한 바 있으니까, 그것을 바탕으로 해서 주시경 이후 누구의 어떤 연구가 현재의 한글 맞춤법을 정립하는 데에 기여했는가 하는 것을 밝혀 보고 싶은 것이지요. 현재의 한글 맞춤법은 주시경의 표기법 이론을 근간으로 한 것이긴 하지만, 세부적으로는 주시경의 표기법과 다른 부분이 많아요.

대담자 제 기억에 선생님, 원장님 되시기 전에 한국어 교재와 관련된 어떤 프로젝트를 제자들하고 언젠가 한 번 같이 하고 싶으시다는 말씀을 하신 적이 있는 것 같습니다만.

송철의 아마 그런 얘기를 한 적이 있을 거예요. 개화기 이후 국내외에서 간행된 한국어 교재들을 모두 모아서 자료집으로도 내고, 전부 입력해서 코퍼스(corpus)를 만들어서 국어를 연구하면 개화기 이후의 국어의 변화를 좀 더 현실에 가깝게 밝혀낼 수 있지 않을까 하는 생각을 했었지요. 자료를 그렇게 모아 놓으면 한국어교육 분야에서도 상당히 유용하게 활용될 수 있지 않을까 하는 생각도 했지요.

대담자 선생님, 연구 주제나 프로젝트 주제를 계속 갖고 계시니까 나중에 진행하시면 될 것 같습니다.

송철의 시간이 있어야죠. (일동 웃음)

대담자 공부하시면서 제일 행복했던 순간이 언제셨는지 여쭤봐도 될까요?

송철의 다 마찬가지겠지만, 논문을 끝냈을 때요. 박사논문을 끝냈을 때가 제일 행복했던 것 같아요. 일단 숙제를 끝냈다는 기분도 있고, 우리 때는 일을 해야만 하니까, 그 다음에 공부하고. 공부라는 게, 공부 자체가 즐거운 사람도 있고, 그게 제일 좋은 건데…. 공부가 다 그렇게 좋은 건 아니니까. (일동 웃음) 어쨌든 연구하다 보면 잘 몰랐던 것, 간단한 것인데도 잘 안 밝혀졌던 것, 당연하다고 여겨졌었지만 그렇지 않은 것을 자기가 밝혀내는 경우들이 있게 되잖아요. 그런 때 보람도 느끼고 즐거움도 느끼고 그러지요. 그런 재미로 공부하는 게 아닌가 싶어요.

대담자 단국대학교에 계실 때 박사논문을 쓰신 거죠?

송철의 그랬지요.

대담자 그때는 수업도 하시고 박사논문을 쓰시기가 쉽지 않으셨을 텐데….

송철의 그러니까 아주 잘 쓰진 못했죠. 그래도 내가 박사논문 쓸 즈음에는 컴퓨터를 활용할 수 있게 되어서 고생을 덜한 셈이지요. 그 전 분들은 심사본 다섯 부를 손글씨로 필사하느라고 애를 많이 쓰셨다고 해요. 재심사본 만들 때에는 시간이 없어서 다른 사람 손을 빌리기도 했다고 해요.

대담자 필사본이네요.

송철의 그렇죠. 분량이 많으면 더 힘들고, 한자가 많으면 더더욱 힘들고……. 그런 것 생각하면 여러분은 물리적인 고생은 훨씬 덜 하는 셈이죠. 컴퓨터 덕분에. (일동 웃음)

대담자 선생님, 재미있는 말씀 잘 들었는데요, 마지막으로 학문을 하려는 후학들을 위해서 한 말씀 해 주시지요.

송철의 특별히 할 말은 없구요. 학문이라는 것은 다들 아는 바와 같이 긴

호흡으로 멀리 내다보면서 해야 하는 것이니까 서두르지 말고 차근
차근 기초부터 잘 닦아 나가라는 말을 하고 싶습니다. 그리고 자기
의 필생의 작업으로 삼을 만한 주제를 하나 찾아서 수십 년간 탐구
하여 해당 분야 학술사에 길이 남을 업적을 남겨 보겠다는 포부를
가지기를 권합니다. 학문하는 사람이라면 하나의 주제를 몇십 년이
라도 끌고 갈 수 있는 끈기가 있어야 하지 않나 생각합니다. 그리고
긴 시간에 걸쳐서 끈기 있게 학문을 추구하려면 건강하기도 해야겠
지요. 학문하는 사람에게 건강을 챙기는 일은 학문하는 일의 일부
라는 생각으로 젊어서부터 건강을 챙길 수 있는 운동을 하나는 하기
를 권합니다.

송철의(宋喆儀) 선생 연보(年譜)

본 관   여산(礪山)

출 생   1952년 12월 6일(음력)〔실제로는 1951년 12월 4일(음력)〕충남 홍
             성군 장곡면 행정리 548번지에서 송세현(宋世顯)과 권양녀(權洋女)
             의 8남매(5남3녀) 중 여섯째(5형제 중에서는 4남)으로 태어남.

가 족   **아내**   박영숙(朴英淑)

         아들   송희범(宋熙範)   **며느리**   안소라(安소라)

         딸   송윤영(宋潤英)   **사위**   이동현(李東炫)

         손자   송선우(宋善愚)   **손자**   송현우(宋賢愚)

         손녀   송나윤(宋娜允)   **외손자**   이연준(李衍雋)

학 력

1959. 4. ~ 1965. 2. 반계국민(초등)학교

1965. 3. ~ 1968. 2. 홍성중학교

1969. 3. ~ 1972. 2. 경복고등학교

1972. 3. ~ 1976. 2. 서울대학교 인문대학 국어국문학과(문학사)

1976. 3. ~ 1978. 2. 서울대학교 대학원 국어국문학과(문학석사)

1982. 3. ~ 1990. 2. 서울대학교 대학원 국어국문학과(문학박사)

경 력

1976. 3.～1978. 2. 장훈여자고등학교 교사
1978. 5.～1980.11. 군복무(육군)
1981. 4.～1982. 2. 서울대학교 인문대학 국어국문학과 조교
1982. 3.～1997. 2. 단국대학교(인문과학대학 국어국문학과) 전임강사, 조
　　　　　　　　　 교수, 부교수, 교수
1997. 3.～2017. 2. 서울대학교(인문대학 국어국문학과) 부교수, 교수
2017. 2.　　　　　 서울대학교 명예퇴직
2015. 5.～2018. 5. 국립국어원장

해외 파견

2000. 4.～2001. 2. 일본 동경대학 객원교수
2012. 8.～2013. 1. 중국 남경대학 초빙교수

교내 보직

1984. 3.～1985. 2 단국대학교 인문과학대학 국어국문학과 학과장
1993. 3.～1995. 2. 단국대학교 인문과학대학 국어국문학과 학과장
1995. 9.～1996.12. 단국대학교인문과학대학 국어국문학과 학과장
　　　　　　　　　 겸 대학원 국어국문학과 주임교수
2001. 6.～2004. 5. 서울대학교 한국문화연구소 편집간행부장
2002. 6.～2004. 3. 서울대학교 기초교육원 국어주임교수
2004. 4.～2006. 1. 서울대학교 국어국문학과 학과장
2005. 4.～2006. 4. 서울대학교 한국학연구사업운영위원회 위원장
2006. 4.～2008. 8. 서울대학교 규장각한국학연구원 부원장
　　　　　　　　　 겸 한국학연구사업위원회 위원장
2009. 9.～2011. 8. 서울대학교 인문학연구원 한국어문학연구소장(초대)
2013. 9.～2015. 5. 서울대학교 인문학연구원 한국어문학연구소장(3대)

1992. 4. ~ 1994. 3. 한국어전산학회 총무이사

1995. 8. ~ 1997. 7. 한국언어학회 연구이사

1997. 3. ~ 1999. 2. 국어학회 총무이사

2001. 7. ~ 2003. 6. 국어국문학회 총무이사

2002. 4. ~ 2011. 2. 한국어문교육연구회 편집위원

2007. 1. ~ 2008. 12. 한국어학회 연구위원회 위원장

2007. 9. ~ 2009. 12. 훈민정음학회 감사

2009. 3. ~ 2010. 2. 국어학회 부회장 겸 편집위원장

2011. 1. ~ 2012. 12. 한국사전학회 감사

2011. 3. ~ 2013. 2. 국어학회 회장

2012. 1. ~ 2013. 12. 진단학회 회장

2013. 4. ~ 2016. 3. 애산학회(애산학보) 편집위원장

2012. 2. ~ 현재　　(사)한국어문회 이사

2016. 4. ~ 현재　　(사)애산학회 이사

━━━━━━━━━━━━━ 사회봉사 ━━━━━━━━━━━━━

1998. 7. ~ 2000. 6. 문화관광부 국어심의회(국어순화분과위원회) 위원

2001. 8. ~ 2002. 7. 한국광고자율심의기구 제1광고심의회 위원

2005. 10. ~ 2007. 9. 겨레말큰사전남북공동편찬사업회 편찬위원

2007. 2. ~ 2009. 1. 문화체육관광부 국어심의회(어문규범분과) 위원

2011. 9. ~ 2013. 2. 문화체육관광부 국어심의회 (어문규범분과) 위원
　　　　　　　　　　(*국어학회장 당연직)

2013. 10. ~ 2015. 10. 문화체육관광부 국어심의회(어문규범분과) 위원

2015. 11. ~ 2018. 5. 문화체육관광부 국어심의회(어문규범분과) 위원
　　　　　　　　　　(*국립국어원장 당연직)

2015. 8. ~ 현재　　(재)겨레말큰사전남북공동편찬사업회 이사

포 상

1985. 12. 일석국어학연구장려상 수상

2011. 5. 제30회 두계학술상 수상

2015. 3. 한글학회 우수논문상 수상

2017. 8. 황조근정훈장 수훈

논저목록

저 서

1985   『國語國文學研究史』(공저), 宇石.

1992   『國語의 派生語形成 研究』(國語學叢書 18), 太學社.

2004   『역주 증수무원록언해』(공저), 서울대출판부.

2005   『한국 근대 초기의 언어와 문학』(공저), 서울대출판부.

2006   『역주 오륜행실도』(공저), 서울대출판부.

2007   『일제 식민지 시기 한국의 언어와 문학』(공저), 서울대학교출판부.

2007   『일제 식민지 시기의 어휘: 어휘를 통해 본 문물의 수용 양상』(공저), 서울대출판부.

2008   『한국어 형태음운론적 연구』, 태학사.

2008   『한국 근대 초기의 어휘』(공저), 서울대출판부.

2008   『세계 속의 한글』(공저), 도서출판 박이정.

2008   *Hangeul in the world*, seoul: Pagijong Press.(『세계 속의 한글』 번역본)

2010   『주시경의 언어이론과 표기법』, 서울대학교출판문화원.

2013   『한국 근대 초기의 어문학자』(공저), 태학사.

편 서

1995   『17세기 국어사전』(공편), 태학사.

1998   『音韻 I』(國語學講座 4, 공편), 太學社.

논 문

1978. 2. 「派生語形成과 音韻現象」, 서울대학교 석사학위논문.(國語研究38)

1982. 6. 「音韻現象의 記述을 精密化시킨 國語音韻論 研究에 대하여」, 『韓國學報』 27.

1982.12. 「國語의 音節問題와 子音의 分布制約에 대하여」, 『冠嶽語文研究』 7, 서울대학교 국어국문학과.

1983.12. 「派生語形成과 通時性의 問題」, 『國語學』 12, 국어학회.

1985.12. 「派生語形成에 있어서 語基의 意味와 派生語의 意味」, 『震檀學報』 60, 진단학회.

1987.12. 「十五世紀 國語의 表記法에 대한 音韻論的 考察」, 『國語學』 16, 국어학회.

1988. 6. 「派生語形成에 있어서의 制約現象에 대하여」, 『국어국문학』 99, 국어국문학회.

1990. 2. 「國語의 派生語形成 研究」, 서울대학교 박사학위논문.

1990.12. 「子音同化」, 『國語研究 어디까지 왔나』(서울대학교 국어연구회 편), 東亞出版社.

1991. 8. 「國語音韻論에 있어서 體言과 用言」, 『國語學의 새로운 認識과 展開』 (金完鎭先生回甲紀念論叢, 서울대학교 국어연구회 편), 民音社.

1992. 6. 「生成形態論」, 『國語學研究百年史(I)』(고영근·성광수·심재기·홍종선 편), 일조각.

1992.12. 「國語 音韻論研究 1世紀」, 『국어국문학40년』(국어국문학회편), 집문당.

1993. 2. 「언어변화와 언어의 화석」, 『國語史 資料와 國語學의 研究』(安秉禧先生 回甲紀念論叢), 文學과知性社.

1993. 3. 「자음의 발음」, 『새국어생활』 3-1, 국립국어연구원.

1993.10. 「준말에 대한 形態.音韻論的 考察」, 『東洋學』 23, 단국대학교 동양학연구소.

1993.12. 「북한사전의 발음」, 『새국어생활』 3-4, 국립국어연구원.

1995. 5. 「國語의 滑音化와 관련된 몇 問題」, 『단국어문논집』 창간호, 단국대학교 인문과학대학 국어국문학과.

1995. 7. 「'-었-'과 形態論」, 『國語史와 借字表記』(素谷南豊鉉先生回甲紀念論叢), 태학사.

1995.12. 「曲用과 活用의 不規則에 대하여」, 『震檀學報』 80, 진단학회.

1996. 4. 「國語의 音韻現象과 辨別的 資質」, 『李基文教授停年退任紀念論叢』, 신구문화사.

1996. 6. 「우리말 발음의 문제점과 그 극복방안」, 『한글사랑』 창간호(1996. 여름호).

1996. 6 「표준어, 표준 발음과 국어 생활의 실제」, 『새국어생활』 6-2, 국립국어연구원.

1996. 8. 「광복 50년의 국어 음운론」, 『光復50周年 國學의 成果』, 한국정신문화연구원.

1997.10. 「국어 형태론 연구의 성과와 과제」, 『東洋學』 27, 단국대학교 동양학연구소.

1997.11. 「파생법의 변화」, 『國語史研究』(국어사연구회 편), 태학사.

1997.12. Language Change and Linguistic Fossils, *Seoul Journal of Korean Studies*, Vol. 10, 서울대학교 한국문화연구소.

1998. 6. 「외래어의 순화 방안과 수용 대책」, 『새국어생활』 8-2, 국립국어연구원.

1998. 6. 「밭사돈/바깥사돈'의 '밭/바깥'에 대하여」, 『國語語彙의 基盤과 歷史』(沈在箕 編), 태학사.

1998. 9. 「파생어」, 『문법 연구와 자료』(이익섭선생회갑기념논총), 태학사.

1998.12. 「자음체계와 자음동화」, 『새국어생활』 8-4, 국립국어연구원.

1998.12. 「표준발음법」, 『우리말 바로 알기』, 문화관광부.

2000. 1. 「尺度名詞 派生과 言語 普遍性의 한 側面」, 『朝鮮學報』 174, 朝鮮學會(日本).

2000. 6. 「형태론과 음운론」, 『國語學』 35, 국어학회.

2001. 6. 「국어의 형태론적 특질」, 『배달말』 28, 배달말학회.

2001. 6. 「파생어」, 『새국어생활』 11-2, 국립국어연구원.

2002. 3. 「用言 '있다'의 通時的 發達에 대하여」, 『朝鮮語研究』 1, 朝鮮語研究會(日本).

2004. 6. 「한국 근대 초기의 어문운동과 어문정책」, 『한국문화』 33, 서울대학교 한국문화연구소.

2004. 9. 「'ㅎ'변칙과 '어'변칙에 관련된 몇 가지 문제」,『朝鮮語研究』2, 朝鮮語研究會(日本).

2005. 8. 「한글 맞춤법의 몇 가지 문제점」,『Korean 연구와 교육』창간호.

2006. 3. 「국어의 파생어와 의미」,『어문학연구의 넓이와 깊이』(김규철 외), 도서출판역락.

2006. 4. 「1910-20년대 한국어 연구와 한국어의 실상: 음운론을 중심으로」,『국어학논총』(이병근선생퇴임기념), 태학사.

2006.12. 「국어 형태론 연구의 문제점」,『배달말』39, 배달말학회.

2008.11. 「주시경의 '本音'에 대하여」,『이숭녕 현대국어학의 개척자』(서울대학교 국어연구회 편), 태학사.

2009. 6. 「이숭녕 선생의 '홍성방언' 노트에 대하여」,『방언학』9, 한국방언학회.

2009.11. 「反切表と傳統時代ハングル教育」,『朝鮮半島のことばと社會』, 東京:明石書店, 油谷幸 利先生還暦記念論文集刊行委員會.

2011. 4. 「일석 이희승 선생의 어문관과 한글 맞춤법」,『애산학보』37, 애산학회.

2012.12. 「지석영과 개화기 어문정리」,『관악어문연구』37, 서울대학교 국어국문학과.

2013.12. 「지석영과 주시경의 표기법」,『관악어문연구』38, 서울대학교 국어국문학과.

2014. 9. 「주시경 선생의 표기법」,『한글』305(2014 가을), 한글학회.

2015. 1. 「국어학 연구의 동향과 쟁점: 5. 현대국어 1(음운론, 형태론)」,『학문연구의 동향과 쟁점』4집, 대한민국학술원.

2015. 4. 「共時的 언어기술과 通時性의 몇 문제」,『한국 언어학 연구와 한국어 교육』(강은국 외), 도서출판 하우.

2016. 7. 「한글의 특성과 전통시대 한글교육」,『한인교육연구』31, 재미한국학교협의회.

2018. 1. 「現代韓國語と言語の化石(辻野裕紀 譯)」,『韓國語教育論講座』第3卷(野間秀樹 編著), くろしお出版.

1991 『상호, 상품이름, 아파트 이름 등의 광고에 나타난 국어사용의 실태 조사 연구』(공동), 국립국어연구원.

1992 『국어 사전에서의 파생어 처리에 관한 연구』(공동), 국립국어연구원.

1997 『외래어 사용 실태 조사 및 국민 언어 순화 사업』(공동), 문화체육부.

2001 『어휘 자료 처리를 위한 파생접사 연구』, 국립국어연구원.

2002 『언어와 문학을 통해 본 한국인의 인문학적 사유와 인적자원 개발 및 활용 방안』(공동), 인문사회연구회(인문정책연구총서 2002-32).